호산 전창일과
통일운동 77년사

3

호산 전창일과
통일운동 77년사 3

초판 1쇄 인쇄일 2023년 3월 25일
초판 1쇄 발행일 2023년 4월 5일

지은이 김상구
펴낸이 양옥매
디자인 표지혜 송다희
교 정 김민정
마케팅 송용호

펴낸곳 도서출판 책과나무
출판등록 제2012-000376
주소 서울특별시 마포구 방울내로 79 이노빌딩 302호
대표전화 02.372.1537 **팩스** 02.372.1538
이메일 booknamu2007@naver.com
홈페이지 www.booknamu.com
ISBN 979-11-6752-277-1 (세트)
ISBN 979-11-6752-280-1 (04300)

* 저작권법에 의해 보호를 받는 저작물이므로 저자와 출판사의 동의 없이 내용의 일부를 인용하거나 발췌하는 것을 금합니다.

* 파손된 책은 구입처에서 교환해 드립니다.

3

호산 전창일과 통일운동 77년사

반-통일운동 세력과의 — 투쟁

김상구 편저 | 전창일 감수

차례

제3부 반-통일운동 세력과의 투쟁

제11장 6 · 15, 10 · 4 선언과 인혁당 무죄투쟁

제12장 반-통일 정책과 통일운동의 불씨

표 목사

자세히 보기 목차

제3부

반-통일운동 세력과의 투쟁

제11장

6 · 15, 10 · 4 선언과 인혁당 무죄투쟁

:: 01 ::

김대중 정권의 통일 정책과 통일대축전의 무산

'기본합의서' 실천 92% 찬성

이산가족 문제 해결방침 97% 지지

'취임사 통일분야' 설문조사

김대중 대통령이 취임사에서 밝힌 남북기본합의서의 적극 실천을 통한 남북문제 해결방침을 우리 국민의 91.9%가 찬성하고 있는 것으로 27일 드러났다. 또 김 대통령이 북쪽에 호소한 고령자 이산가족문제의 조속한 해결방침에도 97.3%가 적극 지지한다는 뜻을 밝혔다.

이 사실은 통일원이 지난 25일 여론조사 기관 리서치 앤 리서치사를 통해 전국의 20살 이상 1000명을 대상으로 실시한 '김대중 대통령 취임사중 통일관련 분야' 조사에서 드러났다.

'대북식량 지원'은 응답자의 82.6%가 '신중하고 합리적인 방법으로 지원해야 한다'고 대답했고, 12.7%는 '지원하지 말아야 한다', 4.3%는 '무조건 지원해야 한다'고 밝혔다. '대북경수로 건설'은 응답자의 73.5%가 '국제적 약속이므로 이행해야 한다'고 밝혔으며, 21.4%는 '국내 경제가 매우 어려워 반대한다'고 대답했다. 그러나 '남북기본합의서 이행을 위한 특사교환 제의'에는 예상과는 달리 응답자의 71.3%가 '상황에 따라 신중히 대처해야 한다'고 답변했고, '적극 추진해야 한다'는 견해를 밝힌 응답자는 23.5%에 불과했다.

또 '남북정상회담 추진'도 응답자의 72.6%가 '시간적 여유를 두고 신중히 추진해야 한다'고 답했으며, '이른 시일 안에 추진해야 한다'는 견해는 22.7%에 지나지 않았다.

임을출 기자

김대중 대통령 당선

40.4% 득표…이회창 38.6 이인제 19.3%

15대 대선, 호남석권 서울·경기·충청 우세

사상 첫 여야 정권교체

〈 그림259: 1997년 12월 19일 자 한겨레, 2월 28일 자 한겨레 〉

전창일이 수원교도소에서 아직 영어(囹圄)의 몸으로 있을 때, 세상이 바뀌었다. 국민회의 김대중 후보는 10,326,275표(40.3%)를 획득해 9,935,718표(38.7%)를 획득한 한나라당 이회창 후보를 39만여 표 차로 누르고 제15대 대통령으로 당선되었다. 대한민국 헌정 사상 처음으로 투표에 의해 여야가 정권교체를 한 것이다.[1] 1998년 2월 25일, 국회의사당 광장에서 열린 취임식에서 김 대통령은 '국민의 정부'임을 강조하면서 대대적인 정치 및 경제개혁을 예고하고 특히 남북한 간의 특사교환과 남북정상회담을 제의했다.[2] 취임사 중 '남북화해와 협력추진' 부

1 김대중 대통령 당선, 「한겨레」, 1997.12.19.

2 김대중 대통령 해외취임 반응, 「조선일보」, 1997.2.26.

분을 아래에 소개한다.

> … 남북 관계는 화해와 협력, 그리고 평화정착에 토대를 두고 발전시켜 나가야 합니다. 분단 반세기가 넘도록 대화와 교류는커녕 이산가족이 서로 부모 형제의 생사조차 알지 못하는 냉전적 남북 관계는 하루빨리 청산되어야 합니다. 1,300여 년간 통일을 유지해온 우리 조상들에 대해서도 한없는 죄책감을 금할 길이 없습니다.
>
> 남북문제 해결의 길은 이미 열려있습니다. 1991년 12월 13일에 채택된 남북기본합의서의 실천이 바로 그것입니다. 남북 간의 화해와 교류협력과 불가침, 이 세 가지 사항에 대한 완전한 합의가 이미 남북한 당국 간에 이루어져 있습니다. 이것을 그대로 실천만 하면 남북문제를 성공적으로 해결하고 통일에의 대로를 열어나갈 수 있습니다.
>
> 저는 이 자리에서 북한에 대해 당면한 3원칙을 밝히고자 합니다.
>
> 첫째, 어떠한 무력도발도 결코 용납하지 않겠습니다.
>
> 둘째, 우리는 북한을 해치거나 흡수할 생각이 없습니다.
>
> 셋째, 남북 간 화해와 협력을 가능한 분야부터 적극적으로 추진해 나갈 것입니다.
>
> 남북 간에 교류협력이 이루어질 경우, 우리는 북한이 미국 일본 등 우리의 우방이나 국제기구와 교류협력을 추진해도 이를 지원할 용의가 있습니다.
>
> 새 정부는 현재와 같은 경제적 어려움에도 불구하고 북한의 경수로 건설과 관련한 약속을 이행할 것입니다. 식량도 정부와 민간

이 합리적인 방법을 통해서 지원하는데 인색하지 않겠습니다.

저는 북한당국에 간곡히 호소합니다. 수많은 이산가족들이 나이 들어 차츰 세상을 떠나고 있습니다. 하루빨리 남북의 가족이 만나고 서로 소식을 전하도록 해야 합니다. 이 점에 관해서 최근 북한이 긍정적인 조짐을 보이고 있는 점을 예의 주목하고 있습니다. 그리고 문화와 학술의 교류, 정경분리에 입각한 경제교류도 확대되기를 희망합니다.

저는 남북기본합의서에 의한 남북 간 여러 분야에서의 교류가 실현되기를 바랍니다. 우선 남북기본합의서 이행을 위한 특사교환을 제의합니다. 북한이 원한다면 정상회담에도 응할 용의가 있습니다.

새 정부는 해외교포들과의 긴밀한 유대를 강화하고 그들의 권익을 보호하기 위해서 적극적인 노력을 기울일 것입니다. 우리는 재외교포들이 거주국 시민으로서 권리와 의무를 다하면 서 한국계로서 안정과 긍지를 가질 수 있도록 적극 돕겠습니다.

IMF 여파로 경제는 어려웠지만, 통일문제에 대한 방침은 많은 사람들에게 새 대통령에 대한 기대감을 갖게 해주었다. 「한겨레」는 '취임사 통일 분야'에 대해 설문조사를 했는데, 결과는 다음과 같다.[3]

① '기본합의서' 실천을 통한 남북문제 해결: 찬성(91.9%)

② 고령자 이산가족문제 해결방침: 적극 지지(97.3%)

3 '기본합의서' 실천 92% 찬성, 이산가족 문제 해결방침 97%지지, 「한겨레」, 1998.2.28.

③ 대북 식량 지원: 신중하고 합리적인 방법으로 지원(82.6%), 지원 불가(12.7%), 무조건 지원(4.3%)

④ 대북 경수로 지원: 국제적 약속, 무조건 이행(73.5%), 국내 경제의 어려움, 반대(21.4%)

⑤ 특사 교환 제의: 신중히 대처(71.3%), 적극 추진(23.5%)

⑥ 남북정상회담: 신중히 추진(72.6%), 조속히 추진(22.7%)

'남북기본합의서'의 적극 실천을 통해 남북문제를 해결하겠다는 정부의 방침에 대해 국민 대다수가 찬성했다. '남북기본합의서'는 "7 · 4 남북공동성명에서 천명된 조국통일 3대 원칙[4]을 재확인하고, 남북한 상호 체제인정과 상호불가침, 남북한 교류 및 협력 확대"를 약속한 문서다.[5] 그렇다면 이산가족상봉 · 경제지원과 마찬가지로 특사교환이나 남북정상회담 역시 적극적인 추진이 다수 나왔어야 자연스럽다. 그러나 이 두 가지 사안에 대해 미온적인 결과가 나왔다. 이해하기 힘든 부분이 다소 있었지만, 아무튼 국민 대다수가 통일에 대한 열망이 컸다는 것은 확인된 셈이다. 이제 통일문제에 대한 정부의 실천 의지를 지켜볼 차례가 되었다.

김대중 정부 출범 이후 학생들이 통일문제에 대한 첫 목소리를 내었다. 1998년 5월 28일, 범청학련 남쪽대표인 한총련 조국통일위원장 이석주(24 · 고려대 서창캠퍼스 총학생회장)는 '조국통일 범민족 청년 학생

4 통일문제의 자주적 해결(자주), 평화적 방법으로 통일실현(평화적 통일), 사상과 이념, 제도를 초월한 민족대단결(민족대단결)

5 〈자세히 보기-33〉[남북기본합의서(1991.12.13.)] 참조

北, 통일대축전 제의

【內外】북한은 10일 평양에서 정당·단체 대표자 회의를 열고 한국측에 8월15일 판문점에서 「통일대축전」을 열자고 제의했다。

회의는 한국과 해외 정당·단체들과 각계 인사들에 보내는 편지를 채택、대축전 행사에 동참할 것을 촉구했다。

"8월 북에서 통일대축전"

범청학련

한국대학총학생회연합(한총련)은 25일 '조국통일 범민족청년학생연합 제8차 통일대축전'을 오는 8월1일부터 북한에서 열기로 하고, 이 행사의 구체적인 일정을 논의하기 위한 남·북한 및 해외 청년학생 대표 예비회담을 다음달 13일 판문점에서 열기로 했다고 밝혔다.

범청학련 남쪽대표인 한총련 조국통일위원장 이석주(24·고려대 서창캠퍼스 총학생회장)씨는 이날 건국대 학생회관에서 이렇게 밝히고 "예비회담에서 통일대축전 행사의 구체적인 행사일정을 정하기로 남북한 및 해외 대표들이 합의했다"고 말했다. 이주현 기자

판문점 통일축전 수용 검토

김대통령 "남북 어울릴수 있는 일 해보겠다"

정부가 북한에서 제의한 '8·15 판문점 통일대축전'을 수용하는 방안을 적극 검토하고 있어 주목된다.

김대중 대통령은 18일 청와대에서 열린 종교인들과의 오찬간담회에서 "이번 방미를 통해 햇볕정책을 강조하면서 미국의 북한에 대한 제재를 완화해줄 것을 요청했다"며 "금년에 남북이 어울릴 수 있는 뭔가를 해보려고 한다"고 말했다. 김 대통령은 "그러나 북한이 평화적 문제를 해치는 일을 일으키지 말아야 한다"고 덧붙였다.

이와 관련해 국가안보회의는 이날 오후 열린 상임위원회에서 통일대축전 수용방안을 집중 논의했다.

청와대 관계자는 "북한이 대규모 군중대회를 열거나 진제조건을 내세우지 않는 등 과거와 다른 태도를 보이고 있다"며 "북한의 제의를 수용하거나 우리쪽의 의견을 추가해 역제의하는 방안 등을 적극 검토중"이라고 밝혔다. 강인덕 통일부장관은 국가안보회의 상임위원회 회의 결과를 토대로 통일대축전에 대한 정부의 방침을 정리해 19일 발표할 예정인 것으로 알려졌다. 성한용 기자

'통일 대축전' 진통 예고

정부 '수용방침'에 北서 보안법철폐와 연계

정부 "진의파악필요"
내주중 준비위 구성
실무접촉 제의키로

정부는 북한이 제안한 「8·15 판문점 통일대축전」을 수용키로 했으나 북측이 대축전을 국가보안법 철폐와 연계, 대축전 추진과정에 진통이 예상된다.

북한의 조선중앙방송은 19일 「대축전준비위원회는 제1차 회의를 열어 그동안 범민족대회 등 8·15 판문점 통일행사들이 개최되지 못한 것은 남조선 당국이 국가보안법을 휘두르고 안기부를 내세워 남측대표의 참가를 막은 데 기인한 것이라고 지적했다」면서 「국가보안법 철폐, 안기부 해체를 하지 않으면 통일대축전 공동개최 전망도 우려된다고 밝혔다」고 보도했다.

이 방송은 또 「남조선당국이 대축전을 순조롭게 진행하는 데 필요한 환경과 분위기를 지체없이 조성해야 한다」고 주장했다.

이는 올해 8·15행사로 통일대축전과 범민족대회 등 2가지를 치르겠다는 것을 말한다. 범민족대회는 정부가 이적단체로 규정한 범민련 남측본부와 한총련을 상대로 한 것으로 매번 「대회참가 강행과 경찰저지」로 끝남으로써 민족적 단결이 아닌 갈등만 노출시켜온 행사였다.

북한이 이같이 남한당국의 거부가 확실한 범민족대회를 같은 날 같은 장소에서 치르겠다는 것은 대축전 개최의지를 의심케 한다. 물론 북한이 국보법철폐 등을 전제조건으로 제시한 것은 아니므로 대축전이 불발될 것으로 예단하기도 어렵다.

정부의 한 당국자는 「북측이 향후 남측과의 대축전 개최 협상과정에서 상황이 불리할 경우 취소할 수 있는 빌미를 남겨두려 한 것 같다」고 설명했다.

이에 대해 정부는 북측을 직접 만나 진의를 파악할 필요가 있다고 보고 내주중 민간단체들로 축전준비위원회를 구성, 판문점에서 축전준비를 위한 실무접촉을 갖자고 북측에 제의할 방침이다.

강인덕(康仁德)통일부장관은 「이번 축전은 민간차원의 행사이므로 정부가 앞에 나서지 않고 축전준비위가 직접 북측과 협의, 축전행사의 세부사항을 협의토록 할 것」이라며 「그러나 한총련·조국통일범민족연합 등 사법당국이 불법으로 규정한 단체들은 참여할 수 없다」고 밝혔다. 강장관은 축전의 세부행사와 관련, 「북측이 동포단합대회, 민족통일예술축전 등을 제의한 점을 감안, 서울과 평양에서 (경평축구전 등) 체육행사와 음악·예술공연을 갖는 방안을 검토하고 있다」면서 「판문점은 장소가 비좁으니만치 소규모 행사를 해야 할 것」이라고 설명했다.

이대근기자

〈 그림260: 좌에서 우로, ① 1998년 5월 26일 한겨레, ② 6월 11일 조선일보, ③ 6월 19일 한겨레, ④ 6월 20일 경향신문 〉

연합 제8차 통일대축전'을 오는 8월 1일부터 북한에서 열기로 하고, 구체적인 일정을 논의하기 위해 6월 13일 판문점에서 남 · 북한 및 해외 청년 학생 대표 예비회담을 개최하기로 밝혔다.[6]

'통일대축전' 개최 소식을 학생들이 밝힌 지 열흘쯤 지난 6월 10일, 북

6 "8월, 북에서 통일대축전" 범청학련, 「한겨레」, 1998.5.26.

한은 '통일대축전'을 8월 15일 판문점에서 열자고 제의했다. 그리고 이 대축전행사에 한국과 해외정당-단체들과 각계 인사들이 동참할 것을 촉구하는 편지를 채택했다는 소식을 밝혔다.[7] 같은 날 북한은 남북한 교류와 대화, 협력을 추진하기 위해 북한의 정당, 사회 · 문화 및 종교계 등 각종 단체와 인사들로 이뤄진 '민족화해협의회'를 결성했다. 북한의 중앙방송은 "민족화해협의회는 나라와 민족을 사랑하고 조국통일을 바라는 남조선과 해외 여러 단체 및 인사들과의 내왕과 접촉, 대화와 협력을 적극 추진해 나갈 것"이라고 전했다. 협의회 회장은 김영호[8] 조선사회민주당 중앙위원회 부위원장이 선출되었다고 이 방송은 덧붙였다.[9]

6월 16일, 범민련 해외본부는 남측본부 앞으로 "통일대축전은 각계각

7 북, 통일대축전 제의, 「조선일보」, 1968.6.11.

8 내주 8 · 15 민족공동행사에 북측 대표단을 인솔해 서울을 찾을 김영대 단장은 재작년 6월 남북정상회담 이후 남측과의 접촉이 잦아지면서 널리 알려진 인물이다. 김영호라는 가명을 쓰기도 했던 그가 최고인민회의 상임위원회 부위원장, 최고인민회의 대의원, 조국통일범민족연합(범민련) 북측본부 부의장, 민족화해협의회(민화협) 회장, 사회민주당(사민당) 중앙위원장 등 다양한 직함으로 알 수 있듯 실세로 통한다. 실제로 지난 4월 15일 김일성 주석 90회 생일 때에는 주석단(내빈석) 서열 27위로 행사에 참석했다. 그는 지난 98년 6월 북측의 각계 단체와 인사들이 결성한 민화협 회장에 선출되면서 남측과의 민간행사를 주도해 왔다. 지난해 8 · 15 평양 행사와 올해 6.15 금강산 통일대축전 때 남측 인사들을 접견했는가 하면 지난 1월에는 6 · 15 공동선언 정신에 기초해 남북 당국. 민간급 협력을 발전시켜야 한다는 내용의 담화를 발표하기도 했다. 남 · 북 간 통일, 민족 관련 행사를 주도하고 남측 인사들과의 접촉이 잦아지면서 유명세를 타기도 했다. 최고인민회의 대의원으로서 그는 작년 4월 쿠바에서 열린 국제의회연맹 총회에서 한국대표단의 이만섭 당시 국회의장, 정대철 민주당 최고위원과 조우했고 지난 5월에는 유럽-코리아재단 이사인 박근혜 의원을 평양 순안공항에서 직접 영접했다. 남북 노동자 통일 축구경기가 지난 99년 8월 평양 김일성경기장에서 열렸을 때도 모습을 드러냈다. 이외에도 그는 지난 91년 7월부터 조 · 일 우호친선협회 부회장직을 수행하고 있고 92년 3월에는 범민련 북측본부 대표단원으로 일본을 방문하는 등 북 · 일 관계에도 깊숙이 간여하고 있다. 오는 16일 오전 10시 서울 광장동 워커힐호텔 코스모스홀에서 열리는 일본 문제 학술토론회에서 어떤 의제로 토론을 주도할지 주목된다. 〈8.15 민족행사 北단장 김영대는, 「연합뉴스」, 2006.4.2.〉

9 북, '민족화해협의회' 결성, 「한겨레」, 1998.6.11.

층을 통일의 대열에 불러일으키려는 뜻에서 제안된 것으로 제9차 범민족대회는 통일대축전의 틀 내에서 개최될 것이며 통일대축전이 무산되면 제9차 범민족대회를 성대히 개최하기 위해 노력할 것"이라는 방침을 보내왔다.

6월 18일, 범민련 북측본부는 제9차 범민족대회 북측준비위원회를 구성하였다. 위원장은 백인준이 선출되었고, 동 준비위원회는 남측·해외본부와 연대하여 범민족대회를 추진할 것을 결의하였다. 그리고 통일대축전 준비위원회 1차 회의를 연이어 개최했다. 이 회의에서 "8·15 통일대축전의 공동개최 분위기 조성을 위한 내부적인 대책을 마련하고 한국의 국가보안법 및 안기부 철폐를 위해 모든 노력을 기울일 것을 결의했다"고 평양방송이 보도했다.[10]

한국 정부도 '통일대축전' 개최에 긍정적인 반응을 표시했다. 6월 18일, 청와대에서 열린 종교인과의 오찬간담회에서 김 대통령은 "이번 방미를 통해 햇볕정책을 강조하면서 미국의 북한에 대한 제재를 완화해줄 것을 요청했다. 금년에 남북이 어울릴 수 있는 뭔가를 해보려고 한다"고 말했다. 그러나 "북한이 평화적 문제를 해치는 일을 일으키지 말아야 한다"고 덧붙였다. 국가안보회의는 이날 오후 열린 상임위원회에서 통일대축전 수용방안을 집중 논의했다.[11]

문제는 쉽게 풀리지 않았다. 정부는 북한이 제의한 '8·15 판문점 통일대축전'을 수용하기로 했지만, 국가보안법 철폐요구, 통일대축전과

10 『범민련 10년사』, 조국통일범민족연합 남측본부, 2000, pp.121~122.

11 판문점 통일축전 수용 검토, 김 대통령 "남북 어울릴 수 있는 일 해보겠다", 「한겨레」, 1998.6.19.

범민족대회의 동시 개최 문제 등 북측이 제안한 몇 가지 문제에 대해 제동을 걸었다. 강인덕 통일부 장관은 "이번 축전은 민간차원의 행사이므로 정부가 앞에 나서지 않고 축전준비위가 직접 북측과 협의, 축전행사의 세부사항을 협의토록 할 것"이라며 "그러나 한총련 · 범민련 등 사법당국이 불법으로 규정한 단체들은 참여할 수 없다"고 말했다.[12] 6월 19일, 전국연합은 "정부의 통일대축전 수용방침을 환영하고, 전국연합이 추진하는 '남북합의서 이행과 평화군축 실현을 위한 민족대회'와 같은 취지의 대회임을 밝히면서 대축전의 성사를 위해 노력할 것"임을 밝히는 성명서를 발표했다.[13]

6월 22일, 강인덕 통일원 장관은 북한 최고인민회의 통일정책위 김용순 위원장 앞으로 서신을 보냈다. 북측이 제안한 '8 · 15 통일대축전' 개최 문제를 협의하기 위해 7월 2일 판문점에서 남북 양측 준비위원회 간 실무대표 회담을 갖자는 내용이었다. 그러나 북측은 서한의 접수를 거부했다.[14] 거부한 이유에 대해 한국의 언론은 보도하지 않았다. 그러면 북측은 왜 서한을 거부했을까? 이유는 하나였다. 남북 각 3인의 실무대표가 참여하는 실무회담에 범민련과 한총련 등 소위 이적단체의 참여불가 방침에 북측은 비난 성명을 냈던 것이다.[15]

6월 26일, 범민련 남측본부는 향린교회에서 기자회견을 하고 '8 · 15 통일대축전'을 환영하면서 범민련 · 한총련에 대한 참여보장을 정부 당

12 '통일대축전' 진통예고, 정부 '수용방침'에 북서 보안법철폐와 연계, 「경향신문」, 1998.6.20.

13 『범민련 10년사』, 조국통일범민족연합남측본부, 2000, p.122.

14 '통일대축전' 실무회담, 북에 7월 2일 개최제의, 「경향신문」, 1998.6.23.

15 『범민련 10년사』, 조국통일범민족연합남측본부, 2000, p.123.

'통일 대축전' 실무회담 北에 7월2일 개최 제의

정부는 22일 북측이 제안한 「8·15 통일대축전」 개최문제를 협의하기 위해 오는 7월2일 판문점에서 남북 양측 준비위원회간 실무대표회담을 갖자고 북한에 제의했다。

강인덕(康仁德)통일장관은 이날 북한 최고인민회의 통일정책위 김용순(金容淳)위원장에게 보내는 서한을 통해 이같이 밝혔다。

정부는 당초 강장관 명의의 서한을 이날 오후 3시 판문점 연락관 접촉을 통해 북측에 전달하려고 했으나 북측이 서한의 접수를 거부해 서한을 공개했다。

이대근기자

정부 "통일대축전 공동개최 계속 추진"

"남북화해추진協 구성 北과 재접촉"

在野선 별도 준비委 결성– 미묘한 시각差

정부와 민간 사회단체가 북한이 제의한 8·15 판문점 통일대축전에 참가하기 위해 함께 나섰으나 북한은 2일 우리측이 제의한 판문점 실무접촉에 나오지 않았다.

정부와 민간단체가 북한이 제의한 8·15 관련 행사에 공동으로 참여하기 위해 손을 맞잡은 것은 이번이 처음이다.

통일부의 한 당국자는 이날 "북한측이 실무접촉에 응하지 않았지만 준비작업은 계속해 나갈 것"이라고 밝히고 "이를 위해 내주에 통일축전에 관심이 있는 정당과 사회단체들로 가칭 '남북화해협력추진협의회'를 발족시켜 이 '협의회'가 북한과 다시 접촉토록 할 것"이라고 말했다.

강인덕(康仁德)통일부장관도 이날 국민회의의 '열린 정치 포럼'(간사 이길재·李吉載의원) 초청 간담회에서 "정부는 준비위(협의회)가 발족되도록 주선할 뿐 그 활동에는 일절 간섭하지 않을 것"이라고 밝혔다.

그러나 강장관은 "시장경제체제를 부정하거나 불법단체로 규정된 단체는 통일대축전에 참여할 수 없다"고 말하고 "한총련 등 불법단체로 규정된 단체의 구성원들이 소속단체를 탈퇴하고 개별적으로 참여할 수 있는지에 대해서는 법률적으로 검토해 보겠다"고 덧붙였다.

한편 재야단체들이 중심이 된 통일대축전 남측 추진본부 준비위원회(공동위원장 강만길·姜萬吉 등 7명)도 7·4 공동성명 기념일인 4일 결성식을 갖고 통일대축전 성사를 위해 본격적으로 나서기로 했다.

준비위의 한 관계자는 "정부와 최대한 협조하기 위해 정부가 이적단체로 규정한 한총련 범민련 등의 단체는 개인자격으로 행사에 참여케 하고 올해는 별도의 범민족대회는 갖지 않을 생각"이라고 말했다.

그러나 정부는 앞으로 발족될 남북화해협력추진협의회에 통일대축전 남측준비위가 들어와야 한다는 입장이고 남측준비위는 이에 부정적이어서 아직은 양측 사이에 미묘한 입장차이가 있다.

〈한기흥기자〉
eligius@donga.com

8·15 통일대축전 남측추진본부 출범

남북 이산부부 상봉등 추진

전국연합, 참여연대 등 재야·시민단체 주요 인사 200여명은 4일 오후 서울 중구 프레스센터에서 「민족의 화해와 평화통일을 위한 대축전 남측추진본부」 출범식을 열고 본격적인 8·15 통일대축전 준비작업에 나섰다。

이들은 결성 선언문에서 『통일대축전의 성사는 7천만 겨레가 갈망하는 조국통일의 새시대를 여는 계기가 될 것』이라며 모든 사회단체들의 참여와 정부의 협력을 촉구했다。 추진본부는 8월15일 판문점에서 열 남북공동행사로 민족예술축전과 남북합의서 실천을 위한 남북민간단체 서명식, 남북이산부부 2쌍 상봉, 남북어린이 통일약속 등의 행사를 계획하고 있다。

상임본부장에는 이창복 전국연합 상임의장, 김중배 참여연대 공동대표, 이우정 여성단체연합대표 등 각계 인사 9명이 선임됐다。

오관철기자

한총련·범민련 배제키로 '통일운동협의체' 간담회

범국민적 민간통일운동협의체 구성과 관련해 여야 4개 정당과 8개 사회단체 대표들은 10일 2차 간담회를 열어 '6인소위원회'를 만들어 협의체의 명칭, 구성방법, 8·15 판문점 통일대축전 준비 등을 계속 협의해 나가기로 의견을 모았다. 송영대 간담회 임시대변인은 이날 "협의체의 명칭, 성격, 참여단체 확대 등의 구체적인 문제는 6인소위원회에서 다루기로 했다"고 밝혔다.

그는 이어 "참석자들은 대법원 최종 판례에 의해 이적단체로 규정된 한총련·범민련 등을 협의체에 참여시킬 수 없다는 기존 방침에 대해서도 공감대를 형성했다"고 덧붙였다. 임을출 기자

정당-단체 통일운동기구 뜬다

여야-사회단체 원칙합의…범국민협의체 첫 결성

여·야 정당과 통일 관련 사회단체 대표들이 두루 참가하는 범국민적인 민간통일운동기구가 분단 이후 처음으로 결성된다.

국민회의와 한나라당 등 여·야 4개 정당과 민족통일중앙협의회, 자주평화통일 민족회의 등 8개 사회단체 대표들은 통일부 주관으로 6일 열린 '정당·사회단체 간담회'에서 '민족화해협력 범국민협의체'를 결성한다는 데 원칙적으로 합의했다. ▶관련기사 3면

그러나 이들은 범국민협의체와 지난 4일 재야단체 주도로 발족한 '통일대축전 남측 추진본부' 사이의 역할분담 등을 둘러싸고 이견을 좁히지 못해 오는 10일 2차 간담회를 열어 이 문제를 다시 논의하기로 했다.

강인덕 통일부 장관은 인사말을 통해 "단일한 민간통일운동 기구 결성을 위해 정부는 모임을 주선하고 지원하는 역할을 다할 것"이라며 "앞으로 이 모임은 참가하는 모든 정당·사회단체들 사이의 협의를 통해 결성·운영되도록 할 것"이라고 밝혔다.

이날 간담회에서는 범국민협의체의 주도단체와 구성방식 등을 둘러싸고 적지 않은 견해차가 있었으나 여야 정당과 사회단체별로 의견을 모은 뒤 다시 간담회를 열어 절충을 계속하기로 해 협의체는 일단 이달 안으로 발족될 것으로 보인다.

참석자들은 이날 정당과 사회단체를 각각 대표하는 복수의 인사를 협의체의 공동대표로 뽑는다는 데 견해를 모은 것으로 전해졌다.

이날 간담회에는 국민회의 자민련 한나라당 국민신당 등 4개 정당과 민족통일협의회, 이산가족교류협의회, 한국예총, 민예총, 대한체육회, 자주평화통일민족회의, 우리민족서로돕기운동, 경실련 등 8개 사회단체 대표들이 참석했다.

임을출 기자

〈 그림261: 시계방향, ① 1998년 6월 23일 자 경향신문, ② 7월 3일 자 동아일보, ③ 7월 6일 자 경향신문, ④ 7월 7일 자 한겨레, ⑤ 7월 11일 자 한겨레 〉

국에 촉구하는 성명서와 기자회견문 그리고 김대중 대통령에게 보내는 공개서한을 채택했다.[16]

결국, 통일대축전 실무회담은 무산되었다. 그러나 통일부는 민간 대

16 『범민련 10년사』, 조국통일범민족연합남측본부, 2000, p.125.

표자들로 우리 측 통일축전 준비위가 구성되면 다시 북한에 접촉을 제안할 예정이라고 밝혔다.[17] 통일부의 구상은 "통일축전에 관심이 있는 정당과 사회단체들로 가칭 '남북화해협력추진협의회'를 발족시켜 이 '협의회'가 북한과 다시 접촉도록 하는 것이었다. 강인덕 장관은 준비위(협의회)의 활동에는 일절 간섭하지 않겠다고 밝히면서도 불법단체(이적단체)로 규정된 단체는 통일대축전에 참여할 수 없다고 밝히며 다만 소속 단체를 탈퇴하고 개별적으로 참여할 수 있는지에 대해선 법률적으로 검토해 보겠다고 덧붙였다.[18]

한편, 재야에서도 별도의 준비작업을 추진하기 시작했다. 7월 4일, 전국연합 · 참여연대 등 재야 · 시민단체 주요인사 200여 명은 서울 중구 프레스센터에서 '민족화해와 평화통일을 위한 대축전 남측추진본부'[19] 출범식을 가졌다. 9인의 상임공동대표는 강만길(경실련 통일협회 이사장), 구중서(민족예술인총연합 이사장), 김상근(민족회의 감사, 대한기독교서회 사장), 김중배(참여연대 대표), 이우정(평화를 만드는 여성회 대표), 이창복(민주주의민족통일전국연합 상임의장, 자주평화통일민족회의 상임의장), 서영훈(우리민족서로돕기운동본부 상임대표), 이세중(환경운동연합 공동대표), 한완상(북한옥수수심기 범국민운동본부 공동대표)이

17 통일대축전 실무회담 무산, 「동아일보」, 1998.7.2.

18 정부 "통일대축전 공동개최 계속 추진" "남북화해추진협 구성 북과 재접촉" 재야선 별도 준비위 결성… 미묘한 시각차, 「동아일보」, 1998.7.3.

19 7월 2일, 범민련 공동사무국은 8 · 15 통일대축전 남측본부 준비위원회가 북측이 제안한 '민족의 화해와 단합, 통일을 위한 통일대축전' 명칭을 '민족의 화해와 평화통일을 위한 통일대축전'으로 변경한 것에 대하여 유감을 표시했다. 〈『범민련 10년사』, 조국통일범민족연합남측본부, 2000, p.126.〉 이러한 명칭 수정에 대해 전창일은, "통일을 향해 언제나 진취적인 북측의 성의 있는 표현을 퇴행적으로 수정해 보려는 남측통일운동가들의 옹졸함"이라고 지적했다.

었고, 집행위원장은 조성우(자주평화통일민족회의 집행위원장), 정책위원장은 이장희(경실련통일협회 운영위원장, 아시아사회과학연구원 원장)였다.[20] 그동안 통일운동에 적극적으로 참여했던 민족회의 · 전국연합에 경실련과 참여연대가 합세한 모양이었다. 이로써 통일부가 지원하는 '남북화해협력추진협의회'와 재야 중심의 '민족화해와 평화통일을 위한 대축전 남측추진본부' 등 두 단체가 '8 · 15 통일대축전' 개최를 주도하는 단체로 등장하게 되었다.

7월 10일, 국민회의 · 한나라당 · 자민련 · 국민신당 등 4개 정당과 민족통일중앙협의회 · 자주평화통일민족회의 · 경실련 등 8개 사회단체 대표들은 범국민적 민간통일운동협의체 구성과 관련해 2차 간담회를 열었다. 이 회의에서도 참석자들은 "대법원 최종 판례에 의해 이적단체로 규정된 한총련 · 범민련 등을 협의체에 참여할 수 없다는 기존방침에 대해서도 공감대를 형성했다"고 밝혔다.[21]

정치권, 시민단체 대부분이 범민련 · 한총련을 배제하겠다는 통일부의 방침에 동조하고 있을 때 전국연합이 거의 유일하게 다른 목소리를 내었다. 7월 15일 개최된 전국연합 5차 중앙집행위원회에서 동 단체는 "8 · 15 대축전에 범민련 · 한총련에 대한 이적단체 규정 철회를 위해 노력하고, 통일대축전의 주체로 결합시키도록 노력한다"고 결정하였다.[22] 이 무렵의 전창일은 아직 죄수의 몸으로 수원형무소에서 형을 살고 있었다. 전국연합의 이의제기에 대한 전창일의 의견을 들어보자.

20 8 · 15 통일대축전 남측추진본부 출범, 「경향신문」, 1998.7.6.

21 한총련 · 범민련 배제키로, '통일운동협의체' 간담회, 「한겨레」, 1998.7.11.

22 『범민련 10년사』, 조국통일범민족연합남측본부, 2000, pp.129~130.

너무나 당연한 결정이다. 통일을 위해 화해 협력하자는 상대를 적으로 규정하면서, 화해와 통일을 위해 협의하고 축전을 함께한다는 것은 세계사에 유례없는 미증유의 기형적인 사고방식이다. 이처럼 정상적인 역사인식이 결여된 태도가 시정되지 않고는 남북의 화해 협력은 실현되기 어렵다.

우선적인 과제는 같은 우리 민족 북을 적으로 규정한 국가보안법을 철폐하여 이적단체란 폭압 수단을 없애야 한다. '우리 민족끼리'란 민족 사랑의 따뜻한 정서와 '단일민족'이란 역사적 이데올로기를 수반하지 않는 자세로는 민족의 자주적 평화통일은 실현될 수 없다.

범민련 남쪽본부 의장으로 계셨던 강희남 목사는 "통일문제에 관한 한 북측의 주장은 언제나 논리적으로 빈틈없이 정당하고 일관되었다"고 찬양하셨다. 남측도 북측에 이러한 믿음을 줘야 한다. 상호신뢰는 일의 성사의 기초이다.[23]

범민련 베이징회담 무산

조국통일범민족연합(범민련) 남측본부(의장 강희남)는 21일 베이징에서 '8·15 판문점 통일대축전' 개최를 위해 남·북·해외 3자 실무회담을 열기로 했으나 남쪽 당국이 범민련 남측본부의 북한주민접촉 신청을 승인해 주지 않아 참석치 못했다고 밝혔다.

임을출 기자

"범민족대회-통일대축전 이적행사규정 원천봉쇄"

검찰, 28개大 압수수색키로

대검찰청 공안부(부장 진형구·秦炯九검사장)는 2일 8·15행사와 관련, 범민련과 한총련이 각각 추진중인 제9차 범민족대회와 제8차 범청학련 통일대축전을 친북 이적행사로 규정해 원천봉쇄키로 했다.

이에 따라 검찰은 행사 예상지인 서울시내 28개 대학에 대한 압수수색 영장을 발부받아 시위용품을 압수하고 통신제한 조치를 취해 불법시위와 북한과의 통신을 사전에 차단하기로 했다. 〈조원표기자〉

cwp@donga.com

"범민련 포함시켜 실무회담 열자"

통일대축전 북쪽 준비위

8·15 통일대축전 북쪽 준비위원회는 4일 남쪽 추진본부(상임본부장 이창복 등 10명)의 실무회담제의에 대해 범민련 남쪽본부 대표와 함께 참석하는 것을 전제로 오는 5일이나 7일 베이징에서 실무회담을 열자고 역제의했다. 북쪽 준비위 대변인은 이날 〈평양방송〉을 통해 담화를 내어 "대축전 남쪽 추진본부가 늦게나마 통일대축전 준비를 위한 우리(북)의 노력에 이해를 표시해온 데 대해 다행스럽게 생각한다"며 이렇게 밝혔다.

〈 그림262: 1998년 7월 22일 자 한겨레, 8월 3일 자 동아일보, 8월 5일 자 한겨레 〉

23 전창일 자필 기록, 2021년 3월

7월 21일, 중국 베이징에서 통일대축전 북측준비위와 해외준비위, 범민련 남측본부준비위 3자 실무회담을 하고 8 · 15 통일대축전의 기조와 행사를 확정하고, 이를 준비하기 위한 남측준비위원회를 범민련 남측본부 중심으로 구성하기로 결정하였다. 대회명칭은 '민족의 화해와 단합, 통일을 위한 대축전(통일대축전)'으로 정했으며, 일정과 장소는 8월 14일과 15일, 판문점에서 거행하기로 결정하였다. 주제는 '민족의 대단결과 조국통일'로 정했으며 그 외 축전행사 내용과 기조 등 구체적인 행사 내용도 확정했다.[24]

그리고 7월 30일에는 북측 민족화해협의회(민화협, 회장 김영호)가 8 · 15를 즈음하여 통일대축전 남측준비위원회(범민련 남측본부) 14인 앞으로 방북 초청장과 신병보증서(7월 26일로 명기)를 보내왔다. 대상자는 강희남, 이종린, 전창일, 김병균, 리영희, 신창균, 김상근, 홍근수, 이창복 등이었다.[25]

그러나 정부는 범민련의 이러한 움직임에 강력한 제동을 걸었다. 8월 2일, 대검찰청 공안부는 8 · 15 행사와 관련, 범민련과 한총련이 각각 추진 중인 제9차 범민족대회와 범청학련 통일대축전을 친북 이적행사로 규정해 원천 봉쇄키로 했다. 이에 따라 검찰은 행사예상지인 서울 시내 28개 대학에 대한 압수수색 영장을 발부받았다.[26] 북쪽의 입장은 변

24 1998년 7월 22일 자 「한겨레」는 범민련 베이징회담이 무산되었다고 보도했으나, 오보였다.

25 『범민련 10년사』, 조국통일범민족연합남측본부, 2000, p.133. 〈그림13: 북쪽 민족화해협의회 회장 김영호가 전창일에게 보낸 초청장〉 참조

26 "범민족대회-통일대축전 이적행사규정 원천봉쇄" 검찰, 28개 대 압수 수색키로, 「동아일보」, 1998.8.3.

함없었다. 8월 4일, 통일대축전 북측 준비위원회는 남측추진본부(상임본부장 이창복 등 10명)의 실무회담제의에 대해 범민련 남측본부 대표와 함께 참석하는 것을 전제로 5일이나 7일 베이징에서 실무회담을 열자고 평양방송을 통해 수정 제의했다.[27]

결국, 실무회담은 무산되었다. 8월 11일, 전국연합 상임집행위원회는 통일대축전이 성사되지 못한 것에 대해 사과하고 민주노총과 공동으로 8월 15일 오후 4시 장충단공원에서 '남북합의서 이행과 군축실현을 위한 민족자주 결의대회'를 개최하기로 결정하였다.[28]

한총련 범민족대회개최
2000여명 서울대 모여

한국대학총학생회연합(의장 손준혁) 학생 2000여명은 13일 서울대에서 '제8차 범청학련 통일대축전과 제9차 범민족대회' 개막식을 열고 15일까지 사흘 동안의 행사에 들어갔다.

한총련은 이날 기자회견을 열어 "14일 범민련과 함께 범민족대회 출범식을 한 뒤 15일 관문점에서 열기로 한 범민족대회 본행사에 참가할 예정"이라고 일정을 밝혔다. 한총련은 "정부는 평화적 집회를 보장하고 통일운동을 가로막는 국가보안법을 철폐해야 한다"고 주장했다. 한총련은 이번 행사를 끝내고 16일부터 23일까지 수해복구활동과 수재민돕기 모금운동을 벌일 것이라고 밝혔다. 이본영 기자

통일대축전 불법시위
한총련등 205명 연행

경찰은 15, 16 양일간 8·15 범민족대회 및 통일대축전행사와 관련, 서울시내에서 도로를 불법점거하고 시위를 벌인 박천웅(朴天雄·19·세종대 휴학)군 등 2백5명을 연행했다.

경찰청보안수사대는 이 중 불법시위를 주도한 박군 등 20명에 대해 구속영장을 신청할 방침이며 국가보안법 위반 혐의를 받고 있는 범민련 남측본부의장 강희남(姜希南·78)목사 등 9명을 수사하고 있다. 경찰은 나머지 1백40여명에 대해선 불구속 입건할 계획이며 가담 정도가 경미한 19명은 훈방했다. 경찰은 또 16일 추가 연행한 17명에 대해 조사를 계속하고 있다. 〈이승재기자〉
sjda@donga.com

〈그림263: (상) 9차 범민족대회, 서울대ⓒ전대기련, (하) 범민련의 최선봉에서 떠받혀 온 조국통일의 기수 범청학련! ⓒ전대기련, 1998년 8월 14일 자 한겨레, 8월 17일 자 동아일보〉

27 통일축전 실무회담 거듭 제의, 남측본부 "대표단 범민련 포함", 「한겨레」, 1998.8.10.

28 『범민련 10년사』, 조국통일범민족연합남측본부, 2000, p.134.

1998년 통일대축전은 결과적으로 4곳의 장소에서 별도로 열리게 되었다. 8월 12일, 범민련과 한총련을 중심으로 1,700여 명이 제9차 범민족대회와 제8차 범청학련 통일대축전 개최를 위해 서울대로 집결하였다. 13일 오후 8시, 2천여 명이 운집한 개막식에서 한총련은 "정부는 평화적 집회를 보장하고 통일운동을 가로막는 국가보안법을 철폐해야 한다"는 요지의 기자회견을 했다.[29] 15일 정오, '민족의 화해와 단합, 통일을 위한 대축전'과 '9차 범민족대회' 보고대회는 큰 불상사 없이 종료되었다. 그 후 한총련은 범민족대회 본행사가 열릴 예정인 판문점으로 진격투쟁을 감행했고, 참가자 200여 명이 연행되었다.[30]

한총련 대표 2명 방북

어제 오후 평양도착…8·15 통일축전 참가

중앙통신 보도

한총련 소속 대표 2명이 7일 오후 8·15통일대축전에 참가하기 위해 항공편으로 평양에 도착했다고 북한 중앙통신이 보도했다.

이들 학생들은 김대원(건국대 축산경영 4년)씨와 황선(덕성여대 국문 4년)씨라고 중앙통신은 전했다.

내외통신에 따르면 중앙통신은 "범청학련 남측본부 한총련 대표들이 '민족의 화해와 단합, 통일을 위한 대축전' 과 북녘 역사문화유적 공동답사 및 공동학술 토론회에 참가하기 위해 7일 오후 비행기로 평양에 도착했다"고 전하고 이들 대표의 신원을 공개했다.

임을출 기자

박성희등 방북 5명 귀국

지난 91년 전대협 대표로 밀입북한 뒤 베를린에 머물러온 박성희(28)씨와 성용승(28)씨 등 국가보안법 위반 혐의를 받고 있는 해외체류 공안사범 5명이 7일 오후 김포공항을 통해 자진 입국했다.

이날 입국한 사람들은 박씨와 성씨 외에 지난 94년과 96년에 한총련 대표로 북한을 방문한 뒤 베를린에 머물러온 최정남(28), 유세홍(27), 도종화(24)씨 등이다. 국가보안법 위반 혐의로 사전영장이 발부돼 있던 박씨 등은 공항에서 대기하던 안기부 요원들에게 연행돼 현재 안기부에서 조사를 받고 있다.

이종규 기자

'南따로 北따로' 8·15통일대축전 폐막

한총련과 범민련의 참여 문제를 둘러싼 남북의 견해차로 끝내 공동개최가 무산된 8·15통일대축전이 15일 양측 지역에서 각각 폐막됐다.

민족화해협력범국민협의회(민화협) 준비위원회는 15일 임진각에서 대축전 남측추진본부 주관으로 8·15 53주년 기념식을 갖고 13일부터 남측 단독으로 가져온 통일대축전 행사를 마무리했다.

민화협은 이날 행사에서 남북 공동의 통일대축전이 이뤄지지 못한데 유감을 표시하고 앞으로 남북기본합의서 실천을 위해 노력하겠다고 밝혔다.

한편 북한은 이날 판문점 북측지역인 판문각 앞에서 노동당 대남담당비서 겸 최고인민회의 통일정책위원장 김용순(金容淳) 등이 참석한 가운데 통일대축전 이틀째 행사를 가졌다.

북한방송은 이 행사에 방북중인 천주교 정의구현사제단 문규현(文奎鉉) 신부와 최근 밀입북한 한총련 대표 2명이 참석했다고 전했다. 〈한기흥기자〉

eligius@donga.com

동아일보사가 만드는 시사주간지
NEWS+

〈 그림264: 1998년 8월 8일 자 한겨레, 8월 17일 자 동아일보 〉

같은 날 판문점 북측지역인 판문각 앞에서 노동당 대남담당 비서 겸 최고인민회의 통일정책위원장 김용순 등이 참석한 가운데 통일대축전과 제

29 한총련 범민족대회 개최, 2,000여 명 서울대 모여, 「한겨레」, 1998.8.14.

30 통일대축전 불법시위, 한총련 등 205명 연행, 「동아일보」, 1998.8.17.

9차 범민족대회를 개최했다. 이 행사에는 8월 7일 오후 8 · 15 통일대축전에 참가하기 위해 평양에 도착한 김대원(건국대 4년)과 황선(덕성여대 4년) 두 학생과[31] 10년 전인 1989년 8월 15일 임수경과 함께 판문점 군사분계선을 넘어 남으로 내려왔다가 구속되었던 문규현 신부가 참석했다.

한편, 민족화해협력범국민협의회(민화협) 준비위원회는 임진각에서 통일대축전 준비위원회 남측추진본부 주최으로 8 · 15 53주년 기념식 및 '8 · 15 통일대축전 판문점 대회'를 개최했다.[32] 이 단체는 이틀 전인 13일 세종문화회관 대회의실에서 '한반도 평화와 통일을 위한 국제학술토론회'를 개최한 바 있다. 그 외 전국연합과 민주노총은 8월 15일 장충단공원에서 '노동자 통일 한마당(민주노총)'과 '남북합의서 이행과 평화군축 실현을 위한 98 자주통일 결의대회'를 열었다.[33] 범민련 · 한총련(서울대), 북한(판문점 북측지역), 민화련(임진각), 전국연합과 민주노총(장충단공원)… 이렇게 제각각 열린 1998년 8 · 15 통일대축전은 통일운동 세력의 분화 · 분열을 예고한 셈이다. 「한겨레」는 찢긴 통일대축전에 대해 사설을 통해 다음과 같이 논평했다.

> 올해 광복절에는 모처럼 분단의 상징인 판문점에서 남북 겨레가 한데 어울려 통일축전 한마당을 벌일 수 있으리라는 기대로 한때 우리의 가슴은 뛰었다. 새 주석 선출을 앞두고 있는 북에서 축전 성사에 전보다 긍정적으로 임할 것으로 믿었고, 여기에 우리

31 한총련 대표 2명 방북, 「한겨레」, 1998.8.8.

32 '남 따로 북 따로' 8 · 15 통일대축전 폐막, 「동아일보」, 1998.8.17.

33 『범민련 10년사』, 조국통일범민족연합남측본부, 2000, p.135.

정부도 민간단체의 행사 참가 허용이라는 어려운 결단을 내렸기 때문이다. 그러나 그런 기대는 끝내 물거품이 되고 말았다. '민족의 화해 · 평화 · 통일을 위한 대축전 남쪽추진본부(추진본부)'가 결성되고, '민족화해협력 범국민협의회(민화협)'도 출범하면서 축전 성사를 위한 활발한 논의가 다각적 노력이 기울여지는가 싶었으나, 결국 북한과 실질적 협의도 해보지 못한 채 광복절을 맞게 된 것이다.

축전 무산을 일단 북쪽에 돌릴 수도 있을 것이다. 북한이 범민련과 한총련이 행사주체가 되어야 한다는 해묵은 주장에 계속 매달렸기 때문이다. 그렇다고 그쪽에만 온통 책임을 돌릴 일은 아니다. 지난날 무리하게 이 행사에 참가하려다 불법단체로 몰리게 된 한총련과 범민련 문제에서 새로운 해법을 찾지 못하고, 이 행사의 대북 접촉창구를 어디로 해야 하는지도 분명하게 매듭짓지 못했던 점들이 문제로 지적되어야 할 것이다. '추진본부'는 구성원이 바뀌는 한총련은 어찌할 수 없다 하더라도, 범민련은 그 간부들을 개인 자격으로 참여토록 하는 방법을 통해 문제를 풀어가려 했다. 정당 사회단체 명의로만 가입할 수 있는 민화협은 범민련 문제는 논외로 제쳐놓은 채 여야정당을 포함해 보수 · 진보가 폭넓게 참여하고 있다는 명분을 내걸어 대북접촉의 주도적 구실을 하려 했다.

남북축전이 통일로 가는 길에 놓인 반드시 건너야 할 다리일 수는 없다. 그럼에도 이 축전을 열자는 논의가 있고부터 이제까지 우리 사회는 너무나 큰 희생과 대가를 치렀다. 국민의 통일 염원을 달리 표출할 길이 없었던 까닭이기도 했으리라. 정부는 소모적인 희생이 계속되어야 할 이유가 없다는 판단 아래 올해 '축전 참여 허용'이라는 어려운 결정을 했을 것이다. 그러나 지난날의 짐스러운 유산을 극복하지 못하면서 모처럼 내린 용단이 빛을 잃게 되었다.

이번 축전이 성사되지 못한 아쉬움은 크다. 그러나 더욱 크게 다가오는 실망은 남북한의 총체적 역량이 통일문제를 논의할 수 있는 수준에 너무도 미치지 못하고 있음을 재확인하게 했다는 사실이다. 아직도 남북동포가 중립지대에 모여 통일을 소리 높이 외쳐보는 수준의 행사도 합의해 내지 못한다면, 구체적인 통일문제는 언제쯤에나 이야기할 수 있다는 것인지 답답하기만 한다.[34]

"범민련·한총련 탄압 중지하라"
범민련 북쪽본부

조국통일범민족연합(범민련) 북쪽본부는 13일 담화에서 범민련 남쪽본부와 한총련이 추진하고 있는 8·15 통일대축전 행사와 관련해 "민족적 화해와 단합을 도모하고 나라의 자주적 평화통일의 길을 열어나가기 위한 애국애족적 통일축전"이라며 "이들에 대한 탄압을 당장 중지해야 하며 통일대축전을 가로막지 말아야 한다"고 주장했다.

강희남 목사등 4명영장

서울경찰청은 17일 서울대에서 8·15 통일대축전 행사를 주최한 혐의(국가보안법 위반)로 범민련 남측본부 의장 강희남(78) 목사 등 범민련 간부 4명의 구속영장을 신청했다.

김창석 기자

밀입북 한총련2명 검찰 사전영장

서울지검 공안2부(부장검사 신태영·申泰暎)는 북한에서 개최된 통일대축전에 참가하기 위해 7일 입북한 김대원씨(건국대 축산경영학과 4년)와 황선씨(덕성여대 국어국문학과 4년) 등 한총련 대학생 2명에 대해 19일 법원에서 사전구속영장을 발부받았다.

검찰은 김씨 등에 대해 국가보안법 위반혐의를 적용, 이들이 귀국하는 대로 구속수사할 방침이다.

〈신석호기자〉
kyle@donga.com

범민련 사무처장 간첩혐의 구속

국가안전기획부는 재일 북한공작원과 연계해 범민련과 한총련의 친북활동을 주도하고 간첩활동을 해온 혐의로 범민련 남쪽본부 사무처장 최진수(35)씨를 구속해 검찰에 송치했다고 14일 밝혔다. 최씨는 지난해 6월 범민련 남쪽본부 사무처장에 임명된 뒤 북녘동포돕기 운동으로 모금한 미화 2만달러를 범민련 공동사무국 사무부총장인 박용(50)씨에게 송금하고, 12월에는 박씨한테서 범민족대회 행사용품 구매비용으로 1200만원을 송금받은 혐의를 받고 있다. 최씨는 또 박씨의 지시에 따라 올 7월 북한에서 열린 8·15통일대축전에 김대원(건국대4), 황선(덕성여대4)씨 등 한총련 대표 2명을 밀입북시킨 혐의도 받고 있다고 안기부는 밝혔다.

김창석 기자

〈 그림265: 시계방향, ① 1998년 8월 15일 자 한겨레, ② 8월 18일 자 한겨레, ③ 8월 20일 자 동아일보, ④ 9월 15일 자 한겨레 〉

34 다시 무산된 남북통일축전(사설), 「한겨레」, 1998.8.14.

북쪽은 통일대축전의 무산을 범민련 남쪽본부와 한총련에 대한 탄압으로 보았다. 범민련 북쪽본부는 8월 13일 담화에서 "민족적 화해와 단합을 도모하고 나라의 자주적 평화통일의 길을 열어나가기 위한 애국애족적 통일축전"이라며 "이들에 대한 탄압을 당장 중지해야 하며 통일대축전을 가로막지 말아야 한다"고 주장했다.[35]

그러나 북쪽의 반응과 무관하게 남쪽의 공안당국은 8월 15일 이후 즉시 범민련 남쪽본부와 한총련에 대한 사법 처리를 강행했다. 8월 17일 오전 9시경 범민련 남측본부 사무실 압수수색이 시작이었다.[36] 같은 날 서울경찰청은 서울대에서 8 · 15 통일대축전 행사를 주최한 혐의(국가보안법 위반)로 범민련 남측본부 의장 강희남(78) 목사 등 간부 4명의 구속영장을 신청했다.[37] 이틀 후인 19일에는 서울지검 공안2부는 통일대축전에 참가하기 위해 입북한 김대원 · 황선 두 학생에 대한 사전구속영장을 발부받았다. 그리고 국가안전기획부는 9월 14일 범민련 남측본부 사무처장 최진수(35)를 구속해 검찰에 송치했다. 재일 북한 공작원과 연계해 범민련과 한총련의 친북 활동을 주도하고 간첩활동을 해왔다는 혐의였다.[38]

35 "범민련 · 한총련 탄압 중지하라" 범민련 북쪽본부, 「한겨레」, 1998.8.15.

36 『범민련 10년사』, 조국통일범민족연합남측본부, 2000, p.135.

37 강희남 목사 등 4명 영장, 「한겨레」, 1998.8.18.

38 범민련 사무처장 간첩혐의 구속, 「한겨레」, 1998.9.15.

:: 02 ::

민화련 · 민화협의 출범 그리고 범민련과의 갈등

3일 열린 민족화해협력 범국민협의회 결성식에서 한광옥상임의장(왼쪽에서 세번째)등 의장단이 손을 들어 인사하고 있다. 우철훈기자

'民和協' 출범

상임의장에 한광옥씨

민간 통일운동협의체인 「민족화해협력 범국민협의회」(민화협)가 3일 서울 종로5가 연강홀에서 결성식을 갖고 공식출범했다.

상임의장으로 선출된 한광옥(韓光玉)국민회의부총재는 대회사를 통해 「민화협은 국민의 성숙한 통일의지를 바탕으로 민간차원의 실천적인 통일운동을 이끌어 나가고 본격적인 남북 민간교류시대를 열어 나가겠다」고 밝혔다.

/관련기사 6면

민화협은 이날 결성식에서 남북기본합의서 실천 범국민운동, 통일기금조성, 북한동포돕기, 이산가족 생사확인, 남북 문화·학술교류 등을 골자로 한 향후 사업계획 구상안을 확정했다. 민화협에는 국민회의, 자민련, 자주평화통일민족회의, 전국교직원노동조합, 이북5도민회 등 171개 정당·사회단체가 참여했다. 이대근기자

〈그림266: 1998년 9월 4일 자 경향신문, 민화련 준비위원 확대회의를 마치고…(1998.9.7.)〉

1998년 9월 3일, 8 · 15 통일대축전을 즈음하여 성립된 민족화해협력 범국민협의회(민화협)가 공식출범했다. 상임의장으로 선출된 한광옥 국민회의 부총재는 "민화협은 국민의 성숙한 통일 의지를 바탕으로 민간 차원의 실천적인 통일운동을 이끌어 나가고 본격적인 남북 민간교류시대를 열어나가겠다"고 밝혔다. 민화협에는 국민회의, 자민련, 자주평화통일민족회의, 전국교직원노동조합, 이북5도민회 등 171개 정당 · 사회단체가 참여했다.[1]

1 '민화협' 출범, 상임의장에 한광옥 씨, 「경향신문」, 1998.9.4.

한편, 비슷한 명칭의 통일운동단체가 비슷한 시기에 출범했다. 1998년 9월 28일, 민족화합운동연합(민화련)이 수운회관에서 창립 대회를 가졌다. 의장단은 다음과 같다.[2]

- 대표의장: 김병걸(전 서울산업대 교수, 민족문학작가회의 고문)
- 상임 공동의장: 전창일(통일운동가), 김자동(광복회원, 전 언론인), 전재호(서울연합 상임의장 대행, 삼기건설 회장)
- 공동의장: 김상찬(통일운동가), 강창덕(통일운동가), 김희섭(전 계명대 총장), 추영현(출판사 대표, 전 언론인), 김철운(서울연합 공동의장, 충·효·예 실천본부 총재), 윤갑수(예비역 장성), 최자웅(성공회 신부, 시인), 홍성덕(한국여성국극예술 협회장, 서울 국악예술 단장), 박영하(변호사, 동서화합실천연합 회장), 김문기(예비역 장성), 정연권(언론인), 박용규(전 시의원, 회사대표)

감사는 이창복(전 대학강사), 주광덕(변호사), 윤석만(민국상호신용금고 상무회사) 등이 선임되었고 그 외 전재호, 빙인섭, 황용만, 장종식, 진병호 등 25명의 이사, 32명의 고문(유혁, 이종린, 김병권, 이준우, 송기인 등), 19명의 지도위원(조용준, 조선환, 윤화영 등)으로 지도부를 구성했다. 사무총장은 노승일(건강한 민주시민모임 부회장)이 맡았다. 창립대회(1998년 9월 28일) 팸플릿에 따르면 민화련은 아래와 같은 과정을 거쳐 성립되었다.

2 민족화합운동연합 창립대회(1998년 9월 28일) 팸플릿 및 관계자료

① 1998년 1월 4일: 전재호, 빙인섭, 황용만, 장종식 등이 가칭 '민주화합추진협의회' 구성, 김병걸 합류

② 5월 14일: 주비위 결성보고회(주비위원장-김병걸, 부위원장-전창일 · 김자동 · 이흥록)

③ 7월 16일: 프레스센터에서 발기인 대회(400여 명 참가)

④ 9월 22일: 한일관에서 서울연합 발기인 및 창립대회

⑤ 9월 28일: 수운회관에서 민족화합운동연합 창립대회

1998년 9월 14일 출옥한 전창일은 천도교 수운회관(서울특별시 종로구 경운동 삼일대로 457)에서 개최된 민화련 창립대회에 모습을 드러내면서 사회생활을 다시 시작했다. 그가 민화련의 상임부의장으로 활동한 배경에 대해 살펴보기로 하자.

노태우 정권과 마찬가지로 김영삼 정권도 범민련을 이적단체라는 불법단체로 규정하여 탄압하였다. 이로 인해 범민련의 활동은 많은 어려움을 겪을 수밖에 없었다. 그러나 새로 출발하는 김대중 정권에 큰 부담이 되는 점을 고려하여 범민련의 존립전략을 발전적으로 현실화함으로써 남측에서의 통일운동을 대중적으로 강화하여, 탄압으로 침체된 범민련 운동을 보완하는 차원에서 민화련을 조직할 필요성을 인식하였다. 강희남 목사와 상의하였더니 동의하였다.

그리하여 전두환 정권하에서 '김대중 내란음모 사건' 연루 혐의

로 구속되어 모진 고초를 당했던 내 친구 김병걸[3] 교수를 대표의 장으로 추대하였고, 상해임시정부 임시정부 집안[4]에서 출생하고 성장하여 백범 김구와 함께 조국을 찾아와 단선 단정을 반대하며 이승만과 군부 독재 정권에 저항했던 친구 김자동 등과 함께 상임 공동의장을 맡았다. 범민련 해외본부 공동사무국에도 이러한 사정을 알려 이해를 구했다.

그 무렵 북측에서 민족화해운동협의회(민화협)란 새로운 통일 운동체를 발족시켰다. 곧이어 남측 김대중 정부에서도 유사한 명칭의 민족화해협력범국민협의회(민화협)가 창립되어 남북의 두 단체가 지금까지도 남북문제를 협의하고 있다. 민화련을 비롯한 대부분의 사회단체들이 남측 민화협에 가입하고 있다. 하지만 이명박, 박근혜 시절의 민화협은 별다른 활동이 없었다.

3 김병걸(金炳傑, 1924~2000); 함경남도 이원군 출신으로 초등학교 졸업 후 일본의 동경에 있는 상업학교(도쿄 메지로 상업학교)에 입학을 한 후 경제적 빈곤을 비롯한 온갖 험난한 유학 생활을 마친 후 일제 말 귀국을 하였다. 1946년에 혼자 삼팔선 이남 지역으로 내려왔다. 피난민 시절 외국어 공부에 힘을 쏟아 1949년에 김포농업고등학교의 영어교사가 된 이후 인천과 서울의 여러 고등학교에서 교사로 근무하였다. 한국전쟁 와중에 의용군으로 끌려간 이력 때문에 곤욕을 치르기도 하였다. 1963년 경기공업전문대학의 교수로 부임하였고, 1974년 민주 회복 국민선언에 참여하였다는 이유로 해직되었다. 1975년에는 민주회복 국민 회의 중앙운영위원 및 1978년에는 '해직교수협의회' 결성과 활동에 참여하는 등 이후 1980년대에 이르기까지 양심적 지식인으로서 사회에 참여하는 실천적 면모에서 여실히 나타난다. 1974년에 교수직에서 해직되었다가 1984년에 복직이 허용되었으나 그는 복직을 거부하고 재야에 남아 민주통일민중운동연합 창설에 참여하였고, '자유실천문인협의회'가 개편된 '민족문학작가회의'의 고문을 지냈다. 그러는 동안 그는 1979년에 YMCA 위장결혼식 사건과 '김대중 내란음모 사건'에 연루되면서 고초를 겪었다. 김병걸은 문학평론가로서, 그리고 리얼리스트로서 민주주의적 삶을 훼손시키는 반민족적 · 반민중적 유무형의 모든 권력에 대해 치열히 투쟁하고 저항하였다.《한국민족문화대백과사전》

4 김자동은 1928년 상하이 임시정부청사 인근 아이런리(愛仁里)에서 독립운동가인 부친 김의한 선생과 모친 정정화 여사 사이에 외아들로 태어났다.

> 김병걸 교수가 대표하던 민화련은 크게 발전되어 전국적(남측)으로 조직이 확대되었다. 통일원에 등록된 사단법인체였기 때문에 불법화된 범민련의 어려움을 보완하는 역할을 담당하는 통일운동체로 성장하였다. 본인은 범민련 상임부의장직을 사임하면서 범민련 해외본부 사무국장에게 알렸다. 범민련을 아주 떠나지 말고 고문직을 맡아달라는 사무국장의 부탁에 동의하여 강희남, 이종린, 나창순 상임의장 시기에는 고문역할을 하였다.
>
> 그러나 상임의장으로 이규재가 선임되면서 명목상의 고문직에 있다가 사임하였고, 현재는 무직책 협력자로 있으나 범민련의 활발한 활동과 발전을 바라는 마음은 변함없다.
>
> 민화련도 이명박, 박근혜 집권 하에서 통일원과의 관계도 소원해지고 민화련이 관련했던 맥아더 동상철거운동과 연방제통일추진운동본부(연방통추) 대표 김수남 의장의 구속 등 직간접 탄압으로 활동이 저조해지며 유명무실한 상태에 있다.[5]

전창일은 이 글을 통해 민화련의 성립과정 그리고 통일운동에 있어 민화련의 역할과 그 후의 상황 등에 대하여 담담하게 서술했다. 그러나 이 회고담에 빠진 사건이 하나 있다. 범민련 인사들과의 불화에 관한 것이다. 전창일은 “범민련에서 반발하는 거예요. 또 새로운 것 만들었다고. 내가 그들을 설득시키는 데 한계가 있었습니다. 그래서 일부 범민련 사람들은 나에 대해서 좀 실망을 했던 것도 사실인 것 같습니다. 이러한 상황에서 민화련 활동을 함께 활동하기로 했던 강희남 의장이 못

5 전창일 자필 기록, 2021년 3월

하겠다고 하고…"[6]라는 일화를 남겼다. 전창일의 활동을 이해하지 못한 대표적 인사로 이천재를 들 수 있다. 그는 자서전[7]을 통해 전창일을 지나치다 할 정도로 악평을 한 바 있다. 아래에 일부를 소개한다.

① 민자통이 범민련에 J 씨를 추천해서 부위원장을 맡았는데 그는 사실상 문익환 목사나 이창복 씨 혹은 김희선 등과의 관계에서 세련된 부르주아적 처세를 했다.(p.23.)

② 안기부고 경찰이고 프락치의 구분까지도 하려 들지 않는 관념적 사고에다가 탄압을 극복의 대상으로 보기보다는 침묵으로 모면해 보고자 하는 그의 비운동적 사고는 사실상 민자통에서나 범민련에서나 운동의 침몰과 자연사를 유도했다 할 것이다.(p.23.)

③ NL의 '썩고 병든 일부 사람들'보다는 '원칙이 있고 이론이 있는' PD를 나(이천재 본인)는 사랑한다.(p.34.)

④ 범민련이 결성되면서 내가 부의장에 피선된 것도 전형위원 7명 중 부산의 서상권 선생의 추천에 단 한 사람의 반대도 없었던 걸로 알고 있으며 훗날 정체를 알 수 없는 J 씨까지도 감히 반대할 명분을 찾지 못했다.(p.73.)

⑤ 범민련의 실세요 실질적으로 전권을 행사하다시피 한 J씨는 공동사무국과의 전화통이나 붙들고 고등정치나 하려 들었지 사업적 사고를 하지 않았다. 그러면서 조직의 중요한 논의를 되도록 몇 사람끼리 숙덕숙덕하여 결정하려 드는 종파주의적 사업작풍이 드러나기 시작했고 나를 경계하는 태도가 분명했

6 『인민혁명당과 혁신계의 활동, 주요인사(전창일 님) 구술사료 수집』, 4 · 9 통일평화재단, 2014.2.3., p.268.

7 이천재, 『고백』, 도서출판 민, 2000.12.27.

다.(pp.80~81.)

⑥ 나는 몹시 취했었다. 그러면서도 이 사람이 나와 단 두 사람이 마주 앉아 한잔 더하자는 데는 그럴 이유가 있을 것인데 하는 긴장을 떨칠 수 없었다.

"이천재 동지 나는 8남매요. 그중 7남매가 북에 있소. 7남매가 북한에서 사회적 지위가 어떤지 또 어디에 살고 있는지 알고 있소." "아아 그렇군요." "나는 7남매의 정치적 사회적 입장을 위해서도 통일운동을 안 할 수 없는 사람이요. 그러니 날 도와주시오. 그러면 이천재 동지 활동비도 어렵지 않게 도와주리라."

순간 나는 참을 수 없는 치욕을 느꼈지만, 이 복잡한 애국자(?) 앞에 유리알처럼 투명하게 자신의 양심을 내보인다는 것이 너무도 치졸한 것 같아서 이를 깨물고 참았다.(p.81.)

⑦ 나는 지금도 의문인 것은 앞이 꽉 막힌 조건에서 하나의 대회를 주장한 J씨의 의도가 무엇인가와 함께 종파주의는 노선과 이념의 문제가 아니라는 것을 새삼 깨달았다.(p.85.)

⑧ 개인자격의 부의장 J 씨가 지역조직이자 노동자들의 조직을 대표하는 정 동지를 거부한 것이다. 솔직히 말하자면 종파주의자 J 씨의 눈에는 자기 사람이 될 것 같지 않다는 판단 때문에 반대한 것으로 나는 기억한다.(p.86.)

⑨ 김일성을 존경한다고 한 사람들은(한 분은 작고) 똥 쌀 자리 오줌 쌀 자리의 분별력도 없이 민화협인지 어딘지 하는 친여 단체에 가서 만세를 불렀다는 소리를 듣고는 그 늙은 연륜이 안쓰러워 나는 눈물을 흘리기도 했다.(p.92.)

⑩ 그 후 그 종파주의자 정체불명의 J 씨와 G 감사가 범민련 다수파와 며칠을 쑥덕공론하던 중 마침 의장단회의에 불참한 기회를 전격적으로 이용하여 의제에도 없는 징계안을 상정시켰다는 것을 나는 차차 알게 되었다.(p.104.)

⑪ 전차 안 노약자 좌석에서 펴들고 보니 한 장은 종파주의자 J씨의 명의로 돼

> 있고 한 장 반 정도는 두 사람의 감사 명의로 된 문건이었는데 직무대행도 아닐뿐더러 사실상 범민련을 떠난 J 씨가 무슨 자격으로 썼는지도 모르겠고, 두 감사 역시 행정적 격식도 없는 문건을 내놨으니 자격이나 형식이야 또한 그렇다 치자. 내용이라는 게 가관이었으니 경성제대와 명문 사립대학에 신학대학의 그 화려한 학벌에 비해 참으로 초라한 문장이었다. 첫째 이천재는 문익환 목사와 이부영 씨도 기피한 인물이었고, 둘째 재판을 받을 때 저만 빠져나가려고 무정부주의자라고 했고, 셋째 이천재는 불난 집에 와서 군밤을 주운 사람이고, 넷째 신참자가 고참자를 폄하하였으며, 다섯째 이천재의 상임부의장 직위는 자천한 것이니 부의장이 아니고, 여섯째 이천재는 무정부주의자 정당을 말아먹은 사람이라고 말했다 한다.(p.107.)

위 자서전을 전창일은 읽지 않았다. 하지만 많은 이들이 귀띔을 해주었던 모양이다. 국사편찬위원회, 4 · 9 통일평화재단 등과의 구술 사료 작업과정에서 범민련 동지들의 불협화음에 대해서 말을 아꼈던 전창일은 해명할 필요가 있다고 판단했다. 전창일은 이천재와 관련된 자신의 경험을 정리해 아래와 같은 자필 기록을 남겼다.

> ① 이현수 동지가 수원교도소에 면회를 와서 뜻밖의 이야기를 했다. 이천재에 대하여 아주 실망했다고 하면서 그를 운동권에 내세운 것에 대해 반성한다고 했다. 왜 그러냐고 물었더니 법정에서 재판받는 태도에 아주 실망했다고 답변하며 다시 사과했다. 나는 듣고만 있었다.
>
> ② 이천재를 민자통 공동의장으로 추천한 사람이 이현수 동지였다. 뿐만 아니라 각 운동단체 연합체인 전민련과 민주통일국민회의에 민자통 대표로 파견한 것도 이현수 상임의장이었다. 전민련 이부영 의장이 면담을 요청하여 만

났더니 민자통 대표로 나오는 이천재 씨를 교체해 달라고 한다. 왜 그러냐고 했더니, 회의진행을 방해하고 인품이 틀렸다고 하면서 나에게 계속 나오라고 요청했다. 그러나 나는 민자통 의장직을 이미 사임했다고 알리면서 상임의장 이현수에게 전하겠다고 했다.

③ 민주통일국민회의 대표의장 문익환 목사가 만나자고 하였다. 똑같은 이야기, 이천재 씨 제적요청이었다. 이현수 상임의장은 전민련과 국민회의 파견대표를 이종린 공동의장으로 교체하겠다고 하였다.

④ 나는 범민족대회와 범민련 조직에 전념하였다. 그 과정에 세 번 투옥되었는데, 두 번째 구속 1심 재판에서 검사의 구형 13년에 징역 1년 6월 언도받았고, 2심 재판에서 검찰은 여전히 구형 13년을 유지하면서 “전창일 피고는 전형적인 친북인사로서 적극적인 이적범 인바 이러한 사실은 상 피고인 이천재의 진술에서도 확인된다.”라고 하면서 증인신청을 했다. 방청석에서는 모두가 놀란 표정을 지었다.

이튿날 아내가 면회를 왔다. 방청인들이 이천재의 집 주소를 알려주면서 부인을 만나 검사의 증인요청을 거부하도록 부탁하라고 했다고 한다. 알려준 주소대로 찾아가 이천재의 부인을 만나 자초지종을 이야기했더니 부인이 “당연히 거부해야지요”라고 쾌히 동의하면서 내일 영등포 구치소에 찾아가 남편을 만나 설득하겠다고 약속했다. 이천재는 법정에 나타나지 않았다.

나는 이 법정에서 검사의 기소장에 기재된 범법 논고를 모두 거부한다고 진술했으나, 다만 한 가지 “전형적인 친북인사”라는 주장만은 시인한다고 하였다. 평화통일을 주장하면서 어떻게 친북하지 않을 수 있으며, 반북하면서 통일운동이 성립할 수 있겠는가? 자주적 평화통일운동에서 반북은 존재할 수 없다. 똑같이 북에서도 자주적 평화통일을 위해 반남이 아니고 친남이 돼야 한다고 주장했다. 친북이 범죄라면 달게 받겠다고 했다. 남북이 서로 친북 · 친남 할 때 통일은 실현되기 때문이다.

⑤ 출옥 후 국회의사당 앞에서 재야민주단체들이 국가보안법 철폐를 위한 집회가 있어 나갔더니 이천재 역시 나왔다. 전술한 바와 같이 범민련 재판에서 검사가 나에게 불리한 진술을 시키려고 이천재를 증인 신청한 바 있었으나 부인의 만류로 출정하지 않았다는 기억이 났지만, 아무튼 그 역시 통일운동의 오랜 동지라는 생각에 악수하려고 손을 내밀었다. 하지만 그는 나의 악수를 거절하였다. 난생처음 악수를 거절당하는 수모를 겪었다. 이후 지금까지 그를 만나도 외면하고 있다. 나는 이천재가 악수를 거절한 이유를 아직도 모르고 있다.

2021년 12월 말경, 전창일은 이천재의 회고록 내용 대부분을 파악하게 되었다. 그동안 전해 들은 것보다 훨씬 심각한 내용이었다. 범민련 동지들 간의 불협화음 정도가 아니었고, 범민련에 대한 오해의 차원을 넘어 통일운동에 대해 불신을 조장할 수 있는 발언임을 깨달았다. 보다 정확한 정보를 전달할 필요성을 느낀 전창일은 아래와 같은 증언을 다시 기록했다.

벌써 여러 해 전 이천재 회고록이 출판된 후에 나의 명예를 염려하는 주위 몇 분이 귀띔해 주는 말에 나는 그냥 듣고 넘겼다. 정치적 활동가의 명예는 정치적 생명이다. 조직 성원의 명예는 조직의 명예다. 또다시 조직분규의 재발이 염려되었기 때문이다. 회고록을 집필하면서 나에 대한 악담을 기록한 이천재 씨의 회고록에 대한 해명이 필요하다는 생각이 들기 시작했다. 편집과 평전을 맡은 김상구에게 문제의 이천재의 회고록을 읽어보고 기재해달라고 부탁하였다. 그가 발췌한 열한 가지 항목을 읽어보니 모두가 황당무계한 날조극이었다. 대꾸할 가치조차 의심스러워 집필을 망설였지만, 범민련과 통일운동가들의 명예를 위해 자료를 남겨야겠다는 생각으로 이천재의 주장에 대해 나의 소견을 밝힌다.

이천재 동지는 범민련을 계급혁명조직으로 혼동하고 있는 것 같은 느낌이다. 조국통일 범민족연합은 이름 그대로 조국의 자주적 평화통일을 지향하는 범민족연합체이다. 부르주아적이니 종파주의자8이니… 이천재는 범민련에서는 사용해선 안 될 용어들을 나열하고 있다.

8 [종파주의 (宗派主義, sectarianism)] ①개인이나 분파의 이익만을 추구하는 태도《네이버 국어사전》 ②조직체 내부의 한 분파가 자기들의 주장만을 내세우고 남을 배척하는 태도. 공산주의 운동을 진행하는 과정에서 이 운동을 수행하는 정당이나 집단이 쓸데없이 혁명적 언어나 태도를 이유로 하여, 행동의 통일을 위해서는 필요한 다른 집단과의 타협이나 양보를 물리치고 생생한 현실을 받아들이려고 하지 않음으로써 현실에서 동떨어진 고립적인 집단으로 전락하는 결과를 초래하는 사상과 행동 · 태도를 말한다. 즉 그것은 대중으로부터 유리되어 현실에 보이는 혁명적 가능성을 활용하려고 하지 않고 당면한 생활에서 생긴 절실한 문제에 대해 관심을 두려고 하지 않는 태도이다. 이것은 보기에는 혁명적인 것 같지만 실제로는 혁명운동의 진전에 막대한 해를 끼친다. 이 섹트주의의 사상적 근원이 되는 것이 바로 교조주의이다.《『철학사전』, 중원문화, 2009》 ③북한은 종파주의를 '당의 통일과 단결을 와해시키며 노동운동을 파괴하는 반당적이며 반혁명적인 사상'으로 규정하고 종파주의자를 반혁명적이고 반당적인 세력으로 취급한다. 특히 북한은 종파주의의 가장 중요한 본질은 '수령의 권위와 위신을 헐뜯고 수령의 영도와 당의 역사적 뿌리인 혁명전통을 거부하는데 있다'면서 종파주의의 사상적 근원을 개인 영웅주의와 출세주의에서 찾고 있다.《『북한 지식사전』, 통일원 국립통일교육원》 ④종파주의는 당의 통일과 단결을 와해시키며 로동운동을 파괴하는 해독적인 사상(『김일성전집』3권, p.322.), 종파주의의 가장 중요한 반동적 본질은 수령의 권위와 위신을 헐뜯고 수령의 령도와 혁명전통을 거부하는 데 있다.《『조선말대사전』 2권, 사회과학출판사(평양)》 [종파주의자] ①종파주의를 따르거나 주장하는 사람《네이버 국어사전》 ②종파주의 사상에 빠져서 온갖 못된 짓을 다 하는 반혁명적이며 반당적인 분자《『조선말대사전』 2권, 사회과학출판사(평양)》

"NL의 '썩고 병든 일부 사람들'보다는 '원칙이 있고 이론이 있는' PD를 나(이천재)는 사랑한다."라는 말도 문제가 많다. 통일운동을 한다는 사람이 어떻게 PD 계열의 사람들을 원칙이 있고 이론이 있다고 주장하고 있는가? 그리고 무슨 근거로 NL계 일부 사람들이 썩고 병든 사람들이라고 판단하는가? 통일운동 진영을 분열시킨 PD를 찬양하고 NL를 폄하함은 범민련 성원으로서 할 수 없는 말이며 제 얼굴에 침 뱉기와 같다. 경악을 금치 못할 발언이다.

범민련 상임부의장 자천 문제에 대해 실상을 알리고자 한다. 범민련 활동 중 나는 당국으로부터 24시간 감시 대상인물로 지정되어 일거수일투족 많은 제약을 받으면서 활동했다. 그 고통은 당해보지 못한 사람은 이해하기 어려운 저 강도 고문의 연속이었다. 범민련에는 당시 비공개 후원단체와 개인이 있었다. 그중 하나가 김대중 씨 처남 이철호 씨가 대표로 있는 '민족평화문화협의회(민평협)'이다. 사무실이 종로5가 번화가에 있었는데, 종로6가에 있는 범민련 사무실과 가까웠다.

범민련 활동에 헌신적으로 공헌한 이관복, 강순정 동지도 이 단체 추천으로 범민련 성원이 되었다. 그 외 고문 중에도 한두 명 있었던 것으로 기억한다. "종로6가에 있는 범민련사무실은 당국의 감시가 심하여 출입에 어려움이 많다"고 말하니, 이철호 씨는 "5가에 있는 민평협 사무실도 활용하라"고 하면서 나에게 열쇠를 주었다. 그 후 범민련 회의를 민평협 사무실에서 자주 가졌다.

범민련 남측본부는 가중되는 탄압으로 오랫동안 결성식을 하지 못하고 준비위원회 간판으로 활동을 지속해왔다. 그 과정에서 준비위원회 상임의장 문익환 목사가 구속되자 강희남 목사가 상임의장 직무대행으로 선출되었다. 실행위원장에는 이창복, 부위원장으로 김희선이 임명되었다. 나는 조직위원장을 맡고 있었다.

문 목사 출옥 후, 범민련을 해체하고 새로운 통일 운동체를 만들자는 새통체 운동으로 인해 범민련이 심각한 위기에 처했다. 그 무렵 나는 강희남 의장과 굳게 손을 잡고 범민련을 고수하였다. 고수파 모임에서 내가 상임부의장으로 선임되었는데, 강 의장이 교회활동 관계로 전주에서 서울로 오지 못할 경우 내가 의장직을 대행하였다. 하지만 언제 구속될지 모르는 처지에서 상임부의장으로 혼자 있는 것이 불안하였다. 조직의 안정을 위하여 이종린 동지를 상임부의장으로 보강하자고 강 의장과 상의한 후 범민련 의장단 회의에 상정하였다. 회의는 종로5가 민평협 사무실에서 개최하였다. 이종린 동지는 만장일치로 선임되었다.

그런데 이천재 동지가 손을 들고 상임부의장 자리에 두 사람보다 세 사람으로 보강하는 것이 좋겠다고 하면서 자신도 상임부의장에 넣어달라고 개의를 하였다. 자천한 것이다. 나는 회의진행방법을 어겨가면서까지 개의를 받아들였고, 자천자 이천재가 있는 자리에서 반대의견을 물었더니 모두가 침묵하여 이천재의 개의를 가결로 선포하였다. 그리하여 전창일, 이종린, 이천재 세 사람이 상임부의장으로 확정되었다. 어느 날 이천재가 자기도 상임부의장이니 범민련 공동사무국 연락업무 권한을 달라고 하였다. 나는 혼선을 우려하여 그의 요청을 묵살하였다. 그 후 내가 구속되면서 당국은 민평협 사무실을 압수 수색하여 서류와 간판을 뜯어갔다. 범민련을 후원한 보복이었다.

북에 대한 입장과 나의 가족상황에 관해 설명하고자 한다. 우리 조국을 분단해 민족을 분열시키고 통일을 훼방하고 있는 일본과 미국에 대해 친일, 친미 하는 것보다 조국의 평화통일을 위해 친북 하는 것이 너무나 당연하다. 나는 북쪽에 부모 형제 자매(6명)를 두고 있다. 한국전쟁 무렵 내 동생 셋도 징집되어 인민군이 되었을 것이다. 전쟁은 내 형제끼리 서로 총질할 것을 강요하는 비인도적 패륜이다. 그럴 수 없다. 하여 나는 운명적으로 평화통일 운동에 몸 바쳐야 한다. 내 법정진술의 한 토막이다. 이천재를 상대로 한 말이 아니다.

김대중 씨가 대통령에 당선된 후 나는 석방되었다. 범민련과 민평협의 서류, 우리 집에서 압수해간 서적 등의 일부를 되찾았다. 민평협의 서류를 반납하면서 간판은 내 손으로 제 자리에 달아주었다. 그리고 이철호 회장과 회원들에게 감사의 인사를 드렸다.

통일 운동체의 대중화 명목으로 시작된 새통체 창립운동으로 인해 범민련이 최대위기에 처했을 때 새통체 운동을 반대하고 범민련을 고수한 인사들에 의해 범민련 결성식은 결행되었다. 오랫동안의 준비위원회 간판이 철거되었고 〈조국통일범민족연합 남측본부〉란 자랑스럽고 역사적인 간판이 북측과 해외동포들의 감격적인 환영을 받으며 교체되었다.

위기를 극복한 나는 당국의 탄압을 극복하고 조직위원장의 책무를 다하기 위하여 전직 통일원 장관 신도성 박사, 전직 국회의원 이형우를 비롯하여 일제 강점기 조국의 독립을 위하여 싸우고 18년의 옥고를 경험한 노선배 이강훈 선생 그리고 빨찌산파에서 무장 투쟁한 유혁 선생 등을 고문으로 모시고 새로운 범민련 조직을 확대 강화하였다. 위기를 극복하고 조직을 구축한 공은 외면하고 '부르주아적 편향'으로 매도하니 한심하다.

남과 북(북과 남), 해외동포, 삼자연대는 통일의 세 기둥이다. 굳건한 삼발이다. 범민련은 발전하고 역사적 위대성을 발휘하고 있다. 후배 동지들의 건투를 기원한다.

:: 03 ::

마지막 범민족대회

8·15 통일의 북소리 올해도 남 따로 북 따로

남 '겨레손잡기' 등 행사…북, 범민족대회 시작

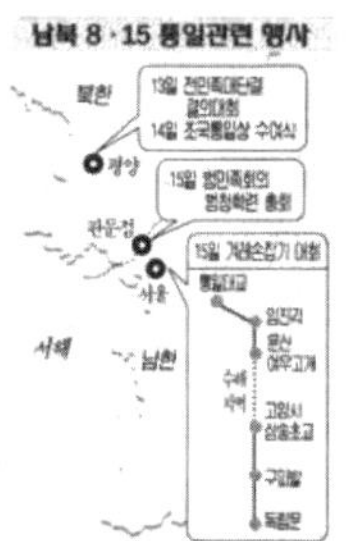

올해도 남북이 8·15 통일관련 행사를 따로 연다. 15일 남쪽에서는 '겨레손잡기 대회'가 열리며, 북쪽에서는 '제10회 범민족대회'가 13일 시작됐다. 겨레손잡기 대회는 북쪽에 의해 공동개최가 거절됐으며, 범민족대회는 남쪽에서 불법집회로 원천봉쇄되고 있는 것이다.

남쪽에서는 15일 서울 독립문~임진각~통일대교 구간에서 통일 염원을 되새기는 '겨레손잡기 대회'가 열린다.

민족화해협력범국민협의회(민화협) 등 250개 단체가 참여하는 행사는 통일로 61㎞를 인간띠로 잇는다는 계획이었으나, 당국의 불허로 판문점 행사는 취소됐다.

파주~문산 구간에선 수해지역인 점을 감안해 수해복구지원 활동으로 대체된다. 행사는 독립문~삼송초등교 11.5㎞ 구간과 문산 여우고개~통일대교 북단 5㎞ 구간에서만 진행된다.

특히 통일대교 북단을 '민족화해구간'으로 정해 박용길 장로, 소설가 황석영씨 등 남북분단을 상징할 만한 인물 100명이 남북화해의 메시지를 전할 계획이다.

북쪽에서도 이미 범민족대회 관련 행사가 시작됐다. 범민련 남측본부 대표단이 방북해 남·북·해외 대표로 구성된 공동준비위가 13일부터 전민족대단결 결의대회를 시작으로 본격적인 행사에 들어갔다. 14일 평양에서 △조국통일 수여상 △조국통일 3대헌장기념탑건립 착공식 △범민족대회 기념 사진전시회 △범청학련 통일노래 대회 등을 연다. 15일 판문점에서는 △민족의 자주와 대단결을 위한 판문점 3자연합대회 △북·남·해외 통일예술축전 △범민족회의 △범청학련 총회 등을 연다.

특이한 것은 공동준비위가 남북노동자축구대회를 범민족대회 행사일정에 끼워넣은 것이다. 이에 대해 민주노총에서는 "남북노동자축구대회를 범민족대회의 일정으로 잡는 것을 합의한 적이 없다"고 반발하고 있다.

또 북한은 민주노총 대표단을 애초 합의일정과 달리 범민족대회가 열리는 15일 판문점으로 귀환시키려 하는 것으로 알려져 귀추가 주목된다.

박병수 기자

〈 그림267: 시계방향, ① 1999년 8월 14일 자 한겨레, ② 남북노동자 축구대회를 마친 후 개최된 통일잔치ⓒ범민련, ③ 베이징에서 개최된 민족 대토론회ⓒ전국연합 ④ 99 통일대축전ⓒ전대기련(전국대학신문기자연합), ⑤ 민족의 자주와 대단결을 위한 99 범민족대회ⓒ전대기련 〉

김대중 정부의 출범과 함께 많은 통일운동단체가 출범했다. 첫해인 1998년에는 정당, 사회단체 협의회 형식의 민족화해협력범국민협의회(민화협)와 통일부에 등록된 사단법인 민족화합운동연합(민화련)이 출범했다. 이듬해 오월에는 민주노총과 전국연합이 주도하는 민족화해자주통일협의회(자통협)이 새 민간 통일 협의체로 등장했다. 자통협은 민화협에 속하지 않는 전국연합과 민주노총, 평화통일을여는사람들(평통사), 전농, 민가협, 유가협 등 25개 단체들이 지난 3월 9일 첫 준비 모음을 가진 후 5월 7일 서울 기독교회관에서 창립선언을 했다.[1]

자통협과 범민련은 1999년 '하나의 대회'를 추진하는 과정에서 결과적으로 전국연합과 민주노총이 범민련이 주도하는 범민족대회에 참여하는 결과를 낳았다. 전국연합은 범민련 노선을 비판하는 민족회의에 합류했던 바 있으나, 범민련 초창기처럼 다시 연대하게 된 것이다. 1999년 8월 4일, '99 통일대축전 · 10차 범민족대회를 위한 사전행사로 '민족의 자주와 대단결을 위한 민족 대토론회' 실무회담이 북경 유영식당에서 개최되었다. 참가자 명단은 다음과 같다.

북측– 김령성(민족화해협의회 부회장), 김룡수(민족화해협의회 사무국 지도원)

남측– 나창순(범민련 남측본부 대표), 이성우(전국연합 대표단장), 박기수(전국연합 대표)

해외– 임민식(범민련 해외공동사무국 사무총장), 정기열(자주연합 자주통일위원장), 한호석(자주연합 정책위원장, 통일학 연구소장)

1 '자통협' 창립…'99통일축전 제의 <『범민련 10년사』, 조국통일범민족연합남측본부, 2000, p.137.>

이튿날 위 참가자들과 다수의 남북 해외 성원들이 '민족의 자주와 대단결을 위한 민족 대토론회'에 참가하였다. 남측 발제자는 아래와 같은 주제로 발표하였다.

1주제: 민족자주의 문제(박기수 전국연합 대표, 전주완산지부)

2주제: 민족의 화해와 단합문제(이상훈 전국연합대표, 한국민족민주청년단체연합)

3주제: 연방제 통일문제(이성우 전국연합 민족 대토론회 대표단장, 부산연합 상임의장)

토론회 종료 후 베이징 민족 대토론회에서 남 · 북 · 해외 대표들은 북의 제안으로 8월 대회 명칭에 대해 합의한 후 "우리는… 당면하여 '민족의 자주와 대단결을 위한 99 통일대축전, 10차 범민족대회' '범민족 통일대축전'을 공동의 노력으로 성대히 개최할 것이다."라고 공동결의문을 결의하였다.[2]

'민족의 자주와 대단결을 위한 99 통일대축전, 10차 범민족대회'가 개최되었다. 범민련 남측본부 대표단이 방북해 남 · 북 · 해외 대표로 구성된 공동준비위가 13일부터 전 민족 대단결 결의대회를 시작으로 본격적인 행사에 들어갔다. 14일에는 평양에서 조국통일상 수여식을 비롯해 조국통일 3대 헌장 기념탑 건립 착공식, 범민족회의, 범청학련 총회 등 관련 행사를 가졌다. 그리고 남북노동자축구대회를 범민족대회 행사일정의 하나로 개최했다.

한편, 민화협은 범민련 · 전국연합과 별도로 15일 서울독립문 · 삼송초등교 11.5km 구간과 문산 여우고개 · 통일대교 북단 5km 구간을 잇

2 『범민련 10년사』, 조국통일범민족연합남측본부, 2000, pp.140~141.

는 '겨레 손잡기' 행사를 열었다.[3] 같은 날 판문각에선 조국의 평화와 통일을 위한 99 범민족회의가 진행되었고, 오종열 전국연합 상임대표의 협조로 전국연합, 민주노총, 전농 등이 참여한 8 · 15 행사 서울대에서 큰 잡음 없이 성대하게 개최되었다. 1999년 '민족의 자주와 대단결을 위한 '99 통일대축전, 10차 범민족대회'는 남한의 기본통일운동단체들인 《범민련 남측본부》의 《전국연합》, 《한총련》 대표를 그리고 《민주노총》 대표가 참가한 최상 수준의 연대가 성립되어 치러진 것이다.

하지만 범민족대회의 성과와 별도로 대회 종료 후 검거 선풍은 예년과 다르지 않았다. 축전 이후 학생을 포함한 지도부 인사 500여 명이 연행되었고, 그중에서 100여 명이 구속되었다. 16일 오후 2시경 명동성당 입구에서 8 · 15 연행, 구속자석방과 민간통일운동 탄압분쇄를 위한 사회단체 긴급 기자회견을 가졌다. 범추본 지도부는 농성에 들어갔으며, 박해전 범추본 대변인은 20여 일간 단식을 결행했다. 농성투쟁은 두 달 보름 넘게 전개되었다.[4]

그리고 9월 2일에는 방북 인사들이 체포되었다. 국가정보원은 평양에서 열린 '99 통일대축전 10차, 범민족대회'에 참가하기 위해 밀입북한 혐의로 사전 구속영장이 발부된 나창순(64) 범민련 남측본부 대표와 황혜로(23 · 여 · 연세대 4년 휴학) 씨 등 6명이 판문점을 통해 귀환함에 따라 이들을 체포하였다.[5] 농성 단식 투쟁과 방북 인사 검거에 항의하는

3 8 · 15 통일의 북소리, 올해도 남 따로 북 따로, 「한겨레」, 1999.8.14.

4 『범민련 10년사』, 조국통일범민족연합남측본부, 2000, p.142.

5 범민족대회 방북 6명 체포조사, 어제 판문점 통해 귀환, 「한겨레」, 1999.9.3.

연대투쟁에 수많은 단체들이 참여하였는데 아래에 소개한다.[6]

8월 20일: 범민련 재중조선인 본부 대표단, 범민련 미국대표단, 범민련 캐나다 지역본부 대표단, 범민련 공동사무국, 범민련 일본지역대표단, 범민련 재일조선인 대표단… 남측본부에 지지연대 편지
8월 21일: 범민련 일본지역본부… 정권탄압에 대한 남측본부 지지 편지
10월 1일: 범민련 북측본부, 민화협(북), 범청학련 북측본부… 범민련 남측본부, 전국연합, 한총련에 지지연대 편지
10월 12일: 범민련 북측본부, 민화협(북), 범청학련 남측본부… 방북 대표들에게 편지

1999년 8 · 15 대회 당시 민주노총 통일위원장이었고 2005년부터 범민련 의장을 맡은 이규재 의장은 2008년경 '민족의 자주와 대단결을 위한 '99 통일대축전, 10차 범민족대회'를 다음과 같이 평가했다.

10차 범민족대회는 새통체(새로운 통일 운동체), 범민련 해체, 3자 연대 부정 등 90년대 중반 이후의 여러 논쟁들이 종식되고 범민련과 범민족대회의 역사적 정당성이 확인돼 기억에 많이 남는다. 통일운동의 합법화 · 대중화를 명분으로 3자 연대를 부정하고 범민련 해체를 주장하던 당시 개량적 흐름들이, 역대 대회 사상 최상의 수준으로 3자 연대가 실현된 이 대회를 통해 일거에 정리됐다.… 특히 10차 범민족대회를 통해 조국통일 3대 헌장을 민족공동의 통일 대강임을 확인하고 이를 폭넓게 합의했다. 자주 · 평화통일 · 민족대단결의 조국통일 3대 원칙, 연방제

6 『범민련 10년사』, 조국통일범민족연합남측본부, 2000, pp.142~143.

통일 방안, 전 민족 대단결 10대 강령은 조국통일의 근본원칙과 방도들을 전일적으로 체계화하고 집대성한 조국통일 3대 헌장이라 정의하고 이를 범민련의 기본 정치노선으로 확정했다.… 나창순 고문 · 범민련과 범청학련(한총련), 전국연합 등 6명이 방북하여 평양에서 진행된 범민족 통일대축전에 참가했다. 남북 해외성원이 모두 모이는 실질적인 범민족대회를 개최하면서 3자 연대가 민족대단결의 생명이며 조국통일의 지름길임을 다시 확인한 행사였다.… 범민련의 주동적인 역할과 노력으로 범민족대회를 성공시키고 전국연합 · 자주연합을 비롯한 남과 해외의 통일운동단체들과의 연대연합이 결실을 맺었다. 범민련의 위상과 역할을 민족대단결의 구심체로 더욱 비상히 높여내고 통일운동의 주체역량을 한층 강화했다.

대체로 맞는 말이다. 그러나 10차 범민족대회를 끝으로 범민족대회는 더 이상 개최되지 않았다. 2000년 6 · 15 선언이 통일운동에 관련된 모든 이슈를 빨아들였기 때문이다. 1990년 8월 개최된 제1회부터 10회까지 개최된 범민족대회를 정리하면 아래 표와 같다.

[표21: 범민족대회 개최 일람표]

범민족 대회	시기	장소	내용
※1988.8.1: 재야인사 1,014명 〈한반도 평화와 통일을 위한 세계대회 및 범민족대회 추진본부 발기취지문〉을 통해 '범민족대회' 개최 선포			
※8.2: 전대협, 오는 8월 말께'남북화해와 평화통일을 위한 범민족대회(가칭)' 개최 선포			
※1989.1.21: 전국민족민주운동연합(전민련) 결성대회, 범민족대회사업을 추진할 것을 결의			
※3월 11일 범민족대회 유럽지역 추진본부, 18일 북미주 추진본부, 30일 일본지역 추진본부 결성			
※봄 · 여름: 황석영, 문익환, 임수경, 문정현 방북			

※1990.3.3: 전민련 2기 대의원대회에서 8월 15일 범민족대회를 개최하기로 결의

<table>
<tr><td rowspan="5">제1차
(노태우)</td><td>1990.8.13</td><td colspan="2">조국통일촉진 백두－한라 대행진, 백두산출정식</td></tr>
<tr><td rowspan="2">8.15</td><td>판문점</td><td>북과 남, 해외에서 선발된 1천 명의 대표 동참</td></tr>
<tr><td>서울(연세대)</td><td>12개 지역 66개 부문, 연인원 20만 명 참가, 원천봉쇄, 수백 명 체포</td></tr>
<tr><td colspan="3">※베를린(11월 19일~20일): 범민족연합(범민련) 결성 합의</td></tr>
<tr><td colspan="3">※90년 12월에 해외본부, 91년 1월 23일 범민련 남측본부 결성준비위원회, 1월 25일 범민련 북측본부를 각각 결성</td></tr>
<tr><td rowspan="5">제2차</td><td rowspan="3">1991.8</td><td>판문점</td><td></td></tr>
<tr><td>서울(경희대)</td><td>전민련, 전교조, 전대협 등 36개 단체 참가</td></tr>
<tr><td>도쿄</td><td></td></tr>
<tr><td colspan="3">※박승희, 성용승의 방북투쟁</td></tr>
<tr><td colspan="3">※연방제 방안 합의, 남북한 비핵군축을 촉구 공동결의문 성사〈통신회담〉</td></tr>
<tr><td rowspan="4">제3차</td><td rowspan="2">1992.8</td><td>판문점</td><td></td></tr>
<tr><td>서울(서울대)</td><td>판문점 → 중앙대 → 서울대로 장소 변경</td></tr>
<tr><td colspan="3">※3자 연대 학생조직 범청학련 결성</td></tr>
<tr><td colspan="3">※중앙대에 전투경찰 난입, 전대협의장 등 지도부 연행, 또다시 원천봉쇄</td></tr>
<tr><td rowspan="5">제4차
(김영삼)</td><td rowspan="3">1993.8</td><td>판문점</td><td></td></tr>
<tr><td>서울(한양대)</td><td>서울대 → 한양대 장소변경, 본 대회 대학생 이외에 1만여 명 이상의 각계각층 참여, 100여 개 시군구 단위 지역행사</td></tr>
<tr><td>도쿄</td><td></td></tr>
<tr><td colspan="3">※대회 개최 이래 가장 많은 사람이 결집</td></tr>
<tr><td colspan="3">※베를린에 범청학련 공동사무국 개소(박승희, 성용승, 최정남 대표 파견)</td></tr>
</table>

<table>
<tr><td rowspan="5">第5차</td><td rowspan="3">1994.8</td><td>판문점</td><td></td></tr>
<tr><td>서울(서울대)</td><td>건국대 → 서울대 장소변경, 김영삼 정권의 공안 탄압과 헬기 사건, 2,400명 연행, 44명 구속, 139명의 불구속 입건</td></tr>
<tr><td>도쿄</td><td></td></tr>
<tr><td colspan="3">※5천여 명의 건국대 진입 시도투쟁, 3만이 넘는 통일대오 서울대로 진입</td></tr>
<tr><td colspan="3">※내부의견 대립 심화, 범추본은 범민족회의와 공동결의문을 채택하지 않았으며. 범민련만이 범민족회의를 열어 남, 북, 해외 공동결의문 채택</td></tr>
<tr><td rowspan="5">第6차</td><td rowspan="3">1995.8</td><td>판문점</td><td></td></tr>
<tr><td>서울(서울대)</td><td>해방 50돐 경축행사, 범민족대회 성사</td></tr>
<tr><td>도쿄</td><td></td></tr>
<tr><td colspan="3">※통일애국세력의 분열(민족공동행사와 범민족대회 2개 대회 개최)</td></tr>
<tr><td colspan="3">※14일 밤부터 서울대로 모여든 대중 수만 명에 의해 범민족대회 성립</td></tr>
<tr><td rowspan="5">第7차</td><td rowspan="3">1996.8</td><td>평양</td><td></td></tr>
<tr><td>서울(연세대)</td><td>6천여 명 연행, 500여 명 구속</td></tr>
<tr><td>심양</td><td></td></tr>
<tr><td colspan="3">※2만이 넘는 학생, 노동자 시민들 참가</td></tr>
<tr><td colspan="3">※범민족대회 폐막식을 알리고 청년 학생들이 해산하려는 과정에서 갑자기 학생들을 건물 안으로 몰아넣고 대규모 섬멸전 감행</td></tr>
<tr><td rowspan="4">第8차</td><td rowspan="2">1997.8</td><td>판문점</td><td>범민련 북측본부와 해외본부의 성원들 범민족대회 진행</td></tr>
<tr><td>서울(조선대)</td><td>무장헬기와 특수진압부대를 동원하여 대회장 진입 통제</td></tr>
<tr><td colspan="3">※7월 27일 한양대에서 "범민족대회 남측본부 결성식"</td></tr>
<tr><td colspan="3">※판문점 진격 투쟁 무산</td></tr>
</table>

<table>
<tr><td rowspan="4">제9차
(김대중)</td><td rowspan="2">1998.8</td><td>판문점</td><td></td></tr>
<tr><td>서울(서울대)</td><td>5천여 명의 각계각층 참가</td></tr>
<tr><td colspan="3">※민화협 경성, 〈통일대축전〉에 범민련과 한총련을 배제</td></tr>
<tr><td colspan="3">※한총련 김대원, 황선 대표의 방북투쟁, 문규현 신부의 축전 참가</td></tr>
<tr><td rowspan="7">제10차</td><td rowspan="3">1999.8</td><td rowspan="2">평양(판문점)</td><td>남측대표 43명을 비롯하여 북과 남, 해외의 70여 개 정당, 단체대표들과 외국의 명예 손님들 참가</td></tr>
<tr><td>통일각, 조국의 평화와 통일을 위한 99 범민족회의 진행</td></tr>
<tr><td>서울(서울대)</td><td>서울대 행사에는 전국연합, 민주노총, 전농 등이 참여하고, 전국연합 내 경기동부연합만이 경희대 행사</td></tr>
<tr><td colspan="3">※역대 대회 사상 최상의 수준에서 3자연대 성립</td></tr>
<tr><td colspan="3">※축전사상 처음으로 남조선의 기본통일운동단체들인 범민련 남측본부와 《전국연합》, 《한총련》대표들 그리고 《민주노총》대표와 《민주노총》 노동자통일축구선수단도 참가</td></tr>
<tr><td colspan="3">※북남 로동자 련대련합 통일 축구경기 진행</td></tr>
</table>

:: 04 ::

범민족대회의 소멸과 6 · 15 공동선언

남북공동선언

조국의 평화적 통일을 염원하는 온 겨레의 숭고한 뜻에 따라 대한민국 김대중 대통령과 조선민주주의인민공화국 김정일 국방위원장은 2000년 6월 13일부터 6월 15일까지 평양에서 역사적인 상봉을 하였으며 정상회담을 가졌다.

남북 정상들은 분단 역사상 처음으로 열린 이번 상봉과 회담이 서로 이해를 증진시키고 남북관계를 발전시키며 평화통일을 실현하는데 중대한 의의를 가진다고 평가하고 다음과 같이 선언한다.

1. 남과 북은 나라의 통일문제를 그 주인인 우리 민족끼리 서로 힘을 합쳐 자주적으로 해결해 나가기로 하였다.

2. 남과 북은 나라의 통일을 위한 남측의 연합제 안과 북측의 낮은 단계의 연방제 안이 서로 공통성이 있다고 인정하고 앞으로 이 방향에서 통일을 지향시켜 나가기로 하였다.

3. 남과 북은 올해 8.15에 즈음하여 흩어진 가족, 친척 방문단을 교환하며 비전향장기수 문제를 해결하는 등 인도적 문제를 조속히 풀어 나가기로 하였다.

4. 남과 북은 경제협력을 통하여 민족경제를 균형적으로 발전시키고 사회, 문화, 체육, 보건, 환경 등 제반 분야의 협력과 교류를 활성화하여 서로의 신뢰를 다져 나가기로 하였다.

5. 남과 북은 이상과 같은 합의사항을 조속히 실천에 옮기기 위하여 빠른 시일 안에 당국 사이의 대화를 개최하기로 하였다.

김대중 대통령은 김정일 국방위원장이 서울을 방문하도록 정중히 초청하였으며 김정일 국방위원장은 앞으로 적절한 시기에 서울을 방문하기로 하였다.

2000년 6월 15일

대한민국	조선민주주의인민공화국
대통령	국방위원장
김대중	김정일

〈 그림268: '우리의 소원은 통일'을 합창하는 남북대표단ⓒ민주화운동기념사업회, 남북공동선언 전문 〉

2000년 4월 10일, "김대중 대통령이 6월 12일부터 14일까지 평양을 방문, 김정일 국방위원장과 역사적인 남북정상회담을 갖는다"는 놀라운 소식이 통일부 장관을 통해 공식 발표되었다.

남북정상회담이 오는 6월 평양에서 열린다.

박재규 통일부 장관은 10일 오전 정부 중앙청사 통일부 회의실에서 내외 신기자회견을 갖고 김대중 대통령이 6월 12일부터 14일까지 평양을 방문, 김정일 국방위원장과 역사적인 남북정상회담을 갖는다고 공식 발표했다.

박 장관은 이날 "김정일 국방위원장의 초청으로 이뤄지는 평양 방문에서는 김대중 대통령과 김정일 국방위원장 사이에 역사적인 상봉이 있게 되며 남북정상회담이 개최된다"고 밝혔다.

박 장관은 "지난 3월 17일 중국 상하이에서 남북 당국 간 첫 접촉을 가진 이래 베이징에서 수차례 비공개 협의를 가진 결과 4월 8일 우리 측 박지원 문화관광부 장관과 북측 아시아태평양평화위원회 송호경 부위원장 사이에 최종적으로 합의가 이뤄졌다"고 밝히고 "쌍방은 가까운 4월 중에 절차문제 협의를 위한 준비접촉을 갖기로 했다"고 말했다.

그는 "남북 분단 이후 오는 6월 최초로 개최될 남북정상회담은 한반도 평화와 남북 간 협력 및 민족의 장래를 허심탄회하게 논의하는 계기가 될 것"이라며 "대결의 냉전질서를 종식시키고 화해와 협력의 새로운 역사를 열어나가는 출발점이 됨으로써 분단사에 획을 그을 것"이라고 기대했다.

그는 "그동안 정부는 남북정상회담을 개최할 용의가 있음을 기회 있을 때마다 밝혀 왔다"면서 "또한 기존 채널과 여러 경로를 통해 남북 당국 간 대화를 강조해왔다"고 강조했다.

또 박 장관은 "남북정상회담이 개최되게 된 것은 정부가 인내심을 가지고 대북포용정책을 일관성 있게 추진할 수 있도록 국민들이 대북정책을 적극적으로 지지하고 힘을 모아준 덕분"이라며 "정부는 남북정상회담이 성공적으로 추진될 수 있도록 소명감을 갖고 만반의 준비를 갖추어 나갈 것"이라고 말했다.

통일부가 이날 공개한 남북합의서는 "남과 북은 7·4 남북 공동성명에서 천명된 조국통일 3대 원칙을 재확인하면서 민족의 화해와 단합, 교류와 협력, 평화와 통일을 앞당기기 위해 합의한다"고 밝히고 있다.

이 합의서는 "상부의 뜻을 받들어 남측 문화관광부 장관 박지원, 북측 조선아시아태평양평화위원회 부위원장 송호경"이라는 서명이 들어 있다

앞서 남북한은 지난 94년 7월 25일부터 27일까지 정상회담을 평양에서 개최하기로 합의했으나 김일성 주석의 갑작스러운 사망으로 회담이 무산됐다. 한편 북한 당국도 이날 남북정상회담 개최 합의를 공식 발표했다.(서울=연합, 주용성 기자[1])

비록 하루 연기되었지만, 남북 정상은 약속을 지켰다. 2000년 6월 13일 오전, 김대중 대통령은 북한의 김정일 국방위원장과 역사적인 남북정상회담을 갖기 위해 부인 이희호 여사와 함께 특별기편으로 서울 공항에서 출발해 2박 3일간의 평양 방문 공식 일정에 들어갔다. 분단 55년 만에 처음으로 이뤄지는 정상회담이었다. 이날 평양행에는 박재규 통일부, 이헌재 재경, 박지원 문화관광부 장관과 한광옥 청와대 비서실장 등 공식수행원 및 각계 인사가 참여하는 특별수행원 등 130명의 대표단, 그리고 50명의 취재단이 동행했다.[2]

두 정상은 13일 낮 12시 12분부터 27분 동안 백화원 초대소에서 1차 회담을 가졌고,[3] 14일 오후 3시부터 백화원 영빈관에서 2차 단독 정상

1 남북정상회담, 6월 12일 평양서 개최, 「한국경제」, 2000.4.10.

2 김 대통령 서울공항 출발, 「매일경제」, 2000.6.13.

3 [일반] 1차 정상 회담..27분간 진행(5보), 「머니투데이」, 2000.6.13.

회담에서는 남북 화해 및 통일, 긴장완화와 평화정착, 이산가족 상봉, 경제 사회 문화 등 다방면에 대한 교류 협력 등 4개 항의 현안에 대해 논의했다.[4] 그리고 밤 11시 20분경, 남측의 연합제 안과 북측의 연방제 안을 협의하여 통일을 지향해 나가기로 하는 등 5개 항에 합의하여 역사적인 '6 · 15 남북공동선언'을 발표했다.[5] 선언문은 다음과 같다.

1) 남과 북은 나라의 통일문제를 그 주인인 우리 민족끼리 서로 힘을 합쳐 자주적으로 해결해 나가기로 하였다.
2) 남과 북은 나라의 통일을 위한 남측의 연합제안과 북측의 낮은 단계의 연방제안이 서로 공통성이 있다고 인정하고 앞으로 이 방향에서 통일을 지향시켜 나가기로 하였다.
3) 남과 북은 올해 8 · 15에 즈음하여 흩어진 가족, 친척방문단을 교환하며 비전향 장기수 문제를 해결하는 등 인도적 문제를 조속히 풀어나가기로 하였다.
4) 남과 북은 경제협력을 통하여 민족경제를 균형적으로 발전시키고 사회 · 문화 · 체육 · 보건 · 환경 등 제반 분야의 협력과 교류를 활성화하여 서로의 신뢰를 다져 나가기로 하였다.
5) 남과 북은 이상과 같은 합의사항을 조속히 실천에 옮기기 위하여 이른 시일안에 당국 사이의 대화를 개최하기로 하였다.

김대중 대통령은 김정일 국방위원장이 서울을 방문하도록 정중히 초청하였으며 김정일 국방위원장은 앞으로 적절한 시기에 서울을 방문하기로 하였다.

4 남북 정상 "모든 분야 의견접근", 「연합뉴스」, 2000.6.14.
5 남북 정상 5대 원칙 역사적 서명, 「동아일보」, 2000.6.15.

물론 '6 · 15 남북공동선언'에 서명하기에 이르기까지 많은 곡절이 있었다. 2000년 초까지도 남북정상회담이 성사될지 확실해 보이지 않았다. 1월 1일 김 대통령은 「아사히신문」과의 인터뷰에서 임기 중에 남북정상회담이 성사되리라 말했지만, 1월 5일 북한 주창준 중국대사는 남북정상회담의 개최 여부는 전적으로 김 대통령의 행동에 달려 있으며 한국이 국가보안법을 철폐하고 국가정보원을 해체해야 한다고 주장했다. 그렇지만 3월 9일~11일, 남북정상회담 개최를 위한 남북특사 1차 접촉이 비밀리에 싱가포르에서 열렸고 그 후 중국 상해, 북경에서 비밀 접촉이 이어졌다. 4월 8일 남북정상회담 개최를 위한 남북합의서가 나왔고, 총선(4월 13일)을 앞둔 4월 10일 서울과 평양에서 동시에 발표되었다. 그리하여 6월 13일~15일 김대중 대통령의 방북과 정상회담이 열리게 되었다.[6]

3월 9일 김 대통령이 독일에서 '베를린 선언'을 발표한 이후 정상회담 개최에 합의하고, 김 대통령 일행이 방북해 공동선언에 서명하기에 이르기까지의 과정을 정리하면 다음과 같다.[7]

① 3.9. = 김대중 대통령, 베를린선언 ② 3.17. = 중국 상하이(上海)에서 정상회담 위한 남북특사 접촉(박지원 문화관광부 장관-송호경 조선아시아태평양평화위 부위원장) ③ 3.22. = 중국 베이징(北京)에서 남북특사 비공개 접촉 ④ 4.7. = 북한, 특사 교환 접촉 8일 베이징 개최 제의 ⑤ 4.8. = 남북 특사, 베이징서 정상회담 개최에 관한 합의서 서명 ⑥ 4.10. = 남북, 6.12일~14일 평양 정상회담 개최합의 발표

6 임필수, 김대중 정부 후반기 대북정책과 통일운동, 「사회진보연대」, 2021 가을, 176호

7 <남북정상회담 관련 일지>, 「연합뉴스」, 2000.6.16.

⑦ 4.14. = 정부, 남북정상회담 추진위원회 및 준비기획단 구성 ⑧ 4.18. = 남한, 남북정상회담 위한 22일 판문점 준비 접촉 제의 ⑨ 4.19. = 북한, 전화통지문 통해 남측 준비 접촉 제의 수용 ⑩ 4.22. = 남북, 판문점 남측지역 '평화의 집'에서 1차 준비 접촉(양영식 통일부 차관–김령성 최고인민회의 상임위원회 참사) ⑪ 4.27. = 남북, 판문점 '통일각'에서 2차 준비 접촉 ⑫ 5.3. = 남북, 평화의 집에서 3차 준비 접촉 ⑬ 5.8. = 남북, 통일각에서 4차 준비 접촉 ⑭ 5.12. = 남한, 판문점 연락관 접촉 통해 분야별 실무자 접촉 제의 ⑮ 5.13. = 제1차 통신. 보도분야 실무자 접촉 ⑯ 5.16. = 경호 · 의전분야 실무자 접촉 ⑰ 5.17. = 제2차 통신 · 보도분야 실무자 접촉 ⑱ 5.18. = 남북 5차 준비접촉, 실무절차합의서 타결 ⑲ 5.27. = 남측 선발대 30명 명단 통보 ⑳ 5.31. = 선발대 30명 방북, 현장답사 및 분야별 세부사항 실무협의 ㉑6.4.~5. = 2차 선발대 20명 방북 ㉒ 6.5. = 남측 대표단 180명 명단 통보/북, 남측 대표단 체류 일정 통보 ㉓ 6.7. = 3차 선발대 20명 방북 ㉔ 6.9. = 북측 홍성남 내각 총리 명의 신변안전보장각서 전달 ㉕ 6.11. = 남북정상회담 13일로 연기 ㉖ 6.13. = 김 대통령 등 남측 대표단 항공편으로 방북, 김 대통령–김 국방위원장, 백화원 영빈관에서 1차 정상회담 ㉗ 6.14. = 김 대통령–김영남 최고인민회의 상임위원장, 만수대의사당서 공식면담, 김 대통령–김 국방위원장, 백화원 영빈관에서 2차 정상회담 및 남북공동선언 서명 ㉘ 6.15. = 남북공동선언 발표

6 · 15 공동선언은 한반도 냉전 구조 해체와 통일문제에서 민족적 차원의 접근 중요성을 합의함으로써 한반도 문제의 '한반도화'(제1항)를 이루었고, 급격한 국가적 통합을 이루는 것이 아니라 체제인정과 평화공존의 단계를 통해 통일을 지향한다는 것에 합의함으로써 '체제인정과 평화공존의 토대'(제2항)를 마련했으며, 이산가족 문제 해결과 경협을 비

롯한 다방면의 협력을 통해 본격적인 화해협력 관계를 구축함으로써 사실상 '통일 단계로의 진입'을 가능케 했으며(제3, 4항) 공동선언 실천을 보장하기 위한 당국자 회담 개최 합의를 통해 '남 · 북 간 상시 대화 채널 확보'(제5항)를 이루었다고 볼 수 있다.[8]

이쯤에서 살펴볼 것은 기존 통일운동 단체와 6 · 15 공동선언과의 역학적 관계다. 당시 통일운동은 기존의 범민련-범청학련과 과거 민족회의와 민주당 출신 인사가 주도하는 민족화해협력범국민위원회(민화협), 민주노총과 전국연합이 주도하는 민족화해자주통일협의회(자통협) 등으로 분화되어 운동체 간 갈등과 경쟁은 해소될 기미가 거의 없었다. 그러나 이러한 상황은 남북정상회담과 6 · 15 공동선언을 계기로 급격한 변화를 겪게 된다. 과거와 같이 통일운동 세력과 정부가 갈등과 탄압의 관계가 아니라 6 · 15 선언을 함께 실천하는 각각의 주체로 섰다는 얘기다.

큰 변화는 범민련의 강령규약 변경과 범민족대회의 소멸 그리고 6 · 15 민족공동위원회가 조직된 것을 들 수 있다. 6월 29일, 북측은 일본 동경의 범민련 공동사무국을 통해서 "올해 8 · 15 통일행사를 북남공동선언을 지지하고 그 이행에 유리한 환경을 마련하는 방향에서 북 · 남 · 해외가 각기 지역 단위로 조직하되 여러 통일운동 단체들과 광범위 연합하여 진행하는 것이 좋을 것"이라고 전했다. 또한, 대회명칭은 "각 지역 단위로 진행되는 대회 성격에 맞게 합리적으로 정하자", 범민련과 한총련의 방북대표단에 대해서도 "올해는 파견하지 않았으면 한다"고 덧붙였다.[9]

8 김근식, 남북정상회담과 공동선언 분석과 평가, 「북한연구학회보」 제10권 제2호, 2007.

9 임필수, 김대중 정부 후반기 대북정책과 통일운동, 「사회진보연대」, 2021 가을, 176호.

보름쯤 후인 7월 13일에는 범민련 북, 해외, 남측본부 공동명의로 "조성된 새로운 정세의 요구를 반영하여 올해 8 · 15 통일행사가 남북(북남) 공동선언을 지지 환영하는 모든 운동 단체들과 각계각층 민중들이 보다 광범하게 참가하는 성대한 통일축전이 되기 위하여 8 · 15 통일행사를 남북(북남)공동선언을 지지하며 그 이행에 유리한 환경을 마련하는 방향에서 남, 북, 해외 지역 단위로 각기 실정에 맞게 특색 있게 진행하기로 결정하였다."라는 '8 · 15 통일행사에 대한 범민련 결정'을 발표했다.[10] 대회명칭은 많은 논란 끝에 7월 24일, '남북공동선언 관철과 민족

■'통일연대' 오늘 정식 결성민주주의민족통일전국연합(전국연합)과 조국통일범민족연합(범민련)남측본부,한국대학총학생회연합(한총련) 등 30여개 단체는 15일 오후 2시 서울 종로5가 기독교회관에서 '6 · 15 남북공동선언 실현과 한반도 평화를 위한 통일연대(통일연대)'결성식을 갖는다. 지난해 12월4일 `6 · 15 남북공동선언에 동의하는 단체나 개인은모두 함께 한다'는 기치 아래 준비위원회 형태로 발족한 뒤 3개월여만에 공식 출범하는 통일연대에는 한국노동조합총연맹 등도 새로 가입할 계획이다.

〈 그림269: 2001년 3월 15일 자 연합뉴스, 통일연대는 '1차 범국민 행동의 날'을 개최하고 전쟁 반대와 세계평화를 위한 '미국 반대 투쟁'을 전개했다©통일뉴스 〉

10 『범민련 10년사』, 조국통일범민족연합남측본부, 2000, pp.149~150.

의 자주 · 대단결을 위한 2000년 통일대축전(약칭 2000년 통일대축전)'으로 최종 결정되었다. 2000년 통일대축전은 8월 13일 저녁 9시 한양대에서의 개막식을 시작으로 15일 오전 11시 8 · 15 기념식을 가졌고, 오후 2시에 폐막식을 가졌다. 이로써 범민련과 한총련이 주도하던 '범민족대회'는 영구히 중단되었다.

6 · 15 공동선언 이후 통일운동 조직체 간 갈등을 통합하려는 노력이 이루어져 유력한 통일단체가 새로이 등장하기 시작했다. 대표적 단체의 하나가 '6 · 15 남북공동선언 실현과 한반도 평화를 위한 통일연대(통일연대)'다. 2001년 3월 15일 오후 1시, 종로5가 기독교회관 신관 중강당에서 전국연합과 범민련 남측본부, 한총련 등 30여 개 단체가 통일연대 결성식을 가졌다. 지난해 12월 4일 '6 · 15 남북공동선언에 동의하는 단체나 개인은 모두 함께 한다'는 기치 아래 준비위원회 형태로 발족한 뒤 3개월여 만에 공식출범한 것이다.[11] 결성식 이틀 전인 3월 13일, 민주노총에서 박순경 공동준비위원장의 사회로 열린 10차 집행위원회에서는 다음과 같은 조직기구 및 인선 안이 상정되어 승인되었다.

⑴ 명예대표: 박순경, 박용길, 신창균

⑵ 상임고문: 강만길, 강석주, 강원용, 강희남, 고 은, 김선적, 김성근, 김승훈, 나창순, 류금수, 류혁, 리영희, 문정현, 박정숙, 박형규, 변정수, 백기완, 소륜, 윤영규, 이기형, 이명희, 이소선, 이수갑, 이이화, 이현수, 전창일, 조용술, 주종환, 최상원

⑶ 고문: 가재형, 강순정, 강태운, 강창덕, 곽태영, 권종대, 김광렬, 김규철, 김금

11 통일연대 오늘 정식 결성,「연합뉴스」, 2001.3.15.

수, 김귀식, 김남식, 김병권, 김병태, 김상찬, 김선분, 김승균, 김자동, 김준기, 김 현, 김희섭, 도강호, 류시벽, 류종완, 박두표, 박순직, 박현서, 배인수, 배은심, 배종렬, 서경원, 서상권, 서정복, 송기숙, 안재구, 윤순녀, 이강립, 이득선, 이목, 이문교, 이수금, 이완덕, 이원명, 이재룡, 이종린, 이준우, 이지현, 이창복, 이필우, 이항우, 임방규, 장남수, 정효순, 정해숙, 조규혜, 조영근, 조용준, 지선, 진병호, 추영현, 최 형, 한기명, 한상범, 함세웅, 이필우

(4) 지도위원: 고광석, 김봉우, 김상일, 김영선, 김애영, 김의정, 김혜경, 박석운, 박순보, 서준식, 이갑용, 이낙호, 이문옥, 이성수, 이용호, 이장희, 이철기, 정동익, 조성우

(5) 공동대표참여하는 모든 단체의 대표와 (강정구, 김순옥, 김한덕, 노수희, 박순희, 박이섭, 유승기, 유춘자, 이규재, 이천재, 진관, 청화, 황건)을 포함한다.

(6) 상임대표: 권영길, 김성훈, 단병호, 문규현, 박정기, 배다지, 소순관, 오종렬, 이남순, 이용헌, 이종린, 임기란, 정광훈, 천영세, 한상렬, 홍근수

(7) 집행위원회참여하는 모든 단체에서 1인씩 집행위원을 파견한다.

(8) 공동집행위원장: 강병기, 고영대, 김영제, 도 관, 민경우, 조성범, 최규엽, 최삼태, 한충목, (한총련)

(9) 사무처장과 사무처: 김이경 전국연합 민주민권위원장을 통일연대 사무처장으로 임명하고 각 단체에서 실무자를 파견하여 사무처를 구성한다.

(10) 이후 추가되는 인선에 관해서는 상임대표자 회의에 위임하도록 한다.

통일연대 임원 명단을 살펴보면 범민련 남측본부의 전직 의장인 강희남(1993~2000) 및 현직 의장 이종린 (2000~2003) 그리고 향후 의장으로 활동할 나창순 (2003~2005), 이규재 (2005~2021) 등이 모두 상임고문(강희남, 나창순), 고문(이종린), 공동대표(이규재) 등의 직책으로 선

임되었다. 그 외 신창균(명예대표), 이현수 · 전창일(상임고문), 이천재(공동대표) 등 범민련의 원로급 인물들도 대부분 주요 보직에 선임되었음을 알 수 있다.

전창일의 경우 의장단(상임대표 및 공동대표)에 들어오라고 했으나 본인 스스로 사양하며, 이제는 더 이상 실무활동을 못 하겠으니 소정의 회비나 내고 자문역할을 하는 고문직 정도로 임명되었으면 좋겠다는 의견을 피력했다고 한다.[12]

통일연대는 결성과 동시에 북측 민화협 측에 '6 · 5 남북공동선언 실현과 한반도 평화를 위한 민족토론회'를 개최하기 위한 실무회담을 제안했다. 그러나 정부의 대북접촉승인 불가로 독자적인 대북교류를 더 이상 진행할 수 없었다. 통일연대의 대북접촉 이전 민화협은 2000년 7 · 4 남북공동선언 28주년 기념식에서 '남북정당 · 사회단체 및 8 · 15 민족공동행사'를 제안했으나 북측은 이에 응하지 않았다. 민화협의 제안은 북측에 의해 거절되었고, 통일연대의 제안은 남측 당국에 의해 승인되지 않았던 것이다. 이로써 남한의 통일운동 단체는 민화련과 통일연대 그리고 기독교(KNCC), 불교, 원불교, 유교, 천도교, 가톨릭, 한국민족종교협의회 등 7개 종단(약칭 종단)이 2000년 3 · 1절을 대비해 결성한 '온겨레손잡기운동본부' 등 3개 단체가 제각각 대북접촉을 시도하는 형국이 되었다.

한편 북측은 1998년 6월 10일 결성된 '민족화해협의회(민화협, 회장 김영대)'를 모태로 6 · 15 공동선언 이후로는 '6 · 15~8 · 15 민족통일촉

12 『인민혁명당과 혁신계의 활동, 주요인사 구술사료 수집』, 4 · 9 통일평화재단, 2014.2.3, p.270.

진운동을 위한 북측준비위원회'(위원장 김영대)를 결성하고 대남접촉과 남북공동행사에 임했다. 이러한 형세는 2005년 3월 6 · 15 공동위원회가 발족되기까지 남과 북은 별도의 행사추진본부와 준비위원회를 구성해 운영해 왔다. 남측과 북측의 접촉관계가 불안했지만, 남북교류사업은 봇물이 터진 듯 쏟아져 나왔다. 5월 1일 노동자통일대회(금강산), 6월 14일~16일 민족통일 대토론회(금강산), 7월 18일 농민통일대회(금강산) 등이 개최된 것이다.

〈 그림270: 시계방향, ① '8 · 15 민족통일대축전' 평양행사에 참가하기 위해 남측 대표단이 북한 순안공항에 내리자 북측 주민들이 남측 대표단을 환영하고 있다.ⓒ통일뉴스, ② 조국통일 3대헌장 기념탑에서 열린 개막식. 개막식에 참석하게 되는 과정은 조직적이지 않았고, 개막식의 내용 또한 정치색 짙은 연설이나 강요 따위는 없었다.ⓒ오마이뉴스, ③ 6 · 15 공동선언 발표 1돌 기념 민족통일 대토론회ⓒ사회진보연대, ④ 2001 민족통일대축전 방북대표자 석방을 위한 대책위원회는 기자회견을 열고 방북대표자 6인의 무죄와 석방을 주장했다.ⓒ통일뉴스 〉

이러한 상황에서 '8 · 15 민족통일대축전' 행사가 개최되었다. 이 행사는 역사상 최초로 평양에서 열린 대규모 남북공동행사라는 점에서 남한

사회에 격심한 논란을 불러일으켰다.[13] '8 · 15 민족통일대축전'의 성립 및 진행과정을 언론보도를 중심으로 살펴보자.

① 7월 24일: 북한, 평양서 대규모 8.15 행사준비(매일경제, 2001.7.24.)

② 8월 10일: 경찰, 이적단체로 규정된 한총련과 통일연대(대표 한상열 목사) 등 '통일대축전' 행사 허용(연합뉴스, 2001.8.10.)

③ 8월 13일: '6 · 15 남북공동선언 실천을 위한 2001 민족공동행사 추진본부', 남측 대표단을 평양에 파견키로 결정(연합뉴스, 2001.8.13.)

④ 8월 13일: 정부, '8.15 대축전' 南대표단 참여 불허(한국경제, 2001.8.13.)

⑤ 8월 14일: 추진본부, 8.15 행사 참석 訪北 계속 추진(국민일보, 2001.8.14.)

⑥ 8월 14일: 8.15 민족통일대축전 방북 조건부 허용, 통일부는 14일 "남측 대표단이 평양 '조국통일 3대 헌장 기념탑' 주변에서 열리는 개. 폐막식 행사에 참여하지 않겠다고 각서를 써옴에 따라 이들의 방북을 허용키로 했다"고 밝혔다.(한국경제, 2001.8.14)

⑦ 8월 15일: 8.15 평양행사 남측 대표단 출국(연합뉴스, 2001.8.15)

⑧ 8월 15일: 남측대표단 366명 訪北, 통일 대토론회, 임수경, 황석영 씨 방북(매일경제, 2001.8.15)

⑨ 8월 15일: 8.15 민족통일대축전 초반부터 파행, 남측대표단 일부가 추진본부측의 불참방침에도 불구하고 기념탑 행사참석을 강행(연합뉴스, 2001.8.15.)

⑩ 8월 16일: 폐막식 참석 놓고 '南南갈등'… 지난 15일의 개막식에 이어 16일에도 "조국통일 3대 헌장 기념탑"에서 열린 폐막식 참석 여부를 놓고 심각한 갈등…

13 이 행사에 전창일은 6 · 15 남북공동선언실현 상임고문과 한반도통일연대 고문, 6 · 15 공동위원회 남측준비위원회 고문, 범민련 남측본부 고문 자격으로 참가했었다는 것은 <제1장 5절 다시 흐른 세월 30년, 결국 보지 못한 혈육의 얼굴>에서 이미 거론한 바 있다.

남측대표단은 폐막식에는 불참했지만, 통일연대 소속 인사 80여 명은 폐막식 직후 같은 장소에서 열린 야회 행사에는 참석(한국경제, 2001.8.16)

⑪ 8월 18일: 추진본부 사과성명… "개별적인 판단으로 북측 행사에 참가한 통일연대 소속 일부 단체 성원들이 보인 태도는 합의에 기초한 공동행동의 원칙을 어긴 일"이라 지적하고 "앞으로 남남협력과 남북대화에 보다 성숙한 모습으로 임할 것을 약속한다"고 밝혔다.(한국경제, 2001.8.18)

⑫ 8월 18일: 南대표단 만경대방명록 논란 예상(매일경제, 2001.8.18.)

⑬ 8월 18일: 통일연대, 추진본부 사과성명 반박(연합뉴스, 2001.8.18.)

⑭ 8월 19일: 야, 통일 · 건교 장관 해임 요구(매일경제, 2001.8.19.)

⑮ 8월 20일: 향군, 인천공항서 방북단 규탄대회(연합뉴스, 2001.8.20.)

⑯ 8월 20일: 전국연합, '8.15' 사법 처리 방침 비난(연합뉴스, 2001.8.20.)

⑰ 8월 21일: 〈통일연대, 어떤 단체인가〉(연합뉴스, 2001.8.21.)

⑱ 8월 21일: 통일축전 방북자 16명 연행 확인… ▲천영세(민주노동당 사무총장, 변호사) ▲강정구(동국대 교수)▲임동규(광주전남 통일대축전 추진본부장) ▲김규철(서울통일연대 의장) ▲전상봉(한국청년단체협의회 의장) ▲문재룡(범민련 남측본부 서울시연합 공동의장) ▲권낙기(통일광장 공동대표) ▲권오헌(양심수후원회 회장) ▲이천재(전국연합 공동의장) ▲천승훈(원광대 학생) ▲최지웅(동아대 학생) ▲양승희(강원대 학생) ▲김세창(통일연대 조직국장) ▲박종화(광주민예총 음악분과장) ▲김영제(민주노총 통일국장) ▲최규엽(민주노동당 자주통일위원장)

⑲ 8월 23일: 검찰, 방북단 수사… 7명 구속, △김규철(67. 범민련 부의장) △임동규(62. 범민련 광주 · 전남연합의장) △문재룡(62. 범민련 서울부의장) △김세창(39. 범민련 중앙의원) △박종화(38. 범민련 광주 · 전남사무국장) △전상봉(36.범민련 부의장) △강정구(56. 동국대 교수)(매일경제, 2001.8.23.)

1988년 범민족대회가 최초로 제시되고, 1990년 1차 범민족대회가 열렸지만, 실질적인 의미에서 남북공동행사는 2001년 평양 대축전이 최초라고 말할 수 있다. 그러나 이러한 역사적 의미와 별도로 후유증은 매우 컸다. 대축전 참가자 중 7명이 구속되었는데 강정구 교수를 제외하곤 모두 범민련 성원이었다. 누가 보더라도 범민련을 겨냥한 표적수사였다. 10월 18일, 서울지방법원 앞에서 '2001 민족통일대축전 방북대표자 석방을 위한 기자회견'에서 조국통일범민족연합(범민련) 남측본부 이종린 의장은 "이번 8.15 대회 때 남북한이 만난 것은 역사적인 사건"이라며 이러한 자리를 주선한 정부가 6명을 구속한 것은 "상식적으로 이해되지 않는다"고 비판했다. 그리고 대책위원회는 "범민련 남측본부는 강령과 규약도 6 · 15 남북공동선언에 맞추어 개정했다"며 "시대의 흐름에 맞게 자신을 변화시키려는 범민련의 노력에 당국은 이적단체규정을 반드시 철회해야 한다"고 호소했다.[14]

그리고 김대중 대통령은 임동원 통일원 장관을 경질하지 않기로 입장을 정리했지만,[15] 한나라당은 8월 24일 해임건의안을 국회에 제출했고,[16] 자민련이 이에 동조함으로써,[17] 결국 임동원 통일부 장관 해임건의안이 국회에 상정되었다. 국회는 3일 본회의를 열고 임동원 통일부 장관 해임건의안을 찬성 148표, 반대 119표로 가결시켰다. 총 267명이

14 '평양행사 구속자 6명은 6.15 공동 선언 실천단' '2001 민족통일대축전 방북대표자 석방을 위한 기자회견' 열려, 「통일뉴스」, 2001.10.18.

15 김 대통령, 임 장관 경질 안해, 「한국경제」, 2001.8.24.

16 야, 임 통일 해임안 제출, 「연합뉴스」, 2001.8.24.

17 자민련 '자진사퇴' 당론확인, 「연합뉴스」, 2001.8.27.

표결에 참여했으며 재적 의원 과반수인 136석을 넘겼다.[18] 이 사건으로 인해 새천년민주당-자민련 연합정권은 깨어졌다. 결국, 여소야대 정국이 되었고, 집권여당은 국회에서 과반수를 통제할 힘을 잃게 되었다. 정치적으로 많은 문제를 노출시켰지만, 어쨌든 '2001년 평양 대축전'은 통일운동역사에 큰 흔적을 남긴 사건이었음은 틀림없다.

평화와 통일을 여는 사람들(평통사) 상임공동대표(1994~2010) 및 민족화해자주통일협의회(자통협) 상임공동대표(1998~2003)로서 6·15 남북공동선언실천과 한반도평화를 위한 통일연대(통일연대) 상임공동대표(2001~2005) 자격으로 '2001년 평양 대축전'에 참가하였던 홍근수 목사는 '2001 민족통일대축전에 참가하여'라는 글을 남겼다. 다소 길지만, 전문을 소개한다.

자세히 보기-38

[2001 민족통일대축전에 참가하여(홍근수)]

나는 금년 8월 15일에 북측에서 여는 〈2001 민족통일대축전〉에 '참관'하기 위해 남측대표단('통일연대')의 한 사람으로 평양을 다녀왔다. 간다 못 간다 하다가 결국 정부로부터 불허라고 발표가 보도되어, 공연히 한때나마 평양을 가는가 했던 것을 속으로 어리석게 생각하였다. 그러나 마지막 순간에 불허방침이 철회되고 다시 허가되어 떠날 수 있게 되었다. 이번에는 신문보도

18 국회, 임 통일부 장관 해임안 가결, 「머니투데이」, 2001.9.3.

보다 조직을 통하여 연락이 왔었다. '어허, 옛말에 조삼모개라더니 정말…!' 하면서도 짐을 주섬주섬 챙겨 떠나는 차비를 하였다. 언제나 그렇지만, 여행준비를 별로 못하고 허둥지둥 떠나게 되었다.

나는 8월 15일, 그러니까 내 생일 날이기도 했던 날 아침 5시에 일어나 서둘러 집을 나서 시청 앞으로 갔다. 리무진으로 인천공항으로 가기 위해서였다. 새벽이라 길이 한산하여 1시간 만인 7시, 그러니까 집합시간 1시간 전에 인천공항에 도착할 수 있었다. 여유 있어 좋았다. 나는 태고종에 속해있는 어떤 스님을 만나, 위층에 올라가서 차 한 잔 나누며 시간을 보냈다.

약속된 시간과 장소에 갔을 때 반가운 얼굴들을 많이 만났다. 그러나 우리는 여러 시간이 지나서야 비로소 환송식을 하였다. 나는 오종렬 의장과 함께 간단한 답사를 하였다. 이번에도 세 사람의 불허자가 있었다. 그러나 평양대회에 참석하는 것이 중요하다고 보아 연설에서 항의했으나 그냥 다녀오기로 하였다. 그리 길지 않은 환송식을 마치고 비행기를 탑승한 것은 낮 12시가 지나서였다. 주석단과 평양공항에서 꽃다발을 받을 사람을 구별하여 따로 탑승시켰다. 나는 꽃다발을 받는 사람으로 분류하여 1호 비행기 앞에 앉게 했다.

행선지가 같은 내 땅 한반도의 평양인데 왜 김포공항이 아니고 인천국제공항인가 하는 의문이 일었다. 아시아나 항공기 편으로 가기로 했는데 사람이 많아 두 대를 전세 내었다.

두 번째 평양 방문: 뜨거운 순안비행장

막상 비행시간은 50분 정도밖에 걸리지 않는 짧은 비행 거리였다. 지난번처럼 직항코스로 갔기에 서울에서 부산에 가는 정도의 시간이면 충분했다. 바로 가면 더 짧은 시간에 갈 수 있겠지만, 공해로 나갔다가 가는 것이어서 시간이 더 걸려 그 정도라고 하였다.

나는 작년 10월 10일 노동절창건기념 55돌에 평양을 다녀왔었다. 이번 여행이 두 번째여서 흥분이 덜 했지만, 처음 가는 사람들은 흥분할 수밖에 없었으리라. 충분히 이해되는 일이었다. 사실 이번 여행은 여러 면에서 민족 통일사에서는 획기적인 의미가 있었다. 이렇데 대대적으로 남측에서 평양으로 가기는 처음 있는 일이었다. 비록 밀고 당기고 하다 '참관'으로 낙착되기는 했지만, 그래도 이북이 주최하는 '2001 통일대축전'에 남측대표들이 참관차 갈 수 있도록 당국이 허락하였다는 것은 매우 뜻깊은 일이고, 남북 관계에서 획기적인 변화라고 믿는다. 남측에서 민이 주관하던 8월 대회가 지금까지 늘 불허되었거나 탄압 가운데 치러졌던 것을 생각하면, 정말 세상이 달라져도 많이 달라졌다는 것과 이번 일이 그만큼 뜻깊다는 것을 실감하지 않을 수 없었다. 이것이 모두 6.15 공동선언 덕분이라고 할지….

어디 그뿐인가? 이번에 같이 북에 가는 311명의 사람들은 민화협, 7대 종단, 통일연대 등 크게 세 단체가 함께 가는 것이었다. 이것은 사실 상상할 수 없는 일이었다. 통일연대의 주류를 이루고 있는 단체들, 예를 들면 전국연합과 범민련 남측본부 등은 평양 가는 것이 이 길밖에 없다고 판단한 나머지 '관변단체'라는 민화협과 7대 종단과 함께 가는 방식을 택하였던 것이다. 결국 우리 자통협은 '2001 통일대축전 남측참가단'이라는 이름으로 가기로 하였고 민주노총, 전빈련, 민주노동당, 사제단, 사월혁명회, 천정연(카토릭), 자통협본부 등이 함께 가기로 되었다. 재야운동에 나오지 않았으나 7대 종단의 이름으로 가게 된 많은 목사들과 종교지도자들. 서울 같으면 만날 일이 없던 사람들이었지만, 평양 가는 길에 함께 만날 수 있었고 또 서울에서 잘 만나지 못하던 사람들이 평양에서 만나게 되었다는 것 등이 참으로 이상야릇하였다.

우리가 평양 순안비행장에 도착하였을 때 평양은 매우 뜨거웠다. 물론 해가 쨍쨍 내리쬐고 공기가 신선하며 강물 색깔이 누렇고 산천이 청순한 것 등을 보아하니 어제 비가 온 듯하였다. 물어보니 지난 3달 동안 계속 가물었다가 어제 비가 좀 왔다고 했다. 비 온 후의 뜨거움은 또한 견디기 어려웠다. 그러나 자연 일기가 한여름 날씨였기 때문만은 아니었다.

뜨거운 동포애 때문에 평양 순안비행장은 달구어져 있었다. 공항에 환영하는 남녀동포들-주로 여성들이 많았다.-이 "조국통일" "민족대단결" 등을 연호하고 꽃술을 요란하게 흔들어 대면서 남녘에서 오는 동포를 환영하고 있었다. 거기 아스팔트의 뜨거움보다 더 뜨거운 열기가 있었다. 후에 들은 이야기지만, 그들은 본래 도착 예정시간보다 3시간 전부터 나와서 기다렸고 점심도 먹지 못한 채, 저렇게 뜨거운 시멘트 바닥에 서 있었다고 하였다. 그러고 보니 내가 받은 꽃이 시들어 있었던 이유도 그랬던 모양이었다. 우리가 인천공항에서 마냥 시간을 끌면서 기다렸던 관계로, 이곳 비행장에 환영나온 평양 시민들도 꽃술을 들고 마냥

기다려야만 했다니 이것만 보아도 우리 서울과 평양 동포들이 한 운명인 것을 너무나도 잘 알 수 있었다.

우리가 두 비행기에서 다 내렸을 때 소위 주석단이란 사람들과 꽃다발을 받는 사람들로 '선별'된 사람들이 먼저 가면서 어린이들로부터 꽃을 받았고 악대 앞을 지나서 환영객들 앞으로 악수하면서 지나갔다. 지난번 10월, 이곳에 와서 이 같은 뜨거운 동포애에 환영받은 경험이 있는 나는 담담하였지만, 평양에 처음 오는 다른 사람들은 정말 감격해 하였다. 그때와 비교해 볼 때 다른 점 한 가지는 연주 악대가 나와 있었다는 것이다. 우리가 내릴 때 이북의 관리가, 한 사람씩 일일이 대조하는 것도 전과 달랐다. 이런 방식으로 3백 명이 넘는 사람들을 일일이 확인하는 절차로 그들이 다 내려오기까지는 꽤 시간이 걸렸다. 우리야 괜찮았지만, 평양의 여름날 뜨거운 시멘트 바닥 위에 서서 오랫동안 기다려야 했던 환영객들에게 못내 신경이 쓰였고 미안하였다. 이어서 우리는 지정된 버스에 올라 평양 시내를 달려 숙소에 도착하였다. 숙소는 지난번의 초대소와는 달리, 그 이름도 유명한 평양 시내 한복판에 있는 고려호텔이었다.

3대 헌장 기념탑 앞에서의 2001 민족통일대축전 개막식

도착하자 〈2001 통일대축전〉의 개막식은 우리가 오길 기다리고 있었다는 이야기였다. 그런데 주석단 등은 3대 헌장탑에서의 행사 참관문제를 둘러싸고 회의를 거듭하느라 시간을 끌고 있는 모양이었다. 기다리다 못한 일부 인사들은 개막식장으로 이미 향하고 있었다. 누구의 선동이랄 것도 없었다. 이 개막식에 참관하지도 않는다면 구태여 우리가 평양에 올 까닭이 무엇이었겠는가? 너도나도 다들 갔다. 거기에 무슨 민화협이니, 7대 종단이니, 통일연대니 구별이 없었다.

이야기인즉, 평양의 다른 곳은 좋지만 3대 헌장탑 앞에서는 안 된다고 조건부 승인을 했다고 하고 책임자가 통일부에 가서 이를 약속하는 각서를 썼다고도 하였다. 해괴망측한 일이다. 그러나 그런 난센스는 문제가 안 되었다. 말을 들으니 남쪽에서 하도 말이 많으니 남측에서 오는 동포들에게 부담을 주지 않기 위하여, 제막식은 하루 앞당겨 8월 14일에 북측 동포들만 모인 자리에서 이미 진행했고 〈2001 통일대축전〉은 남측 대표들을 기다렸다는 것이었다. 이것은 남측 당국이 금하는 게 아니라는 것이 북측의 해석인 모양이었다.

4천여 명이 운집했다고 하였는데 그 이상의 인파가 몰렸던 것 같이 많아 보였다. 우리를 기다리고 있었다는 듯이, 그 많은 사람들이 일제히 우리 모두를 뜨거운 박수와 환호로 환영하였다. "〈2001 민족통일대축전〉에 참가하기 위하여 오는 남녘 동포 대표들을 열렬히 환영합니다."는 말이 울려 퍼졌다. 자리에 가서 앉았을 때, 짙은 국방색의 옷을 입고 훈장을 단 장기수 할아버지들을 만날 수 있어 정말 반가웠다. 모두 얼굴이 좋았고 젊어진 것 같이 안색이 좋았다.

개막선언과 함께 연주단이 연주하고 단일기가 입장하여 게양되었다. 민족대축전 사회는 지난번에 와서 사귄 김영성 씨였다. 그는 북 민화협의 부의장인가 하는 사람이었다. 으레 집회 때마다 묵념이나 민간애국가로 부르는 '님을 위한 행진곡'도 부르지 않아,

그것이 남쪽 행사와 다른 것임을 일깨워주었다. 준비위원장의 인사말 등이 있었고 해외 대표의 연설도 있었다. 남측에서는 순전히 '참관'만 하는 관계로 일체의 순서가 없었음은 당연하였다.

축제가 무르익으면서 사방에는 어둠이 깔리기 시작하고 있었다. 개막행사가 이내 끝나고 축하문화공연으로 이어졌다. 이북 동포들의 노래와 춤과 여흥 등을 보면서, 그들은 노래 잘하고 춤도 잘 춘다고 생각했다. 불꽃놀이도 있었다. 그 전날 전야제에서 서울 연세대에서 하던 그런 불꽃놀이였다. 마지막에는 다 같이 행사장 한가운데로 나와, 남북이 어울려 춤판을 벌였다. 우리는 끝까지 앉아서 참관했지만, 이북 동포들은 모두가 운동장 한가운데를 가득 메우며 신나게 달리며 노래를 불렀다.

3대 헌장탑은 양옆으로 두 여인이 구부려서, 가운데 책 같은 것을 서로 붙들고 있는 돌로 된 거대한 아치형 기념탑이었다. 사람들은 "이것이 그렇게 문제란 말인가?"라고 말하기도 하였다. 그 옆, 그러니까 행사연단이 있는 곳 뒤에 단일기 게양대가 있었고 그 옆에는 큰 반반한 돌에 김일성 주석의 다음과 같은 글이 새겨져 있었다.

"조국을 통일하려면 그가 북에 살건 남에 살건, 해외에 살건 관계없이 온 겨레가 통일운동에 떨쳐 일어나야 하며 사상과 리념, 경건과 신앙의 차이에 관계없이 각계각층의 모든 동포들이 민족대단결의 원칙에서 하나로 굳게 뭉쳐야 합니다. -김일성"

그렇다. 이는 민족단결에 대한 김일성 수령의 개인 말이고 소신이었다지만, 이 자리에 온 모든 사람들이 공감하고 있는 바였다. 아마도 그의 민족대단결의 유훈에 따라서 이 3대 헌장기념탑을 세우고 남과 해외의 동포들을, 큰돈을 들여 초청하여 이곳에서 성대한 행사를 치르는 모양이었다. 정말 우리는 비록 이념, 종교신앙과 주의 주장, 심지어는 정부가 다를지라도 민족이 대단결할 수 있어야 하고 그래야만 비로소 통일을 말할 수 있다고 생각한다. 그러할진대 북한이 변하지 않고 여전하다느니, 남북 간에는 건널 수 없는 이질성이 있어 통일하기 어렵다느니 하는 말은 모두가 분단 항구화의 구실이고 이유일 뿐, 통일을 이루어내지 못할 진정한 이유가 되지 못한다고 생각한다.

남측에서 갔던 사람들 중에 '통일연대' 측이 평양 '조국통일 3대헌장 기념탑' 행사 참석한 것을, '돌출행동'이라고 단정하고 이 문제로 온 사회가 발칵 뒤집어졌다고 전하면서 걱정하였다. 아마 수행한 기자들에게서 얻어들은 모양이었다. 멀리 평양에 와서, 신문을 보거나 TV를 보는 대신에 말을 전해 듣는 우리의 기분은 야릇하였다. 평양의 실제 광경을 직접 보지도 못한 채, 평양에 보낸 공동취재팀을 통해 간접적으로 들었던 이야기를 보수 언론들이 보도하면서 반통일적으로, 아니 반민족적으로 매도했다는 것은 실로 꼴불견이라고 느꼈다. "통일탑은 북한이 '고려연방제' 통일방안을 기념하기 위해 제작한 상징물이고, 그 '고려연방제'는 대남적화를 위한 통일방안이다. 따라서 통일탑 행사참가나 연방제 주장은 곧 북한 통일방안에 대한 동조를 의미하는 것이며, 특히 국가보안법 철폐는 바로 '고려연방제' 주장에 들어있는 주요 내용의 하나다."라고 강변하는 사람들을 우리 주변에서 본다. 정말 한심한 사람들이다.

그러나 이러한 주장은 '서울 가 본 사람과 가 보지 않은 사람이 싸우면 전자가 진다'는 말과 꼭 같다는 느낌이다. 왜냐하면, 3대 헌장탑은 고려연방제만이 아니고 3가지 통일헌장 중의 한 가지일 뿐이기 때문이다. 그리고 3대 헌장탑에서의 개.폐막식에 '참관'한 것은 하필 통일연대 사람들만이 아니고 민화협, 7대 종단에 속한 사람들도 많았기 때문이다. 내 생각에 그곳에 간 사람들은 그야말로 평양에 보내진 목적대로 충실하게 '참관'만 했을 뿐 아무런 역할이나 순서도 맡은 것이 없었다. 뿐만 아니라 3대 헌장탑에서는 통일대축전을 할 수 없고 다른 곳에서 하라고 요구한다는 것은 어느 모로 보나 어불성설이다. 공동행사도 아니고 참관인 터에 그렇게 요구할 수 있단 말인가? 이북이 하는 행사에 남측이 참가해서는 안 된다는 논리가 어디에서 나오는가? 3대 헌장 기념탑 앞에서는 안 되고 다른 곳에서 하는 것이 좋다란 말은, 구체적으로 다른 어떤 장소를 말하는 건가? 주체사상 탑 앞에서? 아니면 만경대에서? 김일성대학에서? 이는 마치도 북에서 하는 집회를, 남쪽에서 집회 허가하는 격으로 실로 어처구니없는 짓의 극치일 뿐이다.

식을 마치고 곧 문화공연이 계속되었다. 역시 우리 식과는 많이 다른 문화공연이었다. 노랫가락 가운데 아는 것이라고는 '나의 살던 고향은…' 뿐이었다. 온갖 희한한 문화행사들이 우리의 눈을 사로잡았고 감격하게 했다. 다 마치고 집으로 돌아오니 저녁 9시경이었는데, 이날 만경대 예술극장에서의 만찬 연회에 참석하였다. 이곳에서 임인식, 김순환, 유태영, 이승만, 곽동의 등 해외인사들을 반갑게 만났다. 저녁 식사 후에 또 유흥순서가 있었다. 우리나라 사람들은 다른 민족보다 확실히 노래와 춤을 좋아하는 모양이다. 남측 운동단체들도 점차적으로 문화행사를 많이 가지는 경향을 보면 정말 그런 것 같았다.

이렇게 평양에서의 첫날은 막을 내렸다. 실로 긴 날이었다. 실은 이 날은 서울과 평양에서 보낸 하루였다. 여러 날을 평양에 있는 듯한 느낌이 드는 것은 이날에 너무 중요한 일들을 많이 겪어서 그러하리라.

정치구호가 여기저기 쓰여 있는 평양

평양에서는 상품광고를 볼 수 없다. 상업적이고 자본주의적인 사회가 아니라는 증거이다. 상품광고가 있을 법한 자리에는 으레 여러 가지 정치구호들이 쓰여 있다. 구호들은 보통 흰 바탕에 붉은 글씨로 쓰여 있었지만, 집 건물에 그대로 새겨진 것들은 시멘트 색깔 그대로인 경우도 있었다. 이 경우 특별히 색깔을 칠하지는 않았는데, 이는 집에 페인트를 칠하지 않는 문화와 비슷한 듯 보였다. 우리 사회와는 너무나 다르다. 그러나 다르다는 사실 때문에 그 사회나 체제를 깔보거나 불신, 배척, 멸시할 이유가 될 수는 없으리라.

평양 시내를 차 타고 다니면서 많은 구호를 읽었다. 호텔에서 나오자 전선대 같은 곳–평양에는 전선주가 안 보인다. 아마 땅속에 파묻은 모양이었다.–에 몇 가지 종류로 내리 쓴 구호들이 보였다. 진격의 해; 강행군의 해; 결사옹위; 일심단결; 강성대국; 자력갱생; 총진군; 3대 혁명 등이었다. 내가 본 구호들을 아래에 더 소개해 본다. 물론 이것은 전부도 아니고 정확하지 않을 수도 있다.

우리 당의 군민 일치 사상 만세!; 가는 길 험난해도 웃으며 가자!; 김정일 동지를 해와 달이 다 가도록 높이 받들어 모시자; 전당. 전군. 전민이 당의 선도를 떠받들자; 전민족적인 애국 애족운동으로 삼천리 강토 우에 통일 강성대국을 일떠세우자!; 우리 민족끼리 힘을 합쳐 조국통일 이룩하자!; 조선은 하나다!; 위대한 김정일 동지름 정치 사상적으루 목숨으루 옹위하자!; 영광스러운 조선노동당 만세!; 새세기 청춘들의 통일연대 무대. 우리 민족끼리 통일의 문을 여는 해 8월 15일 평양; 민족자주 조국통일; 북과 남.해외의 청년 학생들의 조국통일을 위한 투쟁의 기수가 되자!; 청년들은 조선노동당과 국가의 정책의 적극적인 선전자.선구자이다; 우리 민족끼리 힘을 합쳐 나라의 통일을 자주적으로 이룩하자!; 위대한 영도자 김정일 장군님께 끝없이 충실한 청년 전위대가 되자!; 위대한 장군님만 계시면 우리는 이긴다; 21세기의 태양 김정일 장군 만세! 경애하는 김정일 장군 결사 옹위; 자주.평화.친선; 온 사회의 주체사상화를 위하여; 자주성을 옹호하는 세계 혁명적인 인민들은 단결하자; 위대한 선군정치 만세; 오늘을 위한 오늘을 살지 말고 내일을 위한 오늘을 살자; 우리는 행복해요; 세상에 부러울 것 없어라; 자주적 정신으로 통일하자; 최후의 승리는 우리의 것이다; 모두 다 속도전! 앞으로; 자주적 정신으로 통일하자; 생산도 학습도 생활도 항일유격대 투쟁 방식으로; 김일성 동지의 탄신 90돌을 높은 정치적 열의와 빛나는 노력적 성과로 맞이하자; 장군님 따라 천리마; 조선의 심장 평양; 위대한 김일성 수령의 유훈 교시를 철저히 맞이하자.

시내의 여기저기에 있는 이 구호들은 말하자면 사회교육, 이념 교육의 교과서 같은 역할을 하는 듯했다. 어떤 여성 동지는 서울 가서도 "위대한 영도자 김정일 장군' 소리가 그대로 나올 것 같은데요? 어떡하지요?" 라고 말하기도 하였다.

이북 물에 '세례'를 받고

평양에서의 사흘째를 맞았다. 날씨는 오늘을 축복하는 듯 매우 쾌청하였다. 그러나 우리는 실내에서 회의 등으로 시간을 보내야 했다. 이렇게 많은 수의 사람들이 참석한 행사를 치러본 경험이 없어 그런지, 일정 등 실무진에서 제대로 하는 것 같지 않아 답답하였다.

우리는 대동강에서 유람선을 타고 흘러내려 갔다. 대동강 상의 분수 지역을 지날 때는 바람의 방향관계로 우리 쪽에 분수가 소나기처럼 쏟아졌다. 나는 피하지 않고 그 자리에 앉아 있었더니 대동강 물로 완전히 온몸이 흠뻑 젖었다. 정말 기념이라고 생각하여 이북의 물, 그것도 대동강 물을 잔뜩 뒤집어썼다.

대동강을 내려갔는데 서쪽 강변에 철갑선 한 척이 정박하고 있었다. 그 유명한 미제의 푸에블로호라고 하였다. 나는 그것을 보고 놀라움과 함께 그때 일을 다시 떠올렸다. 확실히 작은 고추가 맵다는 말처럼 이북이 미국에 대하여 확실하게 본때를 보여준 신나는 일이었지! 같은 민족으로서 자긍심을 가지지 않을 수 없었다.

나는 또 한 번 북의 물에 '세례'를 받았다. 그것은 다음날인 토요일에 백두산을 관광한 후의 일이었다. 백두산에 내려오는 길에 정일봉 아래 '고향 집'을 구경했다. 버스에서 내려서 한 참가는 데 소나기가 내리쏟아졌다. 어떤 사람은 재빨리 우비를 가지러 도로 차로 갔지만, 그래도 비를 다 맞기는 마찬가지라고 생각하여 나는 가지 않고 그 굵은 소나기를 다 맞아서 완전히 '물에 빠진 쥐' 같은 꼴이 되었다. 그 전날에 대동강 물로 덮어쓴 나는 오늘 백두산에서 빗물, 아니 백두산 물을 덮어쓴 셈이었다. 나는 이렇게 하여 두 번에 걸쳐 이북의 물, 대동강 물과 백두산 물로 세례를 받게 되었다고 생각하게 되었다. 김정일 위원장의 생가를 방문하는 동안 내내 소나기가 내렸다. 위쪽 산 중턱에는 정일봉이라고 쓴 글씨가 멀리서도 보였다. 집 마당에는 6각형 나무를 마당에 박아놓았다. 그냥 나무토막을 박은 것은 남에서도 보았지만, 그 나무를 6각형으로 깎아서 박은 것은 처음 보았다.

이곳에는 물 마시는 데가 두어 군데 있었다. 나는 전혀 깊지 않은 두 군데의 샘에 가서 물바가지로 한 잔씩 마셔보았는데 모두 물이 얼음같이 차디차서 정신이 번쩍 돌아오는 듯했다.

'만경대 정신'?

우리가 사흘째 유람선을 타고 대동강을 흘러내려 가면서 강 양쪽으로 펼쳐진 평양경치를 감상한 후에 만경대를 방문했다. 그때 해프닝이 일어났다. 역사의 방향은 때로는 야릇하여 어줍지 않은 사건이나 해프닝으로 뜻하지 않게 굽어지기도 한다.

만경대란 김일성 수령의 생가가 있는 곳이라고 하였다. 자연의 경치가 참으로 좋았다. 나무 숲이며 강물이며 아름다운 공해 없는 길이며…. 김일성 생가가 있는 곳은 굉장히 넓은 곳으로, 말로 듣고 상상하였던 것같이 '성역화'하여 놓았다. 그러나 그것은 이남에서 역사적인 유적지를 '성역화'한 것과 별다름이 없다고 생각되었다. 몇 년 전에 전주 쪽의 전봉준 장군 생가를 가본 나는 그것과도 별 차이가 있다고 느끼지 못했다. 역시 '백문이 불여일견'이라는 사실을 다시 한 번 느꼈다.

이곳에서 강정구 교수가 '만경대 정신 이어받아 통일 위업 이룩하자.'라는 방명록을 썼다고 하여 큰 말썽이 일어났다. 나는 사실 그때에는 그런 일이 있었는지 알지 못하였다.

나는 방명록을 쓰지는 않았지만, 그가 그런 방문록을 쓴 것이 무슨 '돌출행동'이란 말인가? 그것이 결코 부적절한 것일 수 없다고 생각한다. 무릇 사람 사는 사회라면 누구든지 자신의 느낌과 소감을 방명록 등에 쓸 자유는 적어도 있어야 하기 때문이다. 정, 그것을 문제 삼는다고 하더라도 다른 사람보다 그 당사자에게 물어야 한다. 강정구 교수는 그 방면의 전문학자로서 그의 학문적인 정의가 중요하고 또 그의 의도가 중요하다. 그러나 그런 것을 전적으로 무시하고, 되지도 못한 자신의 주장과 논리로 제3자인 반민족적이고 반통일적인 인사들이 억지를 부린다면 이는 실로 한심한 일이다. 반세기가 넘는 오늘날까지 민족통일이 되지 않은 것이 우연이 아니리라. 이들 반통일, 반공, 반민족적, 반민중적인 사람들은 강정구 교수가 쓴 '만경대 정신'을 '김일성 주체사상에 의한 통일주장'이라고 우기고 있다.

뿐만 아니라, 어떤 사람은 통일연대 측 사람들이 '온갖 사술로 자기 합리화에 급급한 태도를 보인 것은 자유민주주의의 이념 이탈과 대한민국의 정체성을 훼손하는 중대한 행위라고 하지 않을 수 없다"고까지 비방하였다. '지가 기면서…'라는 말이 있지만, 그렇게 자기 의를 내세우고 타인의 의사를 부정하는 그 사람이야말로 '자유민주주의의 이념 이탈과 대한민국의 정체성을 훼손하는 중대한 행위'를 하고 있음을 알아야 할 것이다. 그는 만경대 정신을 주체사상과 동일시한다고 말하고 있는 데에서 그 자신이 역사적이고 민족적인 현실에서 아주 멀다는 것을 스스로 말하고 있다. 그뿐 아니라 그 자신이 반공, 반북한적인 경직된 사고를 가지고 있음을 드러냈을 뿐이다.

정작 당사자는 '만경대 정신'에 대하여 "민족을 위해 희생하거나 헌신한 사람을 기리고 자손에게까지 명예와 보상을 내림으로써 민족을 위해 헌신하도록 해 민족 정신을 세우는 것이다. 김일성 주석 가문이나 주체사상을 찬양할 의사가 없었다."고 직접 말하고 있다. 이 같은 당사자의 말에도 아랑곳없이, 견강부회식으로 억지 부리는 것은 민족적인 인사나 성숙한 민주사회에 사는 사람의 자세일 수 없다.

봉수교회를 두 번 방문, 예배하고

평양에 온 지 이틀째 오후에 우리는 봉수교회에 갔었다. 8월 통일대축전을 위한 성만찬 예배를 이남 동포와 함께하기 위해 기다리고 있었다고 했다. 나중에 들은 이야기지만, 이들은 이 예배를 위해 세 번째 모였다는 것이다. 본래 오기로 한 날 오지 않았기 때문이고, 또 어제는 8월 15일이어서 평양에 와 있는 우리가 꼭 참석할 줄 알았다는 것이었다. 그래서 우리는 역사왜곡규탄 집회가 시작되려는 시간에 결국 거기 불참하고, 오후 3시에 부리나케 봉수교회로 향했다. NCC 총무인 김동완 목사를 비롯하여 다른 대표들 외에도 이번에 방북한 목사들 몇 분들이 봉수교회를 방문하였는데 20여 명가량 되는 것 같았다. 이번 우리들을 수행하던 손 목사라는 이와 김혜숙 님이 안내하였다. 작년에 만나 구면이 된 강영섭, 리태규(그는 이름은 본래 리성봉이었다) 목사 등이 우리를 반겼다. 리춘근 목사는 보이지 않았다. 봉수교회에서 이승만 목사 등을 반갑게 만났다. 그는 나를 예전에 보았다며 반가워했다. 이번 행사에 해외 대표들도 봉수교회에 모두 참석하여 예배를 드렸다.

박순경 교수와 함께 맨 앞자리로 안내되어 두 사람이 나란히 앉았다. 설교는 리태규 원로목사와 김동완 목사의 두 설교가 있었다. 시간 관계로 성찬식은 생략한다 했고, 우리는 예배를 마치자마자 밖으로 나와 기념사진을 찍고 버스 편으로 교회를 떠나왔다.

우리는 일주일간 평양에 머무는 짧은 시간에 봉수교회를 두 번째 가보게 되었다. 그것은 8월 19일 주일을 평양에서 맞았기 때문에, 우리는 주일예배를 위해 또다시 그 교회로 갔다. 이날은 전날과 달리 대표단 가운데서 많은 사람들이 봉수교회에 갔었다. 기독교인들은 주일에는 으레 교회에서 예배드려야 한다는 것을 알고서 관광일정을 변경하였고, 또 봉수교회 측에서도 간부 목사들이 일찍 교회에 나왔었다. 버스에 가득 차서 갔으니 꽤 많은 사람들이 기독교 교인이었다. 더 많지만, 사실은 백두산 관광 가느라고 함께 하지 못한 이들도 많았다.

내가 서울에 있다면 이 시간쯤이면 교회로 헐레벌떡 가고 있는 시간이지만, 오늘 아침은 봉수교회로 가고 있었다. 설교하기는,

서울에 있으나 평양에 오나 마찬가지 '팔자'인지 나는 그 역사적인 봉수교회에서 설교하였다. 이북에서 최초의 교회당 건물이라는 역사적인 봉수교회 강단에 서서 설교한다는 것은 여간 뜻깊은 일이 아니었다. 강영섭 목사, 이태규 목사, 장승봉 목사 등 이북의 목사들과 남에서 간 김동완 NCC 총무를 비롯, 많은 목사들과 장로들이 참석하였다.

노영우 목사가 사회, 김광수 목사가 기도, 성명옥 목사가 헌금기도 등을 하고 봉수교회 여성이 독창, 조선그리스도교 연맹위원장인 강영섭 목사가 축도를 하였다. 나는 이날 "소금과 같은 소수자"라는 제목으로 역사적인 봉수교회에서 설교하였다. 예배 후 우리는 밖에 나와서 기념사진을 찍었다. 나는 조선그리스도교 연맹의 서기장 오경우 목사에게 향린교회에서 바치는 헌금 500불을 전했다.

백두산 정상에 올라 천지를 보다!

2001년 8월 18일(토). 이날은 내게는 역사적인 날이다. 한반도에 태어나서 한반도에서 가장 높다는 백두산 천지에 올라가 보았기 때문이었다. 평양에 온 지 나흘째, 나는 백두산을 향해 떠났다. 우리는 아침 일찍 5시 반부터 일어나서 백두산 정상에 오른다는 생각으로 들떠 있었다. 나는 백두산으로 올라가는 버스를 타고 즐겨 부르고 익숙한 노래, "백두산으로 찾아가자"를 속으로 불러보았다.

"백두산으로 찾아가자 우리들의 백두산으로

신선한 겨레의 숨소리 살아 뛰는 백두산으로
백두산으로 찾아가자
만주 벌판 말을 달리던 천사들의 투쟁의 고향
백두산으로 찾아가자
서해에서 동해에서 남도의 끝 제주도에서 그 어디서 떠나도
한 몸에 넉넉히 안아 줄 백두산
온 힘으로 벽을 허물고 모두 손 맞잡고 오르는
백두산이여 꺾이지 않을 통일의 깃발이여" (윤민석)

오늘은 날씨가 맑아서 천지를 볼 수 있기를 희망했으나 일기예보에 의하면 백두산에는 비가 온다고 하여 오늘 천지를 보는 것은 무리라고 하였다. 수년 전에 중국 용정으로 가서 백두산-그들은 장백산이라 칭하였다-에 올라갔을 때도 비바람과 짙은 안개구름으로 그만 허탕을 쳤는데…. 오늘은 기어이 볼 수 있도록 속으로 간절히 기도하였다.

우리는 비행장으로 나가서 수속을 하였다. 북측에서는 비행기 두 대를 준비하였다. 오늘 묘향산 간 팀이 내일 또 오면, 그들도 또 비행기 두 대가 있어야 할 모양이다. 우리가 북에 그렇게 신세를 져도 되는가 하고 생각하였다. 비행기를 타고 서울에서 평양 온 것보다 두어 배나 더 됨직한 곳으로 비행하였다. 삼지연 공항 가까이 왔을 때 나는 착각할 정도였다. 마치 비행기로 독일을 처음 가 보던 때처럼 검은 숲이 대지를 뒤덮고 있는 것을 보았기 때문이었다. 이미 해발 1,000미터나 되는 높은 고지에 펼쳐진 거대한 숲의 대평원을 보고 탄성을 지르지 않을 수 없었다. 눈 아

래 펼쳐진 광활한 숲은 정말, 이곳 백두산 지역의 웅장함을 드러내는 것이었다. 삼지연 비행장에서 내려서 작은 버스에 분승하고 백두산을 향해 달렸다. 산 밑에 왔으나 길은 멀었다. 백두산의 크기를 짐작게 하는 것이라고 생각되었다. 이곳 나무들은 3대가 사는데 1대를 잘라내면 또 3대를 심어, 숲이 지금처럼 계속 유지되게 한다는 것이다.

백두산은 높이가 2,775미터로 한반도에서는 가장 높은 곳으로 알려졌다. 최근에는 북에서는 그 높이가 2,772미터라고도 하지만, 한반도에서 가장 높다는 사실에는 변함이 없다. 이곳은 9월만 되면 벌써 눈이 내린다고 하였다. 산꼭대기의 눈은 봄이 되어도 녹지 않은 상태에서 또 새로운 눈이 내려 하얗게 된다는 것이다. 이곳에서 백두산의 경사는 중국에서 올라갈 때보다 덜 가팔랐다. 산 입구에 들어서자 이곳의 나무는 벌목을 못 하도록 김일성 수령이 지시하였다며, 비록 나무가 필요해도 백두산의 나무는 벌목할 수 없게 하여 숲을 보존하고 있다고 하였다. 산에 올라갈수록 고산지역이어서 그렇겠지만, 나무들이 별로 없었다. 갈 '지'자로 버스들이 헐떡거리면서 올라갔다. 마침내 우리는 높은 산꼭대기, 향로봉에 내렸다. 그곳은 가장 높은 지점은 아니었으나 하얀 색깔로 필기체로 "혁명의 성산 백두산 김정일. 1992년 2월 16일 새김"이라고 쓰여 있었다. 아마 흰 페인트를 입힌 것 같았다. 여기에 화장실 등 시설이 있었다.

여기서부터 도보로 올라가기 시작하였다. 안내 동지는 오늘 날씨가 최고로 좋다면서 백두산의 날씨는 여러 가지 조화를 일으키는데, 오늘 그것을 다 볼 수 있게 되었으니 여러분들은 행운이라며 잘도 둘러댔다. 그는 이 백두산 천지에는 가끔 괴물이 나타나는데, 아마 곰이 아닌가 생각한다는 것과 이곳 천지못에는 '삼천어'라는 생선이 사는 데 몇 년 전에는 5㎏인가 하는 큰 고기를 잡아서 수령님께 바쳤다는 것 등을 말하기도 하였다.

이 천지는 압록강과 두만강의 발원지라고 학교에서 배운 기억이 난다. 천지에 떨어진 눈이 서남쪽으로 떨어지면 압록강이 되고 동북쪽으로 떨어지면 두만강이 된다고 들었다. 그 학교 선생님의 가르침을 회상하면서, 역시 그는 이곳에 와보지 않고 말했다는 것을 다시금 알게 되었다. 안내 동지의 설명에 의하면 이 천지 물은 바닥에서 밑으로 빠져나간다는 것이고 압록강과 두만강으로 모두 흘러들어 간다는 것이었다.

천지가 있다는 쪽으로 보니 안개구름이 잔뜩 끼여서 보이지 않았다. 그런데 순간적으로 천지가 살짝 보이기도 하여 천지를 조금 볼 수 있었다. 그러나 금방 짙은 안개로 다시 뒤덮이는 것이었다. 우리는 제일 높다는 장군봉 꼭대기에 올라가서 사진을 찍는 등 시간을 보냈다. 한반도에서 가장 높다는 백두산 꼭대기, 그러니까 한반도의 지붕 같은 곳에 왔다. 더욱이 신비로운 백두산 꼭대기에 있는 천지, 그것이 비록 지금 이 순간은 보이지 않는다 하더라도 너무나 감격스러웠다. 목사들이 둘러서서 기도하였다. NCC의 김동완 목사가 기도하였다. 그는 주로 남북 분단 현실과 통일을 위해 기도하였다. 안개구름이 걷히어 천지를 보게 해달라고 기도해야 하는데 그는 그런 기도를 하지 않았다고들 말하였다. 그러나 나는 속으로 천지를 볼 수 있게 해 달라는 기도를 드렸었다.

오늘도 천지를 보지 못하는가, 마음을 태우며 짙은 구름으로 뒤덮인 천지 쪽을 하염없이 내려다보고 있을 뿐이었다. 아! 그런데 잠시 후에 구름이 걷히기 시작하더니 순식간에 거짓말같이 천지가 그 모습을 드러내는 것이 아닌가? 너무나 감격스러워 말이 나오지 않을 지경이었다. 우리가 조금 전 기도하였기에 천지를 볼 수 있게 되었다고 말하는 이들도 있었다.

백두산을 내려오다 우리는 풀밭에서 점심 도시락을 먹었다. 정말 백두산 밑에서 피크닉을 할 수 있으리라고 생각인들 할 수 있었는가? 실로 감개무량했다. 햇볕은 우리 위를 쨍쨍하게 내리쬐는 가운데 그늘에 앉아서 도시락을 먹었다. 밥맛이 좋았다.

거기서 다시 우리는 〈3지연 대기념비 노천박물관〉이라는 곳에 내려 구경하였다. 항일전투 때의 군복을 입고 완전무장한 대형 김일성 동상을 조각해놓은 곳이었다. 서울의 4.19 혁명공원의 조각들과는 비교할 수 없이 웅장하였다. 한총련 학생대표는 "이런 것을 세우는 돈으로 굶주린 인민들을 먹일 것이지…."라고 평했다며 남쪽 신문이 보도했다 한다. 3지연이라는 말은 본래 연못이 3개였다는 데에서 연유했다고 하였다. 우리는 잠시 호숫가를 거닐며 한가한 시간을 잠시나마 가졌다. 날씨가 맑으면 이곳에서 백두산이 잘 보인다고 하였으나 애석하게도 짙은 구름이 끼어 보이지 않았다. 그곳 주위에는 숙박시설이 숲 속에 많이 있었다. 전국에서 오는 학생들이 이곳에서 숙박한다고 하였다. 이내 주위는 어두웠다. 우리는 삼지연공항으로 와서 야간비행으로 평양으로 다시 돌아왔다.

백두산 정상에 오른 것, 특별히 천지를 본 것은 이후 오랫동안 기억에 남을 것이다. 이번에 천지를 두 눈으로 본 것은 이번 평양행 최고의 경험으로 앞으로 두고두고 기억나리라. 남에 없는 백두산, 북 사람들이 이 백두산의 영기를 받아 그렇게 다부진가 생각되기도 했다.

묘향산을 다시 가보고

우리는 주일 늦은 오전, 10시쯤에 묘향산을 향해 달렸다. 진관스님은 홍 목사 때문에 오늘 묘향산 등산을 못 하게 되었노라고 농담 같은 불평을 하였다. 날씨는 정말 쾌청하였고 넓은 길은 잘 건설해 놓았으나 아직은 길이 매우 한산하였다. 지난번의 가을과 달리 이번에는 늦여름이어서 그런지 삼라만상이 푸르고 싱싱하였다. 멀리 보이는 산들에는 큰 나무들이 없는 듯 보였으나, 가까운 길가의 산에는 큰 나무들과 숲이 더러 보였다. 청천강은 그때나 지금이나 마찬가지로 흐르고 있었고, 군데군데 벌거벗고 멱감는 어린아이들과 고기 잡는 사람들이 눈에 띄었다. 이남의 시골풍경과 무엇이 다른가?

묘향산에 도착하니 거의 점심때가 되었다. 먼저 우리는 보현사를 관람하였다. 그리고는 호텔로 내려가서 걸직한 점심을 먹었다. 그리고 곧장 국제친선전시장을 관람하였다. 지난번에 한번 와본 곳이기도 하여 새삼스럽지는 않았다. 먼저 김일성 주석관, 그다음으로 건너편 김정일 위원장 기념관 쪽으로 이동하여 관람하였다. 거기 재미있는 작품 한 개를 보았다. 나무로 된 것인데, 지게를 지고서 한 손으로 밥그릇을 들고 또 한 손으로는 지팡이를 들고 있는 밝은 얼굴의 노인이었다. 이는 에콰도르의

Vdundad 출판사장이 바친 조각선물이라고 하였다.

"너무도 모르고 살았다. 보고 살자. 알고 살자. 알고 말하자." 어느 외국인이 친선박물관을 둘러보고 그렇게 많은 나라로부터 선물을 받은 데 놀라서 그런 말을 하였다고 한다. 어떤 외국인은 북이 고립된 줄 알았더니, 세계에서 그렇게 많은 벗을 가졌다는 것을 알게 되었다며 탄성을 질렀다는 것이었다. 그 말이 놀라운 일은 아닐 것이다. 왜냐하면, 나도 같은 느낌을 가졌기 때문이다. 그러나 북이 여기에 도취해 있어서는 안 될 것이다.

김정일 위원장 기념관을 보는 중에 이런 글귀가 눈에 띄었다. 김정일의 54회 생신일에 바친 선물, 지구를 두 손으로 받드는 모양의 조각이었는데 그 밑에 쓰인 다음과 같은 한문 글귀에 눈이 갔다. "萬民之救世主 新加披 新有限公司 富振海敬贈 1966.2.15 54回 生辰." 이는 물론 중국의 어느 분이 축 생신 인사로 한 말이겠지만, 왠지 김정일 위원장이 북측 인민들에게는 구세주일지는 몰라도 만민의 구세주라는 데에는 선뜻 동의하기 어려웠다.

마침 북측의 텔레비전 기자가 소감을 묻기에 쓴 말을 해 주었다. "북이 인민의 친구냐? 인민의 적이냐?" 순간 그는 당황하는 것 같았다. "왜 인민의 친구라는 북에서 문선명, 김종필, 빌리 그래함 같은 반통일.반공.반북적인 인사들로부터 받은 선물을 자랑하고 전시하고 있는가? 인민의 적으로부터 받은 선물도 그리 자랑스러운가?" 그대로 보도되었는지는 확인할 길 없지만, 마음 한쪽에서는 과연 방영할 것인가 하는 의구심이 일기도 하였다.

주체탑처럼 높이

어젯밤 늦게까지 잠을 자지 못했다. 역시 '서울에 돌아갔을 때 우리를 기다리고 있는 현실을 어떻게 맞을 것인가?' 하는 문제를 걱정하였기 때문이었다. 우리들 중 몇 사람은 구속될 것이라는 말도 돌아 어수선하였다.

8월 20일 일요일, 평양에서의 여섯 번째 날이었다. 아침에 우리는 주체사상탑으로 갔다. 이 탑은 김일성 광장 맞은편에 위치한 것으로, 꼭대기의 봉홧불은 밤이 되면 전기로 이글이글 타는 모습으로 형상화한 것이었다. 높은 탑 꼭대기로 올라가서 평양 시내를 한번 둘러보고 내려왔다. 이 탑은 김일성 주석의 70세 생신일인 1982년에 맞추어 건립되었다 한다. 김일성의 생일이 4월 15일이라고 하여, 정면에 헌시를 새긴 돌의 높이와 폭이 4m와 15m로 했고 그의 나이 70년의 날수를 계산하여 총일수가 25,550이라고 하여 화강석을 그 숫자만큼 가지고 탑을 세웠다고 하였다. 그 탑의 높이는 150m, 봉홧불의 높이가 20m라고 하였다. 1층의 정문 정면에는 그 탑을 세우는데 헌금을 한 많은 사람들, 주로 외국인들의 명단을 돌에 새겨 붙여놓았다. 15인승 엘리베이터를 타고 탑의 꼭대기에 올랐다가 온 사람들을 보고, 어떤 목사님은 "탑 위에 올라갔다가 오더니 이 사람들의 눈빛이 달라졌다"며 농담하기도 하였다. 나는 엘리베이터를 타고 주체탑 꼭대기의 전망대에 올라가서 평양 시내를 둘러보았다. 이 주체탑과 김일성 광장 사이에 대동강이 흐르는데, 이 탑 양쪽으로 대동강 가운데에 두 개의 분수가 하늘 높이 치솟는 광경은 장관이었다.

오후에 우리는 혁명열사능을 찾았다. 520여 명의 열사들이 묻혀있다는 이곳은 나 자신이 지난번에도 와본 곳이었으나 기분은 새로웠다. 입구에 검은 돌에 구릿빛 글자를 새긴 것은 이런 것이었다. "조국의 해방과 사회주의 건설, 나라의 통일을 위한 위업을 위하여 투쟁하다가 희생된 애국렬사들의 위혼은 조국 청사에 길이 빛날 것이다. 김일성"

새로운 것은 작년에 북으로 보내졌던 장기수 출신들 가운데 윤용기, 리종환 님 등이 안치되어 있었다. 우리는 이들과 김창준 목사 묘 앞에서 사진을 촬영하고 독촉하는 소리에 걸음을 빨리하였다. 김창준 목사는 감리교 목사로 북에 가서 최고인민회의 부의장까지 지냈던 분이다. 돌비석에 사진을 새긴 혁명열사능을, 북에서는 잘 해놓았다고 생각했다. 혁명가들의 동상들을 평양시가지를 내려다볼 수 있는 위치에 세워놓았고, 김일성 주석은 매일 아침 그곳에 와서 그 동상들을 일일이 어루만지며 '기도'했다고 한다.

점심시간에 다시 우리는 호텔로 가서 점심을 먹었다. 신인현, 함세환, 이두균 등 장기수 어르신들이 호텔로 찾아와 정말 기뻤다. 그들은 모두에게 안부를 전해달라고 부탁하였다. 이날 일부 사람들은 평양의 단고기(개고기)를 먹으러 식당에 갔다. 아마도 각자가 따로 분담하는 것 같았다. 단고기를 밝히지 않는 나는, 다른 사람들과 함께 고려호텔 식당에서 중식을 하였다.

점심을 먹고 오후에 우리는 창작사를 들렀다. 나는 지난번과는 달리, 그들의 작품을 한 점 샀다. 유명한 조각가인 리현순 님의 작품인 도자기라고 하였다. 그리고 박순희 대표를 위해 작은 액자, 글씨를 하나 사서 선물하였다. 그는 매우 좋아하였다. 이곳에도 예외 없이 많은 구호들이 붙어있었는데 몇 가지를 소개하면 다음과 같은 것들이다.

김정일 동지는 조선의 운명이고 혁명의 심장이며 승리의 가치입니다. 김일성; 수령결사 옹위 정신의 최고로 사신 불요불굴의 공산주의 혁명투사 김정숙 어머님을 따라 배우자; 사회주의 붉은기를 끝까지 지키자; 사회주의 지키면 승리이고 버리면 죽음이다; 오늘 조선은 김정일 동지의 의지와 신념에 따라 전진하고 세워진다; 순결한 량심과 의리로 김정일 장군님을 받들어 모시자; 무엇이 불가능하다면 그것은 조선말이 아니다.

통일을 위한 몸짓이 '돌출행동'으로 규탄받는 '우리의 서울로'

8월 21일 화요일, 이날은 평양을 떠나 서울로 오는 날이었다. 1주일 동안의 휴가도, 환상적인 경험도 다 마치고 이제 삭막한 현실로 돌아오는 날이다. 그 어떤 경험도 처음에는 새롭지만, 그것이 오래 지속될 때 의미를 잃는 법이다. 평양에서의 환상적인 생활은 우리의 일상적인 생활도, 계속되는 현실도 아니다. 우리는 서울의 '현실'을 맞아야 한다. 우리는 그 현실 속으로 돌아와서 살아야 한다. 그 현실의 세계는 통일을 위한 민족적 나들이가 '돌출행동'이 되는 곳이다.

우리는 아침부터 공항으로 나왔다. 어떤 사람에게 1주일은 짧기도 하고 또 어떤 사람들에게는 길게도 느껴졌으리라. 내게는 금방 가 버린 일주일이었다. 평양에 처음 왔을 때와 마찬가지로 환영객과 군악대, 꽃다발 주는 아이들이 공항에 나와 도열하고 있었다. 김포공항에 간다는 설이 이미 파다하였지만, 기장은 기내방송을 통하여 인천공항으로 간다고 하였다. 그러나 후에 김포공항에 다 와서야 갑자기 공항을 인천에서 김포로 바꾸게 되었다며 이 점을 양해 바란다는 방송을 하였다. 과연 김포에 도착하였을 때, 출입국관리소 안에 많은 사복경찰관들이 들어와 있는 게 눈에 띄었다. 먼저 나가던 사람들이 제지를 당하여 못 나간다고 하여 남았다. 강정구 교수, 김규철 의장, 천영세 의장 등이었다. 다른 사람들은 이미 나가버렸고 몇 사람만 남아서 싸울 길도 없었다. 밖에 재향군인회 등 우익들과 학생들 등 환영객들이 대치하고 있다며 이곳에서 싸우는 것은 바람직하지 않은 것이고, 일단 나갈 수 있는 사람들은 다들 나가자고 하여 나도 나왔다. 밖에 나와 보니 전경들이 환영객을 에워싸고 있는 판이었다. 내가 나오기 전, 보수우익세력과 환영객들 사이에 충돌이 있었고 폭력이 있었다고 하나, 나는 늦게 나오는 관계로 그 '역사적'인 폭력행위를 보지 못하였다.

통일연대는 연세대로 간다고 일단 버스를 탔다. 뜻밖에 이혜진, 이병일 목사가 버스로 와서 나를 찾았다. 짐을 그쪽에 부탁하고 나는 일행과 함께 연세대 노천극장으로 갔다. 거기서 통일연대 소속 방북단의 귀환 환영대회를 하였다. 환영대회는 자연히 규탄대회와 같이 될 수밖에 없었다. 통일연대소속 동지들이 7명이나 연행되었기 때문이었다. 이것은 물론 예상한 일은 아니었으나 각오한 일은 아니었을까? 대회가 오래 진행되고 있어 너무 늦었기에 나는 노진민 선생과 함께 중간에 나올 수밖에 없었다. 시계는 이미 6시가 넘고 있었다. 교회에 오니 퇴근하지 않고, 다들 나를 기다리고 있었다. 직원들과 함께 영강에 가서 저녁 식사를 하고 내가 '무사히' 돌아온 것과 강정구 교수가 연행되었음을 잠시 보고하고 각기 집으로 돌아갔다. 이로써 6박 7일간의 평양 방문을 모두 마쳤다. 다만 열네 명인가가 경찰에 연행된 채 말이다.

:: 05 ::

6 · 15 공동위원회의 성립과 10 · 4 선언

'2001년 평양 대축전' 이후로도 종단과 민화협, 통일연대 등 3개 단체는 '민족(남북)공동행사추진본부'를 구성했고, 북측의 민족화해협의회와의 협의하에 6 · 15와 8 · 15를 기념하는 남북교류행사를 계속 추진했다. 2002 민족공동행사추진본부(6 · 15 및 8 · 15), 2003 남북공동행사추진본부(6 · 15 분산 개최, 8 · 15), 민족공동행사추진본부 6 · 15 공동선언발표 4돌 기념 우리민족대회조직위원회(6 · 15)/8 · 15 광복 59돌 기념 민족통일대회 추진위원회(8 · 15행사 무산) 등이 공식명칭이다.

노무현 정권(2003년 2월 25일~2008년 2월 25일)이 들어서서도 3개 단체 연대에 의한 대북접촉은 변함없었다. 하지만 단일화된 북측 창구에 비해 남쪽은 행사 때마다 추진본부를 새로이 구성해야만 했다. 상설기구가 필요했다는 뜻이다. 2005년, 이 문제가 해결된다.

2004년 11월 23일~24일, 남북, 해외 통일단체 대표들이 금강산에서 실무접촉을 가졌다. 남측에서는 민화협, 통일연대, 7대 종단 등 각 단체 대표 36명이 참석했다. 그들은 내년도 6 · 15 공동선언 발표 5돌 기념 민족통일행사를 평양에서, 해방 60돌 8 · 15 통일행사는 남측 지역에서 열기로 합의했다. 특히 주목할 것은 "통일운동과 민족공동의 통일행사들을 광범위하게 협의 추진하기 위해 '6 · 15 공동선언 실천을 위한 북, 남, 해외 공동행사준비위원회'(약칭 '북, 남, 해외 공동행사준비위원회')를 내년 적절한 시기에 구성하며 올해 내로 남, 북, 해외에서 각기

지역준비위원회를 결성했다"는 소식이다.[1]

북쪽이 먼저 움직였다. 2004년 12월 20일, 6 · 15 공동선언실천 북측준비위가 결성되었다. 북측준비위원회에는 안경호 조국통일범민족연합(범민련) 북측본부 의장이 위원장, 명예공동위원장은 양형섭 최고인민회의 상임위 부위원장, 김영대 조선사회민주당 중앙위원장, 류미영 천도교청우당 중앙위원장 등 5명이었으며 강련학 조국통일민주주의전선 중앙위 의장 등 15명이 부위원장으로 선임되었다.

또 준비위원은 성자립 김일성종합대학 총장을 비롯해 벽초 홍명희의 손자인 소설가 홍석중, 계관시인 오영재, 2002년 대규모 집단체조와 예술공연 '아리랑' 공연을 총기획한 송석환 조선음악가동맹 중앙위원회 위원장, 문익환 목사 10주기 때 북측대표단으로 남측에 온 주진구, 1993년 북송된 비전향 장기수 리인모 씨 딸 리현옥, 혁명 가극 '피바다'에서 주인공 어머니 역을 맡았던 조청미, 유도영웅 계순희, 여자마라톤 스타 정성옥, 남자 체조의 배길수, 소설 '청춘송가'의 작가 남대현 등 80명으로 구성됐다. 사무국장은 북측 민족화해협의회(민화협)의 리창덕 사무소장이 맡았으며 사무부국장에 5명이 임명됐다. 다음은 6.15 공동선언 실천을 위한 북 · 남 · 해외 공동행사 북측준비위원회 명단이다.[2]

1 "내년 6.15 행사 평양, 8.15 행사 남측 개최"〈실무접촉〉, 「연합뉴스」, 2004.11.25.

2 北, 6.15 공동선언실천 북측준비위 결성, 위원장 안경호, 사무국장 리창덕, 「통일뉴스」, 2004.12.21.

[표22: 6.15 북측위 임원 명단]

6 · 15 공동선언 실천 북측준비위원회 명단	
명예공동위원장	양형섭 최고인민회의 상임위원회 부위원장, 김영대 조선사회민주당 중앙위원회 위원장, 류미영 천도교청우당 중앙위원회 위원장
위원장	안경호 조국통일범민족련합(범민련) 북측본부 의장
부위원장	강련학 조국통일민주주의전선 중앙위원회 의장, 김경호 김일성사회주의청년동맹 중앙위원회 1비서, 렴순길 조선직업총동맹 중앙위원회 위원장, 강창욱 조선농업근로자동맹 중앙위원회 위원장, 박순희 조선민주녀성동맹 중앙위원회 위원장, 장재언 조선종교인협의회 회장, 강영섭 조선그리스도교련맹 중앙위원회 위원장, 박태화 조선불교도련맹 중앙위원회 위원장, 김정호 조선문학예술총동맹 중앙위원회 위원장, 김성국 조선기자동맹 중앙위원회 위원장, 전금진 조국평화통일위원회 부위원장, 정운업 조국통일범민족련합 북측본부 부의장, 김유호 조국통일범민족련합 북측본부 부의장, 리충복 민족화해협의회 부회장, 유영선 민족화해협의회 부회장
위원	성자립, 김응렬, 홍선옥, 송석환, 리명원, 김성철, 김명철, 리영희, 전영애, 김덕철, 주화일, 조충한, 박진식, 주진구, 문병록, 강철원, 안병소, 박길우, 최성룡, 강철호, 박영철, 김인옥, 리의하, 홍동철, 리우룡, 최성익, 정덕기, 정치건, 김수조, 김동수, 리진, 원철운, 정명순, 한응히, 장혜명, 최룡덕, 김구식, 박문철, 리학수, 박영희, 김인호, 최창만, 렴윤학, 강지영, 신상호, 심상진, 허일진, 김혁, 문영호, 한석봉, 궁정옥, 허종호, 김광철, 안철웅, 홍서헌, 리원길, 오정훈, 문영근, 박성숙, 홍응표, 리억세, 김명현, 장금숙, 명준섭, 리현옥, 김동실, 오명희, 정성옥, 최창수, 김정화, 오영재, 홍석중, 남대현, 조청미, 배길수, 계순희, 황호영, 전응렬, 리관익, 김지선
사무국 국장	리창덕
사무국 부국장	조홍수, 조영민, 한일선, 양철식, 림룡철

6 · 15공동선언실천 북측준비위가 결성된 다음 해 1월 말경 남측준비위가 결성되었다. 2005년 1월 31일, 시청 앞에 위치한 프레스센터 국제회의장에서 통일 관련 시민 · 사회단체 및 문화예술인, 각 정당대표 등 2백여 명이 참석한 가운데 '6 · 15 공동선언실천을 위한 남 · 북 · 해외 공동행사 남측준비위원회' 결성식이 개최됐다. 사회를 맡은 한충목 남

〈 그림271: 2005년 1월 31일 한국프레스센터에서 열린 '6 · 15 공동선언실천을 위한 남 · 북 · 해외 공동 행사 남측준비위원회' 결성식ⓒ한국기자협회, 남측 백낙청, 북측 안경호, 해외 측 곽동의(좌측부터) 위원장이 나란히 손을 잡고 결성식장에 입장해 무대 위에 오르자 참가자들은 기립박수로 환영했다ⓒ통일뉴스 〉

측준비위 집행위원장은 남측준비위는 "일상적인 통일운동을 실천하기 위한 상설조직"이라며 특별한 의미를 부여했다.

통일맞이 박용길 상임고문가 명예대표로, 서울대 백낙청 명예교수는 상임대표로 추천되었고, 7대 종단과 문화 · 예술 대표, 각 정당대표 등을 총망라한 40여 명의 고문단과 60여 명의 공동대표가 임명되었다. 전창일은 강희남 목사와 함께 36명 고문 중의 한사람으로 이름을 올렸다. 백낙청 상임대표는 인사말을 통해, "민족자주의 실현과 평화체제 건설의 전환적 국면을 열어가기 위해서는 민간교류가 북미 관계나 남북 당국간의 정세에 따라 중단되는 일이 없어야 한다"며, "남측준비위가 어떠한 일이 있어도 6 · 15 공동선언 실천을 위해 최선을 다하는 모습을 남북과 해외의 전 민족, 그리고 세계 모든 시민들에게 보여줄 수 있어야 한다"고 강조했다.[3] 이날 임명된 6 · 15 남측위 임원 명단은 아래와 같다.

3 '6 · 15 남측 준비위' 결성, 「한국기자협회」, 2005.2.2.

[표23: 6 · 15 남측위 임원 명단]

남 · 북 · 해외 공동행사 남측준비위원회 임원	
고문(36인)	강만길, 강문규, 강원룡, 강희남, 권오창, 권오헌, 권정달, 김민하, 김선적, 김성수, 김성훈, 김우전, 김을수, 김준기, 김중배, 박영숙, 박정기, 박정숙, 박형규, 배다지, 백기완, 변형윤, 서영훈, 손봉호, 손장래, 신경림, 오재식, 이세중, 이소선, 이영희, 이창복, 이천재, 임기란, 임재경, 전창일, 정경희, 조만제, 조영건, 주종환, 한승헌, 한완상, 홍창의, 황건
상임고문(17명)	고은, 김희중, 박상증, 박순경, 백도웅, 법장, 신창균, 윤경빈, 이돈명, 이수성, 이종린, 이철기, 이혜정, 이효재, 임동원, 최근덕, 한양원
명예대표	박용길(통일맞이 상임고문)
상임대표	백낙청(서울대 명예교수)
공동대표 추천인 명단	김삼렬(독립유공자유족회 회장), 김상근(목사), 김숙임(평화를만드는여성회 공동대표), 김용태(한국민족예술인총연합 부이사장), 김익석(대한불교청년회 회장), 김일중(환경정의 공동대표), 김재완(민족종교), 김정헌(문화연대 공동대표), 김종림(흥사단민족통일운동본부이사장), 김종수(신부), 김형준(한국영화제작자협회 회장), 김흥현(전국빈민연합 의장), 나창순(범민련 남측본부 상임대표), 명진(스님), 문경식(전농 의장), 문상주(한국직능단체총연합회 회장), 박남수(천도교 동학민족통일회 상임의장), 박영신(녹색연합 상임대표), 박원순(아름다운재단 상임이사), 박재승(대한변호사협회 회장), 서정의(한농연 회장), 송효원(한총련 의장), 어약(성균관 부관장), 염무웅(민족문학작가회의 이사장), 오종렬(전국연합 상임의장), 윤금순(전국여성농민회장), 윤재철(대한민국상이군경회고문), 윤종건(한국교총 회장), 은방희(한국여성단체협의회장), 이명순(민주언론운동시민연합 이사장), 이명신(교무), 이병웅(남북이산가족교류협의회 상임대표), 이상기(한국기자협회 회장), 이석태(민주사회를 위한 변호사 모임 회장), 이성림(한국예술문화단체총연합회 회장), 이수일(전교조 위원장), 이수호(민주노총 위원장), 이용득(한국노총 위원장), 이장희(통일교육협의회 상임대표), 이학영(YMCA 총무), 이해학(자주평화통일민족회의 상임의장), 이행자(YWCA 회장), 임헌영(민족문제연구소 소장), 정광훈(전국민중연대 상임대표), 정숙자(한국정신대문제대책협의회 대표), 정재돈(전국농민연대 상임대표), 정지영(영화감독), 정현백(한국여성단체연합 상임대표), 조성우(민화협 상임의장), 최열(환경운동연합 공동대표), 한국염(NCC 여성위원장), 한상렬(통일연대 상임대표 의장), 한양수(민족통일중앙협의회 회장), 홍근수(평통사 대표), 정당별 1인
의원대표단	–

운영위원(24명)	김삼렬, 김상근, 김용태, 김익섭, 김종수, 나창순, 명진, 문경식, 서정의, 오종렬, 윤재철, 윤종건, 은방희, 이석태, 이성림, 이수일, 이수호, 이용득, 이학영, 정재돈, 정현백, 조성우, 최열, 한상렬
집행위원장(4명)	김제남, 이승환, 정인성, 한충목
사무처장단(6명)	정현곤 사무처장, 김태현, 이경원, 이성원, 이태호, 최영옥 협동사무처장 *사무처장단은 6 · 15 남측위 결성식에서 발표하지 않고 추후 선임됨

3월 1일 오후 4시(현지시각), 마지막 차례로 '해외준비위원회' 결성식이 중국 심양의 칠보산 호텔에서 열렸다. 일본지역준비위에서 곽동의 의장과 김수식, 박구호, 송세일 부위원장, 송충석 사무국 부국장이 참가했으며, 범민련 공동사무국 임민식 사무총장, 재미준비위에서 문동환 상임위원장과 이행우, 노길남 공동위원장, 한호석 사무국장이 참가하였다. 그 외 중국준비위에서 양영동 위원장과 리철재, 문태환 부위원장, 백경헌 위원 등이, 유럽준비위에서는 박소은 위원장과 민명동, 오복자 부위원장, 독립국가연합준비위에서는 조윤해 위원장이, 오세아니아주 준비위에서 장진민 부위원장과 문창수 사무국장 등이 참가하였다.

해외준비위 결성으로 오는 3일~5일 금강산에서 열릴 '6 · 15 공동선언 실천을 위한 남 · 북 · 해외 공동행사 준비위원회'(준비위) 결성이 차질 없이 진행될 예정이며, 준비위는 북측의 안경호 위원장, 남측의 백낙청 상임대표, 해외 측의 곽동의 위원장이 공동위원장을 맡게 될 것으로 보인다고 전했다.[4] 다음은 해외준비위원회 구성 명단이다.

4 6 · 15 해외 준비위 심양에서 발족, 위원장에 곽동의 일본위원장, 사무국장 박용, 「통일뉴스」, 2005.3.2.

[표24: 6 · 15 해외위 임원 명단]

6 · 15 해외위 임원 명단	
명예위원장(12명)	량수정(재일본조선인총련합회 중앙상임위원회 부의장), 이좌영(재일한국민주통일연합 고문), 양영동(재중조선인총련합회 의장), 선우학원(재미준비위원회 고문), 이승만(재미준비위원회 고문), 윤길상(재미동포전국련합회 의장), 전순영(캐나다코리안연합회 고문), 석명손(국제고통련 명예위원장), 리동철(국제고통련 위원장), 김은실(재오스트랄리아동포 전국련합회 회장), 최기환(유럽지역준비위원회 고문), 이영빈(조국통일해외기독자회 대표)
위원장	곽동의(재일한국민주통일연합 상임고문)
부위원장(16명)	김수식(재일조선인평화통일협회 회장), 양동민(조국통일범민족연합 일본지역본부 의장), 박구호(재일본조선인총련합회 통일운동국 국장), 송세일(재일한국민주통일연합 사무총장), 임민식(조국통일범민족연합 공동사무국 사무총장), 최은복(재중조선인총련합회 부의장), 차상보(범민련 재중조선인본부 부의장), 문동환*(한국신학대학 명예교수), 양은식(조국통일범민족연합 재미본부 상임의장), 이행우(미주동포전국협회 의장), 박소은(6 · 15문화학술기획원 대표), 최호권(캐나다코리안연합회 위원장), 조윤해(국제고통련 부위원장,범민련 독립국가연합지역본부 의장), 주영일(우즈베끼스딴 고통련 위원장), 권천식(극동 고통련 위원장), 장진민(범민련 오세아니아주지역본부 의장, 재오스트랄리아동포 전국연합회부회장)
위원(58명)	일본준비위: 김소자,,김지영, 문세현, 오영철, 오재세, 임태광, 이철, 임철, 최철교, 도상태, 류상식, 리한수, 박수길, 박용, 서승
	중국준비위: 리철재, 천재련, 문태환, 조국제, 한길수, 황진생, 황영두, 조용환
	재미준비위: 노길남, 신필영, 조명지, 박문재, 김현환, 이준무
	유럽준비위: 민명동, 오복자, 이지숙, 이준식, 신옥자, 이종현
	캐나다준비위: 김선호, 김수해, 리응주, 안종훈, 차영신
	독립국가연합준비위 : 김용술, 강순호, 박왈레리, 박명산, 안향진
	오세아니아주준비위: 한승수, 림용모, 리문철, 박용진, 박용하, 안명강, 기후스님, 김윤기, 류종호, 조중길, 안병운, 박기석, 김반석
사무국(7명)	사무국장: 박용(위원 겸직, 조국통일범민족연합공동사무국 부사무총장)
	부국장: 조선오(재일본조선인총련합회 중앙본부 통일운동국 부장) 이정수(재일한국민주통일연합 선전차장) 최수봉(범민련재중 조선인본부 부국장) 한호석(자주민주통일 미주연합 부의장) 문창수(재오스트레일리아동포 전국련합회 사무국장) 안향진(위원 겸직, 국제고통련 기관지〈통일〉 주필)

*문동환 부위원장은 2005.3.4 6 · 15 공동위 결성식이 열린 금강산에서 6 · 15 해외위 공동위원장이자 6 · 15 공동위 공동위원장으로 추대됨

'6 · 15 공동선언 실천을 위한 남 · 북 · 해외 공동행사 준비위원회'가 남, 북, 해외 모두 출범함으로써 이제 남은 것은 공동기구의 결성이었다. 해외 준비위 발족 이틀 후인 3월 4일 오후 9시 30분경, 남북 해외 준비위 대표 200여 명이 참석한 가운데 금강산호텔 1층 세미나실에서 공동준비위가 공식 발족했다.

먼저 북측준비위 리충복 부위원장이 경과보고에 나서 "지난해 12월 20일 공화국정당 · 단체합동회의를 갖고 모든 정당, 단체들이 폭넓게 망라된 북측준비위원회를 선참으로 결성하여 내외에 선포하는 성과를 이룩했다"고 밝혔으며, 이어 남측준비위 조성우 공동대표가 "지난 1월 31일 백낙청 상임대표를 중심으로 남측준비위원회를 결성함으로써 2005년을 자주통일의 전환적 국면으로 만들어가기 위한 첫걸음을 내딛었다"고 소개했다. 해외 측 준비위에서는 김수식 공동부위원장이 경과보고에 나서 "중국이 12월 10일 심양에서 제일 먼저 준비위를 결성했다"며 7개 지역 준비위 발족 경과를 소개하고 "3월 1일 심양에서 해외 측 준비위가 결성, 탄생을 온 세상에 자랑차게 선포했다"고 밝혔다. 남 · 북 · 해외 대표단은 남측의 백낙청 상임대표, 북측의 안경호 위원장, 해외의 곽동의 · 문동환 공동위원장 등 4인을 공동준비위 공동위원장으로 만장일치의 박수로 추대했다. 아래에 6 · 15 남 · 북 · 해외 공동행사 공동준비위 결성선언문을 소개한다.[5]

5 역사적인 6.15 남 · 북 · 해외 공동준비위 발족, 공동위원장에 백낙청, 안경호, 곽동의, 문동환, 「통일뉴스」, 2005.3.4.

[6 · 15 남북 해외 공동행사 공동준비위 결성선언문(2005.3.4.)]

오늘 우리는 민족적 화해와 단하 자주적 평화통일에 대한 7천만 겨레의 뜨거운 통일 열망과 의지를 모아 '6.15공동선언 실천을 위한 남 · 북 · 해이 공동행사주비위원회'의 결성을 온 민족 앞에 선언한다.

민족 수난이 40년과 이어진 60년의 분열은 우리 민족에게 참으로 헤아릴 수 없는 불행과 고통만을 가져다주었다.

그러나 남과 북, 해외의 우리 겨레는 하나의 핏줄을 이으며 반만년의 민족사를 개척해온 자랑스러운 민족답게 내외에 조성된 온갖 고난과 위협도 박차고 자주, 평화, 민족대단결의 역사를 전진시켜 왔다.

그 어떤 장벽도 우리의 앞길을 막을 수 없었고 사상과 제도, 정파와 종교, 지역의 차이도 통일을 지향하는 우리 겨레의 마음을 결코 갈라놓을 수 없었다.

현시대는 6 · 15 통일시대이다.

오늘 우리 민족의 통일운동은 새로운 역사적 전환기를 맞이하고 있다. '6.15 공동선언 실천을 위한 남 · 북 · 해외 공동행사준비위원회'는 공동선언에 기초하여 나라의 자주적 평화통일을 이룩하기 위해 분열 이후 처음으로 남과 북, 해외의 각 계층 정당, 단체, 인사들을 가장 폭넓게 망라하여 결성된 상설적인 전 민족적 통일운동연대기구이다.

'6 · 15공동선언 실천을 위한 남 · 북 · 해외 공동행사준비위원회'의 결성은 민족수난과 분열의 100년사를 끝장내고 우리 민족의 새 출발을 알리는 역사적 선언이다.

전 민족적인 공동행사준비위원회가 결성됨으로써 우리 겨레는 공동선언 발표 이후 지난 5년간 통일운동에서 거둔 성과를 계승하여 겨레의 통일지향과 의지를 하나로 모아 나갈 수 있는 민족대단결의 모체, 강력한 추동력을 가지게 되었다.

역사의 첫걸음을 내디딘 '6 · 15공동선언 실천을 위한 남 · 북 · 해외 공동행사준비위원회'를 이끄는 정신은 6 · 15공동선언이다.

6 · 15공동선언은 분열과 대결의 역사에 종지부를 찍고 민족적 화해와 단합, 통일의 새 시대를 열어 놓은 자주선언, 평화선언, 민족대단결 선언이며, 민족적 자주역량으로 평화와 통일로 가는 활로를 밝힌 민족공동의 통일 이정표이다.

우리는 6 · 15공동선언에 천명된 대로 나라의 통일문제를 남에게 의존해서가 아니라 그 주인인 우리 민족끼리 힘과 지혜를 합쳐 풀어나갈 것이다.

우리는 민족공동의 이익을 우선시하고 각자의 의사를 존중하며 6 · 15공동선언을 중심으로 단결하여 그 실현을 위해 혼신의 노력을 다할 것이다.

남과 북, 해외의 노동자, 농민, 청년 학생, 여성, 종교인, 문화예술인 등 각계각층의 자주적 연대와 협력이 풍성하게 꽃피어날 수 있게 할 것이다.

평화는 온 민족의 한결같은 지향이며 평화수호는 우리에게 맡겨진 절체절명의 과제이다.

우리는 그 어떠한 군사적 행동도 반대하고 이 땅에서 진정 위협과 군사적 대결과 긴장을 걷어내며 항구적 평화를 위해 모든 노력을 다할 것이다.

온 민족이 우리를 지켜보고 있으며 전 세계가 우리를 주목하고 있다. 역사적인 6 · 15공동선언 발표 5돌, 조국광복 60돌이 되는 뜻깊은 올해를 자주통일의 전환적 국면을 여는 해로 만들자.

우리 민족의 단합된 힘으로 자주와 평화를 지켜내고 단합과 통일의 새로운 역사를 창조하자.

세계 앞에 우리 민족의 지혜와 슬기, 단결을 보여주자.

2005년 3월 4일

금강산

6 · 1 5공동선언 5주년과 광복 60주년을 맞아 남 · 북 · 해외 민간인이 역사상 처음으로 합법적인 공동기구를 결성하고 공식 출범을 알렸다. 이러한 성과를 올리기까지엔 많은 논란과 내부갈등이 있었다. 가장 큰 문제는 남측준비위원회의 상임대표 선출이었다. 민화협과 종단, 통일연대가 모두 수긍할 만한 인물을 선출하기엔 무리가 따랐다는 얘기다. 진통 끝에 세 단체와 직접적 연관이 없는 백낙청 시민방송 이사장을 추대키로 합의했다. 실무를 집행할 사무처 문제는 더욱 복잡한 과정을 거쳤다. 결국, 남측준비위원회 결성식 당일까지 결론을 내지 못하고 행사장에서 명단을 발표하지 못하는 사태가 발생하는 불상사가 일어나기도 했다.[6]

6 김치관의 석사학위 논문, 〈6 · 15공동선언 이후 남북공동행사에 관한 연구〉, 경남대학교 북한대학원, 2006년 12월

이 과정에서 범민련은 거의 목소리를 내지 못했다. 반면, 북측은 범민련 북측본부 의장인 안경호가 북측준비위원회 위원장을 맡았고, 해외의 경우에도 범민련 결성 초창기부터 활동했던 곽동의가 위원장, 사무국장에는 범민련 공동사무국 부사무총장이었던 박용 그리고 사무총장이었던 임민식은 부위원장으로 선출되었다. 북측과 해외는 그동안 통일운동이 주축이었던 범민련 출신이 6 · 15 공동위의 핵심요지을 맡았던 것이다. 그러나 남쪽의 경우 강희남 · 전창일 · 이천재가 고문, 신창균 · 이종린이 상임고문 그리고 당시 범민련 남측본부 상임대표였던 나창순이 공동대표에 선임되었을 뿐, 실무부서인 사무처장단(6명)과 핵심부서인 운영위원(24명), 집행위원장(4명)에 범민련 이름으로 선임된 사람은 아무도 없었다. 특히 전창일과 인연이 깊었던 박용과 임민식은 여전히 통일운동의 중심에서 활동하고 있는 반면, 전창일은 고문이란 직함으로 이름만 올린 처지가 되었다.

사실 전창일만의 문제가 아니었다. 범민련 출신으로 6 · 15 공동위에 이름을 올린 강희남, 이천재, 전창일, 나창순, 신창균, 이종린 등은 범민련 활동으로 인해 모두 옥고를 치른 바 있다. 하지만 향후 통일운동의 주역이란 영예 대신 그들에게 주어진 것은 수형생활이 주어졌다.

6 · 15 공동위가 결성된 2005년은 남쪽에서 불법으로 탄압받고 있는 조국통일범민족연합(범민련)이 발족한 지 15년째 되는 해다. 12월 4일 낮 12시 서울 단국대학교에서 열린 범민련 결성 15돌 기념대회를 맞아 범민련 북측본부는 "참으로 조국통일운동사에 새겨진 범민련의 15년 역사에는 민족대단결과 조국통일을 위한 범민련의 애국의 넋과 자취가 그대로 슴배여 있으며 남측본부 전체성원들의 굴할 줄 모르는 의지와 빛나는 공적이 뚜렷이 비껴 있습니다."라는 축사를 보냈다. 그리고 범민

련 유럽연합 리준식 의장은 “아아, 조국통일범민족연합 앞길에/ 6 · 15 태양 눈부시다/ 간고한 시련 이겨낸 자랑찬 긍지로/ 민족자주 반전평화 통일애국/ 목숨으로 끌어안고/ 위대한 통일조국 영광의 영마루 향해/ 보무당당히 가자!(축시 ‘아아, 조국통일범민족연합!’ 중에서)”라는 축시를 보내 결성 15돌을 축하했다.[7]

이무튼, 이러한 아픔과 모순 속에서도 6 · 15 공동위는 많은 일을 했다. 6 · 15 5주년을 맞아 6 · 15 통일대축전을 평양에서, 광복 60주년을 맞아 8 · 15 민족대축전을 서울에서 당국 대표단이 참석한 가운데 성공적으로 개최함으로써 민간통일운동은 이전과 질적으로 다른 단계에 진입하게 됐다. 이 외에도 5.22.~24. 금강산에서 ‘6 · 15 공동선언 실천과 반전 평화, 민족 공조 실현을 위한 남북대학생 상봉 모임’이 남측 대학생 413명, 북측 대학생 100여 명이 참가한 가운데 열렸으며, 오래전부터 예정됐던 ‘민족문학 작가대회’가 7.20.~25. 평양과 백두산 등에서 진행됐다.[8]

참여정부의 대북 정책은 전임 대통령 김대중의 햇볕정책을 근간으로 하였다. 그러나 2005년 6 · 15 공동위가 출범하기 전 노무현 정부의 대북정책은 남북정상회담과 관련된 대북송금 특검 문제로 인해 국내 보수 세력의 강력한 반발뿐 아니라 지지층을 분열시킨 결과를 가져오기도 했다. 이 사건은 노무현 정부 초기 남북 관계를 악화시킨 배경으로

7 "조국통일범민족연합 그 이름에 통일 있다." 범민련 남측본부, 결성 15돌 기념대회..."6.15 공동선언 실천 앞장설 것", 「사람일보」, 2005.12.5.

8 김치관의 석사학위 논문, 〈6 · 15공동선언 이후 남북공동행사에 관한 연구〉, 경남대학교 북한대학원, 2006년 12월.

작용했다.[9]

6 · 15 남 · 북 · 해외 공동행사 공동준비위 결성선언문이 발표된 그해(2005년) 9월 19일, 조선민주주의인민공화국이 모든 핵무기를 파기하고 NPT, IAEA로 복귀한다는 약속을 한 9.19 공동성명(9.19 共同聲明)이 발표되었다. 이 선언에는 한반도 평화협정, 단계적 비핵화, 조선민주주의인민공화국에 대한 핵무기 불공격 약속, 북미 간의 신뢰구축 등이 포함되어 있었다. 그리고 9 · 19 공동성명 이행을 위한 초기조치인《2 · 13 합의》가 2007년 2월 14일, 베이징에서 중화인민공화국, 조선민주주의인민공화국, 일본, 대한민국, 러시아연방, 미합중국 등 6개국 간에 이루어졌다.[10]

2 · 13 합의가 발표된 5개월쯤 후부터, 남북정상회담에 관한 기사가 보도되기 시작했다.[11] 여당과 야당, 보수와 진보개혁 세력 간에 남북정상회담에 관한 논란이 무수히 쏟아지다가 8월 5일, 부산에서 14일부터 열릴 예정이던 8 · 15 민족통일대축전이 북측의 불참 통보로 무산되었다는 소식이 전해졌다. 남북은 상반기만 해도 북핵 2 · 13합의 이후 곧바로 제20차 장관급회담을 열어 단절됐던 대화채널을 복원하고 5월 17일 역사적인 경의선, 동해선 열차 시험 운행을 실시하는 등 급속도로 가까워지는 모습이었다. 정치권을 중심으로는 제2차 남북정상회담 가능성도 줄기차게 제기되고 방코델타아시아(BDA) 문제로 발목이 잡혀있기

9 김연철, 김대중 · 노무현 정부 10년의 남북 관계, 「기억과 전망」 2010, vol, no.22, 통권 22호 pp. 109~140(32 pages).

10 [제5차 6자회담 3단계 회의] 2 · 13 합의_국문_9.19 공동성명 이행을 위한 초기조치《외교부, 주요문서》

11 이해찬 "靑 남북정상회담 준비 중" 靑 "여러 의견 수렴일 뿐", 「동아일보」, 2007.7.10.

는 했지만, 전체적인 6자회담 분위기도 나쁘지 않아 한반도 정세의 근본적인 변화 가능성을 점치는 목소리도 여기저기서 터져 나왔다. 이러한 시점에서 북측의 8 · 15 민족통일대축전 불참소식에 그 배경과 함께 향후 남북 관계에 미칠 영향에 모두 주목하기 시작했다.[12]

사흘 후, 갑자기 반전이 일어났다. 8일 오전 10시로 엠바고가 설정됐던 '남북정상회담 개최' 사실을 일본 「아사히신문」 인터넷판이 8일 오전 8시 49분에 보도했다.[13] 그리고 백종천 청와대 안보실장은 8일 청와대에서 가진 기자회견을 통해 지난 5일 김만복 국정원장과 북한 통일전선부 김양건 부장 사이에 이뤄진 제2차 남북정상회담 합의문을 발표했다.[14] 북한 역시 같은 시간에 남북정상회담을 28일부터 30일까지 평양에서 갖기고 합의했다고 발표했다. 조선중앙통신은 이날 9시 57분 남북간이 합의한 '노무현 대통령의 평양방문에 관한 북남합의서'를 발표하고 "조선민주주의인민공화국 김정일 국방위원장과 대한민국 노무현 대통령의 합의에 따라 오는 8월 28일부터 30일까지 노무현 대통령이 평양을 방문하기로 했다"고 밝혔다.[15] 다음은 합의문 전문이다.

〈노무현 대통령의 평양방문에 관한 남북합의서〉

대한민국 노무현 대통령과 조선민주주의인민공화국 김정일 국

12 8 · 15 대축전 무산…남북 관계 이상 없나, 「연합뉴스」, 2007.8.5.

13 '남북정상회담 개최', 日 아사히신문이 첫 보도, 「노컷뉴스」, 2007.8.8.

14 〈정상회담〉 남북합의서 전문, 「연합뉴스」, 2007.8.8.

15 北, 남북정상회담 동시 발표(종합), 「연합뉴스」, 2007.8.8.

방위원장의 합의에 따라 8월 28일부터 30일까지 노무현 대통령이 평양을 방문하기로 하였다.

남북 정상 상봉은 6 · 15 공동선언과 우리 민족 정신을 바탕으로 남북 관계를 보다 높은 관계로 확대 발전시켜 한반도 평화와 민족 공동 번영과 조국통일의 새로운 국면 열어나가는데 중대한 의의가 있다.

쌍방은 정상회담을 위한 준비접촉을 조속한 시일하에 개성에서 갖기로 했다.

2007년 8월 5일 상부의 뜻을 받아들여 남측의 김만복 국정원장, 상부의 뜻을 받들어 통일전선부 김양건 부장이 합의했다.

그 후 전국 모든 신문과 방송은 경쟁하듯 남북정상회담 관련 기사를 쏟아내기 시작했다. 시민들은 환영과 함께 기대감을 표했다. 「연합뉴스」가 전국 취재망을 동원해 부산, 대구, 경기도 등 지방에 사는 학계 인사와 시민단체 관계자, 일반 국민을 대상으로 제2차 남북정상회담 개최에 대한 의견을 물은 결과, 지역 · 직업에 관계없이 대부분 환영의 뜻을 밝히고 내실 있는 회담이 되기를 기원했다.[16] 재계도 "남북정상회담이 남북 관계의 새로운 전기가 되기를 기대한다."며 적극 환영했고,[17] 문화 · 종교계도 남북교류 활성화에 대한 기대감을 감추지 않았다.[18]

해외의 반응도 다르지 않았다. 미국 전문가들은 환영 속에 우려한다

16 〈정상회담〉 시민, 학계 "환영, 내실있는 회담돼야"(전국종합), 「연합뉴스」, 2007.8.8.

17 정상회담〉 재계 "남북정상회담 적극 환영", 「연합뉴스」, 2007.8.8.

18 〈정상회담〉 문화.종교계 남북교류 활성화 기대, 「연합뉴스」, 2007.8.8.

며 신중히 반응했지만,[19] 지난 5월경 "지금 남북정상회담은 부적절하다"고 했던[20] 크리스토프 힐 미 국무부 차관보는 "이번 회담을 위해 설정된 목표가 달성되기를 기원하며 또한 이번 회담이 한반도 평화와 안정, 그리고 6자회담에 기여하기 바란다"고 밝히며 정상회담에 환영의 뜻을 전했다.[21]

일본의 여야당 간부들도 남북한이 정상회담을 개최하기로 한 데 대해 환영하며 한반도 평화, 안정에 기여할 것이라고 기대감을 표시했으며,[22] 중국의 전문가들은 "시기가 적절하다"며 평가했다.[23] 물론 부정적인 평가를 한 곳도 다수 있다. 워싱턴 포스트(WP), 뉴욕타임스(NYT) 등 일부 미국의 언론들은 "남북정상회담이 어떤 성과를 거둘지 불분명하며 이번 회담을 통해 북한의 핵무기 개발 계획이 종결될 수 있을지 불투명하다고 지적했다."[24]

무엇보다 안타까운 것은 국내의 냉전, 반통일 세력들이다. 한나라당은 "시기, 장소, 절차가 모두 부적절한 남북정상회담에 반대한다."고 밝혔다.[25] 그리고 라이트코리아, 자유민주비상국민회의 등 보수단체 회원들은 8일 오후 청와대 부근에서 기자회견을 열어 오는 8월 말 예

19 美전문가들 환영 속 우려 신중 반응, 「연합뉴스」, 2007.8.8.
20 힐 美차관보 "남북정상회담, 시기 적절치 않아", 「쿠키뉴스」, 2007.5.16.
21 미 국무부 "정상회담 환영… 한반도 평화 · 안정 희망", 「오마이뉴스」, 2007.8.8.
22 〈정상회담〉 日 여야 "한반도 평화. 안정에 기여할 것", 「연합뉴스」, 2007.8.8.
23 〈정상회담〉 中 전문가 "시기 적절하다", 「연합뉴스」, 2007.8.8.
24 "남북정상회담 어떤 성과 거둘지 불분명"〈NYT · WP〉, 「연합뉴스」, 2007.8.8.
25 한 "시기, 장소 부적절…정상회담 반대", 「연합뉴스」, 2007.8.8.

정된 남북정상회담 중단을 요구했다.[26] 북한 민주화운동본부 박상학 대표는 "이 시점에서 정상회담을 하려는 것은 정권을 연장하기 위한 음모가 깃들어 있지 않냐는 우려를 자아낸다."고 말했다. 자유북한방송 김성민 대표는 "일부에서 정상회담을 통한 북한의 핵무기 폐기를 기대하고 있지만, 김정일이 정치적인 무기인 핵무기를 놓을 리 만무하다"며 "정상회담에서 김정일에게 철저히 농락당할 것"이라고 주장했다. 납북자가족모임 최성용 대표는 "노무현 대통령이 평양에서 국군포로 1~2명과 납북자 1~2명을 데려오는 이벤트가 이번 남북정상회담에서 이뤄질 가능성이 높다"며 "그러나 이러한 이벤트식으로 접근하지 말고 국군포로와 납북자 전체의 생사를 아우르는 방식으로 문제를 풀어야 한다."고 말했다.[27]

한나라당과 탈북단체 외 한국의 대형신문사를 비롯한 많은 언론들이 남북정상회담의 성사에 찬물을 끼얹었다. 이들 언론들은 사설을 통해 자신들의 주장을 폈다. 아래에 제목을 소개한다.

▲국민일보 = 2차 정상회담한다는 데 왜 찜찜할까/ 국정원 직원들 기강해이 우려된다.

▲동아일보 = 남북정상회담, 따져볼 일이 많다/ 6 · 15 그리고 7년, 감격은 허망했다.

▲조선일보 = 노무현, 김정일 무엇을 위해 만나나

▲중앙일보 = 기대보다 걱정이 큰 남북정상회담

26 남북정상회담 중단하라', 「연합뉴스」, 2007.8.8.

27 〈정상회담〉 통일단체 '환영'..탈북단체 '반대', 「연합뉴스」, 2007.8.8.

세계가 주목하고 있는 가운데 남북정상회담 개최의 날은 이제 열흘쯤 남았다. 그런데 전혀 예상치 못했던 소식이 날아왔다. 28일~30일로 예정됐던 제2차 평양 남북정상회담을 10월 초로 연기할 것을 요청해왔다고 천호선 청와대 대변인이 밝힌 것이다. 북측은 8월 18일 오전 김양건 북한 통일전선부장 명의로 김만복 국가정보원장 앞으로 전통문을 보내 최근 북한지역에서 발생한 수해 피해로 인한 복구가 시급한 점을 고려해 8월 말로 합의한 노무현(盧武鉉) 대통령의 평양 방문을 10월 초로 연기하되, 구체적인 방문날짜는 남측이 편리한 대로 정할 것을 제의해왔다. 이에 남측은 이날 오후 2시 긴급 남북정상회담 추진위원회를 개최해 북측의 제안을 수용하기로 결정하고, 2차 남북정상회담을 10월 2일~4일로 조정해 개최하자고 북측에 통보했다.[28] 이제 노무현과 김정일, 남과 북 두 정상의 회담이 확정된 것이다.

정부는 9월 7일, 제2차 남북정상회담 공식수행원 13명의 명단을 7일 발표했다. 권오규 부총리 겸 재경부 장관, 김우식 부총리 겸 과기부 장관, 이재정 통일, 김장수 국방, 임상규 농림, 변재진 보건복지, 김만복 국가정보원장(이상 행정부처), 변양균 정책실장, 백종천 외교안보실장, 염상국 경호실장, 천호선 대변인, 오상호 의전비서관, 조명균 안보정책비서관(이상 청와대) 등이 노무현 대통령의 공식수행원이었다.[29] 그리고 11일에는 정계 6명, 경제계 17명, 사회 · 문화계 21명, 여성계 3명 등 총 47명으로 구성된 정상회담 특별수행원이 확정되었다. 이들 중에는 정몽구 현대자동차 회장과 문정인 연세대 교수, 문성근 영화진흥위원회

28 北 남북정상회담 10월 초로 연기 요청, 「연합뉴스」, 2007.8.18.

29 남북정상회담 공식수행원 13명 발표, 「한국경제」, 2007.9.7.

위원, 도올 김용옥 등이 포함되었다.[30]

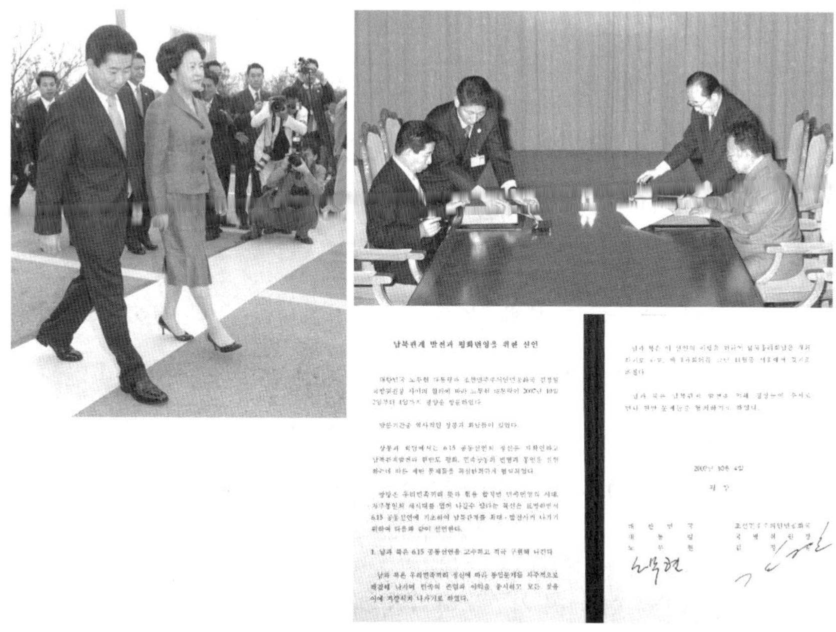

〈 그림272: 시계방향, ①2007년 10월 2일 오전 노무현 전 대통령과 권양숙 여사가 남북정상회담을 위해 평양으로 향하며 군사분계선을 도보로 넘고 있다ⓒ사진공동취재단 ②노무현 전 대통령과 김정일 국방위원장이 3일 오전 평양 백화원 영빈관에서 정상회담을 하고 있다ⓒ청와대사진기자단, ③2007년 10월 4일 노무현 대통령과 김정일 국방위원장이 서명한 10 · 4 남북공동선언문ⓒ연합뉴스 〉

2007년 10월 2일, 우여곡절 끝에 성사된 남북정상회담의 첫날이다. 이날 오전 7시 55분께 전용차 편으로 청와대를 떠난 노 대통령은 1시간여 만에 군사분계선 앞 약 30m 지점에 도착해 하차한 뒤 간단하게 소감을 밝혔다. 그리고 오전 9시 5분경, 부인 권양숙 여사와 함께 노무현 대통령은 군사분계선(MDL)을 통과해 북측 관할 지역 내로 진입했다. 대

30 정몽구 · 문성근 등 정상회담 특별수행원 발표, 「경향신문」, 2007.9.11.

한민국 국가원수가 도보로 군사분계선을 넘어 방북한 것은 사상 처음으로, 이 역사적인 장면은 TV를 통해 생중계됐고, CNN 등 외신들도 긴급 뉴스로 보도했다. 노 대통령이 군사분계선을 통과하면서 남긴 메시지 전문은 다음과 같다.

> 국민 여러분 오늘 중요한 일을 하러 가는 날이라서 가슴이 무척 설레는 날입니다.
>
> 그런데 오늘 이 자리에 선 심경이 착잡합니다. 눈에 보이는 것은 아무것도 없는데, 여기 있는 이 선이 지난 반세기 동안 우리 민족을 갈라놓고 있는 장벽입니다. 이 장벽 때문에 우리 국민들은, 우리 민족들은 너무 많은 고통을 받았습니다. 발전이 정지돼 왔습니다.
>
> 다행히 그동안 여러 사람들이 수고해서 이 선을 넘어가고 또 넘어왔습니다. 저는 이번에 대통령으로서 이 금단의 선을 넘어갑니다. 제가 다녀오면 또 더 많은 사람들이 다녀오게 될 것입니다. 그러면 마침내 이 금단의 선도 점차 지워질 것입니다. 장벽은 무너질 것입니다. 저의 이번 걸음이 금단의 벽을 허물고 민족의 고통을 해소하고, 고통을 넘어서서 평화와 번영의 길로 가는 그런 계기가 되도록 노력하겠습니다.
>
> 국민 여러분 성공적으로 일을 마치고 돌아올 수 있도록 함께 기도해 주십시오. 잘 다녀오겠습니다.[31]

31 노무현 대통령 걸어서 '금단의 선' 넘었다, 「한겨레」, 2007.10.2.

노 대통령은 이어 평양 · 개성 간 고속도로를 달려 오전 11시 30분께 평양에 도착했으며, 도착 직후 북한 동포와 평양 시민에게 전하는 인사말을 발표하는 것으로 2박 3일간의 방북 일정에 들어갔다. 조선민주주의인민공화국 국방위원장 김정일은 4 · 25 문화회관에서 열린 환영행사에서 직접 영접했다.

일정 둘째 날인 10월 3일 9시 30분 남북 양측 정상은 소수의 배석자를 대동하고 회담을 가졌고, 일정 마지막 날인 10월 4일 오후 1시 백화원 영빈관에서 '남북 관계 발전과 평화 번영을 위한 선언'에 서명했다. 선언은 8개 항으로 구성됐고 서명 주체는 '대한민국 대통령 노무현'과 '조선민주주의인민공화국 국방위원장 김정일'으로 돼 있다.

〈 북남 관계 발전과 평화 번영을 위한 선언 〉

조선민주주의인민공화국 김정일 국방위원장과 대한민국 노무현 대통령 사이의 합의에 따라 노무현 대통령이 2007년 10월 2일부터 4일까지 평양을 방문하였다.

방문기간 역사적인 상봉과 회담들이 있었다.

상봉과 회담에서는 6 · 15 공동선언의 정신을 재확인하고 북남관계 발전과 조선반도 평화, 민족 공동의 번영과 통일을 실현하는데 따른 제반 문제들을 허심탄회하게 협의하였다.

쌍방은 우리 민족끼리 뜻과 힘을 합치면 민족번영의 시대, 자주통일의 새 시대를 열어나갈 수 있다는 확신을 표명하면서 6 · 15 공동선언에 기초하여 북남관계를 확대 발전시켜 나가기 위하여 다음과 같이 선언한다.

1. 북과 남은 6 · 15 공동선언을 고수하고 적극 구현해 나간다.

북과 남은《우리 민족끼리》정신에 따라 통일문제를 자주적으로 해결해 나가며 민족의 존엄과 이익을 중시하고 모든 것을 이에 지향시켜나가기로 하였다.

북과 남은 6 · 15 공동선언을 변함없이 이행해 나가려는 의지를 반영하여 6월 15일을 기념하는 방안을 강구하기로 하였다.

2. 북과 남은 사상과 제도의 차이를 초월하여 북남 관계를 호상 존중과 신뢰의 관계로 확고히 전환시켜 나가기로 하였다.

북과 남은 내부문제에 간섭하지 않으며 북남 관계 문제들을 화해와 협력, 통일에 부합되게 해결해 나가기로 하였다.

북과 남은 북남 관계를 통일 지향적으로 발전시켜나가기 위하여 각기 법률적, 제도적 장치들을 정비해나가기로 하였다.

북과 남은 북남 관계의 확대와 발전을 위한 문제들을 민족의 염원에 맞게 해결하기 위해 량측 의회 등 각 분야의 대화와 접촉을 적극 추진해 나가기로 하였다.

3. 북과 남은 군사적 적대 관계를 종식시키고 조선반도에서 긴장완화와 평화를 보장하기 위해 긴밀히 협력하기로 하였다.

북과 남은 서로 적대시하지 않고 군사적 긴장을 완화하며 분쟁문제들을 대화와 협상을 통하여 해결하기로 하였다.

북과 남은 조선반도에서 어떤 전쟁도 반대하며 불가침 의무를 확고히 준수하기로 하였다.

북과 남은 서해에서의 우발적 충돌방지를 위해 공동어로수역을 지정하고 이 수역을 평화수역으로 만들기 위한 방안과 각종 협력사업에 대한 군사적 보장조치문제 등 군사적 신뢰구축조치를 협의하기 위하여 북측 인민무력부장과 남측 국방부 장관 사이의 회담을 금년 11월 중에 평양에서 개최하기로 하였다.

4. 북과 남은 현 정전체제를 종식시키고 항구적인 평화체제를 구축해나가야 한다는데 인식을 같이하고 직접 관련된 3자 또는 4자 수뇌들이 조선 반도 지역에서 만나 종전을 선언하는 문제를 추진하기 위해 협력해나가기로 하였다.

북과 남은 조선반도 핵 문제 해결을 위해 6자회담의 《9 · 19 공동성명》과 《2 · 13 합의》가 순조롭게 이행되도록 공동으로 노력하기로 하였다.

5. 북과 남은 민족경제의 균형적발전과 공동의 번영을 위해 경제협력사업을 공리 공영과 유무 상통의 원칙에서 적극 활성화하고 지속적으로 확대 발전시켜 나가기로 하였다.

북과 남은 경제협력을 위한 투자를 장려하고 경제 하부 구조 건설과 자원개발을 적극 추진하며 민족 내부 협력 사업의 특수성에 맞게 각종 우대조건과 특혜를 우선적으로 부여하기로 하였다.

북과 남은 해주지역과 주변 해역을 포괄하는 《서해평화협력특별지대》를 설치하고 공동어로구역과 평화수역설정, 경제특구건설과 해주항 활용, 민간선박의 해주 직항로 통과, 임진강 하구 공동 이용 등을 적극 추진해 나가기로 하였다.

북과 남은 개성공업지구 1단계 건설을 빠른 시일 안에 완공하고 2단계 개발에 착수하며 문산-봉동 간 철도화물수송을 시작하고 통행, 통신, 통관 문제를 비롯한 제반 제도적 보장조치들을 조속히 완비해나가기로 하였다.

북과 남은 개성-신의주철도와 개성-평양고속도로를 공동으로 이용하기 위해 개보수문제를 협의 추진해 가기로 하였다.

북과 남은 안변과 남포에 조선협력지구를 건설하며 농업, 보건의료, 환경보호 등 여러 분야에서의 협력사업을 진행해나가기로 하였다.

북과 남은 북남경제협력사업의 원활한 추진을 위해 현재의《북남경제협력추진위원회》를 부총리급《북남경제협력공동위원회》로 격상하기로 하였다.

6. 북과 남은 민족의 유구한 력사와 우수한 문화를 빛내기 위해 역사, 언어, 교육, 과학기술, 문화예술, 체육 등 사회 · 문화 분야의 교류와 협력을 발전시켜나가기로 하였다.

북과 남은 백두산 관광을 실시하며 이를 위해 백두산-서울 직항로를 개설하기로 하였다.

북과 남은 2008년 베이징올림픽경기대회에 북남응원단이 서해선 열차를 처음으로 이용하여 참가하기로 하였다.

7. 북과 남은 인도주의협력사업을 적극 추진해 나가기로 하였다.

북과 남은 흩어진 가족과 친척들의 상봉을 확대하며 영상편지

교환사업을 추진하기로 하였다.

이를 위해 금강산면회소가 완공되는 데 따라 쌍방 대표를 상주시키고 흩어진 가족과 친척의 상봉을 정상적으로 진행하기로 하였다.

북과 남은 자연재해를 비롯하여 재난이 발생하는 경우 동포애와 인도주의, 상부상조의 원칙에 따라 적극 협력해 나가기로 하였다.

8. 북과 남은 국제무대에서 민족의 이익과 해외동포들의 권리와 이익을 위한 협력을 강화해나가기로 하였다.

북과 남은 이 선언의 이행을 위하여 북남총리회담을 개최하기로 하고 제1차 회의를 금년 11월 중 서울에서 가지기로 하였다.

북과 남은 북남 관계 발전을 위해 수뇌들이 수시로 만나 현안 문제들을 협의하기로 하였다.

2007년 10월 4일

평양

대한민국 대통령 노무현

조선민주주의인민공화국 국방위원장 김정일

:: 06 ::

인혁당 무죄투쟁

〈그림273: 시계방향, ① 33년 만에 무죄가 선고된 인혁당 피해자 중 3인(강창덕, 전창일, 이창복), 구순 노기자의 '끝나지 않은 인혁당 사건', 2007년1월 23일 자 한겨레ⓒ셜록 ② 2007년 1월 23일, 서울중앙지법에서 인혁당 재심 재판이 끝난 뒤 유족 등 관계자들이 기자회견을 갖고 있다.ⓒ경향신문 ③ 32년 만에 무죄가 선고된 인혁당 사형수 8인 ④2007년 1월 23일 자 한겨레〉

2007년 1월 23일, 서울중앙지법 형사합의23부(문용선 부장판사)는 '인혁당 재건위' 사건에 연루돼 1975년 긴급조치 1호 위반 등의 혐의로 사형이 집행돼 숨진 우홍선 씨 등 8명에 대해 재심 선고공판에서 무죄를 선고했다. 이로써 '유신정권'에 반대해 민주화운동을 했다가 위법한 수사 · 재판의 희생양이 됐던 8명의 숨진 피고인들은 뒤늦게나마 명예를 회복했고, '사법 살인'이라는 비난을 받았던 사법부도 과거의 오점을 바로잡게 됐다.[1] 32년 만에 이루어진 재심 결과였다.

1년 후 같은 날짜인 2008년 1월 23일, 서울중앙지법 형사합의22부(재판장 김용석)는 1975년 국가보안법 위반 등의 혐의로 기소돼 무기징역을 선고받고 실형을 살았던 전창일(87) 씨 등 9명의 재심 선고공판에서 모두 무죄를 선고했다. 재판부는 "경찰 조사 과정에서 [illegible] 물고문, 전기 고문이 있었고, 검찰 조사 때 중앙정보부 조사관이 참석해 자유롭지 못한 심리 상태가 지속됐던 것으로 보인다"며 "피고인들이 법정에서 공소 사실을 일부 시인한 진술을 믿기 어렵다"고 밝혔다.

재판부는 또 "피고인들이 몇 명씩 만나서 정부를 비판하는 얘기를 한 것은 인정되지만, 이것이 정부 참칭, 국가 변란의 목적이 있었다고 보기 어려우며 피고인들이 계속적이고 독자적인 결합체를 만들어 조직적 활동을 했다고 인정하기 어렵기 때문에 반국가단체를 구성한 것으로 인정할 수 없다"고 덧붙였다. 재판부는 긴급조치 1호 위반 부분에 대해서는 "이미 긴급조치의 근거가 됐던 유신헌법 자체가 폐지됐다"며 유·무죄 판단 없이 재판을 마무리 짓는 '면소' 결정을 내렸다.[2]

전창일 통일연대 상임고문은 이미 사형자 재심에서 무죄 판결이 나 큰 감격은 없다면서도 "재판과정에 인격적 모욕이나 인권이 유린당한 수사과정의 일들을 다시 회고하면서 증언을 하지 않으면 안 되었던 처지가 상당히 괴로웠다"며 "하지만 이런 일이 다시 역사에 있어서는 안 된다는 사명감에 고통을 무릅쓰고 재판에 임해서 진실이 밝혀진 데 대

1 '인혁당 재건위 사건' 32년 만에 무죄 선고, 「한겨레」, 2007.1.23.

2 인혁당 생존자 33년 만에 '무죄', 「한겨레」, 2008.1.23.

해서 민주화된 민주 법정에서 재판받는 시민으로서의 긍지를 느꼈고, 아울러 이런 민주화 성과를 이루는 과정에서 희생된 민주세력에 대해서 감사하다"고 전했다. 이날 무죄 판결을 받은 9명은 이태환, 유진곤, 전창일, 김한덕, 나경일, 강창덕(이상 무기), 정만진, 이재형, 조만호(이상 20년) 등이다. 한편, 재판 당시 고등군법회의에서 최종형이 확정됐던 김종대(20년), 전재권, 황현승, 이창복, 림구호(이상 15년) 등 5명은 고등법원에 재심을 신청해 놓은 상태였다.[3]

전창일 등의 재심 무죄가 선고된 날로부터 2년 전인 2006년 1월 23일, 민주화운동 관련자 명예회복 및 보상심의위원회는 제157차 회의에서 인혁당 사건 관련자 16명의 민주화운동 인정 여부에 대한 심의를 벌여 인정 결정을 했다고 밝혔다. 이번에 민주화운동 관련자로 인정돼 명예회복이 이뤄진 인혁당 관련자는 서도원, 도예종, 하재완, 송상진, 여정남, 정만진, 전재권, 이태환, 장석구, 이창복, 전창일, 강창덕, 라경일, 이재형, 김종대, 임구호 씨 등이다.

민주화심의위는 인혁당 사건이 수사 당국의 가혹한 고문에 의해 조작됐고 이 사건 관련자들의 행위가 민주헌정질서 회복을 위한 민주화운동이라고 판단돼 이들 16명을 민주화운동 관련자로 인정했다고 말했다. 또 인혁당 관련자 전원이 혁신계 활동에 이어 1969년 3선 개헌 반대운동, 1971년 민주수호국민협의회(민주수호경북협의회) 참가 등 반(反)유신 활동과 함께 민청학련 사건에 이르기까지 학생운동을 정신적 물질적으로 지원하는 등 반독재 민주화운동을 주도적으로 벌인 점을 고려했다,

3 '인혁당' 징역형 피해자도 '무죄', 「평화뉴스」, 2008.1.24.

고 덧붙였다.[4]

'인혁당 재건위' 사건 관련 피해자들은 2006년 1월 23일에 민주화운동 관련자로 인정돼 명예회복이 이루어졌고, 2007년 1월 23일에는 사망자 8명의 재심 선고공판에서 무죄가 선고되었다. 그리고 생존자 9명에게 무죄가 선고된 날은 2008년 1월 23일이었다. 우연인지 혹은 별도의 이유가 있었는가는 알 수 없으나, 세 가지 사안의 결정이 모두 1월 23일에 이루어졌다. 아무튼, 이제 전창일은 대한민국 국민으로서의 공민권이 완전히 회복되었다. 이날이 오기까지 어떠한 일이 있었는지 살펴보기로 하자.

1993년 5월부터 1994년 11월까지 유가족협의회(유가협)와 전국민족민주열사추모사업회 연대회의(회장 진관스님)는 '의문사 진상규명을 위한 국회청원서명 운동'을 벌여 국내 정당, 사회단체, 종교단체, 해외교포, 각국 인권단체 등으로부터 11만여 명의 서명을 받았다. 그리고 11월 4일, '의문사 전면 재조사를 위한 국회청원서'를 국회에 제출한 바 있다.

그러나 "현 정권이 문민정부임을 자처한다면 국회 안에 의문사 진상규명 특별위원회를 구성해 과거 군사정권에서 발생했던 각종 의문의 죽음에 대한 전면 재조사가 이뤄져야 할 것"이라고 주장하며 "'의문사 전면 재조사를 위한 국회청원서'가 폐기될 우려가 있다"고 걱정한 박정기(66) 유가협 회장의 우려대로 특별위원회 구성은 김영삼의 임기 내 전혀 진척되지 않았다.[5]

4 인혁당 관련자 16명 '민주화운동' 인정, 「프레시안」, 2006.1.23.

5 의문사 진상규명 특별위구성 재조사를, 「한겨레」, 1995.3.16.

인터뷰 국회에 청원서 제출한 유가협 박정기 회장

"의문사 진상규명 특별위구성 재조사를"

박종생 기자

"현 정권이 문민정부임을 자처한다면 국회 안에 의문사 진상규명 특별위원회를 구성해 과거 군사정권에서 발생했던 각종 의문의 죽음에 대한 전면 재조사가 이뤄져야 할 것입니다."

국회를 비롯해 각계 각층에 의문사에 대한 재조사의 필요성을 알리는 데 여념이 없는 유가족협의회(유가협) 박정기(66) 회장은 15일 지난해 11월4일 국회에 제출한 '의문사 전면 재조사를 위한 국회청원서'가 폐기 처분될 우려가 있다고 걱정했다.

이 청원서는 지난 1월 국회 법사위에 회부돼 법사위 안에 민자당 의원 4명, 민주당 의원 3명으로 '의문사 청원소위원회'가 구성됐다. 그러나 이 청원서가 국회 본회의까지 상정될 수 있을지는 상당한 노력이 뒤따라야 할 것으로 보인다. 무엇보다도 국회가 적극적이지 않기 때문이다.

유가협과 전국민족민주열사 추모사업회 연대회의(회장 진관 스님)는 지난 93년 5월부터 94년 11월까지 '의문사 진상규명을 위한 국회청원서명운동'을 벌여 국내 정당, 사회단체, 종교단체, 해외교포, 각국 인권단체 등으로부터 11만여명의 서명을 받았다.

박 회장은 "이렇게 많은 사람들이 서명에 참여한 것은 의문사가 공권력에 의한 타살과 은폐조작으로 이루어졌을 가능성이 있다는 국민들의 의혹을 반증해 주는 것"이라고 주장했다.

박 회장은 또 "지난 87년 대통령 선거 전에 당시 김영삼 후보가 '민주정부가 수립되면 의문사 문제의 많은 부분이 해결될 수 있을 것'이라고 말했다"며 "실명제 등 개혁도 좋지만 군사정권의 유지를 위해 생명을 빼앗긴 억울한 죽음에 대한 진상규명 조처도 있어야 할 것"이라고 주장했다.

박씨는 "지난 84년 군복무 중 의문사했던 부산수산대생 허원근씨의 경우 가족들이 사인규명을 요구한 채 아직까지 유해 인도를 거부하고 있다"며 눈시울을 붉혔다.

인혁당사건 명예회복 추진

천주교인권위 추모비건립 "유신정권 조작" 재심청구

박정희 독재정권에 항거하다 '인민혁명당(인혁당)' 사건으로 죽음을 당한 8명의 명예회복 작업이 추진되고 있다. 천주교인권위원회(위원장 김형태 변호사)는 오는 29일 '인혁당 사건 진상규명 및 명예회복을 위한 대책위원회' 준비위원회 회의를 열어 이들의 명예회복 작업을 위한 활동을 논의하기로 했다고 20일 밝혔다.

인권위는 재심청구를 통해 인혁당 사건이 유신정권에 의해 조작된 사건임을 입증하는 작업을 벌이기로 했다. 또 이들에 대한 사형이 집행된 지 24년째 되는 내년 4월9일 서대문형무소 터에 추모비를 건립하기로 했다.

인권위는 이를 위해 법조·종교계 등 각계 인사들이 참여하는 대책위원회를 오는 11월10일 발족시키기로 했다.

이수병(당시 37살)씨 등 인혁당 사형수들은 긴급조치 4호가 선포됐던 지난 74년 4월 "북의 지령을 받아 민청학련 등을 통해 학생데모를 배후조종"한 혐의로 중앙정보부(현 국가안전기획부)에 붙잡혔다.

당시 이 사건 관련자들은 법정 신술 등을 통해 사건이 중앙정보부의 고문에 의해 조작됐다고 줄곧 주장했다. 그런데도 대법원에서 사형을 선고받은 다음날인 4월 9일 서대문형무소에서 이례적으로 사형이 집행됐다.

제네바에 본부를 둔 국제법학자협회는 대법원에서 사형이 선고되자 '사법사상 암흑의 날'이라고 선포하는 등 국제적으로 큰 논란을 불렀다.

이성욱 기자

이훈구기자

민주화운동 관련법 제정을 요구하며 지난해 11월부터 국회앞에서 천막농성을 벌여 온 전국민족민주유가족협의회가 30일 소기의 성과를 올린 뒤 442일간의 '거리생활'을 청산하는 해단식을 가졌다.

유가協 '442일만의 歸家'

'의문사 특별법' 통과 국회앞 천막농성 끝내

'1년3개월간의 천막농성이 맺은 커다란 결실.'

민주화운동 관련법의 제정을 요구하며 지난해 11월부터 국회의사당앞에서 천막농성을 벌여 온 전국민족민주유가족협의회가 30일 442일간의 '거리생활'을 청산했다.

고 이한열군의 어머니 배은심(裵恩深·61)회장을 비롯해 대부분 60, 70대 할아버지 할머니들로 구성된 유가협회원 30여명은 이날 오전 서울 여의도 국회앞에서 천막농성 해단식을 가졌다.

이날 해단식은 최근 민주화운동 관련자 명예회복 및 보상 등에 관한 법률과 의문사 진상규명특별법이 국회를 통과한데 따른 것.

배회장은 이날 발표한 성명서에서 "혈육들에 대한 사랑 하나만으로 시작한 기나긴 투쟁이 법안통과라는 성과를 거둬 천막을 철거하고 농성을 정리한다"고 밝혔다.

배회장은 또 "육체적인 고통보다 여야정치인들의 정쟁(政爭)에 밀려 법제정이 무산될 때마다 정말 참기 힘들었다"며 그간의 어려움을 털어놓기도 했다.

이날 행사에서 회원들은 "특별법이 통과됐다는 사실이 아직 실감나지 않는다"고 소감을 밝힌 뒤 "앞으로 특별법이 취지대로 잘 시행되는지 관심있게 지켜볼 것"이라고 입을 모았다.

한편 회원들은 "두 법안의 제정은 민주화운동을 올바르게 자리매김하는 '첫 단추'"라며 "기념관 건립과 함께 민주화운동 관련자들의 국가유공자 승격을 위한 제도적 보완이 필요하다"고 덧붙였다.

〈윤상호기자〉

ysh1005@donga.com

'의문사' 진상규명 한다

대통령 직속 '조사委' 설치 與, 특별法 시안 확정

민주화운동 관련 '의문사' 진상규명을 위한 '의문사 진상조사위원회'가 대통령 직속 기구로 설치된다. 국민회의는 이를 위해 24일 '의문사 진상규명에 관한 특별법' 시안을 확정, 공개했다.

이에 따라 75년 의문사한 장준하(張俊河)씨, 73년 중앙정보부에 연행됐다가 자살한 것으로 발표된 당시 서울대 법대 최종길(崔鍾吉) 교수 사망사건 등, 70~80년대에 발생한 의문사 사건에 대한 진상규명의 길이 열리게 됐다.

국민회의가 마련한 법안에 따르면, 조사위원회는 국회 동의를 얻어 대통령이 임명할 위원 9인으로 구성되며, 그 중 3인은 변호사로, 1인은 법의학 전문가로 하도록 돼 있다. 조사대상 범위는 '3선 개헌' 발의일(69년 8월7일) 이후 현재까지로 잡았다.

/辛貞錄기자 jrshin@chosun.com

등 다채로운 행사를 벌인다.

올해로 4회째를 맞이한 '여성주간'은 7월 1일 '남녀차별 금지 및 구제에 관한 법률' 시행과 함께 여성 권익 향상에 의미있는 행사로 여겨진다.

/李美京기자 mklee@chosun.com

미사일-관계개선 논의

美-北 고위급회담 마쳐

【北京=池海範기자】찰스 카트먼 미 한반도 평화회담 특사와 김계관(金桂寬) 북한 외무성 부상은 24일 중국 베이징(北京) 차이나월드 호텔에서 이틀간의 고위급 회담을 마쳤다. ▶관련기사 4면

양측은 이번 비공개 회담에서 북한의 미사일 문제와 양국간 관계 증진 등의 현안을 논의한 것으로 알려졌다.

/hbjee@chosun.com

남북 次官級회담 내일속개

【北京=金仁植기자】남북한은 24일 이산가족 문제와 상

〈 그림274: 시계방향, ① 1995년 3월 16일 자 한겨레, ② 1998년 9월 21일 자 한겨레, ③ 1999년 6월 25일 자 조선일보, ④ 12월 31일 자 동아일보 〉

의문사 전면 재조사는 김대중 정권이 출범하자 급물살을 타기 시작했다. 1998년 8월 3일, 서울 명동 향린교회에서 '민족 민주 열사 명예회

복과 의문사 진상규명을 위한 범국민추진위원회' 결성식이 열렸다.[6] 한편, 인혁당 사건으로 죽음을 당한 8명의 명예회복도 추진되기 시작했다. 8월 29일, 천주교인권위원회(위원장 김형태 변호사)는 '인민혁명당 사건 진상규명 및 명예회복을 위한 대책위원회' 준비위원회 회의를 열어 이들의 명예회복 작업을 위한 활동을 논의하기로 했다고 밝혔다.[7] 11월 9일에는 '인민혁명당 사건 진상규명 및 명예회복을 위한 대책위원회(공동대표: 이돈명, 문정현)'가 발족했다.[8]

닷새 전인 11월 4일부터 '민주화운동 유가족 협의회' 소속 가족들은 '민족 민주 열사 명예회복 위문사 진상규명 특별법 제정을 위한 국회 앞 농성'을 시작했으며, 그 후 1999년 12월 30일까지 1년 3개월, 442일 동안 천막 농성을 벌였다. 12월 30일 마침내 '의문사 특별법'이 국회를 통과함으로써 그들은 '거리생활'을 청산했다.[9] 지난 6월 24일, 민주화운동 관련 '의문사' 진상규명을 위한 '의문사 진상조사위원회'가 대통령 직속 기구로 설치되며 이를 위해 '의문사 진상규명에 관한 특별법' 시안이 확정, 공개되었다는 소식이 들린 이후,[10] 6개월여 만에 '의문사 특별법'이 통과된 것이다.

2000년 10월 17일, '의문사 진상규명에 관한 특별법'에 따라 만들어진 대통령 직속 의문사진상규명위원회(위원장 양승규, 가톨릭대 대우교수)

6 진상규명위원장 한충목 씨 "수사권 가진 민관합동위 설립해야", 「한겨레」, 1998.8.13.

7 인혁당 사건 명예회복 추진, 「한겨레」, 1998.9.21.

8 인혁당 사건 진상 밝혀야(사설), 「한겨레」, 1998.11.10.

9 유가협 442일 만의 귀가, 「동아일보」, 1999.12.31.

10 '의문사' 진상규명한다, 대통령 직속 '조사위' 설치, 여, 특별법 시안 확정, 「조선일보」, 1999.6.25.

가 종로구 수송동 이마빌딩에서 현판식을 갖고 활동을 시작했다.[11]

2001년 3월 17일, 의문사진상규명위원회는 1979년 유신 말기 긴급조치 9호 위반과 관련된 '남민전'(남조선민족해방전선) 사건으로 옥중에서 병사한 것으로 발표된 이재문(당시 47세) 씨와 74년 '인혁당'(인민혁명당) 사건으로 옥중 병사한 것으로 발표된 장석구(당시 48세) 씨에 대해서도 직권 조사하기로 결정했다.[12]

장석구의 사망원인에 대한 조사로 인해 그동안 숨겨져 왔던 인혁당 사건의 진실이 하나둘 알려지게 된다. 인혁당 사건 피고인 중 8명은 대법원에서 사형판결이 확정된 지 20시간 만에 형장의 이슬로 사라졌지만, 관련자 혐의에 대한 증거가 확보되지 않은 데다가 조사과정 중 고문 사실까지 밝혀지면서 민주화운동 탄압을 위한 유신정권의 용공조작이라는 의혹이 제기돼 왔다. 유가족 및 관련 단체들은 당시 수사 및 재판 기관들을 상대로 관련 자료를 공개하도록 요청해왔지만, 이들 기관들은 해당 자료가 없거나 보존 연한이 지나 폐기됐다는 입장을 고수, 진실규명이 한계에 부딪힐 수밖에 없었다.

의문사진상규명위가 장석구(당시 48세)에 대해 직권조사에 착수한 뒤에도 이런 문제 등으로 인해 진상규명작업에 별다른 진전을 보지 못한 상태였다. 그러나 진상규명위 파견조사관의 도움 덕택에 관련 자료가 국방부에 보관돼 있다는 사실을 확인, 마침내 국방부로부터 장석구 및 당시 민청학련과 인혁당 사건에 연루된 이들의 공판기록 일부의 사본을

11 대통령 직속 '의문사 규명위' 17일 현판식 갖고 본격 활동, 「한국경제」, 2000.10.17.

12 삼청교육대 의문사 1, 2건 직권 조사 방침, 「동아일보」, 2001.3.18.

넘겨받을 수 있었다.[13] 그동안 당국이 거짓말을 해왔던 것이 만천하에 드러난 셈이다.

2002년 9월 12일, 의문사위는 1974년 '인혁당 재건위 및 민청학련 사건'은 피의자신문조서와 진술조서 위조를 통해 완전히 조작된 사건이라고 발표했다. 처음엔 민청학련이 인혁당 재건위를 사주했다는 식으로 조작되다가 나중엔 인혁당 재건위가 북의 지시를 받아 민청학련을 배후조종했다는 식으로 뒤바뀌었던 것이다. 인혁당 진상규명 및 명예회복을 위한 대책위와 유가족들은 이날 기자회견을 갖고 이번에 밝혀진 사실을 바탕으로 대법원에 재심 청구를 검토하겠다고 밝혔다.[14]

2002년 9월 16일, 의문사진상규명위원회(의문사위)는 조사활동을 종료했다. 의문사위는 인혁당 관련자 고 장석구 씨에 대해 조사하면서, 인혁당 사건이 중앙정보부가 고문을 통해 만들어낸 조작극이라는 사실을 수사 관련자 및 교도관들의 진술과 당시 군사법원 공판기록을 통해 밝혀냈다. 이는 유가족과 관련 사회단체 차원에서만 제기되던 각종 의혹들이 국가기관에 의해 처음으로 확인된 것이었다. 이에 따라 12월 10일, 천주교인권위원회 인혁당대책위(대책위)는 △고문 등 수사과정에서의 불법행위 △공판 조서의 위조 △증거 없이 중앙정보부의 지시에 의해 사건이 짜 맞추어진 점 등 의문사위의 조사결과 밝혀진 내용을 근거로 우선 도예종 씨 등 8명에 대한 재심청구서를 제출했다.[15]

의문사위의 활동 기간 중 가장 논란이 많았던 것 중의 하나가 '고문

13 인혁당 사건 軍재판 기록 최초 공개, 「연합뉴스」, 2001.12.14.

14 "인혁당 진상규명 이제 시작 中情 조작 확실", 「문화일보」, 2002.9.13.

15 '인혁당 재건위' 사건 재심청구, 「오마이뉴스」, 2002.12.12.

조작'이었다. 고문의 주체는 중앙정보부였다.[16] 이러한 여론에 따라 국가보안법폐지국민연대 주최로 2004년 12월 16일 오후 국회도서관 지하 대회의실에서 '국가보안법 고문 · 용공조작 피해자 1차 증언대회'가 열렸다.

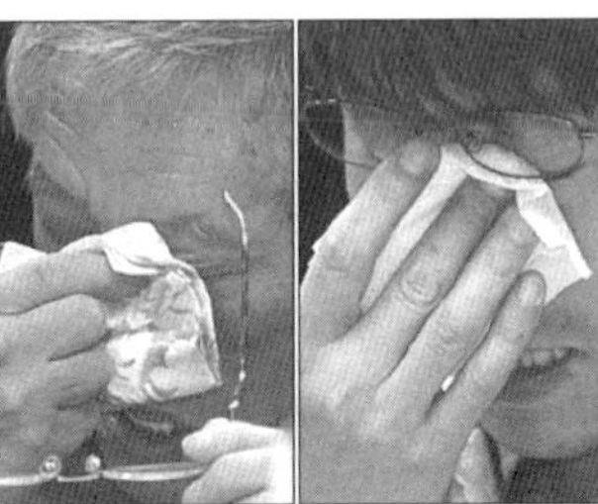

〈 그림275: ① 국가보안법 고문 · 용공조작 피해자 1차 증언대회'가 국가보안법폐지국민연대 주최로 2004년 12월 16일 오후 국회도서관 지하 대회의실에서 열렸다ⓒ오마이뉴스, ② '재일동포 간첩 사건'의 신귀영 씨(왼쪽)와 '진도간첩단 사건'의 석달윤 씨의 아들 권호 씨가 자신이 겪은 고문 및 가족들의 피해상황을 증언하던 도중 눈물을 흘리고 있다. '인혁당 재건위 사건'의 전창일 씨(오른쪽)는 자신이 끌려가 고문당한 상황을 재현해 보이고 있다ⓒ오마이뉴스 〉

이날 행사에는 전창일(1974년 인혁당 재건위 사건으로 8년 8개월간 복역), 신귀영(1980년 재일동포 관련 사건), 석권호(1980년 진도 간첩단 사건 석달윤 씨 아들), 이원혜(1990년 노동해방문학 사건), 김삼석(1993년 남매 간첩단 사건) 등 5명이 참석하여 고문피해에 대해 증언했다. 첫 번째 증언자로 나선 전창일은 "전기 고문 · 물고문 · 폭행, 다 당했다"고 했으며, 지난 80년 '진도 간첩단 사건'으로 무기징역을 선고받았다가 복

16 "인혁당 재건위 사건 중정 조작"(연합뉴스, 2002.9.12.), "인혁당 재건위 사건 중앙정보부가 조작"(동아일보, 2002.9.12.), " 인혁당 사건, 중정이 조작 " (한겨레, 2002.9.12.), "인혁당 사건 中情서 조작"(국민일보, 2002.9.12.), "인혁당 재건위 사건 중정 조작"(매일경제, 2002.9.13.), "인혁당 진상규명 이제 시작 中情 조작 확실"(문화일보, 2002.9.13.)

역한 지 18년 만에 98년 가석방돼 풀려난 석달윤 씨 아들 권호 씨가 두 번째 증언자로 나서 "옷을 모두 벗기고 물고문을 시작했다"는 증언을, 세 번째 증언자로 나선 신귀영 씨는 "70일간 잠 안 재우기, 구타, 전기 고문, 물고문" 등에 관해 증언했으며, 네 번째 증언자 이원혜 씨는 "편지나 일기장 읽어 내려가며 조롱과 비아냥" 거렸다고 증언했다. 80년 '남매간첩단 사건'의 김삼석 씨가 마지막 증언자로 나서서 "160번 수사관 얼굴과 몸집, 말투 똑똑히 기억"한다고 분노의 목소리를 내었다. 아래에 전창일의 증언 요지를 소개한다.[17]

30년 전의 얘기다. 당시 박정희 정권은 독재정치를 통해 자신의 정치적 지배권을 유지하기 어렵다고 생각해, 보다 강력한 지배체제를 확립하기 위해 유신헌법이라는 전대미문의 법으로 자유민주주의를 위한다는 정치 명분을 내세워 민주주의를 말살했다.

그런데 이 유신헌법은 바로 자기가 영구집권을 보장받기 위한 제도였다. 당시 양식있는 사람들은 이 체제를 반대하는 인식에서, (가령) 일부 야당은 유신헌법을 개헌하기 위한 국민청원운동을 일으켰다. 그때 주도적인 역할을 한 사람이 장준하 선생이다.

그 사건이 일어나자마자 박정희는 긴급조치 1호로 청원 운동자를 투옥했다. 그리고는 민주주의에서 국민의 기본권인 청원운동을 벌인 이들에게 10년 · 12년 · 15년의 형벌을 가했다. 이때 몇 개

17 '인혁당 재건위 사건' 전창일 씨 "전기 고문 · 물고문 · 폭행, 다 당했다", 「오마이뉴스」, 2004.12.16.

대학을 중심으로 학생들이 유신헌법을 반대하는 운동을 전국적으로 일으키려고 했다. 그런데 이것이 포착돼 박 정권이 또다시 탄압의 마수로 내건 게 긴급조치 4호다. 이는 1호보다 더 혹독했다.

그런데 이 학생운동의 배후를 조종했다는 명목으로 서울과 영남 쪽에서 여러 인사들이 구속됐다. 이들은 1963년 박정희 정권의 군사쿠데타의 주목적 중 하나인 한일협정 체결반대 운동에 나선 사람들이었다. 당시 학생들을 지원하고 배후조종했다고 만든 사건이 '1차 인혁당' 사건이다. 그 사건은 이후 재판과정에서 조작된 것이 드러났다.

중앙정보부에서는 중형을 구형하도록 검찰에 압력을 가했지만 검사들이 거부해 국가보안법을 적용하지 않고 그보다 낮은 반공법을 적용, 주범이 2~3년, 1년 또는 무죄로 석방됐다. 그것이 1964~5년의 일이다.

소위 '2차 인혁당' 사건은 1973~74년에 일어난 사건이다. 당시 중앙정보부는 유신헌법 반대운동을 하려고 암약했던 것이 아니냐고 우리를 붙잡아 조사를 시작했다. 그런데 황당무계한 것은 북한 당국과 연결을 지어가며 학생을 충동질해 남한의 사회주의 폭력혁명을 모의했다는 것으로 조작하기 시작했다.

중앙정보부는 이미 이 사건 수사 시나리오를 만들어놓고 있었다. 나도 당시 서대문구치소에 수감됐다. 닷새 동안 수감돼 있다가 중앙정보부로 끌려갔는데, 먼저 잡혀서 조사받던 사람들이 썼다는 소위 '자술서'를 몇 부 갖다 놓고 읽어보라고 하더라. 읽어보니 사회주의 국가 건설을 위한 폭력혁명을 모의했다는 내용이 있더라.

우리는 그런 모의를 한 바가 없다. '자술서를 믿을 수 없다, 본인의 대질을 요구한다'고 했더니 끝까지 대질을 안 시키더라. 그리고 수사관들은 이런 요지로 자술서를 쓰라고 했다. '사실이 아니니 쓸 수 없다, 나는 내 양심상 유신헌법을 지지할 수 없었고 이런 폭력행위는 한 사람이 없고 다른 사람도 그렇다'며 부인했더니 미리 준비한 참나무 각목으로 개 패듯 패는데, 하도 얻어맞아 지금도 허리를 잘 쓰지 못한다.

그래도 말을 안 들으면 지하실에 끌고 내려가서 팬티까지 모두 벗긴 뒤 손목까지 꼭 묶는다. 그런 뒤 머리에 수건을 씌우고 콧구멍에 물을 붓는다. 그러면 숨을 쉴 수가 없다. 말도 못하고 결국 기절할 때까지 그것을 반복한다. 그러면 완전히 뻗어 정신도 못 차리고 콘크리트 바닥에 나체로 누워있게 된다.

이 자리에는 아마 그런 고문 당해본 사람이 많을 거다. 기억하기도 싫은 그런 얘기를 해서 미안하지만, 증언이므로 있었던 사실을 그대로 말한다. 그렇게 고문을 당한 뒤 깨어나면 '차라리 죽든가 무의식 상태로 있는 것이 더 편하다'는 생각을 하게 된다. 그런 것을 반복해서 했는데도 자필서를 안 쓰면 전기 고문을 한다.

인혁당 사건에 연루된 사람 중에서는 전기 고문을 안 당해본 사람은 있어도 폭행과 물고문은 다 당했다. 고문에 의해 날조된 것이다. 살아남고 죽지 않기 위해서는, 고문치사 당하지 않기 위해서는 (조사관들이) 부르는 대로 (자술서를) 안 쓸 수가 없다. 그래서 만들어진 것이 '인혁당 조작 사건(2차 사건)'의 전말이다.

검사 앞에서 신문을 받을 때도 마찬가지다. 검사니 좀 낫겠지 해서 검사에게 검사의 성함이나 알고 신문에 응하겠다고 하니 검사가 자기 이름도 밝히지 않았다. 알 필요 없다고 하더라. 당시 수사관들도 우리가 보는 앞에서는 이름을 부르지 않았다. 그런 만큼 자기 신분을 속이며 범죄행위를 한 것이다.

그런데 검사가 취조하는데도 고문수사관이 옆에 둘 서 있다. 그래서 피의자가 그것은 고문에 의해 할 수 없이 쓴 것이라고 진실을 밝히게 되면 검사는 '왜 내 앞에서 거짓말하느냐'면서 수사관에게 눈짓을 한다. 그러면 수사관이 다시 데리고 가 고문한다. 이것은 검사가 수사관들에게 고문을 시키는 것이다. 말로는 하라고 안 하지만 실제로는 그런 것이다.

끌려 나오면 피도 흘리고 그러면 '아니 왜 그랬어, 어디 갔다 왔는가'라고 말했다. 사람으로서는 못할 태도를 보인 것이다. 내가 징역 살고 나와 보니 그 검사들이 다 암에 걸려 죽었다고 하더라 (청중 "아이고, 시원해" "잘됐네."). 당시 '과연 하나님이 계시는구나'하고 느껴지더라.

재판에서도 검찰이 제시한 공소장이 그대로 판결문으로 되풀이 됐다. 당시 철자법 틀린 것까지 공소장과 그대로더라. 검찰이 작성한 공소장 그대로 찍어서 내놓은 것이 판결문이었다.

이 억울한 사건은 지금 현재 사법부에 재심 청구를 해놓은 지 2년이 됐다. 현재 사법부의 판사들은 이 사건에 대해 아무런 결정도 못 내리는 상황이다. 또 민주화운동 명예회복 및 보상심의위에 도 심의 신청을 해놓은 상태다.

〈 그림276: 시계방향, ① 2005년 12월 7일 국정원에서 열린 '인혁당, 민청학련 사건조사 결과 발표회'에서 '국정원 과거사건 진실규명을 통한 발전위원회 문장식 위원(맨 오른쪽)이 기자들의 질문에 답하고 있다 ② 12월 27일 서울중앙지법이 '인민혁명당 재건위원회(인혁당) 사건'의 재심을 개시하기로 결정한 후 유가족들이 눈물을 흘리고 있다ⓒ연합뉴스, ③ 30년 만에 이뤄진 소원! – 인혁당 재심 결정 직후 열린 기자회견ⓒ통일뉴스 〉

국가보안법 고문 · 용공 조작 피해자 1차 증언대회가 열린 지 1년이 지났다. 재심청구서를 제출(2002년 12월 10일)한 지는 3년이 지났다. 2005년 12월 7일, 국정원에서 열린 '인혁당, 민청학련 사건조사 결과 발표회'에서 위원회는 인혁당, 민청학련은 중앙정보부의 조작 사건이라고 발표했다.[18] 진실위의 오충일 위원장은 "당시 상황으로 미루어 박 전

18 인혁당, 민청학련은 중앙정보부 조작 사건, 「연합뉴스」, 2005.12.7.

대통령의 재가 없이 인혁당 사건이 조작될 수 없다는 점은 분명하다"고 밝히며 "재판 후 불과 18시간 만에 8명의 사형수가 사형당했는데, 군법이 적용되던 당시 상황으로 봐서 대통령의 재가 없이 많은 숫자를 한꺼번에 사형시킬 수 있었겠느냐"고 주장했다.[19]

같은 달 27일 오전, 서울중앙지법 형사합의 23부는 공판을 열고 인혁당 사건의 재심 개시를 결정했다. 재판부는 결정문에서 "의문사위 자료 등을 검토한 결과 당시 중앙정보부 수사관과 경찰관의 폭행 사실이 인정돼 재심 개시의 요건이 충족됐다"고 말했다. 그리고 재판 관할권과 관련해서는 "당시 피고인들은 비상보통군법회의에서 재판을 받았지만, 대통령 긴급조치가 실효된 이상 더 이상 군법을 적용할 이유가 없다"며 "서울중앙지법 합의부가 재심 재판을 맡는 것이 타당하다"고 말했다.[20] 국정원의 전신인 중앙정보부가 인혁당, 민청학련 사건을 조작했다는 사실이 밝혀지고, 법원이 재심 개시를 결정한 것은 억울한 죽음을 세상에 알리려는 동지들과 유족들의 처절한 노력이 있었기 때문이었다.[21] 모두 무죄로 밝혀진 재심 결과는 앞글에서 이미 언급했다. 인혁당 사건 진상규명 활동 경과를 정리하면 아래와 같다.[22]

① 1974.12.9.: 비상보통군법회의에서 사형선고 받은 부인 7인 탄원서 제출, 15인 사회 저명인사 서명(김수환 추기경, 한경직 목사, 이병린 변호사, 김관석 목사, 이해영 목사, 윤반웅 목사, 박창균 목사, 최명환 목사, 문정현 신부, 지정환 신부, 강신명

19 국정원 진실위, "인혁당 사건은 박 전 대통령의 재가로 조작", 「노컷뉴스」, 2005.12.7.

20 '사법 살인' 74년 인혁당 사건, 재심 결정,「노컷뉴스」, 2005.12.27.

21 올여름 뜨거워질 '인혁당 사건' 재심 공판, 「통일뉴스」, 2006.7.3.

22 김형태, 인혁당 재건위 사건의 경과와 의미, 『과거청산 포럼자료집』, 3-25, 2007.

신부, 신현봉 신부, 이태영 변호사, 서남동 교수, 함석헌 선생)

② 1974.12.: 조지 오글 목사 목요기도회 등 신원운동으로 강제 출국

③ 1975.1.6.: 신구교 주한 외국인 선교사 60인 대통령, 대법원장에게 무죄 탄원

④ 1975.4.30.: 제임스 시노트 신부 인혁당 구명운동으로 강제 출국

⑤ 1977.8.: 김수환, 윤보선, 김관석, 이천환, 함석헌, 양일동, 김철 등 7인 재심청구 진정서 제출

⑥ 1989.4.9.: 4 · 9 통일 열사 추모제(대구지역 경북대 대강당)

⑦ 1991.3.2.: 이수병선생기념사업회 발족

⑧ 1993.11.3.: 민청학련계승사업회 창립

⑨ 1994.4.9.: 민청학련사건 20주년 기념식 및 인혁당 추모제(서대문 독립공원) 개최

⑩ 1995.4.8.: 서대문 독립공원에서 인혁당 사건 20주기 추모행사 개최

⑪ 1998.11.9.: '인혁당 사건 진상규명과 명예회복을 위한 대책위원회' 결성(이돈명, 문정현 공동대표, 김형태 집행위원장)

⑫ 2001.3.17.: 의문사진상규명위원회(위원장 한상범)에서 인혁당 재건위 사건(장석구 사건) 직권조사 개시

⑬ 2001.12.7.: 민주화운동관련자명예회복및보상심의위원회에 명예회복 및 보상 신청

⑭ 2002.9.12.: 의문사진상규명위원회 인혁당재건위 사건이 고문 조작에 의해 만들어진 사건이라는 최종조사결과보고서 발표

⑮ 2002.12.10.: 서울중앙지법에 '인혁당 재건위 사건' 관련 사형 · 집행된 8명에 대해 재심청구

⑯ 2003.11.24.: 서울중앙지법에서 1차 재심 심리 진행

⑰ 2004.4.8.: 민주화운동기념사업회 강당에서 '민청학련 사건 30주년 · 인혁당

희생자 29주년 추모행사' 개최

⑱ 2005.4.8.: 명동성당 꼬스트홀에서 인혁당 희생자 30주기 추모제 개최

⑲ 2005.12.7.: 국정원, 과거사건진실규명을위한발전위원회(위원장 오충일)에 인혁당 민청학련 사건 고문 조작 사실 인정

⑳ 2005.12.27.: 서울중앙지법 형사합의23부(재판장 이기택) 인혁당 사건 재심 결정

㉑ 2006.1.23.: 민주화운동 관련자 명예회복 및 보상심의위원회(위원장 하경철) 인혁당 재건위 사건 관련자 16인에 대해 '민주화운동 관련자'로 인정

㉒ 2006.3.20.: 서울지방법원 형사합의23부(재판장 문용선) 인혁당 사건 1차 공판 진행

㉓ 2006.4.8.: 서대문 독립공원에서 인혁당 사건 민주인사 31주기 추모제 개최

㉔ 2006.10.3.: 서울중앙지법에 인혁당 사건 관련자 유족들이 국가를 상대로 340억여 원을 배상하라며 민사소송 제기

㉕ 2007.1.23.: 서울지방법원 형사합의23부(재판장 문용선), 인혁당 사건 재심에서 관련자 8명(사망)에 무죄 선고

㉖ 2007.1.30.: 검사항소 포기로 판결 확정

㉗ 2008.1.23.: 서울중앙지법 형사합의22부(재판장 김용석), 전창일(87) 등 9명의 재심 선고공판에서 모두 무죄 선고

:: 07 ::

무죄 받고도 죄인이 되다

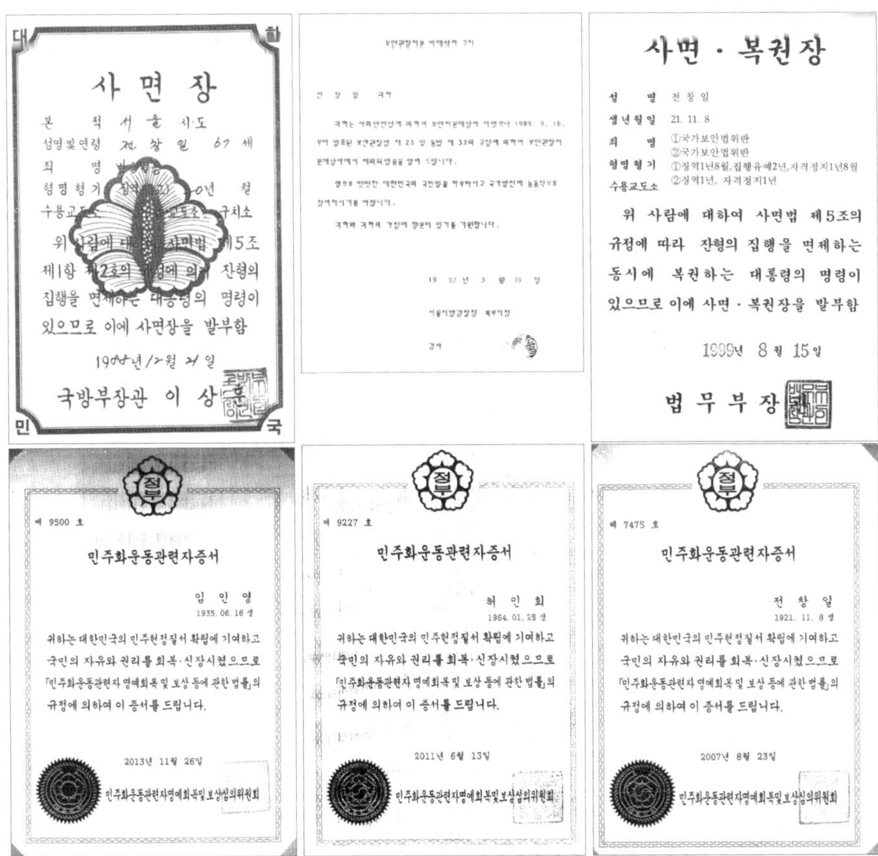

대 한 민 국

사 면 장

본 적 서울 시·도

성명및연령 전 창 일 67 세

죄 명

형명형기 징역 년 월

수용교도소 교도소 구치소

위 사람에 대하여 사면법 제5조 제1항 제2호의 규정에 의하여 잔형의 집행을 면제하는 대통령의 명령이 있으므로 이에 사면장을 발부함

1988년 12월 21일

국방부장관 이 상훈

보안관찰처분 비대상자 고지

전 창 일 귀하

귀하는 사회안전법에 의하여 보안처분대상자 이었으나 1989. 9. 16. 부터 발효된 보안관찰법 제2조 및 동법 제3조의 규정에 의하여 보안관찰처분대상자에서 제외되었음을 알려 드립니다.

앞으로 떳떳한 대한민국의 국민임을 자부하시고 국가발전에 능동적으로 참여하시기를 바랍니다.

귀하와 귀하의 가정에 행운이 있기를 기원합니다.

1992년 5월 18일

서울지방경찰청 북부지청

경사

사면 · 복권장

성 명 전 창 일

생년월일 21. 11. 8

죄 명 ①국가보안법위반 ②국가보안법위반

형명형기 ①징역1년8월,집행유예2년,자격정지1년8월 ②징역1년, 자격정지1년

수용교도소

위 사람에 대하여 사면법 제5조의 규정에 따라 잔형의 집행을 면제하는 동시에 복권하는 대통령의 명령이 있으므로 이에 사면 · 복권장을 발부함

1999년 8월 15일

법 무 부 장

정부

제 9500 호

민주화운동관련자증서

임 인 영

1935. 06. 16 생

귀하는 대한민국의 민주헌정질서 확립에 기여하고 국민의 자유와 권리를 회복·신장시켰으므로 「민주화운동관련자 명예회복 및 보상 등에 관한 법률」의 규정에 의하여 이 증서를 드립니다.

2013년 11월 26일

민주화운동관련자명예회복및보상심의위원회

정부

제 9227 호

민주화운동관련자증서

허 인 회

1964. 01. 25 생

귀하는 대한민국의 민주헌정질서 확립에 기여하고 국민의 자유와 권리를 회복·신장시켰으므로 「민주화운동관련자 명예회복 및 보상 등에 관한 법률」의 규정에 의하여 이 증서를 드립니다.

2011년 6월 13일

민주화운동관련자명예회복및보상심의위원회

정부

제 7475 호

민주화운동관련자증서

전 창 일

1921. 11. 8 생

귀하는 대한민국의 민주헌정질서 확립에 기여하고 국민의 자유와 권리를 회복·신장시켰으므로 「민주화운동관련자 명예회복 및 보상 등에 관한 법률」의 규정에 의하여 이 증서를 드립니다.

2007년 8월 23일

민주화운동관련자명예회복및보상심의위원회

〈 그림277: 시계방향, ① 전창일의 사면장(88.12.21.) ② 보안관찰처분 비대상자 고지(92.5.18.) ③ 사면 · 복권장(99.8.15.) ④ 전창일 민주화운동관련자증서(07.8.23.) ⑤ 허인회 민주화운동관련자증서(11.6.13.) ⑥ 임인영 민주화운동관련자증서(13.11.26.) 〉

전창일은 1974년 5월 1일 영문도 모르고 중앙정보부에 의해 구속된 후, 1982년 12월 24일 형집행정지로 출소했다. 1988년 12월 21일, 잔형의 집행을 면제하는 사면을 받았으나 복권은 되지 않았다. 1992년 5월 18일, 보안관찰처분 대상자에서 벗어났다. 그러나 조문난 사건 등으로 구속과 출옥을 되풀이하다가 1998년 9월 14일 만기 출소했다. 그 후 1999년 8월 15일 사면 · 복권이 되었으나 여전히 공민권이 제한된 상태였다.

2006년 1월 23일, 민주화운동 관련자로 인정돼 명예회복이 이루어졌다. 하지만 2007년 17일부터 22일까지 금강산에서 열린 남북 이산가족 행사에 신청서를 제출했어도 가족을 만나고 싶다는 그의 소망은 이루어지지 않았다.[1]

전창일 일가는 민주화운동 유공자 집안이다. 2007년 8월 23일, 민주화운동 관련자 명예회복 및 보상심의위원회는 "대한민국의 민주헌정 질서 확립에 기여하고 국민의 자유와 권리를 회복 · 신장시켰다"는 공로로 전창일에게 '민주화운동 관련자 증서'를 수여했다. 막내 사위 허인회에게도 2011년 6월 13일 같은 증서가 발급되었다. 허인회는 고려대학 총학생회장으로 삼민투 위원장, 서울 미국문화원 점거농성 사건으로 옥고를 치른 바 있다. 그는 학창시절부터 민주화와 조국의 통일을 위하여 싸워온 투사였다.

임인영의 경우, 사후 10년 후인 2013년 11월 26일 동일한 증서가 수여되었다. 임인영은 남편이 구속된 후 '인혁당 재건위' 사건 관련자를 위한 구명운동과 진상규명 활동을 하던 중 남민전 사건에 연루되어 구

1 제1장 2절 '혈육들의 소식을 듣기까지' 참조

속되었다. 중앙정보부는 임인영이 인혁당 사형수들의 옷을 걷어 깃발을 만드는 것을 도왔다고 주장했으나, 이 혐의는 풀렸다. 그러나 취조 중 고문, 가혹행위를 통해 파악한 이재문을 만난 사실에 대한 불고지죄 등으로 기소되었다. 당시 받은 고문이 작고할 때까지 임인영을 괴롭혔다. 고문 후유증으로 인한 신경쇠약, 만성적인 불면증, 간염 등의 질병과 피로회복을 위해 맞은 잘못된 주사약(알부민)으로 인해 몇 해 동안 투병하다 2003년 11월 29일 한 많은 생을 마쳤다.

아버지와 어머니의 고통은 딸 셋의 불행이기도 했다. 유가족들의 삶은 비참함 그 자체였다. 중정 요원들은 부모를 그림자처럼 따라다녔고, 자식들은 '간첩의 집안' '빨갱이 자식'이라는 수모를 겪었다. 인혁당 사건 유가족들은 수십 년 동안 사회로부터 멸시와 수모를 겪은 채로 살아왔던 것이다. 전창일의 막내딸 전재연에 따르면, 아버지가 구속된 후 "우리 가정은 말 그대로 풍비박산이었습니다. 한참 입시를 준비해야 할 큰 언니는 교육의 기회를 잃고 생계현장에 내몰리고 말았고, 아홉 살 어린 나이였던 저는 자폐증 증상 같은 대인기피를 갖기도 했습니다. 둘째 언니는 영양실조로 고생하다가 황달과 간염을 앓고 못 다니기도 했습니다."라는 증언을 남겼다.[2] 경애(기연), 경란, 재연 세 딸은 이러한 고난을 겪으면서 의기소침해졌다. 하지만 아버지의 신념에 대해 공감하게 되었고, 부모님의 한을 이해하게 되면서 달라지기 시작했다. 어머니를 도와 먹지를 깔고 호소문을 베껴 썼고, 언론사에 호소문을 기고하며, 집안일을 분담한 것은 세 딸에게 주어진 운명이었다.[3]

2 2013년 9월 23일, 재판장에게 보낸 탄원서 중에서 발췌 인용

3 이명선, 국가폭력이 남긴 교훈, 『거래된 정의』, 후마니타스, 2019, pp.115~119.; 전창일,

〈 그림278: ① 2007년 8월 21일 인혁당 사형 유족에 대해 20억~33억 원씩 국가배상 판결이 난 가운데 하재완 씨 부인 이영교(앞줄 왼쪽 두 번째) 씨 등 유족들이 서울중앙지법에서 열린 기자회견에서 소감을 밝히고 있다ⓒ연합뉴스, ② 법원이 인혁당 사건의 피해자 및 유가족들에게 200억 원의 배상 판결을 내린 2009년 6월 19일 오전 서울 서초동 서울중앙지방법원에서 무기징역을 선고받았던 강창덕 씨가 변호사와 악수를 나누고 있다.ⓒ연합뉴스 〉

민주화운동 유공자로 선정되고 재심으로 무죄가 선고되었다고 해서 국가폭력에 의해 생긴 상처가 모두 아물 수는 없었다. 인혁당 사건 유가족들은 최소한의 보상을 받고자 했다. 2006년 10월 3일, 유족들은 국가를 상대로 340억여 원을 배상하라며 민사소송을 제기했다.

2007년 8월 21일, 서울중앙지법 민사합의28부(재판장 권택수 부장판사)는 고 우홍선 씨 유족 등 인혁당 재건위 희생자 유가족 46명이 국가를 상대로 낸 손해배상 청구소송에서 국가는 희생자별로 27억~33억 원씩을 배상하라고 판결했다. 재판부는 "지난 30여 년간 유족들이 사회적 냉대와 신분상 불이익, 이에 따른 경제적 궁핍 등 이루 말할 수 없는 고통을 당한 것을 알 수 있다"며 "피해자 본인에게는 각 10억 원, 처나 부모에게는 6억 원, 자녀들에게는 각 4억 원 등으로 위자료를 정한다"고 설명했다. 재판부는 또 '국가에 대한 손해배상 청구권 시효가 소멸됐다'

세칭 인혁당을 말한다,『인혁당 사건, 그 진실을 찾아서』, p.77.

는 주장에 대해서는 "유족들이 과거의 판단이 오판이었음을 인정받기 전에는 국가를 상대로 한 손해배상을 구하는 소송을 내기 어려웠을 것"이라며 "소멸시효를 주장해 불법행위에 대한 책임을 면하려고 하는 것은 구차하다"며 '소멸 시효' 주장을 일축했다.[4]

같은 해 9월 11일, 애초 가해자에 대해 구상권 행사를 검토하고 있다고 하던 법무부가 항소를 포기했다. 법무부는 "국가권력의 인권 유린 행위에 대해 국가가 스스로 반성하고 신속하게 유족들의 아픔을 치유할 필요가 있다고 판단해 서울고검의 항소 포기 의견을 받아들였다"고 밝혔다. 이에 따라 인혁당 유족 등에 대한 국가배상 판결은 확정됐다.[5] 인혁당 사형수 유족들에게 지급한 637억은 1975년 인민혁명당(인혁당) 재건위원회 사건으로 사형을 선고받고 숨진 고 우홍선 씨 등 8명의 유족들에게 국가가 총 245억 원에 이자(연 5%, 390억여 원)를 합산해 배상하라는 법원 판결금액이다. 이에 따라 정부는 희생자 가족별로 27억~33억 원씩, 시국사건 관련 국가 배상액 가운데 최고인 총 245억 원에 이자(연 5% · 390억여 원)를 합산해 배상금을 지급하게 되었다.[6] 인혁당 사형수 유족들에게 확정된 637억 원은 사형이 집행된 1975년 4월 9일부터 검사의 항소 포기로 배상이 확정된 2007년 9월 11일까지 연 5%의 이자를 적용한 금액이었다. 약 32년분의 이자가 포함된 셈이다. 차츰 거론하겠지만, 인혁당 생존자 및 가족들에 대한 배상 판결과 전혀 달랐던 이러한 결정은 향후 논쟁의 불씨가 된다. 이때의 대통령은 노무현이었다.

4 '인혁당 사건' 희생자에 245억 원 배상 판결, 법원 "'소멸시효' 주장 구차"…유족 "사법적 명예회복 완성", 「프레시안」, 2007.8.21.

5 법무부 '인혁당 판결' 항소 포기, 「한겨레」, 2007.9.11.

6 법무부, 인혁당 사건 손배소송 항소 포기, 《국정브리핑》, 2007.9.12.

정권이 바뀌었다. 2008년 2월 25일, 새누리당 이명박은 17대 대통령으로서 직무를 수행하기 시작했다. 대통령이 바뀜에 따라 공안 관련 주요 보직도 변경되었다. 국가정보원장은 김만복(재임 2006.11.23.~2008.2.11.)에서 김성호(2008.3.26.~2009.2.11.)로, 법무부 장관은 정성진(2007.9.4.~2008.2.28.)에서 김경한(2008.2.29.~2009.9.29.)으로 바뀌게 되었고 검찰총장의 경우 임채진(2007.11.24.~2009.6.5.)의 후임은 문성우, 한명관, 차동민 등의 직무대리를 거쳐 김준규(2009.7.28.~2011.7.4.)가 취임하였다.

인혁당에 대한 새 정부의 정책은 어떠할까? 불안감을 감출 수 없었지만, 사법부의 과거 잘못된 판결에 대해 사과하고 반성한다는 대법원장의 발언에 다소 안심하였다. 2008년 9월 26일, 이용훈 대법원장은 서울 서초동 대법원 대강당에서 열린 '사법 60돌' 행사 기념사에서 "권위주의 체제가 장기화하면서 법관이 올곧은 자세를 온전히 지키지 못해 국민의 기본권과 법치질서 수호라는 본연의 역할을 충실히 수행하지 못한 경우가 있었다"며 "그 결과 헌법의 기본적 가치나 절차적 정의에 맞지 않는 판결이 선고되기도 했다"고 밝혔다. 이어 "사법부가 국민의 신뢰를 되찾고 새 출발을 하려면 먼저 과거의 잘못을 있는 그대로 인정하고 반성하는 용기와 자기쇄신의 노력이 필요하다"며 "대법원장으로서 과거 사법부가 헌법상 책무를 충실히 완수하지 못해 국민에게 실망과 고통을 드린 데 대해 죄송하다는 말씀을 드린다"며 고개를 숙였다. 이 대법원장은 과거 청산의 방법으로 이미 법원의 재심에서 무죄가 선고된 민족일보, 인혁당 재건위, 민청학련, 광주 민주화운동 사건 등을 거론하며,

형사소송법에 따른 재심절차를 강조했다.[7]

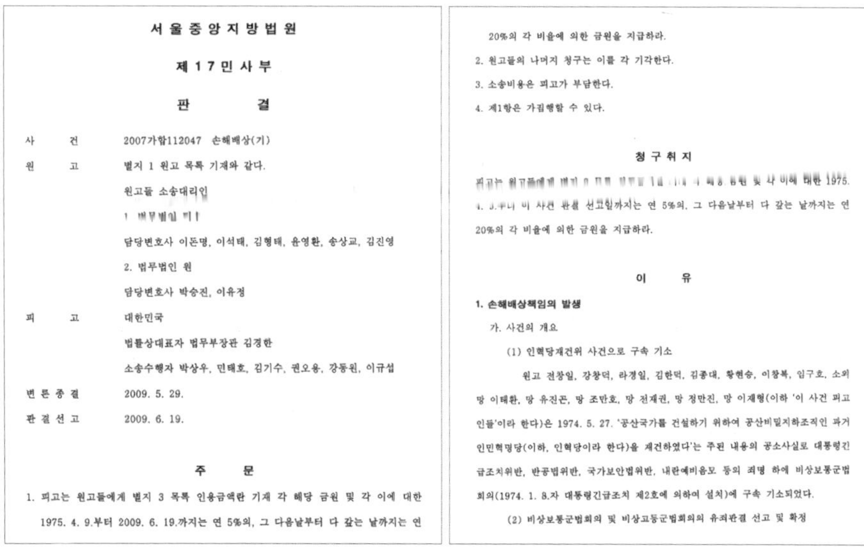

서울중앙지방법원

제17민사부

판 결

사 건	2007가합112047 손해배상(기)
원 고	별지 1 원고 목록 기재와 같다.
	원고들 소송대리인
	1 [illegible]
	담당변호사 이돈명, 이석태, 김형태, 윤영환, 송상교, 김진영
	2. 법무법인 원
	담당변호사 박승진, 이유정
피 고	대한민국
	법률상대표자 법무부장관 김경한
	소송수행자 박상우, 민태호, 김기수, 권오용, 강동원, 이규섭
변 론 종 결	2009. 5. 29.
판 결 선 고	2009. 6. 19.

주 문

1. 피고는 원고들에게 별지 3 목록 인용금액란 기재 각 해당 금원 및 각 이에 대한 1975. 4. 9.부터 2009. 6. 19.까지는 연 5%의, 그 다음날부터 다 갚는 날까지는 연 20%의 각 비율에 의한 금원을 지급하라.
2. 원고들의 나머지 청구는 이를 각 기각한다.
3. 소송비용은 피고가 부담한다.
4. 제1항은 가집행할 수 있다.

청 구 취 지

피고는 원고들에게 [illegible] 및 각 이에 대한 1975. [illegible] 이 사건 판결 선고일까지는 연 5%의, 그 다음날부터 다 갚는 날까지는 연 20%의 각 비율에 의한 금원을 지급하라.

이 유

1. 손해배상책임의 발생

가. 사건의 개요

(1) 인혁당재건위 사건으로 구속 기소

원고 전창일, 강창덕, 라경일, 김한덕, 김종대, 황현승, 이창복, 임구호, 소외 망 이태환, 망 유진곤, 망 조만호, 망 전재권, 망 정만진, 망 이재형(이하 '이 사건 피고인들'이라 한다)은 1974. 5. 27. '공산국가를 건설하기 위하여 공산비밀지하조직인 과거 인민혁명당(이하, 인혁당이라 한다)을 재건하였다'는 주된 내용의 공소사실로 대통령긴급조치위반, 반공법위반, 국가보안법위반, 내란예비음모 등의 죄명 하에 비상보통군법회의(1974. 1. 8.자 대통령긴급조치 제2호에 의하여 설치)에 구속 기소되었다.

(2) 비상보통군법회의 및 비상고등군법회의의 유죄판결 선고 및 확정

〈 그림279: 서울중앙지방법원 제17민사부 판결문(사건 2007가합112047) 일부 〉

인혁당 사건 생존자 및 가족들에 대한 배상 판결이 이루어졌다. 2009년 6월 19일, 서울중앙지법 민사합의17부(재판장 황윤구)는 인민혁명당(인혁당) 재건위 사건으로 무기징역을 선고받고 옥살이를 한 전창일(88)씨 등 피해자들과 유족 등 67명이 낸 손해배상 청구소송에서 국가는 이들에게 635억 원을 지급하라고 판결했다. 지급액은 국가의 불법행위에 대한 손해배상금 235억 원에다 1975년 형 확정 다음날부터 이날까지의 지연손해금이 포함됐다. 재판부는 "인혁당 재건위 사건의 공소사실에 대한 증거가 대부분 증거능력이 없음에도 비상보통군법회의, 비상고

7 이용훈 대법원장 "과거 잘못된 판결 사과", 「한겨레」, 2008.9.26.

등군법회의와 대법원은 유죄로 인정해 무기징역 등 중형을 집행했다"며 "국가는 불법행위로 인해 이들이 입은 손해에 위자료를 배상할 의무가 있다"고 밝혔다. 재판부는 "소멸시효(10년)가 완성됐다"는 국가의 주장에 대해, "정권 유지를 위해 국민에게 억울한 누명을 씌우고 반인권적, 조직적 불법행위를 자행한 국가가 소멸시효 완성을 주장하는 것은 받아들일 수 없다"고 밝혔다.[8] 판결문의 청구취지는 다음과 같다.

> 피고는 원고들에게 별지 3 목록 청구금액란 기재 각 해당 금원 및 각 이에 대한 1975.4.9.부터 이 사건 판결 선고일까지는 연 5%의, 그 다음 날부터 다 갚는 날까지는 연 20%의 각 비율에 의한 금원을 지급하라.[9]

같은 해 7월 22일, 전창일 등 14인보다 다소 늦게 재심을 받았던,[10] 이성재(무기선고)와 이현세(5년) 및 그 가족들도 위자료를 국가로부터 받게 됐다. 원금은 약 45억 원이고, 중앙정보부의 불법 구금이 시작된 날부터 올해까지의 지연손해금과 이자 등이 포함하면 125억 원 정도였다.[11]

그리고 8월 12일, 법무부는 배상금의 65%인 490억 원을 피해자와 유족들에게 선지급했다.[12] 배상금을 받은 소송 당사자와 가족들은 이 돈

8 법원 "인혁당 재건위 피해자에 635억 배상하라", 「한겨레」, 2009.6.19.

9 서울중앙지방법원제17민사부 판결, 사건2007가합112047손해배상(기), 판결선고 2009.6.19.., pp.1~2.

10 이성재(무기선고)와 이현세(5년)는 2008년 9월 18일 재심에서 무죄 판결되었다. '인혁당 사건' 이성재 · 이현세 씨 재심 무죄, 「연합뉴스」, 2008.9.18.

11 "인혁당 재건위 연루 증거 없어" 옥살이 2명에 125억 배상 판결, 「한겨레」, 2009.7.22.

12 "인혁당 사건, 대법원 판결로 30년치 이자 날아가"[국감 - 법사위] "이자 계산 잘못" 1 · 2

을 어떻게 사용했을까? 「일요신문」은 "대부분 사람들이 그동안의 빚을 갚거나 집을 사는 등에 보상금을 이미 사용했다. 또한, 관련자들이 고령이기 때문에 노후대비로 적금을 들어놓기도 했다" "그동안 인혁당 사건에 도움을 주신 분들이 많다. 사건 관련자들은 그동안 신세를 입은 수십 개의 시민단체 등에 2,000만~5,000만 원씩 기부하기도 했다."라는 보도를 했다[13] 전창일은 배상금의 의미와 사용처에 대해 아래와 같이 말했다.

> "사형수와 장기수들의 피에 대한 보상이죠. 국민의 한 사람인 전창일을 괴롭히기만 했던 국가의 사과였고요. 재심을 받으면서 처음으로 대한민국이 내 나라라는 걸 느꼈어요." 국가 배상금으로 억울한 옥살이를 겪으며 고생하기만 했던 가족들은 이제야 편히 누울 집을 얻을 수 있었다. 전 상임고문은 국가배상금을 개인을 위해서만 쓰지도 않았다. 일부는 떼어 '4 · 9 통일평화재단'에 출연했고, 반독재 민주화운동이나 통일운동에 헌신하는 개인 · 단체에 기부했다. 인혁당 사건의 의미를 되새기기 위해서였다.[14]

인혁당 피해자와 유족들은 그들에게 지급된 가지급금이 악마의 올가미가 될 줄 상상도 하지 못했다. 한 가지 찜찜했던 것은 1심 판결 후 항소를 포기했던 인혁당 사형수 민사재판과 달리 이번에는 정부가 항소를

심 판결 뒤집은 대법원… "국가가 채권자로 둔갑", 「오마이뉴스」, 2013.10.14.

13 인혁당 피해자들 반환 소송당한 사연, 더 줬으니 토해내라? 35년 후 돌려주마, 「일요신문」, 2013.8.27.

14 물고문 · 전기 고문에 사형도 모자라 '이자 고문', 「한겨레」, 2013.9.13.

한 점이었다. 그러나 2009년 11월 26일 개정된 항소심에서 재판부(서울고등법원 제9민사부)는 피고 및 항소인인 대한민국 정부(법률상 대표자 법무부 장관 이귀남)의 항소를 기각했다.[15] 이제 모든 것이 정리되고 아직 수령하지 못한 35% 보상금을 받을 날만 기다리면 되는 줄 알았다. 하지만 지옥이 기다리고 있었다.

대 법 원

제 3 부

판 결

정본입니다.
2011. 1. 27.
법원사무관 김 정

사 건 2010다1234 손해배상(기)

원고, 피상고인 겸 부대상고인

원고 별지 목록 기재와 같다.

원고들 소송대리인 법무법인 덕수

담당변호사 김형태

원고들 소송대리인 법무법인 원

담당변호사 박승진, 이유정

피고, 상고인 겸 부대피상고인

대한민국

법률상 대표자 법무부장관 이귀남

소송수행자 강동원, 이규섭, 권오용, 신민수, 최세희, 전미라

소송대리인 정부법무공단

담당변호사 구충서, 서규영, 문지수

원 심 판 결 서울고등법원 2009. 11. 26. 선고 2009나62976 판결

판 결 선 고 2011. 1. 27.

주 문

변론종결일인 2009. 11. 5.부터 이 판결 선고일인 2011. 1. 27.까지는 연 5%, 그 다음날부터 다 갚는 날까지는 연 20%의 각 비율에 의한 금원을, 각 초과하여 지급을 명한 피고 패소부분을 파기하고, 그 부분 제1심판결을 취소하며, 그 부분에 해당하는 원고들의 청구를 모두 기각한다.

이상과 같이 피고의 상고 중 지연손해금에 관한 부분은 일부 이유 있으므로 이를 받아들여 위와 같이 판결하는 한편으로, 피고의 나머지 상고와 원고 임구호, 김광자의 2010. 2. 16.자 부대상고는 이유 없어 모두 기각하며, 원고들의 2011. 1. 14.자 부대상고를 각하하고, 부대상고비용은 각 부대상고인들이 부담하되, 부대상고비용을 제외한 나머지 소송총비용 중 2분의 1은 원고들이, 나머지는 피고가 각 부담하도록 하여 관여 대법관의 일치된 의견으로 주문과 같이 판결한다.

재판장 대법관 안대희 ____________

대법관 박시환 ____________

대법관 차한성 ____________

주 심 대법관 신영철 ____________

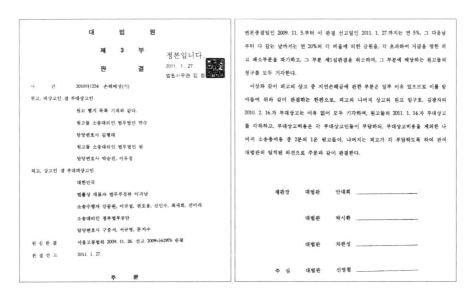

〈 그림280: 대법원 제3부 판결, 2010다1234 손해배상(기), 첫 장과 마지막 장 〉

2011년 1월 13일, 불길한 소식이 날아왔다. 대법원 3부(주심 박시환 대법관)는 민족일보 조용수 사장이 사형선고를 받은 사건 등 4건의 피해자와 유족이 낸 손해배상소송을 모두 파기하며, '불법행위 발생 시점부터 이자를 지급해야 한다'는 원심 판단을 뒤집었다. 손해 지연금(연체

15 서울고등법원 제9민사부 판결, 2009나62976 손해배상(기), 판결선고 2009.11.26.

이자)을 불법행위 당시부터 계산하면 지나치게 많아 손해배상소송의 항소심 변론 종결 시점을 기준으로 산정해야 한다는 판결을 내린 것이다. 사법사상 첫 판례였다.

대법원의 이번 판결로 민족일보사건의 원고 10명의 배상금은 100억 원에서 30억 원으로 확정되어 40년간 이자가 날아갔고, 아람회 사건의 피해자와 유족 37명은 30년 이자가 삭감되어 208억 원에서 90억으로 총 배상금이 줄어들었다. 1984년 '납북어부' 사건의 서 모 씨의 경우는 10억 원에서 5억 원으로, 1975년 울릉도 간첩단 사건 피해자 7명에 대해 총 7억 원 배상을 결정한 항소심 판결은 위자료 부분부터 다시 따져봐야 할 상황이 되었다. 국가가 부담해야 할 금액이 330억 원에서 130억 원으로 크게 낮아지게 된 것이다.[16]

판결의 일관성과 형평성 논란이 제기되었다. 당연한 반응이었다. 3년 6개월쯤 전인 2007년 8월 21일, 서울중앙지방법원은 인혁당 사형수 8명에게 불법행위 시점을 기준으로 600억여 원의 손해배상액을 선고했고, 정부(법무부)가 항소를 포기함으로써 손해배상 소송이 확정되었다. 이 사건은 국가의 위법한 공권력 행사로 빚어진 손해배상 소송이란 점에서 민족일보 · 아람회 사건 등과 동일한 경우였다. 하지만 인혁당 사형수 사건의 연체이자는 '불법행위 시점'을 기준으로 하여 배상금이 결정되었고, 민족일보 사건 등은 '항소심 변론 종결 시점'을 기준으로 산정하였다.

민족일보 사건 판결 보름쯤 후인 2011년 1월 27일, 대법원은 인혁당 재건위 사건, 태영호 납북어부 사건, 이수근 사건과 관련해 국가가 손

16 '아람회' · '민족일보' 국가 배상액 대폭 축소, 『세계일보』, 2011.1.14.

해배상금을 지급하되 지연손해금(이자)은 변론종결 시점부터 계산하라고 판결했다. 대법원 3부(주심 신영철 대법관)는 '인민혁명당 재건위 사건'으로 억울한 옥살이를 한 전창일 씨 등 사건 관련자와 가족 67명이 국가를 상대로 낸 손해배상 청구소송에서 "국가는 234억여 원과 이자를 지급하라"며 원고 일부승소로 판결했다.[17] 하지만 이자계산의 기준일을 진 씨 등에 대한 부당한 유죄판결이 확정된 1975년 4월 9일로 잡았던 원심과 달리 손배 청구소송의 2심 변론이 끝난 2009년 11월 13일로 변경했다. 이 때문에 이자는 400억 원에서 11억여 원으로 줄었다. 이날 대법원은 태영호 납북어부 사건, 이수근 사건 등도 이자계산 기준일을 변경하여 배상금액 중 이자 부분이 대폭 삭감되었다.[18] '인민혁명당 재건위 사건'에 대한 대법원의 판결문을 살펴보면 다음과 같은 내용이 포함되어 있다.

> 원고들이 뒤늦게나마 권리구제를 받게 된 결정적 계기는 대통령 소속의 의문사진상규명위원회가 인혁당 재건위 사건과 관련한 사망사건에 관하여 직권으로 조사개시 결정을 한 다음 1년여에 걸쳐 치밀하고 방대한 자료수집과 조사를 한 끝에 인혁당 재건위 사건이 고문에 의하여 조작되었다는 취지의 결정을 하였음에 연유하는 것이고, 그 뒤 법원은 신속한 재심 판결을 통해 진실을 밝혀 피해를 입은 사람들의 누명을 벗겨 주었는바, 위와 같은 조치

17 원고들은 365억 원을 요구하는 소송을 냈다. 〈'인혁당' 생존자에 200억 배상 판결(종합), 「연합뉴스」, 2009.6.19.〉

18 대법, 인혁당 · 태영호 · 이수근 사건 배상금 감액, 「연합뉴스」, 2011.1.27.

들로 인하여 원고들의 정신적 고통이 다소나마 위로되었을 것으로 보이는 점, 국가를 위해 거룩한 희생을 한 국가유공자 등에 대하여도 한정된 국가 예산으로 인해 현실적으로 충분한 보상이 이뤄지지 못하고 있는 사정과의 균형도 고려하지 않을 수 없는 점 등도 원고들이 지급받을 위자료 산정에 반영되어야 할 것임은 부정할 수 없다.

그러나 이를 감안하더라도 앞에서 본 바와 같이 이 사건에서 위자료 원금을 증액 산정하게 하는 제반 사정과 종합해 보면 원심이 원고들에 대하여 인정한 위자료 원금 액수는 대체로 적정하다고 보여진다. 따라서 원심이 원고들에 인정한 위자료 자체도 과다하다는 피고의 이 부분 상고 이유의 주장은 이유 없다.…

각 해당 금원에 대하여 원심 변론종결일인 2009.11.13.부터 이 판결 선고일인 2011.1.27.까지는 연 5%, 그다음 날부터 다 갚는 날까지는 연 20%의 각 비율에 의한 금원을, 그리고 위 원고들을 제외한 나머지 원고들에게 제1심판결 주문 제1항 기재 각 해당 금원에 대하여 원심변론 종결일인 2009.11.5.부터 이 판결 선고일인 2011.1.27.까지는 연 5%, 그 다음 날부터 다 갚는 날까지는 연 20%의 각 비율에 의한 금원을, 각 초과하여 지급을 명한 피고 패소 부분을 파괴하고, 그 부분 제1심판결을 취소하며, 그 부분에 해당하는 원고들의 청구를 모두 기각한다.[19]

판결문에서 "신속한 재심 판결을 통해 진실을 밝혀 피해를 입은 사람

19 대법원 제3부 판결, 2010다1234 손해배상(기), pp.8~10.

들의 누명을 벗겨 원고들의 정신적 고통이 다소나마 위로되었을 것"이라고 하며 "원심이 원고들에 인정한 위자료 자체도 과다하다"는 피고(정부)의 주장을 각하했다. 그러나 이자 삭감이라는 교묘한 방법을 사용하여 정부의 편을 들었다. 피해자들은 "이자를 깎은 만큼 위자료 원금을 높이기 위해 하급심으로 돌려보내 다시 계산해야 한다"며 이의를 제기(부대상고)했지만, 대법원은 "부대상고 시한이 지났다"며 직접 위자료 원금을 그대로 확정했다.[20] 이자가 너무 많으니 이자만은 깎겠다는 그들의 결정으로 인해 원고들이 어떠한 정신적 고통을 겪을지는 전혀 고려하지 않았던 판결이었다.

아무튼, 2011년 1월 13일과 27일, 대법원의 판결로 인해 국가의 불법행위에 대한 손해배상금은 대폭 줄어들게 되었다. 인혁당 관련 재판의 변호를 맡았던 김형태 변호사는 "만일 대법관 자신이 그런 일을 겪었다면 어땠을까? 혹독한 고문을 받고 동료들이 사형당하고 자신은 무기징역을 살다 9년 만에 풀려나 평생을 변변한 직업도 없었고, 자식 둘은 20여 년 세월 미쳐 다니다가 죽었다면 얼마를 배상하라고 요구했을까. 불법행위 시점부터 지연이자를 가산하는 것은 불변의 법 원칙이다. 그는 선지급을 받은 돈으로 평생 도와준 은인들 신세도 갚고, 좋은 데 기부도 하고 평생 처음 집 한 채도 샀다. 그런데 국가는 스스로 준 배상금 중 8억 원을 다시 토해 내란다. 대법원 판결에 두 번 죽었다."라는 내용이 담긴 칼럼을 통해 대법원 판사들의 천박한 인권의식을 질타했다.[21]

20 '인혁당 사건'도 배상액 대폭 삭감, 「한겨레」, 2011.1.27.

21 [김형태 칼럼] '인혁당' 두 번 죽인 대법원 판결, 「한겨레」, 2011.2.13.

〈 그림281: 대검찰청 기자실에서 입장을 발표하는 인혁당 피해자들ⓒ한겨레 〉

대법원의 이자삭감 판결에 대해 전창일 등 인혁당 재건위 사건 피해자들이 먼저 반발했다. 이들은 2011년 1월 25일 오전, 대검찰청 기자실에서 열린 '인혁당 사건 가해자에 대한 구상권 행사 촉구 및 국가배상 판결에 관한 재심 신청 기자회견'에서 국가의 배상책임을 크게 줄인 손해배상 청구소송 상고심 판결에 대해 전원합의체를 거치지 않고 판례를 바꾼 것은 잘못"이며 "재심을 청구하겠다"는 입장을 밝혔다.[22] 전창일은 "유신 시절, 사형과 무기징역을 선고받을 때의 심정을 다시 느끼지 않을 수 없었다"고 심정을 토로하기도 했다.[23]

아람회 사건 당사자들은 헌법소원을 내며 "종전 대법원 판결에는 불법행위 시점과 변론종결 시점이 22년 차이가 나는 경우도 있었는데 당

22 인혁당 재건위 사건 피해자 "배상액 삭감 부당", 「뉴시스」, 2011.2.25.

23 "배상금 180억 환수한다니 유신 때 무기 선고받던 심정", 「한겨레」, 2011.1.25.

시에는 아무런 설명 없이 불법행위 때 지연손해금이 발생한다고 판결했다"며 대법원의 설명을 납득할 수 없다고 주장하는 등 거세게 반발했다.[24]

가장 큰 논란은 대법원이 전원합의체를 통해 판결할 사안을 대법관 4명으로 구성된 소부(小部)에서 판결해 법원조직법을 어겼다는 것이다. 민주 사회를 위한 변호사 모임의 황희석 대변인은 "대법관 전원의 의견을 묻고도 소부에서 판결하는 것은 법원조직법에 규정된 절차를 위법하게 운용한 것"이라고 비판했다.[25] 재심청구, 헌법소원, 법원조직법 위반 등 거센 반발이 있는 가운데 「한겨레21」은 "국가폭력 희생자들 우롱하는 대법원"이란 제목으로 전례 없는 대법원 판결의 문제점을 지적하는 기사를 보도했다. 아래에 일부를 소개한다.

〈대법원, 이자 계산 기간 대폭 축소〉

재심 무죄 판결 뒤에도 사과 한마디 듣지 못한 피해자들이 대다수다. 국가를 상대로 한 손해배상 청구소송 말고는, 보상받고 위로받을 도리가 없다. 물론 쉽지 않다. 검찰은 형사 재심과 달리, 민사소송의 경우 예외 없이 항소하고 상고해왔다. 무죄가 많아지며 근래에는 형사 재심 역시 항소·상고로 맞서지만, 민사 소송건에 대한 불복은 당초 검찰의 방침이기도 하다. 명예를 회복해줄

24 '아람회 사건' 피해자들 헌법소원 제기, 「연합뉴스」, 2011.4.12.

25 '과거사 배상 판결' 위법 논란 쟁점은, 「연합뉴스」, 2011.4.12.

수는 있어도 돈은 내줄 수 없다는 태도다.

결국, 대법원이 국가배상을 판결한 여러 사건의 원심판결을 모두 파기했다. 지난 1월이다. 쟁점은 '위자료를 뒤늦게 지급하는 데 대한 지연손해금의 기산점(적용 시점)을 언제부터 잡을지'였다. 기존 판례는 '불법행위 때부터'였다. 고문과 가혹행위 등 잘못이 발생한 때부터 배상 판결이 이뤄진 때까지 연 5%의 이자를 계산해 총배상액이 산정돼왔다. 1 · 2심을 맡았던 지방법원과 고등법원에서 배상 금액은 그렇게 책정돼왔다.

대법원은 배상액이 과도하다는 입장이다. 스스로 "불법행위가 없었더라면 피해자가 그 손해를 입은 법익을 계속해서 온전히 향유할 수 있었다는 점에서 불법행위로 인한 손해배상 채무에 대해서는, 원칙적으로 공평의 관념에 비춰, 불법행위 때부터 지연손해금이 발생해야 한다"고 '원칙'을 밝히고서도 '예외'를 둬야 한다고 했다. "(불법행위 발생 시점으로부터) 장시간이 경과해 현저한 과잉 배상의 문제가 제기된다"는 이유다. 지연손해금 기산 시점을 30~40년 전 불법행위 발생 때가 아닌, 해당 손해배상 소송을 낸 뒤 변론이 종결된 때로 봐야 한다고 했다. 사실상 이자가 없어지게 됐다. 조용수 전 〈민족일보〉 사장의 유족 등 사건 관련 피해자 10명은 1 · 2심 판결 결과 100억 원가량을 보상받을 수 있었으나, 3심 뒤 30억 원으로 대폭 줄었다. 이자가 700억 원 안팎에서 2천여만 원으로 준 탓이 크다. 다른 사건 피해자들도 상황이 비슷하다.

그러나 이런 판단은 중대한 모순을 품고 있다. 고등법원 판결들은 대개 "불법행위 때부터 지연손해금이 발생된다는 사정까지 고려해" 당초 위자료를 산정했다. 이자가 많을 것을 감안해 위자료 자체는 적게 잡았다는 말이다. 「민족일보」나 아람회 사건 피해자, 납북 어부 서창덕 씨 등은 그런 논리와 그렇게 산정된 원심의 배상 금액을 수긍했다. 상고하지 않았다.

대법원도 알고 있다. 판결문에서 "불법행위 때부터 지연손해금이 발생되는 걸 전제로 위자료를 산정해 결과적으로 합계액이 대폭 줄어들게 된 사정을 고려해볼 때 위자료 원금 액수 자체는 다소 적다고 볼 여지가 있을 수 있다"고 말한다. 그런데도 "원고들이 (적은 위자료 액수 자체에 대해) 불복하지 않아 그 부분까지 파기(하고 새로 산정)할 수는 없다"고 말한다. 상급 법원은 하급 법원 판결에 대해 당사자가 불복한 부분만 다시 심리할 수 있다는 법 논리에 따른 것이다.

〈국가가 준 배상금이 '빚'이 된 이들〉

이렇게 액수가 깎이다 보니 국가로부터 이미 받은 배상금이 '빚'이 돼버린 이들까지 속출한다. 2심 단계에서 배상금을 '가집행' 받은 이들이다. 법원은 '인혁당' 피해자 등의 청구를 받아들여 3분의 2 정도의 금액을 가집행 형식으로 미리 지급받도록 했다. 피해자들은 이 돈으로 평생 도와준 은인에게 신세를 갚았다. 일

부를 공익 기부금으로 내놓았다. 이를 다시 국가에 돌려줘야 하는 것이다.[26]

〈 그림282: ① 박근혜 새누리당 대선후보가 9월 11일 오후 서울 잠실 실내 체육관에서 열린 제65회 전국 농촌 지도자 대회에 참석한 뒤 취재진을 만나 '인혁당 사건'에 대한 질문을 받고 있다ⓒ오마이뉴스, ② 박근혜 새누리당 대선 후보가 24일 오전 서울 여의도 당사 기자실에서 과거사 사과 기자회견에 앞서 고개 숙여 인사를 하고 있다ⓒ뉴스1 〉

2012년은 선거의 해였다. 유력주자는 새누리당 박근혜와 민주통합당의 문재인이었다. 한동안 잠잠하던 인혁당 문제가 다시 소환되었다. 발단은 박근혜의 역사인식 문제였다. 2012년 9월 10일, 박근혜 대선후보는 MBC라디오 '손석희의 시선집중'에 출연해 인혁당의 사건 피해자에 대한 사과 여부에 대해 다음과 같이 말했다.

> "그 부분에 대해서도 대법원 판결이 두 가지로 나오지 않았나." 라며 "그 부분에 대해서도 앞으로의 판단에 맡겨야 하지 않겠는가 그런 답을 제가 한 적이 있다."[27]

26 국가폭력 희생자들 우롱하는 대법원, 「한겨레21」, 2011.2.23.

27 박근혜 "유신 · 인혁당 역사 판단에 맡겨야"(종합), 「연합뉴스」, 2012.9.10.

"인혁당 사건 피해자에 대해 사과를 할 의향이 있느냐"는 사회자의 질문에 박근혜는 "인혁당 판결에 두 가지 있다" "앞으로의 역사적 판단에 맡겨야 된다."는 입장을 밝혔다. 대법원 판결도 엇갈리는데 왜 내가 유족에게 사과해야 하나, 라는 의미였다. 박근혜의 발언은 일파만파 엄청난 파문을 일으켰다.

박 후보의 대법원 판결이 두 가지로 나오지 않았느냐는 발언은 헌정 절차가 정지된 유신 때 이뤄진 유죄 판결과 민주화 이후 사법부가 무죄로 교정한 판결의 효력을 동일시한 것이며, 이미 역사적, 사법적 판단이 내려진 사안까지 수용하지 않는 것으로 해석되었기 때문이다. 보수언론인「조선일보」마저 사설을 통해, 박정희 시대에 대해서는 긍정적 평가와 부정적 평가가 엇갈리지만, 2차 인혁당 사건의 경우 어떤 논리로도 합리화될 수 없는 어둠의 역사에 속한다는 것이 일반 국민의 공감대라면서, 반면 박 후보의 유신관은 박정희식 유신관에 바탕을 두고 있는데, 대통령 후보의 유신에 대한 입장은 아버지와 딸이라는 개인사를 뛰어넘어야 한다고 비판했다.[28]

9월 24일, 박근혜는 결국 사과를 했다. 박 후보는 이날 기자회견을 통해 "5 · 16, 유신, 인혁당 사건 등은 헌법 가치가 훼손되고 대한민국의 정치발전을 지연시키는 결과를 가져왔다고 생각한다"며 "이로 인해 상처와 피해를 입은 분들과 그 가족들에게 다시 한 번 진심으로 사과드린다"고 밝혔다. 하지만 트위트 등 각종 SNS를 통해 박 후보의 사과는 진정성이 없다는 비난이 쏟아졌다. 대표적 지적 중의 하나가 '인혁당'을 '민혁당'으로 발음한 것을 들 수 있다. 조국 서울대 법학전문대학원 교

28 〈사설〉 '박근혜 시대' 열려면 '아버지와 딸' 個人史 넘어서야,「조선일보」, 2012.9.14.

수는 자신의 트위터(@patriamea)에서 "박근혜, '인혁당'을 '민혁당'으로 잘못 발음하고, '5 · 16' 뒤에 '쿠데타'나 '혁명'이란 단어를 사용하지 않았다. 그에게 '인혁당'은 '민혁당'과 같은 사건일 것이고, '5 · 16'은 여전히 '혁명'일 것이다" 라고 지적했다.[29]

29 박근혜, 인혁당을 민혁당으로...조국 "그에게 같은 사건일 것", 「머니투데이」, 2012.9.24.

:: 08 ::

박정희가 물고문 · 전기 고문하더니 박근혜가 '이자 고문' 하더라

2012년 12월 19일, 대통령 선거가 실시되었다. 선거 결과 집권여당이던 새누리당의 박근혜 후보가 51.6%의 득표율로 당선되었다. 천박한 역사인식뿐 아니라, 최태민과의 내연관계, 사생아 존재 여부, 정치자금, 성북동 주택 취득 과정, 육영재단 · 영남대학교 · 정수장학회 등의 의혹으로 둘러싸인 후보가 대한민국 제18대 대통령으로 선출된 것이다.[1]

박근혜 정권은 국가정보원장 남재춘(2013년 3월 22일~2014년 5월 22일), 법무부 장관 황교안(2013년 3월 11일~2015년 6월 13일), 검찰총장 김진태(2013년 12월 2일~2015년 12월 1일) 등으로 공안부서의 체제를 구성했고, 대법원장은 이명박 정권에서 임명한 양승태(2011년 9월 25일~2017년 9월 24일)가 계속 그 직위를 유지하였다.

2013년 7월 3일, 정부는 "가집행한 배상금 가운데 대법원에서 확정된 배상금을 제외한 금액과 그에 대한 이자를 합한 251억 원을 돌려 달라"며 인혁당 사건 피해자와 유족 등 77명을 상대로 서울중앙지법에 소송을 제기했다. 2011년 대법원이 배상액을 279억 원으로 확정하면서 211억 원의 차액이 발생했다. 정부가 이번에 피해자들에게 청구한 돈은 여기에 가지급한 날부터의 이자를 더한 금액(선이자 40억 원)이다. 가지급

1 《박근혜, 위키백과》

소 장

원 고 대한민국

법률상 대표자 법무부장관 황교안

원고 소송대리인

정부법무공단

서울 서초구 서초4동 1685-4 서초한샘빌딩 3층-7층

담당변호사: 박유화

(전화: 02-2182-0014 휴대전화: 010-8343-****

팩스: 02-2182-0096 이메일: kgls@kgls.or.kr)

피 고 1. 전창일(211108-*******)

서울 동대문구 이문동 341-60

2. 전경애(570908-*******)

[illegible] 103동 1103

3. 전경란(600813-*******)

서울 관악구 봉천동 181-6 낙성현대아파트 101동 710호

4. 전재연(670322-*******)

서울 동대문구 답십리동 990-2 두산아파트 101동 207호

부당이득금 반환 청구의 소

청 구 취 지

1. 각 피고들은 원고에게 별지 2 목록 청구 금액란 기재 각 해당 금원 및 각 이에 대한 2009. 8. 18.부터 이 사건 소장 부본 송달일까지는 연 5%의, 그 다음날부터 다 갚는 날까지는 연 20%의 각 비율

최 고 서

소송사무제1과 - 8111

사건번호 서울중앙지법 2007가합112047(서울고검2008민가34)

사 건 명 손해배상(기)(원고 전창일 외 66명)

수 신 자 전재연 귀하

1. 귀하가 대한민국을 상대로 제기한 위 손해배상 소송과 관련하여 2009. 7. 24. 서울고등법원이 판결 확정 전임에도 1심이 인정한 손해배상액의 일부에 대하여 가집행선고를 하였고(서울고법 2009카기1163), 대한민국은 2009. 8. 18. 귀하에게 가지급 선고된 금액 전부를 지급하였습니다. 그러나, 2011. 1. 27. 대법원에서 손해배상액을 감축 선고함에 따라 귀하에게 가지급된 금액이 대법원 판결로 확정된 손해배상금을 초과하는 결과가 발생하였습니다.

2. 이에, 국가는 2011. 11. 7. 귀하에게 전용 금융계좌를 개설하고 초과지급된 금원을 자진하여 반환하[illegible] 요청하였습니다만, 귀하는 아직까지 전혀 반환하지 않고 있습니다.

3. 이에, 국가는 2013. 7. 3. 귀하를 상대로 위 초과지급금의 반환을 구하는 부당이득반환청구소송을 제기하였습니다. 국가는 위 소송이 본격적으로 시작되기에 앞서 귀하에게 이와 같은 사실을 알려드리며, 다시 한번, 별지와 같이 산정되는 원금과 지연손해금을 조속히 변제할 것을 최고합니다. 만약 귀하가 임의로 변제하는 경우에는 소취하 등 관련 절차를 거쳐 위 소송사건은 신속하게 종결할 계획이라는 점을 알려드립니다.

첨부 : 반환하여야 할 금액 원금 및 지연손해금 내역 등

2013. 8. 28.

서울고등검찰청검사장

〈 그림283: 서울중앙지법 2013가합 부당이익금 소장, 서울중앙지법 2007가합112047(서울고검2008민가34) 최고서 〉

금이 확정된 배상액을 초과하는 초유의 사태가 발생한 것이다.[2]

박근혜는 취임하자마자 국정원 대선 개입 사건으로 인해 부정선거논란에 휩싸였다. 그 국가정보원이 '인민혁명당 재건위 사건'으로 재심에서 무죄가 확정된 뒤 국가로부터 배상받은 전창일, 이현세 씨 등 피해자와 가족을 상대로 소송을 제기함으로써, 77명의 피해자들은 졸지에 국가에 빚을 진 신세가 되어버렸다. 인혁당 사건 생존자 및 가족들에 대한 배상사건의 원고와 피고가 바뀐 셈이다. 이 사건을 검토하기 전에 인혁당·민족일보·아람회 사건 국가 상대 손해배상청구소송 과정을 정리한 표를 아래에 소개한다.

2 정부, '인혁당 재건위' 피해자 상대 배상금 반환 소송, 「연합뉴스」, 2013.7.12.

[표25: 인혁당 · 민족일보 · 아람회 사건 국가 상대 손해배상청구소송]

		인혁당 사건		민족일보 사건 (10명)	아람회 사건 (37명)
		사형수 8명 유족	생존자 관련자(67명/10명)		
1심	선고일	2007.8.21	2009.6.19	2009.9.11	2009.10.12
	배상원금	340억 청구, 245억(원금)	235억/44억[279억]	29억 5천	86억
	이자	392억(연5%)	400억/80억[480억]	69억 8천	98억
	〈계〉	〈637억〉	635억/124억[759억]	99억 3천	184억
	비고	32년 이자 지급	34년 이자 포함	47년 이자 포함	30년 이자 포함
※가지급금		x	2009년 8월 12일 지급, ※[490억(배상금65%)]	x	?
항소	선고일	항소 포기	2009.11.26.	2010.4.13.	2010.3.9.
	배상원금		1심과 동일	1심과 동일	–
	이자				–
	〈계〉				약 208억
	비고				30년 이자 포함
상고	선고일	–	2011.1.27.	2011.1.13.	
	배상원금		1, 2심과 동일[279억]	29억 5천	86억
	이자		–	2천	4억
	〈계〉		–	〈약 29억 7천〉	〈약 90억 원〉
	비고		이자 삭감	이자 삭감	이자 삭감
	부당이익금		《251억》	–	–

※ 1: ① 전창일 외 가족3인 ② 강창덕 외 3인 ③ 라경일 외 5인 ④ 김한덕 외 4인 ⑤ 김종대 외 4인 ⑥ 황현승 외 2인 ⑦ 이창복 외 4인 ⑧ 임구호 외 8인 ⑨ 구두선(망 이태환의 처) 외 4인 ⑩ 장정혜(망 유진곤의 처) 외 1인 ⑪ 조봉선(망 조만호의 처) 외 4인 ⑫ 정점매(망 전재권의 처) 외 5인 ⑬ 추국향(망 정만진의 처) 외 3인 ⑭ 김광자(망 이재형의 처) 외 4인…계 67인(2008.1.23. 재심 무죄) 원금 235.18억

★대법원판결로 원고들은 원금에 2심 변론종결일인 2009년 11월 5일부터 14개월 치 이자만을 받게 됨

※ 2: ① 이성재 외 5인 ② 이현세 외 3명…계 10인(2008.9.18. 재심 무죄) 원금 44억
★이자기준일: 2010년 7월 2일

※ 3: 부당이익금 251억(2013.7.3.기준)〈차액 211억 원+선이자 40억 원〉

※ 4: 아람회 사건은 가지급된 배상액이 대법원에서 확정한 금액보다 적었고, 민족일보의 경우 대법원 확정판결 뒤에 배상액이 지급되었다.

2013년 8월 28일, 정부는 서울고등검찰검사장 명의로 국가 상대 손해배상청구소송 당사자들에게 최고서를 발송했다. 전창일의 막내딸 전재연에게도 최고서가 날라 왔다. 아래에 일부를 소개한다.

1. 귀하가…(중략)… 2011.1.27. 대법원에서 손해배상액을 감축 선고함에 따라 귀하에게 가지급된 금액이 대법원 판결로 확정된 손해배상금을 초과하는 결과가 발생하였습니다.
2. 이에, 국가는 2011.11.7. 귀하에게 전용 금융계좌를 개설하고 초과 지급된 금원을 자진하여 반환하라는 취지의 최고서를 발송하였습니다만, 귀하는 아직까지 전혀 반환하지 않고 있습니다.
3. 이에 국가는 2013.7.3. 귀하를 상대로 위 초과지급금의 반환을 구하는 부당이득반환청구소송을 제기하였습니다. 국가는 위 소송이 본격적으로 시작되기에 앞서 귀하에게 이와 같은 사실을 알려드리며, 다시 한 번, 별지와 같이 산정되는 원금과 지연손해금을 조속히 변제할 것을 최고합니다. 만약 귀하가 임의로 변제하는 경우에는 소 취하 등 관련 절차를 거쳐 위 소송사건은 신속하게 종결할 계획이라는 점을 알려 드립니다.

지연손해금은 별지에 따르면 "2009.8.18.(가지급한 날)부터 소장부본송당 일까지는 연 5%, 그 다음 날부터 다 갚는 날까지는 연 20%의 비

율에 의한 지연손해금 합계"라고 되어 있다. 2011년 1월 27일, 대법원의 그 날 판결은 인혁당 피해자 16인과 가족 61명에게 씻을 수 없는 모욕감을 주었다. 이미 가지급한 금액에서 판결 확정된 금액을 차감하여 '반환해야 할 금액 원금'이라고 하였고, 여기에 연 20%의 지연손해금을 더하여 '부당이익금'이라고 표현하였다.

민법에서 말하는 '부당이득'은 "법률상 원인 없이 타인의 재산 또는 노무로 인하여 이익을 얻고 이로 인하여 타인에게 손해를 가한 자는 그 이익을 반환하여야 한다."[3] 등으로 정의된다. 최고서에 의하면, 인혁당 피해자들은 원인 없이 국가의 재산 또는 노무로 인하여 이익을 얻고 이로 인하여 국가에 손해를 가한 자가 된다.

그러나 국가의 폭력에 의해 인혁당 피해자들은 고문을 당했고 다년간 옥살이를 하는 등 말로 표현할 수 없는 고난을 겪었다. 이러한 사실이 판명되어 재심 무죄가 선고되었고, 적절한 법에 따라 국가로부터 배상을 받게 되었다. 소위 '부당이익금'이란 대법원 판사와 같은 공무원인 1, 2심의 재판관에 의한 판결에 의해, 법절차에 따른 '가지급금'이었다. 인혁당 피해자들은 이유 없이 정부의 재산을 취득하지 않았고, 손해를 끼치지 않았다는 얘기다.

한편, 인혁당 피해자들에게 당장 닥친 문제는 연 20%에 달하는 고리의 지연손해금이었다.[4] 이제 대통령, 대법원, 국정원, 법무부, 검찰과의 싸움을 시작해야 되었다. 피해자들은 먼저 호소문을 작성하였다. 다

3 《민법 제741조(부당이득의 내용)》

4 2013년도 시중은행의 대출금리는 연 3% 내외였다. 〈주택담보대출 금리 '3% 마지노선' 무너졌다, 「연합뉴스」, 2015.1.18.

음은 '국정원으로부터 인혁당 부당이득 배상금 반환소송을 당한 77인의 호소문' 전문이다.[5]

자세히 보기-40

[국정원으로부터 인혁당 부당이득 배상금 반환소송을 당한 77인의 호소문(2013.7.27.)]

호소합니다.

정말로 기막힌 일이 또 일어났습니다.

우리는 세칭 인혁당 재건위 조작 사건의 피해자 77명입니다.

사랑하는 대한민국에서 아직도 호소의 글을 써야 한다는 사실이 참담합니다.

2013년 7월 3일, 국가정보원은 인혁당 재건위 관련자들에게 부당이득 배상금 반환 청구소송을 하였고 부동산 가처분 신청도 했다고 합니다.

국가정보원의 행위로 세치 인혁당 관련자 가족들은 우리들에게 벌어진 일들을 소상하게 알려야 한다는 생각을 갖게 됐습니다.

2007년 진실 · 화해를 위한 과거사정리위원회는 대한민국 과거 정권에 유린되었던 사건들을 수면 위로 떠올려 재심청구를 하였고 인혁당 재건위 사건이 무죄를 받은 기쁨은 이루 표현할 수

5 「한겨레」의 보도에 따르면, 이 A4 다섯 장의 호소문은 전창일의 셋째 딸 전재연이 작성했다. 〈물고문 · 전기 고문에 사형도 모자라 '이자 고문', 「한겨레」, 2013.9.13.

가 없었습니다. 다만 대한민국이 민주주의가 되기를 바랄 뿐이었는데 빨갱이와 그 가족이라는 비난을 받으며 살았던 심정은 겪어 본 사람이 아니라면 모를 것입니다. 또한, 2008년에는 사법 살인으로 처형된 여덟 분의 가족들에게 배상금이 지급되었을 땐 세상이 알아주는 것 같아, 대한민국 법통이 알아주는 것 같아 한마음으로 기뻐했습니다. 그러나 그것도 잠시, 여덟 분을 제외한 나머지 77명의 배상 판결에선 같은 사건임에도 불구하고 판결이 달랐습니다. 노무현 전 대통령 정권 시에 판결된 여덟 분 가족들의 배상 판결은 1심에서 종결되어 국가가 저지른 불법행위 시부터 위자료 원금에 지연손해금을 가산한 배상금을 지급하였지만, 나머지 피해자들은 이명박 대통령 정부 때로 넘겨졌고 검찰은 판결한 원심에 항소에 상고까지 하였고 대법원은 지연손해금 가산을 변론 종결 시부터 가산하라는 판결을 내린 것입니다. 같은 사건에 두 개의 잣대로 판결되었습니다. 검찰의 항소, 상고와 다른 대법원의 판결은 세칭 인혁당 피해 가족들에게 말할 수 없는 모멸감을 주었습니다.

대법원 판결문을 인용하면 [이 사건같이 불법행위 시와 변론 종결 시 사이에 장기간의 세월이 경과되어, 위자료를 산정함에 있어서 변론종결 시의 통화가치 등에 불법행위 시와 비교하여 상당한 변동이 생긴 때에는 예외적으로라도 불법행위로 인한 위자료 배상 채무의 지연손해금을 그 위자료 산정의 기준 시인 변론 종일 당일로부터 발생한다.]라고 되어 있습니다.(대법원 2011.1.27. 선고2010다1234호)

지연손해금의 뜻이 무엇인가요. 국가가 불법행위를 한 시점부터 배상액은 지불되는 것이고, 그 시점에 배상을 못 하고 지연되어서 지연손해금 아닙니까!

쉽게 말씀드리면, 과잉배상을 허용할 수 없다고 하면서 배상금을 낮추려는 목적으로 군사재판의 판결 시점(1974년)이 아닌 사실심 변론종결일(2009.11.13.)로부터 배상액을 낮추는 유례가 없는 판결을 내린 것입니다.

고법에서 이미 일부 지급되고 남은 배상금 미지급분 삼분지 일은 파기되었음은 물론입니다. 정치적 사건의 피해자들에게 위로는 해주지 못할망정 '장기간의 세월', '통화가치의 '상당한 변동'이라는 애매모호한 법적 용어라고 하기엔 비합리적인 적용을 하며 돈으로만 저속하게 셈해버린 법원에 대해 자괴감마저 듭니다. 인격자로서의 정체성을 보장받지 못하고 단순한 금전 수령의 수단 또는 객체로 전락된 느낌입니다. 국가에 의해 자행된 고통에 대하여 국가가 과잉배상을 논하는 자체가 헌법의 근본원리로서의 인간의 존엄과 가치, 국가가 최우선시하여야 할 기본원리를 무시한 것이고 인간의 존엄과 가치회복을 구하는 피해자들의 인간으로서의 고유 가치를 침해한 것이라 하지 않을 수 없습니다. 더구나 대한민국 법원은 새롭게 판례를 만들려면 12인 합의체를 한다는데 박시환, 안대희, 차한성, 신영철 대법관 네 사람만 하였다니 12인 합의체도 하지 않는 중함이 없는 졸속판결 아닙니까? 장기간의 세월이 어디까지인지, 통화가치가 얼마나 변화한 것인지에 대한 아무런 구체적 요건과 기준도 제시하지 않았습니다. 판결마다 주관적이어서 경우마다 지연손해금의 기산점이 불법행위시, 변론종결 시, 각각 다를 수밖에 없고 그렇다면 과거에 오랜 시점에 있는 인권유린피해 보상액이 더 작을 수 있는 자가당착 판결이 아니겠습니까.

법원의 국가배상 판단은 원상회복과 국가범죄 재발방지라는 중대한 의미를 담고 있어야 합니다. 기본적 인권 침해에 대한 원상회복, 즉 정신적 고통의 정도에 관한 판단은 하지 않은 채 화폐가치의 변동을 고려하여 배상범위를 판단하였고 결과적으로는 국가의 책임 범위를 크게 축소하여 국가의 의무를 스스로 축소시켜 버린 부끄러운 판결을 대법원이 내린 것입니다.

또한, 판결문을 인용하면 [지연손해금이 변론종결 당일로 산정되는 예외적인 경우에는 불법행위 시로부터 지연손해금을 가산하는 원칙적인 경우보다 배상이 지연된 시정을 적절히 참작하여 변론종결 시의 위자료 원금을 증액 산정할 필요가 있고 이 사건처럼 공무원들이 자행한 인권 침해 행위는 피해자와 가족들이 입은 고통과 기간, 유사한 사건의 재발을 억제 방지하기 위해서라도 위자료 원금을 증액 산정할 중대한 요소가 고려된다. 다만… 법원이 신속한 재판판결로 피해자들의 누명을 벗겨주었고, 위와 같은 조치는 피해자들의 정신적 고통이 다소나마 위로가 되었을 것으로 보이는 점, 또 국가가 유공자에 대하여도 한정된 국가 예산으로 현실적으로 충분한 보상을 못 하고 있는 사정과도 균형을 고려하여 위자료 원금이 증액 산정하는 제반 사정과 종합해서 보면 원심의 위자료를 그대로 적정하다고 보여진다.]라고 되어 있습니다.

그 결정을 어찌 판사님 네 분만이 결정할 수 있는 일인지요. 하급심으로 내려보내 우리들에게도 물어보셔야지요. 진정 무죄 판결로 위로가 되었는지, 정신적 고통이 해소되었는지, 하급심으로 내려보내 우리들에게 물으실 수는 없던 것이었습니까? 우리는 재판청구권도 없단 말입니까? 파기 환송이 원칙일 것인데, 파기자판이 웬 날벼락입니까?

원심의 위자료 원금은 불법행위 시부터 기산일을 정하였고 높아질 배상금을 조절하고자 모든 상황을 고려하여 낮게 책정된 것인데, 법률심에서 자판(상급법원에서, 원심을 파기하고 독자적으로 새로운 판결을 내리는 일)함으로써 다시 위자료 및 지연손해금의 기산점을 적정하게 산정할 수 있는 재심을 할 수 없게 만들어 우리들의 재판절차에 관한 기본권을 박탈한 위헌적 판결입니다.

더욱이 법의 배상금 판결이라고 믿을 수 없는 것은 대법원에서 산정한 배상금이 고법을 통해 일부 원심의 3분지 2가 지급된 배상금보다 적으니까 대법원 판결(2011.1.27.)보다 1년 반 전에 지급된 배상금(2009.8.18. 지급)은 초과 지급되었고 부당이득이니 내놓으라는 것입니다. 한 달 전도 아니고 받은 지 2년이 돼가는 돈을 말입니다. 우리가 부당하게 이득을 취했나요? 우리가 탈루자입니까? 세금을 횡령했습니까? 국고금을 전두환 씨처럼 훔쳤습니까?

배상금은 국가가 과실을 용서해 달라며 준 것입니다. 부당이득이 웬 말입니까? 2011년 우체국 직원이 전달한 최고장을 받고 우리 모두는 참담한 심정이었습니다. 최고서에 반환기간이 [본 최고서는 받으시는 날로부터 1개월 이내에 위 반환할 금액을 위 계좌로 입금하여 주시기 바랍니다.]였습니다. 대한민국 국가가 이렇게 격이 없이 민주화 공훈자들에게 저지르는 행위는 누구의 지시입니까?

인혁당 관련 가족들이 어떻게 살아왔겠습니까. 교도소에 갇혀 고문으로 인한 후유증을 갖고 집에 돌아왔을 땐, 석방운동으로 잦은 취조를 받아 신경쇠약이 걸린 아내와 아이들은 교육의 기회를 잃고 비참한 모습으로 아버지를 맞이했습니다. 우리들에겐 집도 없었고 긴 세월 가장을 잃고 쌓인 부채로 인해 사는 게 사는 것 같지 않아 죽지 못해 사는 삶이었습니다. 겨우 집 한 칸 마련하여 사는데 그 집을 재산을 처분하여 은닉할 것이라며 국정원은 가처분 신청을 했다고 합니다. 우리 피해 가족들은 대문 초인종 소리만 나도 심장이 벌렁거립니다.

또한, 반환금을 낼 때까지 연 20% 이자를 가산한다고 하니 사법부는 대한민국을 고리대금업자의 역할을 하게 하는 또 한 번의 사법적 과오를 저지르고 있습니다. 정말 싫습니다. 사법부와 국정원은 왜 이렇게 우리들을 괴롭히는지 모르겠습니다. 정권 따라 법 적용이 달라지고 집행된다면 이 나라 국민은 누구로부터 보호받을 수 있겠습니까.

박근혜 대통령은 국민 대통합을 하겠다고 했습니다. 결자해지로 통합이 이루어져야 합니다. 이 잔혹하게 묶인 매듭을 풀 사람은 묶은 사람일 것입니다. 인혁당 조작사건 당시 박근혜 대통령은 영부인 대행이었습니다. 손석희 시선집중 라디오 프로그램에 나와서 인혁당에 대해서 두 개의 판결이 있어서 역사의 평가에 맡겨야 한다고 했다가 국민들에게 또 인혁당 관련자들에게 사과 발언을 했습니다. 인혁당 가족들을 만났다고도 했습니다. 더 이상 상처로 남지 않도록 최선을 다한다고도 했습니다. 국민대통합위원회를 설치해서 과거사 문제를 비롯한 국민들의 아픔과 고통을 치유하도록 노력한다고 했습니다. 대다수 국민들은 환영하면서도 이 사과에 의구심을 가지며 후속조치까지 봐야 진정한 사과라고 생각했습니다.

결국, 후속조치란 국정원의 배상금반환 민사소송이었습니다. 우리에겐 재심청구권도 없습니다. 헌법소원도 4심은 안 된다며 각하될 것입니다. 잘못된 대법 판결을 바로잡을 기본권을 박탈해 놓고 국정원은 우리들이 재산을 은닉할 것이라며 부동산 가처분 신청을 했었고 낼 때까지 이자를 가산하겠다는 소송장을 매일 집으로 보내고 있습니다.

이 모든 국정원의 작태를 박근혜 대통령님은 아십니까? 국정원은 박근혜 대통령의 통치에 누가되는 역사의 과오를 저지르고 있습니다. 화해와 통합의 시대를 열자고 한 대통령의 기치에 반하여 국정원의 처사는 인혁당 사건에 사과하고 헌법 가치가 훼손되었다고 생각하는 대통령의 발목을 잡고 통합으로 나갈 수 없게 만드는 반목을 저지르고 있는 것입니다.

대한민국이 민주국가이기를 바랐고 국민들을 사랑하는 인혁당 구속자들은 국가의 배상액이란 죄를 지었던 국정원에 구상권을 발동하여 진정 죄지은 국가기관으로부터 받아야 된다고 봅니다. 구상권 청구를 받아야 할 중앙정보부 후신 국정원이 국가범죄를 저지르고 오히려 피해자들의 재산을 압류하려고 하니 도대체 역사의 순리가 역해하는 것 아닙니까. 그들의 죄에 책임을 묻지 않는다면 국가권력은 국민으로부터 나오는 것인데, 이를 깨닫지 못하고 국민에 군림하는 권력을 또 휘두를 것입니다.

대통령님이 진정한 사과를 한 것이라면, 당장 국정원 부당이득반환 민사소송을 철회시켜 주시고 구상권을 행사해 주십시오. 또한, 인혁당을 비롯하여 저지른 과거사 피해사건 배상 판결에 있어서 국가적 사과를 요청합니다.

박근혜 대통령님은 아직도 울부짖으며 외치는 인혁당 관련 피해자들의 소리를 묵과하지 마시고 아버지 박정희 대통령으로 인해 상처받은 사람들을 치유할 때 가장 큰 기쁨을 느낄 수 있는 분이라는 천명을 가지시고 국가가 보호해야 할 인간의 존엄 가치를 세워 인혁당을 비롯한 많은 과거사 피해자보상과 국가적 사과가 이루어지도록 진정성을 보여 주시길 간곡히 바랍니다.

또한, 국회는 특별법을 만들어 우리나라가 민주국가가 되는 과정에서 있을 수밖에 없었던 과거사 피해 배상액을 올바른 법의 잣대로 산정할 수 있는 법을 만들어 인혁당 피해 배상 판결로부터 구제받을 수 있도록 해 주시길 간곡히 청원 드립니다.

우리는 올바른 대한민국의 법 이행이 이루어지도록 끝까지 저항할 것이며 1974년 인혁당 사건처럼 다시는 국가의 권력과 사법부의 판결이 인권 침해를 하지 않도록 싸울 것입니다.

2013.7.27.

국정원으로부터 인혁당 부당이득배상금 반환소송을 당한

77인 일동

잘 정리된 인용 호소문 외에도 많은 이들이 탄원서 혹은 호소문, 진정서 등의 형식을 빌려 사건의 진실을 알리고자 노력했다. 이창복의 자녀 3남매는 2011년 12월경 "존경하는 서울고등검찰청 검사장님께"라는 제목으로 억울함을 호소했고, 전창일과 세 딸은 2013년 7월 27일 날짜로 가족 일동 명의로 위 인용문을 관계요로에 배포했고, 9월 23일에는 국정원이 제기한 부당이득금 반환청구소송의 담당 재판장에게 탄원서를 제출했다. 그리고 전창일은 피소자(피해자) 77인을 대신하여 2013년 8월경 대통령소속국민대통합위원회와 민주당에게 진정서를 올렸다. 김종대의 아들 김원호는 2013년 10월 16일 날짜로 "피도 눈물도 없는 국정원을 고발합니다, 아버지는 중앙정보부 피고인, 우리 가족은 국정원 피고인, 누가 법정에 서야 하겠습니까."라는 탄원서로 분노를 표출하기도 했다.

그 외 인혁당 사건 관계자 및 가족 일동 명의로 박근혜 대통령에게 면담신청서를 제출했으며, 재판장에게는 호소문을 올리기도 했다. 기자회견문도 배포했다. 주 슬로건은 "박근혜 정권은 고문조작 국가범죄 '인혁당 사건' 피해자들을 더 이상 괴롭히지 마라!" "국정원은 '인혁당 사건' 피해자들에 대한 부당이득반환청구소송을 당장 취소하라!"였다.

〈 그림284: 시계방향, ① 중앙정보부가 조작한 '인민혁명당 재건위원회' 사건으로 무기징역을 선고받았던 전창일 한국진보연대 상임고문은 재심 무죄 판결 뒤 국가 배상금까지 받았다. 그러나 국가정보원은 그 배상금을 돌려달라며 '부당이득금 반환 소송'을 제기했다. 9일 오후 서울 종로구 수송동 '4 · 9 통일평화재단' 사무실에서 만난 전창일 상임고문은 지금 심정을 '말로 표현 할 수 없는 고통'이라고 표현했다ⓒ한겨레, ② 국회 교문위 소속 윤관석 의원과 인혁당 재건위 사건 피해자들이 16일 오후 서울 여의도 국회 정론관에서 교학사 교과서 관련 기자회견을 하고 있다ⓒ뉴스1, ③ 강창덕 씨는 유신 반대 투쟁을 하다 긴급조치 4호 위반으로 1975년 4월 8일, 무기징역을 선고받았다. 그와 함께 연루된 8명은 사형 선고가 내려진 지 18시간 만에 형장의 이슬로 스러졌다. 진실은 약 28년 만에 규명되기 시작했다. 그리고 2011년 재심에서 그는 무죄 판결을 받았다. 그러나 대법원이 배상액의 이자 부분을 인정하지 않으면서 국정원으로부터 소송을 당하는 굴욕을 겪었다ⓒ프레시안, ④ '인민혁명당 재건위 사건' 피해자와 가족들이 24일 오전 서울 종로구 청운동 청와대 들머리에서 연 박근혜 대통령 면담 요청 기자회견에서 전창일(맨 오른쪽) 씨가 인혁당 사건 피해자에 대한 부당이득금 반환청구 소송 취하를 촉구하고 있다ⓒ한겨레 〉

많은 언론들이 부당이득금반환청구 소송에 관심을 보였다. 2011년 1

월 27일, "이자 계산 기간을 대폭 축소한다"는 대법원의 충격적인 판결 때보다, "물고문 · 전기 고문에 사형도 모자라 '이자 고문'을 한다"는 소식이 더욱 국민들의 분노를 자아냈다. 전창일이 바빠졌다.

「동아일보」([단독]국정원 "인혁당 재건위 피해배상금 251억 돌려 달라", 2013.7.12.), 「일요시사」('쩐의 전쟁'으로 얼룩진 '인혁당 잔혹사' 전모, 과다 지급한 나랏돈 다시 돌려줘!, 7.24.), 「일요신문」(인혁당 피해자들 배상금 반환 소송당한 사연, 더 줬으니 토해내라? "35년 후 돌려주마"(8.27.), 「한겨레」(물고문 · 전기 고문에 사형도 모자라 '이자 고문', 9.13.), 「노컷뉴스」(정부, 인혁당 보상금으로 고리대금업 하나?, 9.25), 「프레시안」(박근혜, 인혁당 피해자들에게 진심으로 사과했나?, 10.11.), 「뉴시스」([국감]"'인혁당 판결' 채무자인 국가가 채권자로 둔갑", 10.14.), 「한겨레21」(준 돈 뺏어가면서 거기에 연 20% 이자 붙이는 국가, 10.16), 「한겨레」("배상금 내놓으라니…억울하고 비통" 인혁당 대책위, 박 대통령 면담 요청, 10.24.), 「프레시안」(국가폭력에 두 번 죽는 사람들, 11.13.), 「한겨레21」(특별법으로 피해자 구제하라, 2014.4.4.), 「오마이뉴스」(피해자들이 물어야 할 이자…하루에만 무려 1151만 원, 4.9.)… 등이 전창일과 직접 인터뷰를 했거나 그의 발언을 인용하여 보도한 당시 기사들이다. 그중 2013년 9월 24일 오후 7시 35분, CBS FM 방송에 출연한 인터뷰 일부를 아래에 소개한다. 한림국제대학원대학교 교수인 정관용이 진행을 맡았다.[6]

◇ 정관용: 오늘 3부에는 구순의 어르신 한 분을 초대했습니다. 박정희 정권

6 "정부, 인혁당 보상금으로 고리대금업 하나?", 「노컷뉴스」, 2013.9.25.

이 조작해서 여덟 명이 무고하게 사형당하고 수많은 분들이 옥살이했던 이른바 인혁당 사건의 피해자이신데요. 30여 년 만에 법원이 재심을 거쳐 무죄를 선고해서 무죄 확정됐고요. 그리고 피해보상소송을 해서 보상금도 받으셨습니다. 그런데 대법원에서 보상금 산정을 또 달리하는 바람에 한 번 받았던 보상금 다시 돌려줘야 할 이런 처지에 놓였네요. 국정원이 바로 이분들한테 다시 돌려 달라 소송까지 제기했다고 합니다. 물고문, 전기고문에 이어서 이자 고문까지 당하게 되었다고 하소연하는 사연, 이야기를 들어보죠. 인혁당 사건으로 무기징역을 선고받고 8년여의 옥살이를 하고 풀려나신 분입니다. 현재는 한국진보연대 상임고문으로 계신데요. 전창일 선생님을 오늘 스튜디오에 모셨습니다. 선생님 어서 오십시오.

…(중략)…

◇ 정관용: 알겠습니다. 그러고 나서 2002년 의문사진상규명위원회가 인혁당 고문조작 진실 규명했고. 그리고 2007년 법원이 사형수 8명에 대해서 무죄를 확정했고. 우리 전창일 선생님도 역시 재심 청구해서.

◆ 전창일: 무죄.

◇ 정관용: 무죄 확정이 되신 거지 않습니까?

◆ 전창일: 네, 그렇죠.

◇ 정관용: 그 무죄 확정을 근거로 해서 손해배송 청구소송을 하셔서 1심, 2심, 3심 다 승소를 하셨어요.

◆ 전창일: 네.

◇ 정관용: 그런데 1심, 2심에서 손해배상 액수 이만큼 주라고 한 거랑 대법원이 판단한 거랑 지금 달라서 문제란 말입니다.

◆ 전창일: 네.

◇ 정관용: 그래서 우리 전 선생님께서는 정확하게 얼마 정도의 보상금을 받으셨어요?

◆ 전창일: 제 처하고 딸이 셋인데. 걔들 앞으로 그러니까 다섯 식구 앞으로, 한 30억 금액을 다섯 사람 앞으로. 그런데 거기에서 저희들이 이것은 우리가 그냥 받아서 다 우리가 사용하거나 쓸 것이 아니고 나라의 민주주의와 조국의 평화적 통일에 기여하는 그런 하나의 법인체를 만들자 해서 모두 몇억씩 떼어 내놨어요.

◇ 정관용: 기부를 하셔서?

◆ 전창일: 네. 그래서 만든 것이 지금 4 · 9 재단이거든요.

◇ 정관용: 4 · 9 재단?

◆ 전창일: 4 · 9 평화통일재단.

◇ 정관용: 그 4 · 9가 바로.

◆ 전창일: 4월 9일 날, 사형 집행한 날.

◇ 정관용: 8분이 사형 집행당해 돌아가신 바로 그 날?

◆ 전창일: 네.

◇ 정관용: 그래서 재단설립을 이미 다 마무리하셨군요?

◆ 전창일: 네. 그래서 지금 현재 이사장은 문정현 신부님이고. 그다음에 상임이사는 김형태 변호사 이렇게.

◇ 정관용: 그런데 이게 1심, 2심에서 판결된 액수보다 사실 대법원 가서 어떻게 달라질지 모르기 때문에 미리 판결이 나면 소송을 제기한 분들이 그 돈을 미리 달라 요청할 수 있고. 대신에 정부는 이거 전부 다는 지급 못한다. 일부만 지급해라 이렇게 할 수 있는데. 지금 정부가 1심, 2심 판결 보고 나서 상당 부분 지급해라. 그래서 지급받으신 거잖아요.

◆ 전창일: 그렇죠. 3분의 2.

◇ 정관용: 3분의 2까지 지급해라, 그래서 받으신 액수가 30억 조금 넘게 되는데. 그중에 또 기부금도 많이 내셨고. 그런데 대법원에서 이거 이자 계산이 잘못됐다.

◆ 전창일: 잘못된 게 아니라 이자가 참, 이자라는 말조차 우스운데. 과거의 판례가 우리나라의 판례가 보상금에 관한 이자 계산은 사건이 발생했을 때부터 이자 계산 들어간다는 거예요. 그러니까 74년에.

◇ 정관용: 그렇죠. 잡혀가셨으니까.

◆ 전창일: 잡혀갔으니까 그때부터 국가범죄가 시작된 거죠.

◇ 정관용: 시작된 거죠.

◆ 전창일: 그러니까 그때부터 이자가. 이것이 과거의 대법원 판례랍니다. 그러니까 변호사도 이것은 대법원에 가서도.

◇ 정관용: 확정된다?

◆ 전창일: 검찰에 상고가 기각될 거는 불문가지다.

◇ 정관용: 그렇죠.

◆ 전창일: 이렇게 판단하고 있었는데.

◇ 정관용: 또 검찰도 그렇게 판단했으니까 3분의 2 미리 지급하라고 한 것 아니겠습니까?

◆ 전창일: 그렇죠. 그런데 뒤집은 거죠. 뒤집는 데는 대법관 전원회의에서 결정할 수 있답니다, 판례를 뒤집는 거는. 그런데 네 사람이서 그것을 뒤집고 이자를 그때부터 하는 것이 아니라 재심판결.

◇ 정관용: 확정된 후로부터.

◆ 전창일: 후로 이자 계산을 한 거죠. 그래서 이자가 다 없어진 거죠.

◇ 정관용: 그래서 차액이 엄청나게 났어요.

◆ 전창일: 그렇죠.

◇ 정관용: 그래서 지금 얼마를 돌려달라는 겁니까? 지금.

◆ 전창일: 그러니까 지금 우리가 받은 금액의 62%.

◇ 정관용: 62%를 돌려 달라?

◆ 전창일: 돌려달라는 거예요. 돌려주고 거기에다가 오히려 반대로 정부는 대법원 판결 날부터는 5% 이자 붙인다고 그래요.

◇ 정관용: 돈 안 되니까 이자 붙여라. 알겠습니다.

◆ 전창일: 대법원 판결 날. 그리고 국정원에서 우리한테 소장부본을 송달한 거 접수한 날부터는 20%.

◇ 정관용: 이자가 그렇게 또 높아져요?

◆ 전창일: 20% 이자를 내래요. 고리대금이죠. 그러니까 5% 플러스 20%의 이자가 우리가 반납할 때까지.

◇ 정관용: 계속 붙는다.

◆ 전창일: 계속 붙는다 그거예요. 그러면 우리 받은 돈을 거의 다 내놓으라는 얘기예요.

◇ 정관용: 정리하면 대법원에서 어쨌든 기존 판례를 뒤집어서 받으셨던 돈의 62%를 돌려줄 수밖에 없는 법원 판결이 내려졌고. 돈을 낼 수가 없다는 형편이 되니까 국정원이 소송을 제기했고, 소송 제기한 때로부터는 이자도 더 가산이 되고.

◆ 전창일: 네. 20%를. 그런 참, 이거 어떤 국가 이성이 지금 마비됐거나 실종됐어요. 내가 볼 때는. 하물며 개인들도 길가는 사람 붙잡고 얘기해도 그럴 수가 있는가, 다들 저희들이 동정합니다. 그런데 이게 당하고 있는 사람들은 그야말로 이거 이자 고문이에요. 그래서 이제 내가 한겨레신문과의 인터뷰에서도 그런 표현이 나오는데. 지금 당하고 있는 사람들 중에는

말로 형용할 수 없는 일이 벌어지고 있습니다. 한 예를 들게 되면 제 친구, 같은 저하고 무기수입니다. 무기징역을 받은. 이성재 동지 집안의 얘기를 한다면 그 가정이 전부 독실한 기독교 신자예요. 부인은 목사예요. 그런데 대법원에서 그런 판결이 나서 검찰에서 받은 돈을 도로 내놔라 라는 통지를 받고. 이 목사님이 고민하다가 어떻게 돼서 뇌출혈로 쓰러졌어요. 쓰러져서 병원에 1년 가까이 있는데 이번에 또 국정원에 소송하니까 본인 이성재 씨가 또 뇌졸증으로 똑같은 증상으로 쓰러졌어요. 그래서 지금 경희대 병원에 있는데 지금 이런 상황에 처해 있습니다.

◇ 정관용: 알겠습니다.

◆ 전창일: 그건 내가 대표적으로 지금 예시하는 건데 각 집안이 전부 이런 상태예요.

◇ 정관용: 알겠습니다. 인생 송두리째 빼앗긴 분들에게 그 돈이 참, 뭐라고. 게다가 그 돈을 다 받아서 일부는 이렇게 다 기부도 하시고 그동안 빚진 거 갚으신 분도 많고 되돌려줄 처지도 못 되는 분들한테 대법원은, 국정원은 왜 꼭 이렇게 해야 했는지 답답하기만 한 그런 현실이네요. 오늘 말씀 여기까지 듣겠습니다. 선생님, 고맙습니다.

◆ 전창일: 고맙습니다.

◇ 정관용: 한국진보연대 상임고문으로 계신 전창일 선생님의 사연 들어봤습니다. 여기까지입니다. 내일 뵙죠.

'인혁당 사건' 피해자 77인은 자료집을 만들고(2013년 9월), 2013년 10월 24일 오전 11시 청와대 인근인 청운효자동 주민센터 앞에서 '인혁당 재건 사건 관련 박근혜 대통령 면담요청'을 위한 기자회견을 하는 등 정부 및 사법부의 폭거에 저항했다. 하지만 애초에 승산이 희박한 투쟁이었다. 그들이 싸워야 할 대상은 대통령 박근혜, 대법원장 양승태, 국가정보원장 남재춘, 법무부 장관 황교안, 검찰총장 김진태 등이었다. 일부 언론의 호의적인 보도가 있었으나 한계가 있었다. 더욱이 피해자들 간의 의사소통에도 금이 가기 시작했다. 무엇보다 연 20%라는 고리의 이자가 공포에 떨게 했고, 이석기 의원 구속과 통합진보당 해산 사건으로 상징되는 신공안정국 하에서 박근혜 정권의 양식을 기대한다는 것은 무리라고 판단했을 것이다.

'부당이득금반환청구소송 취하' 투쟁이 한창 진행 중이던 2013년 9월 24일, '과거사 배상금'이 첫 환수 되었다는 보도가 나왔다. 서울고검 송무부(부장 신유철 검사장)와 국가정보원에 따르면 유모 씨(48)와 정모 씨(79 · 여) 등 일부 피해자들은 과다 지급된 배상액 총 15억 3,453만 원과 4년간 배상액을 반환하지 않은 데 따른 이자(연 5%) 3억 684만 원을 합한 18억 4,137만 원을 서울고검 환수금 입금용 통장에 지난달(2013년 8월) 이체했다고 한다.[7] 2011년 11월, 1개월 이내에 반환하라는 서울고등검찰청의 최고서가 송부된 지 2년 그리고 가지급금을 수령한 2009년 8월 12일부터 4년 만에 배상액 일부가 환수된 것이다. 국가정보원이 부당이득반환청구소송을 제기한 지난 7월부터 따지면 1개월이 되었다.

국가가 인혁당 피해자들을 상대로 낸 16건의 소송 가운데 첫 판결이 나왔다. 2013년 10월 23일, 서울중앙지법 민사합의15부(한숙희 부장판사)는 국가가 인혁당 재건위 사건 피해자 김종대(77) 씨와 그의 가족을 상대로 낸 부당이득금 반환청구 소송에서 "12억 8천200만 원을 반환하라"며 원고 승소로 판결한 것이다. 김종대의 가족은 가집행 판결에 따

7 [단독]더 준 '과거사 배상금' 첫 환수, 「동아일보」, 2013.9.24.

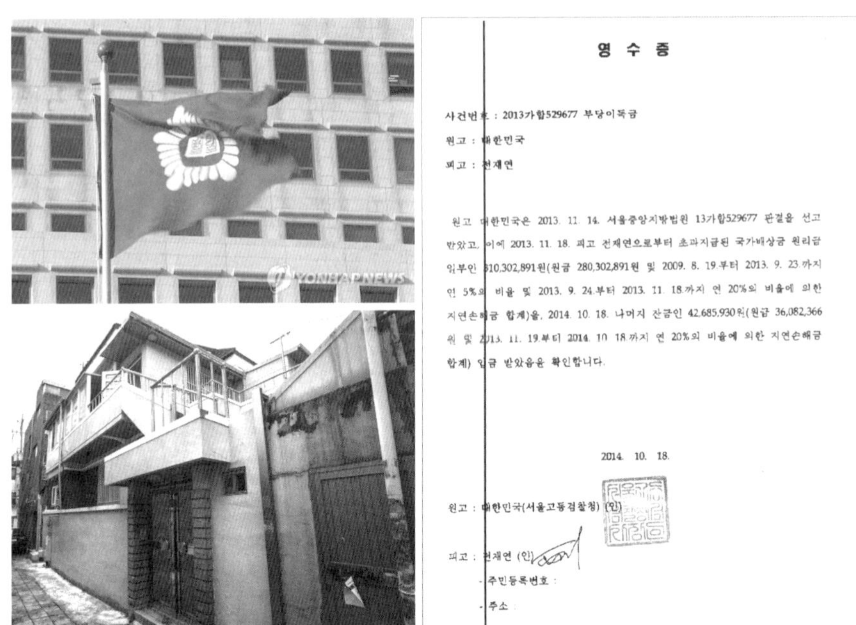

영 수 증

사건번호 : 2013가합529677 부당이득금

원고 : 대한민국

피고 : 전재연

원고 대한민국은 2013. 11. 14. 서울중앙지방법원 13가합529677 판결을 선고 받았고, 이에 2013. 11. 18. 피고 전재연으로부터 초과지급된 국가배상금 원리금 일부인 310,302,891원(원금 280,302,891원 및 2009. 8. 19.부터 2013. 9. 23.까지인 5%의 비율 및 2013. 9. 24.부터 2013. 11. 18.까지 연 20%의 비율에 의한 지연손해금 합계)을, 2014. 10. 18. 나머지 잔금인 42,685,930원(원금 36,082,366원 및 2013. 11. 19.부터 2014. 10. 18.까지 연 20%의 비율에 의한 지연손해금 합계) 입금 받았음을 확인합니다.

2014. 10. 18.

원고 : 대한민국(서울고등검찰청) (인)

피고 : 전재연 (인)

- 주민등록번호 :

- 주소 :

〈 그림285: 시계방향, ① 서울중앙지법 민사합의15부는 "가집행 선고로 집행했더라도 나중에 본안 판결의 효력이 없어지면 법률상 원인이 없는 것이 되므로 부당이득으로서 이를 반환해야 한다"는 대법원 판례에 따라, 인민혁명당 재건위원회 사건 피해자는 국가로부터 초과 지급받은 배상금을 반환하라는 판결을 내렸다.ⓒ연합뉴스, ② 전재연(전창일의 셋째 딸)으로부터 부당이익금을 수령했다는 영수증, 국정원이 제기한 부당이득 반환 소송에서 패소한 결과다, ③ 고 나경일의 딸 나은주의 집이 2019년 5월 경매로 팔렸다ⓒ셜록 〉

라 원금의 3분의 2와 인혁당 사건 확정판결이 난 1975년 4월부터 계산한 지연손해금을 합해 28억 3천200여만 원을 미리 지급받았다. 하지만 정부가 주장하는 '부당이득금' 12억여 원에 배상금을 미리 지급받은 2009년 8월부터의 지연손해금까지 더해 반환할 처지에 놓이게 되었다. 35년치 이자만큼의 배상금이 깎였고, 이제 정부에 지급해야 할 돈은 연 20%의 이율로 불어날 것이다.[8]

8 "인혁당 피해자 초과배상금 반환하라" 첫 판결, 「연합뉴스」, 2013.10.23.

다음 차례는 강창덕과 고 이태환의 가족들이었다. 김종대 가족의 판결 이틀 후인 10월 25일, 서울중앙지법 민사합의35부(이성구 부장판사)는 국가가 인혁당 사건 피해자 강창덕(85) 씨와 그의 가족, 고 이태환 씨의 유족을 상대로 낸 부당이득금 청구소송에서 강 씨 가족은 15억 3천18만 원, 이 씨의 유족은 17억 3천696만 원에 배상금을 가집행받은 2009년 0일부터의 지연손해금을 보태 각각 반환하라고 판결 내렸다. 가지급받은 배상금은 강 씨 가족이 33억 8천18만 원, 이 씨 유족은 38억 3천696만 원이었다.

피해자들은 배상금을 깎은 대법원 판결이 판례변경에 해당하는 데도 전원합의체를 거치지 않았다고 항변했으나 받아들여지지 않았다. 재판부는 당초 이들 소송에서 청구금액의 절반만 돌려주라는 내용의 화해권고 결정을 내렸다. 그러나 국가는 초과 배상금을 모두 받아내겠다며 이의신청을 하고 이날 전부 승소 판결을 받았다. 이날 판결로 인혁당 사건 피해자 77명을 상대로 낸 16건의 소송 가운데 3건에서 국가가 전부 승소했다.[9]

이렇게 재판이 진행되는 와중에 안타까운 소식이 또 들려왔다. 국가가 고 전재권 가족의 아파트를 사들인 2명에게 매매 계약을 취소하라는 소송을 제기했다고 한다. 장 씨(73 · 전재권의 처)와 전 씨(54 · 전재권의 자녀)가 강제집행을 방해하려고 일부러 재산을 처분했다고 보고 아파트 매입자를 상대로 부동산을 돌려달라는 소송을 제기한 것이다.[10] 그러면

9 인혁당 피해자 '초과배상금' 소송 또 패소(종합), 「연합뉴스」, 2013.10.25.

10 [단독] 국가 "인혁당 재건위 피해가족과의 아파트 매매계약은 무효", 「동아일보」, 2013.12.20.

이후 이들 가족은 어떻게 되었을까? 후일담을 알아보자.

결국, 정부는 이 아파트를 경매에 넘겼다. 경매를 신청한 채권자는 국정원이다. 반환금을 받아내기 위하여 고 전재권의 맏딸 전영순이 소유한 아파트를 경매에 붙인 것이다. 전영순은 신용카드 현금서비스까지 받아 항소에 상고까지 하며 국정원에 맞섰지만 모두 기각됐다. 연 20퍼센트의 연체이자율로 인해 반환금은 무서운 속도로 불어났다. 애초에 1억 9,100만 원이었지만, 2019년 11월 기준, 4억 5,000만 원을 넘어섰다. 가지급받은 배상금 4억 2,300만 원을 훌쩍 뛰어넘은 것이다. 이제 전영순은 국가로부터 받은 돈이 아예 없는 셈이 되었다. 그녀의 동생들은 더 이상 버티지 못했다. 사 금융권 연체이자율보다 높은 고리에 둘째와 셋째 동생은 개인회생 신청을 했고, 넷째와 막냇동생은 빚을 전부 갚았다. 넷째 동생은 암 투병 중에 국정원에 돈을 주고 세상을 떠났다.

사실 국정원은 전영순의 아파트만 뺏은 게 아니다. 연금은 물론이고 그녀가 가진 7개 통장을 모두 압류했다. 국정원에 의해 경매에 붙인 아파트는 절반가량 대출을 받아 사서 매달 대출이자를 갚아야 하는 처지였다. 하지만 통장이 압류된 탓에 제대로 이자도 낼 수 없었다. 이게 끝이 아니었다. 심지어 아버지 전재권이 묻힌 선산까지 압류되었다. 전영순은 오늘도 법원으로 향한다. 집이 경매에 팔리기 전에 부동산 강제 경매 집행 결정에 대한 이의소송을 제기하기 위해서다.[11]

나경일 가족의 경우도 고 전재권 집안과 마찬가지로 처참하게 무너졌다. 2009년 8월 국가배상 가지급금 12억 7,000여만 원을 받았으나, 빚 갚고, 변호사비용 내고, 아내와 지낼 조그마한 집 마련하고, 일부는

11 이명선 · 박상규 · 박성철 지음, 『거래된 정의』, 후마니타스, 2019, pp.135~137.

4·9 통일평화재단을 비롯한 민주화단체에 기부했다. 함께 활동했던 동지들과 가족들에게도 위로금과 금일봉을 전달했다. 그 해 초여름 대장암에 걸렸다는 진단이 나왔다. 손을 쓸 수 없었다. 대장암 4기였다. 얼마 남지 않은 배상금은 치료비에 쓰였다. 이제 자신을 위해 사는 일만 남은 듯했다. 하지만 병마로 인한 고통이 병실을 고문실로 착각하게 하는 지경이 되어 악착같이 붙잡고 있던 정신의 끈을 놓고 말았다. 몸은 병실에 있었지만, 정신은 1974년 중앙정보부 6국 지하 고문실로 향하고 있었다. 2010년 7월 12일, 나경일은 그렇게 고통 속에서 세상을 떠났다.

나이 들어 치매기가 다소 있던 나경일의 아내 임분이는 가지급금 7억 3,000여만 원을 수령했던 2009년 8월경부터 증상이 두드러지기 시작했다. 남편이 세상을 떠나자 아내의 치매 증상은 급속도로 악화됐다. 임분이는 나경일의 죽음을 받아들이지 못했다. 그녀의 기억은 어디쯤에서 멈춰 있었다. 남편을 애타게 찾다가 '중앙정보부 사람들이 남편을 납치해갔다'며 밤새 통곡했다. 2014년 11월 21일, 임분이는 남편을 따라 운명했다. 두 분의 작고로 부모님의 고통은 모두 끝난 줄 알았다. 그러나 부모님이 겪은 고통이 자식들에게 세습되었다.

2013년 7월, 국정원은 나경일·임분이 부부의 흔적인 나은주·나문석·나정수·나정애 4남매에게 가지급받은 돈을 반환하라고 청구소송을 걸었다. 법원은 국정원의 손을 들어 줬다. 네 남매는 졸지에 채무자가 됐다. 돌려줘야 할 돈이 가지급금으로 받은 돈보다 배가 되었다.

아버지와 함께 살던 집이 2017년 여름에 경매에 넘겨졌고, 2019년 5월 실제로 경매가 집행되어 집이 넘어갔다. 나은주는 기초 생활 수급자 생계급여로 연명하듯 살아가고 있지만, 빚은 계속 늘어나고 있다. 연

20%에 달하는 연체이자율은 빚 덩치를 빠르게 불리는 중이다. 국가배상으로 네 형제가 각각 받은 돈은 4억 5,000여만 원. 돌려줘야 할 돈은 이를 훌쩍 넘어섰다. 2019년 11월 기준 각 형제의 채무액은 7억 4,000여만 원이다. 나은주의 집이 경매로 팔리면서 채무액은 이보다 줄었지만, 여전히 빚더미에 앉아있는 건 마찬가지다. 집을 경매로 뺏길 위기에 놓인 인혁당 피해자들은 더 있다. 이창복과 고 전재권의 딸 전영순, 그리고 고 정만진의 부인 추국향이 경매로 넘어간 집을 지키고자 부동산 강제 경매 집행에 대해 이의 소송을 제기한 상태다.[12]

배상금 반환소송이 진행되고 있던 무렵으로 다시 돌아간다. 2013년 12월 31일, 국정원은 네 번째 승소를 구가했다. 서울중앙지방법원 민사합의20부는 정부가 인혁당 사건 피해자 이현세 씨 등 4명을 상대로 낸 소송에서 정부에 2억 5천6백만 원을 반환하라고 판결한 것이다. 이번 판결로 국가는 인혁당 사건 피해자들을 상대로 낸 소송 가운데 4건에서 승소해 모두 50억여 원의 배상금을 환수하게 됐다.[13]

2014년 4월 2일, 서울중앙지법 민사합의20부(안승호 부장판사)는 정부가 인혁당 사건 피해자 고 이태환 씨의 유가족 4명을 상대로 낸 부당이득금 소송에서 "정부에 총 14억 원을 반환하라"며 원고 승소로 판결했다. 2014년 4월 현재 인혁당 배상금 국가 환수 재판은 총 16건이 진행 중이다. 이 중 1심이 판결이 선고된 11건에서 정부는 모두 승소했다. 판결 확정 시 환수하게 될 금액은 총 129억 9천만 원이다.[14]

12 이명선 · 박상규 · 박성철 지음, 『거래된 정의』, 후마니타스, 2019, pp.120~130.

13 정부, 인혁당 사건 초과배상금 반환 소송서 4번째 승소, 「KBS」, 2013.12.31.

14 '인혁당 사건 배상금 환수' 정부 승소 100억 원 넘어, 「연합뉴스」, 2014.4.2.

전창일의 셋째 딸 전재연도 국정원의 반환소송을 피할 수 없었다. 2011년 11월 7일, 1개월 이내 반환하라는 최고서를 받은 이후, 부당이익반환청구소송을 제기하였다는 사실을 통지하는 최고서가 2013년 8월 28일 날짜로 도착하였다. 이 최고서를 보면, 이미 가지급된 금액(619,191,779원)에서 판결 확정된 금액(338,888,888)을 차감한 금액 280,302,891원이 반환해야 할 원금이었다. 2009년 8월 18일(가지급한 날)부터 소장부본 송달 일까지는 연 5%, 그 다음 날부터 다 갚는 날까지는 연 20%의 비율에 따른 지연손해금이 추가된다고 명시되어 있었다.[15] 같은 해 11월 15일, 다시 최고서가 날라 왔다. 7월 3일 날짜로 소송을 제기하여 1심 재판 중에 있다는 것, 현재까지 9명의 피고들이 각자의 부당이득 원금 및 지급일까지의 지연손해액 전액에 해당하는 약 32억 원을 임의 변제하였다는 것, 2011년 1월 27일 대법원 판결에 의해 소송이 되고 있기 때문에 앞으로도 법원이 다른 판결을 할 가능성이 없다는 것, 연 20%의 지연손해금이 계속 발생하고 있단 점 등을 통보하며 초과지급금과 지연손해금을 조속히 변제하라는 통보였다.[16]

“우리가 전두환처럼 국고를 훔치기라도 했나요? 인혁당이 과거사 손해배상의 시작이었어요. 지금은 당연시된 형사보상 청구도 우리는 안 했어요. 민사소송인 손해배상 청구부터 했죠. 어떻게 보면 더 요구하고 더 받을 수 있는 걸 안 받은 거죠” 전재연이 탐사전문매체 「셜록」과의 인터뷰 때 쏟아낸 분노의 목소리였다. 그녀는 “돈 다시 돌려줄 필요 없이, 당시 수사관과 법조인들도 8년 8개월간 징역 살게 하고 똑같이 고통 주

15 〈그림281〉 참조

16 서울중앙지법 2007가합112047(서울고검2008민가34)

면 좋겠어요. 그깟 배상금 다 뱉어낼 테니까요"라는 말을 덧붙이며 인터뷰를 끝냈다.[17]

억울하고 분했지만 연 20%의 고리에 대한 공포가 감정을 억제했다. 가지급받은 배상금 중 변호사 비용 등을 제외한 돈으로 구입한 주택을 담보로 은행에서 대출을 받았다. 2013년 11월 14일 서울중앙지방법원에서 진행된 1심 판결(13가합529677) 나흘 후인 11월 18일, 310,302,891억 원을 서울고등검찰청에 납부했다. 경애, 경란 두 언니도 같은 방법으로 돈을 마련하여 납부했다.[18]

원금 280,302,891원에서 그 사이 불어난 이자가 3,000만 원이었다. 그런데 국정원의 이의제기가 있었다. 이자계산이 잘못되었다 한다. 2014년 9월 24일 진행된 2심에서 서울고등법원 제6민사부는 "피고 전경애, 전재연은 각 35,928,775원, 피고 전경란은 39,614,950원 및 위 각 금원에 대하여 2013년 11월 19일부터 다 갚는 날까지 연20%의 금원을 지급하라"는 주문을 선고했다. 2014년 10월 18일, 결국 국정원과 법원이 내라고 하는 돈을 모두 반환했다. 원고 대한민국(서울고등검찰청)은 피고 전재연에게 아래와 같은 내용의 영수증을 보냈다.[19]

> 원고 대한민국은 2013년 11월 14일 서울중앙지방법원 13가합529677 판결을 선고받았고, 이에 2013년 11월 18일 피고 전재연으로부터 초과 지급된 국가배상금 원리금 일부인 310,302,891원

17 이명선 · 박상규 · 박성철 지음, 『거래된 정의』, 후마니타스, 2019, p.117.

18 서울고등법원 제6민사부 판결(2014나2000282 부당이익금)

19 영수증(2013가합529677 부당이득금), 2014.10.18.

(원금 280,302,891원 및 2009년 8월 19일부터 2013년 9월 23일까지 연 5%의 비율 및 2013년 9월 23일부터 2013년 11월 18일까지 연 20%의 비율에 따른 지연손해금 합계)을, 2014년 10월 18일 나머지 잔금인 42,685,930원(원금 36,082,366원 및 2013년 11월 19일부터 2014년 10월 18일까지 연 20%의 비율에 따른 지연손해금 합계)을 입금받았음을 확인합니다.[20]

2011년 1월 27일 기준, 국정원에 반환해야 할 금액은 2억 8천여만 원이었다. 하지만 2014년 10월 18일, 국정원에 돌려준 돈은 3억 5천여만 원이었다. 그중 이자가 72,685,930원이었으니, 세 자매는 2억 1,800만 원의 연체이자를 정부에 낸 셈이었다. 끔찍한 기억을 지닌 채, 이들은 월말이면 은행에 지불할 이자와 원금 걱정에 걱정을 거둘 수 없다. 한편, 이창복 · 고 전재권 · 고 정만진 · 고 나경일 가족 등 더욱 참혹한 처지에 있는 인혁당 피해자 가족들을 생각하면 이들의 고통이 곧 자신의 고통이라는 생각에 안타까움을 금할 수 없었다. 전창일의 세 딸도 은행담보대출이라는 비상수단을 조처하지 않았더라면 이들 가족 못지않은 '이자 고문'에 지금도 시달리고 있을 터이다.

해마다 4월 9일이 되면 인혁당 가족은 물론 수많은 정치인들이 숨진 8명의 사형수 영전에 참배를 드린다. 그러나 지금도 고통을 받고 있는 인혁당 피해자 77인의 고통, 분노, 좌절에 대해 관심을 갖는 이들은 차츰 줄어들기 시작했다. 그렇게 박근혜 정권은 흘러가는 중이었다.

20 〈그림283〉 참조

〈 그림286: 시계방향, ① 세월호 사고 발생 6시간 뒤에야 "큰일 났네."라고 말한 대통령 박근혜ⓒ한겨레, ② 2016년 12월 3일, 6차 주말 촛불집회 당시 광화문광장ⓒ연합뉴스, ③ 19대 대통령 선거에서 당선된 문재인 대통령과 영부인 김정숙 여사가 10일 서울 여의도 국회 로텐더홀에서 제19대 대통령 취임식을 마치고 국회를 떠나며 환영하는 시민들에게 손을 들어 인사하고 있다.ⓒ한국일보 〉

2014년 4월 16일 오전 8시 50분경, 전라남도 진도군 조도면 병풍도 부근 해상에서 여객선 세월호가 전복되어 침몰했다. 이 사고로 탑승자 476명(잠정) 중 172명이 구조되고 304명이 사망 · 실종되었다. 생존율은 겨우 36.1%였다. 세월호 사고신고가 왜 7분이나 지연되었는가?, 사고 당시 해경은 왜 구조에 적극적이지 않았나?, "전원구조" 오보가 어떻게 2시간 넘게 지속되었는가?, UDT 동호회원들은 왜 구조에서 배제되었나?, 해경은 왜 '언딘'만 구조에 참여시키고 있나?, 투입된 구조대 규모를 부풀린 이유는 무엇인가?, 실종자 가족분들 사이에 프락치를 심었는가?, 국정원은 언론의 인터뷰를 통제하는가?, 방통위는 왜 손석희를 중징계하나?, 대통령이 사과하지 않는 이유는 무엇인가?… 등 수많은 의혹으로 인해 박근혜 정부는 치명타를 입었다.[21]

사실 박근혜 퇴진 운동은 취임 초기부터 진행되었다. 2013년 6월, 국가정보원 여론 조작 사건을 부정선거로 규정한 사람들이 박근혜의 하야를 요구하였다. 그해 11월에는 일부 진보 기독교계에서 박근혜 대통령의 퇴진을 요구했다. 세월호 침몰 사건이 일어난 2014년에는 박근혜 정부가 책임이 있다며 정권 퇴진 운동이 거세게 일었다. 한국사 교과서 국정화 문제로 인해 2015년에도 박 정권 퇴진운동은 사그라질 줄 몰랐다. 2016년 9월에 들어 박근혜에 대한 퇴진 요구는 더욱 타올랐다. 9월 25일 농민운동가 백남기가 사망하자, 이를 국가폭력으로 규정하고 농민단체를 중심으로 많은 시민이 박근혜 정권의 퇴진을 요구하였다.

미르재단과 K스포츠재단에 최순실이 관여한 사실이 보도되었고, 2016년 10월 24일 저녁 JTBC는 최순실에 대한 국정개입에 대한 증거로 태블릿PC를 입수하여 보도하였다. 그리고 닷새 후인 10월 29일, "모이자! 분노하자! #내려와라-박근혜 시민 촛불"이란 구호를 내걸고 서울 도심인 청계광장에서 집회가 열렸다. 민중 총궐기 투쟁본부에서 주최했으며, 주최 측 추산 3만 명, 경찰 추산 1만 2,000명가량이 참가했다. 촛불 혁명이 시작된 것이다. 그날부터 매주 토요일의 광화문은 박근혜 퇴진을 외치는 시민들의 광장이 되었다. 2017년 4월 20일까지 23차에 걸쳐 진행된 범국민 행동은 백만 명 이상이 모인 5차례의 집회를 비롯해 서울에서만 누적인원 1,400만 명 이상을 돌파한 거대한 용광로

21 《세월호 침몰사건 10대 의혹, 새로운 사회를 여는 연구원》

였다.[22]

2016년 12월 3일 오전 4시 10분, 더불어민주당, 국민의당, 정의당과 무소속 의원 등 171명이 헌법과 법률 위반으로 인하여 "대통령(박근혜) 탄핵소추안"을 국회에 발의했다. 그리고 12월 9일 가결됨에 따라 권한이 정지되었으며, 2017년 3월 10일 헌법재판소가 탄핵소추안을 인용하였고 박근혜는 헌정 사상 첫 파면된 대통령이라는 불명예스러운 기록을 남기고 4년 만에 청와대를 떠났다.[23]

2017년 5월 9일에 치러진 대통령 선거에서 더불어민주당 문재인 후보는 41.1%를 득표해 24%를 득표한 자유한국당 홍준표 후보를 누르고 당선되었다. 다음날 문재인은 많은 사람의 기대 속에 대한민국의 제19대 대통령으로 취임하였다.[24]

오랫동안 외면당했던 인혁당 피해자 관련 소식이 「한겨레」에 실렸다. 2017년 6월 5일, 이 신문은 인혁당 재건위 사건 피해자 전창일의 자녀 전재연의 글을 [왜냐면]이란 칼럼난을 통해 소개했다.[25] 아래에 전문을 소개한다.

> 인혁당 피해자 77인은 박근혜 정부의 국가정보원으로부터 민사소송을 당했습니다. 부당이득금을 반환하라는 청구소송입니다. 더구나 77인이 받은 소장에는 부당이득금을 낼 때까지 연 20% 이

22 《박근혜 대통령 퇴진 운동, 위키백과》

23 문재인 당선인, 오늘 낮 12시 국회에서 취임선서, 「노컷뉴스」, 2017.5.10.

24 《문재인, 위키백과》

25 [왜냐면] 배상금 반환소송을 말하다/전재연, 「한겨레」, 2017.6.5.

왜냐면

2017년 6월6일 화요일 한겨레

배상금 반환소송을 말하다

전재연

〈 그림287: ① 2007년 6월 6일 자 한겨레, ② 구순의 노기자 강창덕은 고문으로 조작된 '인혁당 재건위 사건'을 포함해 모두 7번의 투옥, 13년의 수감생활을 했다. 강창덕의 서재 겸 안방. 책 사이로 한반도기가 꽂혀 있다ⓒ한겨레 〉

자를 물리고 있습니다. 소장에 표기된 '부당이득금'은 '인혁당' 사건의 피해자들에게 지급된 '국가범죄 사실에 대한 배상금'의 다른 이름이 돼 버렸습니다. 배상금이 부당이득금으로 바뀌어 버렸을 때, 그 참혹함이란 이루 말할 수가 없습니다. 자존감이 땅에 떨어진 느낌입니다.

박근혜 정권은 '배상금'을 '부당이득금'으로 가치 절하시키고, 자긍심은 세금을 탈루한 죄책감으로 대치시켰습니다. 부당한 탄압임에도 소리 높여 항거 못 하는 이유는 돈에 대한 이기심으로 비칠까 하는 생각이 모두를 괴롭혔기 때문입니다. 국가범죄 사실에 대한 배상금은 말 그대로 피해자들에게 진정 어린 사과의 마음이 담겨 있어야 합니다. 그러나 박근혜 정부는 박정희 정권의 공권력이 탄압한 인혁당 피해자 77인에게 부당이득금을 수령했다는 치욕을 안겨줌으로써 박근혜식 탄압을 하였습니다.

1심에서 배상금의 3분의 2 금원이 지급되고 2심에서 검찰은 항고하였고 대법원은 이제까지와는 다른 새로운 계산법으로 판결했습니다. 국가범죄 사실의 배상 시점을 피해자들이 구속된 1974년이 아닌 무죄 판결을 받은 2009년으로 바꾸었습니다. '사람 중심'이 아닌 '판결 중심'으로 바꿔 버린 비인도적 집행을 하고 말았습니다. 게다가 범법을 저질렀던 국가안전기획부(안기부)의 후신 국정원은 77인에게 개별적으로 민사청구소송을 하였습니다.

전체가 같은 사안으로 받은 배상금을 개별적으로 반환하라고 함으로써 함께 대응할 수 있는 동력도 무력화해버리는 잔인함을 보여주었습니다. 피해 가족들이 각자 소장을 받음으로써 저마다 겪은 고통은 여러 형태로 나타나고 있습니다. 마련한 집이 압류되어 경매 절차에 들어갔고 통장이 압류되었으며 금융 거래를 할 수 없는 신용 불량자처럼 살게 되었습니다. 일부는 반환금을 마련하느라 대출을 일으켜 그 빚 원금과 이자를 다달이 갚아야 하는 생활을 하고 있습니다.

인혁당 피해자들에게 지급된 배상금은 단순히 물리적인 화폐의 보상이 아니라고 생각합니다. 그것은 국가의 권력이 정권의 하수인처럼 쓰이는 공권력이 되지 않겠다는 약속이고 다시는 같은 일이 일어나지 않을 거라는 신뢰라고 생각합니다. 국가는 그런 책무를 재심 무죄 사건에 대한 배상으로 민주국가의 양심을 보여준 것입니다.

박근혜 전 대통령은 대통령 후보일 때 인혁당에 대한 두 개의 재판이 있다고 말해 재심의 무죄 판결을 인정하지 않는 과거사 시각을 보여주었습니다. 그 발언으로 지지율이 하락하자 국민대통

> 합위원회를 설치해서 과거사 문제를 비롯한 국민의 아픔과 고통을 치유하겠다고 하였지만, 결과는 인혁당 배상금 반환 소송으로 나타났습니다. 최순실 국정 농단 사건이 아니어도 박 전 대통령의 거짓말과 직무유기는 하늘이 공노할 사건들로 점철되었습니다.
>
> 박근혜 정부는 세월호 참사와 적폐로 아픈 기억들을 남겼습니다. 그 트라우마는 피해자와 이웃들, 그것을 지켜본 국민에게도 치유되지 않은 상처로 남아 있습니다. 미래는 현재와 과거의 아픔을 해결함으로써 출발해야 합니다. 과거사 사건에 대한 배상 판결을 배상액의 책정이라는 저급한 관점이 아닌 진정 어린 사과가 이루어지도록 다시금 들여다봐 주시기 바랍니다. 새 시대의 문 앞에서 박근혜 정권에서 저질러진 과오를 회복시켜 주시길 바랍니다.

전재연은 이 글을 통해 몇 가지 중요한 사항을 지적했다. 첫째, 박근혜 정권은 '배상금'을 '부당이득금'으로 가치 절하시키고, 자긍심은 세금을 탈루한 죄책감으로 대치시켰다. 둘째, 부당한 탄압임에도 소리 높여 항거 못 하는 이유는 돈에 관한 이기심으로 비칠까 하는 생각이 모두를 괴롭혔기 때문이다. 셋째, 대법원은 이제까지와는 다른 새로운 계산법으로 판결했다. 국가범죄 사실의 배상 시점을 피해자들이 구속된 1974년이 아닌 무죄 판결을 받은 2009년으로 바꾸었다. 넷째, 전체가 같은 사안으로 받은 배상금을 개별적으로 반환하라고 함으로써 함께 대응할 수 있는 동력도 무력화해버리는 잔인함을 보여주었다. 다섯째, 박근혜는 과거사 문제를 비롯한 국민의 아픔과 고통을 치유하겠다고 하였지만, 결과는 인혁당 배상금 반환 소송으로 나타났다. 결국, 대한민국은 법치국가가 아니라는 뜻이다. 실정법을 일부 기득권 세력에 의해 마음대로 해석할 수 있고, 임의로 고칠 수 있다는 의미였다.

며칠 후 「한겨레」는 토요판 커버스토리를 통해 "국가정보원이 민주투사에게 수억 원의 빚을 지웠습니다. 사형 선고 18시간 만에 8명이 사형당하고 17명이 수감됐던 '인혁당 재건위 사건'의 무기수 · 유기수 가족들의 이야기입니다. 인혁당 사건은 박정희 정권의 최악의 공안 사건으로 분류되고, 대법원 사형 선고가 있었던 날은 국제법학자협회가 꼽은 '사법사상 암흑의 날'로 기록됩니다. 30년 넘게 빨갱이라 손가락질받으면서 숨죽여 살아온 인혁당 피해자들은 왜 사건의 가해자인 중앙정보부의 후신 국정원의 채무자가 됐을까요?"라는 프롤로그(prologue)를 선보이면서 강창덕의 일생을 조명했다. 글 중 '인혁당 배상금 반환 소송'에 얽힌 사연을 아래에 소개한다.[26]

〈국정원, 인혁당 배상금 반환 소송을 걸다〉

2008년 1월, 천신만고 끝에 재심을 통해 무죄를 선고받은 강창덕은 2009년 8월 손해배상금 15억 2,200여만 원을 받았다. 손해배상 소송 1심에서 인용된 금액의 65%를 가지급받은 것이다. 30여 년 만에 빨갱이 딱지를 떼고, 국가로부터 공식적으로 사과의 대가를 받은 것이지만 기쁨보다는 설움이 먼저 터졌다. 박정희 정권의 희생양이 되어 송두리째 날아간 그의 젊음과 자유는 화폐로 보상될 수는 없었다.

26 박정희가 물고문 · 전기 고문하더니 박근혜가 '이자고문' 하더라, 「한겨레」, 2017.6.17.

가장 먼저 떠오른 건 죽은 아내였다. 아내는 시외 분교로 출근하는 버스에서 떨어지는 사고를 당해 2년간 병상에만 누워 있다가 1987년 여름 세상을 떠났다. 평생 남편 없이 아들 셋만 키우다 호강 한번 못 하고 떠난 아내에게 참 미안했다. 아들 셋과 공놀이 한번 못 한 것은 평생의 한이 됐다. 인혁당 사건으로 8년 8개월을 꼬박 감옥에 갇혀 있으면서 아들들에게 살가운 포옹도 못 해줬었다. 강창덕이 받은 15억여 원은 아내의 목숨 값이자 아들 셋의 파괴된 행복의 대가였다.

2009년 9월 인혁당 무기수 · 유기수 관련자와 그 가족 77명이 가지급받은 손해 배상금은 모두 491억여 원이었다. 원심 확정판결이 있었던 1975년 4월 9일부터 지급 시점까지 밀린 이자를 포함해 계산한 금액이었다. 강창덕, 전창일, 이창복 세 사람 모두 돈을 받자마자 신세 진 곳에 가장 먼저 빚을 갚았다. 가장 없이 가정을 꾸리느라 그간 부채가 많았다. 십시일반 돈을 걷어 재단도 만들었다. 다시는 이런 일이 반복되지 않도록 피해자 일가족들이 8명 사형수 가족들과 함께 돈을 모아 4 · 9 평화통일재단을 만든 것. 인혁당 진실 규명을 위해 싸운 천주교인권위원회에도 일부 기부를 했다. 반통일 · 반평화 · 반인권 행위를 뿌리 뽑고자 다 같이 힘을 모았다.

77명의 피해자들은 당연히 손해배상 대법원 판결이 나면 나머지 35%의 배상금도 받을 수 있을 거라 생각했다. 하지만 예상은 완전히 빗나갔다. 2011년 1월, 대법원은 원금은 인정했지만, 이자가 너무 많이 계산됐다며 30여 년치 이자를 삭제해 판결했다. 이자 지급 기준일이 2심 변론 종결일로 바뀌면서 손해배상금은 280

억 원가량으로 대폭 줄어들었다. 대법원이 내세운 근거는 사건이 벌어졌던 1974년으로부터 '장시간의 세월이 흘러 통화 가치의 변동이 생겼고, 이로 인해 예외적으로 지연 이자의 기산점을 변론 종결일부터 잡아 계산해야 한다는 것'이다. 하지만 '장기간의 세월'과 '통화 가치의 변동'에 대한 구체적인 기준은 없었다. '장기간', 또는 '상당한'이라는 추상적인 표현만 담겨 있을 뿐이었다.

2013년 박근혜 정부가 출범하자 그해 7월 국정원은 결국 77명에 대해 부당이득반환청구 소송을 걸었다. 가지급받은 491억여 원 중 대법원이 인정한 280억 원을 제외한 금액뿐 아니라, 심지어 대법원 판결 이후부터 현재까지 갚지 않은 기간에 대한 이자를 포함해 돌려달라고 요구했다. 법원은 국정원의 손을 들어줬고, 피해자 가족들은 졸지에 국정원에 손해배상금 일부를 도로 돌려줘야 하는 처지가 됐다.

연 20%에 달하는 연체 이자율은 반환금을 눈덩이처럼 불려 나갔다. 강창덕의 경우, 2013년 10월 기준 8억 3,300만 원이었던 반환금은 2017년 6월 기준 13억 원을 넘겼다. 가만히 숨만 쉬고 있어도 하루에 37만 7,700원이 이자로 붙었다. 법원의 명령에 따라 강창덕이 법원에 제출한 재산 목록은 초라하기 그지없었다. 월 30만 원짜리 월세방의 보증금 300만 원과 월 18만 원씩 지급되는 6 · 25 참전 보상금, 그나마 집에서 값이 나가는 에어컨과 침대가 적혀 있었다.

전창일과 이창복의 사정도 끔찍하기는 마찬가지다. 전창일의 딸 셋은 연 20%에 달하는 이자율을 감당할 수 없어 결국 은행에서 대출을 받아 갚았다. 은행 이자가 국정원에 내야 할 이자보다

싸기 때문이다. 이창복의 집은 부동산 강제 경매에 부쳐질 예정이다. 작은 정원과 텃밭을 일구며 부인과 여생을 보내고자 마련한 집을 '채권자' 국정원을 위해 압류한다며 법원이 통지를 해왔다. 인혁당 재건위 사건 가해자인 중앙정보부의 후신 국정원이 인혁당 피해자들의 채권자가 되었다. "아버지 박정희는 몸을 고문하더니, 딸 박근혜는 경제적 고문을 하네요." 인혁당 사건은 아직 끝나지 않았다.

2년쯤 흐른 2019년 4월 6일, 「한겨레」가 이번에는 이창복을 초대했다. "오는 9일은 박정희 정권에 의한 '인혁당 사법 살인' 44주년이다. 1차 및 2차 인혁당 사건이 모두 조작된 것으로 진실은 어느 정도 밝혀졌으나, 관련 피해자들은 여전히 고통 속에 살고 있다. 이명박, 박근혜 정부 때 법원이 배상금을 대폭 삭감하고, 가해자인 국가가 채권자 행세를 하면서 이들을 여전히 압박하고 있기 때문이다."라고 서두를 장식하면서 45년에 걸친 이창복의 고통에 관한 이야기를 하였다. 어느 정도 세월이 흐른 탓인지 이 인터뷰에는 빚 고문에 대한 해결방안도 포함되어 있다. 글 일부를 소개한다.[27]

"박근혜 정부가 저한테 마음 수양을 시키는 것 같아요. 지난 2년간 뒷산으로 산책하러 갈 때마다 집사람 손을 꼭 잡고는 말하지요. '여보, 우리 탐심을 버립시다. 마음을 비워야만 우리가 살 수 있어요. 설령 우리 집을 빼앗기더라도 미워하지 맙시다.'고 말이

27 "국가가 씌운 인혁당 '빚 고문' 촛불 정부가 과감히 풀어야", 「한겨레」, 2019.4.6.

죠. 지금도 그런 마음입니다."

지난 3일 오전 경기도 양평 자택에서 만난 이창복(81)의 낯빛은 온화하고 목소리는 평온했지만, 그는 현재 고통스럽고 치욕스런 상황에 부닥쳐 있다. 그는 2년 전인 2017년 2월 경기도 양평 자택에 대한 강제 경매 통보를 받았다. '부당 이득'을 환수해 가겠다는 것이다. 지난해 하반기부터 일단 유보 상태에 있긴 하지만, 언제든 경매가 다시 진행돼 낙찰되면 거리로 쫓겨나야 할 판이다.

"참, 어이가 없는 일이죠. 지난 45년간 국가한테 일방적으로 당한 셈이죠. 과거 죄 없는 저를 감옥에 가둔 것도 국가이고, 그 잘못된 행위에 대해 배상금을 줬다가 도로 뺏는 것도 국가예요. 이제는 그것도 모자라 저를 범법자 취급하고 있어요. 허허."…(중략)…

이창복은 다른 피해자나 유가족과 마찬가지로 2009년에 돈을 받은 뒤 그동안 진 빚을 갚고, 주변에 신세 졌던 사람들에게도 조금씩 나눠줬다. 2011년에 입주한 양평 집을 짓는 데도 사용했다. 돈을 다 쓰고 난 뒤여서 대법원의 납득 못 할 판결을 따르려고 해도 돌려줄 돈이 남아있지 않았다.

하지만 그의 꿈과 청춘을 앗아간 국가는 잔인했다. 박근혜 정부가 들어선 직후인 2013년 7월 국가정보원은 인혁당 재건위 관련 생존자와 가족 77명을 상대로 부당이득 반환 청구 소송을 냈다. 30여 년 전 고문으로 인혁당 재건위 사건을 조작했던 당사자가 피해자들을 또다시 옥죄고 나선 것이다. 이번에도 법원은 국가의 손을 들어줬다. 더구나 34년 동안의 지연손해금을 빼앗긴 피해자들은 이때부터는 연 20%라는 높은 연체 이자율을 물어야 했다. 이 때문에 4억 9천만 원이던 이창복의 반환금이 현재는 무려 11억 원이 넘는다. 처음 배상받았던 돈을 넘어섰고, 지금도 매일 30만 원에 가까운 빚이 늘어나고 있다. 국가는 법원 판결을 내세워 이창복의 유일한 남은 재산인 시골집 한 채까지 빼앗으려 하고 있다.

양평 시골 마을에 자리 잡은 구옥은 이창복에게는 단순한 거처가 아니라 구난처이다. 그는 고문과 징역살이로 심한 대인공포증과 우울증에 오랫동안 시달렸다. 출옥 뒤 중고생을 대상으로 하는 학원을 차려 살아갔지만, 이 일마저 접어야 했다. 아이에 대해 학부모들과 면담할 때마다 등줄기에 식은땀이 나는 등 견디기 힘들었기 때문이다. 학원 일을 그만두고 1990년대 중반 서울을 떠나 농촌인 양평에 내려와 살면서 차츰 치유됐다.…(중략)…

인혁당 관련 피해자와 유가족 77명 가운데 현재 국가에 의해 부동산 등이 압류된 사람은 이창복을 포함해 모두 11명이다. 강창덕, 전창일 등은 예금통장을 가압류당한 상태이며, 이창복과 전영순(전재권의 딸) 등 6명은 아파트 등 부동산을 압류당했다.

국가인권위(위원장 최영애)는 지난 3월 이와 관련해 “국가폭력과 형사사법 절차의 남용으로 인한 피해자들의 고통이 △최초 국가폭력에 의한 생명권과 신체의 자유 박탈에서 시작해 △경제적 불이익과 사회적 멸시로 인한 차별 등을 거쳐 △진실이 규명된 현재에도 경제적 고통을 받고 있는 것으로 그 형태를 달리하여 계속되고 있다”며 “인혁당 재건위 피해자들에 대한 구제는 사법부 판단과 별개로, 행정부 수반이자 국가 책임의 정점인 대통령이 근본적인 해결 방안을 마련하여 시행할 필요가 있다"고 밝혔다. 한마디로 국가가 국민에게 저지른 폭력으로 인한 문제이니만큼 국가를 대표하는 대통령이 주도적으로 해결해야 한다는 뜻이다.

〈정부도 국회도 법원도 다 미적미적〉

해법이 있을까. 일차적으로는 대통령이 결단을 내려, 국가가 인혁당 피해자들에 대해 정의롭지 못한 채권을 포기하는 것이다. 인혁당 재심 무죄를 끌어냈던 김형태 변호사는 "대통령한테는 사면권도 있는데 정책적 고려를 통해 억울한 채무자에 대한 채권을 국가가 포기하는 결단을 내릴 수 있다고 본다"며 "이는 법적인 배임 문제를 넘어서는 행위이기에 위법성이 없다"고 말했다.

그러나 청와대는 난색을 보이고 있다. 청와대의 한 관계자는 "어떻게 해서든 이 문제를 해결하고픈 마음은 있다"면서도 "국가채권관리법에 국내 채권을 포기할 수 있는 규정이 없기에 대통령이 나서기에는 법적으로 곤란한 면이 있다"고 말했다. 대신 청와대는 채권관리법을 개정해 국내 채권 포기에 대한 규정을 신설하거나 인혁당 관계자 구제에 관한 특별법을 제정하는 방안 등을 선호하는 분위기이다. 이 경우 자유한국당 등 보수 야당의 반대를 뚫어야 한다.

대법원이 문제 있는 판례 변경(2011년)을 다시 바로잡을 수도 있다. 원래 판례를 변경하려면 대법원 전원합의체에서 판결해야 하지만 당시 대법원은 대법관 4명으로 구성된 소부에서 결론을 내렸다. 명백한 잘못이다. 이를 시정하기 위해 4·9 통일평화재단(인혁당 피해자들이 만든 단체) 쪽은 유사한 과거사 사건에 대해 재심을 청구하는 방안을 고려 중이다.

"구체적 방법이 뭔지는 모르지만, 촛불로 출범한 정부이니만큼 국가에 의해 두 번 죽임을 당하고 있는 우리 문제를 하루빨리 풀어줘야 하지 않겠어요. 역사에 부끄러운 일이 아니라면 정부가 과감하게 결단을 내렸으면 좋겠어요. 우리 두 노인이 여생이나마 걱정 없이 이 집에서 보낼 수 있으면 좋겠어요." '빨갱이 집안'이라는 멸시 속에서도 홀로 자녀 3명을 훌륭하게 키운 부인(박인순·83)의 어깨를 감싸며 이창복이 말했다.

"저는 우리 선생님(남편)을 늘 존경합니다. 항상 공동체를 먼저 생각하고, 평화롭고 정의로운 사회를 고민하세요. 요즘도 하루라도 책을 읽지 못하면 헛되게 보냈다고 안타까워하죠. 이런 분을 국가가 그만 괴롭혔으면 좋겠어요." 박인순도 따뜻한 미소로 답했다.

이창복과의 인터뷰에서 거론된 주요 사안은 국가인권위의 결정사항, 대통령의 결단, 채권관리법을 개정해 국내 채권 포기에 대한 규정 신설, 인혁당 관계자 구제에 관한 특별법 제정, 유사한 과거사 사건에 대한 재심 청구 등이다. 무엇보다 중요한 것은 정부, 국회, 법원 등 관련 기관의 의지다. 사실 이들 기관들은 정권이 바뀌었어도 인혁당 재건위 사건의 피해자와 유족이 대법원의 잘못된 판결 때문에 고통을 받고 있는 문제에 대해 미적미적하며 문제 해결에 대한 방안을 제시하지 못하고 있는 게 현실이었다. 국가인권위원회의 소명 건부터 살펴보기로 하자.

〈 그림288: ① 국가인권위원회 로고ⓒ연합뉴스, ② '유신독재와 5공 반국가단체 고문조작 국가범죄 청산연대'는 11일 오후 청와대 분수대 앞에서 인혁당 재건위 사건의 근본적 해결을 대통령에게 권고한 국가인권위원회의 결정을 환영하는 기자회견을 진행했다.ⓒ통일뉴스 〉

2017년, 4 · 9 통일평화재단(이사장 문정현)과 인혁당 재건위 사건 피해자 및 가족 77명은 “가해자인 국가가 피해자들의 재산에 대한 압류 · 경매 처분을 시도하면서 또다시 피해자들에게 고통을 주고, 생존을 위협하는 것은 부당하다”고 주장하며, “피해자들이 재심을 통해 무죄를 선고받고, 국가를 상대로 제기한 손해배상청구 소송에서 1, 2심 판결에 따라 일부 배상금을 가지급 받았다”며 “그런데 대법원이 판례를 뒤집어 피해자들이 돈을 반환해야 할 처지가 됐다”고 진정을 제기했다.

2년 후 인권위의 답변이 나왔다. 2019년 3월 6일, 인권위는 이 사건이 국가인권위원회법상 조사 대상에 해당하지 않는다고 보고 진정을 각하했다. 하지만 가해자인 국가가 피해자들의 보호와 권리 회복을 위한 기본 책무를 방기한 채 적절하고 신속한 구제조치를 이행하지 않았다고 보고 의견을 내기로 했다. “국가폭력과 형사사법 절차 남용으로 생긴 피해자들의 고통은 최초 국가폭력에 의한 생명권과 신체의 자유 박탈에서 시작해 경제적 불이익과 사회적 멸시로 인한 차별로 이어졌다”며 “진실이 규명된 현재에도 피해자들은 경제적으로 고통을 받고 있다”고 판단한 것이다.

인권위는 손해배상청구 소송의 결과의 적절성을 논하는 것은 맞지 않는다고 선을 그으면서도 "국가가 법원의 판결을 이유로 이렇게 누적돼 온 피해에 대해서는 구제 책임을 외면한 채 강제집행으로 피해자들에게 경제적 고통을 가하고 있다"며 "이는 중대한 인권 침해의 당사자였던 국가가 올바르게 반성하는 모습이라고 보기 어렵고, 형평과 정의에도 어긋난다"고 강조했다.

유신정권의 대표적 조작사건인 인민혁명당(인혁당) 재건위원회 사건 피해자와 그 유족을 국가가 나서 적극적으로 구제해야 한다고 국가인권위원회가 의견을 제시한 것이다. 인권위는 인혁당 재건위 사건 피해자들의 고통을 해소하고 국가의 국민 보호책임을 실현하기 위해 완전하고 효과적인 방안을 마련해 시행하는 것이 바람직하다는 의견을 문재인 대통령에게 표명했다고 밝혔다. 인혁당 재건위 사건 피해자들에 대한 구제는 사법부 판단과 별개로, 행정부 수반이자 국가 책임의 정점에 있는 대통령이 근본적인 해결 방안을 마련할 필요가 있다고 보고 의견 표명을 결정했다고 인권위는 설명했다.[28]

진정을 제기했던 4·9 통일평화재단과 피해자 가족들도 인권위 의견 표명을 환영했다. 4·9 통일평화재단은 "인권위 결정을 계기로 지난 45년 동안 피해자들이 겪어야 했던 긴 고통의 시간이 이번에는 반드시 멈추게 되기를 기대한다"면서 "대통령은 이번 인권위 권고를 받아들여 적절한 절차를 통해 국가폭력 피해자인 인혁당 재건위 사건 피해자와 그 가족들에 대한 압류, 강제 경매 등 반환금 환수 조치를 즉각 취소해 줄

28 인권위, 대통령에 "인혁당 재건위 피해자 구제 국가가 나서야", 「연합뉴스」, 2019.3.6.

것을 강력히 촉구한다"고 밝혔다. 김의겸 청와대 대변인은 이날 "인권위 의견 표명 결정문을 접수했다"면서 "본 사안은 대법원 확정판결에 관한 것으로 대법원 판결문, 인권위 결정문, 피해자들이 현재 처한 상황 등을 종합적으로 살펴볼 예정"이라고 밝혔다.[29]

대통령이 인혁당 재건위 피해자 구제에 나서야 한다는 인권위의 의견 표명 닷새 후인 3월 11일, '유신독재와 5공 반국가단체 고문조작 국가범죄 청산연대'(국가범죄 청산연대, 공동대표 전창일 · 박해전)는 청와대 분수대 앞에서 대통령에게 인혁당 재건위 사건의 근본적 해결을 권고한 국가인권위원회의 결정을 환영하는 기자회견을 열었다. 이 단체는 국제 인권기준에 따라 인혁당 재건위 사건의 올바른 청산을 권고함으로써 공정하고 정의로운 나라의 초석을 마련한 국가인권위원회에 경의를 표했다. 그리고 문재인 대통령이 국가인권위원회의 권고를 존중해 정당한 청산을 실현하여 피해자들의 고통을 풀어줄 것을 촉구했다.

전창일 국가범죄 청산연대 공동대표는 미리 준비해 온 A4 6매 분량의 연설문에서 인혁당 재건위 사건의 개요와 손해배상 소송 결과에 대해 상세히 소개한 뒤 이번 국가인권위원회의 권고 결정은 지난 2017년 인혁당 재건위 사건 피해자들이 겪고 있는 어려움을 호소한 데 따른 것이라고 하면서 사의를 표시했다.[30] 아래는 성명전문이다.

29 인권위 "빚더미 오른 인혁당 피해자, 대통령이 나서라", 국정원 '부당이득금' 반환 청구로 피해… 대통령에게 '경제적 고통' 해소 의견 표명, 「오마이뉴스」, 2019.3.6.

30 "국가권력에 의한 피해, 피해자 기준으로 구제해야", 청산연대, 국가인권위의 인혁당 재건위 권고결정 '환영', 「통일뉴스」, 2019.3.11.

〈대통령의 인혁당 재건위 사건 근본해결을
권고한 국가인권위원회의 결정을 열렬히 환영한다.〉

유신독재와 5공 반국가단체 고문조작 국가범죄 청산연대는 국가 책임의 정점인 대통령이 인혁당 재건위 사건 피해자들의 구제에 대한 근본적인 해결 방안을 마련하여 시행할 필요가 있다는 국가인권위원회의 권고에 경의를 표하며, 국가인권위원회의 위상을 드높인 이번 결정을 열렬히 환영한다.

'국가는 인혁당 재건위 사건 피해자들의 피해 회복이 실질적으로 이루어질 수 있도록 적극적인 구제조치에 나서야 하고, 이를 위해 피해의 실체를 파악하여 피해자에 대한 피해 회복과 배상 문제를 재검토하고, 관련 입법조치 등 충분한 노력을 기울여야 한다'는 국가인권위원회의 권고는 국제인권기준의 국가범죄 청산을 명백히 선언한 기념비적 결정이다.

국가인권위원회는 국가의 인혁당 재건위 사건 피해 구제 의무와 관련해 "국가의 가장 기본적인 의무는 국민은 물론 그 관할 범위의 누구나 생명과 신체의 온전함이 훼손되지 않도록 하고, 인간으로서의 존엄과 가치가 유지되도록 보호하는 것이며, 이는 국가의 존재 이유"라며 "인혁당 재건위 사건이 국가가 정권 유지를 위해 국민에게 억울한 누명을 씌워 국민의 생명과 신체의 안전 및 자유를 침해한 사건으로 확인된 이상, 국가는 조직적으로 반인권적 탄압행위를 하였던 과거를 반성하고, 피해자가 사건 발생 이후 지금까지 입은 피해에 대해서 신속하고 적극적인 구제조치에 나서야 할 의무가 있다"고 강조했다.

국가인권위원회는 또 반인권적 고문조작 국가범죄의 피해 배상의 국제법적 원칙과 관련해 "유엔 인권 피해자 권리장전은 피해에 대한 배상은 '적절하고, 실효적이고, 즉각적'이어야 하며, 위반행위와 피해의 중대성에 비례하여 원상회복, 금전배상, 재활, 만족 등 '완전하고 효과적인 배상'이 제공되어야 한다는 점을 강조한다"며 "원상회복은 자유의 회복, 인권, 정체성, 가정생활, 시민권의 향유, 원래의 거주지로 복귀, 고용회복, 재산의 반환을 포함한다"고 밝혔다.

국가인권위원회는 특히 "인혁당 재건위 사건 관련 손해배상청구 소송의 결과에 대해서는 법원의 재판에 대한 것으로 그 적절성 여부를 논하는 것은 적절치 않으나, 재판결과의 이행만으로 국제인권기준에 부합하는 국가책임이 온전하게 실현된 것으로 볼 수 있는지는 되짚어볼 필요가 있다"며 "재판이 법적인 피해구제의 한 방안인 점은 분명하나, 민사소송이 소송 당사자들의 주장 중에서 인용될 수 있는 내용과 범위를 결정하는 소극적인 구조로 이루어진 것을 감안하면, 피해에 상응하는 배상 등의 구제조치가 충분히 이행되지 않은 경우에는 국가의 피해구제 책임이 소멸되었다고 볼 수 없다"고 강조했다.

국가인권위원회는 손해배상소송의 결과와 관련해 "인혁당 재건위 사건 피해자들은 77명이 2009년 법원 판결에 따라 위자료 및 지연손해금으로 총 490억 원을 국가로부터 가지급 받았는바, 대법원 판결로 지연손해금 기산점이 34년 늦추어짐으로써 판결이 확정된 2011년 당시에 이미 이들에게 211억 원의 초과 가지급금이 발생하였다"며 "이후 2013년 국가(국가정보원)는 법무부, 서울고등검찰청과 협의하여 피해자 77명에 대해 부당이득 반환소송을 제기하였고, 2015년 법원은 77명 모두 국가에 부당이익금의 지급의무가 있다고 판결하였다"고 밝혔다.

국가인권위원회는 또 "이에 따라 피해자들 중 34명은 임의 변제하고 다른 34명은 재산이 없는 등 사실상 환수가 불가능하여 국가는 나머지 9명에 대해 소유 부동산의 경매절차를 진행하고, 일부 피해자들에 대해서는 예금채권 압류 등 절차도 진행하였다"며 "피해자들이 국가에 반환해야 할 금액은 2017년 이 사건 진정을 제기할 시점에는 받은 금액의 95%가량이 되어 있었고, 임의 변제한 피해자들은 반환을 위해 대출을 받거나 집을 매각하였기 때문에 실제 이들이 부담한 반환금은 지급받았던 금액을 초과하여, 모든 피해자들이 오히려 손해배상금을 지급받기 전보다 생활이 악화되거나 이자 부담으로 빚이 쌓여가는 형편이 되었다"고 지적했다.

국가인권위원회는 인혁당 재건위 사건 '부당이득금' 환수 강제집행과 관련해 "국가는 스스로 조작에 의한 중대한 인권 침해 사건을 일으키고서도 조직적 은폐 시도를 지속했고, 구제조치를 외면했음은 물론, 피해 당사자와 그 가족들에 대해 직 · 간접적인 불이익 조치를 자행 또는 방조하였다. 그동안 피해 당사자는 물론이고 그 가족들이 감내한 경제적, 정신적 피해는 고스란히 누적될 수 밖에 없었다"며 "그럼에도 국가가 법원의 판결을 이유로 위와 같이 누적되어온 피해에 대해서는 구제의 책임을 외면한 채 강제집행의 방법으로 피해자들에게 경제적 고통을 가하는 현 상황은 중대한 인권 침해의 당사자였던 국가가 올바르게 반성하는 모습이라고는 보기 어렵고, 형평과 정의에도 현저히 반한다"고 밝혔다.

국가범죄 피해자 구제 방안과 관련해 국가인권위원회는 "피해자 구제를 위한 방법은 다양하게 제시될 수 있고, 가장 효과적이고 실현 가능한 수단이 무엇인지에 대해서 다각적인 검토가 이루어져야 한다"며 "다만 어떤 수단을 채택하더라도 피해의 구제는 국제인권기준에 따라 '적절하고 신속하게' 이루어져야 한다"고 촉구했다.

지난해 12월 10일 세계인권선언일을 맞아 우리는 〈유신독재와 5공 반국가단체 고문조작 국가범죄 청산을 요청합니다〉 제하의 문재인 대통령과 최영애 국가인권위원회 위원장에게 보내는 공개서한을 청와대와 국가인권위원회에 전달했다.

우리는 공개서한을 통해 "이명박 박근혜 정권은 유신독재와 5공의 반국가단체 고문조작 국가범죄 가해자 박정희 전두환 심판에 나서기는커녕 인혁당 재건위 사건과 아람회 사건을 표적 삼아 피해자들에 대한 국가배상을 부당하게 가로막았다"며 "박정희 전두환 정권의 후예들의 이러한 만행은 국가가 약속한 과거사 청산을 짓밟은 또 하나의 국가범죄로 용납될 수 없다"고 밝혔다.

우리는 또 "국가는 피해자들과 그 유가족에게 총체적으로 사과하고 화해를 이루는 적절한 조치를 취하는 것이 필요하다는 진실화해위원회의 권고 결정에 따라 국가인권위원장이 대통령 특별보고를 통해 인혁당 재건위 사건과 아람회 사건 반국가단체 고문조작 국가범죄 청산이 하루빨리 실현되도록 해줄 것"을 요청한 바 있다.

문재인 대통령은 2017년 5월 25일 국민의 기본적 인권 실현을 위한 국가인권위원회 위상 제고와 관련해, 문재인 정부가 촛불 시민 혁명으로 탄생하였음을 강조하면서 이전 정부의 인권 경시 태도와 결별하여 국가의 인권 경시 및 침해의 잘못을 적극적으로 바로잡고, 기본적 인권의 확인 및 실현이 관철되는 국정운영을 도모할 것임을 분명히 밝혔다.

우리는 국제인권기준에 따라 인혁당 재건위 사건의 올바른 청산을 권고함으로써 공정하고 정의로운 나라의 초석을 마련한 국가인권위원회에 다시 한 번 경의를 표하며, 문재인 대통령이 이를 존중해 유신독재와 5공 반국가단체 고문조작 국가범죄 인혁당 재건위 사건과 아람회 사건의 정당한 청산을 실현함으로써 피해자들의 한 맺힌 고통을 풀어줄 것을 촉구한다.

2019년 3월 11일

유신독재와 5공 반국가단체 고문조작 국가범죄 청산연대

공동대표 전창일 박해전[31]

〈 그림289: ① 전창일 인혁당 재건위 사건 피해자가 9일 오후 2시 서울중앙지방검찰청 앞에서 진행된 반국가단체 고문조작 학살 주범 박정희 고소 기자회견에서 엄정한 심판을 요구하고 있다ⓒ사람일보, ② 서울중앙지방검찰청 전경 〉

인혁당 재건위 사건과 아람회 사건의 정당한 청산의 실현을 주장하며 설립된 '유신독재와 5공 반국가단체 고문조작 국가범죄 청산연대'는 두 사건의 실질적 원흉인 박정희를 고발하는 퍼포먼스(performance)도 펼쳤다.

2019년 4월 9일, 유신독재와 5공 반국가단체 고문조작 국가범죄 청산연대(청산연대)가 이날 오후 2시 서울중앙지방검찰청 앞에서 개최한 '전창일 인혁당 재건위 사건 피해자의 반국가단체 고문조작 국가범죄 주범 박정희 고소 기자회견'에서 전 대표는 "인혁당 재건위 사건 사형수들

31 대통령의 인혁당 재건위 사건 근본해결을 권고, 국가인권위원회의 결정을 열렬히 환영한다, 유신독재와 5공 반국가단체 고문조작 국가범죄 청산연대, 인권위 권고 환영 성명, 「사람일보」, 2019.3.11.

이 사후 재심을 통해 무죄 판결을 받았지만, 고문조작 학살 가해자들은 아무런 처벌을 받지 않고 있다"며 "내 나이 90줄에 박정희를 심판하기 위한 역사적 과제를 후대에 남기기 위해 이 자리에 섰다"고 밝혔다.

이날 기자회견에는 전창일 (재)4 · 9 통일평화재단 자문위원회 위원장, 이영 민주화실천가족운동협의회 전 상임의장과 회원들, 양심수 김효 씨의 아버지 김귄옥 선생, 박희성 비전향 장기수, 김병태 새날희망연대 상임대표, 주정헌 사무총장, 이석영 전북대 명예교수, 김준기 민자통 의장, 김을수 전의장, 김상구 저술가, 김선경 민중당 공동대표, 백승우 민중당 대외협력실장, 최민 민중민주당 인권위원, 정해숙 · 김난수 · 김창근 · 박해전 청산연대 공동대표들이 참석했다. 다음은 전창일 대표가 발표한 고소장 전문이다.[32]

자세히 보기-41

[유신독재 인혁당 재건위 사건 반국가단체 고문조작 국가범죄 주범 박정희 고소(2019.4.9.)]

고 소 장

사　　건　인혁당 재건위 사건 반국가단체 고문조작 국가범죄 주범 박정희 고소

고 소 인　전창일(인혁당 재건위 사건 피해자)

피고소인　(전 대통령)

32 "고문조작 학살 주범 박정희를 단죄하라", 전창일 인혁당 재건위 사건 피해자, 박정희(전 대통령)를 검찰에 고소, 「인터넷언론인연대」, 2019.4.10.

고소 취지

고소인은 유신 독재 인혁당 재건위 사건 반국가단체 고문조작 국가범죄 피해자입니다. 피고소인의 유신 독재 인혁당 재건위 사건 반국가단체 고문조작 학살 국가범죄는 2007년 1월 23일 인혁당 재건위 사건 사형수 8인에 대한 형사재심 무죄 판결, 2008년 1월 23일 인혁당 재건위 사건 무기수인 고소인에 대한 형사재심 무죄 판결에 의하여 확증되었습니다. 고소인은 이에 의거하여 피고소인을 고소하오니 형법 및 유엔 고문방지협약 등 국제인권법에 따라 엄벌해주기 바랍니다.

고소 이유

1. 피고소인의 지위

피고소인은 유신 독재 정권 유지를 위하여 중앙정보부를 비롯한 권력기관을 총동원하여 인혁당 재건위 사건 반국가단체 고문조작 국가범죄를 자행하고 인혁당 재건위 사건의 사형수에 대하여 형 확정판결 하루도 지나지 않아 1975년 4월 9일 사형을 집행한 '사법 살인' 학살의 원흉입니다. 피고소인은 유신독재 인혁당 재건위 사건 반국가단체 고문조작 학살 국가범죄의 주범입니다.

2. 피고소인의 범죄사실

피고소인의 직속 기관인 중앙정보부는 1974년 대학생들이 유신체제에 반대하는 시위를 시도한 것과 관련하여 전국민주청년총학생연맹이 인민혁명당 등과 결탁하여 국가변란을 기도하였다고 발표하며 관련자 1,034명을 검거하고 이 중 230명을 구속하였습니다. 이후 1975년 비상군법회의 검찰부는 지하에 흩어져 있는 인민혁명당 잔재세력들이 1969년부터 세력을 규합하여 인민혁명당을 재건하고 대구 및 서울에서 반정부 학생운동을 배후 사주했다고 발표하였고, 비상보통군법회의, 비상고등군법회의를 거쳐 1975. 4. 8. 대법원은 인혁당 재건위 관련자 7명과 민청학련 관련자 1명에 대해 사형을, 16명에 대해서는 무기징역, 징역 20년과 15년 등의 형을 확정하였습니다.

중앙정보부는 1974년부터 1975년의 기간 인혁당 재건위 사건 관련자들을 영장 없이 체포하여 구속기간의 제한 없이 장기간 구금한 상태에서 구타, 물고문, 전기 고문 등 혹독한 폭행과 가혹행위를 하며 자백을 강요하고 피의자 신문조서와 진술서를 허위로 작성토록 했습니다. 또한, 수사와 공판과정에서 관련자들이 검찰관에게 자신들의 진술이 허위라고 주장하였으나 검찰관과 수사관이 폭행과 협박을 하여 허위자백을 부인하지 못하게 했습니다.

이와 같이 증거 없이 허위사실이 조작되었고, 구속부터 전 수사과정과 검찰부의 기소 후 공판과정에서 관련자들은 변호인의 조력을 받지 못함은 물론 접견조차 제대로 하지 못했고, 더욱이 공판조서까지 실제 진술과 달리 변형되었습니다. 당시 인혁당 재건위 사건 관련자들은 누명을 쓰고 구속 · 수감기간에 가혹한 정신적 · 신체적 고통을 겪었으며, 박정희 유신 독재 정권은 대법원 판결로 형이 확정된 다음날 바로 8인 모두의 사형을 집행하여 무고한 사람들을 학살하였습니다.

3. 결론

박정희 유신 독재 정권의 대표적인 반국가단체 고문조작 학살 국가범죄 사건이었던 인혁당 재건위 사건의 피해자 중 사형이 집행된 8인은 사후 32년 만에 2007년 재심을 통해 무죄 판결을 받았고, 무기 · 유기징역형을 받은 다른 피해자들 역시 2008년 재심을 통해 무죄 판결을 받음으로써 고문조작 학살 주범 박정희에 대한 반국가단체 고문조작 학살 국가범죄가 확증되었습니다.

반인륜적 고문조작 학살 국가범죄에는 시효가 없습니다. 고소인은 국가가 확증된 반국가단체 고문조작 학살 국가범죄의 주범 박정희를 엄정하게 단죄하여 역사정의와 사회정의를 바로 세우고 반인권적 고문조작 국가범죄를 영원히 추방할 것을 요구합니다.

입증 자료

고소인 인혁당 재건위 사건 재심 무죄 판결문 사본 1통

2019년 4월 9일

고소인 전창일

서울중앙지방검찰청 귀중

〈 그림290: 시계방향, ① 박지원 국가정보원장 후보자가 27일 오전 서울 여의도 국회 정보위 전체회의에서 열린 국정원장 후보자 인사청문회에서 잠시 목을 축이고 있다ⓒ뉴스1, ② 문재인(왼쪽) 대통령이 2021년 6월 4일 오후 국가정보원에서 국정원 원훈석 제막식이 끝난 뒤 박지원 국정원장과 개정된 국정원법을 새긴 동판을 들고 있다. 뒤로는 5년 만에 바뀐 원훈이 새겨진 비석(글씨체는 고(故) 신영복 전 성공회대 교수의 손글씨를 본뜬 '어깨동무체'다.)ⓒ연합뉴스, ③김경협 의원의 보도자료 이미지 〉

국정원장에 박지원 전 의원이 내정되었다는 뉴스가 보도되었다.[33] 2012년 7월 11일, 당시 민주통합당의 원내 대표였던 박지원은 전날 대선 출마를 선언한 박근혜 새누리당 전 대표에 대해 다음과 같이 말했다.

> "박정희 군사독재는 무고한 지식인들을 사형선고해 대법원 확정판결 18시간 만에 관련자 7명을 사형 집행했다"
>
> "인혁당 판결을 한 지 38년이 되는 오늘 박 전 대표에게 이에 대한 분명한 입장 표명을 요구한다"

33 文대통령, 국정원장에 박지원 파격 내정, 「프레시안」, 2020.7.3.

"2005년 12월 국가정보원 과거사진상규명위에서 인혁당 사건이 조작된 것으로 잘못됐다는 결론을 내리자 박 전 대표는 한마디로 가치 없는 것이며 모함이라고 불쾌감을 표시했다"

"또한, 2007년 1월 인혁당 사건 재심에서 무죄 판결이 나자 아무 말도 하지 않았다"

"38년이 지난 어제 박정희 독재자의 딸 박 전 대표는 대선 출마를 선언했다, 참으로 기가 막힌 일이다"[34]

인혁당 사건에 대한 박지원의 인식을 엿볼 수 있는 발언들이다. 2개월가량 후인 9월 11일 국회에서 열린 의원총회에서는 "박 후보는 어제 대법원 판결 18시간 만에 8명을 사형 집행하고 2007년 법원에 의해 민주 정부에서 무죄 선고가 난 그 끔찍한 인혁당 사건에 대해 '인혁당 문제는 판결이 2개가 나와 있지 않은가.'라고 편리하게 얘기했다" "국민 누구나 최종판결을 존중하는데 엄연히 인혁당 판결은 2007년 1월 무죄 판결이 최종 판결"이라며 "박 후보가 참 편리한 생각을 갖고 세상을 산다"고 비판한 바 있다.[35]

인혁당 피해자들에게 위로의 말을 쏟아냈던 박지원은 국정원장 후보자 인사청문회에서 "인혁당 피해자 배상금 반환 판결, 굉장히 잘못됐다"고 지적하며 "제가 사법부에 대해 국정원장으로 취임한다고 해도 간섭할 순 없지만, 이런 불행한 역사를 청산한다는 의미에서 저도 계속 의견을 내 사법부가 현명한 판단을 하도록 하겠다"며 "국가 공권력의 피해

34 민주, 박근혜에 공세 지속…"유신의 딸, 사과가 우선", 「뉴스1」, 2012.7.11.

35 박지원 "박근혜 '인혁당 판결 두 개' 언급은 황제적 발언", 「머니투데이」, 2012.9.11.

를 입은 사람에게 배상이 진정으로 이뤄지게 하겠다"고 강조했다.[36]

많은 이들이 환호했고, 특히 인혁당 피해자 가족들은 "이제야 이자 고문의 고통에서 벗어나겠구나!"라며 큰 기대감을 갖고 지켜보았다. 2020년 7월 29일, 「YTN 라디오」 '이동형의 뉴스 정면승부'에 출연한 이창복의 인터뷰는 당시 피해자들의 심정을 엿볼 수 있는 좋은 예가 된다. 대담의 일부를 아래에 소개한다.

◇ 이동형: 국가의 잘못된 폭력으로 피해를 입으셨고 결국은 명예를 회복하나 싶었는데 다시 폭력 아닌 폭력이 일어나서 더 많은 돈을 배상해야 한다, 안타까운 일인데, 혹시 국가에서 계속 이자를 안 내니까 차압 같은 게 들어온 적 있나요?

◆ 이창복: 네 집이 전부 압류돼서 경매에 지금 놓여있는 상탭니다. 경매에 붙여져 있는 상태요.

◇ 이동형: 국정원이 경매로 넘겨 버렸군요.

◆ 이창복: 네

◇ 이동형: 최근에 법원이 '이자는 빼고, 원금만 받아라, 13억 말고 5억만 받아라.' 이런 판결을 내렸습니다만, 국정원이 그걸 거부해서 다 내야 하는 상황인데 최근 박지원 국정원장 청문회 보셨습니까?

◆ 이창복: 네 아주 잘 눈여겨봤습니다.

◇ 이동형: 여기서 선생님 성함이 나왔어요. 나와서 박지원 원장이 임명되면 이 문제는 책임지고 해결하겠다, 이렇게 얘기했는데 어떻게 들으셨습니까?

◆ 이창복: 저도 그 얘기 듣고 이제 쫓겨나지는 않겠구나, 이런 생각을 했습

36 박지원 "인혁당 피해자 배상금 반환 판결, 굉장히 잘못됐다", 「뉴스1」, 2020.7.27.

니다. 일단 제가 집을 팔아서라도 나머지 돈으로 전셋집이라도 살겠거니 마음이 놓였습니다.

◇ 이동형: 국정원장이 국민들 다 보는 청문회장에서 약속했으니 그 약속이 이뤄지리라고 보고요. 그동안 마음고생 심하셨습니다. 선생님 오늘 인터뷰 고맙습니다.[37]

그러나 “임명되면 책임지겠다”는 박지원 신임 국정원장의 약속은 공수표가 되고 말았다. 박지원이 제35대 국가정보원장으로 취임(2020년 7월 29일)한 지 한 달쯤 후 국정원의 반응이 나왔다.

박지원 국가정보원장이 ‘진정한 배상’을 약속하고 법원이 손해배상금 관련 조정안을 제시했음에도, 국정원은 “과다 지급분 환수를 포기하면 배임 행위가 될 수 있다”며 항소심 재판부가 제시한 조정안을 거부했다. 그러나 법조계에서는 배임 논란 사건들의 선례를 볼 때, 법원 조정안 수용에 대해선 배임죄를 묻기 힘들다는 의견이 지배적이다. 2005년 정연주 전 KBS 사장 사건과 2017년 법원의 강제조정안을 정부가 수용해 제주 강정마을에 대한 구상권을 철회한 것과 관련, 검찰이 배임 혐의로 고발된 이낙연 전 총리 등을 무혐의 처분한 사례가 좋은 예다. 국정원 측은 “법원 조정 수용이 반드시 배임이 된다고 볼 수 없다는 의견도 있는 만큼, 법적인 해결 방안이 있는지 검토하겠다”는 원론적 입장만을 되풀이할 뿐, 가시적인 조치는 취하지 않고 있다.[38]

37 [이동형의 뉴스 정면승부] 인혁당 피해자" 박지원 원장 약속에 전세라도 구할까 안심", 「YTN라디오」, 2020.7.29.

38 배임 핑계로 인혁당 피해자 ‘빚고문’ 계속 하는 국정원, 「한국일보」, 2020.9.7.

국정원 실무진은 박지원 원장이 기소될 수도 있다고 아예 협박하는 모습도 보이고 있다. 국가정보원은 인민혁명당 재건위원회 사건 피해자 측에게 국가배상금 과다 지급분 환수가 불가피하다는 뜻을 직접 전달했다. 그리고 피해자 측이 낸 소송에서 배상금 이자 환수 일부 포기를 권고한 재판부 조정 결정을 수용할 경우 박 원장이 국가에 금전적으로 해를 끼치는 셈이 돼 배임죄로 기소될 수 있다는 의견을 피력했다고 한다. 이에 피해자 측은 국민이 국가에 위임한 사무에는 헌법상 기본권 수호가 포함되며, 국정원 실무진의 논리대로라면 조정을 결정한 재판부가 배임을 교사한 것이 된다고 반박해왔다.[39]

이러한 와중에 황당한 일이 벌어졌다. 국정원과 법무부가 소송의 책임을 전가하고 있다는 뉴스가 보도된 것이다. 초과 지급금 환수를 위한 소송 제기의 책임문제에 관한 이야기다.

인혁당 사건 피해자들은 배상금을 돌려줄 형편이 되지 않았다. 이자까지 쌓이며 변제해야 할 돈은 눈덩이처럼 불어났다. 그러자 국정원은 배상금을 변제하지 못한 이들에게 재산 압류와 강제경매 처분을 시도하는 등 환수에 나섰다. 이에 피해자 및 유가족들은 법원에 '부동산 강제경매 결정에 대한 이의청구'를 제기했지만, 1심에서 패소했다.

2020년 7월 27일, 국회 정보위원회의 박지원 국가정보원 원장 후보자 인사청문회에서 "내가 원장으로 취임하면 의지를 가지고 법 정신에 따라 잘 처리하겠다"고 답한 것은 이미 거론한 바 있다. 이어 10월 12일 국회 법제사법위원회의 법무부 국정감사에서도 "인혁당 사건 자체가 국가 폭력에 의해 사람의 생명까지 뺏은 사건이고, 이미 의문사진상규명

39 국정원, 인혁당 피해자에 "과다 배상금 환수" 뜻 전달, 「연합뉴스」, 2020.9.23.

위원회나 국정원도 잘못한 것이라고 인정한 사건이다. 사건의 의미를 반영해 법원의 조정권고를 국가가 수용하는 것이 바람직해 보인다"는 권고가 나왔다.

이에 대해 추미애 법무부 장관은 "인혁당 사건은 국가의 불법성이 개재돼있는데, 피해자들의 고통을 국가가 위로해주지는 못할망정, 지연 이자가 보상금을 넘어가는 사정에 대해 안타깝게 생각한다"며 "국정원과 상의를 해 종결된 변론을 재개 신청하겠다. 또 법무부 내에 이 부분을 정리하는 위원회를 구성해 법원의 조정권고를 받아들일 수 있는 절차를 밟아보도록 하겠다"고 밝혔다.

국정감사 후 법무부와 국정원의 공방이 벌어졌다. 피해자들이 알고 있는 것은 국정원이 원고로 '부당이득금 반환 청구소송'을 제기했고, 법무부는 대한민국을 대리해 소송을 맡았다는 정도의 정보였다. 국정원 측의 주장을 먼저 들어보자.

국정원 측은 소송 제기 전 소송 수행이 부적절하다는 의견을 검찰 측에 알린 바 있다는 입장을 피력한 것으로 전해졌다. 선지급금이 법무부 예산으로 지급돼 소관부처 및 환수주체가 법무부이고, 대법원 판결 확정으로 국정원의 소송사무는 종결됐다는 이유에서였다. 법무부와 검찰이 국정원에 지속적으로 초과 지급금 환수를 위한 소송 제기를 지휘했고, 결국 국정원이 인혁당 사건 피해자들에 법적 조치를 취했다는 것이다. 부동산 강제경매 신청도 검찰 지휘에 따라 진행했다고 입장을 밝힌 것으로 알려졌다. 이러한 조치가 있었던 기간 법무부 장관은 이귀남 · 권재진 · 황교안이었고, 검찰총장은 김준규 · 한상대 · 채동욱이었다.

그러나 법무부의 의견은 달랐다. 자신들은 소송 제기에 관여하지 않았다는 입장이다. 초과지급금 환수절차는 국가채권 관리 업무의 주체

이자 관련 국가 소송의 수행청인 국정원이 진행했다는 것. 법무부 관계자는 "사실과 조금 다르다. 법무부는 소송 관련해 보고만 받고 있다"며 "국가배상금의 경우 법무부 예산에서 지급되는 것이 맞다. 하지만 관련 소송을 진행할 것인지 말지 장관 승인을 받는 기준은 10억 원 이상이다."라고 설명했다.

인혁당 사건 피해자 및 유가족 측은 과거부터 두 기관이 서로 책임을 미뤄왔다고 했다. 4 · 9 통일평화재단 관계자는 "국정원에 문제를 풀라고 하면 법무부에서 종용해서 소송 제기한 거라고 주장한다. 법무부는 배상금이 10억 원 이하라 국정원 소관이라고 말한다. 피해자 개별로 선지급금을 보면 4억~5억 원 수준이기 때문이다. 이런 입장이 끊임없이 이어졌다"고 설명했다. 피해자들 입장에선 법무부와 국정원이 책임을 서로 미루는 양상인 셈이다. 더불어민주당 관계자는 "법무부와 국정원은 끊임없이 서로에게 책임을 전가하고 있다"며 "박지원 원장과 추미애 장관이 소송 문제를 해결하겠다고 다짐했다. 법무부에서는 이를 위한 위원회 설치도 예고했다. 이러한 움직임이 의미 있다고 본다"고 전했다.[40]

대통령이 바뀌었고, 대법원장, 국정원장, 법무부 장관, 검찰총장 등이 모두 새로운 사람들이다. 더욱이 국회도 여당이 절대다수를 점하고 있다. 이해할 수 없는 일이 일어나고 있다. 대통령의 결단을 촉구했던 국가인권위의 의견표명에 대통령은 침묵을 지키고 있고, 해당 사건의 주무 부서인 국정원과 법무부는 서로에게 책임을 떠넘기는 중이다. 이제 남은 것은 국회의 특별법 제정을 통한 해결뿐이라는 주장이 나오기

40 인혁당 피해자 배상금 반환 놓고 국정원-법무부 묘한 기류, 왜? 박지원 · 추미애 해결 약속했지만…국정원 "법무부 · 검찰 지휘로 조치한 것" vs 법무부 "소송 제기 관여 안 해", 「일요신문」, 2020.11.19.

시작했다.

국정원이 배임 문제를 제기했을 무렵인 9월 말경, 더불어민주당 정보위원인 김경협 의원은 국가권력 피해자에 대해선 국가채권을 조정하거나 감면할 수 있도록 하는 내용의 국가채권법 개정안을 발의하는 등 국정원의 배임 우려를 해소하는 방안을 검토하기 시작했다.[41]

2020년 10월 7일, 더불어민주당 김경협 의원(경기 부천시갑)은 국가폭력 피해자가 예상치 못한 국가채무를 부담하거나 국가가 그에게 채권을 회수하려고 하는 일이 헌법상 기본권 행사를 위축시킬 우려가 있는 경우 정부가 채무를 감면하도록 하는 《국가채권 관리법 일부 개정법률안》을 대표 발의했다.[42] 현행 《국가채권 관리법》은 채무면제요건을 협소하게 규정하고 있어 과거 불법적 공권력 행사로 발생한 국민의 피해를 회복시키거나, 국가와의 분쟁을 해소하는 데 기여하지 못하고 있어 개정 필요성이 제기되었다. 김경협 의원은 "국가의 불법행위로 이미 경제적 · 정신적 고통 속에서 생활하고 있는 피해자들에게 부득이하게 발생한 손해배상까지 부담하게 하는 것은 선진국으로서 비인도적 처사이며, 국회가 적극적으로 나서서 이분들을 구제해야 한다"고 밝혔다.[43] 안타깝게도 이 법안이 국회상임위에 상정되었다는 소식은 2022년 3월 현재 아직까지 들리지 않는다. 결국, 인혁당 배상금 반환 소송은 새 정권의 몫으로 남겨지게 되었다.

41 국정원, 인혁당 피해자에 "과다 배상금 환수" 뜻 전달, 「연합뉴스」, 2020.9.23.

42 '국가배상금 도로 뺏는 대한민국' 막는 법안 나왔다, 김경협 "국회가 적극 나서야"… 2차 인혁당 · 쌍용차 등 피해자 국가채권 감면 추진, 「오마이뉴스」, 2020.10.11.

43 김경협 의원, 인혁당 피해자 · 쌍용차 노조 국가손해배상 면제 추진, 「IBS뉴스」, 2020.10.12.

제12장

반-통일 정책과 통일운동의 불씨

:: 01 ::

전창일이 바라보는 한국 정치 현실과 미래

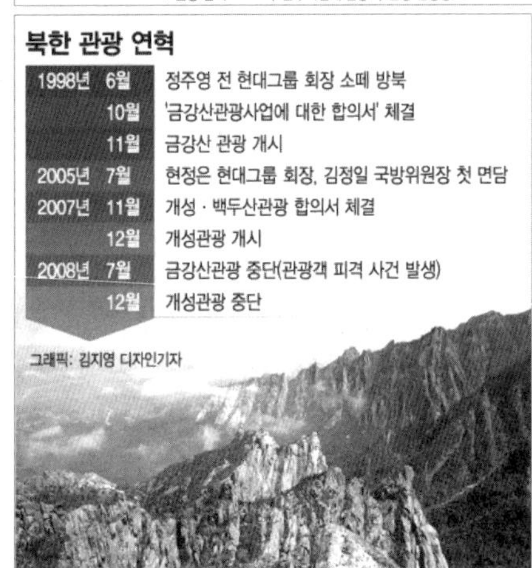

〈 그림291: 북한 관광 연혁ⓒ머니투데이(2018.7.10), 개성공단 중단 주요일지ⓒ이투데이(2021.2.8.) 〉

이명박·박근혜 정부는 전창일을 비롯한 인혁당 사건 관련자들에게 이자 고문으로 고통을 주었을 뿐 아니라, 반통일 정책을 통해 김대중·노무현 정권 10년 동안 추진해왔던 남북화해협력 정책을 무산시켰다.

시작은 금강산 관광 중단이었다. 2008년 7월 11일 새벽 5시께 금강산을 관광 중이던 50대 여성이 북한군 초병의 총에 맞아 사망했다.[1] 1998년 11월, 금강산 관광이 시작된 후 많은 사건, 사고로 인해 다수의 사망자가 발생했고 관광 중단 조처가 내렸지만 곧 원상회복되었다.[2]

그러나 김대중 · 노무현 정부 때와는 달리 사건 다음날인 7월 12일, 이명박 정부가 조처한 금강산 관광 일시 중단은 2022년 현재까지 회복되지 않고 있다. 뿐만 아니라 2007년 12월부터 시작된 개성관광마저 2008년 12월 1일 중단돼 북한 관광은 다시 모든 곳이 불가능해졌다.[3] 이명박 집권 첫해에 일어난 사건이다. 금강산 및 개성관광 중단조처가 내리기 두 해전인 2006년 11월경, 전창일은 금강산 관광과 개성공단 사업의 중단을 예측한 글을 발표했다.

> …1998년 대선에서 김대중 정권이 탄생하여 이 땅의 민주주의는 그 모습을 궤도에 올려놓게 되었다. 그러나 오랫동안 누진 적폐 되어 온 정치적 경제적 사회적 제 비리와 모순은 하루아침에 청산 개혁할 수 없는 난제 중 난제들이 앞을 가로막고 있는 것이 오늘의 현실이다. 100년이란 긴 세월 일 · 미 제국주의 지배하에서 젖은 이 땅의 사대 수구 예속 세력은 아직도 이 사회의 정치 경제 언론 기타 문화 각 분야에서 지배적 지위를 놓지 않으려고 발버둥 치며 그 시대 그 사상 - 사적 소유권의 절대성, 시장경제의

1 금강산에서 50대 여성 관광객 총 맞아 사망, 「오마이뉴스」, 2008.7.11.

2 금강산 관광객 사건 · 사고 일지, 「노컷뉴스」, 2008.7.11.

3 개성 관광 1주년.. 현대아산 '상처뿐인 영광', 「연합뉴스」, 2008.12.4.

불가침을 원칙으로 하는 이념, 반북 반공 냉전 이데올로기 등을 신주처럼 껴안고 시대의 흐름에 반동하고 있다.

민중은 치솟는 집값 교육비 의료비 비정규직이란 신자유주의 사회의 신노예로 전락 되어 생존의 위협마저 받고 있는 절박한 현상이다. 내년에 있을 대통령 선거를 앞두고 실권 수구 지배 세력들은 잃었던 권력을 되찾으려고 기세를 올리고 있다.

미국의 NED(National Endowment for Democracy, 민주주의를 위한 국가기금) 자금이 이들 네오콘(neo-conservatism, 신보수주의)에 흘러들어 오면서 상황은 더욱 심각하다. 위기국면이라 해도 과언은 아니라 하겠다. 남북의 분단장벽을 더 높이고 반목과 대결의 반북긴장을 더 고조시키려고 남북 화해 협력의 상징적 사업인 금강산 관광과 개성공단 사업마저 중단시키려고 획책하고 있다. 민중의 생존권 투쟁과 평화와 통일을 갈망하여 저항하는 통일운동에 대한 탄압을 더욱 강화하려고 한다.

이러한 사태의 엄혹한 상황에서 위선 통일운동진영은 모든 반전평화운동세력과 굳게 연대하여 평화를 유린하는 수구세력의 준동을 고립시키고 남북 북남 당국 간에 합의한 통일의 이정표 '6 · 15 공동선언'을 높이 받들어 확고히 지키고 실현하기 위해서는 '통일연대' 조직을 강화하고 3-자 연대 범민족조직인 6 · 15 공동위원회를 더욱 확대 강화해야 한다.

그러기 위해서는 범민련과 한총련의 합법화를 위한 투쟁과 국보법 철폐 투쟁을 계속 끝까지 투쟁 쟁취해 나가야 한다. 미국과 일본이 우리 한(조선)반도의 평화와 통일을 위협 방해하는 한 우리는 항미 항일투쟁의 고삐를 늦춰서는 안 될 것이다. 미국의 내정간섭과 군사기지 확장에도 반대투쟁을 계속 강화해야 할 것이며, 이 땅에서 장차 외국 군대의 군화 발자국이 없는 날을 앞당겨야 할 것이다. 우리 남쪽에 민족 자주적인 민주 정부를 수립하는 문제는 우리 조국 강토에 평화를 확보하는 문제이며, 분단을 극복하고 통일조국을 이루려는 길일 것이다.

그리하여 '6 · 15 공동선언'을 실현함으로써 어느 일방이 타방을 먹거나 먹히지 않는, 어느 타방이 일방을 지배하지 않는, 서로 반목 대립하지 않고 화해 협력하는, 통일된 하나의 민족에 하나의 국가, 북은 사회주의, 남은 자본주의, 두 개의 양 체제가 평화적으로 공존하며 협력하는 이상적인 통일국가를 형성하여 어느 강대국에도 예속되지 않는 비동맹 중립주의 외교정책으로 국제적 연대와 친선을 강화하여 세계평화에 이바지하는 자주의 나라, 문명의 나라는 결코 허황한 꿈이 아니다. 그것은 우리들의 투쟁과 현실이다.

몽양 여운형의 비서를 지냈으며 민족 · 통일시인으로 알려진 이기형[4]

4 몽양 여운형(1886~1947)의 비서를 지냈으며 통일문제에 천착한 작품 활동을 해온 이기형 시인이 12일 오후 1시 15분 노환으로 별세했다. 향년 96세. 현역 최고령 시인이었던 고인은 평소 지병 없이 건강하게 생활해오다 감기 증상이 폐렴으로 번지면서 이날 타계했다고 유족들이 전했다. 1917년 함경남도 함주에서 태어난 고인은 12세 때 야학을 통해 반일 독립운동에 눈을 떴다. 함흥고보를 졸업하고 도쿄 일본대학 예술부 창작과에서 2년간 수학한 뒤 귀국해 '지하 협동단' 사건, 학병거부 사건으로 피검되기도 했다. 1938년 지인을 통해 몽양 여운형의 존재를 알게 된 뒤 서울 계동 자택을 수시로 찾아가 가르침을 받았으며 해방 이후에는 몽양의 비서로 일했다. 또 1944년 몽양의 주선으로 그의 6촌 여동생과 결혼했다. 몽양이 직접 주례를 서고 카프 비평가 임화가 축사를 했다. 이기영 · 박세영 · 이태준 · 안회남 · 지하련 등 카프 계열의 월북 문인들과도 깊이 교류했던 그는 1947년 '민주조선'지에 시를 발표하며 작품 활동을 시작했다. 그러나 같은 해 몽양이 암살당하면서 창작을 접었다. 해방 이후 동신일보와 중외신보, 민주조선 등에서

이 대표를 맡았고, 스페인 마드리드국립대학교에서 언어학박사 학위를 취득하고 귀국한 뒤 고양에서 시민운동을 하고 있던 이태윤이 집행위원장으로 있는 바른정치실현연대(일명 바정연)라는 단체가 2005년 9월경 출범했다. 규모와 조직은 미비하기 이를 데가 없었지만, "국가권력기관은 국민에 의해 주어지고 만들어졌다. 그러므로 국민이 그 소유주다. 그런데 오히려 시배를 받고 있다. 심지어는 왕왕 학대를 받기도 한다." 그러므로 "국민들의 무관심보다 적극적인 참여가 진정한 바른 정치를 실현하는 지름길"이며 "국민들이 외면하는 선거제도의 파행성을 개선하고, 국민들과 함께 공유할 수 있는 정당들의 합리적인 당책을 유도하겠다."는 취지로 결성된 단체다.[5]

2006년 가을경, 대표 이기형으로부터 전창일에게 통일 강연을 해

기자생활을 하면서 김구 · 이승만 등 임시정부 요인들을 가까이 지켜보기도 했다. 분단 무렵 월북했다가 6 · 25 때 월남해 빨치산 활동을 하다 체포, 투옥됐다. 이후 엄혹한 분단체제에서 구멍가게, 학원강사, 번역, 사설학원 등의 일을 하면서 오랫동안 칩거했다.

고인이 다시 문단에 모습을 드러낸 때는 1980년대 초반이다. 시인 김규동, 작가 남정현을 통해 창작과비평사의 백낙청 · 신경림 · 이시영 등을 만나고 〈몽양 여운형 평전〉을 쓰면서 진보적 민족문학 진영의 원로로 공적 활동을 재개했다. 1989년 7월에는 시집 〈지리산〉 필화사건으로 발행인이 구속되고 자신은 국가보안법 위반으로 불구속 기소돼 대법원에서 징역 1년, 집행유예 2년의 확정판결을 받았다.

이후 재야 민주화 · 통일운동에 몸을 담았으며 그 공으로 1999년 '4월 혁명상'을 수상하기도 했다. 민족문학작가회의 · 민족예술인총연합 · 조국통일범민족연합 등의 고문으로서 국가보안법 폐지와 이라크 파병 반대운동 등에 참여했다.

65세이던 1982년 첫 시집 〈망향〉을 낸 고인은 〈산하단심〉(2001), 〈봄은 왜 오지 않는가〉(2003) 등의 시집을 통해 분단 극복과 통일 지향의 시 정신을 열정적이면서 일관되게 보여주었다. 북한에 어머니와 처자식을 둔 채 월남한 고인은 2003년과 2005년 평양을 방문해 딸을 만나기도 했지만, 어머니와 아내를 다시 만나지 못한 그리움을 시에 담아 표현하기도 했다. 연작시 '가시밭 약전'은 직접 만나 취재한 수십 명의 비전향 장기수들이 겪었던 고난과 신념의 편린을 담았다. 92세 때인 2009년, 열 번째 신작시집 〈절정의 노래〉를 내며 노익장을 과시했다. 〈몽양 여운형 비서 지낸 이기형 시인 별세… '통일시인', 분단과 전쟁 없는 나라로 떠나다, 「경향신문」, 2013.6.12.〉

5 바른정치실현연대 집행위원장 이태윤, 「고양신문」, 2005.9.6.

달라는 요청이 왔다. 이 무렵은 전창일에게 일생일대의 중요한 시기였다. 과거사 진상규명 위원회(위원장 오충일)에서 국정원이 인혁당·민청학련 사건 고문조작 사실을 인정한 후 인혁당 사건 재심이 결정되었고(2005.12.27), 1차 공판(2006.3.20)에 이어 1심판결(2007.1.23.)을 기다리고 있는 형편이었다. 그리고 형사재판과 별도로 인혁당 사건 관련자 유족들이 국가를 상대로 340억여 원을 배상하라며 민사소송을 제기(2006.10.3.)하는 중이었다.[6] 흔히들 말하는 "떨어지는 낙엽도 조심해라"는 엄중한 시기였다.

〈 그림292: 바른정치실현연대 NGO 학술심포지엄 자료집(2006년 11월 25일) 〉

그러나 이기형 시인은 평소 존경하는 선배였고, 더욱이 범민련 활동도 함께했던 동지였다. 고민 끝에 응낙했다. 2006년 11월 25일 오후 3시, 경기 고양시 덕양구 주교동 고양시청 2층 상황실에서 "바른 정치 실현을 위한 NGO 역할과 책임"이라는 주제로 심포지엄이 개막되었다. 전창일은 "한국 정치의 미래"라는 제목으로 주제발표를 했다. '북(조선) 핵 문제와 한국 정치의 현실 및 주한 미국군의 핵 무장화 문제'를 첫 번째 주제로 정했으며, 미국 그리고 일본과 우리와의 관계, 미국의 전후

6 11장 6절 '인혁당 무죄투쟁' 참조

조선(한)반도 분할점령 정책, 미국의 한(조선)반도 전쟁정책과 핵 그 실상, 작전계획과 작전 통제권, 군사력 균형의 위기상황, 미국 대통령 부시의 호전성과 고립, 비동맹 제국 정상회의 등을 다루었다.

두 번째 주제로 '분단극복과 통일을 위한 우리의 자세'를 정하고, 북(조선)의 핵실험과 미 · 일 양국 그리고 우리의 통일 노력, 북(조선) 핵 문제와 중국 등의 문제를 거론하였다. 그다음 주제는 '한국 정치 발전과 희망을 찾기 위한 시민사회 조직의 역할과 책임'과 '문학 작품 속에서 나타난 정치학적 리더십'이었다.

전창일은 바정연 심포지엄을 통해 핵 문제, 분단과 통일문제, 미국의 실체 등 예민한 문제를 거론하였고, 연방제 통일 · 미군 철수 · 국가보안법 철폐 등 평소의 소신이자 지론을 그대로 밝혔다. 앞에서 언급한 '금강산 관광과 개성공단' 문제는 '한국 정치 발전과 희망을 찾기 위한 시민사회 조직의 역할과 책임' 부분에서 거론하면서 남북 화해 협력의 상징적 사업인 금강산 관광과 개성공단 사업마저 중단시키려고 획책하는 주체로 미국의 네오콘[7]을 지목했다.

7 네오콘; 네오 콘서버티브(neo-conservatives)의 줄임말이다. 미국 공화당의 신보수주의자들 또는 그러한 세력을 통틀어 일컫는다. 힘이 곧 정의라고 믿고 군사력을 바탕으로 미국이 세계의 패권국으로 부상하는 것을 목표로 한다. 1960~1970년대 민주당 좌파에 몸담았다가 베트남전쟁이 패배로 끝나고, 당 내에서 반전 · 평화주의가 득세하자 이에 반발해 공화당의 반공 · 반소 노선으로 돌아선 인물들이 대부분이다. "야만인들로부터 민주주의를 지키는 것은 자연의 권리이자 책임"이라고 주장한 미국의 정치철학자 스트라우스(Leo Strauss)를 사상의 기원으로 삼는다. 1980년대 초 레이건(Ronald Wilson Reagan) 정권에 합류하면서 세력을 얻은 뒤, 클린턴(Bill Clinton) 정권 출범과 함께 권력에서 밀려났다가, 다시 공화당의 부시(George Walker Bush) 정권이 들어서면서 권력의 핵심으로 등장하였다. 공화당의 전통적인 보수주의자들과도 노선이 구별되며, 오로지 힘을 바탕으로 불량국가에 대한 선제공격 등을 감행함으로써 미국이 훨씬 적극적으로 국제문제에 개입해 새로운 국제질서를 확립해야 한다고 주장한다. 대표적인 인물은

전창일의 심포지엄 발표 1년 후 치러진 제17대 대통령 선거(2007년 12월 19일)에서 한나라당 이명박이 선출되었고, 집권 첫해인 2008년 금강산과 개성 관광이 중단되었다. 그리고 2010년에는 다음 장에서 거론할 5 · 24 조치로 대북 제재가 시행됨으로써 김대중 · 노무현 정권 10년 동안의 햇볕정책이 모두 무위로 돌아가게 된다.

이 심포지엄의 내용은 주최 측이 발간한 「바른정치실현을 위한 바른 정치실현연대 정기 학술심포지엄」이란 소책자에 실렸을 뿐, 당시 여론의 주목을 받지 못했다. 하지만 일찍이 한국 정치의 미래를 예언했던 전창일의 강연내용은 2022년 현재 읽어보아도 많은 점을 시사해주고 있다. 아래에 소개한다.[8]

자세히 보기-42

[한국 정치 현실과 미래]

바른 정치 실현 연대 학술심포지엄 발표문(2006년 11월 25일)

〈한국 정치 현실과 미래〉

발표자: 전창일

통일연대(현 진보연대 전신) 상임고문

부시 정권의 핵심 인물인 체니(Dick Cheney) 부통령, 럼스펠드(Donald Rumsfeld) 국방부 장관, 울포위츠(Paul Wolfowitz) 국방부 부장관, 리비(Louis Libby) 부통령 비서실장 등이다. 이 밖에도 미국의 정계 · 언론계는 물론, 각종 싱크탱크 등에서 큰 영향력을 행사하고 있으며, 이들 가운데는 특히 유대인이 많다. 《두산백과》

8 인용한 전창일의 글은 2006년 11월 25일 발표한 원고를, 2021년 5월경 전창일 본인이 첨삭 수정한 글이다. 수정, 가필된 부분은 필자가 '밑줄'로 구분하였다.

들어가며

주최 측(바른정치실현연대) 대표 이기형 선생님으로부터 통일 강연을 해달라는 요청을 받고 평소 존경하는 선배님이시기에 응낙할 수밖에 없었는데, 실무진에서 보내온 주제를 보니 강연이 아니고 학술논문(Academic thesis)을 요구하는 것 같다. 본인은 평소에 서재에 칩거 몰두하여 집필하여 먹고 사는 연구자도 아니고, 대학 강단에서 가르치는 직업적 학자는 더더욱 아니다. 젊어서는 노동판에서 일하며 주경야독, 우리 민족의 모든 고통과 불행의 근본적 원인인 조국분단을 극복하고 자주적 평화통일을 위하여 미력이나마 운동 전선에서 일미지역(一尾之役)에 최선을 다하여 애써온 평범한 막노동 혹은 기술노동(Engineer)을 해온 사람이다. 그러하니 반통일 반민주 정권하에서 가야 할 곳은 감옥밖에 없었다.

올바른 운동은 올바른 이론을 요구하기에 여러 번 감옥에 드나들어 십수 년 갇혀 있으면서 책을 아껴왔다. 이 글은 학술논문이라기보다 강연(Lecture) 형식의 글이라 하겠다. 그러기에 구체적인 참고문헌 각주(Foot Note) 등을 생략하기로 하였으니 양해를 구하는 바이다. 가능한 한 주최 측에서 주어진 논제에 따라 서술해 본다. 서술에서 몰역사적이며 비논리적인 우리 남쪽에서 일반적으로 흔히 사용하는 '북한' '한반도' 동족의식이 결여된 '우리나라와 북한' 등에는 북한(조선), 한(조선)반도, 남과 북 혹은 남북(북남)으로 표기하여 "우리의 조국은 하나다"라는 관점에서 남과 북, 북과 남의 균형을 잡았다.

공자는 논어 13편에서 "필야정명호(必也正名乎) 명불정측언불순(名不正則不順) 언불순측사불성(言不順則事不成) – 매 사물에 대하여 그 이름(명분)을 바로 세워야 한다. 이름(명분)이 바로 서지 않으면 말이 바로 서지 않고, 말이 바로 서지 않으면 일이 이루어지지 않는다."라는 금언을 남겼다. 이 공자의 가르침을 동양의 문화권에서는 정명론(正名 論)이라 하여 매사에 그 이름 짓는 데 대하여 신중하고 내용과 일치시키는 데 대하여 애써왔다. 돌이켜 보면 이승만 · 박정희 시대 북쪽을 북한 괴뢰(傀儡)혹은 북괴(北傀)라 칭했다. 누구의 괴뢰란 말인가! 세계에서 가장 자주성이 강한 나라로 자타가 공인하는 조선을! 적반하장(賊反荷杖)이란 고사성어가 떠오른다. 남북(북남) 체육회담에서 국기는 조선(한)반도가 그려진 통일기, 국호는 코리아로 합의 봤으면 우리 모두 학계 사회 각계에서 그것을 따르는 것이 옳다고 생각된다. '북부코리아' '남부코리아'로 말이다. 그러나 이 글에서는 인용문 관계로 그렇게 하지 못하고 필자의 의견만 밝혀둔다. 그리고 2021년이 되는 오늘 15년간 전개된 중요한 사태에 대한 시차상 필요한 부분에는 보완 설명으로 가필하였음을 알린다.

1. 북(조선) 핵 문제와 한국 정치의 현실

(1) 미국 그리고 일본과 우리와의 관계:

"북(조선) 핵 문제는 미국의 세계패권전략과 북(조선)의 생존전략과의 충돌에서 발생한 사태이다." 라고 말한다. 틀린 이야기는 아니다. 지난 10월 28일 일본 도쿄 중심가에 위치한 프레스센터에서 민주화운동기념사업회(이사장 함세웅) 주최로 '동북아시아 평화를 위한 한국과 일본의 역할'이라는 주제의 한 · 일 공동

심포지엄(Joint Symposium)이 열렸다. 이 자리에서 패널(Panel)로 참가한 리영희 한양대 명예교수는 "지금의 일본이 100년 전 일본과 똑같다면"서 경계할 것을 촉구했다고 한다. 그는 "과거 함포외교로 일본에 상륙한 영 · 미 제국주의는 일본의 해군력을 이용하여 동북아시아를 견제하려 했다."면서 영 · 일 동맹, 가쓰라-태프트 일본과 미국의 밀약 등을 예로 들었다. 그는 이어 "특히, 1928년부터 계획된 범죄행위인 만주사변을 일본의 죄로만 단죄하려 하는 경향이 짙은데, 사실은 미국 제국주의와 일본 제국주의와의 공동범죄행위라고 보아야 할 것"이라고 잘라 말했다.(오마이뉴스 2006.10.31.)

36년간의 일본의 식민통치하에 말과 글 온갖 민족의 문화와 재화를 약탈당한 우리나라와 겨레는 1945년 8월 15일 태평양전쟁에서 일본이 미 · 영 · 소 · 중 연합군에 항복함으로써 해방되었다. 해방된 우리의 조국은 외세의 간섭으로 남과 북, 북과 남으로 분단되고 1948년 8월 15일 남쪽에는 미국의 비호하에 온 겨레의 반대를 무릅쓰고 남쪽만의 단독선거 단독정부 〈대한민국〉이 수립되고, 동년 9월 9일 북쪽에는 남북 · 북남 동시 선거를 했지만 남쪽은 당국의 방해로 간접선거를 통해 〈조선민주주의인민공화국〉이 수립되었다. 고려 건국 이래 천삼백 년 동안 면면히 이어온 하나의 민족국가 한(조선)반도 영토 위에 두 개의 적대적 국가가 세워져 통일 대 반통일 동족상잔의 민족의 비극적 역사가 계속되고 있다.

여기에서 한국 정치의 현실을 옳게 이해하기 위해서는 100여 년 전의 우리나라가 처해 있던 국제관계 즉, 일본과 미국과의 관계사에서 잊어서는 안 될 역사적 사실을 명심해야 한다. 당시 우리나라 대조선국(大朝鮮國)과 아메리카합중국(亞美利加合衆國-USA)과의 역사는 미국과 일본의 함포 침략(제너럴셔먼호, 운양호 사건 등)에서부터 시작된다. 정식 수교는 1882년에 수호통상조약을 맺음으로써 시작된다. 동 조약 제1조는 "대조선국 국왕과 아메리카합중국 대통령은 그들의 신민과 더불어 영원한 평화와 우호가 계속될 것을 기약한다. 제 삼국이 조선과 아메리카 한쪽 정부에 대하여 부당하게 또는 억압적으로 행동할 때, 다른 한 정부는 사건의 통지를 받은 즉시, 이의 원만한 타결을 가져오도록 주선을 다함으로써 그 우의를 보여야 한다."고 되어 있었다. 1894년 보국안민(保國安民) 축멸양왜(逐滅洋倭)를 외치며 궐기한 동학 혁명군 진압을 위하여 조선정부가 청나라에 원병을 청한 것을 구실삼아 일본 정부는 일·청 간에 맺은 천진조약(天津條約)을 근거로 거류민 보호라는 구실을 내세워 조선에 파병하여 동학 혁명군을 진압하고 온갖 주권 유린을 자행함으로 조선의 국왕은 수호통상조약 제1조에 따라 일본의 부당한 침탈행위를 막아달라는 친서를 1905년 아메리카합중국 대통령에게 밀사를 통해 보냈으나 당시 합중국 26대 대통령 시어도어 루스벨트는 수령을 거절함으로써 양 국가 간에 체결한 수호통상조약을 난폭하게 위반하였다. 이유는 명백했다. 미국은 그 해 일본과 비밀리에 일본의 조선침략을 묵인 혹은 방조하는 대신 미국이 스페인으로부터 빼앗은 필리핀 식민통치를 일본이 묵인할 것을 상호 확약하는 비밀협약 소위 태프트·가쓰라 비밀협약을 맺고 있었던 것이다. 이렇게 미국을 등에 업은 일본은 당시 허약했던 조선국

(1897~1910, 바뀐 국호 대한제국) 13년 동안 마음 놓고 병탄하고 36년(1910~1945) 동안 식민통치로 우리의 역사에 말할 수 없는 미증유의 참화를 안겼다.

조선과 미국의 관계는 이렇게 침탈과 속임 그리고 배신의 역사로 시작되었다. 미국은 이렇게 일본의 조선 침략과 식민통치의 공범자로 얼굴을 가리고 우리 앞에 등장했던 것이다.

(2) 미국의 전후 조선(한)반도 분할 점령 정책:

아메리카 제국주의의 책동으로 북위 38도선으로 우리 조국 강토는 양단되고 민족은 대한민국과 조선민주주의인민공화국으로 분열되었다. 미국은 1945년 태평양전쟁 막바지에 일본 본토 상륙작전에서 자국군의 희생을 최소화하기 위하여 소련에 대일참전을 간청하여 이에 응했는데, 예상외로 일본의 최강육군 백만의 관동군이 소련군에게 파죽지세로 패주함에 따라, 조선 반도의 전체가 소련군의 수중에 들어가는 것을 막기 위하여 1945년 8월 10일 육군성에서 본 스틸 대령(Colonel Charles Bonesteal, 후에 주한 유엔군 사령관)과 딘 러스크 소령(Major Dean Rusk, 후에 케네디 · 존슨 양 대통령하에서 국무장관이 된 이) 등이 참가한 육군성 · 해군성 그리고 국무성 3-성조정위원회(SWNCC)에서 이들이 38도선으로 미소 양군이 분할 · 점령할 것을 기안하여 소련에 제의한 것도 미국이었다. 원래 전후처리문제를 논의하는 일련의 연합국 정상회담(카이로, 테헤란, 얄타, 포츠담)에서 미국 대통령은 우리 조선반도를 30년 혹은 50년간의 신탁통치를 주장했다. 필리핀의 예를 들면서 카이로 회담 이래 계속하여 주장했다. 이에 대하여 소련의 스탈린 수상은 신탁통치안을 반대하면서 조선의 즉시 독립을 주장하였다. 이런 미국과 소련의 조선(한)반도 전후처리 문제에서의 의견 상위에 영국의 처칠 수상이 "적당한 절차를 밟아서 독립(Independence in due cource)"이란 중재안을 냈다. 이에 스탈린은 "빠르면 빠를수록 좋다(the earlier, the better)"로 대답하였다고 미국 트루먼 대통령의 회고록에 기록되어 있다. 조선(한국) 문제는 결국 전후인 1945년 12월에 열린 모스크바 삼(미 · 영 · 소) 외상회의서 우여곡절 끝에 결정된다. 그중 조선(한국)에 관한 결정사항은 다음과 같다.

① 조선(한국)을 독립국으로 재건 발전시키기 위하여 조선(한국)민주주의 임시정부를 수립할 것이다.
② 조선(한국) 임시정부구성을 원조할 목적으로 미 · 소 양군 사령부 대표로서 공동위원회가 설치될 것이다.
③ 공동위원회는 미 · 소 · 영 · 중 4개국의 최고 5년을 기한으로 하는 신탁통치 협정을 작성한다.
④ 남북조선(한국)에 관한 긴급한 제 문제를 검토하기 위하여 2주일 내에 미 · 소 양군 대표로서 회의를 소집한다.

위 4개 항의 결정서 원문은 영문판 번역문이다. 소련 측에서 발표한 러시아문판에는 신탁통치(Trusteeship)가 아닌 후견제(Oneka)로 되어 있다. 러시아어 사전을 보면 Oneka의 의미는□ 남을 돌보는 사람, 남을 돌보는 역할, 후견제로 되어 있다. 이것을 영문으로 번역하면 Guardianship 혹은 Tutelage이다. 신탁통치가 아니다.

원래 신탁(Trusty or Trustee)은 대영제국과 아메리카제국 자본주의 발달과정에서 발생한 제도이다. 이것이 국제제도화된 것은 제1차 세계대전에서 패전한 오스트리아-헝가리제국, 리시아제국, 오토만제국, 도이칠란트제국 등의 식민지 처리문제를 전승국 대영제국, 아메리카제국, 프랑스제국, 대일본제국 등이 나눠먹기식 처리방법으로 채택하여 전승국 간에 조직된 국제연맹에서 위임통치(Mandatory administration)를 시행하였는데, 제2차 세계대전 후, 국제연합(UN)에서 이를 계승 수정하여 신탁통치이사회(The Trusteeship Council)를 설치하였다. 즉, 자본주의가 고도로 발전된 단계의 선진자본주의국가- 제국주의 열강 간에 벌어진 식민지 쟁탈전의 부산물이다. 그럼으로 세계사에서 최초의 사회주의국가인 소련의 지도자 스탈린 수상이 신탁통치란 용어 자체를 받아들이지 않은 것은 사회주의 도덕철학인 사회주의적 윤리관의 발로라 하겠다.

1945년 8월 15일 종전과 더불어 일본 제국주의 식민통치에서 해방된 조선 민족은 스스로의 자주적 민족국가를 건설하기 위하여 건국준비위원회와 중앙에 인민공화국을 수립하고 각 행정 단위로 인민위원회를 창설하여 자주적으로 행정력을 확보하고 치안을 유지했으나, 동년 9월 9일 이 땅에 상륙한 미군은 태평양방면사령부 맥아더(Douglas MacArthur) 사령관 명의의 일반명령 제1호 및 조선 인민에게 고하는 포고문 제1호 등에서 일본인에 의한 종전의 행정통치기구의 복구와 조선인에 의하여 만들어진 자치기구의 해체를 명하며, 점령군의 명령에 불복하는 자는 엄벌에 처한다고 할 뿐만 아니라 조선점령사령관 하지 중장은 휘하 장병에게 "조선은 합중국의 적이며 항복의 제 규정과 조건이 적용된다."고 통고까지 하였나. 당시 조선 사람들은 인천 부두에 상륙한 미국군을 해방군으로 열렬히 환영하였으나, 미국군은 스스로를 점령군(Occupation Forces)이라 자칭하며 환영 나온 군중에게 발포까지 하는 어처구니없는 일까지 있었다. 이 모든 사실은 미국의 저명한 석학, 시카고대학 교수 브루스 커밍스(Brusc Cummings)의 저서 한국전쟁의 기원(The Origins of the Korean War-Liberation and the Emergence of Separate Regimes 1945-1947, Prinston University Press, USA, 1981)에 상세하게 기록되어 있다. 우리 말 번역본으로 내 친구 김자동 씨가 번역하여 일월서각에서 출판한 것과 또 김주환 씨가 번역하여 청사출판사에서 출판한 것이 있다.

1945년 12월 전승국 영 · 미 · 소 외무장관이 모인 모스크바 삼외상회의에서도 조선을 30년의 신탁통치를 주장하는 미국 안을 반대하는 소련의 주장으로 5년 동안의 4대국(영 · 미 · 중 · 소) 국제 후견제(Guardianship)에 의한 임시정부 수립 안에 타협 결정되었으나, 이를 위한 준비실무회의인 미소공동위원회 시행과정에서 미국은 의도적으로 공동위원회 진척을 훼방 파탄하고 조선 문제를 유엔에 이관하여 결국 38도선 이남만의 단독선거 단독정부(대한민국)를 1948년 8월 15일에 수립하였다.

이와 같이 미국은 국제관계에 있어 타국과 약속한 조약, 협정 등을 서명한 잉크도 마르기 전에 뒤집어엎는 일이 다반사로 이뤄진다. 약속은 국무성이 하고 실행은 전쟁성 혹은 국방성이 하는 과정에서 상호 견해차이로 빚어지는 현상이기도 하다.

신탁통치에 대한 미국과 소련의 주장을 최초로 왜곡 보도한 것은 미국 태평양 방면군 사령부 기관지인 〈태평양 성조기(Pacific Stars and Stripes)〉이다. 동지 1945년 12월 27일 자에 "모스크바 삼(3)외상 회의에서 미국은 조선(한국)의 즉시 독립을 주장했으나, 소련은 신탁통치를 주장하여 4대국(미 · 영 · 소 · 중)에 의한 5개년 신탁통치가 결정됐다."고 왜곡 보도하였다. 이 허위보도를 쓴 기자는 날조 전문기자로 유명했던 '랄프 헤인제' 기자가 썼다. 이뿐만 아니라 1946년 1월 5일 조선공산당(당시에는 합법정당) 책임비서 박헌영이 국내외 기자들과 가진 회견내용이 왜곡되어 보도되면서 공산당과 좌익에 대한 불신을 증폭시키는 일이 발생하였다. 미국 군정과 친밀했던 소수 기자 중 한 명이었던 "뉴욕타임스" 특파원 '존스턴(Richard J. H. Johnston)'은 박헌영이 "조선에서 소련 일국의 신탁통치와 조선의 소연방 가입을 주장했다"고 "뉴욕 타임스"가 보도했다고 남조선 언론이 인용 보도한 것이다. 이 보도는 "뉴욕타임스"에 실리지도 않았는데, "뉴욕타임스 발"로 국내 언론에 대서특필된 것이었다. 이 보도는 '악질 공산 분자에게 터뜨린 원자폭탄'과도 같은 위력을 발휘했다. 기사가 보도되자 한국민주당은 '박헌영을 타도하라!'는 전단을 유포하였고, 우익들은 '악질 공산주의자 박헌영을 매국노로 몰아갔다. 반탁 열기가 뜨겁게 달아오르던 상황에서 조선공산당이 찬탁(삼(3)외상 결정서)으로 돌아선 시점에서 이런 대형 악재가 터졌으니 모두 소련의 지령이라는 소문이 나돌았다. 당시 이 기자회견에 참석했던 다른 미국 기자들은 박헌영이 "조선을 위하여 조선에 의하여 운영되는 조선을 원한다."는 내용으로 말했다고 주장했으며 많은 한국(조선) 기자들도 이러한 내용을 뒷받침하는 발언을 했다. 미국 군정 내부보고들은 박헌영이 "즉각적인 독립을 주장했으나, 그의 발언이 완전히 그릇되게 전달되었다."고 기록하였다. 당시 대민 홍보국에서 〈정계 동행(Political Trend)〉을 작성하고 있던 미국군 버쉬 중위는 손스턴의 보고가 허위였다는 정정기사를 써도 되겠느냐고 공보국장 뉴먼 대령에게 질문했더니 뉴먼은 "안 된다"며 "그냥 내버려 두라"고 했다. 하지만 후에 이에 대해 "신탁통치, 소련의 지배 및 공산주의"는 전부 동의어가 되고 말았다. 그들은 이러한 의미들을 "반드시 하나로 묶어서 쓰게 마련이었다."고 회고하였다.(Bruce Commings - 한국전쟁의 기원 - 김자동 번역 - 일월서각)을 인용한 '통일뉴스'에 연재 기고한 임영태 저술가의 "탁치분쟁(3)"에서 재인용했다.)

미국 남조선(한국) 점령군 정부(군정)은 은근히 반탁운동을 지원하면서 우익과 대중의 반소, 반공 감정을 부추기고 있었다. 이에 소련이 반격에 나섰다. 소련 관영 타스통신(Tass)이 1946년 1월 22일 미국 군정이 남조선에서의 반탁운동을 지원하고 있다고 비난하였고, 1월 23일에는 "조선 반동분자들이 반동을 더욱 계속한다."라는 제목의 기사를 통해 김구와 이승만의 반탁운동을 강력 비판하였다. 1월 23일에는 스탈린이 주소미국대사 해리만을 만난 자리에서 조선에서 온 전보를 읽어주면서 "조선신문들이 미국 아닌 소련만이 신탁통치를 고집하였다고 보도하였다"며, 미국 군정이 이에 관련되어 있다고 지적하며 이의를 제기했다. 그리고 다음 날 1월 24일 모스크바 방송은 애초 미국 측이 장기간의 신탁통치를 제안했으나, 소련 측이 5년으로 수정하여 조선 임시정부수립을 제안했다고 밝혔다. 이어 1월 26일 미 · 소 협상을 위해 서울에 와 있던 소련 대표 스티코프(T. Shtykov)가 1월 25일의 타스통신 보도내용을 바탕으로 모스크바 결정 과정에 대해 공개했다. 소련이 일방적으로 모스크바 결정의 진행과정을 공개하자, 1월 25일 애치슨 국무부 부차관은 기자회견을 통해 모스크바 결정내용을 대체로 인정하였다. 1월 26일 번즈 국무장관은 남조선 점령군 사령관 하지 중장에게 보내는 전문을 통해 소련의 보도가 정확하다고 알렸다. 주소미국대사 해리만은 서울에 와서 미국점령군사령관 하지 중장에게 신탁통치는 루스벨트 미국 대통령의 생각이었으며 모스크바 회담에서 소련이 아니라 미국이 신탁통치를 추진했고 모스크바 협정은 준수되어야 한다고 알려주었다. 그러나 하지 중장은 모스크바협정에 대해 비판하면서 자신의 건의사항이 무시된 것에 항의하였다.

이와 같이 미국 원동(극동)군 사령관 맥아더 원수와 그의 휘하 남조선 점령군 사령관 하지 중장 등이 모스크바 협정에 불만을 가지고 파탄시키려는 음모와 모략에 놀아난 남조선의 우익 거두 김구와 이승만 그리고 평양에 있던 조만식은 일제 강점에서 해방된 북조선에서의 좌 · 우 연합 체제를 붕괴시켰고 남북 간의 대결 구도를 보다 선명하게 만들었다. 이남에서는 좌우대립이 기본구도가 되었고, 상호 간에 테러 등, 물리적 공격까지 감행하였다. 그 과정에서 숨죽이고 있던 친일파들이 반공 애국자를 자처하며 부활하였다. 이들과 수구언론을 위시한 우익 반탁세력은 반탁운동과 함께 반소 반공운동을 전개하면서 5년간의 4개국 후원하의 통일 임시정부수립을 가로막고 결과적으로 그들 미국 점령군의 의행대로 남조선만의 단독선거 단독정부 수립으로 우리 조국은 분단되어 동족상잔의 말 할 수 없는 희생을 겪으면서 반목과 대결의 슬픈 비운의 역사가 70여 년 흘러가고 있다. 분단된 조국 남반부는 아직도 미군의 점령하에 있으며, 미국의 승인(Approval) 없이는 남북 간의 화해 협력은 남북 우리끼리 합의가 되어도 실행할 수 없는 비자주적 종속적인 안타까운 처지에 있다.

이와는 달리 좌익은 모스크바 협정은 세계 민주주의 발전에 있어서 또 한 걸음 진보이며, 이러한 국제적 결정은 금일 조선을 위한 가장 정당한 조치라며, 미 · 영 · 소 삼(3)국의 우의적 원조와 협력을 흡사 제국주의적 신탁통치라고 왜곡하고 대중을 기만하며 반소 반공 반탁운동은 조선의 독립을 위하여 극히 위험천만한 결과를 초래할 것은 필연적 귀결이라고 비판하면서 인민공화국 중앙인민위원회와 조선공산당 중앙위원회는 1946년 1월 2일 삼(3) 외상회의 결정을 지지하는 전문을 미 · 영 · 소 · 중 4개국에 보내면서 삼(3)외상회의 결정을 전면 지지하는 노선을 명확히 하였다. 1월 3일 조선공산당은 모스크바 결정은 조선의 식민지화가 아니라 독립을 위한 것이라며 즉시 절대 독립은 승인되지 못했지만, 일방적인 식민지화의 위험은 제거되고 우리 실력 여하에 따라 자주독립이 성립될 수 있는 보장을 얻은 것은 실로 조선 문제 해결에 대한 커다란 진전이라고 주장하였다. 또한, 5개년 기간 내에 어느 때든지 우리 민족의 역량에 의하여 신탁을 철폐할 것을 결정한 것은 신탁이 독립과 대립된 것이 아니고 "독립을 촉성하는 신탁"이며 따라서 시급히 민족통일전선(민주주의 민족전선)을 결성하여 자주독립을 전취할 것을 대중 앞에 제의하고 반-신탁운동을 민족 통일 전선으로 전환하는 동시에 모스크바 삼(3) 외상회의 결정 절대 지지해야 하다고 주장하였다. 이리하여 좌익은 준비과정을 거쳐 1946년 2월 15일-16일 민주주의 민족전선이 정식으로 결성되었다. (위 글은 '통일뉴스'에 연재한 '탁치분쟁'이란 제목의 임영태 저술가의 글을 참고 재인용하였다.)

한국외대 법학전문대학원 명예교수이며, 네덜란드 헤이그 소재 국제상설중재재판소(PCA) 재판관이신 이장희 박사는 '통일뉴스'에 기고한 글에서 "2018년 남북 정상이 합의한 4 · 27 판문점 선언 및 9 · 19 평양 공동 선언의 교류협력사업 및 군사적 신뢰구축작업을 제대로 못 하게 하는 제1의 방해꾼이 미국이란 것이 드러났다"고 하면서 "정치, 군사, 외교, 경제 측면 등, 미군의 방해 행위는 수없이 있을 수 있다. 그중에서도 최근에는 1) 한 · 일 역사청산에서 미국의 이중적 행동 2) 4 · 27 판문점 선언 이행에서 나타난 미국의 태도 3) 미군범죄, 미군기지 환경오염 정화문제, 미군기지 내 탄저균 세균 실험실 무단운영 4) 과도한 방위비 분담금 요구 5) 유엔사(UNC)를 앞세운 정전협정에 기초한 남북 철도연결 방해 행위 6) 미국의 대북 제재 등을 꼽을 수 있다."라고 하였다.

일본과 미국 양 제국주의는 우리 민족사의 앞면에서 공공연히 혹은 후면에서 그림자 없는 농간(弄奸)으로 우리 민족을 분열시키고 국토는 양단시켜 우리 반만년 민족사에 미증유의 참화를 안긴 역사적 죄과를 반성은커녕 오늘도 영구지속하고 있다. 1905년에 맺은 태프트-가쓰라 비밀협정의 근본 이데올로기(the essential ideology)는 아직도 시의적절한 진행형이 아닌가 의심스럽다. 분단의 이산가족으로 일생 동안 부모 형제 만나보지 못하고 이제 여생이 얼마 남지 않은 환거노인(鰥居老人)이 된 필자는 분노와 슬픔에 목이 메고 있다.

같은 이산가족인 고향(북청) 선배 김진구(金鎭球) 선생이 남기신 망향애시(望鄉哀詩)를 번역 소개한다.

歲暮寒窓 飛雪花 - 한 해도 저물어 차디찬 창밖엔 눈꽃이 휘날리네

歸鄉宿志 恨無窮 - 고향에 돌아가고 싶은 오래된 굳은 마음 원통함이 끝이 없도다

千萬泣訴 天無心 - 천만 이산가족 눈물로 호소하건만 하늘은 무심도 하도다

愁嘆今夜 伴孤燈 - 근심 걱정에 탄식뿐인 오늘 밤도 등불만 외로움 벗하노라

다음 글은 일본 규슈대학 명예교수인 법학박사 오자와 아끼라까(大澤 章) 교수가 편저한 〈세계의 헌법〉이란 책에서 대한민국 헌법해설문을 요약 번역한 글이다.

“38도선 이남에 단독선거 단독정부수립은 전 조선의 애국적 민족의 최고의 염원인 조선의 평화적 통일독립을 어렵게 만드는 존

재가 되었다. 이러한 배경에는 전술한 바와 같이 남조선을 강점한 미국국군은 일본 제국주의 기반에서 해방과 더불어 민주건국제 일보로 조선 인민의 자치기관인 각 지방의 인민위원회를 해체하고 일제 식민통치기구인 총독부의 기구와 제 법령을 그대로 승계 속행하였다. 동시에 미국 군정은 조선경제의 중요 부분을 차지하는 일제의 적산 재산을 접수하여 〈1945 군정법령 제2호〉를 불하 수단으로 경제권을 장악하고 1947년 4월 군정법령으로 남조선을 미국의 상품시장으로 전락시켰다. 이에 대한 조선 인민의 분노와 반대와 민주적 자주 국가 건설을 위한 언론 · 출판 · 결사의 자유는 법으로 억압되었다. 즉, 〈1945년 법령 제19호, 제48호, 1948년 법령 제55호 등 일련의 법령들〉. 미국 군정은 이들 억압 장치를 분식하기 위하여 미국 군정 통치에 영합하는 친미추종세력을 모아 자문기구로서 1946년 12월 〈남조선 입법의원〉을 창설한 후 미국 군정청은 1947년 6월 〈남조선 과도정부〉라 개칭하고 향후 세울 남조선 단독정부수립을 위한 디딤돌로 삼았다. 이렇게 하여 미국은 1945년 12월 모스크바 삼상회의 결정인 조선의 독립과 민주적 발전을 제시한 4대국 후견제(5년간)를 실천하기 위한 미 · 소공동위원회를 파탄시키고 조선 문제를 일방적으로 유엔총회에 제기함으로써 〈UN 한국위원단〉이 선거감시를 명목으로 가능한 지역(남조선)에서만 단독선거를 시행하여 단독정부를 수립한다는 비합리적인 해결책을 자행하는 상태를 조성하였다. 그리하여 1948년 5월 10일 거족적인 반대와 이에 대한 탄압으로 유혈 소란스런 분위기 속에서 강행된 선거는(제주도는 선거 불가능 – 4 · 3 사건으로) 198명의 국회의원을 선출하였다. 출신 성분은 자본가, 지주, 친일 관리 및 친미 사무원들이 80.1%를 차지하는 국회가 동년 5월 31일 개원되어 헌법 기초의원을 선출하였다. 피선된 기초의원들이 만든 헌법 초안은 일사천리로 심의하여 대한민국 헌법이 동년 7월 12일 채택되어 7월 17일 공포시행 되면서 동년 8월 15일 이승만 단독정부가 출현하였다. 헌법은 기초 시에는 양원제에 내각책임제를 구상하였는데 이승만의 반대로 조급히 단원제로 바뀌고 내각책임제도 미국식 헌법을 따라 대통령 중심제로 바뀠다. 미국식도 사이비 체제이다. 법령도 일본 식민지통치시대의 법령, 미국 군정법령, 현 정권법령으로 릴레이식 계승 유효화로 이승만 정권의 비 자주성을 여실히 나타내고 있다. 더욱이 이 헌법의 특이성은 빈번한 개변성에 있다. 두 번이나 계속하여 개정, 신설은 1952년 7월 4일 개정하고 동월 7일 시행하고 또 1954년 11월 28일 개정 동월 29일 시행하였다. 위선 그 개정 수속 절차상으로 볼 때 비민주적이며 비합법적이다. 다시 말하여 제1차 개정은 6 · 25 조선전쟁 중 부산천도시기에 경찰 테러로 자행(국회심의 거부, 반대파 의원 52명의 불법체포 폭력동원 소위 땅벌떼 소동 – 부산 정치파동), 두 번째는 국회에서 부결된 안건을 행정적 독단으로 의원들의 4사5입(4捨 5入) 셈법으로 강행했다. 이러한 비 법적 헌법 개정은 이승만 독재체제의 강화와 미국 제국주의에 대한 정책 추종에 있다. 아울러 현 정권의 영속화와 조선반도의 평화적 통일을 저해할 염려가 충분히 있다."

미 · 소 양군 철수를 염원하는 온 겨레의 요구에 따라 소련군은

1948년 말 38도 이북으로부터 전군 철수하였으나, 남쪽의 미군은 다음 해 7월에 군사고문단 500명을 남겨놓고 철군하였다. 남북으로 갈라진 경계 38도선상에서는 상시적으로 밀고 당기는 산발적인 무력충돌이 발생하고 남쪽 국가 수반으로는 상해임시정부 수반으로 있다가 일본에 의한 식민통치를 청산하고 독립 아닌 미국에 의한 위임통치를 주장하여 임시정부에서 탄핵되어 물러난 후 미국에서 정보기관인 CIA 전신인 OSS 정보문관(대령 대우)으로 있다가 환국한 이승만이 대한민국 대통령이 되어 북진 통일을 외치며, 우리 국방군은 명령만 내리면 사흘이면 평양을 점령할 것이라 호언장담하고 있었다. 이승만 정부의 집권세력은 미국군정하에서 재빨리 친미세력으로 변신한 일제하 친일파들이었다. 이러한 정치지형은 불가피하게 외세에 의존하는 태생적 종속성에서 탈피하기 어렵게 만들고 있었다.

한편 북쪽에서는 중국 만주벌판 그리고 연해주 산야에서 조선의 자주독립을 위하여 항일무장투쟁을 해온 독립운동세력들이 김일성 장군을 수반으로 조선민주주의인민공화국을 창립하고 집권하면서 외세의 간섭을 배제한 조국의 자주적 평화통일을 외치고 있었다. 이 시기에 서부전선 옹진반도에서의 계속된 격전은 드디어 6 · 25 동족상잔의 전면전으로 확대되어 결국 미국 국군을 위시한 유엔군의 참전으로 국제전쟁으로 확대됨으로써 우리 민족에게는 말할 수 없는 사상 미증유의 참화를 안겨주었다. 근 500만 명에 이르는 인명피해 30여만 명(김동춘의 주장, 한국전쟁전후 민간인 학살 진상규명 범국민위원회와 한국전쟁유족회의 조사:100만 명)에 이르는 양민학살, 지금까지 이어지고 있는 일천만 이산가족의 피맺힌 한은 온 겨레의 가슴을 울리고 있다.

다음은 오자와 아끼라까 법학박사의 〈세계의 헌법〉에서 조선민주주의인민공화국 헌법 해설문을 우리말로 옮겨본다.

"조선민주주의인민공화국 헌법은 인민민주주의국가의 헌법 - 인민헌법이다.

1945년 8월 15일 일본 제국주의 기반에서 해방된 조선반도의 전역에서 인민의 자주적 창의에 기초하여 기성 권력이 타파된 후, 새로운 인민 정권기관으로서 인민위원회가 창설되었다. 북조선에서는 소련군의 보호협력과 조선의 새로운 민주혁명세력의 조직과 지도에 의하여 1946년 2월 통일적 중앙권력기관인 북조선인민위원회를 창건하여 20개 조 정강이란 당면과업을 제정하였다. 이 인민정권은 인민역량의 조직적 보장하에 동년 토지개혁, 중요산업의 국유화, 노동법령과 남녀 평등 법령의 실시 등 일련의 민주적 제 개혁을 수행하면서 주권기관을 일층 발전시켜 북조선인민회의와 북조선인민위원회를 조직하였다. 이렇게 하여 북조선에서는 반제반봉건 민주주의 혁명을 완수하여 인민민주주의를 확립하고 동시에 사회주의로 점진하는 새 길을 개척하였다. 태평양전쟁 후 조선의 독립에 관한 국제적 조치에 있어서 미국은 (1946년~1947년) 미 · 소 공동위원회 사업을 파탄시킴으로써 1945년 12월 체결한 모스크바 삼외상회의 결정을 위배하여 유엔 결정의 명의하 국토 양단인 남조선만의 단독선거(1948년 5월 10일)와 단독정부수립을 일방적으로 결정하였다. 이에 항거하여 끝까지 통일 민주 건국을 요청하는 남북조선의 전 민주세력은 1948

년 4월 평양에서 남북정당 · 사회단체 대표자연석회의(남북협상)를 개최(76개 정당과 사회단체 대표 695명 참가) 남조선에서 자행된 단독선거와 단독정부수립을 무효로 선언하고 동년 8월에 전조선 민주적 선거에 의한 중앙정부수립을 결정 선언하였다.

이것을 전후하여 북조선인민회의 제4회 회의는(1948년 2월) 동 제3회 회의에서 구성한 조선 임시헌법 제정위원회의 헌법 초안을 남북 전 인민의 민중 토론에 회부할 것을 결정하고 두 달 동안의 토론을 거쳐 동회 특별회의에서 이 초안을 채택(1948년 4월 29일) 제5회 회의에서 우선 북조선지역에서 시행할 것을 의결하였다(1948년 7월 10일). 이에 따라 총선거는 8월 25일 실시되어 북조선에서는 212명(유권자의 99.97% 참가), 남조선에서는 당국의 탄압으로 간접선거방식으로 360명(유권자의 77.52% 참가)을 선출하였다. 이들 최고인민회의 대의원 572명은 민주 민족 통일 전선에서 입후보한 대표들이다. 그 사회성분은 노동자, 농민, 사무원만으로도 81.6%를 점하였다. 그리하여 제1회 최고인민회의를 평양에서 개최(1948년 9월 2일~10일)하여 헌법을 정식으로 채택, 즉일(동년 9월 8일) 시행하여 최고인민회의에 대한 북조선인민위원회의 정권 이양을 접수하고 김일성 수상을 수반으로 하는 조각을 끝내고 조선민주주의인민공화국의 역사적 창건을 선포하였다(1948년 9월 9일).

헌법의 기본적 성격을 보면 우선 규제돼 있는 인민민주주의 형성은 태평양전쟁 중 조선의 해방에 있어서 소련군의 결정적 역할과 조선 인민의 반제 반봉건 항쟁의 양 요인의 통일적 발전의 결과라 하겠다. 다시 말하면 헌법에는 국제적 프롤레타리아 운동에 상응하여 전개된 조선 인민 자신의 반제부르주아 민주주의 혁명의 정신이 스며있어 해방 후 북조선에 있어서의 민주적 제 개혁의 성과와 확립된 인민민주주의제도가 법적으로 확립 고착되어 있다. 또한, 헌법은 남조선에서도 인민민주주의 제도의 실시를 예견하고 있으며(제7조와 제103조) 따라서 남조선 인민에 대하여는 투쟁의 행동강령이 되어 조선의 평화적 독립통일을 지향하고 있다. 또한, 민주적으로 수립된 정부는 민족 민주 통일 전선에 의거한 연합정부로서 전 조선 인민의 지지를 받고 있다. 헌법은 시행 후 오늘까지 기본적 규정에는 변경이 없고 다만 부분적 조항에 수정 보충이 네 번 있었다(1954년 4월 23일, 1954년 10월, 1955년 3월, 1956년 11월). 그리고 조선 해방전쟁 때문에 연기된 (제46조) 최고인민회의 대의원 새 선거는 1957년 8월 27일 주권 행사지역 내에서 시행되어 새 내각이 조직되었다." 참고로 북조선은 "헌법 제103조 조선민주주의인민공화국의 수도는 서울이다."를 개정했다. 이 책의 발행연도는 1958년이다 - 역자 주

(3) 미국의 한(조선)반도 전쟁정책과 핵 그 실상:

1950년 6월 25일 시작된 비극적 전쟁은 1953년 7월 27일 정전협정이 체결되어 총소리는 멎었으나 아직도 전쟁상태는 계속되는 상황이다. 미국은 정전협정을 위반하여 온갖 신형무기를 반입함은 물론 1958년 1월부터는 우리 땅에 핵무기를 배치하기까지 하였다.(한겨레신문 2006.11.01., 원광대 이재봉 교수 기고문)에서 밝히고 있다.

다음은 '풀빛출판사'에서 발간한 '한국사회과학연구소'편 사회

과학사전 653~654쪽에 실려 있는 "핵과 한반도"란 조항을 그대로 옮겨본다.

〈I. 한국에 핵무기가 존재하느냐에 대해서는, "핵무기의 존재는 긍정도 부인도 하지 않는다(Neither Conform Nor Deny)."는 것이 미국의 정책이지만 중동, 유럽과 함께 한국은 예외적으로 핵무기의 존재가 공식화되어 있다. 1956년 7월 미국은 주한 미군의 핵 무장화에 착수함을 발표하였고 다음 해인 1958년 1월 29일 주한 UN군 사령부는 한국에 핵무기를 도입하고 있다는 사실을 정식 발표하고 2월 3일에는 원자포와 지대 미사일 어네스트 죤(Honest John)을 공개했다. 또한, 1974년 4월 1일에 열렸던 미국 하원 세출위원회 국방성관계 소위원회는 1974년도 국방예산에 관한 청문회에서 죤 맥그루거 당시 공군 장관은 "한국에서의 핵무기 사용은 여러 가지가 있기 때문에 그 무기 또한 여러 가지가 있다"고 밝히고 "한국에 있는 지대지 미사일은 핵 전용체계로 그 비용은 오로지 핵 임무와 관련되어 있다"고 말하였다. 게다가 1975년 1월 17일 자 워싱턴발 '시사통신'은 미국 군사 전문가의 말을 빌려 한국에 핵 지뢰 150발과 155mm포 핵포탄 108발, 175mm포 핵포탄 54발, 203mm포 핵포탄 48발 등 총 210발의 핵포탄이 배치되어 있으며, 서전트 지대지 미사일 발사대 2기, 동 핵미사일 6발, 랜스 지대지 미사일 발사대 4기, 동 미사일 12발, 지대공 미사일 나이키 허크리스 발사대 144기 등 1기당 1발 비율로 핵탄두가 배치되어 있다는 정보를 전하고 있다. 한편 미국방정보센터(디펜스모니터 Defense Monitor)의 1976년 1월 호에 따르면 핵 지뢰 25~50발, 지대지 미사일인 어니스트 죤 80발,

지대공 미사일 나이키 허크리스 144발, 155mm포 152발, 203미사일 56발, F-4팬텀 전투기 탑재 핵폭탄 192발, 합계 646~661이 있다는 것이다. 미국의 부루킹스연구소도 1979년 "동아시아의 군사균형"이라는 보고서에서 '최소한 650~1,000개의 핵탄두가 있다고 밝히고 있다. 그리고 1984년 6월 3일 자 '워싱턴 포스트'에서 재 앤더슨은 미국이 태평양시역에 배치하고 있는 핵 지뢰 21개 중 대부분이 38도선에 매설되고 있음을 폭로하고 있다.

II. 주한 미국군의 핵 무장화

한국에의 핵 배치 사실을 뒷받침하기라도 하듯이 한국에서의 유사시에 핵 사용을 시사하는 발언이 여러 차례 있었다. 1976년 6월 20일 슬레진저 당시 국방장관은 기자회견에서 "우리는 한국에 전수 핵무기를 배치해 놓고 있다. 북한이 침략할 경우에는 핵무기를 사용할 가능성도 있다."고 발언하고 있다. 그 후 1977년에 대통령에 취임한 카터는 주한 미군을 철수하려 했지만, 한반도에서의 핵 사용의 가능성에 대해서는 부정하지 않았다. 그는 1977년 5월 29일 "서태평양지역(한반도 포함) 등에 핵무기가 배치된 그 자체가 필요하다면 이것을 사용할 가능성을 의미하고 있다."고 말하였다. 레이건 정권이 들어서면서 한반도에서의 핵전쟁의 가능성은 한층 높아졌고, "한국의 안전은 미국의 핵우산으로 보강된다."(1982년 3월 서울에서 열린 제14회 한미 안보협의회에서 미국 측 발언)는 방침이 공공연하게 확립되었다. 그것을 받아서 1982년 4월 21일 리처드 패트 미국 국무성 정치군사국장은 한반도에서의 전쟁은 "핵무기의 사용을 배제하지 않는다."(한국일보 4월 23일)라고 언명했다. 또 1983년 1월 22일 에드워드 마이어미 육군참모총장은 기자회견에서 "레이건 정권의 기본전략 개념은 재래식 전쟁이라도 장기성을 띨 경우에는 전술 핵무기를 사용한다는 것으로 이 개념은 한국에도 적용된다. - 재래식 전쟁이 핵무기의 사용을 필요로 하는 단계에 이를 경우 야전군 사령관, 예를 들면 한미 연합군 사령관이 양국 대통령에게 핵무기 사용을 건의할 수 있다."고 하여 한국의 유사시 핵무기 사용을 시사하였다. 한편 한(조선)반도에서 전쟁이 일어나면 먼저 사용될 가능성이 높은 것은 중성자탄이다. 중성자탄을 만들어낸 코엔도는 그의 저서 (중성자탄 그 정치적, 공학적, 군사적 문제점 - 1978년 간행)에서 "한국의 방위는 중성자탄의 사용에는 서유럽의 경우보다도 훨씬 유리한 기회를 제공한다고 생각한다"고 말하였다. 이와 함께 중성자탄의 배치를 위한 준비가 진행되었는데, 그것은 중성자탄을 발사할 수 있는 렌스 미사일이 한국에 투입되고 있는 데서 잘 드러나고 있다. 즉, 1978년과 1979년의 한미 합동 군사훈련인 팀 스피릿에서 렌스 미사일이 투입되어 발사훈련이 실시되었다. 그리고 (류큐신보) 1985년 1월 10일 자에 보도된 미국의 핵 문제 전문가 윌리암 애킨의 말에 의하면 야전 휴대용 특수 핵폭탄(핵 배낭=SDAM)이 한국에 배치되어 있다고 한다. 핵 배낭은 적의 기지나 사령부를 폭파하기 위한 무기로 특수작전부대가 휴대하여 원격 조종할 수 있게 되어 있다. 1985년 팀 스피릿 훈련에 오키나와의 특수작전부대가 처음으로 참가했는데 이것은 핵 배낭과 연관된 것으로 보인다. 이상에서 살펴본 한국의 핵은 춘천지역의 미군기지에 핵 배낭이, 군산의 미군기지에 핵탄

두가 배치되어 있다는 것이 일반적인 정설이다.〉

소련이 붕괴되면서 미국과 러시아 간에 전략 병기 삭감조약(Strategic Arms Reduction Treaty)에 따라 한국에 반입되었던 핵무기를 일단 철거는 하였다고 하나 아무도 검증받은 바 없다. 군사주권을 상실한 우리 한국 정부로서는 그들이 무엇을 들여오고 내가는지 검증할 수도 없고 그냥 그들이 주는 일방적 보고만 받는 상황이다. 아직도 핵무기 아닌(?) 핵무기, 미국본토에 저장하지 않고 있는 열화우라늄탄을 우리나라 수원, 오산, 청주에 300만 발이나 저장하고 있다고 한다(통일뉴스 2006년 8월 8일, 이시우 기고문). 열화우라늄탄은 2006년 8월 7일 일본 히로시마에서 개최된 세계평화대회에서 과학자회의는 열화우라늄에서 발생하는 방사능은 핵폭탄에서 나오는 방사능과 같다고 결론하였다고 한다. 뿐만 아니라 미국 국군은 동북아시아의 패권을 놓치지 않으려고 이 땅에서 2006년 현재 60년간 계속 주둔하면서 우리 국군의 작전통제권마저 장악하고 북침계획인 온갖 작전계획을 수립하여 가면서 전쟁연습에 몰두하고 있다. 심지어 최근에는 태평양지역 및 주일 · 주한 미국군을 전략적 유연성이란 이름으로 재편하여 육해공군 3군 통합작전사령부를 일본의 자마기지에 창설하고 일본의 평화헌법을 고쳐 일본자위대를 전쟁에 동원할 수 있는 군대로 재편하여 유사시 북침전쟁 혹은 대만해역에서 발생할 수 있는 만일의 사태에 대비한다고 한다. 미 · 일 양국 군의 일체화를 꾀하면서 작전계획 5027-04, 5029, 5030, 5055, 8022-02 등으로 미 · 일 합동군사연습까지 하고 있다. 미국은 말로는 평화

애호국으로 자처하지만, 건국 이래 220여 년간에 공개적 또는 비공개적으로 타국의 내정에 간섭 혹은 무력으로 방해 억압한 건수들이 10만여 건이나 되고, 그간 수행한 전쟁 25건, 치른 전쟁기간이 무려 75년이나 누계된다. 제2차 세계대전 후만 봐도 필리핀 내전간섭(1945년~1946년), 그리스 내전간섭(1947년)을 시작으로, 한국(조선)전쟁 내전간섭으로 국제전쟁(1950년~1953년), 이란(1953), 과테말라(1954), 쿠바(1959~1960년), 콩고(1960년), 브라질(1964년), 인도네시아(1965년), 베트남(1961~1973년), 라오스((1961~1973년), 그리스(1967년), 칠레(1973년), 엘살바도르(1980년), 그레나다(1980년), 파나마(1990년), 니카라과(1991년), 아프가니스탄(1991~현재), 이라크(1991, 2003년~현재), 파나마, 리비아 등 열거하기 어려울 정도다. 마치 전쟁을 위하여 존재하는 나라라 해도 할 말이 없겠다.

클린턴 대통령 집권 후반기 평안북도 연변 핵발전소를 폭파 선제공격으로 발발될 제2 조선(한국)전쟁으로 주한 미군 사령관의 보고는 불과 며칠 사이에 서울을 중심으로 수백만이 죽고 군사비용은 천억 달러를 초과하며 경제비용은 그 10배인 1조 달러가 될 것으로 평가하고, 희생될 미군 병사 수가 7~10만으로 추산되어 클린턴은 50년 동안 유지해온 대북(조선)봉쇄정책(Containment Policy)을 단념하고 포용정책(Engagement Policy)으로 전환하고 대화협상으로 조선(한국) 문제를 해결하려고 국무장관 올브라이트를 평양으로 보내 평화협상을 시도했다. 올브라이트는 그때 일본에 있는 미국군 군사기지를 겨냥한 북(조선)의 100기의 미사일을 해체할 것을 요구하기도 하였다.

2000년 클린턴 대통령 집권 말기인 10월 10일에는 조선민주주의인민공화국 국방위원회 제1 부위원장 조명록 조선 인민군 차수가 방미하여 인민군 정장을 하고 미국 대통령궁인 백악관에서 클린턴 대통령을 면담하였다. 세계는 놀랐고 조 · 미 관계의 국교정상화를 기대하였으나, 후임 정권을 장악한 현 대통령 부시는 선임사의 평화협상을 전면적으로 뒤집어 정세를 급랭시켰다.

뿐만 아니라 부시는 결국에는 허위로 판명된, 제조 은닉되었다는 대량살상무기색출 폐기를 명분으로 이라크 침공을 감행하면서 국제정세를 긴장 고조시켰다. 사태가 이렇게 역전되자 북(조선)은 2002년 10월 25일에는 조 · 미 불가침조약 체결을 미국에 제안하였다. 그러나 부시 대통령은 전임 대통령 시에 1994년 10월 24일 조 · 미 간에 체결된 북(조선)핵 문제를 타결한 조 · 미 제네바 기본합의(Jeneva, DPRK-USA Frame Agreement)마저 파기하고 2002년 11월 14일에는 협약된 KEDO 중유공급마저 중단, 신포에 건설 중이던 핵발전소 건설공사 중지 등으로 대북(조선)정세를 더더욱 악화시켰다.

(4) 작전계획과 작전 통제권:

미국에 있는 '통일학 연구소' 한호석 소장이 해제된 미국 국방성 기밀문서에서 인용 발표한 2005년 6월 7일 자 논문을 소개하면 다음과 같다.

〈미국의 전쟁계획은 세 가지로 나뉘는 데, 작전계획(Operation Plan, OPLAN)과 개념계획(Concept Plan, CONPLAN), 그리고 기능계획(Functional Plan, FUNCPLAN)이다.

a. 작전계획이란 미국이 제국주의적 이익을 추구하려는 목적에 따라 고강도 군사작전을 벌이는 구체적인 전쟁 시나리오(War Scenario)이다.

b. 개념계획이란 미국의 제국주의적 이익이 상대적으로 적으며, 미국에 대한 직접적인 위협이 아직은 없는 것으로 판단되는 지역에서 저강도 군사작전을 벌이기 위하여 만들어 놓은 전쟁계획이다. 개념계획도 작전계획과 마찬가지로 국가안보회의(NSC)에서 전쟁을 벌이기로 결정하면 곧 전쟁을 개시할 수 있도록 준비된 전쟁 시나리오이다.

c. 기능계획이란 안정유지, 소개(Evacuation), 재난구호, 인도적 지원, 마약 퇴폐 등에 요구되는 비전투적 군사작전이다. 재래식 작전계획실(Conventional War Plan Division)의 작전계획 및 합동군 개발 담당자인 미국 해군 사령관 게리 루이스(Gerry Lewis)가 작성한 '작전계획수립'(Operational Planning)이라는 문서에 따르면, 미국은 작전계획 5개, 개념계획 42개, 기능계획 13개를 만들어 놓았다고 한다.

여기서 주목할 점은 미국의 합동군 사령부들 중에서 가장 많은 작전계획을 운용하고 있는 곳이 태평양군사령부(Pacific Command, PACOM)라는 사실이다. 태평양군사령부는 핵전쟁을 수행하기 위한 작전계획 두 개, 시차별 무력 전개제원(Time-Phased Force and Deployment Data, 컴퓨터체계에 의해 작동하는 전투지침)을 갖춘 개념계획 1개, 시차별 무력 전개제원이 없는 개념계획 9개, 기능계획 2개를 비롯하여 14개나 되는 전쟁계획을 운용하고 있다. 태평양군사령부가 운용하고 있는 이 14개 작전계획이 한(조선)반도와 동북아시아에서 핵전쟁을 포함한 여러 형태의 고강도 및 저강도 군사작전을 벌이기 위한 제국주의 전쟁계획이란 점은 너무도 명백하다. 미국이 전 세계를 무력으로 지배하기 위하여 운용하는 5개의 작전계획을 운용하는 가운데 태평양군사령부가 작전계획 2개를 운용하고 있고 중부군사령부와 전략군사령부(Strategic Command)가 각각 한 개씩 운용하고 있는데, 나머지 작전계획 1개는 놀랍게도 한미연합군 사령부/주한 유엔군 사령관이 운용하고 있다. 미국군의 군사 지리적 개념에 따르면 한(조선)반도는 태평양군 군사작전구역에 들어 있으나, 한미연합군을 지휘하는 주한 미국군 사령관은 태평양군사령부의 지휘를 받지 않는다. 주한 미국군 사령관은 워싱턴의 합동참모본부로부터 직접 지휘를 받으면서 한(조선)반도에서 핵전쟁을 도발하는 군령권을 틀어쥐고 있는 것이다. 미국은 통합군사령부가 아닌 한(조선)반도의 군사작전을 지휘하는 일개 야전군 사령관에게 핵전쟁계획을 운용하는 최고의 군령권을 준 것은 그 유래를 찾을 수 없는 일이다.

한(조선)반도에서 전쟁을 벌이는 작전계획이 작성되는 과정을 보면, 남(한국)의 대미 예속성이 뚜렷이 드러난다. 미국과 군사동맹을 맺고 있는 영국이나 일본 같은 나라는 각기 독자적인 '작전계획'을 가진다. 미 · 영 동맹군이나 미 · 일 동맹군의 '합동작전계획'이 각각 따로 있고 영국군이나 일본 자위대의 독자적인 작전계획이 각각 따로 있는 것이다. 그러나 한국군사령부는 독자적인 작전계획을 따로 갖지 못하고 주한 미군 사령부만이 작전계획이 있으므로, 한국군사령부는 주한 미군 사령부가 한(조선)반도에서 전쟁을 일으키려는 목적으로 작성한 작전계획에 대하여 결정권은 고사하고 발언권조차 갖지 못한다. 주한 미국군 사령관은 한(조선)민족의 운명을 좌우하는 전쟁계획을 독자적으로 처리한다. 이런 맥락에서 볼 때, 미 · 영 군사동맹이나 미 · 일 군사동맹은 말이 되지만, 한 · 미 군사동맹이란 말은 성립되지 않는다. 한 · 미 관계는 동맹이라 볼 수 없으며 예속이란 현실을 동맹이란 위장명칭으로 감추고 있는 것이다.

미국이 간판만 남은 주한 유엔군 사령부를 여전히 붙들고 있는 까닭은, 주한 유엔군 사령부를 남겨두어야 한(조선)반도에서 전쟁을 일으킬 때 후방에 있는 주일 미군 기지를 마음대로 쓸 수 있기 때문이다. 1950년 한국(조선)전쟁에서 유엔군 지휘권을 행사하였던 미국은 주한 미국 군기지들과 주일 미국 군기지들을 아직까지 유엔군 소속으로 남겨두고, 제2의 한국(조선) 전쟁을 계획하고 있는 것이다.〉 중요한 문건이기에 길게 인용하였다.

주한 미국군이 시행하고 있는 작전계획 중 중요한 한두 개를 더 인용 소개하려 한다. 〈개념계획 5026: 1993년 6월에 수립된 이 계획은 미 · 일 합동작전으로 북(조선)의 핵시설 또는 전략 거점에 공습 정밀 타격을 가하여 파괴하려는 저강도 작전계획으로 알려졌다. 미국의 군사전문 인터넷사 '그로벌 시큐리티(Global Security'가 작전계획5026 개념계획 5026(Oplan/ConPlan5026)이라고 적어 놓은 것으로 보아서, 식별번호 5026이 작전계획인지 개념계획인지 아직 정확하지 않다. 이 계획은 먼저 시차별 무력 전개제원에 따라 방대한 무력을 조선(한)반도에 집결시키는 5027(1974년에 수립)을 실행하고 나서, 미 · 일 합동작전으로 북

(조선)의 전략거점에 공습 정밀 타격을 가하는 개념계획 5026을 실행하는 2단계 작전계획이다. 5026은 미국이 얼마 전에 개발한 정밀 유도폭탄인 합동직격탄(JDAM)으로 외과수술식 공습 정밀 타격을 가하는 전쟁계획인데, 태평양공군사령부는 2004년 11월 태평양 해상에서 합동직격탄을 동원한 공습 정밀 타격 연습을 실시한 바 있다.

개념계획 5029: 2003년에 수립된 이 계획은 태평양군사령부 예하 특수작전사령부(Special Operation Command)가 북(조선)에 침입하여 내란으로 위장한 특수전을 벌이고 남북의 무력충돌을 유도하여 이른바 '우발 사태'를 도발함으로써 북(조선) 정권을 무너뜨리려는 저강도 작전계획으로 알려졌다. 이를 위해 태평양군사령부 예하 특수작전사령부는 경상북도 대구에 제160 특수작전공수연대(160th Special Operations Airborne Regiment)를 배치하였다.〉

이 밖에 미국은 2000년도에 만들어진 개념계획 8022는 선제공격(Preemptive Attack)이라는 개념과 전술핵 공격(Tactical Nuclear Attack)이라는 두 가지 개념을 결합한 새로운 전쟁개념도 있으며, 이 공격작전은 백악관 국가안보회의(NSC)가 북(조선)으로부터 직접적인 위협이 오고 있다고 판단하는 경우 대통령의 명령으로 기습적 공습작전을 개시하는 것이다.

이 새로운 전쟁개념을 군사작전에 옮기는 임무는 전략사령부가 수행하고 있는데, 북(조선)이 미국에게 직접적인 위협을 가하는 상황에 대처하는 전략군사령부의 우발 사태 계획(Contingency Plan)이다. 이 계획을 항공모함 전투단에 의한 대량 공습으로 북(조선)의 전쟁수행력을 마비시킨 가운데 신속 기동군이 평양으로 진격하는 점령작전이라 한다. 이 계획은 이란에도 적용되고 있다고 한다.

(5) 군사력균형의 위기 상황:

2005년도 미국의 국방예산은 전 세계 모든 국가들의 국방예산을 총 합친 금액의 반(50%)을 능가하는 4,000억 달러나 되고 있다. 뿐만 아니라 제3세계에 대한 전쟁무기 수출도 미국이 반(50%)을 차지하고 있다 한다. 미국은 늘어나는 군사비의 지출을 절감하면서 세계제패를 더욱 강화하기 위한 군사전략재편 과정에서 전략적 유연성이란 이름으로 반세기가 넘도록 틀어쥐고 있는 한국군의 작전통제권을 향후 2009-12년에 넘겨주겠다며 대비책으로 미국의 최신무기를 사들이라고 강권하여 한-미간에 향후 10년간 151조 원에 달하는 신형무기를 구매할 것을 합의 본 것으로 보도되고 있다.

미국은 언제 끝날지 모르는 이라크전에서 매주 우리 돈으로 2조 원의 군사비를 쏟아 붓고 있다. 지난 10월 18일 미국의 워싱턴 포스트(Washington Post)신문 보도에 의하면 미국 존슨 홉킨스 대학교 의과대학(Johns Hopkins University, Medical College)의 이라크 민간인 희생자 조사팀이 이라크 현지에 가서 원주민 1만 수천 명의 증언을 조사하여 낸 집계는 민간인 6만 5천 명이 희생됐다고 발표하고 있다. 놀라지 않을 수 없다. 은닉된 대량 살상무기를 색출한다고 일으킨 전쟁에서 죄 없는 민간인을 대량 살상하다니 그야말로 빈대 잡는다고 초가삼간을 태우는 격이라 하지 않을 수 없다.

2005년 한국의 국방예산은 230억 불, 300억 불인 중화인민공화국을 뒤쫓고 있다. 이에 비하여 북(조선)의 국방예산은 남(한국)의 10분의 1에도 미치지 못한다. 이러한 군사력의 불균형 상황은 북(조선)으로 하여금 재래식 무기 아닌 핵무기로 대척할 수밖에 딴 길이 없게 만들었다고 볼 수 있다.

2002년 11월 김정일 국방위원장은 평양을 방문하였던 존스 홉킨스 대학교(Johns Hopkins University)의 돈 오브돌퍼(Don Oberdorfer) 교수와 뉴욕 코리아협회(NewYork Korea Society)의 도날드 피 그레그(Donald P. Gregg) 회장을 통하여 미국 대통령에게 친서를 보냈다. 친서에는 북(조선)의 핵무장 포기와 미국의 핵우산 철거를 동시적으로 추진함으로 한(조선)반도의 비핵화를 실현하려는 해결방안이 제시되어 있었다. 그러나 미국 대통령 부시는 이에 화답하지 않았다.

이상과 같은 정치정세와 군사적 위기상황에서 북(조선)은 부득불 자위적 조치로서 핵 개발에 착수하지 않을 수 없었던 것으로 보는 견해가 보편적 인식이다. 남쪽에 쏟아져 들어오는 재래식 첨단 신형무기, 미국으로부터의 핵 위협과 경제 봉쇄와 제재로 인한 경제적 어려움은 핵무장의 길을 택할 수밖에 없게 내몰았다 해도 과언이 아니다. 거기에다 우리 조선반도에 식민통치로 미증유의 참화를 안겨준 일본이 아직도 북(조선)과는 국교는커녕 미국의 침략정책에 편승하여 한 수 더 뜨는 상황이다.

일본은 현재 미국의 비호하에 50여 개 원자력 발전소에서 나오는 플루토늄 연간 생산량이 8만 톤에 달한다고 한다. 핵폭탄 한 개에 8kg 플루토늄이 필요하다니 매년 일천 개의 핵폭탄을 마음만 먹으면 만들 수 있다는 게 또한 현실이다. 새로 취임한 외무상이란 자는 평화헌법 9조(부전조항)를 없애고 핵폭탄 제조를 공공연히 외치고 있다. 누구와 어디서 전쟁을 하자는 것인가? 뻔한 물음이다. 한(조선)반도 침략 전쟁이다. 이러한 정황에서 북(조선)은 미국과 일본의 핵 선제공격 위협 앞에 불가결한 자위적 조치라며 궁극적으로는 조선반도와 세계적 군축과 비핵화를 실현할 것을 목표로 한다면서 2005년 2월 10일 핵 보유를 선언하였다. 그러나 미국을 위시한 세계는 북(조선)의 핵 보유를 믿으려 하지 않았다. 믿지 않는 그들에게 보여줄 것은 실험 · 실증뿐이다. 미국을 위시한 5개 강대국(미 · 영 · 불 · 러 · 중 등, 유엔 안보리 상임이사국) 간에 맺은 배타적 핵 보유 독점체제인 핵무기비확산조약(Nuclear Non-Prolifeeration Treaty-NPT)을 무력화시켰다. NPT 체제의 무력화는 바로 미국의 세계 지배 체제 붕괴의 서곡이라 할 수 있다. 이 조약에는 "핵보유국은 비핵보유국가에 대하여 핵 위협 또는 핵 공격을 할 수 없다."라고 되어 있으나, 미국은 공공연하게 조약을 위반하면서 북(조선)을 핵 선제공격(Nuclear Preemptive Attack)으로 위협해 오고 있는 것이다. 뿐만 아니라 전술한 바와 같이 일본 자위대와 함께 정해진 작전계획(북침)에 따라 매년 합동군사연습을 계속하고 있다. 또한, 2020년 재선에 실패한 트럼프는 대통령 후보 때 일본의 핵무장을 선거공약까지 한 바 있다.

북(조선)은 기존의 핵보유국들과는 달리, 2006년 10월 3일 핵실험을 할 것을 예고하고 드디어 10월 9일에는 지하 핵실험을 단행하였다. 미국을 위시한 세계는 당황하고 시끄럽게 떠들면서 유엔 안보리를 긴급소집하면서 대북 제재를 강화하고 있다.

미국은 한국에 핵 비확산안보구상(Non-Proliferation Security Initiative -PSI)에 적극 참가할 것을 종용하고 있다. 위험천만이다. 북(조선)의 선박들이 핵무기 혹은 그 제조에 필요한 재료를 수출입 운송하는 것을 막기 위하여 공해상에서 강제정선 검색한다는 것인데, 이른바 적하검사(Freight Inspection) 혹은 임검, 이것은 유엔군 측과 조선 그리고 중국 간에 맺은 조선(한국)전쟁 정전협정에 위반될 뿐만 아니라 국제법적으로도 엄연한 해적행위에 속하는 불법 행동이다. 그리고 남북 간에 군사적 충돌을 야기할 수 있는 위험한 행동임이 너무나 명백하다. 생각해 보면 과연 북(조선)의 핵 사태가 이렇게 흥분하며 크게 떠들어야 하고 위험을 감수해야 할 일인가? 차분히 냉정을 찾아봐야 할 일이라고 여겨진다.

현재 우리 한(조선)반도를 둘러싸고 있는 러시아와 중국은 모두 핵보유국이며 일본은 잠재적 핵보유국으로 간주되고 있다. 태평양의 사실상 지배국인 미국은 한국을 전 동북아 지배를 위한 전략적 거점으로 삼고 있다.

북(조선)은 이미 수년 전부터 중장거리 미사일 시험으로 그 실력을 실증하였다. 일본 열도를 넘어 태평양 제도 미국 본토까지도 위협할 수 있다는 것이 군사전문가들의 견해이다. 그렇다면 미사일 탄두에 핵을 장착하지 않아도 재래식 포탄만으로도 무서운 위력이다. 현재 미국에는 102기의 원자력 핵발전소가 산재해 있고, 일본에는 51기 남한에는 12기에서 19기의 핵발전소가 가동되면서 총 전력 소모량의 반을 감당하고 있다 한다. 위에서 언급했듯이 열화우라늄탄 300만 개가 주한 미군에 의하여 배비 저장되고 있다. 미확인 방사능 무기류가 또 얼마나 있는지 알 길이 없다. 러시아의 체르노빌 핵발전소 폭발사고에서 입증되듯이 핵발전소 한 곳이 폭발하면 수소폭탄 150~180개의 폭발이 주는 위력과 맞먹는다고 한다.

수소폭탄 한 개에서 나오는 죽음의 구름(Dead Cloud)은 원자폭탄 80~100개에서 나오는 것과 맞먹는다고 한다. 전란에 의해 이들 방사능 물질이 폭발한다면 생각만 해도 정신이 아찔해진다. 인명 피해를 논하기 이전에 우리의 아름다운 강토는 앞으로 수천 년 사람이라고는 생존할 수 없는 황무지가 되고 말 것이다.

사태가 이러함에도 불구하고 어떤 사람들은 미국의 전쟁정책에 맹종하는 적폐 · 보수 세력의 일부 인사들은 전쟁 불사론까지 퍼뜨리고 있으니 말문이 막힌다. 이렇게 숨 막히는 때 2006년 11월 3일 아침 '한겨레신문'에는 노무현 대통령의 시의적절한 담화가 실려 마음이 훈훈하다. 인용하면 "노 대통령은 북한 핵실험 사태와 관련해 (어떤 가치도 평화 위에 두지는 않을 것이며, 핵 폐기를 위한 노력이 충돌의 계기가 되지 않도록 관리하겠다.)고 밝혀 북핵 사태의 평화적 해결에 대한 의지를 분명히 했다. 노 대통령은 이제 북한과 대화의 단절을 선택해 상황을 악화시키는 대통령은 한국에서 더는 나올 수 없을 것이라며 정권 향배와 관계없이 북핵 문제의 평화적 해결 원칙은 한국이 숙명적으로 선택할 수밖에 없는 전략이라고 말했다." 국정을 책임진 대통령으로서 당연한 말씀이라 생각된다. 노 대통령의 역사적 명언을 인식하지 못한 후계 두 대통령(이명박 · 박근혜)의 운명은 사필귀정(事必歸正)

이란 역사의 준엄한 법칙에서 벗어나지 못함을 보여주고 있다.

(6) 미국 대통령 부시의 호전성과 고립:

부시와 그의 종교적 절대 지지 세력은 기독교 근본주의 교리(Fundamentalism)를 신봉하는 교회세력과 정치적으로는 소위 네오콘(Neo-Conservative)이라 불리는 신보수주의 세력들 그리고 그 배후에는 군산복합체와 주로 석유재벌을 물질적 기반으로 하고 있다. 기독교 근본주의 운동은 20세기 초 미국에서 일어난 종교운동으로 성서대로 즉 축자영감설을 믿으며 타 종파에 대해서 배타적이며 특히 이교도에 대한 적개심이 강하다.

지난달 미국의 시사주간지 타임(Time)의 표지는 부시의 대외정책에 대한 미국인의 여론을 인상적으로 알리고 있다. "카우보이 외교의 종언(The End of Cowboy Diplomacy)" 잡지의 내용에는 부시 정부의 호전적이며 일방주의적 대외정책은 더 이상 밀고 나갈 수 없는 막다른 골목에 봉착하였으며 이제는 전연 다른 새로운 사고에 입각한 새로운 정책전환을 하지 않으면 안 된다고 서술하고 있다.

또 지난 10월 18일 자 미국의 주요언론(Main Stream)의 하나인 워싱턴포스트(Washington Post)는 백악관 부시 대통령의 집무실 책상 위에 있는 잔여 임기를 알리는 '카운트다운' 시계에 표시된 825일은 잔여 임기 20일라 읽힐 것이라고 보도하였다. 20일 후에 있을 중간선거 후는 임기 남은 낙선대통령(Lame Duck)이 될 것이라고 예고하고 있다. 네이션(The Nation)지에서는 표지에 이라크 전쟁에 빠진 부시의 현실을 변기통에 빠져있는 만평 그림패

러디(Parody)로 묘사 하였다.

미국 씨엔엔(CNN) 방송에서 전문 여론조사기관인 '오피니온 리써취(Opinion Reserch)사에 의뢰하여 조사된 여론은 시사하는 바 크다.

북(조선)이 미국을 직접 위협한다고 생각하는가?

그렇다 ························ 20%

장기적 관점에서 위협 ························ 64%

전연 위협 없다 ························ 13%

11월 중간선거에서 중시되는 과제?

테러대책과 국민경제 ························ 96%

이라크 문제 ························ 94%

북(조선) 문제 ························ 89%

북(조선) 핵실험 그 책임은 누구에게 있는가?

부시 ························ 72%

클린턴 ························ 63%

경제적 외교적 수단으로 대응할 수 없을 경우 군사적 제재?

찬성 ························ 40%

반대 ························ 56%

또 다른 국제정책성향 프로그램(PIPA)의 여론조사를 보면 응답자의 71%가 새로운 외교정책을 바라며, 부시 정권의 잘못된 외교정책으로 국제친선이 악화됐다는 의견이 78%에 달하고 있다.

여기서 대북 군사적 제재 반대여론이 우세하게 나타난 한국의 SBS에서 실시한 국민 여론보다도 더 우세한 미국 국민 여론을 알 수 있으며, 북(조선)의 핵실험의 책임이 미국 대통령 부시에게 있다는 미국 국민 여론이 압도적인 데 대하여 한국의 보수 언론 조 · 중 · 동 등을 비롯한 보수 정치권이 김대중 정권의 햇볕정책에 그 책임을 전적으로 전가하며 핏대를 올려 성토하는 것과는 대조적이다. 그리고 북(조선)핵 문제가 중간선거의 중요과제로 89%라는 높은 비율은 한(조선)반도 문제의 원만한 해결이 역사적 시급 과제임을 알리고 있음을 알 수 있다 하겠다. 2006년 11월 4일 한겨레신문 보도를 따르면 “부시 당선이 더 무서워”라는 제목에 ‘영국인들 평화 위협’이라는 부제 기사에서 영국의 〈가디언〉지에서 영국인 1,007명에게 세계평화에 누가 가장 위협적이라고 생각하느냐? 고 물었더니 75%가 부시 대통령이라고 대답해, 오사마 빈 라덴 87% 다음으로 많다고 보도했다. 또 〈가디언〉은 캐나다인의 62%, 멕시코인의 57%가 미국정책이 세계를 더 위험하게 만들고 있다고 대답했다고 한겨레신문은 인용 보도했다.

(7) 비동맹 제국 정상회의:

우리가 또 주목해야 할 것은 쿠바 아바나에서 폐막된 제14차 세계 비동맹 정상회의이다. 비동맹회의는 1954년 미국과 소련이 대립 반목하여 세계가 냉정 체제하에 있을 때, 인도의 네루 수상과 중국의 주은래 수상이 인도의 뉴델리에서 만나 국제관계의 규범으로 “1. 상호 영토통일과 주권 존중 2. 불가침 3. 상호 내정 불간섭 4. 평등과 호혜 5. 평화공존”으로 된 이른바 평화공존 5

원칙을 합의 발표한 것을 기원으로 이듬해 1955년 인도네시아 반둥에서 아시아 · 아프리카 29개국 대표들이 모여 평화공존 5원칙을 지지 확인함과 동시에 첨가하여 "1. 반식민주의 2. 민족 자결주의 3. 세계평화주의 4. 반제국주의 5. 외국 군사기지 반대 및 군사블록 불 가담이란 다섯 가지 조항을 합쳐 "반둥 10개 원칙"을 발표하였다. 이후 1961년 4월 이집트(통일아랍공화국) 수도 카이로에서 비동맹국 수뇌 회의를 위한 예비회담이 21개국 외상들이 참석하여 열렸다. 회의는 수뇌 회의 일시, 장소, 의제, 참가국의 자격요건 등을 규정하였다. 규정된 자격요건은 첫째 사회적 이데올로기와 관계없이 모든 국가는 평화적 공존에 기초한 자주적인 정책을 수행할 것, 둘째 민족해방운동을 무조건 지지할 것, 셋째 군사블록 불참가와 쌍무적 군사조약에 의해 외국 군사기지를 자국영토에 두지 않을 것 등으로 되어 있다. 이로써 미국과의 안보동맹 군사기지제공 관계에 있는 한국이나 일본 등은 이 회의에 참가할 수 없게 되었다. 그러나 조선민주주의인민공화국은 정회원국으로 1975년에 가입한 후, 한때 의장국으로 추대받기까지 하였는데, 김일성 주석은 분단국가라는 점을 내세우며 극구 고사하였다.

비동맹 제국 수뇌 회의는 비동맹 중립주의를 외교의 기조로 하는 나라들의 정상회의로서 정식명칭은 〈비동맹 제국 국가원수. 정부 수뇌 회의〉이며 일명 중립국 정상회의라고도 한다. 제1차 수뇌 회의는 1961년 9월 유고슬라비아 수도 베오그라드에서 28개 비동맹국(정식 25, 참관 3) 정상이 참가하여 개최되었다. 회의에서는 항구적 세계평화는 제국주의와 식민주의의 근절에서만 이루어진다. 전쟁은 근절할 수 있는 강대한 평화세력의 구축, 상이한 체제를 가진 국가들 간의 평화공존의 필요, 핵무기를 전면 금지하고 완전한 군비축소의 실현, 외국 군사기지를 일소하고 신식민주의를 타파한다, 등 27개 항목의 '베오그라드 선언'을 만장일치로 가결하였다.

평화공존, 민족해방운동 지지, 군사블록 불가담, 외국군사기지 반대를 기조로 하는 비동맹 중립주의는 국제문제에서 일체를 외면하며 절대 불간섭을 기조로 하는 종래의 소극적 스위스식 영세중립주의와는 확연히 구별되는 국제사회에서 제국주의 식민지에서 해방된 신생독립국들의 단결된 집단적 힘으로 합의된 제 원칙을 관철하려는 반제 · 반식민 · 반전 국제평화운동이라는 적극적 중립주의 개념을 정립하면서 〈비동맹 제국 국가원수 · 정부 수뇌 회의〉란 제3세계 국제기구를 창설하여 "비동맹 중립주의(Non-Allied Neutralism)" 혹은 "적극적 중립주의(Positive Neutralism)"라는 국제정치학 개념을 새롭게 정립하였다.

9 · 19 베이징 6-자 공동성명에 서명한 잉크도 마르기 전에 대북(조선)금융제재로 일 년 넘게 교착상태에 빠져있던 6-자회담은 중국의 중재로 북(조선)은 "선 금융제재 해제"에서 "선 해제보증"으로 미국은 "선 6-자 회담복귀"에서 "선 복귀 보증"으로 각각 양보함으로써 합의되었다. 그러나 전망은 그리 순탄치는 않다. 미국은 중간선거 후 대외정책의 변화는 불가피하겠지만 재개되는 회담에서 유엔 안보리 결의 1718호의 집행과 PSI의 확대강화 이에 대해서 북(조선)은 핵보유국의 대등한 입장에서 조 · 미 평화협정 체결, 주한 미국군 철거, 핵을 포함한 군비축소 등 한

(조선)반도의 평화를 위한 근본적 문제 해결을 위하여 물질적 조치를 요구할 것으로 전망된다. 위에서 소개한 김정일 국방위원장의 친서에도 언급된 '핵우산 철거'를 미국이 받아드리기에는 험난한 여정이 가로막고 있다. 북(조선)의 처지에서는 이것이 관철되지 않고는 핵무장을 포기한다는 것은 결코 존엄한 생존권을 포기한다는 것과 같다 할 것이다. 중요한 문제는 "북(조선)이 보유하였을 것으로 추정되는 50여 기의 핵무기가 아니라, 선제공격의 사를 공개적으로 표명하고 태평양과 한(조선)반도에서 핵전쟁 연습을 한해(1년)에도 300여 차례씩 실시하는 미국이 보유하는 7만 6천여 기의 핵무기이다.

미국이 전술핵무기를 처음 개발하였을 때, 그것을 제일 먼저 작전 배치한 지역이 남(한국)이었다. 1958년 1월부터의 일이다. 전술 핵무기를 동원하여 북(조선)을 초토화하려는 세계 최대 규모의 핵전쟁 연습을 1970년대부터 오늘까지 석 달이 멀다 하고 끊임없이 벌려왔던 지역도 남(한국)이다.

다음 글은 전자신문 2006년 10월 14일 자 '통일뉴스'에 실린 재미 석학 한호석 박사의 글을 인용한 글이다.

〈북(조선)을 선제공격으로 초토화시키겠다고 윽박지르는 부시 정부의 전쟁 의지는 한 · 미 국방장관들이 만나는 한미안보협의회(SCM)에서 미국의 '핵우산공약'을 재확인하는 것으로 끝나지 않는다. 저들의 전쟁 의지는 현재 이 시각에도 실제 행동으로 전개되고 있다. 이를테면 전시에 동해에 출동하여 북(조선)에 선제공격을 가하게 될 미 해군 7함대의 항공모함에서 발진하는 전폭기들에는 2kt급 전술핵 탄두를 장착하고 정밀타격을 가하는 단거리 공중발사 미사일(AGM-69)과 공대지 순항미사일(AGM-86)이 실려 있다 한다. 항공모함을 보위하는 미국 해군 순양함들에는 2kt급 전술 핵탄두를 장착하고 정밀타격을 가하는 '토마호크' 미사일이 발사 대기상태로 있다. 주일 미군기지에는 정밀타격을 가하는 지대지 순항 미사일(BGM-109G)이 작전배치 준비되어 있다. 어디 그것뿐일까 동해의 깊은 바닷속에는 핵탄두를 장착한 잠수함 발사 미사일 가득 싣고 오가는 미국의 핵 추진 잠수함들이 있고 평양 상공에 이르기까지 전폭기 항속거리 4시간밖에 걸리지 않는 괌의 앤더슨(Anderson) 공군기지엔 전술핵 폭탄을 장착한 정밀 유도무기를 실은 최신예 '스텔스' 전폭기들이 현재 시각에도 출격 엔진을 걸어놓고 발진명령을 기다리고 있다.

국방장관 럼스펠드(Rumsfeld)는 2001년 12월 31일 '핵태세검토보고서(Nuclear Posture Review Report)'를 연방의회에 제출하였다. 군사기밀문서로 분류된 그 보고서의 존재는 2002년 3월 9일 로스앤젤레스 타임스(Los Angeles Times)에 보도됨으로써 세상에 알려졌다. 주목되는 내용은 북(조선)이 그 가운데 첫 번째 공격대상이다. 지금 부시 정부가 밀고 나가는 해외주둔 미국군 재배치계획(Global Posture Review)이라는 것은 '핵태세검토보고서'에 나타난 선제 핵 공격 전략을 실전화하는 행동계획이다.〉

유엔 안보리 결의와 북(조선)의 계속 핵실험을 예고한 후에 PSI 강화를 위해서 아시아 제국 순방에 나선 미국 국무장관 라이스는 10월 18일 워싱턴 포스트 기자와의 회견에서 북(조선)이 핵실험을 계속할 때 미국은 어찌할 것인가? 질문에 대해 "미국은 동북아시아에 있어서 긴장을 악화시키는 조치를 취하지 않을 것이다. 우리는 이 위기상황이 더 이상 확대되는 것을 원치 않는다. 사실은 북(조선)의 그러한 행위에도 불구하고 긴장국면의 비확산이 우리들의 목표이다.(US would not take measures to exacerbate tension in North East Asia. We have no desire to see this crisis edscalate. Infact, it is our goal to see a de−escalatioon of this, despite North Korean action. Washington Post, 18October 2006.) 필자는 이 신문을 보면서 미국의 후퇴를 이미 예견하고 있었다.

6−자 회담의 재개는 그간 북(조선)의 꾸준한 조·미 양자 대화공세의 결실이며, 이제 6−자 회담이 재개됨으로써 전면적 대결로 치닫던 조−미 관계가 대화와 대결이 병존하는 국면으로 전환해 가고 있다. 하지만 낙관은 쉽게 할 수 없다. 그것은 미국이란 나라는 제34대 아이젠하워 대통령이 퇴임사에서 언급한 대로 군산복합체의 구조적 해체 없이는 미국의 장래는 어둡기만 하다. 전 세계 나라들의 국방비를 총 합친 금액의 반을 넘는 방대한 국방비 4,200억 달러 중 21.8%를 차지하는(2000년 예산통계) 소위 Big−5(록히드 마틴, 보잉사, 제너럴 다이나믹스, 레이시온, 노스롭 그루먼)라는 5−대 군수재벌이 금융재벌과 결탁하여 군과 정계를 움직여 국방비의 삭감을 방해할 뿐만 아니라 세계 도처에서 군비증강을 위하여 전쟁을 유발하고 정세를 긴장시키고 있기 때문이다. 요즘 미국의 여러 전자매체에는 미국의 양심적인 지식인과 평화를 사랑하는 진보적 논객들의 글을 자주 접할 수 있다. "아메리카 제국은 망해가고 있다. 곧 망할 것이다. 이대로는 더 이상 지속할 수 없다. 아무도 역사의 필연성을 거역할 수 없다."라고.

2. 분단극복과 통일을 위한 우리의 자세

(1) 북(조선)의 핵실험과 미 · 일 양국 그리고 우리의 통일 노력:

분단을 고착화시키고 북과 남, 남과 북의 반목과 대결을 조장하는 미국과 일본 그리고 이것을 방관하려는 주변국들에 둘러싸인 우리에게는 분단을 극복하고 통일을 쟁취할 강력한 무기가 있다. 그것은 바로 "우리 민족끼리" 외세의 간섭을 배제하고 남북(북남)이 화해 협력하여 통일의 길을 향하는 것이다. 바로 2000년 6월 15일 남북(북남) 정상 간에 맺은 〈6 · 15 공동선언〉을 민족의 생명으로 지키고 실행하는 것이다. 열핵무기로 북침 선제공격이란 미국의 위협에 핵으로 맞서야 하는 현실에서도 이것은 그 무엇보다 최 강력무기인 것이다. 우리 민족의 좌우명이라 할 〈6 · 15 공동선언〉은 오랜 분단의 질곡 속에서 우리 민족이 평화와 통일을 위하여 쉼 없이 부단히 싸워온 소중한 결과물이다. 선언은 1972년에 남북(북남) 당국자 간에 자주, 평화, 민족 대단결이란 통일의 3-대 원칙을 확약한 〈7 · 4 공동성명〉과 1991년 12월 13일 합의한 〈남북(북남) 사이의 화해와 불가침 및 교류협력에 관한 합의서〉와 민간운동에서 남북(북남) 그리고 해외동포 3-자가 연대하여 1990년대 온갖 탄압 속에서도 매해 치러낸 8 · 15 범민족대회 성과를 배경으로 하고 있다. 외세의 강요에 의하여 분단된 상황에서도 평화와 통일을 염원하는 우리 민족은 민과 관이 나름대로 애써왔다. 당국 간에는 한(조선)반도를 비핵화함으로써 핵전쟁 위협을 제거하고 우리나라의 평화통일에 유리한 조건과 환경을 조성하여 아시아와 세계의 평화와 안전에 이바지하기 위하여 1991년 12월 31일 〈한(조선)반도 비핵화에 관한 공동선언〉도 이뤄냈다.

이 선언은 첫 조항에 〈남과 북, 북과 남은 핵무기를 시험 제조 생산 접수 보유 배비 사용하지 아니한다.〉고 되어 있다. 그럼에도 불구하고 핵무장을 상비하고 있는 주한 미국군은 제 나라로 떠날 생각은 꿈에도 하지 않고 북(조선)에 대한 핵 침공 작전연습에만 열을 올리며 위협하고 있다. 그뿐만 아니라 한국에 대하여는 주한 미국군의 주둔비를 10배 이상으로 인상할 것을 강요하고 신형 재래식 무기도입을 또한 강요하고 있다. 그리고 북한(조선)만의 비핵화를 소리 높이 외치고 있다.

상황이 이렇게 되자 북(조선)은 2005년 2월 10일 핵 보유를 선언하고 지난 10월 3일에는 핵실험을 통하여 핵보유국임을 국제사회에 실증하여 보였다. 세계는 놀랐고 미국의 세계패권체제인 비확산조약(None Proliferation Treaty-NPT) 체제는 이제 결정적으로 붕괴하기 시작했다고 예고하고 있다. 유엔 안보리 상임이사 5개국 외, 인도, 파키스탄, 이스라엘, 다음으로 세계 9번째 핵보유국이 된 것이다.

북(조선)의 핵 보유는 이들 나라들의 핵 보유와는 다른 점에 유의해야 한다. "전 세계에서 북(조선)만이 유일하게 핵무장 강화조치를 지렛대로 삼고 제국주의 미국을 정치적으로 압박하면서 제국주의 세계체제에 균열을 내려고 끈질기게 싸운다는 것이다. 북(조선)이 핵무장을 단계적으로 강화하는 조치는 백악관 안보회의(NSC)를 단계적으로 압박해 들어가면서 주한 미국군을 철군하고 조·미 관계를 정상화하는 정치적 결단을 내리라고 강제하는 선군정치의 대미압박공세인 것이다."(한호석 박사의 앞의 논문에서

인용)

한(조선)반도의 비핵화를 남북(북남)당국 간에 합의하고 중국 베이징에서 북남(남북)이 참가한 6-자 회담이란 국제회의에서 2005년 9월 19일에 또 합의하였으면서도 불구하고 정세가 이렇게까지 역전된 이유는 명백하다. 위에서 언급한 대로 남쪽 땅을 이제는 75년 동안이나 점령하고 있는 미국이 정전협정을 위반하여 1958년부터 이 지역에 핵무기를 반입하고 북(조선)에 대한 핵 선제공격 협박정책을 감행한 데 기인하고 있다. 일본과 미국은 우리나라의 분단에 책임져야 할 나라들임에도 불구하고 우리의 통일을 방해하며 한(조선)반도의 긴장을 고조시킴으로써 자국의 이익과 패권을 찾고 있다. 미국의 비호하에 있는 일본 집권 세력은 우리 민족의 불행을 기뻐하며 한(조선)반도에서의 남북 대결과 동족상잔을 반기며 긴장 속에서 아시아 제패를 위한 군국주의 부활을 노리고 있다. 6 · 25 전쟁에서도 전쟁 이익의 단맛을 톡톡히 본 그들이다.

참고로 지금까지 확인된 핵보유국의 핵실험 상황을 소개한다.(2006년 현재)

1) 미국 - 1127회 핵분열, 핵융합실험(그중 중 217회 지상 실험). 2006년 8월 31일 네바다 사막에서 핵실험 하였고, 1996년에 체결된 포괄적 핵실험 금지조약(CTBT)의 비준을 거부하고 있음
2) 소련/러시아 - 969회(219회 지상 실험)
3) 프랑스 - 210회(50회 지상 실험)

4) 영국 – 45회(21회 지상 실험)

5) 중국 – 45회(23회 지상 실험)

6) 인도 – 파키스탄 – 13회(지하 핵실험)

7) 남아공 – 이스라엘 – 1979년 각 1회 지상 핵실험

8) 조선 – 2회(지하 핵실험. 첫 번째는 1998년 5월 30일 파키스탄 발루지스탄 사막 차가이 핵실험장에서 TNT 15– 18kt 폭발력을 가진 수직갱 지하 핵실험(연합뉴스 1998년 5월 31일 자), 두 번째는 2006년 10월 9일 함경북도 화대군에서 지하 갱 핵실험.

(2) 북(조선) 핵 문제와 중국:

중국과의 관계에 대하여 간략하게 살펴보려 한다. 북(조선)은 조·중 양국 집권세력이 일제 침략하에 항일 무장투쟁 전선에서부터 지난 조선(한국)전쟁에 이르기까지 혈맹관계에 있으나, 역사적으로 우리나라와 중국 간에는 많은 문제점들이 잠재하고 있다. 그 첫째는 오늘 중국정부의 '동북공정'에서 나타나는 역사 침탈의 근원인 영토 문제를 살펴보자. 중화인민공화국 역사 침탈인 "동북공정"에 대하여 '조선민주주의인민공화국 조선역사학회'에서 공식적인 항의와 비판을 누차 한 바 있다. 광활한 만주벌판은 원래 우리의 조상 고구려와 발해가 점유하던 옛터로서 특히, 조선정부(이조)와 중국(청국) 간에 시작된 국경분쟁지역인 간도 문제에 대하여 살펴보자.

간도(間島)란 만주 길림성 동남부에 있는 지역 중국에서는 연길도(延吉道)라 한다. 선비족(鮮卑族)이 지배했던 당(唐)나라와 신

라가 결탁한 라·당 연합침략으로 고구려가 멸망 후, 발해까지 멸망하여 이 지역에는 여진족(女眞族)이 거주하여 조선(이조) 초기에는 번호(藩胡)라 칭하여 조선에 조공을 바쳐왔으나 세력을 회복한 만주 여진족이 청(淸)나라를 건립한 후 조선 사람들이 많이 이주하여 조·청 간에는 오랫동안 한광지대(閒曠地帶)를 형성하여 있던 이 지역의 국경분쟁이 빈번했다. 1712년(숙종 38년)에는 조·청 간에 백두산 분수령 애매한 지점에 정계비를 세웠으나 이후 분쟁은 계속되어 오다가 1900년(광무 4년)에는 조선정부에서 '북변 간도 관리소'를 설치하고 군대를 주둔시키고 청나라에 대하여 간도 지역 영토권을 주장하였다. 1905년 일본은 조선정부와 을사늑약을 체결하고 이 지역 용정(龍井)에 통감부 출장소를 설치하고 간도가 조선 영토임을 확인하였다. 그러나 조선의 외교권을 틀어쥔 일본은 1909년에 '청·일 협약'을 체결하여 간도의 영유권을 청국에 넘겨주는 대가로 남만주 철도 부설권을 얻었다.

조·중 국경선과 관련된 에피소드 두 개를 소개한다. 하나는 2001년 8·15 해방 경축 민족 공동행사에 필자가 남측 대표단의 한 사람으로 평양을 방문하였을 때 북측의 배려로 비행기로 백두산 천지에 가 볼 수 있었다. 백두산 천지에 주재한 조선 인민군 여성 경비원의 말에 의하면 "백두산(중국에서는 장백산)의 영유권을 주장하고 있던 중국에 대하여 경애하는 김일성 주석님께서 주은래 중국 수상이 평양을 방문하였을 때, 조·중 국경선을 새로 획정하였는데, 천지의 삼분의 이(2/3)를 조선영토로 하는 새로운 경계선을 확정하였다고 소개하였다.

또 하나는 문익환 목사가 평양을 방문하여 김일성 주석과 면담하고 오시자 김포공항에서 당국에 연행되어 감옥살이를 하고 나와 필자에게 알리는 말씀에 의하면 북경에서 조선 민항기를 타고 평양으로 날아가는데, 압록강 상공에 가까이 오자 기내 안내양이 방송하기를 "승객 여러분 우리 비행기는 이제 조 · 중 국경 압록강 상공에 도착하였습니다."라는 방송을 듣고 밑을 내려다보니 압록강은 옛날같이 이 나라의 슬픈 역사를 아는지 모르는지 말없이 유유히 흐르고만 있었다. 순간 목사님은 울컥 치미는 슬픔과 울분으로 흐르는 눈물을 멈출 수가 없었다고 한다. 이 압록강이 왜 조 · 중 국경이란 말이냐! 하고.

김 주석님을(목사님은 꼭 김 주석님이라 부른다) 만났을 때, 이 이야기를 하였더니 한참 말없이 쳐다보던 김 주석님께서 두 손을 내밀면서 목사님의 손을 꽉 잡으면서 어쩌면 내 생각과 그리도 똑 같소! 하시더라는 것이다. 두 사람의 굳게 잡은 손은 한참 동안 풀릴 줄 모르고 침묵만 흘렀다고 말씀하시면서 "김일성 주석님은 공산주의자가 아니야. 나는 확인했어요. 김일성 주석님은 철저한 민족주의자야."라고 하였다. 여기에서도 우리의 역사인식과 오늘 진행되고 있는 중국의 '동북공정'이 의미하는 뜻을 음미할 수 있다 하겠다.

2006년 10월 16일 자 '동아일보'가 보도한 15일 북(조선) 핵실험 직후 중국 지도부의 반응을 전하는 홍콩 시사주간지 '야저우(亞洲)' 최신호에 실린 기사는 다음과 같다. "우리는 속았다. 북한의 핵무기는 언젠가 우리를 겨냥할지도 모른다." 특히 중국 지도부는 북한이 핵실험 하루 전까지도 중국을 속였으며 핵실험 당일에도 러시아보다 훨씬 늦게 사전 통보한 사실에 분개한 것으로 알려졌다. – 중략하고 후진타오(胡錦□) 중국국가주석 이하 당중앙정치국 상무위원회는 중국공산당 16기 중앙위원회 6차 전원회의(16기 6중 전회) 기간에 임시회의를 긴급 소집했다. 중국 외교부는 핵실험 2시간 만에 '제멋대로(悍然–한란)'라는 표현과 함께 "단호히 반대한다, 강력히 요구한다."라는 강력한 어조로 성명을 발표했다. 50여 년의 양국 역사에서 일찍이 찾아볼 수 없었던 강한 표현들이다. 중국 고위 관계자는 "우리는 북조선의 핵 개발 진척상황들을 전혀 모르고 있었다."라고 털어놓았다. – 중략하고 중국은 어느 때라도 조선이 총구를 중국으로 돌릴 수 있다고 우려하고 있다. 베이징의 한 군부 인사는 "중 · 조 국경의 영토분쟁은 항상 잠복해 있는 문제"라며 "김정일의 심중에 있는 향후 전략적 동맹국은 미국 러시아 일본 중국 순"이라고 말했다. 미국이 북한과의 양자회담 동의하는 날, 북조선은 중국을 배반하고 미국의 앞잡이로 '제2의 베트남'이 될 수 있다고 염려한다. – 하종대 특파원 보도

이렇게 어지러운 우리의 주변 국제관계의 와중에서 우리 민족이 헤쳐나가야 할 길은 오직 남과 북, 북과 남이 민족 자주 정신을 기반으로 굳게 단합해 나가는 것만이 나라와 겨레의 복리를 위하는 유일한 길임을 아무리 강조해도 지나침이 없으리라고 생각한다. 북과 남, 남과 북이 탄탄한 공조를 기반으로 국제사회와의 우호 친선 특히, 유엔의 절대다수를 점하고 있는 비동맹 중립국들과의 연대를 강화하면서 선린우호 정책을 슬기롭게 추구해야 할 것이다.

한동안 그렇게 악화되었던 조선과 중국 관계는 김정은 국무위원장의 반제사회주의 국제연대의 전략적 강화를 위한 창의적 이니시아티브(Initiative)에 의하여 이뤄진 시진핑 중국 국가주석의 초청으로 2018년 3월 25일-28일 김정은 국무위원장은 베이징을 비공식 방문하여 인민대회의장에서 양국 수뇌회담을 가졌으며, 2018년 6월 12일 싱가포르 센토사섬 카펠라호텔에서 김정은 국무위원장과 도널드 트럼프 미국 대통령과의 사상 초유의 단독, 확대 조 · 미 정상회담을 마치고 귀로에 6월 12일-20일 베이징에 들러 시진핑 국가주석과 인민대회의장에서 양 수뇌회담을 하시고 이튿날 조어대 국빈관에서 시 주석과 단독 회담을 가졌다. 그 후 2019년 1월 7일~10일 초청 국빈 방문으로 제4차 조 · 중 수뇌회담 후, 2019년 6월 19일~20일 시진핑 중국 국가주석이 김정은 조선국무위원장의 초청으로 평양을 국빈 방문하여 금수산 영빈관에서 양국 수뇌가 회담하였다. 시 주석은 국가주석 취임 후 처음으로 평양 방문하였다. 양 수뇌는 부부동반으로 5 · 1 경기장에서 거행된 대집단체조와 예술공연 "불패의 사회주의"를 관람하시고 환영연회에 참석하였다.

김 위원장은 시 주석과 함께 부부동반으로 평양 모란봉 기슭에 1959년에 건립된 조 · 중 우의탑(朝中友誼塔)을 참배하며 양국간 우의를 다졌다. 시 주석은 "오늘 우리가 함께 와서 참배한 것은 선열을 기리고 선대 혁명가들이 함께 싸운 영광스러운 역사를 되새기는 데 의미가 있다. 또한, 후대를 격려하고 중 · 조 전통을 기억하며 양국의 평화수호에 대한 확고한 결심을 세상에 보여주는 뜻도 있다"고 하였다. 그는 이어 "우리는 또 중 · 조 우의를 반드시 대대로 전승해 양국의 사회주의 사업을 발전시켜야 한다." 면서 "양국 인민에 더 많은 복을 주고 지역 평화와 안전을 촉진하며 번영을 증진해야 한다"고 강조하였다. 김 위원장 또한 "조·중 우의탑은 양국 우의의 금자탑"이라면서 "조선노동당과 정부, 인민은 조선침략에 맞선 중국인민지원군의 희생을 영원히 기억할 것이라"고 말하였다. 이어 "새로운 시대에 조·중 우의를 계승 발전시킬 것이며 양국협력을 강화하고 양국관계에 더 큰 성과를 내도록 노력할 것이라."고 하였다. 시 주석은 방명록에 "선열들을 기리며 친선을 대를 이어 전해가리!" 라고 남겼다. 그가 이날 진정한 꽃바구니에는 "중국인민지원군 열사들은 영생불멸할 것이다."라는 글귀가 적혔다.

조선중앙통신도 이날 보도를 통해 두 수뇌가 우의탑을 찾아 "조선 인민과 어깨 겯고 제국주의 무력침공을 물리치기 위한 성전에서 청춘도 생명도 다 바쳐 싸운 중국인민지원군 열사들을 추모해 묵상하셨다."고 전했다.

시 주석의 방조기간에 평양 시내 곳곳에 〈조. 중 친선 영원하리라! 朝中友誼萬古長靑!〉 현수막이 걸려 있었다.(자료제공: 연합뉴스)

3. 한국 정치 발전과 희망을 찾기 위한 시민사회조직의 역할과 책임

일본 제국주의 식민통치로부터의 해방과 더불어 미국군의 강점하에서 태어난 대한민국(남쪽)은 자유민주주의를 국헌으로 하면서도 태생적인 대미종속성으로 미국의 국익 앞에 예속된 역대 정권은 민족과 민중의 이익과는 만성적으로 충돌하면서 미국에 영합하는 군사쿠데타의 악순환 그리고 독재 정치하에서 민권은 탄압되고 민주주의는 유린되어 왔다. 거세찬 민중의 저항에서 무고한 민중과 수많은 양심적인 지식인들이 희생돼 갔다. 그래서 '민주주의는 피를 마시고 이뤄진다.'는 격언이 생겼다. 1960년 4월 혁명으로 이승만 독재정권이 무너지고 7 · 29 선거를 통해 집권한 민주당은 이승만 정권이 출범하면서 만든 독재정치의 무기인 국가보안법도 모자라 국가보안법을 보강 개악함과 동시에 반공법과 데모규제법을 만들려고 획책하여, 재야 범민주세력(39개 정당사회단체)이 총집결하여 '반민주악법반대전국공동투쟁위원회'를 조직하여 힘차게 싸워 1961년 3월 23일 시청 앞 집회에는 수만 명의 군중이 운집하여 횃불데모로 종로와 을지로를 누비며 대성황을 이뤘다. 당시 신문은 4월 혁명 이후 최대의 시위라 보도하였다. 하여 집권 민주당은 악법제정을 감행 못 하다 다음 해 박정희 군사쿠데타로 국가재건최고회의에서 민주당 원안대로 제정하였다.

1998년 대선에서 김대중 정권이 탄생하여 이 땅의 민주주의는 그 모습을 궤도에 올려놓게 되었다. 그러나 오랫동안 누진 적폐 되어 온 정치적 경제적 사회적 제 비리와 모순은 하루아침에 청산 개혁할 수 없는 난제 중 난제들이 앞을 가로막고 있는 것이 오늘의 현실이다. 100년이란 긴 세월 일 · 미 양 제국주의 지배하에서 젖은 이 땅의 사대 수구 예속세력은 아직도 이 사회의 정치 경제 언론 기타 문화 각 분야에서 지배적 지위를 놓지 않으려고 발버둥을 치며 그 시대 그 사상 – 사회적 소유권의 절대성, 시장경제의 불가침을 원칙으로 하는 이념, 반북 반공 냉전 이데올로기 등을 신주처럼 껴안고 시대의 흐름에 반동하고 있다. 민중은 치솟는 집값 교육비 의료비 비정규직이란 신자유주의 사회의 신노예로 전락 되어 생존의 위협마저 받고 있는 절박한 현상이다. 내년에 있는 대통령 선거를 앞두고 사회적 실권을 쥐고 있는 수구 지배 세력들은 잃었던 정치권력을 되찾으려고 기세를 올리고 있다.

미국의 NED(National Endowment for Democracy – 민주주의를 위한 국가기부금재단), 미국 중앙정보부(CIA)의 반공 해외공작금 남용이 악명 높아지자 그 명칭을 위장한 CIA 공작금이다. 이 자금이 이들 네오콘에 흘러들어 오면서(공공연한 대표적 예로는 대북 풍선 띄우기) 상황은 더욱 심각하다. 위기국면이라 해도 과언은 아니라 하겠다. 남북(북남)의 분단장벽을 더 높이고 반목과 대결을 더 고조시키려고 남북(북남) 화해 협력의 상징적 사업인 금강산 관광과 개성공단 사업마저 중단시키려고 획책하고 있다. 민중의 생존권 투쟁과 평화와 통일을 갈망하여 저항하는 통일운동에 대한 탄압을 더욱 강화하려고 한다. 이러한 사태의 엄혹한 상황에서 위선 통일운동진영은 모든 반전평화운동세력과 굳게 연대하여 평화를 유린하는 수구반동세력의 준동을 고립시키고 남북(북남) 당국 간의 합의한 통일의 이정표 '6 · 15 공동선언'을 높이 받들어 확고히 지키고 실현하기 위해서는 '통일연대' 그 후속 조직인 '진보연대'의 조직을 강화하고 남북 해외 3–자 연대 범민련 조직과 6 · 15 공동위원회를 더욱 확대 강화해야 한다. 그러기 위해서는 범민련과 범청학련을 위시한 제 '이적단체'의 합법화를 위한 투쟁과 국가보안법 철폐투쟁을 계속 끝까지 투쟁 쟁취해 나가야 한다. 도대체, 자주적 평화통일의 대상인 북(조선)을 〈적〉이라 규정해 놓고 어찌 평화적 남북통일이란 말을 할 수 있단 말인가! 국가보안법은 이승만 '단독정부'의 '북진 통일' 정책의 존재할 수 없는 역사적 폐물이다. 미국과 일본이 우리 한(조선)반도의 평화와 통일을 위협 방해하는 한, 우리는 항미 항일 투쟁의 고삐를 조금도 늦춰서는 안 될 것이다. 미국의 내정간섭과 한 · 미 · 일 합동 군사연습도 즉각 폐지해야 한다.

이 모든 것을 위하여 우리가 주목해야 할 정당이 있다. 위에 열거한 제민족 민주단체와 통일연대의 후신인 진보연대 등이 절대 지지하고 있는 민중당에서 얼마 전에 〈진보당〉으로 개명한 이름 그대로 진보정당이다. 이 당의 강령 전문과 강령의 중요 부분을 소개한다.

〈일하는 사람이 주인인 나라 "자주 국가. 평등사회. 통일 세상을 향해"

진보당은 자주와 평등, 통일의 기치 아래 민족자주시대, 민중주권시대. 항구적 평화시대를 개척하는 민중의 직접정치정당이다. 진보당은 동학농민혁명과 3 · 1 운동, 4 · 3 민중항쟁, 4 · 19 혁명, 부마항쟁과 5 · 18 민중항쟁, 6월 민주항쟁과 7 · 8 · 9월 노동자 대투쟁, 촛불 혁명 등을 도도히 이어 온 민중투쟁의 역사와 정신을 계승한 정당이다.

진보당은 진보정당 운동의 역사와 정신을 계승하고 성찰하면서 촛불 혁명 정신으로 모든 민중의 단결을 실현하여 진보 집권으로 나아간다. 진보당은 일하는 사람이 주인이 되는 자주 국가를 건설하고, 모든 분야에서 평등사회를 실현하며, 민족이 하나가 되는 통일 세상을 실현한다.

1. 특권과 부패의 정치를 타파하고 직접민주주의를 구현하여 민중 주권 시대를 완수한다.
2. 일제 식민지배의 잔재를 청산하고 불평등한 한미관계를 해체하여 민족의 자주권을 확립한다.
3. 우리 민족의 힘으로 남북 사이에 합의한 모든 공동선언을 이행하여 자주, 평화, 번영이 보장된 중립적 통일국가를 건설한다. – 4.에서 9.까지 – 중략
10. 세계 진보적인 국가, 정당, 단체, 인사와 국제연대를 실현하고 공영과 평화가 넘쳐흐르는 인류공동체를 구현한다.〉

로 되어 있다.

자랑스러운 진보당과 김재연 상임대표와 모든 진보당원 동지들의 건강을 기원하며, 진보당의 무궁한 발전과 영광스런 승리를 축원한다. 진보당 만만세!!

문재인 대통령과 김정은 국무위원장이 서명한 2018년 4월 27일에 〈한(조선)반도 평화와 번영 통일을 위한 판문점 선언〉과 동년 9월 19일 〈평양 공동선언 2018년〉 및 부속 합의서 〈판문점 선언 군사 분야 이행 합의서〉는 한국 갤럽 여론조사에 따르면 판문점 선언 직후인 2018년 5월 첫 주, 문재인 대통령의 국정 지지도는 83%를 기록했다. KBS가 4월 30일에 한 긴급여론조사는 94.1%의 국민이 판문점 선언을 긍정적으로 평가했다. 온 겨레

의 절대적 지지이다. 이것은 또한 문재인 정부를 탄생시킨 '우리의 국익 우선'이란 '촛불민심'의 발로이다. 이에 놀란 미국은 파렴치한 내정간섭인 승인장치 (한 · 미 워킹그룹 – US–ROK Working Group)를 만들어 우리나라의 자주적 평화통일의 진척을 가로막고 있다. 미국 대통령 트럼프는 이 기구를 만들고 "한국은 남북관계 합의 사항은 매사 미국의 사전승인(Prior Approval)을 받아야 한다."고 했다. 이에 대하여 문재인 정부는 독립 국가에 대한 내정간섭이라 항의하는 사람 한 사람도 없다. 참으로 부끄럽고 개탄스런 일이다. 미국은 이 '워킹그룹'을 이용하여 평화와 통일을 지향하려는 세력의 집권을 훼방하는 수단으로 활용하고 있다. 하여 작금의 문재인 정부의 여론지지도는 바닥을 치고 있다. 지난 4월 7일 시행된 서울, 부산 시장 보궐선거에서 집권당의 참패는 이것을 웅변하고 있다.

미국의 내정간섭과 군사기지 확장에도 반대투쟁을 계속 강화해야 할 것이며, 이 땅에서 장차 외국 군대의 군화 발자국이 없는 날을 앞당겨야 할 것이다. 우리 남쪽에 자주적인 민주 정부를 수립하는 문제는 우리 조국 강토에 평화를 확보하는 문제이며, 분단을 극복하고 통일조국을 이루려는 의지는 아무도 거역할 수 없는 성스런 역사적 과제이다.

7 · 4 남북 공동성명(1972년), 6 · 15 공동선언(2000년), 남북 관계 발전과 평화 번영을 위한 선언(2007년 10월 4일), 한(조선)반도 평화와 번영 통일을 위한 판문점 선언(2018년 4월 27일), 9 · 19 평양 공동선언(2018년) 및 군사 분야이행 부속합의서, 등은 우리 민족의 귀중한 역사적 문건으로서 국회 비준과 유엔 등재하여 국

제적 보장 하에 남북 당국은 절대로 준수 이행하여야 한다.

그리하여 어느 일방이 타방을 먹거나 먹히지 않는, 어느 일방이 타방을 지배하지 않는, 서로 반목 대립하지 않고 화해 협력하는, 통일된 하나의 민족에 하나의 국가, 북은 사회주의 평등의 나라, 남은 자본주의 자유 민주의 나라, 두 개의 양 체제가 평화적으로 공존하며 협력하는 세계가 부러워하는 이상적인 통일국가를 형성하여 어느 강대국에도 예속되지 않는 비동맹 중립주의 외교 정책으로 국제적 연대와 친선을 강화하여 세계평화에 이바지하는 자주의 나라, 문명의 나라는 결코 허황한 꿈이 아니다. 그것은 우리들의 결의와 현실이며 실존이다. 어서 오라 그날이여!

4. 문학 작품 속에서 나타난 정치학적 리더십

필자는 아시는 바와 같이 문학인이 아니다. 주어진 제목이기에 순서를 마지막으로 옮겨 문학에 대한 소견을 지면상 간략하게 피력하고자 한다. 통속적으로 문학은 자연과 사회에 대한 인간의 사상과 정서 감정 다시 말하면 인간의 이성과 감성을 문자를 통해 표현하는 작품에 관한 학문을 말하며, 이 작품 창작에 종사하는 사람을 문학인 혹은 문학가라 한다. 인류 문화 발전에 있어 문학인들은 나라마다 위대한 공적을 세워 존경과 추앙을 받고 있다. 그러기에 "펜(文)은 칼(武)보다 강하다(The Pen is mightier than the sword!)."는 말을 아무도 부인하는 사람은 없다. 문학은 작가의 관점에 따라 묘사되는 작품세계가 다르며, 그 장르(Genre)와 모티프(Motif)가 달라진다. 오늘 우리 겨레가 처해 있는 현실에서 가장 중요한 시대 정신과 문학인이 가져야 할 관점은 분단에서 위협받는 반전평화와 자주통일이라 생각된다. 이러한 관점에서 활동하는 문학인을 우리는 민족작가라 칭하며 존경하고 있다. 민족작가가 지향하는 작가 정신은 편협한 부르주아 민족주의(Bourgeos Nationalism) 범주에 견제된 퇴행적 사상의 포로가 아니라, 평화 평등 자주의 세계적 사조와 시대 정신을 근간으로 우리 민족이 처한 불행한 현실에서 분단을 극복하고 통일을 지향하는 민족운동에 기여하는 문학, 그것은 위대한 민족예술로 승화할 것이다. 지난달(2006년 10월) 금강산에서 남북(북남) 문학작가들이 분단 60년 처음 모여 민족문학 작가조직을 결성한 점은 또 하나의 우리 민족 모두의 기쁨이며 희망이 되고 있다. 오랜 시간 경청해주셔서 대단히 감사합니다. 끝.

끝으로 이 강연은 제가 평소에 존경하며 친히 지내고 있는 동국대 교수인 강정구 박사와 함께 출연하였는데, 청강인 중에서 누군가 강연이 끝난 후 강 교수님과 본인이 오늘처럼 함께 전국 순회강연을 계속해 주시면 좋겠다고 하여 우레와 같은 박수를 받은 바 있어 이 기회에 강 교수의 강연문 중 일부를 함께 올리겠다. 제목은 〈탈냉전 통일시대 한국사회의 지향〉이다.

2021년 5월 수정 작성

==

[탈냉전 통일시대 한국사회의 지향]
– 냉전 성역 허물기와 관념론적 이상주의 지식인의 자성

동국대학교 사회학과 강정구

1. 냉전 성역 허물기

지난 반세기 이상 우리 사회는 극단적인 냉전 분단체제 이래 남북이 서로를 원천적으로 적대 및 부정(否定)하여 상대방에 극단적인 덧칠을 가하여 악마화하고 자기 것은 절대적인 선으로 미화하거나 신성시해 왔다. 이 과정에서 누구도 감히 손댈 수 없는 성역, 곧 금기 영역이 형성돼 왔다. 이 금기 영역인 냉전 성역(cold war sanctuary)을 잘못 이야기하거나 학문 주제로 삼았다가는 누구든 옥살이나 죽음을 강요당할 정도로 그 시련 또한 가혹했다. 비록 이러한 극단적 상황은 1987년 6월항쟁 이후 민주화가 진척되어 상당히 개선되긴 했지만, 금기 영역은 아직도 엄연하게 존속하면서 위력을 떨치고 있다.

냉전 성역의 문제점은 그 기반이 구체적인 경험적 사실에 의해 검증이라는 절차를 받은 과학적 지식이 아니라 종교적 신념과 같은 맹목적 냉전 이념인 반공이데올로기라는 점이다. 반(反) 과학적이기 때문에 반(反) 합리적이고, 맹목적이기 때문에 극단적이고 폭력적이며, 이분법이기에 내 편 아니면 적으로 삼고 있다. 이 냉전 성역에는 공식적인 단일 표준 정답과 해석만 허용되는 파시즘(fascism)이 지배한다. 이 결과 통일시대에 접어들었으면서도 남북 간의 진정한 화해, 협력, 평화와 통일이 원천적으로 가로막히게 되고 학문사상의 자유 등 민주주의의 기본이 침해받게 된다. 이 냉전 성역은 무엇보다 과학적 검증을 받게 되면 곧바로 그 허구성이 드러나게 된다.

서해 교전과 같은 무력충돌이 일어날 경우 맹목적 냉전 성역화는 더욱 강화되고 재생산되어 민족의 화해 · 협력과 평화 · 통일을 가로막는 주범으로 작용하면서 새로운 냉전 성역을 생성하고 기존의 것을 재 강화하기도 한다.

이 냉전 성역은 한국전쟁, 친일파청산, 정통성, 항일무장 투쟁, 한국 전쟁 전후 민간인 학살, 주한 미군, 연방제 통일, 주체사상, 김일성, 김정일, 민족자주, 평화협정, 서해의 북방한계선 등과 같이 우리 사회의 구석구석에 포진하고 있다.

한국전쟁을 보기로 들어보자. 우리 사회에서는 전쟁이 끝난 지 약 반세기가 가까워지는 지금까지 한국전쟁은 금기의 영역 또는 성역으로 자리 잡고 있다. 비록 그것이 순수한 학문적 접근이라 할지라도 철저히 장막이 쳐 있다. 언제나 공식적인 '표준정답'이 있어 이에 조금이라도 이탈되면 중세 암흑기의 마녀사냥과 색깔론이 춤춘다. 그런데 이 표준정답은 무조건 한국전쟁에 관한 한 북한은 악(惡)의 화신이고 남한과 미국은 선(善)의 화신이라는 절대적 이분법으로 역사적 진실과는 거리가 멀 수밖에 없는 왜곡이 자리 잡고 있다.

이러한 광기 어린 마녀사냥과 색깔론의 표적은 대통령이라고 예외는 아니다. 김대중 전 대통령이 2001년 9월 28일 국군의 날 기념사에서 언명한 아래와 같은 한국전쟁의 해석은 한나라당 국회의원 안택수로부터 대통령직 하야 요구까지 받았고 주류언론의 집중포화를 맞았다. 한나라당 대변인은 "군 통수권자인 대통령이 엄연히 북한의 적화통일 야욕에 의한 남침을 '통일시도'로 평가하다니 대통령의 사상과 역사 인식을 의심치 않을 수 없다"고 비난했고, 자격이 의심받는 김영삼 전 대통령은 "남침을 합리화시키려는 북한 공산주의자들의 전략전술을 그대로 인정하고 대변하는 논리로, 김대중 씨의 사상과 정체를 드러내 보인 것"이며, '이는 반민족적 범죄집단인 북한에 정통성을 부여하려는 의도이자, 이 나라를 공산 독재자인 김정일에게 바치려 하고 있는 것'이라고 비난했다 한다(《조선일보》, 2001.10.04.).

우리 역사를 되돌아보면 세 번의 통일 시도가 있었습니다. 신라의 통일과 고려의 통일, 이 두 번은 성공했습니다. 하지만 세 번째인 6·25 사변은 성공하지 못했습니다. 그런데 이 세 번 모두가 무력에 의한 통일 시도였습니다. 그러나 이제 네 번째의 통일 시도는 결코 무력으로 해서는 안 됩니다. 반드시 평화적으로 해야 합니다. 지금은 남북이 엄청난 대량살상무기를 가지고 대치하고 있기 때문에 우리는 민족의 안전을 위해서나 장래의 번영을 위해서 반드시 평화통일에의 길을 가야 할 것입니다.

김대중 전 대통령이 분단 이후 처음으로 대북한 햇볕정책을 펼치면서 대두된 이러한 주제들은 탈냉전 시대와 통일시대를 맞아 민족의 숙원인 민족화해와 협력, 평화와 통일을 일구어내기 위해서는 필수적으로 다뤄져야 할 연구주제이다. 그래서 더 이상의 성역 없이 역사의 진실과 실재(實在)가 밝혀지고, 올바른 평가가 이루어지고, 냉전 논리에 의해 왜곡된 것이 시정되고 극복되어야 한다. 이 바탕 위에서만 진정한 남북의 화해 · 협력 및 평화 · 통일의 행로가 펼쳐질 수 있을 것이다. 6 · 15 남북공동선언 1-2항은 자주적 통일과 남북 통일방안의 공통성을 각기 결합한 통일방안에 합의함으로써 통일시대와 평화시대를 본격적으로 열었다. 이 통일시대는 위와 같은 금기 주제에 대한 '성역 허물기'를 더욱 더 절실히 요구하고 있다. 왜냐면 일방적으로 왜곡된 상대방에 대한 이미지로는 진정한 화해와 협력이 이루어지기 힘들고, 이러한 화해와 협력 없이 평화와 통일은 요원해지기 때문이다.

일본 교과서의 왜곡이 한 · 일 간의 진정한 화해와 협력을 어렵게 만들 듯이 남과 북이 이제까지 걸어온 발자취를, 곧 서로 상대방을 일방적으로 매도해 온 것들을, 역사의 진실과 올바른 평가로 대체하지 않고는 진정한 화해나 협력 및 평화와 통일은 불가능할 수밖에 없다.

통일시대의 중요한 과제인 평화문제를 보기로 들어보자. 진정한 한반도 평화를 위해서는 평화의 핵심 구성분야인 주한 미군, 남북군사력 비교와 군축, 평화협정, 미국의 대한반도 정책, 한반도 전쟁 위협사 등의 주제가 수박 겉핥기가 아니라 본질적으로 또 포괄적으로 연구되어야만 한다. 곧, 주한 미군의 철군이나 군사비 50% 감축 등의 논의까지도 제약 없이 허용되어야 한다.

통일 부분 역시 마찬가지다. 우리의 민족통일에 부당하게 개입하고 걸림돌이 되는 경우 외세개입은 단호히 배격되어야 한다. 그러나 이러한 대외적 자주노선은 비록 보편적 원칙이라 하더라도 미국이 관련되면 갑자기 국가보안법에 의해 반미 자주 노선으로 인식되고 단죄의 대상이 된다. 이러한 현주소 아래서 냉전체제 해소에 대한 실질적 논의는 제대로 이루어질 수 없고 해소 또한 구현될 수 없다.

연방제 또한 마찬가지다. 남측의 대표적인 민간통일방안이라 할 수 있는 김대중, 문익환, 김낙중의 통일방안 모두 연방단계를 설정하고 있다. 북한의 공식적인 고려민주연방공화국(이하 고민연) 통일방안 역시 1980년 제창 당시와는 달리 '느슨한' 또는 '낮은 단계'의 연방제로 본질적인 변화를 보이고 있다. 그런데도 연방제 통일방안을 이곳 남녘땅에서 주장하면 천편일률적으로 북한의 1980년대 고려민주연방 공화국 통일방안과 동일한 것으로 간주하여 사법 처리 운운하게 된다.

6 · 15 선언 이후 본격적인 통일시대와 평화시대를 맞아 이제까지 냉전 성역으로 머물러 있었던 한국전쟁, 주한 미군, 주체사상, 연방제 통일방안, 남북한 정통성 등이 본격적으로 연구되어야 한다. 이 '냉전 성역 허물기'는 바로 민족학문과 비판학문의 정체성이 요구하는 논리적 귀결이고 동시에 우리의 민족사, 특히 6 · 15선언 이후 통일시대의 요구이기 때문이다.

6 · 15 선언 이후 냉전 성역의 정도가 완화된 점은 인정하지만, 아직도 초보단계에 지나지 않는다는 점이 필자도 관련된 2001년 8 · 15 방북단 사건을 계기로 확인되고 작년에 재발된 필화사건에서도 재확인되었다. 잠재해 있던 냉전의식과 냉전세력은 언제나 결정적인 계기가 조성되면 바로 표출되어 그 위력을 발휘하고 민족사의 흐름을 퇴행시킬 수도 있다는 점이 입증된 셈이다.

이러한 냉전 성역의 견고함과 통일 미성숙이라는 현주소 속에서 앞으로 유기적 및 비판적 한국학의 과제는 여전히 평화 · 통일에 필수적으로 연관된 주제를, 비록 성역이라 하더라도 학문연구 대상으로 삼아 역사의 진실을 밝히고 통일 · 평화 지향적인 역사 인식을 확장시키는 것이다. 이를 통해 평화 · 통일 행로를 개척하면서 우리 사회에 굳건히 내재해 있는 분단 · 냉전의식을 통일지향 의식으로 바꿀 수 있는 토대를 만들어 나가는 것일 테다.

2. 핵실험에 즈음한 진보진영의 관념론적 이상주의

이러한 냉전 성역 허물기와 더불어 진보진영 내부에서도 값은 자정이 요구된다. 지난 10월 9일 발생된 북 핵실험을 둘러싼 진보진영 내부에서 보여주는 급진 진보지식인의 이상주의적 관념론이다.

이들 관념론자들은 최근 진보진영 일부에서 북한 핵실험을 자위권적 행위로 불가피한 측면이 있다고 분석하는 것을 진보의 자살행위로 단정하면서 진보의 위기로까지 진단하곤 한다. 덧붙여 "진보와는 거리가 멀어도 한참 먼" 북한이 핵실험까지 했으니 북한이란 존재 자체가 남한 진보세력 성장의 최대 걸림돌임을 굳혀준 셈이라고 보곤 한다.

역사진보에 평소 많은 부분을 공유하고 함께 고뇌하여 왔지만 이번 핵실험을 두고 이 같은 주장을 펴는 진보위기론 지식인, 이들은 대부분 이상주의 관념론에 빠진 진보주의자들로 참 이해하기 힘들다. 단적으로 이들 위기론자들은 평소에는 남북 관계나 한반도 평화통일 등에 별로 심층적인 고민과 관심을 갖지 않다가 특정 사건이 터지면 충분한 논거 없이 섣불리 단정적인 결론으로 치닫는 성급함과 오류를 범하기 때문이다. 이 결과 이들 목소리는 급진 지식인의 관념성으로 비쳐 공허하기까지 하다.

핵실험이나 핵 개발이 진보와 배치되는 것은 핵 자체의 문제라기보다 무기화되어 생명-평화권을 대규모로 파괴하는 속성 때문이다. 생명-평화권은 인권의 핵심이며 다양한 진보영역 가운데 으뜸가는 영역이다. 이렇다면 부시 정권 이후 연례행사로 지속되는 대북 전쟁위협에 자위권을 확보해 생명-평화권을 지키려는 북한의 대응은 당연한 권리 행사다.

평화적 수단에 의해 생명·평화권을 추구해야지만 부시 미국은 8년 이상 지속해 온 10·21 제네바 합의를 우라늄 핵 개발의 증거를 제시하지 못한 채 일방적으로 파기했고, 3년 이상 끌어온 6자 회담에서도 해결 의지를 전혀 보이지 않았다. 또 지속적으로 평화적 수단에 의한 평화 만들기인 직접대화는 거절하고 있다. 더 나아가 '일본재단'이 올해 초 밝힌 것처럼 작전계획 5030과 북한인권법 등을 내용으로 하는 대북 장기 고사 작전인 저강도전쟁은 2003년부터 시작돼 최근 더욱 기승을 부리고 있다.

출구가 없는 이런 상황에서 선택할 수 있는 대안을 제시도 못하면서 핵실험 자체만을 원천적으로 비난하는 것은 관념적 진보 지식인의 전형이다. 더구나 북한은 한반도 비핵화 목표를 명확히 하면서 핵실험 카드를 생존전략의 수단으로 삼고 있을 뿐 핵무기 보유 자체가 목적이 아님을 지속적으로 밝혀 왔다. 핵무기 보유 국가 중에 조건만 충족되면 핵무기를 포기하겠다고 '공언한' 국가가 북한을 제외하고 있기는 한가? 북은 지금 이 순간에도 금융 제재만 풀리면 6자 회담에 복귀해 평화적 수단에 의한 평화 만들기를 계속하겠다고 주장하고 있다.

비난에 앞서 북에 대해 추가 핵실험 중단을 요구하고 미국에게는 막무가내식 대북압박정책을 포기하라는 압력을 높이는 것이 순리일 것이다. 동시에 "끊임없는 미국의 대북 적대정책이 없었다면 과연 북한이 핵실험을 했을까?"라는 반 사실적 역사추론을 하면서, 필자는 이를 학문적으로는 역사추상형 방법론으로 개념 정의를 했지만, 자기 성찰을 하기 바란다.

또한, 핵무기의 반진보성과 위험성을 그렇게 잘 인지하면서도 이 땅의 지식인은, 특히 이들 관념론적 이상주의 진보지식인은 58년 이후 91년까지 남한에 배치된 700~1,300개의 핵무기, 68년 푸에블로호 핵전쟁 위기, 94년 영변 핵위기와 98년 금창리 핵위기 등 핵전쟁으로 치닫는 위기상황, 부시 집권 이후 연례행사로 진행되는 한반도 전쟁위기 시리즈, 선제 핵 공격 0순위로 북한을 지목한 '02년의 핵 태세 보고서 등을 얼마나 심층 깊게 학문적으로나 실천적으로 다루고 자기 자신의 문제로 여겨 고뇌했는지 반문해 봐야 할 것이다.

이런 미국 주도의 핵무기와 핵전쟁 위협일랑 줄곧 외면하고 미국과 중국의 핵실험에는 침묵하다 북한 핵실험에는 야단법석을 떠는 것은 부끄러운 진보위기론의 자화상이다. 골리앗의 횡포와 이를 막기 위한 다윗의 조건부 생명-평화권 수호를 양비론과 상호주의를 넘어 다윗을 더 세차게 몰아치는 식으로 평가하는 편향은 정말 안타깝다.

이들 진보위기론자들, 곧 관념론적 이상주의 진보지식인은 북 핵실험의 불가피성을 인정하는 분석을 펼치는 다른 진보진영, 대안·현실 지향 진보주의에 대해 국민들이 북한과 이 남한 진보세력을 "그 놈이 그 놈"으로 한 묶음으로 본다지만 다른 국민들은 미국의 핵 패권주의와 미국 주도 전쟁위기에 대응한 방패막이 확보로 핵실험을 이해하고 있음을 놓치지 말아야 할 것이다.

거듭 말하지만 많은 국민들은 현실적 대안 제시나 구체적 역사에 걸맞는 창조적 적용 없이 교조적인 진보기준만 들이대기만 하는 순진한 관념론적 이상주의 진보지식인의 체현으로 진보위기론자들의 주장을 해석하고 있다.

우리 모두가 원하는 것은 남북은 물론 미국과 중국도 핵무기 없는 그래서 미국 중심의 핵 패권주의 위협이 소멸된 세상을 만드는 것일 터이다. 그러나 현 상태로 이를 구현하는 것은 거의 불가능하다.

북 핵실험을 계기로 미국 중심의 핵무기 비확산 조약(NPT) 체제의 한계가 더욱 잘 드러났다는 분석과, 이제는 미국 등 핵 패권국가들이 이미 1970년 NPT 출발 당시 약속했던 핵 군축과 지구촌 비핵화에 나서야 한다는 주장이 많은 사람들의 공감을 자아내는 모양이다.

역사에서 일시적이고 부분적 뒷걸음을 궁극적이고 총체적인 뒷걸음으로 과대 일반화하는 지나친 교조주의는 삼가야 할 것이다.

오늘날 탈냉전 통일시대는 냉전 성역 허물기와 동시에 우리 진보진영 내부에서도 북한 문제만 대하면 갑자기 관념론적 이상주의 급진 진보지식인이 되어버리는 자기 모습을 스스로 깊이 반성할 것을 요구하고 있다. 이 시대적 요구와 책무를 우리 함께 보듬고 나가야 할 것이다.

:: 02 ::

5 · 24 조치와 대북 제재

〈 그림293: 천안함 침몰상황ⓒ중앙일보(2010.3.29.) 〉

김대중 · 노무현 정권 시기, 무죄판정을 받았고 배상금 결정으로 국가로부터 다소 위로를 받았던 인혁당 가족들은 이명박 · 박근혜 정권을 거치면서 물질적인 고통을 다시 받게 된다. 소위 이자고문이다. 민주, 통일인사와 그 가족들이 고난의 시절로 다시 돌아간 것이다. 이 두 정권은 북조선과의 관계를 과거로 돌리면서 통일운동의 씨앗 자체를 말살시키고자 했다. 시작은 금강산 · 개성관광 금지에 이어 천안함 침몰을 북측의 소행으로 규정한 5 · 24 조치였다. 그 과정을 살펴보자.

2010년 3월 26일 21시 22분, 대한민국 해군 제2함대 소속 포항급 1,200톤급 초계함 '천안함'이 침몰했다. 승조원 58명은 곧 구조되었지만 함미에 있던 나머지 48명은 실종되었다. 한국전쟁 후 최대의 해군

사상자를 초래한 이 사건으로 인해 대부분의 국민들이 충격에 빠졌다. 당연히 진상규명에 대한 목소리가 높아질 수밖에 없었다. 침몰 사흘 후, 「중앙일보」는 추정되는 폭발원인에 대해 그래픽을 통해 설명했다.[1] 정리하면 다음 표와 같다.

[표26: 천안함 침몰상황과 원인]

추정되는 폭발원인			전문가 반론
내부폭발	기름증기 폭발	함정 밑바닥에 깔린 기름에서 올라온 기름증기가 폭발했을 가능성	폭발해도 화염이 잠시 지나가는 수준
	폭뢰 폭발	천안함 선미에 탑제된 폭뢰가 터졌을 가능성	폭뢰는 평소 뇌관분리, 폭발 시 연쇄 폭발음 발생
외부폭발	어뢰	북한의 반잠수정 등에서 발사된 어뢰에 의해 폭발했을 가능성	폭발 당시 북한 잠수정 잠입 동향 포착 안 됨
	기뢰	해상에 부설해 두었던 기뢰에 의해 폭발했을 가능성	북한의 기뢰 설치 동향 감지 안 됨

「중앙일보」의 기사는 '좌초 후 침몰'이라는 중요한 가능성 하나를 누락시켰다. 같은 날 「오마이뉴스」는 "현재 군은 자체 폭발이나 암초 충돌 등 천안함의 침몰 원인이 단순사고에 의한 것일 가능성이 높은 것으로 보고 있지만, 사고함이 어뢰나 기뢰에 접촉하여 외부 폭발을 일으켜 가라앉았을 가능성도 배제하지 않고 있다는 입장이다. 군 관계자는 현재로서는 침몰의 직접적인 원인이 된 것으로 알려진 선체 밑바닥 구멍이 사고원인을 밝혀낼 수 있는 유일한 단서로 일단 사고 선박에 대한 인양이 이뤄져야 정확한 사고원인을 파악할 수 있을 것으로 판단된다고 밝

1 [그래픽] 천안함 침몰 상황, 「중앙일보」, 2010.3.29.

혔다."[2]라고 보도함으로써 군이 '암초 충돌의 가능성'을 높게 보고 있음을 기사화했다. 아무튼, 사건 초기에는 침몰 원인으로 좌초를 비롯해 내 · 외부 폭발 등 여러 가능성을 추정한 보도가 쏟아졌다. 다만 북한군 개입 가능성은 대부분 낮게 보았다. 외신도 부정적으로 보았다. 외신을 포함한 당시 국내 언론의 천안함 침몰 원인에 대한 보도를 정리하면 다음과 같다.

[표27: 천안함 침몰 보도 목록]

날짜	보도매체	청와대 및 국방부	외신
3.26	YTN	해군 작전 중 침몰‥인명피해 발생, 군 당국은 자세한 사고원인 조사 중	
	연합뉴스	해군 초계함 서해서 침수‥긴급 안보장관회의, 선미 쪽에서 원인 미상의 폭발	
	머니투데이		외신, 해군 초계함 침몰소식 잇따라 타전, 침몰 원인은 아직 밝혀지지 않았다
	연합뉴스	靑 "현재로선 북한 연계 여부 확실치 않다"	
3.27	뉴시스	합동참모본부, 원인을 알 수 없는 사고로 함정 밑바닥에 구멍이 뚫리면서 침수돼 침몰하고 있다.	
	아시아경제	합동참모본부, 백령도 포 소리는 '인명 구조용 조명탄'	
	노컷뉴스	군 소식통, 북 공격 가능성 확인 중	
	이데일리	서해서 초계함 침몰‥靑 "北 연계 여부 불확실"	
	머니투데이	KT 백령 지사장, 백령도에 긴장감이 돌고 있지는 않다	
	노컷뉴스	해군, "북 공격 가능성 등 원인 파악 중"	
	연합뉴스	합참정보작전처장 이기식 준장, 질문 안 받습니다!	

2 [초계함 침몰 현장① 1-9신] 해군 해난구조대 투입, 침몰 원인 밝혀지나?, 「오마이뉴스」, 2010.3.26. 23:12/최종 업데이트 2010.3.29. 22:49.

	머니투데이	CNN, 사고 원인은 아직 확인되지 않았다
	연합뉴스	日언론, 서해 상황 민감하게 반응
	연합뉴스	군 일각에서는 선미 쪽에 구멍이 난 것으로 미뤄 북한의 어뢰정 등에 의한 공격 가능성을 제기하고 있지만, 합참은 확인되지 않았다면서 신중한 반응을 나타내고 있다.
	연합뉴스	불 밝힌 국방부, 원인 미상의 폭발로 인해 침수 중
	MBN	AP와 로이터, 교도 통신‥해당 함정이 북한 선박으로부터 공격을 받았을지도 모른다는 국내 언론의 보도를 인용
	경향신문	해군 "사고 함정 조사해봐야 원인 파악 가능"
	연합뉴스	美정부 반응 신중‥언론 사실 위주 속보
	조선일보	해군 '천안함' 침몰…청와대 "북 공격 가능성 낮아"
	동아일보	초계함 선미에 구멍, 공격받았을 가능성
	국민일보	자체 폭발? 암초 충돌?…정부 원인 규명 밤새 긴박
3.27	뉴데일리	현재까지 거론되고 있는 천안함의 침몰 원인은 ▲무기 오작동 폭발 ▲북한 선박의 어뢰 등을 이용한 기습공격 ▲암초와의 충돌 등 크게 3가지로 나뉜다.
	한겨레	사고지점 NLL서 먼 거리…남북 교전 가능성 낮아
	연합뉴스	中언론, 韓 해군함정 침몰 신속 보도
	연합뉴스	천안함, 北이 공격했을까‥했다면 왜?
	연합뉴스	〈초계함 침몰 원인은‥규명 장기화 가능성〉(종합)
	서울신문	美태평양사령관 "北 서해 해군력 증강 주시"
	이데일리	외신 "천안함 원인 불명‥북한군 징후 없다"
	매일경제	美증시, 韓초계함 침몰에 혼조 마감
	YTN	한때 북한 소행 추측‥"가능성 매우 적어", 미국, 북한 개입 여부 "모른다"
	이데일리	뉴욕, 한국 초계함 침몰에 혼조‥다우 0.1%↑
	노컷뉴스	美국무부 "초계함 침몰, 北 연루증거 알지 못해"
	SBS	미 "초계함 침몰 원인, 북한 관련 여부 확인 안 돼"
	BBS	국방부, 북한 특이 동향 없어

3.27	MBC	美국무부, '초계함 침몰'··사고원인에 대해선 아직 알지 못 한다
	헤럴드POP	金국방 "사고원인은 심해 탐색 해봐야"
	연합뉴스	천안함 취재 통제··국방부 · 2함대 떠넘기기 '핑퐁'
	중앙선데이	미 국무부 "북 연루 증거 알지 못해"
3.28	중앙선데이	북, 24시간 지나도록 침묵으로 일관
	MBN	청와대 "침몰 원인, 어떤 예단도 금물"
	연합뉴스	中 "천안함 침몰 남북화해 영향 없어야"
	SBS	외신, 초계함 침몰 긴급타전…미 · 일, 신중한 반응
	미디어오늘	그동안 외부공격 가능성에 대해선 회의적인 반응을 보여 오다 사고 발생 이틀만인 28일 국방부 기자회견에서 뒤늦게 외부 공격 가능성을 다시 시사하고 나온 것은 쉽게 납득하기 어려운 부분이다.
	뉴데일리	천안함 함장 "화약냄새 나지 않았다"
	오마이뉴스	AP통신 "북한이 원인으로 보이지는 않는다"
	MBN	"초계함 침몰 조사에 미군 군함 참여"
	이데일리	靑 "우리도 궁금"··온갖 추측과 의혹에 '촉각'
	연합뉴스	미국 국무부는 북한 연류 가능성은 아직 발견되지 않은 상태
	머니투데이	미 국방부 "천안함 침몰 이후··北, 특이사항 없어"
	뉴시스	[천안함]4차 안보장관회의 종료…靑, "섣부른 판단 자제해 달라"
	머니투데이	사고 발생 직후 미국 국무부도 북한과의 교전 증거가 없다고 밝혔으며 미 국방부는 28일 성명을 통해 "사고 발생 이후 북한의 특이한 동향이 포착되지 않았다"고 밝혔다.
	세계일보	외신 "천안함 침몰 사태 북한 관련 가능성 낮아" 긴급 보도
	경향신문	미국 "북 연관성 뒷받침할 어떤 증거도 알지 못해"
	YTN	미 군함 수색 참여
	매일경제	북한 공격說…정부 은폐說… 유언비어 난무
3.29	YTN	천안함, 수색구조 참가하는 미 해군 잠수팀
	동아일보	美국무부 "현재까진 北연루 증거 없어"
	한국경제	[조간 브리핑]3월 29일(월)–정부 "북 관련 가능성 작아"

3.29	뷰스앤뉴스	국내외 금융시장 차분, "천안함 침몰, 북한과 무관"
	부산일보	美, 사고에 관심…원인엔 신중
	데일리NK	軍, 천안함 침몰 위치 확인…폭발원인 '불명'
	뉴스한국	靑, 천안함 침몰 원인 외부폭발 가능성에 무게
3.30	연합뉴스	美 "北 개입 추정 근거 없어…충분한 조사 중요"
	노컷뉴스	美국무부 "천안함 침몰, 北 개입 추정 근거 없어"
	YTN	미국, 북한 개입 가능성 배제하는 듯
	뉴데일리	美 "北 개입추정 근거 없어··충분한 조사 중요"
	뷰스앤뉴스	美국무부 "천안함 침몰에 북한 개입 근거 없다"
	아주경제	[초계함침몰] 美 "천안함 北 연계 가능성 근거 없어"
	MBN	[초계함 침몰] 미 "북한 개입 추정 근거 없어, 충분한 조사 필요"
	데일리NK	美 "북한 개입 믿을 근거 없어…충분한 조사 필요"
	프레시안	美, 천안함 침몰과 북한 연관성 "근거 없다"
	헤럴드POP	천안함 북 개입 시각차··美 증거 없다, 국방부 배제 못 해…靑 의도적 공격 아니다
	미디어오늘	청와대 마침내 '북풍카드' 꺼내나
	내일신문	"북한 개입 믿을 만한 이유 없다"
	경향신문	미 "천안함 北개입 근거 없다"
	국민일보	[해군 천안함 침몰 사고] 美 국무부 "北 개입 근거 아직 없다"
	한겨레	미 "천안함 북한개입 근거 없다"
	SBS	[천안함]美스타인버그 北 연계 가능 시각차'
	세계일보	미국 국무부는 29일 한국의 초계함 침몰 사고와 관련해 추가적인 진상 조사가 필요하다면서도 "현시점에서 북한 등 제3자가 개입됐다고 믿을 근거는 없다"는 입장을 밝혔다.
	동아일보	美 "천안함 침몰, 北개입 근거없어"
	연합뉴스	美국방부 "천안함 침몰 원인 아직 불명확"
	한겨레	"군사기밀 공개 불가"…군, 핵심 '7대 의문'에 '쉬쉬'
	프레시안	청와대 · 국방부, '北 반잠수정 기동' 주장 공식 부인

3.30	한겨레	미국, 시종일관 '북한 개입' 일축
4.1	내일신문	[박태견 칼럼] 천안함 사태와 시장 반응 "천안함 사태의 본질은 분명해진다. 보수 언론이나 일부 극보수는 천안함 침몰을 북한 소행으로 단정하며 '전쟁 불사'까지 외치고 있다. 정말로 이번 사태가 북한 소행이 분명하다면 이미 시장은 패닉 상태로 접어들어야 정상이다. 한반도에서 전쟁이 나면 주식은 휴짓조각이 될 게 분명하기 때문이다. 1993년 1차 북핵 위기 때처럼 미국인 군속들이 앞다퉈 전쟁 전야의 한반도에서 탈출하기 위해 '코리아 엑소더스'로 북새통을 치러야 마땅하다. 하지만 이번엔 심드렁하다. 오히려 '기회가 찬스'라는 식으로 더 많은 외자를 끌어다가 한국주식을 사재기하고 있다. 여기에 한국 정치, 더 나아가 한국 언론의 비극이 있다."
4.3	아시아경제	김태영 국방부 장관은 해군 천안함 침몰 원인에 대해 "어뢰에 의한 가능성이 좀 더 실제적이 아닌가 생각한다"고 2일 밝혀 침몰 원인이 어뢰 공격 가능성으로 좁혀지고 있다
4.4		민간합동조사단구성
4.5	뉴시스	《李대통령, 핵안보정상회의 참석차 11일 방미》
4.7	뉴스한국	국방부 생존자 언론공개 마치 짜놓은 각본 같았다
4.11		《천안함 사고 원인 규명할 민간, 군인 합동 조사단 구성》
4.13	연합뉴스	외신, 천안함 침몰 '북한 관여설' 보도
4.15	BBC	"한국, 北 공격 가능성 배제 안해"
	노컷뉴스	'천안함 함미 세상 위로' 《천안함의 함미, 침몰 20일 만에 인양》
4.16	뉴시스	[천안함] 외신 "사고 원인 외부충격 가능성 높다" 긴급 타전
4.17	SBS	천안함 침몰 외신 반응은…'북 연루 가능성' 주목
	헤럴드POP	北 "천안함 관련설은 날조" 입장 표명…외신들 일제히 보도
4.20	데일리NK	柳 외교 "북한 연루 확증되면 6자 재개 어려워"
4.24	연합뉴스	함수 침몰 29일 만에 인양 《천안함의 함수, 침몰 29일 만에 인양》
4.25	오마이뉴스	천안함 희생 장병, 25일부터 5일간 해군장으로
	YTN	외신, "북한 개입 의혹 증폭"
4.26	연합뉴스	외신, 천안함 2차 발표 주요 뉴스로 보도 "천안함이 어뢰나 기뢰 등으로 추정되는 수중 무기에 의한 '비접촉 폭발'로 침몰했을 것이라는 정부의 잠정 결론 발표…"

4.26	헤럴드POP	주요 외신 “김 국방 발언 비중있게 보도…北관련 가능성 높아져”
4.26	이투데이	외신 '천안함 침몰 원인, 北 공격 가능성' 집중보도
	매일경제	외신 "천안함 침몰, 北공격 가능에 무게"
4.27	MBN	[천안함 사고] 미 "중국 협조 요청"…CNN "북 소행"
4.29	헤럴드POP	이 대통령, 천안함 46용사 화랑무공훈장 추서 《희생자영결식》
5.13	연합뉴스	국방부, 합조단 신상철 위원 교체요청
5.18	YTN	일본의 아사히 신문, 경주에서 열린 한일 외무장관 회담에서 유명환 외교통상부 장관이 오카다 외상에게 지난 3월 말 발생한 천안함 침몰 사건과 관련해 "북한에 의한 어뢰공격"이라는 입장을 밝혔다고 보도했다.
5.18	연합뉴스	신상철 "천안함 스크래치 은폐 의혹" 제기
5.19	연합뉴스	해군, 신상철 위원 '명예훼손' 혐의 고소
5.20	민군합동조사단, 천안함의 침몰 원인이 조선민주주의인민공화국의 뇌격에 의한 것이라고 공식 발표	
5.24	이명박 대통령 천안함 사건 관련 담화문 발표, 조선민주주의인민공화국의 무력 도발 시 엄중히 대처하고 남북 간의 교역 단절	

보도된 기사를 보면, 어느 특정 시기부터 현격하게 내용이 바뀌고 있음을 알 수 있다. 천안함 침몰이 확인된 후 외신을 포함한 대부분 언론은 “천안함 침몰은 북한과 무관”하다고 보도했다. 청와대는 “북의 공격 가능성은 낮다”(3월 27일, 조선일보)고 발표했으며, 군 일각에서는 선미 쪽에 구멍이 난 것으로 미뤄 북한의 어뢰정 등에 의한 공격 가능성을 제기하고 있지만, 합참은 “확인되지 않았다”(3월 27일, 연합뉴스)면서 신중한 반응을 나타냈다. 미국 국무부는 “현시점에서 북한 등 제3자가 개입됐다고 믿을 근거는 없다”(3월 30일 세계일보)고 했다. 미 국방부도 28일 성명을 통해 “사고 발생 이후 북한의 특이한 동향이 포착되지 않았다”는 입장을 밝혔다.

3월 29일 미 해군잠수 팀이 수색 구조에 참여한 후부터는 다른 주장이 나타나기 시작했다. 미국 국방부의 경우, "천안함 침몰 원인은 아직 불명확하다"(3월 31일, 연합뉴스)고 국무부와는 다소 다른 견해를 밝혔다. 특히 김태영 국방부 장관이 "어뢰에 의한 가능성이 좀 더 실제적이 아닌가 생각한다."(4월 3일, 아시아경제)고 말함으로써 침몰의 원인이 북한에 있나는 주장에 힘을 실어주기 시작했다. 일부 극 보수주의자들이 "천안함 침몰을 북한 소행으로 단정하며 전쟁 불사"를 외치기 시작한 것도 이 무렵부터다(4월 1일 내일신문). 하지만 대부분의 언론들은 북한이 천안함 침몰의 원인이라는 주장에 아직 동조하지 않았다.

그러나 대통령 이명박이 미국을 방문하고,[3] 사고 원인을 규명할 민간 · 군인 합동 조사단이 구성된[4] 4월 11일부터 모든 것이 달라지기 시작했다. 4월 15일, 침몰 20일 만에 천안함의 함미가 인양되었다. 열흘 후인 4월 24일, 함수가 인양되었다. 합동 조사단의 조사결과가 나오기 전에 "천안함이 어뢰나 기뢰 등으로 추정되는 수중 무기에 의한 '비접촉 폭발'로 침몰했을 것"이라는 정부의 잠정결론이 발표되자(4월 26일, 연합뉴스) 국내의 언론은 물론 전 세계의 언론 대부분이 천안함의 침몰 원인으로 북의 공격 가능성을 집중 보도하기 시작했다.

이러한 와중에 국방부가 합조단 신상철 위원을 교체해달라고 민주당에게 요청했다(5월 13일, 연합뉴스). 그리고 뜬금없이 한국 정부가 일본에 "천안함 침몰 사건은 '북한에 의한 어뢰 공격'이라는 입장을 밝혔다"는 뉴스가 보도되었다. 경주에서 열린 한일 외무장관 회담에서 유명환

3　李대통령, 핵안보정상회의 참석차 오늘 출국, 「연합뉴스」, 2010.4.11.

4　천안함 민간 조사단장 윤덕용 씨, 「연합뉴스」, 2010.4.11.

외교통상부 장관이 오카다 외상에게 한국 정부의 입장을 공식전달한 것이다(5월 17일, YTN). 한국 정부는 무슨 이유로 며칠 후(5월 20일) 발표될 예정인 합조단의 공식발표보다 사흘 먼저 일본에게 전달했을까?

닷새 후 신상철은 합조단이 천안함의 스크래치를 은폐했다는 의혹을 제기한다(5월 18일, 연합뉴스). 이에 대하여 해군은 신상철 위원을 '명예훼손' 혐의로 고소했다(5월 19일, 연합뉴스). 같은 날, 군 당국과 민군 합동조사단은 북한이 중국에서 수입한 어뢰로 천안함을 공격했을 것으로 결론지었다는 소식이 전해졌다.[5] 그리고 다음날인 5월 20일, 국방부 민군합동조사단은 "천안함의 침몰 원인이 조선민주주의인민공화국의 뇌격에 의한 것"이라고 공식 발표했다.[6] 무엇보다 부자연스러운 것은 공식발표를 며칠 앞두고 민주당 추천 신상철 위원을 합조단에서 배제하고자 했을 뿐 아니라 명예훼손으로 고소까지 한 국방부의 기이한 행태다. 도대체 무슨 일이 일어나고 있는 것일까? 신상철의 경험담을 들어보자.

나는 그날 중간조사 결과를 두고 토론하는 회의로 알고 있었고, 그것을 확인하기 위해 선체검사를 하는 것으로 알고 갔었는데 회의실에 앉혀놓고 일방적으로 브리핑만 하는 것 아닌가. 한국 대표단이 먼저 브리핑을 하고, 이어서 미국 대표단, 마지막으로 영국 대표단이 브리핑했는데, 그 내용은 모두 "이러저러하기 때문에 결론은 어뢰폭발"이라는 것이었다. 듣다못해 나는 손을 번쩍 들고 일어서서 질문을 던졌다 .

5　軍 "천안함, 중국산 어뢰 수입해 北이 공격 결론", 「매일경제」, 2010.5.19.

6　민군 합조단 "북 소형 잠수함정이 천안함 공격", 「노컷뉴스」, 2010.5.20.

문 - 왜 좌초 가능성에 대해서는 아무런 언급이 없는가?

답 - 좌초는 없다. 이미 끝난 얘기다,

문 - 무슨 얘기냐. 선체 인양 시 외판 하부에 보였던 깊은 스크래치는 명백히 좌초의 증거가 아닌가?

그러자 해군 준장 계급장을 단 분이 벌떡 일어나 언성을 높여 외쳤다.

"좌초 이야기하지 마시오. 좌초는 검토 대상이 아니란 말이오."

그가 외치자 내가 다시 따지고 들어 상황이 어수선해지자 다른 장성이 나서서 장내를 안정시킨 후 차분한 어조로 말을 꺼냈다.

"그러지 말고 회의가 끝난 다음에 몇몇 전문위원분들이 신 위원에게 폭발에 관해 설명을 해드리면 어떻겠습니까?"

내가 말했다.

"폭발에 관한 설명이라뇨. 저는 조사하러 왔지 강의받으러 온 것이 아닙니다. 차라리 선체로 갑시다. 가서 선체를 보면서 함께 조사합시다."

그래서 점심 식사 후 국방부 조사위원, 미국 및 영국 조사위원 등 15명이 함께 천안함으로 가서 선체를 조사하기로 하고 오전 회의를 마쳤다.

점심 식사를 앞두고 잠시 쉬는 시간, 나는 미국과 영국 대표단만 브리핑하고 호주와 스웨덴 대표단은 왜 브리핑을 하지 않았는지, 오전 회의 끝 무렵에 사회자가 "오늘 호주와 스웨덴의 발표까지 있었으면 좋았을 텐데 좀 아쉽다"고 말한 배경이 궁금해졌다. 그래서 호주 대표단을 몰래 만나볼 요량으로 둘러보았더니 보이질 않았다.

안내장교에게 슬쩍 물어보니 호주 대표단은 아래층 사무실을 쓰고 있단다. 그래서 눈치를 보다가 아래층으로 내려가려고 하니 옆에 섰던 중령이 나를 잡는다.

"아, 같이 계시다가 점심 드시러 가셔야 합니다."

말이 조사위원이지 이건 볼모로 잡힌 거나 다를 바 없다. 오전에 회의를 시작하면서 자리만 상석을 주었지 내 자리에는 브리핑 자료(파워포인트 인쇄물)도 놓여 있지 않았다. 그래서 내 옆에 서 있던 중령에게 자료를 달라고 요청했지만 "곤란하다."고 했다 .

회의가 끝나고 해군 준장에게 다시 자료를 요청했으나 역시 거절당했다. 내게는 어떤 자료도 주지 말라는 지시가 있었던 것 같았다. 그러니 회의 끝나고도 나를 혼자 내버려두지 않았다. 나의 일거수일투족은 종일 한시도 자유롭지 못한 꼴이었다.…(중략)…

하나씩 들여다보니 방마다 전문 요원들이 앉아서 일에 열중하고 있었다. 세 번째 방인가에 호주 해군 대표단이 앉아 있는 모습이 보였다. 반가운 마음에 다짜고짜 들어가 인사부터 하고 보니 호주뿐 아니라 스웨덴 대표단도 함께 쓰는 방이었다. (호: 호주 대표단)

신 - 안녕하십니까? 저는 한국의 민간 조사위원인데 잠시 인사드리러 왔습니다 .

호 - 네, 어서 오세요. 반갑습니다.

신 - 잠시 앉아도 되겠습니까?

호 - 네. 얼마든지.

테이블에 앉자 호주 대표단 두 분이 앞자리에 앉았다. 스웨덴 대표단들은 뒤쪽 각자의 책상에 앉아 컴퓨터를 보고 있다가 내가 인사를 하자 만면에 웃음을 머금은 채 목례로 답을 했다 .

신 - 한 가지 궁금한 게 있는데요, 물어봐도 되겠습니까?

호 - 네, 그러세요.

신 - 왜 오늘 호주와 스웨덴 대표단은 중간 브리핑을 하지 않았나요?

호 - 에~ 저희는 아직까지 유의미한 결론(meaningful conclusion)에 도달하지 못했습니다.

신 - 폭발이라는 결론에 도달하지 못했다는 말씀이신가요?

호 - 네, 그렇습니다.

신 - 스웨덴도 같은 입장인가요?

호 - (뒤를 슬쩍 돌아보곤) 네, 그런 걸로 알고 있습니다.

신 - 놀랍군요. 그런데 왜 미국과 영국은 '폭발'이라고 노래를 부르고 있을까요?

호 - (잘 모르겠다는 제스처)

신 - 그러면 한 가지 여쭙겠는데, 혹시 이 배가 사고 당시 어디에 있었는지 아십니까?

호 - 모릅니다.

신 - 스피드가 얼마였는지 아십니까?

호 - 모릅니다.

신 - 항로와 엔진 상황에 대해 아십니까?

호 - 모릅니다.

신 - 선박 사고의 가장 기본적인 정보조차도 말하지 않고 사고 원인을 밝히겠다는 것은 이해할 수 없는 일 아닌가요?

호 - 그렇군요. 미스터 신은 아시나요?

신 - 아뇨, 말하지 않으니 저도 모릅니다. 그런데 천안함이 최초에 좌초했을 가능성에 대해 아십니까?

호 - 그렇습니까?

신 - 네, 저는 천안함이 좌초했다고 분석하고 있습니다.

호 - 그에 대한 정보를 주실 수 있습니까?

신 - 네, 제가 가진 정보를 메일로 드릴 테니 그쪽도 제게 보내주실 수 있겠습니까? 서로 정보를 교환하도록 하시지요.

호 - 좋습니다.

그렇게 서로 명함과 이메일을 주고받고 인사하고 나왔다. 미국과 영국이 우리 국방부와 함께 '어뢰에 의한 폭발로 몰아가고 있는 와중에도 호주와 스웨덴은 어뢰 폭발 결론을 유보하고 있었다는 사실 하나는 분명하게 확인한 셈이었다 .

이후 모두 함께 식당으로 가서 점심을 먹고 오후에 천안함이 있는 곳으로 이동하여 함수에서부터 함미 끝까지 조사하는 과정에서 나눈 대화 몇 토막을 소개한다. (국: 국방부 위원, 미: 미국 위원, 영: 영국 위원)

신 - 선체 하부의 스크래치는 전형적인 좌초의 증거다.

국 - 아니다. 좌초는 없다. 배가 가라앉아 생긴 거다.

신 - 천안함이 두 동강이 날 정도의 폭발이 있었다면 인근 수 킬로미터 이내의 물고기들은 모두 떼죽음을 당했어야 하는데, 그런 증거가 하나도 없다는 것은 폭발이 없었다는 증거다.

영 - 죽은 물고기들이 모두 조류에 떠내려갔을 거다.

신 - 그래? 나는 동의하지 않는다.

영 - 당시 조류가 셌다.

신 - 프로펠러가 휜 것은 이 배가 좌초했다가 빠져나온 증거라고 생각하는데 어떻게 보나?

미 - 아니다. 천안함이 가라앉았을 때 바닥에 부딪혀서 생긴 손상이다.

신 - 무슨 소리. 함미가 가라앉을 때 앞부분이 먼저 가라앉는데?

미 - (손짓을 하며) 앞에서 쿵, 뒤에서 쿵, 그렇게 해저에 닿았다.

신 - 그러면 닿은 부분만 손상되지 왜 다섯 블레이드가 모두 휘었겠나?

미 - 프로펠러가 돌아가면서 해저에 닿았기 때문이다.

신 - 허허. 엔진이 부서져서 동력을 상실했는데?

미 - … anyway.

신 - (웃으며) 이봐요.

그러니까 우리나라 네티즌들이 당신들이 말하는 어뢰를 'environment friendly green torpedo'(친환경 녹색 어뢰)라고 부르며 놀리고 있다고. 허 참.

미 - (자기도 씁쓸한지 웃는다)

천안함 선체조사를 하는 동안 나는 좌초의 증거와 함께 충돌의 증거 그리고 폭발이 없었다는 증거들을 확인하고 사실상의 천안함에 대한 육안 검사를 마무리했다.[7]

신상철에 따르면, 천안함 침몰 원인에 관한 '민군합동조사단'의 발표

7 신상철, 『천안함은 좌초입니다』, 책보세, 2012, pp.35~40.

는 '짜고 치는 고스톱'이었다.[8] '좌초 후 침몰'이라는 신념을 굽히지 않은 까닭으로 군인들부터 고소를 당한 신상철은 2010년 8월 기소되었고, 5년 6개월 만인 2016년 2월 1심에서 일부 혐의에 대해 유죄(징역 8개월에 집행유예 2년)를 선고받았다. 그리고 신 씨와 검찰 양측이 항소한 2심은 2020년 10월 6일, 4년 8개월 만에 무죄판결이 선고됐다.[9]

인터넷 매체 「서프라이즈」 등에 총 34건의 글을 올려 정부가 천안함 침몰 원인을 조작했다고 주장, 군과 합조단 관계자 등의 명예를 훼손한 혐의로 기소된 이 재판은 비록 무죄로 판결되었지만, 재판부는 "천안함이 북한의 어뢰 공격으로 인한 수중 비접촉 폭발로 발생한 충격파와 버블 효과에 절단돼 침몰했다는 사실은 충분히 증명됐다"고 하며 그 내용은 모두 허위 사실이라고 지적했다. 결국, 이 재판의 핵심은 군인들의 명예훼손 문제가 아니고 천안함의 침몰 원인에 대한 견해 싸움이었다. 2심 재판부의 판결에 원고와 피고 모두 승복할 수 없는 이유다.

신상철의 재판은 아직 진행형이다. 대법원의 판결이 남았고, 별도의 고소·고발이 제기되는 중이다. 이명박 정부 때부터 시작되어 박근혜, 문재인을 거쳐 윤석열 정부까지 그는 4대 정권과 투쟁하고 있는 셈이다.

신상철의 수난과 별개로 천안함 사건은 지금까지 우리 민족 모두에게 고통을 주고 있다. 2010년 5월 24일 오전, 대통령 이명박은 천안함 침몰 사태와 관련, 전쟁기념관에서 대국민 담화를 갖고 국가원수이자 국군통수권자로서의 공식 입장과 대응방안을 발표했다. 소위 5·24 조치다. 아래에 전문을 소개한다.

8 신상철, 『천안함은 좌초입니다』, 책보세, 2012, p.34.

9 '천안함 좌초설' 신상철, 기소 10년 만에 2심서 무죄, 「연합뉴스」, 2020.10.6.

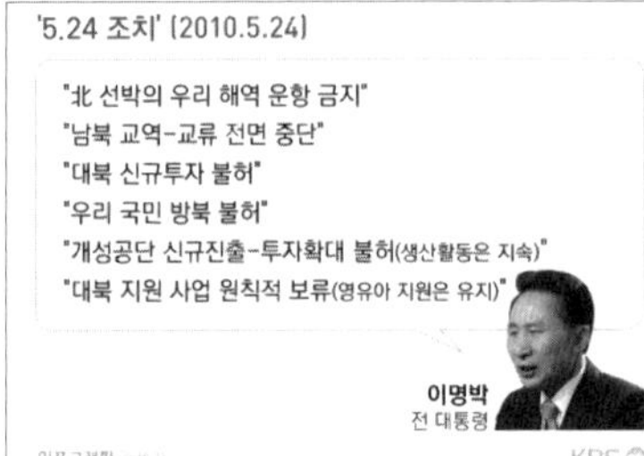

'5.24 조치' (2010.5.24)
"北 선박의 우리 해역 운항 금지"
"남북 교역-교류 전면 중단"
"대북 신규투자 불허"
"우리 국민 방북 불허"
"개성공단 신규진출-투자확대 불허(생산활동은 지속)"
"대북 지원 사업 원칙적 보류(영유아 지원은 유지)"
이명박
전 대통령
KBS

남북경협의 역사

정권	연도	월	내용	관련 사건
이승만	1949년	4월	'남북 교역정지에 관한 건' 의결	
노태우	1988년	7월	7·7 선언(남북 교역 무조건 개방)	탈냉전 시대
		10월	남북물자교류에 관한 기본 지침서	
	1989년	1월	정주영, 금강산공동개발 협의	
	1991년	12월	남북기본합의서	
	1992년	1월	대우그룹 남포공단 합작사업	
김대중	1998년	6월	정주영의 소떼방북	
		11월	금강산관광 시작	
	2000년	6월	1차 남북정상회담	6·15 남북공동선언
		8월	개성공단사업 착수	현대아산 개발합의서 체결
		9월	경의선철도도로연결사업 착공	
노무현	2004년	12월	개성공단 가동	
	2007년	5월	경의선 시험운행	
		10월	2차 남북정상회담	10·4 남북공동선언
		12월	개성관광·경의선운행 시작	
이명박	2008년	7월	금강산관광 중단	박왕자 씨 피살사건
		11월	개성관광 중단	
		12월	경의선운행 중단	
	2010년	5월	5·24 대북 제재 조치	천안함 폭침사건
	2012년	1월	개성공단 북한 근로자 5만명 돌파	
박근혜	2013년	4월	개성공단 철수	키리졸브 훈련에 북한 반발로 관계 악화
		8월	8·14 합의(개성공단 정상화)	
	2016년	2월	개성공단 폐쇄	북한의 4차 핵실험
문재인	2018년	4월	**2018 남북정상회담**	?

그래픽: 이승현 디자인기자

〈 그림294: 5 · 24 조치(2010.5.24.)ⓒKBS, 남북경협의 역사ⓒ머니투데이(2018.4.12.) 〉

자세히 보기-43

[천안함 사태 관련 대북 조치 발표문(5 · 24 조치)]

존경하는 국민 여러분, 한반도 정세가 중대한 전환점을 맞고 있습니다. 오늘 저는 이를 절감하면서, 이 자리에 섰습니다.

국민 여러분, 천안함은 북한의 기습적인 어뢰 공격으로 침몰되었습니다.

또 북한이었습니다.

우리 국민들이 하루 일을 끝내고 편안하게 휴식하고 있던 그 시간에, 한반도의 평화를 두 동강 내버렸습니다.

천안함 침몰은 '대한민국을 공격한 북한의 군사 도발'입니다.

6 · 25 남침 이후 북한은 아웅산 폭탄테러 사건, 대한항공 858

기 폭파사건 등 끊임없이 무력도발을 자행해 왔습니다.

그러나 단 한 번도 자신의 범행을 공식적으로 인정하지 않았습니다. 이번에도 우리 정부의 자작극이라고 강변하고 있습니다. 이 때문에 나는 처음부터 철저한 과학적 · 객관적 조사를 강조했습니다.

결과가 나올 때까지 어떤 예단도 하지 않도록, 모두에게 인내와 절제를 요청했습니다. 마침내 지난 20일, 국제합동조사단은 확실한 물증과 함께 최종 결론을 내놓았습니다.

이제 국제사회의 책임 있는 어떤 나라도, 천안함 사태가 북한에 의해 자행되었음을 부인할 수 없게 되었습니다.

존경하는 국민 여러분, 그동안 우리는 북한의 만행에 대해 참고, 또 참아왔습니다. 오로지 한반도 평화를 향한 간절한 염원 때문이었습니다. 그러나 이제는 달라질 것입니다. 북한은 자신의 행위에 상응하는 대가를 치르게 될 것입니다.

나는 북한의 책임을 묻기 위해 단호하게 조처해 나가겠습니다. 지금 이 순간부터 북한 선박은 〈남북해운합의서〉에 의해 허용된 우리 해역의 어떠한 해상교통로도 이용할 수 없습니다.

교류협력을 위한 뱃길이 더 이상 무력도발에 이용되도록 할 수 없습니다. 남 · 북 간 교역과 교류도 중단될 것입니다. 북한은 금강산 관광길에 나선 우리 국민의 목숨을 빼앗고, 최근에는 우리 소유의 재산까지 일방적으로 몰수했습니다. 더구나 천안함을 침몰시키고, 고귀한 우리 젊은이들의 목숨을 앗아간 이 상황에서 더 이상의 교류 · 협력은 무의미한 일입니다.

다만 영 · 유아에 대한 지원은 유지할 것입니다. 개성공단 문제는 그 특수성도 감안하여 검토해 나가겠습니다.

대한민국은 앞으로 북한의 어떠한 도발도 용납하지 않고, 적극적 억제 원칙을 견지할 것입니다. 앞으로 우리의 영해, 영공, 영토를 무력 침범한다면 즉각 자위권을 발동할 것입니다

북한은 '3.26 천안함 사태'로 유엔헌장을 위반하고, 정전협정, 남북기본합의서 등 한반도의 평화와 안정을 위한 기존 합의를 깨뜨렸습니다.

정부는 관련국과 긴밀한 협의를 거쳐 이 사안을 UN 안전보장이사회에 회부하고, 국제사회와 함께 북한의 책임을 묻겠습니다. 많은 나라들이 우리의 입장을 지지하고 있습니다. 나는 북한 당국에 엄중히 촉구합니다.

북한은 대한민국과 국제사회 앞에 사과하고, 이번 사건 관련자들을 즉각 처벌해야 합니다.

이것은 북한이 우선적으로 취해야 할 기본적 책무입니다. 늘 그랬던 것처럼 변명이나 억지 주장만 반복한다면, 국제사회 어느 곳에도 북한이 설 곳은 없습니다.

존경하는 국민 여러분, 그리고 북한 동포 여러분 우리의 궁극적 목표는 군사적 대결이 아닙니다. 한반도의 안정과 평화입니다. 한민족의 공동번영입니다. 나아가 평화통일입니다.

올해로 6 · 25 전쟁이 발발한 지 60년입니다. 대한민국은 이미 전쟁의 상처로 고통받고 가난으로 헐벗던 그때의 그 대한민국이 아닙니다.

전쟁의 폐허를 딛고 일어나 자유민주주의와 시장경제를 헌법

적 가치로 삼아 눈부신 '발전의 신화'를 성취해 왔습니다. 당당히 세계의 중심으로 나아가고 있습니다.

세계 모든 나라가 국민들을 잘살게 하기 위해 치열하게 경쟁하고 있습니다. 공동 번영과 세계 평화를 위해 힘을 모으고 있습니다. 온 세상이 변했습니다. 지금도 빠르게 변화하고 있습니다. 그러나 북한은 어떻습니까? 60년 전이나 지금이나 조금도 바뀌지 않았습니다.

여전히 대남적화통일의 헛된 꿈에 사로잡혀 협박과 테러를 자행하고 분열과 갈등을 끊임없이 조장하고 있습니다. 도대체 무엇 때문에, 누구를 위해, 이렇게 하고 있습니까?

같은 민족으로서 참으로 세계 앞에 부끄러운 일입니다. 북한 정권도 이제 변해야 합니다.

오늘날 어떤 나라도 혼자서는 평화를 지킬 수도, 경제를 발전시킬 수도 없습니다. 세계와 교류하고 협력하여 전 인류가 가는 길에 동참해야 합니다.

무엇이 진정 북한 정권과 북한 주민의 삶을 위한 것인지, 현실을 직시하여 용기 있는 결단을 내려야 할 때입니다. 한반도를 더 이상 동북아의 위험지대로 내버려둬선 안 됩니다.

남북이 이 문제를 주도적으로 풀어야 합니다. 한반도를 세계 평화의 새로운 터전으로 만들어 나가야 합니다.

사랑하는 국민 여러분, 이곳 전쟁기념관에는 나라를 위해 목숨 바친 국군과 유엔군 용사들의 혼이 이곳에 깃들어 있습니다. 천안함 46용사의 이름도 이곳에 영원히 새겨졌습니다. 우리는 천안함 사태를 통해 다시 한 번 뼈아픈 교훈을 얻었습니다.

세계에서 가장 호전적인 집단과 대치하고 있다는 현실을 잊고 있었습니다. 우리 군도 잘못이 있었음을 인정하지 않을 수 없습니다. 정부는 이번 사태를 계기로 안보태세를 확고히 구축하겠습니다. 군의 기강을 재확립하고, 군 개혁에 속도를 내겠습니다. 군 전력을 획기적으로 강화할 것입니다. 굳건한 한미동맹을 토대로 한미연합방위태세를 한층 더 공고히 할 것입니다.

우리 국민의 안보 의식도 더욱 튼튼해져야 합니다. 북한의 어떠한 위협과 도발, 그리고 끊임없는 분열 획책에도 우리는 결코 흔들려선 안 됩니다. 국가 안보 앞에서 우리는 하나가 되어야 합니다.

국민 여러분, 어떤 거센 태풍이 몰아친다 해도 우리는 잘사는 국민, 따뜻한 사회, 강한 나라를 향해 뚜벅뚜벅 우리의 길을 걸어갈 것입니다.

대한민국의 위대한 국민은 대한민국을 위대한 나라로 만들어 나갈 것입니다. 국민 여러분,

우리 모두 함께 힘을 합쳐 앞으로 나아갑시다. 감사합니다.

주된 내용은 남북 교역 중단과 대북 신규 투자 불허, 대북 지원사업의 원칙적 보류, 국민의 방북 불허, 북한 선박의 우리 해역 운항 불허 등 북한과의 교류 및 지원을 중단하는 것이다. 이로 인해 인도적 목적의 지원도 정부와 사전에 협의하지 않으면 지원할 수 없게 되었다. 개성공단의 경우, 신규진출과 투자 확대를 불허하고 체류인원은 축소 · 운영하도록 했다. 생산 활동은 지속되도록 했으나 2013년 4월 개성공단 철수, 8월 정상화를 거쳐 2016년 2월 공단폐쇄에 이르게 된다. 5 · 24 조치로

인해 관광뿐 아니라 모든 남북교역마저 중단되었다.[10] 남북경협의 역사가 이명박의 5 · 24 조치로 인해 종말을 맞았다는 얘기다.

천안함 침몰문제는 남과 북, 두 나라의 운명에 영향을 미칠 중대한 사안이었다. '빠른 해결'보다 '투명하고 정확한 해결'이 무엇보다 관건인 사건이었다. 책임규명 자체가 국제적인 문제다. 조선민주주의인민공화국과 대한민국 두 나라 모두 1991년 유엔에 가입한 회원국이므로 유엔 안전보장이사회(안보리)에 회부하든가, 국제사법재판소(ICJ, International Court of Justice) 혹은 국제형사재판소(ICC, International Criminal Court)에 문제를 넘겨야 할 사안이었다. 그러나 이명박은 이 사건의 결론을 대한민국 정부 단독으로 결정지어 버렸다. 세계의 이목을 의식해서 "국제합동조사단은 확실한 물증과 함께 최종 결론을 내놓았습니다. 이제 국제사회의 책임 있는 어떤 나라도, 천안함 사태가 북한에 의해 자행되었음을 부인할 수 없게 되었습니다."라고 말했다. 하지만 국제합동조사단이라는 명칭 자체가 국제적으로 신뢰받는 기관이라는 뜻은 아니다. 집권당인 한나라당 남경필 의원조차 "합동조사단에 러 · 중 · 일도 참여시켜야" 한다고 주장했지만,[11] 러시아와 중국은 초청조차 받지 않았다.[12]

천안함 최종보고서를 따르면 해외조사단은 모두 24명(미국 15명, 스웨덴 4명, 호주 3명, 영국 2명)이다. 겨우 4개국만 참여했으니 국제라는 용어 자체가 무색할 지경이다. 더욱이 이들 24명 해외조사단의 정체마

10 남북경협의 역사, 「머니투데이」, 2018.4.12.

11 [천안함] 남경필 "합동조사단에 러 · 중 · 일도 참여시켜야", 「아시아경제」, 2010.4.21.

12 김태영 국방장관, "분명한 응징 이뤄져야", 「YTN」, 2010.5.2.

저 오리무중이었다. 일부나마 명단이 파악된 것도 사고가 발생한 지 4년 가까이 흐른 2014년 1월 13일, 신상철의 재판과정에서 공개되었다. 이날 박정수 당시 합참 전력차장 겸 민군합조단 함정구조/관리 분 과장(현 해군 준장)이 밝힌 미국 조사위원 5명은 토머스 에클스 해군소장이 데려온 사람들로, 엘런 맥코이(중령-사고조사), 조셉 데이(대위-시스템 엔지니어 전문가) 하이스(대위-폭파 관련)과 하이퍼(구조잠수 전문가), 엘슨(무기역학) 등이다.13

외국 조사단 역할은 '들러리'라는 보도도 있었다. 2010년 5월 15일 어뢰 추진체가 인양됐다. 앞서 4월 15일 천안함 함미가 인양됐지만, 침몰원인 규명에는 큰 도움을 주지 못해 혼란이 일고 있던 시점이다. 합조단은 어뢰 추진체가 인양된 지 5일 만에 '북한의 소행'이라는 결과를 발표했다. 그런데 2010년 9월 국방부가 발간한 '천안함 최종보고서'를 통해서 해외조사단과 합조단 사이의 균열을 발견할 수 있다. 미국 · 영국 · 호주 조사팀장은 보고서 머리말에서 "이 보고서의 발견과 결론에 동의한다(I concur with the findings and conclusions of this report)."고 밝혔다. 그러나 스웨덴 조사팀장은 "스웨덴이 참여한 부분에 대해서(relevant to the Swedish team's participation)"란 단서를 달았다.

이러한 문제에 대해 합조단에 민간위원으로 참여했던 신상철 서프라이즈 대표는 "해외조사팀에는 천안함 사건 관련 정보가 많이 없었던 것 같다"고 지적했다. 신 대표는 "해외조사팀은 들러리였다. 합조단 시나리오에 해외 전문가가 참여했다는 것을 남기고 싶었던 것"이라며 "지난해 4월 말 중간보고가 있었는데, 한국 · 미국 · 영국 팀만 발표했다. 왜

13 천안함 3년 넘게 해외조사단 정체도 오리무중, 「미디어오늘」, 2014.1.14.

호주 · 스웨덴 조사팀은 발표를 안 하는지 궁금해서 물어봤다. 그들이 '우리들은 의미 있는 결론에 도달하지 못했다'고 대답하더라. 알고 보니 천안함 항로, 엔진 관련 정보, 천안함 속력 등 기본적인 정보가 전혀 공유되어 있지 않았다"고 지적했다. 스웨덴이 최종보고서에 조건을 단 이유가 이 때문이라는 것. 이에 대해 당시 합조단 단장을 맡았던 윤덕용 카이스트 명예교수는 언론 인터뷰를 통해 "합소난에는 북한 잠수함이 공격했다는 것을 분석한 정보분석팀이 있었다"면서 "이 정보분석팀에 스웨덴 팀이 참여하지 않았기 때문에 그 부분에 대해 서명을 하지 않은 것"이라고 해명했다.[14]

해외조사단이 '들러리'라는 주장이 있었지만, 민군합동조사단 중 민간 조사위원 역시 '들러리'였다는 의혹을 거둘 수 없다. 5 · 24 조치 발표 1주일 후인 5월 31일, 국회 천안함 진상조사 특위 소속 최문순 민주당 의원이 그동안 베일에 감추어져 있던 천안함 민군 합동조사단의 명단을 공개했다. 국방부로부터 제공받아 공개한 자료에는 천안함 합조단 가운데 지원 인력을 제외한 국내 지휘부 및 조사 요원은 총 47명이고 이 가운데 군인 22명을 제외한 25명이 민간인으로 분류된다.

그러나 정희선 국립과학수사연구소장을 비롯해 국과수, 국방홍보원, 국방과학연구소(ADD) 소속 인원들은 '순수한' 민간인으로 볼 수 없다며 이들을 제외하면 윤덕용 공동조사단장(카이스트 교수) 등 단 9명 정도만이 남는다고 최 의원은 주장했다. 이 9명 가운데에서도 2명은 국립해양조사원과 한국해양연구원 소속으로 정부와 독립돼 있다고 보기 어렵다

14 [포커스] 천안함, 외국 조사단 역할은 '들러리'?, 「주간경향」, 2011.3.29.

는 것이 최 의원의 의견이다.[15]

윤덕용 포스텍 자문위원장 외 울산대, 충남대, 현대중공업, 삼성중공업, 민간연구소, KAIST 등에 재직하던 교수, 연구원 7명만이 순수한 민간인이었던 것이다. 결국, 15% 정도만이 민간인 신분인 셈이었는데, 그들은 과연 자신들의 주장을 피력했을까? 해외조사단 특히 영국 · 호주 · 스웨덴 조사위원과 마찬가지 처지였다고 보아야 할 것이다. 신상철의 표현대로 합동조사단의 결론이 '짜고 치는 고스톱'이었다면, 합조단의 결론을 근거로 5 · 24 조치를 단행한 이명박의 행위도 문제 삼지 않을 수 없다. 더욱이 이명박은 통상적 법률절차도 거치지 않았다.

앞글에서 인용한 '천안함 사태 관련 대북조치 발표문'은 2010년 5월 21일 개최된 긴급 국가안전보장회의(NSC)에서 논의된 사항[16]을 정리한 것으로, 5월 24일 오전 10시 시작된 이명박의 대국민담화 직후인 11시 30분경 정부중앙청사 별관 3층 국제회의장에서 현인택 통일부 장관에 의해 발표되었다.[17]

그러나 5 · 24 조치의 법률적 근거가 무엇인가는 명확하지 않다. 남북관계 악화를 이유로 국민의 권리를 제한하기 위해서는 대통령이 헌법상 긴급처분명령권을 발동할 수 있지만, 5 · 24 조치는 대통령의 처분 또는 명령의 형태가 아니라 통일부 장관이 국가안전보장회의(NSC)에서 논의된 결과를 담화형식으로 발표한 것이다. 또한, 국내 법률에서도 5 · 24 조치와 같은 포괄적이고 일반적인 조치를 취할 직접적 근거를 찾기 어

15 "천안함 합조단에 순수 민간인 9명뿐", 최문순 "대다수 국과수, 국방홍보원 소속…독자적 목소리 내기 어려워", 「프레시안」, 2010.5.31.

16 NSC, 천안함 대책 숙의··회의내용 함구령, 「연합뉴스」, 2010.5.21.

17 현통일 "北 선박 운항금지 · 교역중단 · 방북불허", 「연합뉴스」, 2010.5.24.

렵다. 결국, 5.24 조치는 특정한 법률행위가 아닌 통치행위 내지는 행정명령에 해당한다고 볼 수 있을 것이다.[18]

문제는 법적 근거가 없을 뿐 아니라 〈남북 교류 협력에 관한 법률〉, 〈남북 관계 발전에 관한 법률〉 등의 기존 법률과 충돌되는 부분을 해소하기 위한 최소한의 법적 조처도 취하지 않았다는 점이다. 남북은 2017년 현재까지 총 640회의 남북회담을 통해 239건에 달하는 남북합의서를 체결한 바 있다(통일부 2017, 295). 그러나 2010년 5월 24일 '천안함 사태 관련 대북조치 발표문'(5 · 24 조치)이 공표된 이후 남북 관계는 양보 없는 대결로 치달았고 남북합의서의 이행 또한 사실상 정지되었다. 남북교역과 우리 국민의 방북, 대북 신규투자 등이 일체 중단됨으로써 남북합의서의 이행과 효력이 포괄적으로 중지된 상황이라는 얘기다. 2005년 12월 29일 법률 제07763호로 공포된 〈남북 관계 발전에 관한 법률〉은 '남북합의서'의 '전부 또는 일부'를 정지시키는 절차를 명문화하고 있다. 제23조를 살펴보자.

〈남북 관계 발전에 관한 법률〉

제23조(남북합의서의 효력 범위 등)

① 남북합의서는 남한과 북한 사이에 한하여 적용한다.

② 대통령은 남북 관계에 중대한 변화가 발생하거나 국가안전보장, 질서유지 또

18 정일영 · 정대진, 남북합의서 이행의 한계와 대안의 모색- 5 · 24 조치와 '남북 관계 발전에 관한 법률' 제23조를 중심으로, 「통일연구」 21권 1호, 2017년 5월, pp.160~162.

는 공공복리를 위하여 필요하다고 판단될 경우에는 기간을 정하여 남북합의서의 효력의 전부 또는 일부를 정지시킬 수 있다.

③ 대통령은 국회의 체결 · 비준 동의를 얻은 남북합의서에 대하여 제2항의 규정에 따라 그 효력을 정지시키고자 하는 때에는 국회의 동의를 얻어야 한다.

〈남북 관계 발전에 관한 법률시행령〉

제23조(남북합의서의 효력정지) ① 대통령이 법 제23조 제2항에 따라 남북합의서의 효력을 정지시키고자 하는 때에는 국무회의의 심의를 거치고, 북한에 이를 통보하여야 한다. 다만, 법 제23조 제3항에 따라 국회의 동의를 얻어야 하는 경우에는 이를 행한 후에 북한에 통보하여야 한다.

지금까지 정부의 요청으로 국회의 동의를 받은 남북 사이의 투자보장에 관한 합의서, 개성공업지구통관에 관한 합의서, 개성공업지구 검역에 관한 합의서, 개성공업지구와 금강산관광지구의 출입체류에 관한 합의서, 남북 사이 차량의 도로운행에 관한 기본합의서, 남북 사이의 열차운행에 관한 합의서, 남북해운합의서… 등에 관한 합의서는 5 · 24 조치와 일련의 후속 조치로 인해 사실상 효력이 정지된 상태이다. '남북합의서'의 이행이 사실상 중단되었다는 뜻이다.〈남북 관계 발전에 관한 법률〉 제23조에 의하면, 대통령이 국회의 체결 · 비준 동의를 얻은 남북합의서에 대하여 효력을 정지시키고자 하는 때에는 국회의 동의를 얻어야만 한다(동법 3항). 그리고 남북합의서의 효력의 전부 또는 일부를 정지시킬 때는 기간을 정해야만 한다(동법 2항). 이명박 정부의 행정명령

5 · 24 조치는 〈남북 관계 발전에 관한 법률〉을 위배했음에도 국회를 비롯한 우리 모두는 침묵을 지키고 있다.

5 · 24 조치의 불법성은 〈남북 관계 발전에 관한 법률시행령〉을 살펴보면 더욱 뚜렷해진다. 5 · 24 조치에 따라 수많은 〈남북합의서〉의 효력이 정지되었다. 그렇다면 사안에 따라 국무회의를 열거나 국회의 동의를 얻은 후 북한에 통보했어야 한다(남북 관계 발전에 관한 법률시행령 제23조 1항). 그러나 이명박 정부는 〈남북합의서〉의 효력정지에 관한 국무회의를 개최하지 않았고, 국회의 동의를 얻은 적이 없다. 물론 북한에 통보한 경우도 없었다.

이명박은 2018년 3월 22일 뇌물수수, 횡령, 배임, 조세포탈 등 혐의로 구속된 후, 2020년 11월 2일 징역 17년이 확정되었고,[19] 2022년 5월 현재 수감 중이다. 그는 퇴임 후 경제사범으로 옥고를 치르고 있지만, 사실 재임 중 〈남북 관계 발전에 관한 법률〉 위반 혐의로 〈헌법 제65조 1항[20]〉에 의해 탄핵 소추되어야 했다. 5 · 24 조치에 관한 이명박의 범죄혐의를 다시 정리해 보면 다음과 같다.

> 첫째, 피고 혹은 피의자라고도 볼 수 있는 대한민국의 국방부, 군인들을 천안함 침몰사건조사의 주체로 정한 행위
>
> 둘째, 실제로 군인들만의 조사단이었음에도 민군합동조사단이라고 국민을 기만한 행위

19 "이명박 "날 구속해도 진실은 못 가둬", 「동아일보」, 2020.11.3

20 〈헌법 제6조 ①항: 대통령 · 국무총리 · 국무위원 · 행정 각부의 장 · 헌법재판소 재판관 · 법관 · 중앙선거관리위원회 위원 · 감사원장 · 감사위원 기타 법률이 정한 공무원이 그 직무 집행에 있어서 헌법이나 법률을 위배한 때에는 국회는 탄핵의 소추를 의결할 수 있다.〉

셋째, 국제합동조사단이라고 한국 국민과 세계를 기만한 행위

넷째, 5 · 24 조치를 발동한 후 국무회의 개최, 국회의 동의, 북한에 통보 등을 규정한 〈남북 관계 발전에 관한 법률〉 및 동 〈시행령〉을 이행하지 않은 혐의

무엇보다, 내동명 이명박의 불법행위로 인해 선임 대통령이었던 김대중 · 노무현 정부의 6 · 15 선언과 10 · 4 선언이 무력화됨으로써 통일을 열망하는 민족의 열망에 찬물을 끼얹은 이명박의 행위는 결국 역사의 심판대에 오르리라 믿는다.

MSNBC
@MSNBC

WATCH: President Trump on South Korea potentially lifting sanctions on North Korea:

"They do nothing without our approval."

오전 4:29 · 2018년 10월 11일 · Wildmoka

〈 그림295: ① 국회청문회에서 발언하는 이낙연ⓒ연합뉴스, ② 도널드 트럼프 미국 대통령과 부인 멜라니아 여사가 7일 오후 경기도 평택시 주한 미군 오산공군 기지에 도착해 강경화 외교부 장관과 악수를 나누고 있다.ⓒ오마이뉴스, ③트럼프의 발언을 소개한 MSNBC의 트위터 〉

말도 많고 탈도 많았던 이명박의 5 · 24 조치는 정권이 바뀐 후 '실효

성 상실'이 거론되는 상황이다. 2020년 5월 20일, 여상기 통일부 대변인이 '5 · 24 조치' 10주년을 앞두고 발언한 정례 브리핑의 내용을 살펴보면 현 상황을 짐작할 수 있다. 여 대변인은 5 · 24 조치에 대한 정부 입장을 질문받고서 "정부는 지난 시기 역대 정부를 거치면서 유연화와 예외조치를 거쳤다"며 "그래서 사실상 그 실효성이 상당 부분 상실됐다"고 말했다. 실제, 국민 방북 불허 및 북한 주민과의 접촉 제한과 대북지원 유보 등은 유명무실해졌거나 실효성이 떨어졌다. 그러나 북한 선박의 남한 해역 운항 및 입항 금지와 남북교역 및 대북 신규투자 중단 등은 5 · 24 조치로 이행되는 중이다.[21] 5 · 24 조치는 아직도 진행 중이라는 얘기다.

5 · 24 조치의 폐기 혹은 실효성 문제와 별도로 천안함 침몰 사건은 반공 · 반북 검증의 잣대로 이용되고 있는 형편이다. 2017년 5월 24일, 국회 인사청문회에서 이낙연 국무총리 후보자는 24일 '천안함 폭침' 사건에 대해 "북한을 배후로 생각한다"며 "(북한 소행이라는) 정부 발표를 신뢰한다"고 밝혔다. 그리고 '북한을 주적이라고 생각하느냐'는 질문에는 "군사적으로는 주요한 적"이라고 답변했다.[22]

천안함 침몰에 관해 책임이 없다고 할 수 있는 대통령 문재인의 발언도 이낙연과 다를 바 없었다. 지난 2015년 천안함 침몰 5주기를 앞두고 군부대를 방문해 "천안함 폭침 때 북한 잠수정이 감쪽같이 들어와 천안함 타격 후 북한으로 복귀했는데 이것을 제대로 탐지하지 못했다"며 명시적으로 북한 잠수정의 타격을 언급한 바 있으며, 2020년 5월 27일

21 [팩트체크] 정부가 '실효성 상실' 거론한 5 · 24 조치 현황은?, 「연합뉴스」, 2020.5.23.

22 이낙연, 천안함 폭침에 "배후는 北…군사적으로 주요한 적", 「연합뉴스」, 2017.5.24.

'서해수호의 날' 기념식 도중, 유가족으로부터 천안함을 누가 침몰시켰는지 알려달라는 질문을 받고 "정부 공식 입장에 변함이 없다"고 말했다.[23]

정치인 특히 민주당의 입장을 살펴보면, 천안함의 침몰 원인에 대해선 5 · 24 조치 당시 이명박 정부가 주장했던 '북한의 소행'에 부정을 하지 못하고 있다. 다만 5 · 24 조치의 해제에 대해선 심각하게 고민하고 있는 듯하다. 그러나 문재인 정부는 임기가 끝날 때까지 5 · 24 조치를 해지하지 못했다. 그 이유는 강경화 외교부 장관의 발언 해프닝을 살펴보면 짐작할 수 있다.

2008년 10월 10일, 서울 도렴동 외교부 청사에서 열린 국회 외교통일위원회 국정감사에서 북한의 천안함 폭침 사건에 대응한 '5 · 24 조치'의 해제 용의가 있느냐는 더불어민주당 이해찬 의원의 질문에 "관계부처와 검토 중"이라고 말했다.[24] 강 장관의 발언에 미국 대통령은 즉각적으로 반응했다.

트럼프 대통령은 10일(현지 시간) 오후 백악관에서 한국 정부가 북한과 외교 여지를 만들기 위해 일부 제재 해제를 검토하고 있다는 질문에 "그들은 우리 승인 없이는 그렇게 하지 않을 것"이라고 답했다. 이어 "그들은 우리 승인 없이 아무것도 하지 않는다(They do nothing without our approval)."라고 말했다. 트럼프 대통령은 이와 관련 한국 정부와 접촉하고 있느냐에 "그렇다"며 "우리 승인 없이 아무것도 하지 않을 것"이라고 거듭 강조했다. 대북 제재에 관한 한 한국 정부의 독자 행동은 있

23 문 대통령, 분향 중 "천안함 누구 소행인가" 유가족 질문 받아, 「한겨레」, 2020.3.27.

24 강경화 "5 · 24 조치 해제, 관계부처와 검토 중"(종합), 「연합뉴스」, 2018.10.10.

을 수 없다고 못 박은 것이다. 마이크 폼페이오 국무장관이 9 · 19 평양 선언 남북군사합의에 대해 강경화 장관에게 전화로 "뭐하는 거냐."고 항의한 데 이어 대통령까지 한국의 독자 제재 완화 움직임에 제동을 건 것이다.[25]

천안함 침몰 사건을 반공 · 반북 검증의 잣대로 이용하고 있는 야당, 법으로서의 실효성이 거의 소멸된 '5 · 24 조치'의 해지를 단행하지 못하는 여당… 그 비밀의 해답을 미국 대통령이 제공해 준 셈이다.

25 트럼프 "韓, 우리 승인 없이 안 할 것" 5 · 24 조치 해제 제동, 「중앙일보」, 2018.10.11.

:: 03 ::

반국가단체와 이적단체 그리고 통일운동의 불씨

천안함 사건은 남북 관계 파탄의 결정타가 됐다. 이명박 정권이 천안함 침몰을 북한의 소행으로 단정해 몰아간 결과, 한반도는 언제든지 전쟁이 일어나도 이상하지 않은 일촉즉발로 치달았다. 이명박 정권은 '독자적인 대북 제재'인 5 · 24 조치를 내놓음으로써 지난 정권이 그동안 쌓아왔던 남과 북, 서로 간의 신뢰를 배신했고 평화와 통일을 원하는 민족의 염원을 무시했던 것이다.

안타까운 것은 이러한 만행에 대해 민중들의 저항이 미미했던 점이다. 5 · 24 조치에 대한 저항의 불꽃이 타오르지 않은 상황에 대해선, 김대중 · 노무현 정권 역시 책임 문제로부터 자유롭지 못하다. 앞장(11장, 6 · 15, 10 · 4 선언과 인혁당 무죄투쟁)에서 이미 거론했지만, 두 정권은 6 · 15 선언과 10 · 4 선언을 통해 남북 관계에 획기적 전환을 가져오게 했다. 하지만 어디까지나 관(정부) 주도의 통일 정책이었고, 그들의 후원자이자 큰 배경이 될 수 있는 민간통일운동가들에 대한 배려가 거의 없었다. 범민련과 한총련 등이 이적단체로 지목되어 수난을 받고 있을 때 외면했다는 얘기다. 만약 민간통일운동 단체들이 이적단체라는 굴레에서 벗어나 정상적인 활동을 했다면, 5 · 24 조치가 과연 정상적인 효력을 발휘할 수 있었을까? 민간통일운동 단체에 대해 정부가 어떻게 처리했는지 사례를 살펴보자.

〈 그림296: 시계방향, ① 한총련 이적규정철회와 국가보안법 철폐 요구 기자회견 장면ⓒ통일뉴스 ② 양심수 석방과 국가보안법 폐지를 위한 민가협(민주화실천가족운동협의회) 1,000회 목요집회ⓒ통일뉴스 ③ '반국가단체 고문조작 국가범죄 청산 토론회'에 참석한 인사들ⓒ자주시보 〉

#장면①

2003년 11월 14일 오전 한총련 범사회인 대책위와 11기 한총련은 검찰청 앞에서 한총련 이적규정철회와 국가보안법 철폐를 요구하는 기자회견을 열었다.[1]

#장면②

2004년 10월 16일, '양심수 석방과 국가보안법 폐지를 위한 민가협(민주화실천가족운동협의회) 1,000회 목요집회'가 16일 오후 2시 서울 종

1 "통수권자의 뜻마저 거스르는 공안 당국", 11기 한총련 대의원 첫 실형 구형, 「통일뉴스」, 2003.11.14.

로 탑골공원 삼일문 앞에서 열렸다.[2]

#장면③

2017년 7월 3일 오후 2시, 반국가단체고문조작국가범죄청산연대가 서울 국가인권위원회 배움터 강당에서 연 '반국가단체 고문조작 국가범죄 청산 토론회'에 참석한 인사들이 과거사청산을 다짐하고 있다.[3]

노무현 집권 첫해인 2003년 11월 14일 오전 11시, 검찰청 앞에서 11기 한국대학총학생회연합(한총련)과 '한총련의 합법적 활동보장을 위한 범사회인 대책위(범사회인 대책위)'가 기자회견을 열어 한총련에 대한 이적규정 철회와 국가보안법의 철폐를 요구했다. 이날은 11기 한총련 대의원이라는 이유만으로 검거돼 재판정에 서게 된 계명대 최용석 총학생회장의 첫 공판이 진행된 날이었다. 검찰은 최용석에 대해 국가보안법에 의한 이적단체 구성 및 가입 혐의로 징역 3년에 자격정지 3년을 구형했다. 참석자들의 발언을 들어보자.

- 오종렬(전국연합 상임의장) 및 참석자 공통: 11기 한총련에 대해 국가보안법에 의한 혐의를 일괄적용하지 않겠다는 7 · 25 조치가 발표된지 두 달밖에 지나지 않았음에도 소위 법을 집행한다는 사법당국이 스스로의 약속을 깨뜨리는 이와 같은 행위는 국민들의 민주화 열망에 찬물을 끼얹는 심각한 행위이다.

2 민가협, 가슴 시린 1,000번째 '목요집회', 변함없는 구호 '국보법 폐지, 양심수 석방', 「통일뉴스」, 2014.10.16.

3 "반국가단체 고문조작 청산해야 정상국가", 「자주시보」, 2017.7.5.

- 안진걸(참여연대 회원참여팀장): 집시법도 아니고 폭력혐의도 아닌, 단지 이적단체 구성 혐의를 이유로 3년을 구형한 것은 검찰 당국의 냉전적 시각이 전혀 변화되지 않았음을 의미하는 것이다. 더욱 심각한 문제는 각계각층의 호소와 탄원에 더해 최고통수권자인 대통령과 법무장관까지 나서서 전향적 입장을 밝혔음에도 불구하고 여전히 공안당국은 냉전적 잣대를 고수하고 있다는 것이다.
- 최강복(경기대 부총학생회장 최승재 씨의 아버지): 부정부패에 맞서 민족을 위해 피 흘려 싸워 온 한총련에 대해 1997년 김영삼이 내린 이적단체 규정을 근거로 지금까지도 탄압하고 있다는 것은 말도 안 된다.[4]

기자회견을 통해 주장한 것은 대략 세 가지 정도다. 첫째, 사법부는 두 달 전 11기 한총련에 대해 국가보안법에 의한 혐의를 일괄적용하지 않겠다고 한 약속을 스스로 깨뜨렸다. 둘째, 검찰 당국의 냉전적 시각은 전혀 변화되지 않았다. 셋째, 1997년 김영삼 정부가 이적단체로 규정한 것을 근거로 부정부패에 맞서 민족을 위해 피 흘려 싸워 온 한총련을 지금까지 탄압하고 있다.

사법 당국이 스스로의 약속을 깨뜨렸다는 발언은 매우 중요한 사안이다. 2003년 7월 25일, 대검찰청 공안부(이기배 검사장)는, 한총련 관련 조치는 "5기에서 10기다. 11기는 5 · 18 사태 관련 수배된 사람은 있어도 포함되지 않았다."라고 말하고 난 뒤 "제11기 한총련의 강령 등 총

4 "통수권자의 뜻마저 거스르는 공안 당국", 11기 한총련 대의원 첫 실형 구형, 「통일뉴스」, 2003.11.14.

노선을 종합 검토해 보니, 여전히 이적성에 변화가 없다는 것으로 판단됐다, 일단 조사를 해서 반성 여부를 봐서 결정할 것이다. 탈퇴하겠다든지 반성하겠다든지 변화된 모습을 보이면 불구속 수사자에 포함된다."라고 사족을 달았다.[5] 아무튼, 공안부의 발언은 한총련 및 범사회인 대책위 등이 "11기 한총련에 대해 국가보안법에 의한 혐의를 일괄적용하지 않겠다"고 해석해도 무리가 없었다. 그러나 11기 한총련 대의원 최용석에게 징역 3년에 자격정지 3년을 구형함으로써 공안부의 의도가 적나라하게 드러났다. 한기총은 이적단체며 11기 한기총 역시 그 범주를 벗어나지 않고 있다는 것이 대검찰청의 주장이었다.

1년 후 공안부의 행위를 보면 한기총을 소멸시키고자 하는 것이 그들의 기본적인 방침이었음을 확인할 수 있다. 2004년 2월 25일 오전 11시 20분, 한총련 합법적 활동 보장을 위한 범사회인 대책위원회와 국보법 철폐 무기한 농성단, 아주대 조직사건 비상대책위원회, 광주전남지역 총학생회연합 등은 연세대 푸른샘에서 기자회견을 열었다. 노무현 대통령은 후보 시절 국보법을 철폐시키겠노라고 공언했다. 그러나 약속과는 달리 2003년 1월부터 2004년 2월까지 국보법 등의 혐의로 총 95명이 연행됐으며 이중 취임 이래 연행자는 88명에 달한다. 한총련에 관한 탄압도 변하지 않았다. 변함없는 공안정책에 시민단체들이 "1년째 국보법 철폐 요구에 미동 없는 노무현 정부를 규탄하고 10기 한총련 김형주 의장 석방과 한총련 이적규정 철회, 국가보안법 철폐를 촉구"하는 기자회견을 개최한 것이다.[6] 당선 후 지난 1년간의 행적을 살펴보면, 노무현

5 '이적' 한총련 사실상 '수배해제', 「오마이뉴스」, 2003.7.25.

6 "참여정부 1년, 민주주의와 개혁은 없다", 국보법 탄압사례 발표 및 국보법 철폐 기자회

의 신념이 바뀌었다고 보기보다는 대통령이 되었어도 경찰, 검찰, 안기부 등 공안기관의 통제에 실패했다고 보인다. 아무튼, 핵심과제는 국가보안법의 철폐였다.

수십 년이 넘는 긴 세월 동안 변함없이 국가보안법 폐지를 외치고 있는 단체가 있다. 1985년 12월 12일 창립된 민주화실천가족운동협의회(민가협, 상임의장 조순덕)의 뿌리는 유신독재 시기로 거슬러 올라간다. 1974년 민청학련 사건을 계기로 만들어진 '구속자가족 협의회'[7]를 모태로 1976년 '양심범가족협의회의' 전통을 이어 유신 독재 시절부터 정치적 박해를 받고 있던 가족들과 민주화를 요구하다 구속된 수많은 학생들의 가족들이 모여 '민가협'이라는 조직을 만들게 되었다. 이 단체의 변함없는 슬로건은 '국가보안법 폐지'와 '양심수 석방'이다.

1993년 이른바 문민정부가 들어섰지만, 양심수와 국가보안법의 문제가 여전히 해결되지 않고 김영삼 정부하에서도 인권침해가 계속 이어지자 1993년 9월부터 매주 목요일 '양심수 석방과 국가보안법 철폐를 위한 목요집회'를 시작했다.[8] 민가협은 당초 목요집회를 그 해 12월 23일까지만 계획했으나 김영삼 정부에서 5년 동안 4,263명이나 발생한 양심수의 존재를 감추고 '문민정부에 양심수는 없으며 따라서 양심수 사면

견 열려, 「통일뉴스」, 2004.2.25.

7 1974년 9월 '구속자가족협의회'(약칭 구가협)가 발족되었다. 초대회장에는 윤보선 전 대통령의 부인인 공덕귀, 부회장은 연대생 김학민의 아버지 김윤식 전 국회의원, 총무는 '민청학련의 홍일점'이었던 김윤(서강대)의 어머니 김한림 여사가 선출되었다. 그 외 박형규 목사 부인, 김지하 어머니, 문익환 목사 부인, 이우정 교수 등이 함께 활동하였다. 인혁당의 실상을 알리기 위해 전창일의 처 임인영도 이 단체를 통해 많은 활동을 하였다. 〈9장 9절 전창일의 단식과 아내의 구명운동〉 참조

8 《민가협 소개, 민주화실천가족운동협의회 홈페이지》

도 없다'는 방침을 밝히면서 장기화되기 시작했다. 2014년 10월 16일, 민가협이 주관하는 '목요집회'가 1,000회를 맞았다. 민가협은 서울 종로구 탑골공원 앞에서 국가보안법폐지국민연대, 국정원 내란음모 정치공안 탄압규탄 대책위 등 50여 단체, 300여 명의 인사들과 함께 1,000회 목요집회를 개최하고 이날도 변함없이 '양심수 전원 석방' '국가보안법 철폐 투쟁' '자주, 민주, 통일 위해 투쟁'을 결의했다.[9]

그러나 온 지구촌을 덮친 코로나바이러스 침투로 인해 2020년 2월 말 1,258회를 끝으로 임시 중단된 이래 아직도 열리지 못하고 있다. 모든 사람들의 일상을 뒤엎게 한 코로나바이러스 재앙이지만, '양심수 전원 석방과 국가보안법 철폐를 위한 민가협 목요집회'는 조만간 곧 열리게 되리라 본다. 양심수도 국가보안법도 없는 억압과 차별, 예속과 대결이 아닌 참된 자주통일 세상이 아직 오지 않았기 때문이다.[10]

통일운동 단체를 반국가단체로 규정한 자체도 문제지만, 그 단체조차 고문에 의해 조작하였다면 얼마나 억울하겠는가? 2017년 7월 3일, 진실화해위원회의 아람회 사건 진실규명과 권고 10주년을 맞아 국가인권위원회 배움터 강당에서 '반국가단체 고문조작 국가범죄 청산 토론회'가 열렸다. 전창일(인혁당 재건위 사건), 이창복(인혁당 재건위 사건), 정해숙(아람회 사건), 박해전(아람회 사건), 김창근(아람회 사건), 강상기(오송회 사건) 등 고문을 당한 당사자들이 이날 참석했다.

박해전 반국가단체 고문조작 국가범죄 청산연대 공동대표는 "박근혜

9 민가협, 가슴 시린 1,000번째 '목요집회', 변함없는 구호 '국보법 폐지, 양심수 석방', 「통일뉴스」, 2014.10.16

10 《2021년 2월 27일 회장단(이사장 권오헌, 회장 김혜순, 부회장 김재선) 인사말, (사)정의 · 평화 · 인권을 위한 양심수후원회 홈페이지》

정권과 이명박 정권은 박정희 정권 시기의 대표적인 반국가단체 고문조작 국가범죄 인혁당 재건위 사건과 5공 시기의 대표적인 반국가단체 고문조작 국가범죄 아람회 사건의 피해자들을 국가배상 과정에서 표적 삼아 부당하게 짓밟았다"며 "국가가 약속한 과거사 청산의 대의를 짓밟은 또 하나의 불의한 국가범죄이며 국가폭력" 등의 비판을 통해 국가권력의 위험성을 지적하며, "반국가단체 고문조작 국가범죄의 수단으로 사용된 국가보안법을 즉각 철폐할 것을 요구한다."고 강조했다.[11]

지금까지 거론한 피해자들은 국가권력이 조작을 했건, 실체가 있건 반국가단체 혹은 이적단체의 구성원으로 지목되어 수난을 당했다. 여기서 우리가 알아야 할 것은 반국가단체와 이적단체 등의 정의는 무엇이고, 법적 근거는 있는가 하는 의문이다. 공안기관이 주장하는 법적 근거는 국가보안법이다. 지금까지 대법원에서 국가보안법상 반국가단체와 이적단체로 확정판결을 받은 조직부터 살펴보자.

[표28: 반국가단체, 이적단체 목록]

	단체명	대법판결	현황	비고
	《조선민주주의인민공화국 정부》			
반국가단체	① 헌법상 반국가적인 불법단체로서 국가로 볼 수 없다.(1959.7.18. 선고 4292형상180 판결, 1971.9.28 선고 71도1498 판결 및 1983.3.22. 선고 82도3036 판결) ② 남 · 북한의 정상 사이에 회담이 성사되고, 남 · 북한 사이의 교류와 협력이 이루어지고 있다고 하더라도 지금의 현실로는 북한이 여전히 대한민국과 대치하면서 대한민국의 자유민주주의 체제를 전복하고자 하는 적화통일노선을 완전히 포기하였다는 명백한 징후를 보이지 않고 있는 이상, 북한은 조국의 평화적 통일을 위한 대화와 협력의 동반자임과 동시에 적화통일노선을 고수하면서 우리의 자유민주주의 체제를 전복하고자 획책하는 반국가단체의 성격도 아울러 가지고 있다고 보아야 하므로…(대법원 2003.9.23. 선고 2001도4328 판결)			

11 "반국가단체 고문조작 청산해야 정상국가", 「자주시보」, 2017.7.5.

	※ 헌법 제3조: 대한민국의 영토는 한반도와 그 부속도서로 한다. ※국보법 제2조: 이 법에서 "반국가단체"라 함은 정부를 참칭하거나 국가를 변란할 것을 목적으로 하는 국내외의 결사 또는 집단으로서 지휘통솔체제를 갖춘 단체를 말한다.			
	① 진보당	59.2.27.	2011.1.20. 재심 무죄	–
	② 통일혁명당	75.4.8.	–	–
	③ 인민혁명당 재건위원회(인혁당 재건위)	75.4 8.	2007.1.23. 재심 무죄	–
	④ 전국민주청년학생총연맹(민청학련)	75.4.28.	2009.9.24. 재심 무죄	–
	⑤ 한국민주회복통일촉진국민회의(한민통)	78.6.13.	–	한통련(한민통의 후신) → 이적단체로 규정
	⑥ 남조선민족해방전선(남민전)	80.9.5.	–	–
반국가 단체	⑦ (학림사건)	1981년	2012.6.15. 재심 무죄	–
	⑧ 아람회	82.6.19	2009.5.21. 재심 무죄	–
	⑨ 횃불회	83.5.	2016.4.28. 재심 무죄	–
	⑩ 오송회	83.12.	2018.11.25 재심 무죄	반국가단체 구성 혐의 구속, 이적단체조직 죄 적용
	⑪ 제헌의회그룹(CA그룹)	87.7.20.	–	–
	⑫ 재일한국민주통일연합(한민통)	90.9.11.	–	관련자, 2011년 재심 무죄
	⑬ 자주민주통일그룹(자민통)	91.11.22.	–	–
	⑭ 남한사회주의노동자동맹(사노맹)	92.4.24.	–	–
	⑮ 남한조선노동당 중부지역당	93.7.26.	–	–
	⑯ 1995년 위원회	93.11.9.	–	〈애국동맹〉으로 명칭변경

반국가 단체	⑰ 남한사회주의과학원(사과원)	95.5.12.	–	–
	⑱ 구국전위	95.7.25.	–	–
	⑲ 민족민주혁명당(민혁당)	00.10.12.	–	경기동부연합(RO)의 중추
이적 단체	❶ 민족자주평화통일중앙회의(민자통)	90.8.28.	–	활동 중
	❷ 조국통일범민족청년학생연합(범청학련) 남측본부	93.9.28.	–	–
	❸ 범민련 해외본부	94.5.24.	–	활동 중
	❹ 남한프롤레탈리아계급투쟁동맹 준비위원회	96.5.14.	–	–
	❺ 사회민주주의 청년동맹	96.9.10.	–	–
	❻ 범민련 남측본부	97.5.16.	–	활동 중
	❼ 노동자정치활동센타	97.6.27.	–	–
	❽ 한국대학총학생회연합(한총련)	98.7.28.	–	–
	❾ 민족민주혁명당	99.9.3.	–	–
	❿ 진보와 통일로 가는 서울민주노동자회(서민노회)	02.1.11.	–	–
	⓫ 한국청년단체협의회(한청)	09.1.30.	–	〈한국청년연대〉재결성(2010)
	⓬ 6 · 15 남북공동선언실천연대(실천연대)	10.7.23.	–	활동 중〈민권연대〉
	⓭ 청주통일청년회	11.12.8.	–	–
	⓮ 우리민족연방제통일추진회의(연방통추)	12.1.27.	–	활동 중
	⓯ 자주통일과 민주주의를 위한 코리아연대	16.5.26.	–	2016.7.1. 자진해산 → 환수복지당(2016.11.21.) → 민중민주당
	⓰ 6 · 15 공동선언실천청년학생연대	20.1.27.	–	활동 중

	⑰ 부산 통일운동단체 '젊은 벗'	21.12.30.	–	6 · 15 남북공동선언 이후 부산 지역 운동권 중심 창립
	〈1990년〉 노동계급, 기독교문화노동운동연합, 마산 일꾼노동상담소, 인천 노동자대학, 민족통일민주주의노동자동맹, 혁명적노동자계급투쟁동맹, 민중민주주의노동자투쟁동맹(노동운동관련 조직사건), 조국통일촉진그룹, 전국민주주의학생연맹(학생운동 관련 조직사건)			
이적 단체	〈1991년〉 청주대 자주대오, 서울대 민족해방활동가조직, 안동대 반미애국학생회, 동국대 민주주의 학생연맹, 마창지역 민주주의학생연맹, 민주주의학생연맹, 민학투련, 상지대 민주주의학생연맹, 부산민주주의학생연맹, 서울지역대학생 노동자예술인연합(학생운동 조직사건), 부산민족민주운동연합, 성남노동자투쟁위, 서울민족민중미술운동연합, 민주주의노동투쟁동맹, 반제반파쇼민중민주주의혁명그룹, 서울사회과학연구소(노동운동 및 사회운동 단체)			
	〈1992년〉 안양지역 자주학생운동연합, 남한사회주의 학생연맹, 청주대 민주학생투쟁연맹, 민족한남대활동가조직 등(학생운동 조직사건) 인천지역 노동자그룹, 국제사회주의자들 그룹, 안산민중민주주의노동자투쟁동맹, 노동자계급해방투쟁위원회, 노동자대학, 노동자문화일터, 노동자정치활동센터, 한국사회주의노동당(한국노동당), 인천부천 민주노동자회, 일동그룹 등(노동운동 관련 조직사건)			

국가보안법은 대한민국의 자유 · 민주체제를 전복 · 파괴하려는 북한의 대남혁명 전략에 효과적으로 대응한다는 명분하에 만들어진 안보 관련 특별형사법이다. 이 법은 '반국가단체'라는 개념이 중심으로 되어 있다. 하지만 1948년 12월 1일 최초로 제정된 국가보안법에는 '반국가단체'라는 용어를 사용하지 않았다.[12] 당시 국회는 국가변란을 정부 참칭에 부수하는 '수반행위'로 파악하였던 것이다.[13]

12 〈자세히 보기-21〉[최초의 국가보안법(1948.12.1)]: 제1조 국헌을 위배하여 정부를 참칭하거나 그에 부수하여 국가를 변란할 목적으로 결사 또는 집단을 구성한 자는 좌에 의하여 처벌한다.

13 제성호, 국가보안법상 '반국가단체'의 개념과 범위- 대법원판례를 중심으로, 「법조」 59권

반국가단체라는 용어가 국가보안법에 처음으로 등장한 것은 1960년 6월 10일 제4차 개정(법률 제549호로 공포) 때다. 개정안은 '반국가단체구성죄'를 규정하면서, 반국가단체를 사실상 정의하는 형식을 취하였다.[14]

반국가단체의 정의가 명확하게 규정된 것은 1980년 12월 31일 국가보위입법회의에서 6차로 개정된 국가보안법(법률 제3318호)부터다. 이 법 제2조 제1항은 "이 법에서 반국가단체라 함은 정부를 참칭하거나 국가를 변란할 것을 목적으로 하는 국내외의 결사 또는 집단을 말한다"고 명시되어 있다. 1991년 5월 31일 8차로 개정된 국가보안법에는 '지휘통솔체제를 갖춘 단체'가 추가되었고,[15] 이 내용은 2016년 1월 6일 개정된 (법률 제13722호) 현 국가보안법과 동일하다.

국가보안법에 의해 반국가단체로 지목되어 대법원 판결로 확정된 단체는 진보당(59.2.27.), 통일혁명당(75.4.8.), 인민혁명당 재건위원회(인혁당 재건위 75.4.8.), 전국민주청년학생총연맹(민청학련 75.4.28.), 한국민주회복통일촉진국민회의(한민통 78.6.13.), 남조선민족해방전선(남민전 80.9.5.), 학림사건(1981년), 아람회(82.6.19.), 횃불회(83.5.), 오송회(83.12.), 제헌의회그룹(CA그룹 87.7.20.), 재일한국민주통일연합(한민통, 90.9.11.), 자주민주통일그룹(자민통 91.11.22.), 남한사회주의노동자동맹(사노맹 92.4.24.), 남한조선노동당 중부지역

8호, 2010년 8월, pp.7~8.

14 당시의 국가보안법 제1조는 '반국가단체 구성죄'를 명시하였는데, 그 내용은 "정부를 참칭하거나 국가를 변란할 목적으로 결사 또는 집단(이하 반국가단체라고 칭한다)을 구성한 자는 다음의 구별에 따라서 처벌한다."고 되어 있었다.《위 논문 p.8.》

15 《제2조(정의) ①이 법에서 "반국가단체"라 함은 정부를 참칭하거나 국가를 변란할 것을 목적으로 하는 국내외의 결사 또는 집단으로서 지휘통솔체제를 갖춘 단체를 말한다.(개정 1991. 5. 31.)》

당(93.7.26.), 1995년 위원회(93.11.9.), 남한사회주의과학원(사과원 95.5.12.), 구국전위(95.7.25.), 민족민주혁명당(민혁당 00.10.12.) 등 19개 단체다.

이들 단체 중 인혁당(07.1.23.), 아람회(09.5.21.), 민청학련(09.9.24.), 진보당(11.1.20.), 학림사건(12.6.15.), 횃불회(16.4.28.), 오송회(18.11.25.) 등 7개 단제는 재심에서 무죄판결이 났다. 대략 40% 가까이 재심 무죄가 선고됨으로써 검찰 및 법원의 신뢰도가 추락하고 만 것이다. 개인별 재심 무죄 판결 현황을 살펴보면, 그동안 국가보안법이 얼마나 '불법적'으로 활용되어 왔는지 더욱 확인이 된다. 과거 국가보안법 유죄 판결로 고초를 겪은 이들은 2000년 이후 개시된 국가보안법 재심사건에서 무려 70.5%가 무죄 판결을 받았다고 한다.[16]

이러한 결과는 경제협력개발기구(OECD)가 회원국을 대상으로 각국 사법부에 대한 신뢰도를 조사해 순위를 매긴 조사 결과 '한눈에 보는 정부 0000'의 결과와 거의 일치한다. 2015년 '한눈에 보는 정부 2015'에 따르면, 회원국 34개국 중에서 한국의 사법신뢰도는 끝에서 두 번째였다.[17] '한눈에 보는 정부 2019'를 보면 OECD 회원국 39개국 중 꼴찌였

16 통계로 본 국가보안법, 「진보당 기관지 너머」, 2022.4.14.

17 OECD는 9일 '한눈에 보는 정부 2015' 보고서에서 2013년 우리 국민 1,000명을 대상으로 여론조사 전문 기관인 '갤럽'이 설문한 결과를 발표했다. 설문조사 결과에 따르면 '사법제도에 대한 신뢰가 있느냐'는 질문에 '예'라고 응답한 비율은 27%에 그쳤다. 같은 질문에 대한 OECD 회원국 34개국 국민의 평균 신뢰도 54%의 절반 수준에 불과하다. 우리보다 신뢰도가 낮은 국가는 칠레(19%)가 유일할 정도다. 덴마크와 노르웨이가 83%로 1위였고, 일본(65%), 인도(67%), 인도네시아(54%) 등 다른 아시아 국가도 우리보다 사법제도에 대한 신뢰도가 높았다. 〈OECD "한국 사법신뢰 최하위권", 「법률신문」, 2015.8.12.〉

다.[18] 한국인들이 사법부를 이처럼 불신하고 있는 이유는 검사와 판사의 자질문제에 앞서 《국가보안법》이라는 악법의 존재가 보다 근원적 문제일 것이다. 국가보안법과 '반국가단체'에 관한 문제점은 전창일의 재판과정을 살펴보면 많은 참고가 된다.

① 인혁당 재건위 사건, 전창일 공소사실 요지(1974년 5월)[19]

…구체적으로 정권타도방안을 토론하여 내란을 음모하는 동시에 반국가단체를 구성하여 지도적 임무에 종사하고,

② 조문단 사건, 전창일의 모두진술서(1994년 10월)[20]

그럼에도 불구하고 본 공소장에서는 시대착오적인 "국가보안법"을 내세워 북한을 "정부를 참칭한 반국가단체"라고 규정하면서 국민에게 강요하고 있습니다. 이것은 대통령의 선언과 정부 당국의 거짓된 선언, 거짓된 합의란 말입니까? 법 앞에 만인은 평등하다는 자유민주주의의 기본이념과 법 이론은 어디에 두고 이런 해괴한 일을 언제까지 계속하여야 합니까? 국가보안법은 우리 조국의 평화적 통일을 가로막는 가장 중요한 장애물임을 다시 한 번 밝혀둡니다.

③ 변호사 변정수, 변론요지[21]

국가보안법은 민족의 통일을 방해하고 인권을 유린하는 세계에 유례(類例)가 없는 악법 중의 악법이다. 통일을 위하여 머리를 맞대고 협상하고 함께 고민하여야 할 이북정권을 "반국가단체" 즉, "적"으로 규정해 놓고, 이북을 칭찬하면 처벌

18 사법부 신뢰도 OECD 꼴찌, 대법원 발칵 뒤집혔다는데…, 「조선일보」, 2019.11.5.

19 〈자세히 보기-27〉[전창일 공소사실 요지(1974.5.27.)]

20 〈자세히 보기-35〉[조문단사건, 전창일의 모두진술서(1994.10.26.)]

21 〈자세히 보기-36〉[변호사 변정수, 변론요지(1996.9.6.)]

한다. 이북이 하는 일에 동조해도 처벌한다. 이북과 통신 · 연락해도 처벌한다고 하면 어떻게 통일협상을 하겠는가. 잘한 일은 잘한다고 칭찬하고, 옳은 소리에는 옳다고 하고 그에 동조하고 통신 · 연락도 하여야 적대감정이 없어지고 친해지고 비로소 마주앉아 통일문제도 논의하지 않겠는가.

이러한 법을 한사코 고수하는 것은 흡수통일을 했으면 했지, 협상에 의한 통일은 않겠다는 것과 다름없다. 그래서 어느 선구자의 말 "국가보안법을 위반해야 통일이 되고, 많이 위반하면 할수록 통일은 빨리 온다."라는 말은 진리의 정곡을 찌르는 말이다. 악법을 "악법이니까 폐지하자"고 할 뿐인데 그것이 이북에서 주장하는 소리와 같으니 반국가단체의 활동에 동조하는 이적단체라고 하고 국가보안법으로 처벌하겠다고 하니 기가 막힐 노릇이다. 우리가 이러한 악법을 가지고 있는 것은 세계에 부끄러운 일이다. 그리고 더욱 부끄럽고 한심한 일은 이러한 악법을 폐지해야 한다고 주장만 해도 감옥에 보내진다는 사실이다.

1974년 인혁당 사건으로 구속된 전창일의 주 혐의는 "내란음모와 반국가단체 구성"이었다. 20년 후에는 "이적단체로 규정된 범민련 남측본부 및 산하 지방조직 관련자로 구속된다. 국가보안법에 규정된 반국가단체의 정의는 다음과 같다.

《제2조(정의) ①이 법에서 "반국가단체"라 함은 정부를 참칭하거나 국가를 변란할 것을 목적으로 하는 국내외의 결사 또는 집단으로서 지휘통솔체제를 갖춘 단체를 말한다. 〈개정 1991.5.31.〉》

여기서 '정부를 참칭한다'란 합법적 절차에 의하지 않고 임의로 정부를 조직하여 진정한 정부인 것처럼 사칭하는 것을 뜻하며, '국가를 변란

한다'란 대한민국 정부를 전복하여 새로운 정부를 구성하는 것을 의미한다.[22] 반국가단체의 구성요건을 충족하기 위해서는 그 구성된 결사나 집단의 공동목적으로서 정부를 참칭하거나 국가를 변란할 목적을 갖추어야 하고, 이는 강령이나 규약뿐만 아니라 결사 또는 집단이 실제로 추구하는 목적이 무엇인가에 의하여 판단되어야 하며, 어느 구성원 한 사람의 내심의 의도를 가지고 그 결사 또는 집단의 공동목적이라고 단정해서는 안 된다. 그러나 이 법은 개념과 적용 범위가 분명치 않아 논란의 여지가 많았다.[23]

무엇보다 1991년 9월 18일, 대한민국과 조선민주주의인민공화국의 유엔 가입이 동시에 승인됨으로써 전 세계가 두 나라를 주권국가로 인정했고, 이러한 '두 주권국가의 병존'으로 인해 대한민국의 헌법 제3조[24]와 충돌을 일으키는 문제가 발생한 것이다.[25] 지구촌 모든 나라가 조선민주주의인민공화국을 주권국가로 인정하는데, 오직 대한민국만이 조선민주주의인민공화국을 '적'으로 간주하고 '반국가단체'로 규정하는 모순이 발생한 것이다. 대법원은 이 문제를 다음과 같은 판결로 합리화했다.

22 국가보안법의 '국가 변란'은 형법 제91조 제2호의 '국헌 문란'과 그 내용에 차이가 없다. 《형법 제91조 제2호 "헌법에 의하여 설치된 국가기관을 강압에 의하여 전복 또는 그 권능행사를 불가능하게 하는 것"》

23 〈제성호, 국가보안법상 '반국가단체'의 개념과 범위- 대법원판례를 중심으로, 「법조」 59권 8호, 2010년 8월〉 참조

24 《헌법 제3조 대한민국의 영토는 한반도와 그 부속도서로 한다.》

25 〈제10장 8절 UN 동시 가입과 남북기본합의서 그리고 헌법 제3조와 국가보안법〉 참조

남·북한의 정상 사이에 회담이 성사되고, 남·북한 사이의 교류와 협력이 이루어지고 있다고 하더라도 지금의 현실로는 북한이 여전히 대한민국과 대치하면서 대한민국의 자유민주주의 체제를 전복하고자 하는 적화통일노선을 완전히 포기하였다는 명백한 징후를 보이지 않고 있는 이상, 북한은 조국의 평화적 통일을 위한 대화와 협력의 동반자임과 동시에 적화통일노선을 고수하면서 우리의 자유민주주의 체제를 전복하고자 획책하는 반국가단체의 성격도 아울러 가지고 있다고 보아야 하므로… 대법원 2003. 9. 23. 선고 2001도4328 판결【국가보안법 위반·집회 및 시위에 관한 법률 위반 등】

그러므로 대법원 판례 등을 통해 확립된 반국가단체의 개념과 적용범위를 확정하는 일은 부당한 기본권 침해 방지는 물론 질서 있는 남북관계 운영을 위해서도 매우 중요하다. 아무튼, 악법도 법이라고 한다면, 《헌법》과 《국가보안법》에 의해 '반국가단체'의 정의가 규정된 이상 위법이라고 할 수는 없을 것이다. 그러나 '이적단체' 문제는 별도의 문제를 가진 사안이다. 이적단체는 국가보안법에도 없는 정체불명의 용어이다. 이적단체라는 용어가 처음 등장한 시기는 전두환 정권 때다.

五松會사건

83년초 경찰은 全北群山에서 전직 교사 방송국원등이 모여 오송회라는 이적단체를 조직한 것을 적발, 검거했다고 발표했다。

1심인 전주지법은 이들중 李光雄피고인(42)에게 징역 4년에 자격정지 4년을 선고하는등 3명에게는 국가보안법상의 이적단체조직죄와 공산계열 고무찬양죄를적용, 실형을 선고했으나 나머지 6명에게는 공산계열고무찬양죄를 적용, 모두 선고유예판결을 내려 석방했다。

그러나 2심인 광주고법은 1심에서 실형을 선고받은 3명에 대해서는 1심보다 2~3년씩 형량을 높이고 선고유예판결을 받았던 李鉉烈피고인등 6명에게는 1년에서 2년6월까지의 실형을 선고, 법정구속했다。

이 판결은 83년12월 대법원에서 그대로 확정했다。

北의 對南전략과 동일

三民鬪委는 容共·利敵단체

現 社會체제 타파 새사회建設 주장

「救國반란사건」 民衆운동으로 美化

〈 그림297: 1985년 5월 24일 자 동아일보, 7월 18일 자 매일경제 〉

1985년 5월경, 전두환 정부는 석탄일을 맞아 8백 74명을 가석방했다. 석방되는 수형자 중 9명이 공안사범이었는데 오송회 사건 관련자 3명이 포함되어 있었다. 오송회 관련자들은 1983년 초 이적단체를 조직한 혐의로 검거되었고, 전주지법은 국가보안법상의 이적단체 조직죄와 공산계열 고무 찬양죄를 적용하였다.[26]

그리고 같은 해 7월 18일, 대검찰청은 전국학생총연회(전학련) 산하 삼민투쟁위원회(삼민투위)를 용공 이적단체로 규정하고 삼민투의 핵심분자 56명을 구속하고 7명을 불구속 입건하는 한편 23명을 지명수배하고 있다고 발표했다. 최상엽 대검공안부장은 특히 삼민투 위원장 허인회 군을 국가보안법상의 '이적단체구성죄'로 입건 수배하고 있다고 밝혔다.[27] 위 내용을 보도한 「동아일보」에 따르면, 학생 사범에게 국가보안법상의 '이적단체구성죄'가 적용된 것은 학원 자율화 조치 이후 이번이 처음이라고 한다.

사실 이 무렵만 해도 '이적단체'란 용어에 문제점을 제기하는 곳은 거의 없었다. 국가보안법에 '이적단체조직죄'라든가 '이적단체구성죄'라는 항목이 없다는 것을 누구도 지적하지 않던 시절이었다. 1984년 9월 남측 중부지방의 대홍수 때 북측이 식량 · 시멘트 · 약품 등 구호물자를 지원한 바 있고, 1985년 이산가족 고향방문 및 예술 공연단의 교환방문과 경제회담 등 남북 간에 잠시 훈풍이 불기도 했으나, 1983년 10월의 아웅산 테러사건, 1987년 11월 KAL기 폭파사건이 말해주듯 극도의 긴장으로 남북 관계가 경색되어 있던 시기였다. 무엇보다 남과 북이 아직 유

26 공안사범 9명 포함, 8백74명 가석방, 「동아일보」, 1985.5.24.

27 삼민투위는 용공 · 이적단체, 「동아일보」, 1985.7.18.

엔에 가입하기 전이었다.

'이적단체' 문제가 본격적으로 거론되기 시작한 것은 남과 북, 해외에서 '범민련'이 조직될 무렵부터다. 노태우 정부 때였다. 노 정권의 북방정책은 노력의 결과라기보다는 국내외의 외교환경이 만들어준 개연성의 덕택이 컸다는 점에서 평가 절하되기도 하지만, 민족자존과 번영을 위한 대통령 특별선언(1988년 7·7 선언), 남북 유엔 동시 가입(1991년 9월 17일), 남북기본합의서 채택(1991년 12월 13일) 등을 통해 남북 간의 적극적인 교류가 시작되던 시기였다. 남과 북에서 통일에 대한 열기가 끓어오른 것은 당연한 귀결이었다.

노 정권은 스스로 모순의 길을 선택했다. 남북고위급 회담, 범민족 통일음악회, 서울과 평양에서의 통일축구대회, 세계탁구선수권대회와 세계청소년축구선수권대회에 남북단일팀 파견, 이산가족 상봉 추진… 등을 진행하면서, 통일운동의 선봉을 자처하면서도 고난의 길을 선택한 범민련 성원들을 구속하기 시작했다. 혐의는 이적단체를 구성한 죄였다.

- 1991년 1월 25일: 범민련 남측본부 결성준비위 집행위원장 이창복(53 · 전민련 공동의장), 준비위원 김희택(41 · 전민련 사무처장)… 국보법 위반(이적단체 구성 및 회합)혐의로 구속
- 권형택(35 · 범민련사무처 차장), 김희선(48 · 서울민협의장)… 동일혐의로 사전구속영장 발부

「한겨레」는 사설을 통해 다음과 같이 공안 당국의 탄압을 규탄했다.

…이들의 구속과 관련하여 우선 법률적 측면에서 부당한 점을 지적하지 않을

> 수 없다. 범민련 남측본부 결성준비위를 '이적단체'로 본 근거가 어디에 있는지부터 문제이다. 국가보안법상 '이적단체'가 되기 위해서는 "반국가단체의 활동을 고무 찬양할 목적"을 가지고 있어야 한다. 그러나 구속당한 이들이 오랜 세월 동안 이 나라의 민주화와 통일을 위해 자신을 희생해 온 사실은 아무도 부인할 수 없다. 이들이 고무 · 찬양한 것이 있다면 '민주화와 민족통일'을 고무 · 찬양한 죄밖에 없을 것이다.…28

이창복, 김희택의 구속 이후로도 수많은 범민련 인사들이 구속 혹은 소환되었다. 홍근수 목사(1991년 2월 21일 구속 · 이적단체 구성), 권형택(4월 20일 구속 · 이적단체 구성 및 회합공모), 이관복(7월 9일 구속 · 이적단체 가입), 이규영(7월 16일 구속 · 이적단체 결성), 한충목(7월 16일 구속 · 이적단체 결성), 강희남 · 신창균 · 전창일 · 박순경 · 홍진표 · 권종대 · 이범영(8월 8일 소환장), 박순경(8월 14일 구속, 이적단체 구성), 이범영(8월 14일 사전구속영장 · 이적단체 구성)…29

박정희, 전두환 정권 시기에는 "내란음모와 반국가단체 구성" 등의 혐의로 통일운동가들이 구속되었지만, 노태우 정권부터는 대체로 "이적단체 구성 및 회합공모" 혐의를 적용했다. 노 정부는 북조선과의 소통을 정책의 큰 과제라고 선전하는 입장에서 북조선을 '반국가단체' 즉 적으로 규정하고 있는 국가보안법을 통일운동 단체에 일괄 적용하는 것이 부담되었을 것으로 짐작된다. 여기에서 등장한 것이 '이적단체구성'이

28 구속을 능사로 삼는 통일 정책, 「한겨레」, 1991.1.27.

29 1991년 1월 25일, 이창복, 김희택의 구속을 시작으로 범민련 주요인사 중 이적단체 구성 및 회합으로 구속되지 않은 사람은 거의 없다고 보아야 한다. 〈10장 범민련의 통일운동〉 참조

라는 새로운 죄목이었다. 앞글에서 지적한 바 있지만, 국가보안법에는 '이적단체'라는 용어 자체가 없다. 법적 근거가 없다 보니, 대법원의 판례에 의존하고 있는 형편이다. 대법원은 반국가단체와 이적단체를 판결을 통해 다음과 같이 구분했다.

> 국가보안법상 반국가단체와 이적단체를 구별하기 위하여는 각 단체가 그 활동을 통하여 직접 달성하려고 하는 목적을 기준으로 하여, 그 단체가 정부 참칭이나 국가의 변란 자체를 직접적이고도 1차적인 목적으로 삼고 있는 때에는 반국가단체에 해당되고, 별개의 반국가단체 존재를 전제로 하여 그 반국가단체의 활동에 동조하는 것을 직접적, 1차적 목적으로 하는 경우에는 이적단체에 해당한다고 보아야 한다.[30]

> 국가보안법상 반국가단체나 이적단체 모두 그 궁극적인 목적은 동일한 것에 귀결되나, 반국가단체와 이적단체의 구별은 각 단체가 그 활동을 통하여 직접 달성하려고 하는 목적을 기준으로 하여, 그 단체가 정부 참칭이나 국가의 변란 자체를 직접적이고도 1차적인 목적으로 삼고 있는 때에는 반국가단체에 해당되고, 별개의 반국가단체의 존재를 전제로 하여 그 반국가단체의 활동을 찬양하는 등 방법으로 동조하는 것을 목적으로 하는 경우에는 이적단체에 해당한다고 보아야 한다.[31]

대법원이 말하는 반국가단체는 물론 북조선을 뜻한다. 대법원은, 이

30 《대법원 1995. 5. 12. 선고 94도1813 판결》

31 《대법원 1995. 7. 28. 선고 95도1121 판결》

적단체란 "국가의 존립 · 안전이나 자유민주적 기본질서를 위태롭게 한다는 정(情)을 알면서 반국가단체나 그 구성원 또는 그 지령을 받은 자의 활동을 찬양 · 고무 · 선전 또는 이에 동조하거나 국가변란을 선전 · 선동할 것을 목적으로 하는 단체"라고 정의한 것이다. 대법원의 판결은 국가보안법 제7조 3항을 참조한 것으로 보인다.

제7조(찬양 · 고무 등)

① 국가의 존립 · 안전이나 자유민주적 기본질서를 위태롭게 한다는 정을 알면서 반국가단체나 그 구성원 또는 그 지령을 받은 자의 활동을 찬양 · 고무 · 선전 또는 이에 동조하거나 국가변란을 선전 · 선동한 자는 7년 이하의 징역에 처한다. 〈개정 1991. 5. 31.〉

② 삭제 〈1991. 5. 31.〉

③ 제1항의 행위를 목적으로 하는 단체를 구성하거나 이에 가입한 자는 1년 이상의 유기징역에 처한다. 〈개정 1991. 5. 31.〉

'이적단체'가 국가보안법에 저촉된다는 대법원의 판결이 나자 그 후 수많은 통일단체에 '이적단체'라는 멍에가 씌워졌다. 처음에는 범민련 남측본부(97년 5월 16일 대법 판결)와 한총련(98년 7월 28일 대법 판결) 두 단체가 공안당국의 주요 타깃이었지만, 그 후 수많은 단체가 이적단체로 규정되었다.[32] 경찰청, 1998년 정기국회 국정감사 제출 자료를 따르면, 이적단체 구성 또는 가입과 관련하여 구속 1,531명, 불구속 405명, 이첩 65명 등 2,001명이 적용받았으며 1991년 92명, 1992년 137

32 [표28: 반국가단체, 이적단체 목록] 참조

명, 1993년 44명, 1994년 185명, 1995년 183명, 1996년 344명, 1997년 612명, 1998년 404명이 검거되었다.[33] 통일운동의 근거지가 대부분 소멸된 셈이다.

통일운동단체를 이적단체로 규정하는 데 근거로 사용된 국가보안법 제7조(찬양 · 고무죄)는 국가보안법 15개 처벌조항 중 논란이 가장 많은 조항이다. 기본권의 본질적인 내용을 침해하는 조항으로 지목되고 있기 때문이다. 5 · 24 조치로 남북 관계를 파탄시킨 이명박 정부는 국가보안법 제7조를 적극 활용하여 통일운동 자체를 말살시키고자 했다. 「한겨레」의 보도에 따르면, 2000년대 초반까지 연간 200건을 넘었던 국가보안법 위반 사건은 노무현 정부 시기인 2000년대 중반 들어 연간 30여 건으로 크게 줄었다. 그러나 이명박 정부 출범 이후 그 추세는 다시 반전됐다. 2010년도 국가보안법 위반 사건은 7년여 만에 예전 수준(151건)으로 되돌아갔다. 대부분은 이른바 '친북 · 종북 네티즌'이다. 경찰청 자료를 보면 2009년 이후 관련 입건자의 절반이 온라인 공간의 게시글이 문제가 된 '사이버 사범'이다. 공안당국은 당국은 이들에게 보안법 7조 찬양 · 고무 조항을 적용했다.[34]

사실 국가보안법 제7조는 다른 조항에 비해 처벌이 가볍다. 제3조(반국가단체의 구성 등), 제4조(목적수행), 제6조(잠입 · 탈출), 제13조(특수가중) 등의 법정최고형은 사형 또는 무기징역이지만, 제7조(찬양 · 고무 등)의 경우 7년 이하의 징역에 처하게 되어 있다.(제7조 ①항). 그리고

33 "경찰청, 1998년 정기국회 국정감사 제출자료". 2018년 4월 25일에 원본 문서에서 보존된 문서. 2018년 4월 26일에 확인함. 《대한민국의 이적단체, 위키백과》 재인용

34 '종북척결' 앞세워 인터넷 샅샅이…보안법 기소 85%가 '찬양 · 고무', 「한겨레」, 2011.11.28.

이적단체 처벌의 근거가 되고 있는 같은 조 ③항에 따르면, 1년 이상의 유기징역으로 규정되어 있다. 사형, 무기징역 등 극형으로 공포정치를 펼쳤던 박정희 · 전두환 군부정권보다는 좀 더 민주화가 되지 않았느냐고 강변할 수 있겠지만, 한편으론 더욱 교묘하다고 볼 수 있다. 1987년 6월 항쟁 이후 직선제라는 절차적 민주화가 쟁취되었지만, 공안 당국은 국가보안법 제7조를 이용하여 통일 단체를 말살시키고 있다. "이적단체 구성 및 회합공모"는 그 수단이 되고 있다.

〈 그림298: 국가보안법 폐지를 위한 기자회견 기자회견에 참가한 청년단체 회원이 기자회견문을 낭독하고 있다ⓒ민애청, 국보법 폐지를 위한 국회 10만 국민동의청원 돌입 기자회견ⓒ연합뉴스 〉

2020년 10월 22일, 안성을 지역구로 하는 이규민 국회의원(더불어민주당)이 국가보안법 7조 "찬양 고무죄" 폐지를 담은 개정안을 대표 발의했다.[35] 국가보안법 제7조는 반국가단체의 활동을 고무 · 찬양하는 자를 처벌하는 것으로 표현의 자유를 과도하게 억압한다는 비판을 받았고 UN 인권위원회도 여러 차례 폐지할 것을 권고했다. 하지만 2004년 "위헌적 · 비민주적 · 반통일적 요소가 산재해 있다는 법률적 판단과 과거

35 이규민 의원, 국보법 개정안 대표발의…"찬양 고무죄" 삭제, 「시사안성」, 2020.10.26.

권위주의 정권들이 이러한 규정들을 악용 · 남용하여 국민의 기본권을 침탈"한다는 이유로 국가보안법 폐지안이 발의된 것을 떠올린다면 이번 개정안은 16년 전보다 후퇴했다고 볼 수 있다. 청년들이 분노했다. 그들은 국가보안법의 개정이 아니라 국가보안법 폐지를 촉구했다.[36]

민족통일애국청년회(대표 박정원), 서울청년네트워크(대표 최경은) 등 청년단체들은 2020년 12월 21일, 국회 앞에서 국가보안법 문제에 무관심으로 일관하는 문재인 정부와 국회에 규탄의 목소리를 전달하고자 기자회견을 열었다. 이날 기자회견을 통해 발표한 청년들의 목소리를 들어보자.

① 현재 국회에서 국가보안법 7조 폐지 법안이 발의됐는데, 국가보안법 7조를 폐지한다고 해서 달라질 게 있는지 의문입니다. 국가보안법이 존재하는 한 북한은 여전히 반국가단체이고, 통일을 위한 활동들은 여전히 권력의 입맛에 따라 범죄가 될 수 있습니다.

② 문재인 정부와 여당은 국가보안법을 폐지할 수 있음에도 굳이 7조 폐지만 언급하는 것은 국가보안법 폐지 요구에 대한 면피용이라고 생각합니다. 이는 남북 관계를 개선하고 통일을 하려는 의지가 없고, 국민을 기만하는 것입니다.

③ 청년들은 더는 낡은 법 테두리에 갇혀 살 수 없습니다. 지금 우리 사회에 발생하고 있는 심각한 불평등을 해결하기 위한 대안을 자유롭게 토론하고 상상하며 미래를 만들어 가야 하지만, 새로운 체제에 관해 이야기하는 것

36 "청년들은 낡은 국보법 테두리에 갇혀 살 수 없다", 서울청년네트워크 등 청년단체, 21대 국회에 '국가보안법 폐지' 거듭 촉구, 「오마이뉴스」, 2020.12.21.

만으로 낙인을 찍고 감옥에 가둘 수 있는 국가보안법이 살아 있는 한 새 시대를 청년들 스스로 만들어 갈 수 없습니다.

④ 국가보안법이 만들어진 지 올해로 72년입니다. 모두 아시겠지만, 일제가 독립운동가 때려잡으려 만든 치안유지법에 근거해 제정되어 수많은 민주주의자들을 처벌하고 독재 권력을 유지하는 데 쓰인 법입니다. 유독 민주화운동 세력에게만 적용된 이 법은 태생부터 잘못된 법인데 여전히 남아 있습니다. 나쁜 법은 당연히 없애야 함에도 말입니다

⑤ 남과 북이 4 · 27 선언을 하며 '평화의 시작'이라는 나무를 심었습니다. 평화를 가로막는 현실의 것부터 없애는 것이 평화의 시작입니다. 한반도 평화를 바라지 않는 이는 없습니다. 그 평화가 올 수 있도록 청년들은 끝까지 국가보안법 폐지를 위해 21대 국회와 문재인 정부에 요구할 것입니다.

⑥ 문재인 정부는 우리 민족끼리 힘을 모았을 때 가장 큰 정치적 힘을 발휘했다는 것을 잊지 말고 한반도 통일의 '운전자'가 되고자 한다면 국가보안법부터 폐지하라.

⑦ 더불어민주당 김태년 원내대표를 비롯하여 20여 명의 의원들은 2004년 국가보안법 폐지안을 발의한 당사자로서 21대 국회에서 국가보안법 폐지안을 반드시 통과시켜야 할 것이다. 이번에도 수수방관한다면 2004년 4대 개혁입법안 통과에 실패한 후 겪었던 것처럼 민심의 준엄한 심판을 피할 수 없을 것이다.

청년들의 외침에 어른들이 화답했다. 2021년 5월 10일 오후 2시 30분, 민변, 민교협, 민예총, 시민단체연대회의, 한국 YMCA, 민주노총, 진보연대 등으로 구성한 국가보안법 폐지 국민행동은 서울 여의도 국회의사당 본청 앞에서 기자회견을 열어 '국가보안법 폐지를 위한 국회

10만 국민동의청원' 돌입을 선포했다.[37] 다음은 기자회견 전문이다.

[국가보안법 폐지를 위한 10만 국민동의 청원에 돌입하며]

분단과 독재가 시작되던 73년 전, 일제의 치안유지법을 근거로 급조해 만든 법률, 특수한 상황에서 임시적으로 제정된 법률인 국가보안법이 2021년이 된 지금까지 70년이 넘도록 형사특별법으로 기능하고 있다.

국가보안법은 북을 반국가단체로 규정하고, 남북의 화해와 통일을 위한 일체의 노력을 '이적행위'와 '간첩행위'로 만들어 처벌하도록 하는 반통일 분단 악법으로 즉시 폐지되어야 한다.

국가보안법은 독재권력에 저항하는 민주 인사를 고문과 조작으로 가두고, 형장의 이슬로 사라지게 만든 반민주 악법으로 즉시 폐지되어야 한다. 이 악법을 근거로 중앙정보부 · 국가안전기획부 · 국가정보원으로 이어지는 국가비밀정보기구와 경찰의 치안본부 · 보안수사대, 검찰의 공안 기구들이 간첩조작, 민간인 사찰을 자행해 온 것이다. 5 · 18 광주민주화운동 당시 김대중 전 대통령에 대한 사형 선고의 근거가 바로 국가보안법이었음은, 이 법의 용도가 무엇인지를 명백히 보여주고 있다.

37 국가보안법폐지 10만 입법 동의 청원운동 돌입, 「인천뉴스」, 2021.5.12.

국가보안법은 진보적 사상과 민중 지향의 정책을 '불온한 것'으로 간주하고 아예 생각조차 하지 못하도록 만드는, 사상의 자유와 표현의 자유를 차단하는 반인권 악법으로 즉시 폐지되어야 한다. 국가보안법 폐지 없이 종교와 양심의 자유도, 조봉암 당수 사건과 이석기 전 의원 사건 등 진보적 정치활동도, 시민들의 노동기본권과 정치적 자유도 보장받을 수 없으며, 홍성담 신학철 화가와 수많은 문인들의 사건처럼 창조적인 예술활동도 보장받을 수 없다.

유엔 인권이사회는 1992년, 1999년, 2005년에 국가보안법 폐지를 반복해 권고했고, 유엔자유권규약위원회, 국제앰네스티 등 국제사회는 지속적으로 대한민국 정부를 향해 국가보안법 폐지를 권고하고 있다. 뿐만 아니라 우리나라의 국가인권위원회에서도 2004년 국가보안법 폐지를 권고한 바 있다.

촛불 항쟁으로 문재인 정부가 들어선 이후, 우리는 문재인 정부가 남북 화해와 민주주의 신장을 위해 국가보안법을 폐지할 것이라 기대하며 이를 요구해왔다. 그러나 지난 총선에서 민주당이 절대 과반 의석을 확보했음에도, 1년이 지난 지금까지 문재인 정부에게서는 아무런 움직임이 없다.

문재인 정부가 1년간 아무것도 하지 않으며 스스로 악법 폐지의 의지가 없음을 보여준 이상, 이제 우리는 국민의 힘으로 이 악법을 폐지하기 위해 나설 수밖에 없게 되었다.

이에 우리는 지금부터 국가보안법 폐지를 위한 10만 국민동의 청원에 돌입할 것을 선포하며, 이 땅의 민주주의와 인권, 민족의 화해와 통일을 지향하는 모든 이들의 동참을 호소한다.

정부와 국회는 진정한 개혁을 열망하는 국민 앞에 답해야 한다. 남과 북의 평화로운 교류가 다시 시작되고 모두가 염원하는 통일에 한 걸음 더 가까이 다가가는 길의 첫걸음은 바로 국가보안법 폐지다. 온 국민이 떨쳐 일어나 국정농단 세력을 몰아낸 촛불 항쟁의 절절한 요구는 한국사회의 적폐를 청산하고 나라다운 나라, 새로운 사회를 함께 만들자는 것이었다. 국가보안법 폐지는 이 세계사적 시민혁명을 온전히 실현하는 큰 걸음이 될 것이다.

국회 국민동의 청원은 접수된 청원이 공개 후 30일 이내에 10만 명 이상의 동의를 얻으면 국회 상임위에 회부해 입법 논의를 진행하도록 하는 제도다. 놀라운 일이 벌어졌다. 2021년 5월 19일, '국가보안법 폐지에 관한 청원'이 지난 10일 올라온 지 열흘 만에 10만 명의 동의를 받은 것이다. 국회 입법청원은 30일 안에 10만 명 이상의 동의를 받으면 국회 소관위원회에서 해당 청원을 심사해야 한다.[38]

2021년 10월 15일, 10만 입법청원 요구를 수용한 국가보안법 폐지 법안이 국회에 발의됐다. 의안번호는 2112865호다. 5월 10일 국가보안법폐지를 위한 10만 국민동의청원이 시작된 지 158일 만이고, 청원 접

38 국가보안법 폐지 입법 청원 10만 명 달성, 「한겨레」, 2021.5.19.

〈 그림299: 국회 국민동의청원 누리집 갈무리©한겨레 〉

수기준인 10만 명을 달성한 5월 19일로부터는 149일 만이다. 법안 발의에는 강민정(열린민주당), 최강욱(열린민주당), 김남국, 김승원, 김용민, 민병덕, 민형배, 박영순, 서동용, 설훈, 소병훈, 송재호, 양경숙, 양이원영, 윤영덕, 윤재갑, 이동주, 이재정(이상 더불어민주당), 김홍걸(무소속), 양정숙(무소속), 윤미향(무소속) 등 21명의 국회의원이 공동발의자로 이름을 올렸다.[39]

그러나 황당한 일이 벌어졌다. 2021년 11월 9일, 국회 법사위가 2024년 5월 29일까지로 연장하기로 결정한 것이다. 그날은 21대 국회 임기 마지막 날이다. 아래에 윤호우 「경향신문」 논설위원의 칼럼을 전재한다.

39 민형배 의원 등 21명, '국가보안법 폐지 법안'발의, 10만 입법청원 요구 수용.."국민과 함께 진짜 폐지 위해 노력할 것",「통일뉴스」, 2021.10.15.

법을 제 · 개정하기 위해서는 의원 10명 이상의 발의 또는 정부 입법이라는 과정을 거쳐야 한다. 하지만 의원이나 정부가 국민들의 뜻을 모두 반영할 수 없기에 이를 보완하기 위해 입법청원 제도를 두고 있다. 여기에는 의원소개 청원과 국민동의 청원이 있다. 국민동의청원은 전자청원 시스템을 이용해 30일 이내에 10만 명의 동의를 채워야 가능하다. 이 기준을 통과한 청원은 소관 상임위에 회부된다. 90일 이내 심의가 돼야 하고, 60일 동안 연장이 가능하다.

지난 9일 국회 법사위에서 박광온 위원장은 "국가보안법 폐지에 관한 청원 등 다섯 건의 청원은 위원회 의결로 2024년 5월 29일까지로 연장해줄 것을 의장에게 요구하고자 하는 데 이의 있으신가요"라고 물었다. '특별한 사유가 있는 경우' 위원회 의결로 심사 기간의 추가 연장을 요청할 수 있다는 규정에 의한 제안이다. 박 위원장이 언급한 그 연장 시한은 21대 국회 임기 마지막 날이다. 누구도 이의를 제기하지 않아 제안은 가결됐다. 상정에서 가결까지 정확하게 40초가 걸렸다.

다섯 건의 청원에는 차별금지법 제정도 포함됐다. 모든 영역에서 차별을 없애자는 차별금지법은 2007년 처음 발의된 후 14년 동안 국회 문턱을 넘지 못했다. 지난 6월 입법 청원한 시민단체들은 '90일 연장 이후 또 60일이 경과된' 이날(11월 10일)을 손꼽아 기다려왔다. 연내 법 제정을 촉구하며 농성에 들어갔고, 부산에서부터 30일간 72만 보를 걸어온 활동가 2명도 국회 앞에 도착했다.

법사위는 "관련 법률 개정과 제도 변경 등과 연관돼 있어서 충분한 시간을 갖고 심도 있게 심사할 필요가 있다"고 했다. 국가보안법 폐지 · 차별금지법 제정 등 시민들이 어렵사리 서명해 요청한 법안이 40초 만에 '또 나중에' 논의하는 것으로 결론이 난 것이다. 의원이 아니면 입법에 간여하지 말라는 것이나 매한가지로, 입법청원 제도 취지를 무색하게 하는 처사이다.

10만 명은 웬만한 한 지역구 의원의 득표수를 넘어선다. 이들의 목소리가 의원 1명의 발언에도 못 미치는 대우를 받아서는 안 된다. 차별금지법 논의를 한없이 미룬 국회는 국민을 더 이상 이런 식으로 차별하지 말길 바란다.[40]

도대체 무슨 일이 벌어진 것일까? 국회 법사위 박광온 위원장은 어떤 특별한 사유가 있기에 21대 국회에서 처리하지 못하겠다고 결정했을까? 위원장의 이러한 폭거에도 이의를 제기하는 법사위원은 왜 한 명도 없었을까? 결론은 하나다. "여야를 막론하고 대한민국 국회는 국가보안법의 폐지를 결코 원하지 않는다!" 그러면 그 이유는 무엇일까? 알 수 없다. 답을 알고 있는 이들은 결코 진실을 말하지 않을 것이다.

정치인들이 통일을 원하지 않는 이상 이제 믿을 수 있는 것은 민중들의 힘뿐이다. 언론은 대부분의 국민들이 통일에 별 관심이 없는 것이 현실이라고 오도하고 있지만, 국가보안법 폐지 입법 청원 열흘 만에 10만 명이 달성되었다는 것은 수많은 민중들이 통일을 염원하고 있다는 방증이다. 민족통일애국청년회, 서울청년네트워크 등 통일 염원을 위해 투쟁하는 청년들이 있고, 국가보안법 폐지 국민 행동에 참여한 단체가 존속하는 한 통일운동의 불씨는 결코 꺼지지 않을 것이다. 아래는 통일의

40 여적, 국민청원, 「경향신문」, 2021.11.10.

불씨들이다.

(사)겨레하나 | (사)민주화운동정신계승국민연대 | (사)열린포럼 | (사)전국민족민주유가족협의회 | (사)정의 · 평화 · 인권을위한양심수후원회 | (재)생명정치연구원 | 4 · 27시대연구원 | 4 · 9평화통일재단 | 6 · 15시민합창단 | AOK한국 | 가톨릭농민회 | 거창평화인권예술제위원회 | 경기공동행동 | 경기진보연대 | 경남진보연합 | 광주진보연대 | 구속노동자후원회 | 국가보안법7조부터 폐지운동 시민연대 | 국가보안법철폐긴급행동 | 국민주권연대 | 기독교사회선교연대 평화통일위원회 | 기본소득당 | 남이랑북이랑 | 노동당 | 노동사회과학연구소 | 노동전선 | 녹색당 | 느티나무교회 | 다른세상을향한연대 | 다산인권센터 | 대경진보연대 | 민들레 | 민족민주열사희생자추모단체연대회의 | 민족자주평화통일중앙회의 | 민족통일애국청년회 | 민주노동자전국회의 | 민주사회를위한변호사모임 | 민주평등사회를위한전국교수연구자협의회 | 민주화실천가족운동협의회 | 민중공동행동 | 바른불교재가모임 | 반도체노동자의건강과인권지킴이 반올림 | 보건의료단체연합 | 부산민중연대 | 불교평화연대 | 빈곤사회연대 | 빈민해방실천연대(민주노련, 전철연) | 사월혁명회 | 사회변혁노동자당 | 사회진보연대 | 새세상을여는천주교여성공동체 | 생명선교연대 | 서울민중행동 | 서울진보연대 | 시민사회단체연대회의 | 안민교회 | 알바노조 | 예수살기 | 오산이주노동자센터 | 울산새생명교회 | 울산진보연대 | 원불교인권위원회 | 이석기의원내란음모사건피해자한국구명위원회 | 인천자주평화연대 | 자인중부교회 | 자주평화통일실천연대 | 저스피스 | 적폐청산의열행동본부 | 전국농민회총연맹 | 전국대학민주동문회협의회 | 전국민주노동조합총연맹 | 전국빈민연합(전노련,빈철연) | 전국여성농민회총연합 | 전국여성연대 | 전국장애인차별철폐연대 | 전국청소년행동연대 날다 | 전국학생행진 | 전남진보연대 | 전두환심판국민행동 | 전태일노동대학 | 전태일재단

| 정의당 | 조계종 사회노동위원회 | 조국통일범민족연합 남측본부 | 주권자전국회의 | 진보당 | 진보대학생넷 | 천주교인권위원회 | 천주교정의구현전국사제단 | 천주교정의구현전국연합 | 촛불문화연대 | 촛불중고생시민연대 | 코리아국제평화포럼(KIPF) | 통일광장 | 통일로 | 통일의길 | 통일중매꾼 | 평등교육실현을위한전국학부모회 | 평화를만드는여성회 | 평화연방시민회의 | 평화와통일을여는사람들 | 한국YMCA전국연맹 | 한국기독교교회협의회(NCCK) 인권센터 | 한국대학생진보연합 | 한국민족예술단체총연합 | 한국비정규노동센터 | 한국예술문화단체총연합회 | 한국진보연대 | 한국청년연대 | 한민족 유럽연대독일교포단체 | 행동하는성소수자인권연대 | 헌법문제연구소 | 형명재단 |

:: 04 ::

강희남 목사와
연방통추

〈그림300: 시계방향, ① 2003년 3월 20일 이라크 바그다드 공습 초기ⓒ씨네21, ② '2003년 이라크 파병 반대 천리행진' 기자회견을 하는 민중행진단ⓒ오마이뉴스, ③ 발대식을 마친 참가자들이 첫 행진 구간인 목포역에서 20km 떨어진 무안으로 향하고 있다ⓒ련방통추, ④ 광주에서 진행된 민중행진단 환영집회ⓒ련방통추〉

통일의 불씨로 소개한 단체 명단에 당연히 있어야 할 단체가 빠졌다. 연방제 통일, 주한 미군 철수, 국보법 철폐, 평화협정 체결이란 자주적 4대 통일운동 강령을 내걸고 국가보안법 철폐운동에 늘 앞장섰던 범민련, 한총련이 위 명단에 없는 이유는 대부분 짐작할 것이다. 이적단체로 규정한 대법원의 판결이 결정적이었다.(범민련 1997년 5월 16일, 한

총련 1998년 7월 28일)

이적단체로 지목되자 공식적인 활동을 하는 데 무리가 따를 수밖에 없었다. 김영삼 정권하에서 혹독한 시련을 겪었던 범민련과 한총련은 김대중 정권 역시 "사대 매국적이며 반통일적인 정권"으로 규정하고 '김대중 정권 퇴진'을 주장하는 인사들이 다수 있었다. 이러한 와중에 2000년 6월 15일, 남북공동선언이 발표되었다. 난국을 타개하겠다는 명분하에 강령을 고치자는 의견이 대두되었다.

2000년 11월 18일, 범민련 결성 10돌을 맞이하며 임시 공동의장단회의(팩스 교환 방식)를 개최하고 규약 중 일부를 수정했다.[1] 지금까지 8 · 15 행사가 정부와 충돌했던 주요 원인의 하나가 남 · 북 · 해외 3자 공동행사라는 점을 명분으로 내세워 사실상 '범민족대회'를 삭제한 것이다. 그리고 2001년 5월경부터 강령 · 규약 논의가 재개된 후 같은 해 9월 18일, 개정된 강령 · 규약을 선포한다.[2]

전반적인 기조와 내용은 6 · 15 공동선언과 민족의 화해와 단합의 기조에 맞게 대폭 수정되었다. 특히 강령 2항에서 통일방안과 관련하여 연방제를 삭제하고 6 · 15 선언의 통일방안 조항인 "연합제안과 낮은 단계의 연방제의 공통점을 인정하고 통일을 지향한다"로 개정했으며, 미군 철수, 국가보안법 철폐 등 정치적 과제를 중심으로 한 부분을 삭제하고 민족의 화해와 단합, 민족대단결을 실현하기 위한 정신을 전면에 반

1 규약 7조 [범민족대회는 범민련의 최고 의결기구인 범민족회의와 통일대축전으로 구성된다]를 [범민족대회는 통일회합과 문화행사로 구성된다]로 수정, 사실상 '범민족대회'를 삭제했다.

2 《강령 · 규약, 범민련 홈페이지》

영했다. 그리고 규약에서 '범민족대회' 관련 조항을 완전히 삭제했다.[3] 1993년 12월 16일 남 · 북 · 해외 동시 기자회견을 통해 선포되고 1995년 8월 확정된 범민련 강령 · 규약이 이제 지나간 역사가 된 것이다.

강령 · 규약의 가장 핵심사항인 '연방제통일'과 '범민족대회' 관련 조항을 삭제하는 성의를 보였지만, 김대중 · 노무현 정권하에서도 범민련에 대한 이적단체 규정은 철폐되지 않았다. 누구보다 고민이 많았고 책임을 통감한 대표적 인물은 아무래도 강희남 목사였을 것이다. 비록 반려되었지만, 강희남 목사는 범민련 의장직을 사임했고[4] 그 후 몇몇 동지들과 양키추방 공대위와 우리민족연방제통일추진회의(연방통추)를 결성해 독자적인 활동을 하게 된다.

강희남 목사가 범민련 의장직을 물러나고 명예 의장으로 추대된(2003년 2월 27일) 지 한 달이 채 못 된 3월 20일 새벽, 이라크의 수도 바그다드에 미국의 대규모 공습이 시작됐다. 미 공군이 영국 및 호주와 연합해 바그다드 곳곳에 대대적인 폭격을 가한 지 채 한 시간도 지나지 않아 도시는 불길에 휩싸였다.[5] 이라크전은 지난 1991년 발생한 걸프전과 달랐다. 이번 전쟁은 '미국만의 전쟁'이었다. 걸프전 당시에는 프랑스를 비롯해 세계 33개국에서 파견된 68만 명의 병력이 다국적군으로 편성됐다. 그러나 이번에는 영국, 호주 등 소수의 국가만이 전투병을 파병, 다국적군이 편성되지 못했다. 미국이 내세운 명분은 위험한 정권이 대량

3 범민련 강령 · 규약 개정 요약문, 「통일뉴스」, 2001.8.29.

4 2000년 1월 이종린 선생이 의장 직무대행을 했고, 그 후 강희남 · 이종린 공동의장 체제를 유지하다가 강희남 목사가 명예회장으로 추대된 것은 2003년 2월 27일이다. 《의장단, 범민련 홈페이지》

5 <충격과 공포>를 보기 전 알아두면 좋을 이라크전쟁의 발발 상황, 「씨네21」, 2018.9.5.

살상무기를 보유함으로써 몰고 올 수 있는 전 세계를 향한 위협이지만 실제 목표는 후세인 정권의 전복이었던 것이다.[6]

명분 없는 전쟁에 한국이 참여한다는 소식이 들려왔다. 노무현 정부의 이종석 국가안전보장회의 사무차장은 MBC 라디오에 출연, 이라크전 파병시기에 대해 "NSC 결정과 국무회의 의결, 국회결의안 채택까지 거치려면 5월 중순이 돼야 하지 않을까 생각한다"며 이라크 파병을 기정사실화했다.[7] 즉시 수많은 단체가 이라크 전쟁반대 집회를 준비했고 시위가 시작되었다.[8]

2003년 3월 31일, 명동성당 앞에서 이라크전쟁 중단과 평화실현을 위한 반전평화비상국민회의 준비 기자회견을 가진 후,[9] 4월 3일 오전 10시 30분 프레스센터 국제회의장에서 각계각층 인사 500여 명이 '반전평화비상국민회의' 회의를 개최했다. 비상 국민회의는 오한숙희(여성학자)의 사회로 시작되어 최열(환경연합 공동대표)의 경과보고, 의장 추대, 각계 의견 발표와 '전쟁중단을 위한 국민적 행동에 나섭시다.'라는 국민에게 드리는 글을 발표했다. "반전평화를 위한 비상국민회의"에는 442명의 명망가들이 참가했는데, 통일운동가들도 다수 참여했다. 아래는 그 명단이다. 전창일은 '민족화합운동연합' 상임공동대표 자격으로 이름을 올렸다.

6 이라크전 미 · 영의 외로운 전쟁, 「매일경제」, 2003.3.20.

7 盧 '이라크戰 지지' 담화발표, 「문화일보」, 2003.3.20.

8 반전 및 파병 반대 시위, 「반전 및 파병 반대 시위」, 2003.3.20.

9 반전평화비상국민회의 준비 모임, 「연합뉴스」, 2003.3.31.

강정구(동국대, 학단협 공동대표), 권낙기(통일광장), 권오창(남북공동선언실천연대 상임공동대표) 권오헌(양심수후원회회장), 김규철(조국통일범민족연합 남측본부 서울본부장) 김근래(한국청년단체협의회 부의장), 김병태(전 건국대 교수), 노수희(민주주의민족통일 전국연합 공동의장), 박순경(통일연대 명예대표), 박용길(기독교 장로), 백기완(통일문제연구소 소장), 서경원(민족화해자주통일협의회 상임고문), 신창균(통일연대 명예대표), 오종렬(민주주의민족통일 전국연합 상임의장), 윤한탁(남북공동선언실천연대 상임공동대표), 이관복(민족화해자주통일협의회 상임고문), 이영훈(한총련 의장 권한대행), 이종린(조국통일범민족연합 남측본부 명예의장), 임방규(통일광장), 전상봉(한국청년단체협의회 의장), 전창일(민족화합운동연합 상임공동대표), 정광훈(민주주의민족통일 전국연합 공동의장), 조순덕(민가협 회장), 진관(불교인권위원회 대표), 한상렬(통일연대 상임대표), 한충목(민주주의민족통일 전국연합 집행위원장), 홍근수(민족화해자주통일협의회 상임의장)[10]

강희남 목사는 색다른 이벤트를 준비했다. 고령의 재야 원로들이 이라크 파병 반대 당위성을 전국에 직접 알리기 위해 천리행군에 나선 것이다. 강희남(84 · 전 범민련 공동의장) 목사와 서경원(67) 전 국회의원을 비롯한 전국의 재야 원로 인사 20명은 2003년 10월 10일 오전 전남 목포역 광장에서 '이라크 파병 저지 행진단' 발대식을 갖고 서울까지 20일 동안 도보 행진을 시작했다. 이날 발언한 이들의 목소리를 들어보자.

– 성명서: 외세 침략의 수모를 당한 역사를 갖고 있는 우리가 미국의 명분 없는 이라크 침략 전쟁에 총알받이가 될 수는 없다. 파병은 남

10 《각계각층 인사 500여 명 반전평화비상국민회의 회의 개최, 서울환경운동연합 홈페이지》

북통일을 저해하고 국가적인 치욕이 될 것이다.

- 목포민주시민운동협의회 박광웅 공동의장: 베트남전 등 미국이 전쟁만 일으키면 우리는 파병을 해왔다. 만약 파병하게 되면 서민들의 자식들만 미국의 총알받이가 될 것이다. 파병 반대를 위해 전 국민이 여론을 모아 줄 것을 촉구한다.
- 박해전 대표(인터넷신문 참말로 대표): 이라크 파병문제는 온 민족과 전 세계가 주시하고 있다. 세계의 양심세력들이 부시 미 대통령을 국제사법재판소에 전범으로 기소한 마당에 우리가 파병하게 되면 마찬가지로 전범국의 오명을 면치 못할 것이다.
- 서경원 전 의원: 파병을 둘러싼 미국의 압력을 저지하기 위해 직접 국민들에게 걸어서 호소하게 됐다. 걷다가 쓰러지면 업고서라도 서울까지 갈 것이다.[11]

목포에서 서울로 걸어 올라오면서 이라크 전투병 파병 반대의 부당성을 알린 강희남 목사 일행은 11월 17일부터 단식 농성에 들어갔다. 장소는 광화문 정부종합청사가 바라보이는 청와대 입구다. 경찰은 단식 농성을 시작하는 첫날부터 미관상의 이유를 들며 현수막과 깃대 등 농성 물품을 압류하는 등 이들의 농성을 저지한 데 이어 그동안 수차례 이들을 강제로 경찰차에 태워 구로 등지로 내려놓는 일을 반복해 왔다. 하지만 국토 민중행진단원들은 이에 굴하지 않고 새벽부터 밤늦게까지 파병 반대를 주장하며 청와대 앞 단식 농성을 멈추지 않았다.

급기야 20일 오전 9시경 종로서 경비과장은 새벽부터 나와 농성을 진

11 재야 원로들, 파병 저지 천 리 길 행진, 「오마이뉴스」, 2003.10.10.

〈 그림301: 시계방향, ① 비닐을 뒤집어쓰고 누워있는 강희남 목사ⓒ뉴스파워, ② 2004년 2월 16일, 범민련은 65일간 파병 저지 단식 농성을 벌였던 여의도 국민은행 앞에서 기자회견을 개최하고 이라크 파병을 저지할 것을 결의했다.ⓒ통일뉴스, ③ 파병철회를 위한 한총련 단식 농성단이 기자회견을 열고 본격적인 활동에 들어갔다.ⓒ통일뉴스,④ 2004년 8월 5일 오후 3시 10분경 광화문 열린시민공원에서 파병 반대 단식 농성 결의대회를 마친 대학생들이 농성장을 차리고 농성을 시작하자 경찰들은 강제 연행으로 이를 막았다. 사진은 애국학생연대 이호정(서울대 4학년) 의장이 강제 연행되고 있는 모습.ⓒ통일뉴스〉

행하고 있는 강희남(84, 목사)단장과 김수남(64. 민족자주평화통일중앙회의 공동대표)사무총장에게 "영감탱이 가만 안 둔다", "맛 좀 볼래" 등 험한 말을 하며 협박을 가해 왔다. 그리고는 이들을 강제로 경찰차에 태우고, 사용 중이던 이불과 피켓 등을 준비해 온 트럭에 싣고 자리를 철거했다. 경찰은 두 원로를 구로에 있는 조선족 교회 앞에 내려놓고 갔으나 이들은 다시 청와대 농성장으로 돌아왔다.[12]

12 경찰, 파병 반대 단식 원로들 강제 해산 반복, 단식 4일째 고령의 강희남 목사 혼수상태,

단식 농성 5일째인 21일 오후, 찬바람 속에서 강희남 원로목사는 누워서 힘겨운 단식 농성을 계속했고, 박창균 목사와 김수남 사무총장은 거리를 지나는 이들에게 유인물을 나눠주며 이라크 파병의 부당성을 설명했다.[13]

강희남 목사 일행의 단식에 이어 범민련 의장단도 동조 단식에 들어갔다. 2003년 12월 11일, 범민련 남측본부 나창순(71) 의장을 비롯한 각 지역 연합 의장단 9명은 국회의사당 앞에서 '파병 반대 무기한 단식 농성'에 돌입했다. 의장단 대부분이 70~80세의 고령자일 뿐 아니라 지병이 있어 시작 전부터 주위의 걱정과 우려를 자아냈다. 실제 많은 이들이 응급실로 후송되었다. 단식 5일째인 15일 오후 8시경 범민련 남측본부 나창순 의장과 이규재 부의장이 탈진이 심한 상태로 119구급차에 실려 서울 백병원 응급실로 후송되었다. 15일 현재 단식 또는 농성참가자 명단은 다음과 같다.

> 라창순(71세) 의장, 이규재(66세) 부의장, 김규철(70세) 서울시연합 의장, 이태형 경인연합 의장, 한기명(77세) 대구경북연합 의장, 신용관 대전충남연합 의장권한대행, 서상권(77세) 부산경남연합 의장, 임동규(65세) 광주전남연합 의장, 도강호(68세) 민족자주평화통일중앙회의 의장, 설곡스님 통일불교연대 의장, 윤기진 범청학련 남측본부 의장, 전상봉 한청 의장, 정재욱 11기 한총련 의장 등 13명.[14]

「민중의 소리」, 2003.11.20.

13 여든 노구 이끌고 단식하는 원로목사님들, 강희남 목사(84세), 박창균 목사(80세) 등 파병 반대 단식 농성 중, 「뉴스파워」, 2003.11.22.

14 <6신, 15일> 단식 5일째, 범민련 라창순 의장.이규재 부의장, 백병원 응급실로 후송, 「통일뉴스」, 2003.12.12.

범민련 의장단 단식투쟁은 65일간 지속되었다. 2004년 2월 16일 오전 11시 범민련 남측본부는 여의도 국민은행 앞에서 '이라크 파병 저지 반미애국 단식투쟁'을 정리하는 기자회견을 가졌다. 아래에 이날 연사들의 발언 요강을 소개한다.

① 범민련 남측본부 나창순 의장: 파병을 찬성한 여·야당 국회의원들은 분노에 찬 민중의 목소리를 감내해야 할 것이다. 정보조작과 명분 없는 무책임한 행위로 점철된 파병 결정을 철회하기 위해 전력투쟁 할 것이다.

② 파병반대 비상국민행동 오종렬 공동대표: 파병 결정으로 우린 미국의 일방적 군사침략의 총알받이로 전락했다. 이라크 파병은 대한민국 군대가 이북 동포에게 총구를 겨누게 되는 계기가 될 것이다.

③ 평통사 홍근수 대표: 대한민국은 미국과 영국에 이어 3번째로 많은 군대를 파병한 전범 국가가 되었다. 평화를 사랑하는 국민들의 바람을 모아 파병 결정을 철회시키는 역사를 일으킬 수 있게 되길 바란다.

④ 양심수 후원회 권오헌 대표: 국회가 침략전쟁을 금지하고 있는 헌법을 저버렸다. 국민 자존심을 지키기 위해 군사패권주의를 뒷받침해주고 있는 파병 결정을 당장 철회하라.

⑤ 전농 문경식 의장: 65일간의 기나긴 투쟁 속에서 우리는 파병 반대가 지극히 정당하며 국민적 지지가 얼마나 뜨거운 것이었던 가를 확인했다. 미국의 부당한 압력을 거부할 수 있는 17대 국회로 만들기 위해 반통일, 반민족적 정치인들을 퇴출시키고 민족화해, 민족단합 세력이 승리할 수 있도록 최선을 다할 것이다.

⑥ 통일연대 한상렬 대표: 미제의 총부리가 언젠가는 우리 민족 심장으로 조

> 준될 것임을 알기에 범민련 남측의장단이 목숨을 건 단식투쟁을 벌여왔다. 애국의 심장을 무시하고 이라크 파병 동의안을 처리한 국회를 반드시 심판하겠다.[15]

학생들이 원로들의 뒤를 이었다. 1998년 7월 28일, 대법원의 이적판결로 범민련과 같은 처지가 된 한총련도 이라크파병 철회와 한미 전쟁공조 파기를 위해 2004년 7월 17일 낮 3시경 광화문 교보문고 앞에서 기자회견을 갖고 단식 기간 중 '파병철회, 반미-민족자주 선언운동 받기'를 진행하겠다고 밝혔으며 이 외에도 매일 오후 2시~6시경 광화문 교보문고 앞에서 퍼포먼스를 진행하는 등 다채로운 행사를 벌이겠다고 설명했다. 한총련 단식 농성단은 명동성당을 거점으로 삼고 파병이 철회될 때까지 무기한 단식하며 시민들을 상대로 홍보전을 펼칠 예정이라고 한다.[16]

범민련, 한총련보다 몇 년 먼저(1993년 9월 28일) 이적단체 판결문을 받았던 조국통일범민족청년학생연합(범청학련) 남측본부 수도권중대 소속 대학생들과 애국학생 연대소속 서울대학생 등 40여 명은 파병철회 단식 농성을 벌였던 서울 광화문 열린시민공원에서 재차 단식 농성을 벌이려다 경찰에 의해 연행되었다. 학생들은 전경에 둘러싸인 채 완전히 고착된 상태에서 스크럼을 짜고 버텼지만, 결국 학생 11명이 연행되었고, 그들은 전경버스 안에서 신원조회를 받고 진술서를 작성한 뒤 풀

15 "이라크 파병 기필코 저지하겠다", 65일간 단식투쟁 접은 범민련 기자회견 열어, 「통일뉴스」, 2004.2.17.

16 한총련, 파병철회까지 무기한 단식, 파병 저지 한총련 단식 농성단 17일 발족, 「통일뉴스」, 2004.7.17.

려났다. 한편, 학생들의 자진해산 과정에서 경찰 측에서 비디오를 촬영하던 한 스트링거(stringer, 현지 채용 비상근 직원)로 파악된 사람에게 통일선봉대 소속 학생(서울대 사회대 2년)이 폭행을 당해 미간이 깊게 팬 심한 상처를 입었다.

단식 5일째를 맞은 서울대 김종광(자연대 학생회장) 씨는 "지난 1월 추운 겨울 파병 저지 단식 농성을 벌이는 원로 선생님들의 결사투쟁을 보고 부끄러움을 느끼고 조국이 어려울 때, 기꺼이 투쟁하는 조국에 대한 뜨거운 사랑을 단식하는 동안 배우면서 거듭나겠다"며 결의에 찬 다짐을 밝혔다. 그리고 단식 농성을 재돌입하는 서울대 학생 4명은 경찰들의 폭력적 농성장 철거로 광화문에서 명동성당으로 이동해 오늘 밤부터 단식 농성을 벌일 예정이라고 한다.[17]

범민련 의장직을 물러나고 난 뒤 목포에서 서울까지의 천리행진[18]과 단식 농성[19]에 이어, 강희남 목사가 다음 차례로 주목한 것은 '맥아더 동상 철거'였다.[20] 맥아더란 인물의 제국주의적 성향에 대해 먼저 소개하고 난 뒤 강 목사 일행의 투쟁을 거론하겠다.

첫째, 참전 군인들에 대한 잔인한 진압

1932년 7월, 제1차 세계대전에 참전한 미국 군인들과 가족 약 2만 명이, 1920년 제정된 상여금법에 명시되었으나 지급되지 않은

17 파병 반대 단식 농성 시도 중 11명 강제연행, 대학생들, 광화문 열린시민공원서 농성 천막 철거당해, 「통일뉴스」, 2004.8.5.

18 이라크 파병 저지 국토 도보(목포-서울) 민중 행진: 2003.10.10~10.30.

19 청와대 앞 단식(강희남, 김수남) : 2003.11.17~11.24.

20 인천자유공원 맥아더 동상 타도 투쟁 69일 : 2005.5.10~7.17.

보상을 요구하며 수도 워싱턴에 모여 천막 농성을 하고 있었다. 맥아더 참모총장은 이들을 부관 아이젠하워 소령의 반대와 후버 대통령의 명령도 무시하고, 패튼 소령이 이끄는 6대의 전투용 탱크와 1개 보병 대대 500명과 500명의 기마병 그리고 800명의 경찰을 동원, 잔인하게 진압했다. 맥아더 자신의 전우이거나 부하였은 이들의 맨주먹의 절실한 호소들, 퇴역 군인들의 아들이나 동생뻘 되는 이들을 동원하여 마치 적군을 대하듯 대검을 총에 꽂고 지휘관들은 긴 칼을 휘두르면서 돌진하여 4명을 죽이고 1,017명에게 부상을 입혔다. 경찰도 최소 69명이 부상당했다. 이것이 목숨을 걸고 참전한 군인들에 대한 맥아더의 태도다.

둘째, 근무태만 그리고 작전 실패와 인종 편견 주의

1941년 12월 7일, 일본군이 진주만을 공격했다는 통보를 받고도 제대로 대책을 세우지 못해 공군과 해군기지가 일본군의 공격으로 인해 막대한 피해를 입었다. 바탄과 코레히도르(Bataan and Corregidor)로 퇴각하고도 제대로 지휘를 하지 못하여 일본군에 패배했다. 그리고 프랭클린 루스벨트 대통령의 명령에 따라 호주 멜버른으로 피신했다. 호주로 후퇴 중인 1944년, 백인우월주의자(white supremacist)이며 인종차별주의자(racist, bigot)인 그는 1944년 3월 16일 파푸아 뉴기니에서 발생한 백인 간호원(장교인지 사병인지 불분명)을 강간한 혐의로 흑인 사병 여섯 명을 교수형에 처했다. 이 일은 1899~1902년의 필리핀-미국 전쟁 때 제국주의자이며 인종차별주의자인 그의 아버지와 부하들이 필리핀 독립군과 주민들을 죽이면서 "검둥이 죽이는 사업(nigger killing business)"이라고 불렀다는 것과 맥을 같이 한다. 이로 인해 참전 흑인 병사들의 분노는 물론 세계적인 비난을 받았다. 이와 같이 맥아더는 대를 이어가면서 인종차별주의와 제국주의 침략의 선봉에 서 왔다.

셋째, 미 제국 최악의 죄악 원자폭탄 투하 명령 기획

미국은 인류 역사상 최초이며 유일무이하게 원자폭탄을 사용한 국가다. 이 죄악상은 전쟁범죄로 거론되었으나 맥아더의 방해로 흐지부지되었다. 왜냐하면, 그 역시 원폭 투하에 대해 나름의 신념이 있었기 때문이었다. 맥아더는 한국전쟁 이전부터 철저한 반공주의자였다. 그는 종종 공산주의자 특히 중국 공산당들을 세균과 동일시하여 씨를 말려야 한다고 주장하곤 했다. 김명철이 저술한 『한의 핵전략』이라는 책에 다음과 같은 내용의 글이 있다. "8월이 되자, 북한 인민군은 부산 교두보까지 밀어붙였다. 딘 소장은 휴전될 때까지 북한에서 포로 생활을 해야 했다. 딘 소장은 대전에서 본 북한군의 포격은 유럽 전선에서 본 것과 같은 정도로 치열한 것이었다고 회고했다. 미군의 제1차 핵 사용 계획은 이때 나왔다.

한미연합군이 한국의 한쪽 구석인 부산 교두보까지 밀리고 등 뒤로는 바다밖에 없게 되었을 때 핵 사용이 검토된 것이다. 미국의 전략 공군 부대는 부산 교두보를 포위한 북한 인민군에 원폭을 투하할 계획을 갖추었다. 당시 전략본부 공군 부사령관 토머스 파워 장군은 '나는 원폭 투하를 위해서 전략 공군 부대를 대기시키라는 명령을 받았다.'고 회고했다."[21]

바로 위와 같은 계획을 세웠던 인물이 바로 맥아더다. 맥아더는 한국전쟁에서 24개에서 30개 정도의 원자폭탄을 북한과 중국 등 목표 지점에 투하할 것을 요청했고, 방사능이 우라늄의 320배나 되는 코발트탄의 사용도 요청했다. 또 무시무시한 네이팜탄을 60만 톤을 사용했다. 당시 북한 인구를 2천만 명이라고 할 때 1명당 30킬로그램이라는 어마어마한 양이다. 이와 같이 미국의 정책과 전술에서 해당 국민의 생명이나 생존은 전혀 고려 대상이 아니다. 중공군 참전 이후 맥아더가 원폭 투하를 추진했고 트루먼이 만류하는 와중에 맥아더를 해임했다는 것이 최근 학계의 주류 내용으로 알려졌다. 하지만 한국전쟁 초창기부터 핵을 사용하려는 계획이 있었다는 문서가 발견되어 이 부분은 좀 더 연구되어야 할 듯 싶다.[22]

분명한 것은 한국전쟁 중 원자폭탄 투하 계획이 있었고 맥아더가 그 계획의 중심에 있었다는 사실이다. 그렇다면 여기에 의문이 들지 않을 수 없다. 트루먼 역시 맥아더 못지않게 호전적 인물이었음을 고려하면 어떻게 하여 한반도가 피폭을 면하게 되었을까 하는 점이다. 여기에는 소련의 핵 보유 능력이 크게 작용한 것으로 짐작된다. 1949년 최초의 원폭 실험이 성공한 이후 소련은 1950년 5기, 1951년 25기, 1952년 50기, 1953년 120기 정도의 핵을 보유하고 있었다. 물론 미국은 그 무렵 수소폭탄을 성공시켰

21 김명철 저, 김종성 역, 『김정일, 한의 핵전략』, 도서출판동북아, 2005, pp.17~18.

22 "인천의 마법사" 맥아더- '승자의 저주'에 걸리다, 「프레시안」, 2012.2.5.

고 핵탄두도 1,000기 이상의 절대적 우위에 있었지만, 히로시마와 나가사키에 투하할 때처럼 유일한 핵보유국은 아니었다는 점이다. 만약 맥아더의 소신대로 한반도와 만주가 피폭당했다면 우리 민족은 어떻게 되었을까? 적어도 백 년 이상 '생태학적 진공지대'가 될 운명이 되었을 것으로 짐작되는데 정말 섬뜩하지 않은가?

넷째, 극동국제군사재판과 제국주의

제2차 세계대전을 일으켜 아시아의 수많은 나라를 침략하여 엄청난 수의 사람을 학살하고 약탈한 죄악을 묻기 위한 재판이 시작되었다. 이 일을 주관한 사람이 맥아더다. 1946년 5월 3일, 연합군 최고사령관으로 극동국제군사재판을 설치하고 운영할 때 제국주의의 앞잡이 노릇을 했다. 그는 전범 1호 일본 왕을 제외하고, 그 대가로 실제적인 일본 주재 미국 총독으로 군림했다. 검찰과 판사의 구성을 식민지 소유국과 식민지 두 곳만을 포함하고 피해국들은 철저히 배제하여 제국주의적 발상을 극대화했다. 여기서도 그의 제국주의적인 행태가 명백하게 나타난다. 피해국들을 철저히 배제함으로써 공정한 재판과 합당한 보상을 불가능하게 만들었다. 이런 의도는 영국과 미국은 물론 월남, 라오스와 캄보디아를 식민지로 둔 프랑스가 다시 식민지를 차지하려 돌아와 이들 나라의 독립군과 전쟁을 했다. 검사와 판사로 참가한 네덜란드도 식민지 인도네시아에 되돌아와 인도네시아 독립군과 전쟁을 치렀다.

극동국제군사재판은 우리나라에도 큰 영향을 끼쳤다. 전쟁을 일으킨 일본이 분단되어야 마땅하나 맥아더와 미 제국의 농간으로 피해국인 우리나라가 분단되었으며, 독도가 계속 문제가 되고 있는 것도 극동국제군사재판과 무관하지 않다. 더욱이 피해자인 우리나라를 가해국인 일본과 동일시함으로써 일제에 의한 자원 수탈, 문화재 약탈, 징병, 징용, 위안부 등을 포함한 배상 문제가 완전히 무시되었다.[23]

2004년 6월, 범민련 명예 의장 강희남 목사는 별도의 단체를 출범시켰다. 단체명은 우리민족연방제통일추진회의(연방통추)라고 정했다. 강령에서 연방제통일을 삭제한 범민련을 다분히 의식한 작명이었다. 첫 사업으로 인천 중구 자유공원에 있는 더글라스 맥아더 장군 동상 철거 투쟁으로 정했던 모양이다.

2005년 5월 8일, 우리민족연방제통일추진회의(연방통추)와 미군 추방 투쟁 공대위 소속 10여 명은 자유공원 앞에서 기자회견을 했다. 련방통추는 기자회견을 통해 "5천 년 역사를 가진 조선 민족을 분단시킨 맥아더는 분단의 원흉으로 더 이상 잘못된 역사 인식 속에서 전 세계 유례를 찾아볼 수 없는 숭배는 그만두어야 한다"면서, 동상 철거를 주장했다. 이들은 "우리는 어려서부터 맥아더 장군을 민족의 은인으로 배웠으나, 과연 그가 민족의 은인인지, 생전에 동상까지 세워 기려야 할 만큼 훌륭한 인물인지 다시 생각해보지 않을 수 없다"면서, "500만 명의 한민족 동포를 죽게 하고 나라 주권을 빼앗은 침략자, 학살자를 제 나라 위인보다 더 칭송하고 동상까지 세워놓고 기리고 있다는 것은 너무나도 부끄

23 최천택 · 김상구, 『미 제국의 두 기둥, 전쟁과 기독교』, 책과 나무, 2013, pp.66~93.

〈 그림302: 기자회견 참가자들은 "맥아더 동상 철거는 1백 년간 이어져 온 외세의 지배를 끝장내고 민족자주권을 되찾는 출발점이 된다"고 강조했다ⓒ오마이뉴스(05.5.10.), 인천 가톨릭 회관에서 '한국전쟁의 역사적 재조명과 맥아더의 재평가'를 주제로 토론회가 열렸다ⓒ통일뉴스(05.7.1.) 〉

러운 민족적 수치"라고 주장했다. 연방통추는 맥아더 동상 철거를 비폭력적인 방법으로 계속 진행하겠다면서, 서명전과 홍보전 등을 지속적으로 진행하겠다고 밝혔으며, 특히 행정심판을 통해서도 맥아더 동상 철거를 추진할 계획임을 밝혔다.[24]

우리민족연방제통일추진회의(연방통추), 주한미군철수운동본부(주미철본), 민족정기구현회, 사회개혁운동연합으로 구성된 '양키추방 투쟁공대위'는 10일 기자회견을 갖고 바로 농성에 돌입했다. 노상 농성은 오전 8시에 시작해 오후 4시 정리 집회를 끝으로 마무리된다. 농성 열흘째인 19일 오전, 농성장을 방문한 「통일뉴스」와 강희남 위원장 및 연방통추 김수남(65) 공동의장과의 인터뷰를 아래에 소개한다.

24 맥아더 동상 철거 놓고 이념 단체 충돌 재연되나, 진보단체 "동상철거 요구"… 보수단체 "동상 보존 추진", 「오마이뉴스」, 2005.5.11.

[김수남 공동의장 미니인터뷰]

…맥아더 철거, "정부가 안 하면 전 민중이 하겠다"

◇ 통일뉴스 : 언제부터 농성을 시작했나.

◆ 김수남 : 10일 오전 11시 기자회견을 갖고 노숙투쟁을 전개하려 했으나 전경들이 제지했다. 맥아더 동상의 철거에 복석이 있기 때문에 불필요한 충돌을 하지 않았다. 매일 아침 8시에 농성을 시작해 오후 4시 정리집회를 끝으로 농성을 마무리한다. 침식은 뜻있는 교회 목사가 마련해 줬다. 농성장은 아침에 짓고 저녁에 허물어야 한다. 70~80대 늙은이들이 이 일을 하는 게 쉽지 않다.

◇ 맥아더 동상의 철거는 어떤 의미가 있나.

◆ 평택이나 광주, 군산에서 미사일 배치를 저지하기 위해 지역주민들이 가열차게 투쟁하고 있다. 그러나 더 중요한 것은 민족 자존심이 걸린 맥아더 동상의 철거가 더 중요하다.

지난 60년 동안 우리 민족은 양키들한테 혼을 빼앗겼다. 우리 민족에게 기독교를 주입시켜 한 집 걸러 교회가 널려 있고 우리 민족의 상징인 단군상을 깨뜨려버리는 일도 비일비재하다.

식민통치의 상징인 맥아더 동상을 철거해야 민족의 혼을 살리고 굴절된 역사를 바로잡을 수 있다. 그래야 양키의 예속에서 벗어나 통일도 가능하다.

정부가 자진 철거해야 정부의 위신도 선다. 순차적으로 정부에게 맥아더 동상의 철거를 요구하나 받아들이지 않을 경우 전 민중적 투쟁으로 우리가 철거하겠다.

◇ 미국을 양키라고 부르는 이유는 무엇인가.

◆ 지금껏 우리가 양키들에게 종노릇하고 있는데 그 상전을 어찌 아름다울 미(美)를 써 미국이라 부를 수 있는가. 미국은 양키라고 부를 자격도 없는 나라다. 사실 양키라는 표현도 아깝다. 마찬가지로 우리는 맥아더를 '괴수'라고 부른다.

양키 추방 공대위도 마찬가지의 의미를 지니고 있다. 미군 철수를 요구했는데 안 받아들여지면 추방시켜 버려야 한다.

[강희남 위원장 미니인터뷰] …"맥아더 동상은 식민통치의 상징물"

◇ 통일뉴스 : 맥아더 동상 철거 농성은 왜 하는지.

◆ 강희남 : 우리는 지난 60년 동안 양키들의 식민지로 살아왔다. 특히 맥아더라는 사람은 양키 식민통치의 상징이다. 한국전쟁에 대해 김일성이 쳐내려와서 이 나라가 빨갱이 나라가 될 수밖에 없는 상황을 맥아더가 해방시켜 주었다는 거짓된 역사에 국민들이 그동안 속아 왔다.

우리의 투쟁은 지난 55년 동안 왜곡된 역사 속에서 우리 국민들이 한국전쟁의 원인과 관련해 그 진실을 밝히는데 의도가 있다.

1948년 북한에 진주했던 소련군이 철수했고 그로부터 10개월 뒤인 1949년 10월 미군이 철수했다. 미군이 떠난 일은 신사적인 행위로 잘했다고 평가할 수 있다. 물론 국제적 체면이라는 점을 고려했을 것이다. 그러나 미군이 이 땅을 떠난 뒤 바로 후회했다는 것이 나의 주장이다.

그 증거는 1949년 7월 미군이 떠난 뒤 1950년 당시 애치슨 미 국무장관이 38 도선을 시찰하고 돌아갔다. 애치슨이 38 도선을 시찰하고 미국으로 돌아간 뒤 애치슨 라인을 설정했다. 애치슨 라인이란 알래스카에서 시작해 알류샨 열도, 일본열도, 필리핀까지 전략적인 방어선을 그었다는 말이다. 애치슨 라인은 공산주의 세력으로부터 한반도를 내놓고 일본까지만 지킨다는 천명이었다. 이것은 북한에 보여주기 위한 수작 · 연극에 불과하다. 북한의 침공을 유도하기 위한 연극과 음모였다는 말이다. 1950년 2월 애치슨은 한반도에서 전쟁이 일어나도 지상군을 파견하지 않겠다는 말까지 했다. 미군이 한반도에 다시 진주를 하기 위해서는 전쟁이 필요했다.

당시 남한의 이승만 정권은 무력 북진 통일을 주장했고, 북쪽에서도 적화통일을 주장했던 만큼 예민했던 시기였다. 양키들의 수작에 김일성은 속아 넘어간 것이다.

전쟁 후 바로 맥아더가 들어왔다. 그때 만일 맥아더가 들어오지 않았다면 우리는 양키의 식민지배를 받지 않고 살 수 있었다. 한 마디로 맥아더 동상은 식민통치의 상징물이다. 55년 동안 맥아더 동상을 놓아두고 사는 것은 우리 민족의 수치이다.

새로운 역사를 창조하기 위해서는 거짓 역사를 바로잡고 역사의 진실을 가르쳐야 한다. 그러나 사람들은 맥아더를 은인이라고 한다. 그것이 아니라고 해도 먹혀들지 않는다. 우리의 싸움은 새로운 역사를 창조하고자 하는 고독한 싸움이다. 이 싸움을 안 하고 있으면 우리는 100년 양키의 식민지 노예로 지낼 수밖에 없다.

평택에서 미군을 몰아내기 위한 싸움을 벌이고 있는데 이보다 맥아더 동상 철거가 핵심을 찌르는 일이다. 군인들을 물러가라 해도 양키들은 그러려니 한다. 작은 몇 사람의 투쟁에 바로 미국이 주목하고 있다.

이 늙은이들이 빨갱이라고 욕을 먹으면서도 이 자리를 지키는 것은 안 할 수 없기 때문이다.

◇ 맥아더라는 인물 자체를 어떻게 평가하는가?

◆ 한국전쟁에 중공군이 개입하자 원자탄을 사용해 확전하려던 인물이다. 한반도에서 원자탄 30개를 쓰려고 했다. 트루먼이 해임하지 않았다면 한반도는 잿더미가 됐을 것이고 우리 민족도 다 죽었을 것이다.

◇ 언제까지 농성을 벌이려는지.

◆ 이달 29일까지 집회를 잡아놨는데 집회연장 신청을 하려고 한다. 의미 있는 일이기 때문이다.

◇ 몇 명이나 농성장을 찾아왔는가.

◆ 10여 일 동안 개인이나 단체대표 70~80명이 왔다 갔다. 이분들이 왔다 갈 때마다 힘이 생기고 보람도 느낀다. 그렇지 않으면 오는 사람마다 욕을 한다. 늙은이들이 욕먹는 일은 결코 녹록지 않은 일이다.

◇ 향후 계획은?

◆ 6월 초에 시청 앞까지 행진을 벌일 계획이다. 민중들의 반미감정 확산이 무엇보다 중요한 문제이다.

2005년 5월 10일부터 7월 17일까지 69일 동안 진행된 '맥아더 동상 타도 투쟁'은 엄청난 파장을 불러일으켰다. 수많은 언론들이 이 사건을 보도했고, 보·혁 갈등이라고 할 수 있을 정도로 논쟁이 치열했다. 맥아더 동상이 있는 인천 자유공원에서는 같은 장소에서 동상 철거와 사수를 놓고 진보단체와 보수단체가 잇따라 집회를 하는 진풍경이 벌어지기도 했다.[25] 이러한 상황에서 불난 집에 기름을 끼얹는 사건이 일어났다. 2005년 7월 17일, 강정구 교수는 인터넷 신문「데일리서프라이즈」에 '맥아더를 알기나 하나요?'라는 글을 기고했다.

25 맥아더 동상 "철거" "사수" 두 갈래 집회,「한겨레」, 2005.7.17.

자세히 보기-44

['맥아더를 알기나 하나요?'(2005.11.25.)]

강정구 (동국대학교 사회학과 교수)

지금 인천 만미공원에는(자유공원은 안국전쟁 후 만병통치 같은 '자유'라는 말의 범람으로 바뀐 이름임) 맥아더 동상 허물기 쪽과 지키기 쪽 사이에 공방이 치열하다.

폭력 몰이와 색깔 몰이가 웬 말인가?

앞쪽 사람들은 으레 그렇듯이 우리 민족 고유의 옷이나 생활한복을 입은 사람들이 많아 민족에 대한 아련하고 애틋한 분위기를 자아낸다. 그렇지만 뒤쪽 사람들은 군복과 훈장 또 미국 국기인 성조기 등으로 치장한 차림이 많아 마치 세계만방을 휘젓고 다니는 미국 군인과 같다. 그래서 뭔가 무시무시한 전쟁사태가 터질 것 같은 공포감을 불러온다.

이러한 겉모습을 그대로 반영하듯 7월 17일 공원에서 양측의 충돌은 뒤쪽이 앞쪽을 일방적인 힘으로 몰아붙이려는 짐승몰이 작전을 연출하는 듯했다. 글쎄 지금이 어느 땐데 이 동상 공방이 폭력 몰이와 '빨갱이'라는 색깔 몰이로 결판낼 수 있다고 생각하는지 어이가 없다.

이제까지 으레 그리 해 왔듯이 토론이나 논쟁을 통해 시시비비를 가리는 합리적 방법일랑 아예 안중에도 없거나 또는 역량이 전혀 없는지도 모르겠다. 그렇지만 지금은 21세기 평화와 인권을 지향하는 탈냉전 통일시대다. 이제 구태의연한 방식에 의한 강제가 아니라 합리적 논쟁을 통한 자기주장의 관철만이 용납되는 사회임을 제대로 깨닫기 바란다.

다른 한편 확고한 신념에 가득 찬 그들의 겉모습을 보건대 그들 역시 합리적 논리와 근거를 (내면 속에) 내면에 어느 정도 갖춘 것으로 보이기도 한다. 그래서 필자가 파악하고 있는 맥아더의 진면목을 들추어내어 이를 바탕으로 맥아더 동상 허물기가 너무나 당연한 민족사적 요구이고 합리적 행보임을 피력하겠다. 욕설이나 비방이 아니라 상응하는 차분한 반론을 기대해 본다.

38선 분단 집행의 집달리 맥아더

지금 한반도는 936년 고려의 통일 이후 이렇게 오랫동안 분단된 적은 없다. 후삼국의 분열도 44년으로 이렇게 길지는 않았다. 일제의 식민지 지배도 35년으로 분단 60년에 비하면 반절에 지나지 않는다. 여기에다 주한 미군이 평택으로 이주하면 최소한 50년은 더 머물겠다 하니 이대로 되면 분단이 최소한 110년은 된다는 얘기다.

이 민족비극의 원조인 38선은 미국이 이미 45년 7월 중에 계획을 세웠고 최종 획정은 8월 11일 러스크라는 중령이 미 국무성 한구석에서 지도로 확정을 지었다. 우리 조선사람 누구와도 상의 한마디 없이 또 연합국 누구와도 상의 없이 독단으로 결정했다. 베트남 역시 16도 선에서 미국이 일방적으로 지리적 분단을 결정하고 자행했다.

이 결정을 바로 집행한 당사자가 맥아더이다. 8월 15일 일반명령 1호를 선포해 38선에서 하루아침에 우리의 조국을 두 동강 내어버린 것이다. 외세에 의해 분단된 조국의 하나 됨을 위한 통일시대에 접어들었는데 이 분단집행 집달리를 찬양하는 동상이 아직까지 국제관문인 인천에 버젓이 자리 잡고 있다.

또 1998년 인천 청소년 여론조사에서 이 분단 집달리는 20%의 지지를 얻어 인천의 대표 인물 1위를 기록했다. 마치 우리가 분단을 기리고 즐기는 것으로 비치지 않을지 우려스럽다.

식민지총독과 같은 점령군사령관

맥아더를 많은 남쪽 사람들은 터무니없이 짝사랑하고 있다. 점령 당시 만약 맥아더가 조선 사람들을 사랑이 아니라 조금이라도 배려했더라면 점령군사령관으로서 아마 다음과 같은 포고문은 내리지 않았을 것이다.

제3조 주민은 본관 및 본관의 권한하에서 발표한 명령에 즉각 복종하여야 한다. 점령군에 대한 모든 반항행위 혹은 공공안녕을 교란케 하는 행위를 감행하는 자에 대해서는 용서 없이 엄벌에 처할 것이다(All persons will obey promptly all my orders and orders issued under my authority. Acts of resistance to the occupying forces or any acts which may disturb public peace and safety will be punished severely).

제5조 군정 기간에(during the military control은 '군사점령기간'이 정확한 번역임) 있어서는 영어를 모든 목적에 사용하는 공용어로 한다. 영어 원문과 조선어 또는 일본어 원문에 해석 또는 정의가 불명하거나 부동할 때는 영어 원문을 기본으로 한다.

완전히 식민지총독 부임과 같은 서슬 퍼런 모습으로 점령군의 면모를 한껏 발휘했다. 이런 맥아더와 북쪽을 점령한 소련군 사령관 치스챠코프는 하늘과 땅 차이다.

조선 인민들이여! 붉은 군대와 동맹국 군대들이 조선에서 일본 약탈자들을 구축하였다. 조선은 자유국이 되었다.… 조선사람들이여 기억하라! 행복은 당신들의 수중에 있다. 당신들은 자유와 독립을 찾았다. 이제는 모든 것이 죄다 당신들에게 달려 있다.… 조선사람의 훌륭한 민족성 중 하나인 노력에 대한 애착심을 발휘하라. 진정한 사업으로서 조선의 경제적 및 문화적 발전에 대하여 고려하는 자라야만 모국 조선의 애국자가 되며 충실한 조선 사람이 된다. 해방된 조선 인민 만세!(노중선 편, '민족과 통일 1'108, 105).

첫 포고문에서 드러난 이러한 차이가 이후 점령정책에 반영될 수밖에 없었다. 미국은 처음부터 미국 군사정부를 통해 조선을 직접 통치하려 했고 이 결과 바로 군사정부가 수립되어 직접적인 점령정책을 펴 나갔다. 그러나 소련은 자기들이 직접통치행위를 책임지는 군사정부가 아니라 조선인자치정부 성격인 북조선 임시인민위원회를 통해 간접적인 점령정책을 펴나갔다.

미군이 직접적인 군사통치를 자행한 남쪽은 점령 3년 동안 1946년의 대구 10월 항쟁, 1948년 제주 4.3 항쟁과 여순 항쟁 등 인민항쟁과 야산대와 유격대 투쟁 등 수많은 항쟁과 전투와 폭동의 연속이었다. 이 결과 1950년 6 · 25 전쟁 직전까지 무려 10만 명의 희생이 발생했다. 곧 이미 한국전쟁의 시발인 작은 전쟁의 연속이었다.

반면에 간접적인 점령정책과 조선인에 의한 자치정부를 시행한 북쪽에서는 이런 진통과 혼란이 없이 안정을 누렸으며 친일청산과 대대적인 사회경제개혁이 이뤄져 친일파가 더욱 기성을 부린 남쪽과는 극히 대조적이었다.

이래도 미국과 맥아더가 조선사람을 위하고 사랑하고 어쩌고 할 수 있을지 의문이다. 이것만 보더라도 맥아더 동상은 용납될 수 없다는 것은 자명한 것 같다.

분단세력과 동북아파시스트 후견인

한반도의 분단을 주도하고 강제한 장본인이 미국이라는 것은 너무나 자명하다. 38선의 지리적 분단에서부터 신탁 파동의 이념적 분단, 5.10 단정 단선의 정치적 분단 등을 주조하고 강요했다. 그렇지만 이는 국내 세력의 동원이나 협력이 없이 이뤄지기는 힘들다.

바로 이 분단 비호 국내 세력은 일본식민지의 군, 경찰, 관리 짓을 한 김창룡, 노덕술, 최규하 등의 친일민족반역관료세력과 미 군정의 여당이라고 일컬어지는 김성수, 조병옥, 송진우, 장덕수 등이 주도한 한국민주당과 같은 친일정치세력 두 부류였다.

바로 이 두 분단 국내 비호 세력인 정치-관료 친일세력의 대부가 이승만이었다. 이 이승만을 권좌에 올리는 데 초기에 주도적 역할을 한 장본인이 맥아더였다. 그는 미 국무성의 반대에도 불구하고 이승만을 상해 임정의 김구나 다른 민족인사들보다 먼저 군용기 편으로 한국에 데려와 이승만 영웅 만들기에 결정적 기여를 했다.

더 나아가 대만의 장개석과 연대해 맥아더-장개석-이승만 동북아파시스트 연결망을 형성해 중국본토 탈환을 노리고 소련에 대한 봉쇄나 격파의 첨병을 자원하고 자행했다. 이런 기조가 6 · 25 전쟁에서 이 전선을 중국과 소련까지 확장시켜 3차 대전까지 몰고 가려는 과대망상을 하는 전쟁광의 형태로 나타났다.

세계사적으로는 탈냉전의 평화와 인권시대, 민족사적으로는 통일시대를 맞은 이 시점에서 우리 민족은 말할 나위 없고 인류 전체에 대재앙을 가져올 3차 세계대전을 꾀하는 이런 전쟁광과 '인류의 적'을 기리는 동상이 유지되는 것은 인류에 대한 모독은 아닌지 반문해 봐야 할 것이다.

원자탄 26개로 한반도 종말을 기도한 사람이 생명 은인으로 둔갑하는 난장판

흔히들 미국과 맥아더를 6 · 25 전쟁에서 나라를 구하고 생명을 구해 준 은인이라 한다. 그래서 이 고마운 은인인 미국에 은혜를 갚아야 한다는 보은론이 판을 치고 미국을 비판만 해도 '배은망덕' 한다고 질타한다.

이런 대표적인 인물이 인천지구 황해도민회 류청영 회장 같은 사람일 것이다. 그는 맥아더를 '구세주'라고 하면서 "만일 맥아더 동상이 철거되는 모습이 CNN 방송에라도 나가면 우리는 배은망덕한 민족으로 취급받는다"고까지 했다 한다.

이러한 은인론 이야기만 나오면 미국과 주한 미군의 온갖 만행과 제국주의성을 성토하다가도 사람들은 뒷걸음질을 치고 비판적 예봉이 꺾이고 만다. 그야말로 이 은인론과 보은론은 저격수의 역할을 십분 발휘해 오고 있다.

과연 우리는 언제까지 이 만병통치 같은 대미 생명 은인론과 보은론에 덜미가 잡히고 주눅이 들어야 하나? 또 정말 이들이 논거가 있는 것인가? 아니면 생명의 은인이기보다 생명을 앗아간 박탈자가 아닌가? 언제까지 이런 대미 자발적 노예 주의의 포로가 되어야 하는가? 이제는 냉엄하게 되물어야 할 시점이다.

여기서 생명의 은인을 받은 자는 누구인가? 분명한 것은 전쟁 전후에 전사한 약 2백만 명, 학살당한 약 1백여만 명, 중국군 약 90만 명, 미군 등 5만~6만 명, 곧 전쟁 때문에 생명을 박탈당한 약 400만 명에게는 해당될 수 없다.

오히려 이들 대부분에게는, 미국이란 생명의 은인이 아니라 생명을 앗아간 원수일 것이다. 왜냐면 만약 남의 집안싸움인 통일내전에 미국이 개입하지 않았다면 전쟁은 한 달 이내 끝났을 것이고 사상자는 아무리 많아야 남북한 합쳐 1만 명 미만일 것이다. 그렇다면 미국의 개입으로 인해 약 3백99만 명이 더 많이 죽게 되었다는 의미다.

이렇게 미국의 전쟁개입으로 남북은 거의 전체 인구 10%인 300만이 죽음을 당했고, 중국은 90만, 미국 등은 5만~6만이 죽음을 당했다. 이런데도 미국을 생명의 은인으로 규정짓는 것은 허구일 뿐 아니라 죽은 자 대부분을 두 번 죽이는 것과 진배없다. 실재 전쟁과정에서 그토록 많은 사상자를 낸 주된 장본인은 커밍스가 잘 지적한 대로 미국의 대량살상무기에 의한 무차별 학살이었고 이승만 정부의 체계적인 민간인 학살이었다.

더구나 맥아더를 생명의 은인이라는 것은 천부당만부당 한 일이다. 그는 1.4 후퇴 당시인 1950년 11~12월 전선이 37 도선으로 후퇴하자 중국과 북한에 26개의 원자탄을 투하해 코발트 사선을 형성하고는 중국과 전면전으로 전쟁을 확장하려 했다. 실재 미국은 허드슨 작전이란 모의 원자탄 실험을 북한 상공에서 실시해 이런 맥아더의 구상이 실현될 수도 있었다.

그 당시 원자탄 투하설은 공공연하게 나돌았고 이 때문에 많은 사람들이 살아남기 위해 남쪽으로 넘어왔다. 다행히 영국 등 세계 여론이 들끓어 위기는 모면했지만, 휴전협정이 맺어지는 시점까지도 미국은 원자탄 투하 위협을 지속해 왔었다.

만약 맥아더의 작전대로 원자탄이 투하됐다면 어떻게 됐을지 상상해 보자. 이는 필연적으로 소련의 개입과 3차 대전으로 직결됐을 것이다. 아예 한반도는 지구상에서 사라지고 살아남은 사람은 거의 없었을 것이다. 그야말로 한반도와 민족의 역사 종말일 것이다.

설사 소련이 개입하지 않았다 하더라도 한반도의 결과는 뻔하다. 남북이 통틀어 불모지대가 되고 남이든 북이든 나라라는 명맥을 잇기도 못했을 것이다. 그 당시 남북인구 3천만 중에 몇백만 만 살아남았을 것이다. 아마 구세주니 배은망덕이니 주장하는 나이 든 사람들은 아예 지금까지 살 수도 없었을 것이다. 거의 대부분은 그들이 '구세주'로 모시는 바로 그 당사자에 의해 죽임을 당하고 말았을 것이다.

이런데도 생명 은인이라고 동상을 세우고, 또 60년이 지난 지금까지 금지야 옥지야 껴안고 있어야겠다고 폭력 몰이와 색깔 몰이까지 벌이는 판이니 그야말로 난장판이 따로 없는 것 같다.

민간인 학살 책임자가 생명 은인이라니

6 · 25 전쟁 초기 남한 땅에서의 미군 민간인 학살은 노근리 등 일부 지역에 (한정되어 있는) 한정된 현상이 아니라 보편적 현상이었다. 당시 중학교 1학년 학생이었던 진주 출신의 어느 ㄱ 국립대 교수의 전쟁체험담을 들어보자. 전쟁 초기 그의 가족은 어느 초등학교에 머물렀다. 그런데 갑자기 미군 비행기 두 대가 그 초등학교에 기총사격을 가했다.

그래서 인근 지역인 의령으로 긴급히 피난지를 옮겨 다시 그 지역의 어느 초등학교에 투숙하게 되었다. 그런데 또다시 미군 비행기가 초등학교를 사격해 사람들이 죽게 되었다. 이때부터 사람들이 많이 운집하는 곳은 안전하지 못하다고 판단하여 산골짜기로 숨어 들어갔다. 그러나 산골에서도 집이 쉽게 노출되는 지역은 곧바로 미군 비행기의 표적이 되었다. 그래서 이들은 결국 산골짜기의 외딴집에 피신하여 폭격을 피할 수 있었다(1999년 10월 27일 필자와의 면담).

이러한 전쟁 체험은 미군 비행기의 무차별 폭격에 의한 민간인 학살이 특수한 조건에서 특수하게 이루어졌다기보다는 6 · 25 전쟁 초기 남한 땅에서 보편적으로 이루어졌음을 시사한다. 미군의 민간인 학살에 대해서는 "공산당을 혐오와 불신으로" 묘사해왔던 뉴욕타임스 대구특파원까지도 시인하고 있다.

한국인들이, 공산당이 그들의 고향과 학교를 세워둔 채로 퇴각한 반면, 가공할 무기로 싸우는 유엔군이 일단 주둔했던 도시는 까맣게 하고(초토화하고) 떠나는 것을 보았을 때에 공산당은 심지어 퇴각 중에도 도덕적인 승리를 기록했다(「뉴욕타임스」, 1951년

2월 21일 자; I. F. Stone, 『비사 한국전쟁』, 신학문사, 1988, 276쪽에서 다시 옮김).

노근리 학살사건도 이 가운데 하나에 불과하다. 1950년 7월 25일 충북 영동 황간면 노근리의 민간인을 학살한 쌍굴 학살 사건의 진상규명 관계자이고 피해당사자인 정은용의 진술은 전쟁 중 미군의 남한 내 민간인 학살에 대한 조직성, 공식성, 비 우발성, 명령성, 체계성, 범죄성 등을 잘 말해 준다.

그들이 피난시켜 주겠다고 동네 사람들을 목적 의식적으로 모은 점, 폭격기와 공동작전을 펼친 점, 굴다리에서 사흘간 계속 총질을 해댄 점 등을 볼 때.... 그래서 현장의 미군이 말했다는 것처럼 미군은 실제로 '의심나는 피난민은 모두 죽여라.'라는 명령을 받았을 겁니다. 피난민 조사를 통해 그들은 비무장이라는 사실을 알고도 살인을 계속한 것은 대전에서 당한 것에 대한 복수심과 피난민을 살려 둘 경우 언제 인민군들과 합세할지 모른다는 두려움 때문이라고 봅니다. 또 일단 '학살'을 시작했으니 '전멸'시켜 사건을 외부에 알리지 않으려 했을 수도 있겠습니다(오연호, 1994:44; 정은용, 1994).

이러한 정은용의 추론은 정확한 것으로 판명되었다. 아래의 99년 9월 30일 자 한겨레신문의 보도는 이를 확인했다.

◇ 1950년 7월 24일 미 1기갑사단 명령(당일 오전 10시 휘하 8기갑 연대 통신문): 피난민이 (방어) 전선을 넘지 못하도록 하라. 넘으려 하면 그가 누구든 발포하라. 여자와 어린이의 경우 분별력 있게 대처하라.

◇ 7월 26일 아침 미 8군 본부 통신명령: 반복하지 않겠다. 언제 어떤 피난민도 전선을 넘는 것을 허용하지 마라.

◇ 7월 26일 미 보병 25사단 통신문: 사단장 윌리엄 킨 소장은 전투지역에서 움직이는 모든 민간인은 적으로 간주하여야 하며 발포해야 한다고 지시했다.

◇ 7월 27일 미 보병 25사단장 윌리엄 킨 소장 (재차) 명령: (남한 양민들은 한국 경찰에 의해 전투지역에서 소개됐기 때문에) 전투지역에서 눈에 띄는 모든 민간인은 적으로 간주될 것이며 그에 따른 조처를 취할 것이다.

이렇게 미군의 민간인 학살이 상부의 공식적인 명령에 따라 체계적으로 이루어진 것이 공식문서로 재확인됨에 따라 전국 여러 곳에서(2000년 말 현재 약 60여 곳) 유사한 사건에 대한 진상규명 요청과 증언이 쇄도하였다.

경북 고령군 고령교 피난민 다수 사상, 충북 단양군 영춘면 상2리 약 300명 사망, 경북 울릉군 독도 150명 사망, 충북 예천군 보문면 신성리 약 50명 사망, 충북 예천군 판교면 판교리 10명 사망, 충북 영동군 황간면 121명 사망, 전북 익산군 익산면 이리역 54명 사망, 경북 구미 형곡동 100명 사망, 경북 의성군 금성면 17명, 경북 칠곡군 외관읍 외관교 폭파 피난민 다수 사상, 경북 포항시 60명, 경남 함안군 군북면 30명 사망, 경남 의령군 용덕면 정동리 30명, 경남 사천시 곤명면 50명 사망, 경남 마산시 진전면 83명 사망, 경남 창녕군 창녕읍 초막춘 80명 사망 등이다.

이러한 민간인 무차별 기총사격은 미국 이 2000년 6월 5일 보도한 미 육군조사단이 국립문서보관소에서 찾아낸 미 공군의 기록에서도 확인된다. 터너 로저스 공군 대령이 남긴 이 기록은 "육군은 아군 진지로 접근해오는 모든 민간인들을 향해 기총소사를 가하도록 요청하고 있으며…, 지금까지 우리는 이에 부응해왔다"고 적고 있다 한다. 육군은 "북한군들로 이뤄졌거나 혹은 북한군이 통제하는 대규모 민간인들이 미군 진영에 침투하고 있다"며 민간인 사격을 합리화하고 있다고 전했다(한겨레신문, 2000.6.7.).

미국의 민간인 학살은 적과의 전투행위 중에 불가피하게 발생하거나, 결코 우연적이고 개인적인 실수나 순간적인 판단착오 때문에 일어난 사건이 아니다.

노근리 사건에서 확인되었듯이 사단장의 작전명령과 같은 공식적 지휘계통에서 체계적으로 이루어진 보편적인 현상이었다. 이 지휘계통의 최고 책임자는 구세주라고 일컬어지는 맥아더였다. 이 학살에 대한 정보보고를 수없이 받았을 텐데 그는 이에 대한 강력한 근절 또는 시정명령을 내리지 않았다.

많은 사람들은 적과 아를 구분할 수 없었기에 불가피했다고 미국과 맥아더 편을 든다. 그러나 당시 참전했던 중국 인민해방군들에게도 조선사람 가운데 누가 적인지 아군인지 구별할 수 없기는 마찬가지다. 그러나 중국군의 강간, 학살 만행 등은 아직 알려진 바가 없다. 변명으로 넘어갈 문제는 아니다.

맥아더의 책임은 여기서 끝나지 않는다. 7월 초에 그는 한국군에 대한 작전 지휘권을 공식적으로 이양받았다. 한반도 내 일어나는 모든 군사행위는 그의 권위하에 이뤄지게 되었고 이 때문에 그는 모든 일들에 대한 궁극적 책임자일 수밖에 없었다. 더구나 미군은 한국군의 대대급까지 미 군사고문관을 파견하고 작전권을 행사해 왔었다.

그의 지휘체계하에 일어난 첫 번째 한국 정부의 민간인 대량학살은 7월 중순 평택 이남부터 자행된 20만 안팎의 보도연맹원 학살이었고 대전형무소 수감자 1,800명의 학살이었다. 여러 사진에서 확인되듯이 미군의 목격하에 이뤄졌다. 이 같은 이승만 정부의 민간인 학살 첫 단추에도 불구하고 최고 책임자인 맥아더는 이 학살 만행을 묵인 내지 외면했다. 이 결과 형무소 수감자 수만 명의 추가 학살이 전개되고 이후 줄줄이 이어져 약 1백만의 민간인이 이승만 정부하에 학살당했다.

물론 그의 임기 중에 발생한 이승만 정부의 민간 학살에 대한 궁극적 책임도 그의 몫이다. 원자탄을 들먹이지 않더라도 이것만으로도 그는 생명의 은인이 아니라 엄연히 학살 만행의 궁극적 책임자로서 전쟁범죄자다. 범죄자의 동상을 만들고 이를 기리는 현상이 과연 올바른 것인지 또 어떻게 정당화될 수 있을지 상상이 가지 않는다.

분단과 전쟁의 주도자가 보은론으로 칙사 대접받는 복마전

이제 보은론을 본질적으로 따져보자. 만약 미국과 맥아더가 자기들 멋대로 한반도를 38 도선으로 두 동강 내지 않았다면 우리가 민족분단과 전쟁이라는 비극과 형극을 겪었을까? 만약 6.25라는 통일내전에 외국군인 미국이 사흘 만에 개입하지 않았다면 그렇게 많은 전쟁피해가 일어났으며 지금까지 분단되는 비극이 지속될까?

6·25 전쟁은 통일전쟁이면서 동시에 내전이었다(물론 외세가 기원한 내전). 곧 당시 외국군이 한반도에 없었기에 집안싸움이었다. 곧 후삼국 시대 견훤과 궁예, 왕건 등이 모두 삼한통일의 대의를 위해 서로 전쟁을 했듯이 북한의 지도부가 시도한 통일전쟁이었다.

우리 역사책 어느 곳에서도 왕건이나 견훤을 침략자로 매도하지 않고 오히려 왕건을 통일 대업을 이룬 위대한 왕으로 추앙한다. 그런데 이 같은 성격의 집안싸움인 통일내전에 외세인 미국이 사흘 만에 개입해 전쟁주체가 된 셈이다. 만약 집안싸움인 이 통일내전에 미국이 개입하지 않았다면 전쟁은 한 달 이내 끝났을 테고, 물론 우리가 실제 겪었던 그런 살상과 파괴라는 비극은 없었을 것이다.

맥아더는 남의 집안싸움인 통일내전 사흘만인 27일 한국 전선을 시찰하고, 미국 정부에 개입을 요구하고, 곧바로 소사 등에 폭격을 감행한 전쟁광이었다.

결론적으로 미국의 제국주의적 개입이 없었다면 민족의 분단과 전쟁도 없었을 것이다. 곧, 커밍스가 논증한 대로 분단과 전쟁의 기원은 바로 미국에 귀착된다. 그야말로 미국이라는 존재는 보은론과는 정반대로 우리에게 비극과 질곡, 전쟁, 지난 6월 전쟁위기설과 같이 오늘날까지 지속되는 한반도 전쟁위기를 몰고 왔고 또 몰아오고 있는 주범인 것이다. 여기에 맥아더는 그 첨병의 역할을 초기에 집행한 집달리인 셈이다.

극소수 인명 살상에 그쳤을 6.25 확대 내전에 그토록 많은 살상과 파괴가 미국 때문에 일어난 것을 보면 미국은 생명의 은인이 아니라 생명을 앗아간 원수다. 원수를 은인으로 보는 이런 역사 왜곡, 곧 대미 보은론은 이제 탈냉전 통일시대를 맞아 완전히 폐기돼야 한다. 물론 맥아더 동상도 함께 역사 속으로 던져버려야 한다.

설사 보은론이 근거가 있다 하더라도 더 이상 보은론은 그 유효성을 상실한다. 왜냐면 은혜는 한번 갚으면 되었지 영원히 갚을 필요는 없기 때문이다. 미국은 1958년 정전협정 무기반입금지조항을 폐기시키고 남한 땅에 무려 600~1,300기에 이르는 핵무기를 배치해 한반도는 34년 동안 세계에서 남의 핵무기가 가장 많이 배치된 나라였다.

이 핵무기는 이북과 함께 소련을 주로 겨냥한 것이다. 이는 미·소 전쟁의 경우 바로 미국 본토에 대한 공격 이전에 이곳 남한이 소련의 주 공격목표가 되는 것을 의미한다. 군사평론가 김성전에 의하면 이는 결과적으로 한반도가 볼모로 잡혀 미국 국민의 안전을 높여 준 꼴이 된다. 이것만으로도 충분히 은혜는 갚았다는 것이 그의 지론이고 필자 역시 전적으로 (동감이다.) 동감한다.

더 나아가 베트남 파병, 천문학적인 미국의 첨단무기 구입으로 인한 미국 퍼주기, 해마다 15억 달러 수준의 주한 미군 주둔비 지원, 한반도 문제의 한국 군화로 무용지물의 미군 주둔 등으로 갚은 정도가 아니라 이미 수십 갑절 갚고도 남은 셈이다.

신화에서 우화로 추락한 그때 그 사람의 허울에서 이제 벗어나야

맥아더는 1.4 후퇴 뒤 일개 군사령관 주제에 대통령의 고유권한인 휴전 논의를 한마디 상부와 논의도 없이 독단적으로 피력했다. 이는 대통령의 권한까지 월권 하는 것으로 간주돼 대통령 트루먼에 의해 전격 해임당했다. 인천상륙작전으로 한껏 영웅시되었던 맥아더가 선석 해임되고, 샌프란시스코를 거쳐 미국 의회에서 '노병은 죽지 않고 사라질 뿐이다'는 연설을 했을 때 미국 국민들은 그를 마치 신화 속의 영웅처럼 떠받들었다.

평소에도 그는 자기보다 나이가 어린 미 합참 상급자, 국방부. 국무부 장관, 대통령까지도 무시하면서 독단적 전쟁 수행권을 행사하려 한 과대 망상적 영웅주의자였다. 그리고 그의 허황된 꿈은 대통령을 겨냥하고 있었다. 미국 의회에서의 마지막 연설을 계기로 그의 꿈은 그대로 실현되는 듯했다.

전쟁영웅으로 최상의 추앙을 받았지만, 맥아더 관련 상원청문회에 증인으로 나타난 맥아더는 당시의 국무장관 애치슨과 국방장관 마셜 등과의 대립 신문이나 논쟁에서 그야말로 아예 게임이 되지 않을 정도로 완패하고 말았다. 하루아침에 허풍쟁이 전쟁영웅으로 평판이 뒤집힌 그는 이후 미국사회에서 완전히 추락한 날개에 불과했다.

비록 그가 6 · 25 전쟁 초기 '뒷짐을 지고도 전쟁을 끝낼 수 있다'며 허세를 부렸지만, 초기 전투에서 낙동강 전선으로 밀려 조그만 북한에 대패하는 미국 역사상 초유의 기록을 남겼다. 더 나아가 중국과의 교전에서도 그는 작전오류로 미국 역사상 처음으로 참담한 대패를 기록하면서 장진호-1.4 후퇴를 할 수밖에 없

어 무능의 극치를 보여주고 미국에 치욕을 안겨 준 지휘관으로 평가되었다.

개인적으로도 그는 대통령이 되겠다는 과대망상을 의회청문회 이후 일거에 날려버린 허무한 인생을 마무리 한 사람이다.

부끄럽게도 이 추락한 맥아더는 오직 이곳 남한 땅에서만 아직도 웅대한 동상으로 위용을 보여주면서 죽어서도 역사를 왜곡하고 오염시켜 우리 민족의 평화와 통일을 가로막고 있다.

아직도 맥아더의 허물 속에 갇혀 냉전의 늪에서 허우적거릴 것이 아니라 이제는 이를 넘어서고 또 이 허울에서 벗어나야 한다.

그리고는 평화와 통일의 길을 굳건히 축성하는 데에 우리 모두 함께 나서야 할 때이다.

백범 김구 선생님의 탄식과 분노를 분단 60년 오늘의 이 시점에서 우리 모두 되새겨 보아야 할 것이다. "미군 주둔 연장을 자기네들의 생명연장으로 인식하는 무지하고 몰지각한 도배들은 국가 · 민족의 이익을 염두에 두지도 아니하고 박테리아가 태양을 싫어함이나 다름없이 통일정부 수립을 두려워하는 것이다."

출처 : 「데일리서프라이즈」기고

강 교수는 2001년 8월 17일 8 · 15 축전 때 만경대에 들러 방명록에 '만경대 정신 이어받아 통일 위업 이룩하자.'라고 써 친북 논란을 불러일으켰고, 그 방명록으로 말미암아 국가보안법상의 찬양 · 고무죄 혐의로 구속 · 기소되었다가 풀려난 바 있다.[26] 이러한 전력과 "6 · 25 전쟁은 통일전쟁이면서 동시에 내전이었다(물론 외세에 기인한 내전). 곧 당시 외국군이 한반도에 없었기에 집안싸움이었다. 곧 후삼국 시대 견훤과 궁예, 왕건 등이 모두 삼한통일의 대의를 위해 서로 전쟁을 했듯이 북한의 지도부가 시도한 통일전쟁이었다(베트남전쟁의 성격과 유사)."라는 내용이 포함된 글을 문제 삼아 수많은 언론들이 강 교수에게 집중포화를 퍼부으며 친북 논란을 불러일으켰다.

그러나 강 교수에 대한 보수 · 수구 언론의 과도한 공격은 그들 스스로의 자가당착일 수밖에 없었다. 「데일리서프라이즈」에 기고하기 열흘쯤 전인 6월 30일, 인천 가톨릭 회관에서 '한국전쟁의 역사적 재조명과 맥아더의 재평가'를 주제로 토론회가 열렸고, 강 교수는 맥아더의 '재인식'에 대해 "맥아더의 본색을 제대로 알면 당장 부서져야 한다"고 잘라 말한 뒤, 역사적 사실을 열거해 나가는 등 「데일리서프라이즈」에 기고한 글과 거의 같은 내용의 글을 이미 발표했기 때문이다.[27]

학술토론회에서 발표한 글에 대해선 아무런 반응도 보이지 않다가 칼럼 형식으로 기고한 글에 대해선 왜 그렇게 흥분했을까? 사실 맥아더의 고국인 미국의 경우, 전쟁영웅이라는 거품이 완전히 사라졌고 그에 대한 비판적인 칼럼, 기사, 논문 등은 차고 넘칠 정도다. '인류의 적'이라고 규정한 글도 있다. 아래 주석을 통해 맥아더에게 비판적인 글을 소개한다.[28]

26 2006년 5월 26일 법원은 징역 2년에 집행유예 3년, 자격정지 2년을 선고했다.

27 "맥아더 동상, 제대로 알면 당장 부서져야", 인천통일연대, '한국전쟁과 맥아더 재평가' 토론회, 「통일뉴스」, 2005.7.1.

28 ①Costello, 『Days of Infamy』②"General M'Arthur," 「The New York Times」, Dec 20, 1941. ③

〈 그림303: 고인의 자택에 유서와 지난달 1일 단식에 들어가며 쓴 붓글씨, 수의 등이 놓여있다. [사진제공─전북겨레하나], 고인이 마지막으로 작성한 '남기는 말'. [사진제공─전북겨레하나]ⓒ통일뉴스 〉

2009년 6월 6일, 강희남 목사(89)가 유서를 남기고 스스로 목숨을 끊었다. 강 목사는 이날 전북 전주시 삼천동 자택에서 목을 매 자진했고 부인이 오후 7시 30분께 이를 발견했다. 그는 "지금은 민중주체의 시대다. 4 · 19와 6월 민중항쟁을 보라. 민중이 아니면 나라를 바로잡을 주체가 없다. 제2의 6월 민중항쟁으로 살인마 이명박을 내치자"고 마지막 말을 남겼다. 강 목사의 유서에 이명박을 살인마로 쓴 것은 노무현의 죽음에 이명박이 관여했다고 믿었기 때문으로 보인다. '고 노무현의 죽음에 즈음하여'란 세 쪽 자리 글에는 "전직 국가 수반 사람을 죽음으로 몰

Wainstock, Truman, MacArthur, and the Korean War④"Morale Booster", 「The Washington Post」, Mar 18, 1942.⑤"Union League Club to Elect Gen. MacArthur," 「The Chicago Daily Tribune」, Apr 6, 1942.⑥James, 『The Years of MacArthur』Vol. 2⑦"MacArthur Trails Truman in Presidential Trial Heat by George Gallup Director, American Institute of Public Opinion.", 「The Washington Post」, Oct 5, 1947.⑧"MacArthur's Retirement", 「The Washington Post」, Dec 15, 1950.⑨"MacArthur I", 「The New York Times」, Mar 28, 1951.⑩"MacArthur II", 「The New York Times」, Mar 29, 1951.⑪"MacArthur III", 「The New York Times」, Mar 30, 1951.⑫"To the Parallel", 「The New York Times」, Apr 1, 1951.⑬Spanier, 『The Truman-MacArthur Controversy and the Korean War』⑭"Legislatures Act on M'Arthur Plans", 「The New York Times」, Apr 13, 1951.⑮"President Says Republicans Will Rue Use of MacArthur", 「The New York Times」, Apr 13, 1951.⑯"Legislatures Act on M'Arthur Plans", 「The New York Times」, Apr 13, 1951.⑰"Two Hour Protest by Dock Workers", 「The New York Times」, Apr 13, 1951.

고 간 이명박이 실지 죽인 거다"라는 내용이 적혀 있다. 고인은 단식 중이던 5월 1일 날짜로 "이 목숨을 민족의 재단에"란 붓글씨와 "8천만 동포들에게 드리는 글: 마지막 고별사"란 글을 남겼다.[29] 글 전문은 다음과 같다.

자세히 보기-45

[8천만 동포들에게 드리는 글 : 마지막 고별사(2009.5.1.)]

강희남 목사

더는 그만두고 왜놈들이 강제로 1905년 (을사)늑약 때만 해도 민영환, 송병선 등 애국지사 10여 명이 순절했는데 그중에도 민영환 선생을 모시던 인력거꾼이 뒤를 따라 자살했고 송병선 선생 댁 소녀 식모 공림이 식도로 목을 찔러 죽었다. 송병선 선생은 "나라는 비록 망했지만 의(義)조차 망해서는 안 된다."는 말씀을 남기셨는데 그 말씀이 항상 식민지 백성 된 내 가슴에 사무쳤던 것이다.

돌아보건대 1945년 종전 공간에서 양키 제국주의자들이 제 맘대로 38선을 그어 소련 측의 동의를 얻어 국토를 양단해 놓고 마땅히 전승국 대우를 받아야 할(북에서 소련군은 그렇게 했음) 이

29 통일 원로 강희남 목사 별세… 유서 남기고 자결, <2신> 10일 '고 강희남 목사 통일 · 민주사회장', 향린교회서 영결식, 「통일뉴스」, 2009.6.6.

땅에 점령군으로 들어와 중앙청의 일장기를 내리고 저들의 성조기를 세웠으니 이는 이 땅의 주인이 자기들이라는 의미가 아니었던가? 그들은 군정에서, 북의 소련군과는 정반대로 친일파를 대거 등용함과 동시에 상해 임정 등 민족주의 세력들은 완전히 배제해 버림으로 이 땅의 역사를 개판치기 시작했던 것이다.

그리고 송진우, 여운형 등 애국지사들을 차례로 제거해 버리고 저들의 똘마니 리승만을 세운 뒤 소위 비밀주권(secret sovereignty)을 움켜쥐어 오늘날까지 무불간섭이요, 무불착취다. 포츠담 선언에 의해 1948년 북에서 소련군이 철수하자 양키 군들도 1949년 7월에 일단 철수했으나 저들은 곧 이를 후회해서 이 땅에 재상륙을 위해서는 전쟁이 필요함으로 Achison Line을 설정하여 일본까지만 자기들 방위선에 두어 지키고 한반도는 방위선 밖에 버려 설정하여 관련하지 않겠다는 뜻을 북측에 보여줌으로 북을 유인하여 한국전쟁을 일으켜 이 땅을 재점령한 뒤에 전쟁을 끝내고 북에서는 중공군이 완전 철수했으나 저들의 군대는 지금까지 떠나지 않고 있으면서 이 땅 식민지화에 100%쯤 성공을 거두고 있는 것이다.

또 방위동맹의 차원에서 우리 영토, 영해, 영공 할 것 없이 완전히 자기들 임의에 맡겨왔으니 이것으로 보아도 방위동맹은 허울뿐이고 완전히 예속 동맹인 것이다.

력사와 민족의식이 있는 사람이라면 어찌 분노하고 통탄하지 않겠는가? 실로 해 저문 날 따오기 소리에 한숨짓고 북으로 날아가는 기러기 울음에 눈물짓던 세월이 얼마이던가? 외세 척결과 민족 통일을 바라 쓸모없이 늙은 이 한 마리 학은 목이 길어서 더욱 서럽다.

통일운동은 바로 양키 추방 운동과 직결된다는 신념으로 오랫동안 싸워본다고 했지만, 이 땅의 괴뢰 정권과 보수주의 매국노들의 세상에서 이란격석(以卵擊石)이 아니던가? 이 치욕스러운 력사를 산다는 것이 무잇을 의미하는가? 옛 어른들은 "가이생어생(可以生於生)이요 가이사어사(可以死於死)라 가히 살 만한 때에 살고 죽을 만한 때에 죽으라." 가르치지 않으셨던가?

나는 민족적으로 못하면 개인적으로라도 그들에 대한 노예 신분 청산을 해야 한다는 강박관념에 몰려 있음을 어이하랴? 내가 대전감옥에 있을 때 꿈에 대마도에서 절식(단식)으로 운명하신 최익현 선생을 뵈었는데 내가 선생을 부액해 모시고 가면서 춘추를 들으니 73세란다. 그렇다면 나는 선생보다 17개년을 덤으로 살았으니 이것도 하나의 죄의식으로 남는다.

중국 춘추시대 초나라 오자서가 목숨을 피해 오나라 망명길에 오르면서 핏덩이 같은 어린 왕손 승을 안고 그 천신만고 9사1생의 길을 간 것은 오직 그 어린애만이 장차 초나라 왕통을 이을 존재라 해서 그런 것이 아니었던가? 나 자신도 그동안 기막히게 고독하고 서러운 운동의 세월을 살았고 이제 또한 오자서처럼 양키 추방과 연방제 통일만이 이 민족의 살길이라는 신념 하나를 멍든 가슴에 안고 내 집을 양키 대사관 앞이라 여겨 입 대신 몸으로 말하려고 최익현 선생의 뒤를 따라 이 길을 가는 것이다. 조국과 민족 앞에 한없이 부끄러운 목숨으로 말이다.

단기 4342년(2009) 5월 1일

〈 그림304: 시계방향, ① 강희남 목사 1주기 추모제가 향린교회에서 열렸다ⓒ대자보, ② 맥아더 동상 철거를 촉구하는 연방통추 회원들ⓒ통일뉴스(11.9.18.), ③ 강희남 의장의 삶과 투쟁을 회고하는 진보연대 전창일 상임고문 〉

2010년 6월 5일 오후 3시, 서울 향린교회에서 그를 기억하는 사람들은 '흰돌 강희남 목사 1주기 추모제'에 함께 했다. 5 · 24 조치가 내려진 지 열흘쯤 지난날에 강희남을 그리워하는 모임이 열린 것이다. 이명박을 '살인마'라고 지탄했던 고인은 "남북 관계를 파탄 내고 통일을 원하는 민족의 가슴에 대못을 박은" 이명박의 5 · 24 만행을 목격하지 못하고 작고했다. 이날 추모제에는 민족민주열사희생자추모단체연대회의 의장 박중기, 범민련 남측본부 고문 박창균, 한국진보연대 총회의장 오종렬 등이 추모사를 낭독했다.

이제 열흘 후면 6 · 15선언 10주년이다. 그런데 6 · 15선언 10주년 하루 전날 연방통추 회원들에게 날벼락이 떨어졌다. 김수남의 증언을 따르면, 6월 14일 5시 40분 체포되어 국가보안법 위반(이적단체 구성 등)으로 구속 수감되었다고 한다.[30] 같은 날 연방통추 윤기하 지도위원과 박찬남 지도위원도 긴급체포로 연행되었고, 장봉수 연방통추 의장은 연락이 두절된 상태였다고 한다. 단체 관계자는 "활동하는 회원이 10여 명밖에 되지 않는 작은 단체인데, 간부와 회원을 4명이나 긴급연행하고 새벽에 갑자기 들이닥쳐 압수수색까지 한 이유를 모르겠다"며 "남북 간 냉전 상황에서 (6 · 15 선언 10주년을 앞두고) 통일단체를 대상으로 대대적인 공안 탄압을 하기 위해 기획 수사를 하는 것으로 보인다"고 말했다.[31]

8월경 사건의 윤곽이 일부 보도되었다. 「동아일보」의 기사에 따르면, 서울지방경찰청과 국가정보원은 북한의 지령을 받고 연방제 통일을 위한 이적행위를 한 혐의(국가보안법 위반)로 연방통추 2기 상임의장인 김모 씨(68)와 3기 상임의장 장모 씨(43)를 구속하고, 지도위원 박모 씨(52) 등 이 단체 관계자 12명을 불구속 입건했다고 한다. 경찰에 따르면 2기 상임의장 김 씨는 2003년 이후 최근까지 중국에서 재중 조선인총연

30 기자회견문(맥아더 동상 철거) 중 철거투쟁 추이(2011년 9월 16일)

31 정부 6 · 15 선언 10주년 앞두고 '신공안 정국' 조성?, 서울 경찰, 통일운동가 4명 긴급연행... 사무실 · 자택 등 5곳 압수수색, 「서울의 소리」, 2010.6.15.

합회 회장 양 모 씨를 만나 주한 미군 철수 투쟁, 연방제 통일을 위한 연대체 추진 방안 등을 협의한 혐의를 받고 있다. 지난해 11월 선출된 3기 상임의장 장 씨는 연방제 통일 등 북한의 주장에 동조하는 집회에 주도적으로 참가하고, 북한의 핵 개발을 찬양하는 문건을 작성한 뒤 소지한 혐의다. 구속된 김 씨는 강 씨 자살 이후 그의 유골 일부를 북한 평양에 있는 혁명열사릉에 안치하기 위해 올 4월 중국에서 북한 추종단체인 재중 조선인총연합회 양 회장을 만나 유골 북송을 부탁한 혐의도 받고 있다. 경찰에 따르면 연방통추는 결성 전후인 2003년부터 2005년까지 결성 과정과 맥아더 동상 철거 투쟁 상황 등을 해외 북한 공작원들에게 보고하고, 투쟁 방향에 대한 지령을 받았다. 또 2004년에는 북한을 돕겠다며 해외 공작원을 통해 1,900달러를 건네고 북한 해외동포 위원회 명의의 영수증을 받아 보관하기도 했다.[32]

보도에 따르면, 연방통추는 해외 북한 공작원들에게 보고하고, 투쟁 방향에 대한 지령을 받는 어마어마한 단체다. 그러나 실상을 알고 나면 한심하기 짝이 없는 단체가 당시 연방통추였다. 회원도 10여 명밖에 되지 않아 얼마 되지 않는 월세 내기에도 전전긍긍하는 곳이 연방통추였다. 게다가 여의도(장봉수 의장)와 종로(김수남 의장)로 분열되어 더욱 딱한 처지에 있는 상황이었다.

2011년 2월 11일, 서울중앙지법 형사27부(부장판사 김형두)는 북한의 지령을 받고 연방제 통일방안에 동조하는 등 이적행위를 한 혐의(국가보안법 위반)로 기소된 연방통추 2기 상임의장 김 모 씨에게 징역 3년(자격정지 3년)에 집행유예 5년을 선고했다. 또 함께 기소된 3기 상임의장

32 맥아더 동상 철거시위 주도 '연방통추' 2명 구속 -12명 입건, 「동아일보」, 2010.8.5.

장 모 씨 등 연방통추 간부 3명에게 징역 1년 6월~2년 6월(자격정지 1년 6월~2년 6월), 집행유예 3~4년을 각각 선고했다.[33] 어마어마한 죄목에 비해 실형을 받은 사람은 아무도 없고 기소된 간부 전원은 집행유예를 받았다. 눈여겨볼 것은 이 재판을 통해 연방통추는 이적단체로 규정되었고, 2012년 1월 27일 대법원 판결로 확정된 점이다. "우리 사회에서 북한을 바라보는 시각은 여러 가지가 있지만, 대법원과 헌법재판소의 판단을 따르면 북한은 국가보안법에서 규정한 반국가단체에 해당된다" "주한 미군 철수, 국가보안법 폐지, 연방제 통일 등 조직 강령이 북한의 일관된 주장과 대부분 일치하는 점에 비춰볼 때 연방통추는 이적단체가 맞다"고 밝힌 것이 재판부의 판결이었다. 대한민국의 정부는 연방통추 같은 소규모의 단체마저 이적단체로 규정하여 통일운동의 싹 자체를 없애고자 한 것이다.

2005년 5월 10일~7월 17일(69일간), 2006년 9월 4일~9일(6일간), 2007년 9월 3일~8일(6일간), 2008년 9월 8일(1일), 2009년 9월 8일(1일) 등 한 해도 거르지 않고 진행되던 맥아더 동상 철거투쟁은 김수남 의장의 구속으로 2010년도 행사는 무산되었다. 옥에서 나온 김수남은 철거투쟁을 다시 시작했다.

2011년 9월 16일 오후 2시, 인천 자유공원 맥아더 동상 앞에서 "국제전범 맥아더 동상 타도(철거)하자"는 플래카드가 걸린 가운데 기자회견이 시작되었다. 우리민족연방제통일추진회의(연방통추)가 예전과 마찬가지로 주관단체였고, 평화재향군인회, 민주군인회, 종교권력감시시민연대, 운동초심모임, 한국민족청년회, 장애인차별철폐연대, 좋은어

33 법원 "연방통추 이적단체 맞다", 「경향신문」, 2011.2.23.

버이들이 함께 했다. 사회는 정동근 운동초심모임 대표가 맡았고, 김수남 연방통추 대표의장, 평화재향군인회 최사목 공동대표, 최천택 한신대 교수, 이관복 민족운동가, 최선웅 통일운동가, 우경태 한국민족청년회 회장 등이 정치연설에 나섰다.[34] 연방통추는 그 후로도 매년 맥아더 동상 철거집회를 열었지만, 2018년 11월, 김수남 의장이 국가보안법상 찬양·고무 등 혐의로 기소된[35] 후 이제는 중단된 상태다.

강희남 목사가 처음으로 시도했던 맥아더 동상 철거 집회는 아쉽게도 중단된 상태이지만, 그를 기리는 추모제는 매년 빠지지 않고 열리고 있다. 서울 향린교회에서 1주년 추모 행사를 한 후, 서울지역 사람들은 경기도 마석 모란공원 민주열사 묘역에서, 고향인 전주에서는 그린피아 추모공원에서 강희남 목사를 그리워하는 모임을 갖는 중이다. 특히 2014년 6월 5일, 경기도 마석 모란공원 묘지에서 흰돌 강희남 기념사업회와 코리아연대(자주통일과민주주의를위한코리아연대) 주최로 열린 5주기 추도식에서는 강희남 목사와 함께 범민련의 산 역사의 증인인 전창일 선생이 참석하여 강 목사와의 인연에 대해 숨은 비화를 공개하기도 했다. 「21세기 민족일보」는 그 내용을 다음과 같이 정리·보도했다.

> 한국진보연대 전창일 상임고문은 〈전주의 어느 시골 교회에서 강희남 목사가 설교 중에 박정희 독재정권을 비판하고 베트남에

34 "국제적 망신 맥아더 동상 조속히 철거하라", 연방통추 등, 맥아더 동상 철거 촉구 기자회견 개최, 「통일뉴스」, 2011.9.18.

35 '맥아더 동상 철거 주장' 70대, 국보법 위반 재판서 "집회만 했을 뿐", 「뉴스핌」, 2018.11.5.

서 반제독립운동을 지도하고 있는 호지민 선생을 찬양해서 박정희 독재정권에 의해 전주감옥에 들어오셨다. 직접 만나보지 못했지만 깊은 인상을 받았다.〉면서 1970년대 박정희 유신 독재 체제하에서 강희남 의장의 삶과 투쟁을 회고했다.

이어 〈범민련 결성준비위원회 조직위원으로 있을 때 옥중투쟁 중이던 문익환 목사를 내신에 강희남 목사를 의장권한대행으로 강력히 추천했고, 통일운동과정에서 범민련이 결성됐고 강희남 목사가 초대의장이 됐다.〉며 범민련 결성과정을 설명하고, 〈이 나라의 자주적인 평화통일을 위해서는 식민통치한 일본 제국주의와 남북을 분단시키고 우리 민족을 분열시킨 미 제국주의를 빨리 몰아내야 한다. 그리고 분단된 남측에서 민주정권을 빨리 수립하고 남과 북이 빨리 하나 되는 통일을 성취하라는 애절한 외침이 강희남 목사의 외침〉이라고 강조했다.

이날 추도식에는 범민련(조국통일범민족연합) 남측본부, 련방통추(우리민족연방제통일추진회의), 사월혁명회, 민족화합운동연합, 전북민주동우회 등 통일애국인사들과 코리아연대회원 등 50여 명이 참여했다.[36]

연방통추의 맥아더 동상 철거집회가 주춤한 가운데, 새로운 단체, 새로운 사람들이 세간의 이목을 끌었다. 2018년 7월 27일, '평화협정운동본부' 소속 이적 목사와 안명준 목사 2명이 7 · 27 정전협정일 새벽 2시에 인천 자유공원 맥아더 동상에 올라가, "대한민국의 목사로서 민족

36 강희남 정신으로 〈제2의 6월 항쟁〉을 일으키자, 「21세기 민족일보」, 2014.6.5.

〈 그림305: ① 화재 당시 동상 모습ⓒ[평화협정운동본부 제공, 연합뉴스 DB], ② 미군을 추방하라는 낙서가 남겨진 맥아더 동상ⓒ동아일보 〉

분단의 비극을 안겨준 전쟁 사기꾼 맥아더 우상을 더는 용납할 수 없다"고 외치며 화형식을 거행했다. 그리고 "점령군 우상 철거! 세계 비핵화! 미군 추방하라!"고 적은 현수막을 내걸고 구호를 외쳤다.

3개월 후인 10월 23일 새벽 3시, 맥아더 동상에 올해 들어 두 번째 화형식이 행해졌다. 반미반트럼프투쟁본부 상임대표인 이적 평화협정운동본부 반미실천단장과 고대환 반미실천단원은 "맥아더에서 트럼프까지 신식민지체제 지긋지긋하다. 미국놈 승인 필요 없다. 신식민지체제 폐기하라"는 구호가 적힌 현수막을 가로 지르고는 4미터 높이의 맥아더 동상 받침대 위로 건설 폐자재 등을 모은 쓰레기더미를 올린 후 휘발유와 신나 등을 섞은 유류 물질을 뿌려 동상에 불을 질렀다.

이들은 식민체제의 상징인 맥아더 동상에 화형식을 행한다고 하면서 동상에 불을 지르고 준비해 온 '양심적인 미국인과 우리 민족에게 보내는 2차 맥아더 화형식 격문'을 8분여 동안 낭독했다. 그리고 격문을 통해 “미국은 대한민국 정권을 신식민지 정권으로 다스리고 있다. 트럼프가 말했듯이 저들은 우리를 미국의 승인을 받아야 할 나라로 여긴다. 미국의 정체를 확실히 알아야 한다”고 맥아더 화형식을 행한 이유를 밝혔다. 또 “평양 공동선언에 찬물 끼얹는 종속관계 청산하라! 맥아더에서 트럼프까지 미국은 내정간섭 중단하고 신 식민정책 폐기하라!”고 주장했다. 특히 경의선 철도연결과 개성공단 및 금강산 관광 재개, 5 · 24 제재 조치 해제 등 남북 관계 정상화와 교류 활성화를 위해 남측 당국이 진행하려는 일들을 미국이 사사건건 방해하고 있다면서 “전쟁으로 밥 먹고 사는 미국이 우리의 주권인 전시작전권을 쥐고 이 땅 군인들을 용병화시키고 급기야는 남북정상회담마저 방해하며 우리 땅을 신 식민지화하고 있다”고 비난했다.[37]

결국, 이 목사는 실형을 선고받았다. 2020년 1월 30일, 대법원 3부(주심 이동원 대법관)는 30일 특수공용물건손상 등 혐의로 기소된 반미단체 대표 이 모 씨(63)의 상고심에서 징역 1년을 선고한 원심을 확정했다.

이 목사는 재판 과정에서 맥아더 동상이 공용물건에 해당하지 않아 특수공용물건손상죄를 적용하면 안 된다고 주장했다. 그러나 1심은 “맥아더 동상은 현충 시설로 공공의 목적으로 설치됐고 인천시 중구의 소유여서 형법상 공용물건에 해당한다”며 징역 1년을 선고했다. 그러면서 “맥아더 동상과 주변 축대의 손상된 가치가 경미하지 않다"며 "범행이 대담했고 계획적이었던 점 등도 고려했다”고 설명했다. 이 같은 판결은 2심을 거쳐 이날 상고심까지 유지됐다.[38]

37 7월 이어 인천 자유공원 맥아더 동상에 2차 화형식, 「통일뉴스」, 2018.10.23.

38 '맥아더 동상 화형식' 반미단체 대표 징역 1년 확정, 「연합뉴스」, 2020.1.30.

맥아더 동상의 수난은 이것으로 끝나지 않았다. 2022년 4월 28일 오전 2시 50분께 인천 중구 송학동 자유공원 내 맥아더 동상에 '내가 점령군, 미군 추방'이라는 내용의 낙서가 그려졌다. 이적 목사가 활동하고 있는 평화협정운동본부 상임지도위원 A(60)씨가 현행범으로 붙잡혔다. 그는 동상 아래에 '주한미군추방, 전쟁연습규탄'이라는 문구가 담긴 플래카드를 걸기도 했으며, 망치와 정을 이용해 '전쟁공적비'를 망치와 정을 이용해 훼손한 혐의도 받고 있다. 평화협정운동본부는 이날 사회관계망서비스(SNS)를 통해 "전쟁획책분단원흉 맥아더 동상을 타격했다"며 "이는 2018년 7월 11월 두 차례의 맥아더 화형식에 이은 평화협정운동본부의 세 번째의 거사이다."라고 밝혔다.[39] 이처럼 수난을 받고 있는 흉물동상은 언제쯤 철거될까?

39 반미단체 인천 맥아더 동상 또 훼손…경찰, 현행범 체포, 「동아일보」, 2022.4.28.

:: 05 ::

통일대박론과 촛불 정국

〈 그림306: 시계방향, ① 2014년 갑오년 주요 신문 신년호ⓒ헬로디디, ② 2014년 1월 1일 자 조선일보 1면, ③ 노무현 · 김정일 남북정상회담 합의사항 이행비용ⓒ조선일보(2008년 9월 19일), ④ 대통령 박근혜의 2014년 신년 기자회견ⓒJTBC 화면 캡처 〉

2014년 갑오년 새해를 맞아 보수 일간지들은 각기 어젠다(Agenda)를 제시했다. 「동아일보」는 '말(言)이 세상을 바꿉니다'는 연중기획을 내걸었다. 「중앙일보」의 아젠다는 '품격, 대한민국'이었다. 「매일경제」의 신년 화두는 '국난돌파, 희망한국'이다. 「한국경제」의 경우 "성장 없는 분배는 없다"고 못 박고 '기업가 정신'을 내세웠다.[1] 대부분 성숙과 성장을 새해의 화두로 삼은 셈이다. 다른 신문과 달리 「조선일보」가 선택한 어젠다는 '통일'이었다. "南北 하나 될 때, 동아시아 번영의 미래 열린다"는 1면 헤드라인 아래 소개한 사진부터 예사롭지 않았다. 아래는 사진을 설명하는 글이다.

> '69년 장벽' 언제 걷힐까… 1945년 '38선'이 그어지며 시작된 남북 분단이 올해로 만 69년이다. 독일과 베트남 등은 모두 지난 세기에 통일을 끝냈고 우리만 아직 세계 유일의 분단국가로 남아 있다. 철책선 위를 자유롭게 오가는 두루미 떼처럼 남북이 하나 되는 날은 언제 올 것인가. 지난 30일 새벽 중부전선 DMZ(비무장지대) 북쪽 지역에서 휴식을 취하다 먹이를 구하기 위해 남방한계선 철책을 넘어 남쪽으로 내려오는 두루미 떼 아래서 우리 초병들이 경계 근무를 서고 있다.

독자들의 감성을 건드리는 사진 아래 '세계의 석학(碩學)'으로 불리는 위르겐 하버마스(Habermas · 85) 독일 프랑크푸르트대 명예교수와 한상진(69) 서울대 명예교수의 대담을 1면 톱으로 소개했다. 하버마스 교수는 "한국은 동아시아의 미래를 생각하는 눈으로 남북 통일문제를 바라볼 필요가 있다." "한국은 군사적 대응을 넘어 시민사회의 선도력(先導力)을 바탕으로, 갈등이 고조되는 동아시아에 소통과 협력을 증진시키

1 신년호로 본 2014년 화두는…'성숙 · 성장', 「헬로디디」, 2014.1.1.

는 역할을 할 수 있을 것" "통일을 이루기 위한 동력은 한반도 내부뿐 아니라 외부에도 있다고 생각한다." "남한이 북한과 교류하고 화해하는 것이 주변 강국의 이해와도 일치한다는 점을 설득할 수 있어야 한다." 등의 조언을 하며 통일 이후의 독일 사회를 면밀히 관찰해온 하버마스는 한국이 독일의 사례를 통해 교훈을 얻어야 한다고 강조했다고 한다.[2]

1면 전체를 할애하며 민족의 통일감성을 자극한 「조선일보」는 "[2014 조선일보의 길] 남북 7,500萬 '통일의 꿈'을 찾아 나섭니다."라는 제목 아래 ① 한반도 통합을 주제로 한 아시안 리더십 콘퍼런스 개최 ② '통일과 나눔 아카데미' 설립 ③ 10여 개 연구기관과 '통일이 미래다' 공동기획 등의 계획을 준비하고 있다는 공지를 올리기도 했다. '통일의 꿈'이 「조선일보」의 길이라는 얘기다. 통일 관련 기사는 1면 톱으로 끝나지 않았다. 3, 4, 5면 정치, 사회면을 통째로 할애하여 [통일이 미래다]라는 명제로 도배하였다.[3] 이 [통일이 미래다]라는 시리즈는 단발로 끝나지 않고 다음 해인 2015년 6월 15일까지 243건의 기사를 연재했다. 아래에 일부를 소개한다.

2 [통일이 미래다] "南北 하나될 때, 동아시아 번영의 미래 열린다", [1] 잊힌 통일의 꿈 되살리자… 세계적 석학 獨 하버마스의 조언, "한반도 통일이 주변 강국에도 이익이 된다는 점을 설득해야", 「조선일보」, 2014.1.1.

3 "빨리 통일" 20년 새 半으로… "분단 유지돼야"는 2배로, "통일에 대비해 對北 지원·원조 늘려야" 62%… "美·中·日·러 누구도 통일 원하지 않을 것" 51%, 71%가 "北 정권 타협 불가능한 상대"… 4년 새 12%P 늘어(이상 3면), "눈사태처럼 올 통일… 지금 준비 안 하면 北은 중국의 속국 될 것"(4면), 북한, 年 10%대 고속 성장… 35년 뒤엔 1인당 GDP 110배로 증가, 北 급변사태로 최악의 경우 통일비용 4,000조 원… 주민들 자본주의 적응 못 하면 경기침체 올 수도(이상 5면), 「조선일보」, 2014.1.1.

[표29: 조선일보의 '통일이 미래다' 시리즈 목록(일부)]

날짜	분야	헤드라인
2014.1.1.	정치 일반	[통일이 미래다] 국민 10명 중 6명 "통일 관련 세금 부담할 의향 있다"
	정치 일반	[통일이 미래다] "통일 이익보다 비용이 크다"는 국민이 48%
	사회	[통일이 미래다] "통일 과정, 시민들의 자발적 참여와 民主的 절차에 따라야"
	정치	[통일이 미래다] "눈사태처럼 올 통일… 지금 준비 안 하면 北은 중국의 속국 될 것"
	정치 일반	[통일이 미래다] "빨리 통일" 20년 새 半으로… "분단 유지돼야"는 2배로
	사회	[통일이 미래다] "南北 하나 될 때, 동아시아 번영의 미래 열린다"
	정치 일반	[통일이 미래다] "통일에 대비해 對北 지원 · 원조 늘려야" 62%… "美 · 中 · 日 · 러 누구도 통일 원하지 않을 것" 51%
	정치 일반	[통일이 미래다] 71%가 "北 정권 타협 불가능한 상대"… 4년 새 12%P 늘어
	〈공지〉	[2014 조선일보의 길] 남북 7,500萬 '통일의 꿈'을 찾아 나섭니다.
1.2.	외교국방	[통일이 미래다] 북한, 年 10%대 고속 성장… 35년 뒤엔 1인당 GDP 110배로 증가
	외교국방	[통일이 미래다] 北 급변사태로 최악의 경우 통일비용 4,000조 원… 주민들 자본주의 적응 못 하면 경기침체 올 수도
	사회	[통일이 미래다] 南北 통합 땐 대륙과 연결된 6,000조 원 자원 강국
	사회	[통일이 미래다] "상당기간 南北 별도 체제로 경제 통합 과정 거쳐야"
	외교국방	[통일이 미래다] "경제통합은 南北 모두에게 이득… 포괄적 경제통합 협정 추진해야"
	외교국방	[통일이 미래다] 北 관료 · 기업인 260명, 자본주의 경제 연수 프로그램 참여
	사회	[통일이 미래다] "푸틴, 對北투자 의욕적… 나진港, 싱가포르항 앞설 것"
	프리미엄	통일 한국, 2030년엔 英 · 佛 제친 'G7 大國'
		"통합 후엔 南 · 北 · 中 · 러에 스타 기업 줄줄이 탄생할 것"
	종합	[통일이 미래다] (2) 한반도의 르네상스… 남북 격차도 감소

1.3	〈공지〉	[통일이 미래다] "ADB(아시아개발은행), 통일 땐 北 경쟁력 높일 교육 · 의료 인프라 적극 지원할 것"
	외교국방	[통일이 미래다] 東北 3성 포함 8,000만 명 한민족 분업체제 생긴다
	외교국방	[통일이 미래다] 北 노동당원도 10명 중 7명 장사 경험… 住民소득 71% 시장서 생겨
	외교국방	[통일이 미래다] "김정은, 계획경제 회귀 어려워 결국 '개발하는 독재'로 갈 것"
	외교국방	[통일이 미래다] "북한판 경제개발 5개년 계획 세우고, 폐쇄적 '모기장 特區' 문 활짝 열게 하자"
	외교국방	[통일이 미래다] "우수한 북한 청년 서방에 유학시켜 이들이 돌아가 北 국제화 이끌게 해야"
	외교국방	[통일이 미래다] 북한 주민 90%가 이미 '市場化(수입의 일부를 시장을 통해 얻는 것)'
	종합	[통일이 미래다] (3) 北에 넓게 퍼진 시장경제 ADB 나카오 다케히코 총재 " ADB(아시아개발은행), 통일 땐 北 경쟁력 높일 교육 · 의료 인프라 적극 지원할 것 "
1.4.	오피니언	[특별기고, 박성현 한국과학기술한림원 원장] 南北 관계, 과학기술 협력으로 물꼬 트자
1.6.	사회	[통일이 미래다] "통일 비용은 순간, 통일 이익은 영원"
	사회	[통일이 미래다] 獨, 갑자기 온 통일에 2兆 유로(1990~2009년) 투입… 한국은 半(2015년부터 경제 통합 때 20년간 923조~1,627조 원)이면 돼
	사회	[통일이 미래다] 南北 통일비용 중 국민 세금은 23% 정도
	사회	[통일이 미래다] 통일 한국, 20년간 경제 혜택(GDP 증가 누적분)만 6,300조
	사회	[통일이 미래다] "통일, 2030 세대에 '기회의 窓'… 統獨 때 공무원 일자리만 1만 개 생겨"
	사회	[통일이 미래다] 北의 1인당 소득 천천히 끌어올릴수록 통일비용 크게 줄어
	정치	[통일이 미래다] 통일비용 겁내지만… 혜택이 倍 크다
	정치	[통일이 미래다] "獨, 준비 없는 통일로 큰 비용 지불… 그래도 이득이 훨씬 많아"

날짜	분류	기사 제목
1.6.	청와대	[朴 대통령 신년회견] "전 재산 한반도에 쏟겠다는 세계적 투자가 있어" 朴대통령, 本紙가 보도했던 짐 로저스 회장 언급
	종합	[통일이 미래다] 통일 한국, 20년간 경제 혜택(GDP 증가 누적분)만 6,300兆
1.8.	정치	[통일이 미래다] 유럽 · 아시아 사업가 7명, 투자 위해 다음 달 訪北
	정치	[통일이 미래다] 국토硏 "北 핵심 거점 9곳부터 우선 개발을"
	정치	[통일이 미래다] "統獨 전부터 동독 인프라에 투자… 통일 비용 줄이고 外資 불러들여"
	정치	[통일이 미래다] 통일 땐 中 · 러 연결 '한반도 에너지網' 완성
	정치	[통일이 미래다] 서울~베이징 고속鐵로 4시간… 유럽까지 화물 수송 시간 절반 단축
	정치	[통일이 미래다] "北 인프라 빨리 확충해야 경제 통합 순조로울
	정치	[통일이 미래다] 北 인프라 122兆 투자 땐 '物流의 실크로드(한반도~베이징~모스크바~유럽)'
	종합	[통일이 미래다] (5) 한반도 22만 ㎢ 리모델링
	…(중략)…	
1.10.	종합	[통일이 미래다] (6) 코리아 프리미엄 시대로…6개 글로벌 투자금융사들 전망 통일 韓國 국가 신용등급, 세계 최상위권 점프
1.14.	정치	[통일이 미래다] 北 관광시설 4조 투자하면 年 40조 번다
2.3.	외교국방	[통일이 미래다] "경제통합은 南北 모두에게 이득… 포괄적 경제통합 협정 추진해야"
	…(중략)…	
2015.4.2.3.	국제일반	[통일이 미래다] "통일되면 北과 中 동북 3성이 경제 · 평화 허브될 것"
6.15.	정치 일반	[통일이 미래다] "통일비용 부담하겠다" 73.5%
	정치 일반	[통일이 미래다] "北, 시장경제 시도하겠지만 체제 전환 힘들 것" 89%
	정치 일반	[통일이 미래다] "통일은 南北 모두 이익" 68%… "연방제 지지" 27%
	정치 일반	[통일이 미래다] 분단 지속 원인은… "北 체제 경직성" 25%, "南 정치권 분열" 20%

김대중 · 노무현 정권의 대북(햇볕)정책을 대북 퍼주기 정책이라고 비난했던 「조선일보」였다. 6년 전 「조선일보」는 "김대중 · 노무현 정부 10년 동안 대북 지원 금액이 모두 3조 5,000억 원 정도다" "이번에 통일부가 국회 제출 자료를 통해, 2007년 노무현 대통령과 북한 김정일 국방위원장이 합의한 여러 경제협력 사업에 소요되는 금액이 14조 3,000여 억 원 정도가 들 것이라고 밝혀졌다." 그리고 "이 돈은 올해 서울시 예산(19조 원)에 조금 못 미치는 규모로, 국민 한 사람이 32만 원 정도씩을 부담해야 만들 수 있는 돈이다."라고 보도한 바 있다.[4] 투자를 비용으로 둔갑시켜 국민들을 현혹시키며, 이명박 정부에게 남북 간의 합의를 지켜서는 안 된다는 조언을 한 셈이다.

「조선일보」의 반통일 행태와 기사를 기억하고 있던 시민들은 [통일이 미래다]라는 통일 관련 시리즈를 1월 1, 2, 3, 4일 연속해서 보도하자 "조선일보가 왜 이렇게 변했을까?"하는 의문보다 차라리 어리둥절했을 것으로 짐작된다. 의문의 실마리가 다소 풀린 것은 대통령의 기자회견장에서다.

2014년 1월 6일, 박근혜 대통령은 청와대 춘추관에서 신년구상을 밝혔다. 이날 오전 10시 정각부터 약 17분간 행한 연설에서 '경제혁신 3개년 계획'을 세워 우리 경제의 혁신과 재도약을 이루고, 한반도 통일시대를 열기 위한 기반 구축에 힘을 쏟겠다고 설명했다.[5] 그리고 취임 후 처음으로 내외신 기자회견을 가졌다. 문제의 발언 "통일대박론"은 기자들

4 작년 남북정상회담 이행 비용, 1인당 32만 원꼴, 지난 10년간 북한 지원액의 4배 넘어, 이명박 정부 전면적인 이행에 부담감, 「조선일보」, 2008.9.19.

5 朴 대통령 2014 신년구상 전문, 「연합뉴스」, 2014.1.6.

과의 질의응답 시간에 나왔다. 질문자는 MBC 박성준 기자였다.

- □ 평화통일 기반 구축 구체적 구상은? 북한 급변 사태에 대한 시나리오와 대비책은 무엇인가?
- ■ "평화통일 기반 구축은 남북 관계는 물론 외교 안보 전반을 아우르는 국정 기소라 할 수 있다. 국민 중 통일비용 너무 많이 들지 않겠냐, 굳이 통일할 필요가 있겠느냐 생각하는 분들도 있다. 그러나 저는 한마디로 통일은 '대박'이라고 생각한다. 얼마 전 어떤 분이 남북통합이 시작되면 전 재산을 한반도에 쏟겠다, 그럴 가치가 있다, 만약 통일되면 우리 경제는 굉장히 도약할 수 있다고 했다. 실제 도약할 수 있는 기회라 생각한다. 먼저 한반도 평화를 만드는 것. 우리 국민이 안심하고 살 수 있도록 안보 태세를 튼튼히 하고, 북한의 핵 위협이 있는 한 남북경협이나 교류 등이 제대로 이뤄질 수 없고 영내 공동발전도 이뤄질 수 없다. 그래서 북한이 핵을 포기하고 국제사회의 책임 있는 일원으로 가겠다고 한다면 우리는 북한을 우리나라뿐 아니라 국제사회와 힘을 합해 도우려 한다. 그렇게 갈 수 있도록 국제공조를 강화하는 과정을 통해 해결방법 강구할 것이다."

따지고 보면 박근혜는 박 기자의 질문 의도와 동떨어진 답변을 했다. 기자는 평화통일 기반 구축을 위한 구체적 구상과 북한 급변 사태에 대한 시나리오와 대비책을 질문했는데, 묻지도 않았던 통일 후 예상되는 경제적 효과에 초점을 맞춘 대답을 했다. "통일 비용은 순간, 통일 이익은 영원" "통일 한국, 20년간 경제 혜택(GDP 증가 누적분)만 6,300조" 등 지난날 비용이라고 표현한 것을 이제 투자라고 말 바꾸기를 한 「조선일보」의 장밋빛 전망을 박근혜는 '통일 대박'이라고 표현한 것이다.

그러나 박 정권과 「조선일보」는 가장 중요한 문제를 간과했다. 통일을 어떻게 어떤 방향으로 진행할 것인가를 설명하지 않았다. 무엇보다 당사자인 북조선과 어떻게 대화 · 협력할 것인가를 말하지 않았다. 6 · 15 선언과 10 · 4 선언에서 합의한 것을 그대로 지킬 것인지 아니면 박 정부 나름의 통일방안을 가지고 있는지 통일의 방법론에 대해선 전혀 언급하지 않았던 것이다. 박근혜의 통일대박론에 대한 언론과 정치권의 반응에 대해선 생략한다. 궁금한 것은 통일의 당사자인 북조선의 반응이다. 이에 대한 정보는 「월간조선」이 제공해 준다. 「월간조선」의 자의적인 해설은 제외하고, 이 잡지가 언급한 『통일대박론 무엇이 문제인가』라는 책자의 내용 일부를 소개한다.[6]

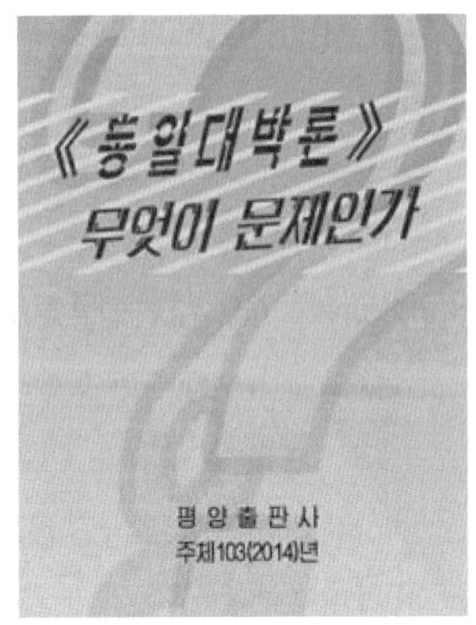

〈 그림307: '통일대박론 무엇이 문제인가'의 표지©월간조선 〉

① 저자 오보람 소개

2001년 김일성종합대학 문학대학부 보도과(전에는 신문과)를 졸업하고 박사원(우리의 대학원)에서 언론 문제를 공부한 다음에 평양출판사에서 기자로 활동하고 있다. 오보람의 외할아버지

6 북한이 4년 전 발간한《통일대박론 무엇이 문제인가》분석해 보니, '통일대박론' 이야기한 朴 빨리 치우자던 김정은, 文과 격한 포옹한 이유 밝혀졌다, 「월간조선」, 2018년 12월호

는 리인모다. 리인모는 해방 후 노동당에 입당하면서 공산주의자가 됐다. 그는 한국전쟁 와중인 1952년 빨치산 토벌대에 검거돼 7년간 복역 뒤 출소했으나 1961년 부산에서 좌익 지하활동을 하다 다시 체포됐다. 리 씨는 두 차례에 걸쳐 총 34년간 옥살이를 한 뒤 88년 석방됐으며 5년 후 김영삼 정부가 '장기방북' 형식으로 북한으로 송환한 비전향 장기수다. 북한은 리 씨가 평양으로 송환되자 '통일의 영웅'으로 부각했다.

② 책의 구성

30페이지 안팎의 소책자로 만들어졌다. 모두 4부로 구성됐다. ▲통일대박론, 가당키나 한가 ▲맹자가 근혜의 '통일대박론'을 반박하다 ▲통일이 대박이라면 왜 대박을 놓치는가? ▲'대박'의 환상에서 깨어나라는 소제목이 달렸다.

③ 머리말

현 남조선 집권자가 올해 신년기자회견이라는 데서 '통일대박론'을 들고 나온 이래 보수 집권세력은 그것이 무슨 새로운 통일정책이기라도 한 듯이 벅적이며 여론을 오도하고 있다. 그러나 자루 속의 송곳은 감출 수 없다고 상식 있는 사람들은 누구나 '대박'의 면사포를 뒤집어쓴 현 집권자의 주장을 자유민주주의 체제하의 통일론, 극단한 동족대결 책동으로 지탄하고 있다. 편집부는 내외의 비난과 규탄의 대상이 된 통일대박론의 정체를 분석한 해외동포들의 글들을 묶어 소책자로 내놓는다.

④ 박근혜의 통일대박론은 '흡수통일론'

통일 대박은 긴장을 더욱 조이고 경계를 강화하자는 것이 기본 바탕입니다. 박근혜는 밖에 나가서까지 '통일은 대박'이라고 말하면서 이것이 '한국'뿐만 아니라 주변 동아시아 일대의 모든 나라에 '대박'이라 하면서 정작 통일의 대상국인 조선의 제안에 대해서는 거부하고 불시의 사대에 대비한 '경계를 강화'할 것을 해당 기관에 명령했습니다. 그래서 사람들이 그가 말한 '통일은 대박'을 무력진압에 의한 '흡수통일'을 의미한다고 하는 것입니다. 이 경우 '대박'이 아니라 '쪽박'이라는 조롱을 피하지 못하는 것은 당연합니다. '흡수통일'은 혼자 두는 장기판처럼 조선(북한)의 손발이 꽁꽁 묶여 있는 상태에서 일방적으로 진행되는 것이 아니라 핵무력을 갖춘 조선(북한)과의 전쟁을 피할 수 없기 때문입니다. 전쟁이 일어난다면 이기고 지는 것을 떠나 온 강토가 초토화되고 민족의 패망을 가져올 것입니다.

⑤ 통일대박론은 '우스갯소리

통일은 흡수통일이 됐건, 무력점령 통일이 됐건, 협상과 합의의 과정을 거쳐야 합니다. 갑자기 떨어지는 현상이 아닙니다. 그런데 이를 '대박'이라고 한 것은 사람들을 웃겨 보고자 천박한 표현을 빌려 내뱉은 우스갯소리로밖에 들리지 않습니다.

대박'은 시중에서 돈 가지고 흥정하는 것과 하나 다를 것 없습니다. 남녀가 서로 좋아서 결혼해야지. 재산을 보고 결혼을 한다면 (결혼생활이) 과연 얼마나 가겠습니까. 통일한 다음에 '대박'이 안 나면 다시 분열로 가자는 말입니까.(중략) '대박'은 영어로

직역하자면 'jackpot'인데 미국인들에게 잭팟이라는 말은 도박 용어로 쓰입니다. 통일을 마치 카지노게임처럼 인식하게 만들지나 않을까 하는 우려도 있습니다.

1987년 대선-KAL기 폭파사건을 활용한 무지개공작/ 1992년 대선-중부지역당 사건/ 1996년 총선-총풍 사건/ 2010년 지방선거-천안함 사건/ 2012년 대선-노무현 NLL 포기론. 남한 보수수구 세력들은 크고 작은 선거 때마다 민족문제와 통일을 띄워 '대박'을 띄우면서 '대박'을 터뜨린 적이 있습니다. 박근혜로서는 '대박론'을 신기루같이 띄워 대박을 챙기려 하고 있습니다.

⑥ 통일 대박, 박근혜 가짜 대통령을 치우자

통일 담론은 우리 민족끼리 정신에 따른 화해와 협력의 바탕에서 우러나오는 논의여야 합니다. '통일 대박' 우스개가 끼어들게 해서는 안 됩니다. 그러기 위해서는 박근혜의 '대선' 공약이 어느 것 하나 지켜진 것이 있는가, 아니 지키려 노력한 흔적이라도 있는가를 따져보고 거짓말하는 속성을 낱낱이 까밝혀야 합니다. 그에게 평화와 안정을 위한 민족의 안녕 발전을 위한 그 어떤 정책이나 조치도 기대할 여지가 없음을 폭로해야 합니다. '통일 대박' 박근혜 가짜 대통령을 어서 빨리 치워야 합니다.

박근혜 정권의 '통일대박론'을 침몰시키는 대형사건이 터졌다. 2014년 4월 16일 오전 8시 50분경 전라남도 진도군 조도면 부근 해상에서 여객선 세월호가 전복되었다. 이 사고로 탑승인원 476명(일반탑승객 104명, 단원고 탑승자 339명, 승무원 33명) 중 시신 미수습자 5명을 포함

〈 그림308: 완전 침몰까지 충분한 시간이 있었음에도 해경은 승객들을 구하지 못했다. 서해지방해양경찰청 제공©뉴스톱 〉

한 304명(학생 250명, 교사 11명, 일반인 33명, 선원 10명)이 사망하였다.[7] 세월호는 대한민국의 해상침몰사고 중 두 번째로 많은 사상자를 낸 사건이다.[8]

7 사고 당시 학생 구조작업에 참여했다가 평소 지병으로 앓고 있던 당뇨 때문에 저혈당 쇼크로 정신을 잃고 헬기로 구출됐던 강민규 단원고 교감이 사고 다음날인 17일 오후 진도 실내체육관 뒷산에서 유서를 남기고 스스로 목숨을 끊었다. 뭍에서도 시신 수습을 도우며 인명 구출에 사력을 다했지만, 일부 유가족들의 원성을 들어야만 했던 것이 큰 부담으로 작용했던 것이다. 안타까운 사연이 세간에 알려졌지만, 대법원은 강 교감의 순직을 인정하지 않았다. 그 후 강 교감이 '세월호 출항 반대' 정황이 드러나는 등 새로운 사실이 드러나자, 유족은 대법원 판결까지 받은 상태에서 지푸라기라도 잡는 심정으로 고(故) 강민규 단원고 교감 순직 인정 국민청원을 시도했다.〈"세월호 희생자는 304명 아닌 305명"…고(故) 강민규 단원고 교감 순직 인정 국민청원, 「월간조선」, 2018.4.24.〉 세월호 희생자 추모관 등에서는 희생자 수를 강민규 교감을 포함한 305명으로 확정하여 추모하고 있다.

8 대한민국의 해양 침몰사고 중 최대사망자를 기록한 것은 1970년 탐승 가능 인원인 302명보다 많은 338명을 태우고 제주항에서 부산항으로 항해하다가 326명이 사망한 남영호 침몰사건이다. 대한민국의 침몰 사고 목록, 《위키백과》

이처럼 엄청난 일이 발생했지만, 사건의 진실은 아직도 미궁에 빠진 상태다. 검찰은 세월호 침몰사고의 직접적 원인으로 선사(청해진 해운) 측의 책임을 강조했다. 무리한 증·개축에 따라 총톤수가 증가한 데다 좌우 불균형 상태가 된 점, 사고 당일 최대 화물 적재량의 2배에 달하는 짐이 실린 점, 선박 균형을 위해 필수적인 평형수를 감축해 적재하고 차량과 컨테이너를 제대로 결박하지 않은 상태에서 운항한 점에다 조타수의 조타 미숙이 겹치면서 선체가 왼쪽으로 기울어진 끝에 침몰했다는 얘기다. 또 직접적 사고로 이어지기까지에는 유병언(사망) 청해진 해운 회장 등 선주 일가의 전횡이 있었다고 설명했다. 매출증대를 위해 선박 구조를 무리하게 변경하고 짐을 많이 싣게 하는 등 사고위험의 원인 상당 부분을 제공했다는 판단이다. 또 일각에서 제기된 선박이나 암초 등과의 충돌설, 폭침설, 잠수함 충돌설 등은 객관적 근거에 의해 사실무근으로 확인됐다고 덧붙였다.[9] 그러나 검찰의 발표를 믿지 못하겠다는 시민들이 아직도 상당수다.

검찰이 수사를 통해 사고 원인을 발표했지만, 참사 발생원인과 사고 수습과정 등에 대한 의문은 현재진행형이다. 이 같은 의문점에 대한 진상을 규명하기 위해 2014년 11월 '4·16 세월호 참사 진상규명 및 안전사회 건설 등을 위한 특별법'이 제정됐다. 이 법에 근거해 꾸려진 '4·16 세월호 참사 특별조사위원회'가 최대 1년 9개월간 진상규명 활동을 했지만 많은 의혹을 남긴 채 종료가 되었다. 세월호가 왜 급변침을 하게 됐는지, 구조 당국은 세월호 침몰 후 왜 단 1명도 구조하지 못했는지 등에 대한 진상규명은 여전히 숙제로 남아있다.

9 세월호 침몰사고 수사결과 발표, 「중앙일보」, 2014.10.6.

새정치민주연합은 2014년 7월 28일 국정원 세월호 실소유주 의혹, 유병언 사망, 대통령의 감춰진 7시간 등을 세월호 참사 3대 미스터리로 공론화했다.[10] 그리고 세월호 참사 국민대책회의에 참여한 한국청년연대는 다음과 같은 세월호 참사 밝혀야 할 10대 의혹을 제기했다.[11]

〈세월호 참사 밝혀야 할 10대 의혹〉

① "급격한 변침(방향 선회)" 〈왜〉, 〈그곳〉에서 〈무엇〉 때문에?

② 해경은 〈왜〉, 구조하려 노력하지 않았나?

③ 해경은 〈왜〉, 구조지원을 거부하고 막아 세웠나?

④ 통영함 〈누가〉 막았고, 〈왜〉 투입되지 않았나?

⑤ 해경은 〈왜〉, 선장을 아파트로 데려갔나?

⑥ 소중한 자료 누가 조작했나? 왜 삭제하였는가?

⑦ 〈컨트롤 타워〉에게 묻는다. 도대체 무엇을 했는가?

⑧ 11시 1분 MBC를 시작으로 '전원구조' 오보의 진실은?

⑨ 실종자 가족들의 아우성이 사라진 9시 뉴스

⑩ 선박안전규제, 누가 어떻게 풀었나?

10 새정련 세월호 3대 미스터리 공식화…특별법 통과 촉구, 대통령의 사라진 7시간 행적, 국정원과 세월호 관계 포함, 「참세상」, 2014.7.28.

11 《세월호 참사 밝혀야 할 10대 의혹, 세월호 참사 국민대책회의 홈페이지》

세월호 희생자 가족들은 “성역없는 수사와 철저한 진상규명, 책임자 처벌만이 안전한 대한민국을 만들 수 있습니다.”라고 목소리를 높이며 진실을 알려달라고 지금도 절규하고 있는 중이다.[12] 세월호 유가족 및 많은 시민들이 검찰, ‘4 · 16 세월호 참사 특별조사위원회’, 언론 등의 발표를 불신하고 있는 현실은 사건 초창기 방송사들의 오보 탓이 크다. MBC, KBS 등 방송사들의 대형 오보로 인해 언론을 믿지 못하겠다는 언론불신에서 정부 및 관료집단에 대한 불신으로 번졌던 것이다. 타임라인을 세월호 침몰 전후의 시기로 옮겨보자.

[표30: 세월호 침몰 전후의 상황 및 보도]

구분	언론사	시간	실제 현황 및 보도 내용	보도/(정정시간)
전원 구조 오보 이전	–	오후 9시	인천항 출발(안개로 인해 2시간 30분 지연), 오하마나호 → 세월호	
	연합뉴스	06:42	서해 짙은 안개…인천 여객선 모든 항로 운항 중단	
	–	08:49	전남 진도군 앞바다인 조류가 거센 맹골수도에서 세월호는 급격하게 변침한 후, 선체가 기울기 시작함	
	–	08:51	최덕하(단원고 학생), “배가 침몰하고 있다”고 119에 신고	
	–	09:02	해경 123정, 출동 명령을 받음	
	YTN	09:19	〈속보〉 해군 조난 신고 접수…진도 병풍도 북쪽 20km”	
	YTN	09:28	[속보] 350명 탄 여객선 진도 해상서 침몰 중	
	–	09:35	해경 함정 123정 도착	
	세월호는 이미 45도 가까이 기운 상태…“가만히 있으라”는 방송, 9시 45분까지 계속됨			
	MBN	09:42	[속보] 진도 여객선 침몰 중 "선박 90% 이상 기울어"	
	–	09:46	이준석 선장 등 해경 123정으로 피신	

12 《4 · 16세월호참사가족협의회 홈페이지》 참조

구분	매체	시각	보도 내용	
전원 구조 오보 이전	연합뉴스	09:55	여객선 사고 현장 경비함, 헬기 동원…120여 명 구조(속보) MBC(10:06), SBS(10:06), KBS(10:9)…같은 내용 보도	
	MBN	09:59	[속보] 진도 여객선, 수학여행 가던 중 사고 "현재 120명 구조"	
	연합뉴스	10:17	진도 여객선 좌초…헬기 · 경비함 190명 구조(속보) KBS(10:21), MBC(10:21), SBS(10:42)…같은 내용 보도	
	MBN	10:24	[속보] 진도 여객선 끝내 좌초, 안산 단원고등학교 학생 "현재 190 명 구조"	
	–	10:31	세월호 완전히 뒤집힘(172명 구조, 침몰 이후 구조 0명)	
	YTN	10:34	471명 탄 여객선 침몰 중	
전원 구조 오보	MBC	11:01	안산 단원고 "학생 338명 전원 구조"	(11:24)
	YTN	11:03	학생 전원 구조	(11:34)
	MBN	11:03	진도 여객선 침몰 '꽝' 소리 들렸다…안산 단원고등학교 측 "학생 모두 구조"	(11:27)
	채널A	11:03	진도 여객선 안산 단원고 "조난학생들 전원구조"	(11:27)
	뉴스Y	11:06	진도 사고 여객선 완전 침몰…승객은 전원 탈출한 듯	(11:50)
	TV조선	11:06	[속보]"사고선박 학생 · 교사 338명 전원 구조"	(11:31)
	SBS	11:07	"단원고 학생 전원 구조"…11시 현재 147명 구조	(11:19)
	JTBC	11:07	[속보] 경기교육청 대책반 "단원고 학생 전원 구조"	–
	MBN	11:08	[속보] 단원고 "학생 전원 구조"…학부모 "확인 안 돼"	(11:27)
	KBS	11:26	경기교육청 대책반 "단원고학생 전원 구조"	(11:33)

"학생 338명 전원구조"라는 희대의 오보 이전에 잘못된 뉴스가 이미 보도되었다. 2014년 4월 26일 9시 19분, 「YTN」이 "해군이 진도 병풍도 북쪽 20km 지점에서 조난신고를 접수했다"는 세월호 관련 첫 보도를 한 후 36분쯤 지난 9시 55분경, 「연합뉴스」는 "경비함, 헬기 동원 등을 120여 명 구조했다"고 속보로 보도했다. 4분 후 MBN 그리고 10분쯤 후부

터 MBC, SBS, KBS 순으로 같은 내용의 뉴스가 보도되었다. 10시 17분, 「연합뉴스」가 190명을 구조했다고 보도하자 5분도 안 되어 KBS, MBC, MBN, SBS 순으로 「연합뉴스」의 보도내용을 그대로 따라하였다.[13] 아무튼, 공영방송사이자 전통의 레거시 미디어(legacy media)인 KBS, MBC 두 방송이 속보 경쟁에 있어 「YTN」「연합뉴스」 등에게 패배한 것이다. 그러나 「연합뉴스」의 보도는 엉터리 뉴스였다. 특조위의 분석에 따르면, 그 무렵 실제 구조인원은 최대 83명을 넘지 않았다고 한다. 한편, 세월호 탑승자 중 최종 구조된 인원은 172명으로 확인되었다.

〈 그림309: ① 2014년 4월 16일 11시 1분 MBC 뉴스특보, ② 11시 3분 YTN뉴스특보, ③ 11시 26분 KBS뉴스특보 〉

2014년 4월 16일 오전 11시 1분, MBC가 대형 오보를 내었다. 「연합뉴스」의 오보가 나간 지 44분 후다. 안산 단원고 "학생 338명 전원 구

13 세월호 '전원구조' 오보, 취재원을 밝혀야 한다, 「미디어오늘」, 2018.4.23.

조"… MBC는 두 가지 오류를 범했다. 비슷한 시간에 보도한 YTN, MBN, 채널A 등은 "학생 전원 구조", "학생 모두 구조", "조난학생들 전원구조"로 자막을 띄웠으나 숫자를 명시하지 않았다. 물론 학생들이 전원 구조되었다는 이들 방송사들도 오보이기는 마찬가지였으나, MBC의 경우 전원구조에 덧붙여 구조된 학생들의 숫자가 338명이라는 것을 덧붙였다. 학생 325명, 교사 14명 등 단원고 측 탑승자는 339명이라는 것을 확인도 하지 않고 보도한 것이다. MBC가 보도한 "학생 338명 전원 구조"란 뉴스는 TV조선을 비롯한 많은 언론들이 똑같게 보도하였다.[14]

무엇보다 황당했던 것은 KBS의 보도였다. 재난주관방송사인 KBS가 '학생 전원 구조'를 최초 보도한 시간은 오전 11시 26분이다. 이때는 MBC, MBN 등의 속보가 오보였음이 밝혀짐에 따라 11시 19분경 SBS가 정정 보도를 했고 뒤이어 MBC(11시 24분), MBN(11시 27분), 채널A(11시 27분) 등이 이미 정정 보도를 한 뒤다. SBS가 오보를 최초 정정한 오전 11시 19분보다 7분이나 뒤에 KBS는 "경기교육청 대책반 단원고 학생 전원 구조"란 뉴스를 자막으로 내보냈던 것이다.[15]

사실 확인을 먼저 확인하고 난 뒤 보도했어야 할 언론이 속보경쟁을 우선시하는 풍토에 따라 야기된 비극이었다. 사실 언론들의 오보, 가짜뉴스는 어제, 오늘의 일이 아니다. 멀게는 미군정시기 "소련은 신탁, 미국은 즉시 독립을 주장했다"는 모스크바 삼상 왜곡보도, "조선공산당이 위조지폐를 발행했다"는 조선 정판사 위폐조작 사건 등으로 시작하

14 [속보] "사고 선박 학생 · 교사 338명 전원 구조", 「TV조선」, 2014.4.16.

15 "세월호 '학생 전원 구조' 최초 오보는 MBC"… 왜?, 최민희 의원, 방심위에서 확인… "사실 확인 않은 경기교육청도 책임 있어", 「오마이뉴스」, 2014.5.21.

여 이승만, 박정희, 전두환 독재정권을 거쳐 최근에는 급기야 '기레기'라는 신조어가 등장하게 되었다. 2000년대 이후에 등장한 표현이며, 기자와 쓰레기의 합성어이다. 이 '기레기'란 용어가 세월호 '학생 전원 구조' 오보 이후 대대적으로 확산되었다. 세월호 '전원 구조' 오보가 2014년 한국 언론의 최악의 보도로 선정된 것은 당연한 귀결이었다.[16]

세월호 수습과정과 더불어 잇단 의혹은 박근혜 정권에게 치명타를 가했다. 하지만 박 정권의 정책은 더욱 이해 못 할 행보로 이어졌다. 2014년 10월 말 한민구 국방장관과 척 헤이글 미국 국방부 장관은 2015년 12월 한미연합사령관에서 한국 합참의장으로 전환되도록 되어 있는 전시작전통제권의 전환을 3대 전환 조건이 충족될 때까지 연기하고, 주한미군을 한강 이북에 계속 주둔하게 하며, 용산 미군기지에 한미연합사를 계속 두기로 합의하였다. 이에 따라 한미연합사의 해체 및 전시작전통제권의 전환은 사실상 무기한 연기되었다. 또한, 양국 국방장관은 한미동맹을 전략동맹으로 더욱 발전시키기로 합의하였다.[17] 전작권 전환의 무기 연기로 인하여 한미동맹, 한미 연합 방위 체계가 보다 굳건해졌다고 하나, 몇 달 전 주장하던 '통일대박론'이 흡수통일론에 다름 아니라는 것을 스스로 고백한 셈이 되어버렸다.

그 후 정윤회 문건 파동이 일어났다. 2014년 11월 말 「세계일보」의 보도를 통하여 청와대 문건 유출 사건이 공식 제기된 후, 검찰은 이 사건에 대하여 수사에 착수하였고, 정윤회, 대통령 동생 박지만 씨, 조응천, 박관천, 청와대 이재만 비서관 등이 검찰에 출석하여 조사를 받았

16 세월호 참사 1년, '기레기' 언론의 끝을 보여줬다, 「미디어오늘」, 2015.4.16.

17 한미연합사 해체 및 전작권 전환 무기 연기, 박근혜, 《위키백과》

다. 검찰은 박관천을 구속하였고, 조응천은 불구속 기소하였다. 그러나 이상하게도 국정개입 의혹이 제기된 정윤회는 기소되지 않았고 아무런 처벌도 받지 않았다.

이 무렵 발생한 사건이 통합진보당 해산이다. 2014년 12월 19일 헌법재판소는 2013년 11월 정부가 청구한 통합진보당에 대한 위헌 정당 해산심판 청구에 대하여 재판관 8(인용) : 1(기각)의 의견으로 인용하였다. 이에 따라 통합진보당은 선고 즉시 해산되었고, 소속 의원 5명 역시 의원직이 박탈되었다. 헌법재판소는 통진당의 강령, 통진당이 내세우는 '진보적 민주주의' 등이 북한의 주장을 추종하고 있고, 북한의 대남 적화 노선을 추종하고 있다고 판단하였다. 더불어 통진당이 내세우는 주장과 달리 그들의 숨은 목적은 '적화통일'이며, 통진당이 북한을 추종하는 자주파(주사파)에 의하여 장악되었다고 판단하였다. 또한, 이석기 내란음모 사건 등을 볼 때 통진당이 내란 등의 무장투쟁을 통해 대한민국 체제를 위협할 가능성이 크기 때문에 통진당을 해산한다고 판시하였다. 박근혜 대통령은 헌법재판소의 통진당 해산 결정에 대해 '자유민주주의 체제를 수호한 역사적 결정'이라고 평가하였다. 야당과 진보성향 언론은 헌재의 결정을 비판하였다. 외국 언론들도 민주주의를 죽인 사건이라며 비판하였다.[18]

세월호 의혹, 한미연합사 해체 및 전작권 전환 무기 연기, 정윤회 문건 파동, 통합진보당 해산에 이어 취임 4년 차인 2016년, 민간인 측근 최순실이 국정에 개입했다는 의혹이 터졌다. 2016년 7월 말 「TV조선」에서 미르/K스포츠재단이 전두환의 일해재단처럼 박근혜 대통령 퇴임

18 통합진보당 해산, 박근혜, 《위키백과》

〈 그림310: ① 앞줄 왼쪽부터 송혜진 재단법인 미르 이사, 채미옥 재단법인 미르 감사, 김형수 재단법인 미르 이사장, 박근희 삼성사회봉사단 부회장, 이승철 전경련 부회장, 박광식 현대자동차 부사장; 뒷줄 왼쪽부터 장순각 재단법인 미르 이사, 김영석 재단법인 미르 이사, 조희숙 재단법인 미르 이사, 신승국 sk하이닉스 본부장, 이홍균 롯데면세점 대표이사부사장, 조갑호 (主)LG 전무 2015.10.27.(전경련 제공)ⓒ서울경제, ② 2016년 1월 13일 K스포츠재단 현판식. 박상진 삼성전자 사장(동그라미) 등 기업 관계자와 재단 관계자들이 참석했다.ⓒSBS 뉴스, ③ 2016년 10월 24일, JTBC는 최순실이 대통령의 연설문을 수정했다고 보도하여 큰 파문을 일으켰다ⓒJTBC, ④ 2016년 10월 29일 오후 서울 종로구 청계광장에서 열린 '모이자 분노하자 내려와라, 박근혜' 촛불집회에서 시민들이 촛불과 손 피켓을 들고 '박근혜 퇴진' 구호를 외치고 있는 모습. 〈사진제공=뉴시스〉ⓒ고발뉴스 〉

이후를 위한 비자금 조성을 목적으로 만들어진 것이 아니냐는 의혹을 제기한 것이 출발이었다.[19] 그다음 차례로 「한겨레」가 K스포츠재단과

19 [TV조선 단독] 청와대 안종범 수석, '문화재단 미르' 500억 모금 지원, 「TV조선」, 2016.7.26.

최순실과의 관계를 밝히는 특종을 터뜨렸다.[20]

2016년 10월 24일, 「JTBC」뉴스룸이 결정타를 보도했다. 최순실의 것으로 추정되는 태블릿 PC를 입수하여 이를 조사한 결과, 그 속에 대통령의 연설문을 포함한 각종 국가기밀이 들어있다는 사실을 알아내 이를 단독 보도한 것이다.[21] 이 보도 이후 나흘째인 10월 29일 서울 종로 청계광장에 3만 개의 촛불이 켜졌다. 주최 측의 예상을 뛰어넘은 많은 인파가 모였지만, 이때만 해도 촛불이 혁명이 될 거란 예상은 쉽지 않았다.[22]

〈 그림311: 2016년 12월 3일 저녁 서울 광화문 광장에서 열린 박근혜 대통령 퇴진을 요구하는 6차 주말 촛불집회에 참가한 시민들이 촛불을 들고 청와대 방향으로 행진하고 있다.(사진공동취재단)ⓒ노컷뉴스 〉

그러나 분노로 인한 시민들의 결집은 언론 및 정치집단 등 모든 전문

20 [단독] K스포츠 이사장은 최순실 단골 마사지 센터장, 「한겨레」, 2016.9.20.

21 [단독] 최순실 PC 파일 입수…대통령 연설 전 연설문 받았다, 「JTBC」, 2016.10.24.

22 [촛불 1주년] 분노에서 축제로…기록으로 돌아본 촛불 혁명, 「노컷뉴스」, 2017.10.26.

가들의 예상을 뛰어넘었다. 3차 집회가 열렸던 11월 12일, 참가인원이 처음으로 100만 명을 돌파했다. 그리고 3주가 흘러 12월 3일 오전 4시 10분, 더불어민주당, 국민의당, 정의당과 무소속 의원 등 171명이 헌법과 법률 위반으로 인하여 "대통령(박근혜) 탄핵소추안"을 국회에 발의했다.[23]

"대통령(박근혜) 탄핵소추안"이 국회에서 발의된 날인 12월 3일 오후, 6차 촛불집회엔 사상 최대 인원인 232만 명이 모였다. 박근혜 대통령이 11월 29일 예정돼 있던 검찰의 대면조사를 거부하고, 3차 대국민담화를 통해 "진퇴 문제를 국회에 맡기겠다"며 정면 돌파의 의사를 밝힌 직후라 공분이 극에 달한 결과다. 12월 9일, 결국 국회에서 탄핵소추안이 가결됐다. 대통령 박근혜의 권한은 정지되었다. 최대 인파가 모인 6차 집회 이후 6일 만의 일이다. 당시 여당이었던 새누리당이 다수를 차지하고 있었지만, 촛불집회에서 확인한 거대한 민심을 외면할 수 없었던 것이다.

12월 31일, 2016년의 마지막 집회에도 어김없이 100만 명 넘는 시민이 광장을 채웠다. 시민들은 '박근혜 대통령을 보내고 새해를 맞는다'는 의미의 '송박영신(送朴迎新)'이란 구호를 외치며, 탄핵의 공을 넘겨받은 헌법재판소 앞까지 행진했다. 이날은 10차 집회까지 누적 참여 인원 1천만 명을 넘어서는 대기록을 경신하던 날이기도 했다. 이어 다음 해 2월 17일 이재용 삼성전자 부회장이 박 대통령에게 뇌물을 준 혐의로 구속됐고, 3월 6일엔 국정농단 사태에 대한 특검의 수사결과 발표가 있었다. 그리고 마침내 3월 10일, "박근혜 대통령을 파면한다"란 이정미 헌

23 '야3당+무소속' 의원 171명, 朴 대통령 탄핵소추안 발의", 「연합뉴스」, 2016.12.3.

재소장의 발언이 전해지자마자, 광장은 다시 시민들로 가득 찼다. 서로를 껴안으며 환호를 하는 시민들은 지난 몇 개월을 돌아보며 촛불의 승리를 만끽했다. 촛불집회는 파면 결정일은 물론 그전에도 물리적 충돌을 빚지 않았다.[24]

2017년 3월 12일, 박근혜는 대통령직에서 파면당하고 이틀 만에 서울 삼성동 사서로 복귀하였다. 3월 27일, 검찰은 박근혜 전 대통령에게 298억 원 뇌물수수를 포함한 13가지 혐의로 구속영장을 청구하였고, 3월 31일 구속 영장이 발부되어 서울구치소에 수감되었다.[25]

〈 그림312: 2017년 3월 31일, 뇌물수수 등의 혐의로 구속영장이 발부된 박근혜가 서울구치소에 수감되기 위해 검찰 차량을 타고 서초동 서울중앙지검을 나서는 모습©SBS 화면 캡처 〉

박근혜가 대통령에서 피의자신분이 되기까지의 과정을 정리해 보자.

24 [촛불 1주년] 분노에서 축제로…기록으로 돌아본 촛불 혁명, 「노컷뉴스」, 2017.10.26.

25 "박근혜 前 대통령 구속…'국정농단' 수사 속도", 「YTN」, 2017.3.31.

① 2015년 1월 7일, 박관천 경정, 권력서열 1순위 최순실, 2순위 정윤회, 3순위 박근혜 발언→ ② 10월 27일, 재단법인 미르 출범 → ③ 2016년 1월 13일, K스포츠재단 출범 → ④ 7월 27일, TV조선, 안종범 수석 문화재단 미르 550억 모금지원 보도→ ⑤ 9월 3일, 최순실 독일 출국 → ⑥ 9월 20일, 한겨레, K스포츠 이사장 실제 임명은 최순실 씨 보도→ ⑦ 10월 20일, 박근혜, 두 재단과 연관성 부인(첫 언급) → ⑧ 10월 24일, 박근혜, 임기 내 개헌제안/ JTBC, 최순실 태블릿 PC 보도 → ⑨ 10월 25일, 1차 대국민사과(최순실 과거 인연으로 도움) → ⑩ 10월 27일, 검찰, 최순실 게이트 특별수사본부 설치 → ⑪ 10월 28일, 박근혜, 수석비서관 일괄사표 지시 → ⑫ 10월 29일, 1차 촛불 3만(경찰 1만 2천)→ ⑬ 10월 30일, 최순실 귀국 → ⑭ 10월 31일, 최순실 검찰 조사 중 체포 → ⑮ 11월 2일, 박근혜, 국무총리 김병준 내정/ 안종범 전 수석, 조사 중 체포 → ⑯ 11월 4일, 2차 대국민 담화, 특검도 수용/ 정호성 전 비서관 조사 중 체포 → ⑰ 11월 5일, 2차 촛불 30만(경찰 4만 5천) → ⑱ 11월 8일, 박근혜 국회방문, 국회가 총리 추천/ 차은택 귀국, 조사 중 체포 → ⑲ 11월 12일, 3차 촛불 110만 → ⑳ 11월 15일, 박근혜, 유병하 변호사 선임, 검찰 조사 불응입장 → ㉑ 11월 19일, 4차 촛불 96만 → ㉒ 11월 20일, 최순실 · 안종범 · 정호성 기소, 박근혜 피의자 입건 → ㉓ 11월 23일, 김현웅 법무장관 사의 표명 → ㉔ 11월 26일, 5차 촛불 190만 → ㉕ 11월 29일, 3차 대국민담화, 진퇴 문제 국회 결정 → ㉖ 12월 1일, 황교안, 박영수 특검 임명 → ㉗ 12월 3일, 탄핵소추안 발의(300명 중 171명)/ 6차 촛불 232만 → ㉘ 12월 5일, 탄핵안 제출 → ㉙ 12월 6일, 1차 청문회, 대기업 총수 9명 출석 → ㉚ 12월 7일, 2차 청문회, 김기춘 · 차은택 · 고영태 · 장시호 출석 → ㉛ 12월 9일, 탄핵소추안 가결(찬성 234, 반대 56) → ㉜ 12월 10일, 7차 촛불 104만 → ㉝ 12월 17일, 8차 촛불 77만 → ㉞ 12월 24일, 9차 촛불 70만 2천 → ㉟ 12월 31일, 10차 촛불 110만 4천(연인원 천만 돌파) → ㊱ 2017년 1월 3일, 탄핵심판 1차 변론기일. 박근혜 불출

석 → ㊲ 1월 5일, 탄핵심판 2차 변론기일. 윤전추 증인신문 → ㊳ 1월 6일, 헌재, 경찰에 이재만 · 안봉근 소재탐지 요청 → ㊴ 1월 7일, 11차 촛불 64만 3천 → ㊵ 1월 10일, 탄핵심판 3차 변론기일, 최순실 · 안종범 · 정호성 증인신문 불출석 → ㊶ 1월 12일, 탄핵심판 4차 변론기일, 이영선 · 류희인 · 조현일 · 조한규 증인신문 → ㊷ 1월 13일, 헌재, 삼성생명 등 미르 · K스포츠재단에 출연한 기업 49곳과 현대중공업 등 출연을 거부한 기업 6곳 등에 사실조회 → ㊸ 1월 14일, 12차 촛불 14만 7천 → ㊹ 1월 16일, 탄핵심판 5차 변론기일, 최순실 · 안종범 증인신문 → ㊺ 1월 17일, 탄핵심판 6차 변론기일, 검찰 수사자료 증거채택 → ㊻ 1월 19일, 탄핵심판 7차 변론기일, 김상률 · 정호성 증인신문 → ㊼ 1월 21일, 13차 촛불 35만 2천 → ㊽ 1월 23일, 탄핵심판 8차 변론기일, 김종 · 차은택 증인신문 → ㊾ 1월 25일, 탄핵심판 9차 변론기일, 유진룡 증인신문. 박한철 소장, 3월 13일 이전 선고 방침 천명. 박근혜 '정규재TV'와 인터뷰 공개 → ㊿ 1월 31일, 박한철 헌재소장 퇴임 → (51) 2월 1일, 탄핵심판 10차 변론기일. 김규현 · 유민봉 · 모철민 증인신문. 이정미 재판관 헌법재판소장 권한대행 선출 → (52) 2월 4일, 14차 촛불 42만 6천 → (53) 2월 7일, 탄핵심판 11차 변론기일. 정현식 · 김종덕 증인신문. 대통령 측 신청 증인 8명 채택 → (54) 2월 9일, 탄핵심판 12차 변론기일. 조성민 · 문형표 · 박헌영 · 노승일 증인신문 → (55) 2월 10일, 검찰, 헌재에 고영태 녹음파일 등 제출 → (56) 2월 11일, 15차 촛불 80만 6천 → (57) 2월 13일, 대통령 대리인단 이동흡 선임계 제출 → (58) 2월 14일, 탄핵심판 13차 변론기일. 이기우 증인신문 → (59) 2월 16일, 탄핵심판 14차 변론기일. 정동춘 증인신문. 이정미 소장 권한대행 2월 24일 탄핵심판 최종변론 지정. 김평우 변호사 대통령 대리인단 합류 → (60) 2월 17일, 이재용 구속 → (61) 2월 18일, 16차 촛불 84만 5천 → (62) 2월 20일, 탄핵심판 15차 변론기일. 방기선 증인신문. 헌재 고영태 · 김기춘 증인채택 취소 → (63) 2월 22일, 탄핵심판 16차 변론기일. 헌재 최종변론 27일로 연기. 김평우 변호사 신청 증인 기각. 대통령 대리인단 강일원 주심재판관 기피 신청, 헌재 각하 → ⑭ 2월 23일, 국회 소추위원단 최종 종합준비서면 헌재에 제출 → ⑮ 2월 25일, 17차 촛불 107만 8천/ 대통령 대리인단, 8인 재판관 체제 선고 위법 주장 → ⑯ 2월 26일, 박근혜 대통령 최종변론 불출석 결정 → ⑰ 2월 27일, 탄핵 심판 최종변론. 대통령 대리인단은 최종 종합준비서면 제출 → ⑱ 3월 1일, 18차 촛불 30만 → ⑲ 3월 4일, 19차 촛불 105만 → ⑳ 3월 6일, 박영수 특별검사 수사결과 발표. 국회 측 특검 수사결과 헌재 제출. 대법원 이정미 소장 권한대행 후임으로 이선애 변호사 지명 → ⑴ 3월 10일, 박근혜 탄핵 인용 결정, 8명 전원일치 → ⑵ 3월 11일, 20차 촛불 70만 8천 〈촛불집회 총 누적인원 1,658만 1,000〉

처음부터 시민들이 탄핵을 요구했던 것은 아니었다. 2016년 11월 12일, 광화문 일대가 100만 시민의 함성으로 뒤덮인 세 번째 촛불집회 때 민심은 박근혜의 즉각적인 퇴진이었다. 그 후 4차 촛불(11월 19일), 5차 촛불(11월 26일) 등을 거치며 박근혜의 퇴진과 구속을 압박했지만, 박근혜는 3차 대국민담화(11월 29일)를 통해 물러나지 않겠다는 뜻을 보이면서 진퇴 문제를 국회 결정에 따르겠다고 했다. 이 무렵 대두한 것이 탄핵이다. 본인이 내려오지 않겠다면 강제로 끌어내려야 한다는 얘기다.

하지만 탄핵을 위해선 두 가지 난관을 넘어야 했다. 헌법에 따르면 대통령 탄핵은 국회 재적 의원 과반(151명 이상)의 발의와 재적 의원 3분의 2(200명) 이상의 찬성이 있어야 한다. 가결을 위해선 야 3당과 무소속 의원 전원에 새누리당 의원 29명 이상이 가세해야 가능하다는 셈법이 나온다. 국회에서 가결된다고 하더라도 헌법재판소 재판관들의 성향이 또 문제가 된다. 박한철 헌재 소장을 비롯한 9명의 재판관 면면을 보면 이명박 · 박근혜 정부에서 임명된 보수 성향 인사가 압도적으로 많다. 탄핵안의 인용 여부 역시 불확실하다고 볼 수밖에 없는 연유다.

두 가지 난관은 촛불의 힘으로 봉쇄되었다. 2016년 12월 3일, 232만의 민중이 촛불을 들었다. 광화문 광장에 모인 시민들만 해도 170만이었다. 역사에 길이 남을 장면을 촛불 시민들이 연출해낸 셈이다. 하야건 탄핵이건 시민들의 요구는 분명했다. 박근혜가 대통령 자리에 더 이상 머물러서는 안 된다는 것이었다. 언론들도 동참했다. 조 · 중 · 동을 비롯한 보수 언론들 역시 촛불 시민들이 무엇을 요구하는지 가감 없이 보도했다. 사상 초유의 촛불집회가 열린 날, 더불어민주당 · 국민의당 · 정의당 · 무소속의 171명 의원들이 탄핵소추안을 발의했고, 12월 9일 표결에서는 새누리당의 일부 의원들이 찬성표를 던지면서 234표의 찬성으로 탄핵소추안이 가결됐다. 반대는 56표였다. 이에 따라 박근혜의 대통령직 권한 행사는 정지됐고, 헌법재판소는 국회의 탄핵소추 의결서를 받아 탄핵심판에 들어갔다. 촛불 항쟁이 촛불 혁명으로 바뀌는 순간이었다.

이제 헌법재판소의 판단만 남았다. 수많은 말들이 오고 갔고, 많은 이들이 우려했지만, 헌재 재판관들도 촛불민심을 거슬리지 못했다. 2017년 3월 10일, 헌법재판소는 박근혜에 대한 탄핵을 인용했다. 8명 전원일치의 판결이었다. 이로써 박근혜는 파면되었다. 그리고 3월 31일, 국정농단 사건의 핵심 피의자인 박근혜가 결국 구속됐다. 검찰이 적용한 범죄 사실은 다음과 같다.

① 직권남용 · 강요: 미르 · K스포츠 재단 774억 원 강제모금

② 직권남용 · 강요: 현대차에 최순실 지인 업체 지원 강요

③ 직권남용 · 강요: 롯데에 K스포츠재단 추가 출연 강요

④ 직권남용 · 강요: 포스코에 최순실 실소유 업체 지원 강요

⑤ 직권남용 · 강요: KT에 최순실 실소유 업체 지원 강요

⑥ 직권남용 · 강요: GKL(그랜드코리아레저)에 최순실 실소유 업체 지원 강요

⑦ 직권남용 · 강요: 삼성에 동계스포츠 영재센터 후원 강요

⑧ 직권남용 · 강요: 문화예술계 블랙리스트 작성 · 집행 지시

⑨ 직권남용 · 강요: 문체부 1급 공무원 3명 부당 인사 조치

⑩ 직권남용 · 강요: 문체부 체육국장 부당 인사 조치

⑪ 직권남용 · 강요: 하나은행 본부장 인사 부당 개입

⑫ 강요미수: CJ에 이미경 부회장의 2선 후퇴 강요

⑬ 공무상 비밀누설: 정호성 통해 최순실에 국가기밀 유출

⑭ 뇌물수수: 롯데에서 청탁과 함께 70억 원 수수(나중에 되돌려 줌)

⑮ 뇌물수수: 삼성에서 정유라 승마 비용 213억 원 수수(실제 지급 금액 78억 원)

⑯ 뇌물수수: 삼성에서 동계스포츠 영재센터 후원금 16억 원 수수

⑰ 뇌물수수: 삼성에서 미르 · K스포츠 재단 출연금 204억 원 수수

⑱ 뇌물요구: SK에서 청탁받고 89억 원 제공 요구(이행되지는 않음)

핵심은 뇌물죄와 직권남용이다. 박근혜의 파면과 구속에 대다수 시민들이 환호하고 흥분한 탓이지만, 세월호 문제가 빠진 것은 특검과 헌법재판소의 한계를 보여주는 듯해 마음이 편치 못한 사람이 많았다. 당초 더불어민주당과 국민의당, 정의당 등 야 3당이 합의한 박근혜 대통령 탄핵소추안에 세월호 참사 당일 논란이 됐던 대통령의 행적 7시간 문제도 포함됐다. 하지만 헌법재판소의 탄핵인용 사유에 빠졌고, 검찰의 기소항목에도 누락되었다. 사실 박근혜의 죄목을 보면 촛불 시민들이 지적한 죄과가 온전히 반영되었다고 볼 수 없다. 세월호 외 박근혜 정부의

주요 범죄혐의를 정리해 보면 다음과 같다.

- 국민적 동의 없는 사드 배치 결정으로 국가의 존립을 위태롭게 한 혐의
- 국민적 동의 없는 한일군사협정 합의로 국가의 존립을 위태롭게 한 혐의
- 국민적 동의 없는 개성공단 폐쇄조치로 국가적 경제 손실을 범한 혐의
- 내란음모 없는 내란선동죄로 9년 형을 선고한 이석기 사건 문제
- 내란사건에 대한 대법원 판결 이전에 통합진보당 해산 결정을 한 혐의

사실 박근혜는 이미 단죄를 받았다. 실정법 위반과 별도로 개인의 사생활 문제로 인한 상처는 이미 받을 만큼 받았다고 보아야 할 것이다. 어쩌면 기소된 죄목보다 사생활이 노출된 것이 그녀에겐 더욱 치명적일 수도 있다. 대표적인 예가 비아그라 문제다. 청와대가 구입한 의약품에는 발기부전 치료제인 '비아그라 60정'과 '팔팔정 304정'이 포함돼 있었다. 청와대는 '비아그라'를 구매한 이유가 아프리카 순방 시 고산병 치료를 위해 준비했고 아직 사용하지 않았다고 밝혔다.[26] 이러한 사실이 보도되자 네티즌들은 다음과 같은 반응을 보였다.

> "청와대는 비아그라 챙겨주네 ㅋ 복지왕 박근혜"
> "대체 청와대에서 비아그라를 왜 산 거냐?"
> "내 세금이 청와대 정력에 힘을 실어주고 있었구나. 태반주사에 이어 비아그라까지… 놀라울 따름 아니 이제 놀라는 것도 새삼 놀랍다"

26 청와대는 그 많은 비아그라가 왜 필요했나, 「오마이뉴스」, 2016.11.23.

"오늘 아침 뉴스ㅋㅋ 청와대 직원들은 너무 좋겠어요. 태반주사에 감초. 마늘. 백옥. 거기다 비아그라까지… 직원복지 최강이네"

"국민 세금으로 비아그라까지… 무슨 잘못을 해도 항상 빳빳했던 이유가… 아 내 세금"

"비아그라 고산병의 관계는? 아주 가지가지 한다."[27]

국내의 네티즌들뿐 아니다. 영국의 「가디언」지가 쓴 청와대의 비아그라 구매 기사는 국제 부분에서 가장 많이 본 뉴스 1위에 오르기도 했다고 한다. 다음은 해외 언론의 반응이다.

「AP」 "파란 집에서 파란 약이 발견됐다"

「뉴욕 타임스」 "비아그라가 한국 대통령에 새 스캔들을 만들다"

「BBC」 "비아그라 논란은 박근혜 대통령의 또 다른 정치 스캔들이 될 것"

홍콩 「더스탠다드」 "비아그라가 실제로 고산병에 쓰이는지 처음 들어 봤다"

「CNN」 "한국 스캔들, 비아그라가 고산병 치료에 도움이 될까"

「워싱턴포스트」 "파란 약(비아그라)이 파란 집(청와대)으로 들어갔다"

케냐의 영자신문 「나이로비 뉴스」 "한국 대통령은 왜 케냐 방문

27 청와대 비아그라 태반주사 백옥 주사 구입에 네티즌 "복지왕 박근혜" "고산병? 가지가지 하네", 「아주경제」, 2016.11.23.

을 위해 비아그라를 구매했나"[28]

박근혜는 권력, 돈, 명예를 잃어버린 범죄자가 되었다. 가족관계가 무너진 지는 벌써 오래되었다. 게다가 이제는 세계의 조롱거리로 전락해 버렸다. 박근혜가 정상적인 삶을 살 기회는 적어도 다섯 번 있었다. 첫 번째는 1977년 9월 20일 소위 친국 때다. 박정희는 최태민의 비행을 대부분 파악하고 있었다. 당연히 실정법에 따라 최태민을 단죄했어야 했다. 한편, 딸에게 퍼스트레이디 자리를 강요하지 말아야 했고, 결혼을 시키거나 스물여섯 보통 처녀의 삶을 살게 했어야 했다. 그녀가 권력의 꼭두각시 노릇을 하지 않았다면, 최태민 같은 자가 그녀의 삶에 개입할 이유가 없었을 것이다.

두 번째는 박정희 사망 후 권력을 움켜쥔 전두환 군부 시절 때다. 전두환 일파는 김재규의 중앙정보부가 작성한 최태민 보고서의 내용을 훤히 알고 있었다. 강원도 군부대로 보내 박근혜와 격리시킬 것이 아니라, 최태민의 범죄사실을 정확하게 알려주고, 그녀 역시 공범 혹은 종범자 역할을 했다는 것을 정직하게 알려주었어야 했다. 전두환 일파가 박정희를 정말 존경했다면, 그의 딸에게 돈 대신 진실을 알려 주어야 했다.

세 번째는 노태우 정부 때다. 노 정권은 최태민의 가계도와 비리보고서를 작성했다. 최태민의 범죄사실을 정확히 파악하고 있었다는 얘기다. 더욱이 박근령 · 지만 남매가 제출한 호소문을 입수한 상황이었다. 육영재단을 박근령에게 줄 것이 아니라 국가나 시민단체에 귀속시키고, 박근혜와 최태민 일가를 법에 따라 처리했어야만 했다.

28 청와대 '비아그라 구매'…해외서도 '조롱', 「MBN」, 2016.11.24.

네 번째는 김영삼 정부 시절인 1997년 세무조사 때다. 김영삼 정부는 최순득 · 장석칠 부부에게 11억 5천5백만 원, 최순실 · 정윤회 부부에게 4억여 원의 증여세를 부과했다. 하지만 이들 일가가 어떻게 재산을 형성했는지 그리고 그 과정에서 횡령, 사기, 변호사법 위반, 이권개입, 융자 알선, 상속법 위반 등의 범죄행각을 밝히지 못했다. 박근혜가 정치권에 진입하기 전이었으므로, 어쩌면 절호의 기회를 놓친 셈인지도 모르겠다.

다섯 번째의 기회는 2007년 한나라당 대선후보 경선 때다. 이명박 일파는 모든 것을 알고 있었다. 최순실의 의붓오빠 조순제가 남긴 녹취록과 진성서를 가지고 있었다. 같은 당원인 김해호 목사를 희생양으로 삼을 것이 아니라 그들이 가진 모든 정보를 정직하게 국민들에게 알렸어야만 했다. 그들이 정직했다면, 박근혜가 공당의 대표가 되거나 대통령 후보가 되는 비극만은 피할 수 있었을 것이다.

물론 김대중 · 노무현 정권도 책임을 회피할 수 없다. 박근혜의 문제점과 최순실 일가의 비리를 밝히는 것이 네거티브라고 공격하는 일부 정치인들과 언론들을 무시하거나 적어도 설득을 하고, 정직하게, 정확하게 박근혜 · 최순실 일가의 정체를 밝혀야만 했다. 정치 · 사회 · 법조 · 언론 등 대다수의 오피니언 리더들이 지난 촛불 항쟁을 통하여 뒤늦게야 박근혜와 최순실 일가의 정체를 밝히는 데 동의했다. 촛불 시민들의 힘 탓이다. 역사의 순리라고 보아야 할 듯싶다. 2021년 12월 31일 대통령 문재인에 의해 박근혜는 사면되었다.[29]

29 [속보] 박근혜 전 대통령, 1,736일 만에 사면…'사면 복권장' 직접수령, 「매일경제」, 2021.12.31.

그러나 사면과 별도로 그녀가 정상적인 생활을 하기 위해선 전제 조건이 있다. 박근혜가 선택할 수 있는 유일한 방안은 역사에 대한 사죄뿐이다. 자신의 일생을 되돌아보고, 그녀의 부모 박정희 · 육영수가 역사 앞에 어떠한 죄악을 범했는지 고백하고, 부모를 앞세워 정치를 한 행위가 어떤 결과로 나타났는가를 참회해야만 할 것이다. 이와는 별도로 '흡수통일론'의 속내를 감추고 소위 '통일대박론'으로 포장하여 통일운동을 희화화한 책임은 피할 수 없을 것이다. 그리고 통일운동을 했다는 죄로 모욕당하고 고난당한 통일운동가들에 대해 예의를 지켜야 할 것이다. 특히 인혁당 관련자들에게 아버지 박정희의 육체적 고문에 이어 딸로서 이자 고문을 행한 책임도 함께 짊어져야 할 것이다.

:: 05 ::

남북정상회담과 조미정상회담

〈그림313: 시계방향, ① 2017년 9월 7일 오전 경북 성주군 초전면 성주골프장 사드 기지로 사드 발사대 4기가 반입됐다. 이날 기준 배치된 1기(오른쪽) 옆으로 반입된 4기 중 1기가 배치됐다.ⓒ경북일보DB, ② 북 김정은 "핵 무력 완성, 위대한 승리"ⓒ연합뉴스TV, ③ 北, ICBM '화성-15형' 새벽 발사… 김정은 "핵 무력 완성", 역대 최고도 4,475km 솟아… 1만 3,000km 美 전역 사정권ⓒ동아일보〉

2016년 10월 29일 점화된 촛불 항쟁의 결과로 2017년 3월 10일 오전 11시경 대통령 박근혜는 파면되었고, 같은 해 5월 9일 제19대 대통령 선거에서 승리함으로써 더불어민주당 후보 문재인은 5월 10일 대한민국의 제19대 대통령으로 취임하였다.[1] 41.1%를 득표해 24%를 득표한 홍준표 후보를 누르고 당선된 문 대통령에게 닥친 첫 시험무대는 사드

1 "촛불의 승리"…'문재인 대통령' 시대 열렸다, 「매일일보」, 2017.5.10.

배치 논란이었다.

2013년 6월, 힐러리 클린턴 국무장관이 골드만 삭스에서 임직원을 대상으로 한 강연에서, 중국이 북핵을 막지 않으면 미사일 방어망으로 포위할 것이라고 말한 후,[2] 같은 해 10월 한국군이 북한의 탄도미사일에 대한 방어력을 강화하기 위한 노력의 일환으로 사드(THAAD) 체계 가격 및 능력에 대한 정보 제공을 국방부에 요청함으로써 시작된 사드 배치 논란은 2016년 7월, 한미 군 관계자들이 북한의 증가하는 위협과 탄도 미사일 및 핵실험 사용에 대응하기 위해 사드(THAAD) 미사일 방어 시스템을 한국에 배치하기로 합의함으로써 절정에 달하게 된다. 그 후 다음과 같은 순서로 경북 성주군 초전면 성주골프장 사드 기지에 배치되었다.[3]

① 2017년 3월 6일, 2대의 THAAD 발사대 트럭이 한국 오산 공군기지에 항공운송으로 도착

② 3월 8일, 중국 내 전체 점포 99개의 절반이 넘게 롯데마트 영업정지 처분

③ 3월 15일, 중국 정부 한국을 여행금지국가로 지정, 중국인들의 한국행 단체여행 전면금지

④ 3월 16일, 3층 미사일 방어 체계 및 사드 레이더 한국 도착

⑤ 3월 23일, 미국 의회 중국의 사드 경제보복조치를 규탄하는 초당적 결의안 공식발의

⑥ 4월 25일, THAAD 레이더, 요격 발사대, 통신 및 지원 장비를 탑재한 6대의 트

2 힐러리 "중국 북핵 막지 않으면 미사일 방어망 포위할 것", 「뉴시스」, 2016.10.14.

3 Terminal High Altitude Area Defense -《Wikipedia》

레일러가 성주 부지에 진입

⑦ 4월 28일, 트럼프 미국 대통령 "사드 무기체계에 대해서 말하자면, 그건 10억 달러짜리다. 왜 우리가 10억 달러를 내나? 우리가 한국을 보호해주지 않는가. 그래서 나는 한국에게 그들이 돈을 내는 게 적절할 것이라고 알렸다. 누구도 상대방을 보호해주는 데 비용까지 내가 지불하는 그렇게 하진 않을 거다. 사드는 10억 달러짜리 무기체계다. 그리고 사드는 한국을 보호하며 나도 한국을 보호하고 싶다. 우린 한국을 보호할 것이다."고 말함[4]

⑧ 6월 7일, 문재인 대통령은 국방부에 알리지 않은 상태에서 4개의 추가 발사대가 한국에 입국한 것을 발견한 후 검토를 위해 추가 사드 배치를 중단함

⑨ 6월 20일, 문재인 대통령은 청와대에서 CBS, 워싱턴포스트와 인터뷰를 가졌고 "사드 배치 결정은 우리 한국과 주한 미군의 안전을 위해서 한 · 미동맹에 근거해 한국과 미국이 합의해서 결정한 것"이라고 말함

⑩ 7월 28일, 북한은 로스앤젤레스에 도달할 수 있는 시험 ICBM을 발사했다. 이에 문재인 대통령은 집권 당시 보류됐던 나머지 4기의 사드(THAAD) 발사대 배치를 촉구함

⑪ 10월 30일, 한국이 북한을 방어하기 위해 사드를 배치하기로 한 결정은 중국의 반발과 보복 조치를 초래했으나, 한국과 중국은 사드 배치로 인해 단절된

4 사드 배치비용과 운영비용은 모두 미국이 전액 부담하는 것으로 이미 합의되었다. 새로운 사드를 추가로 생산하는 것이 아니라 미국 본토에서 이미 오래전부터 운용 중이었던 사드 부대를 한반도로 이동하기로 합의되었기 때문이다. 2017년 2월, 트럼프 행정부의 렉스 틸러슨 국무장관은 한국은 이미 상당한 방위비를 분납하고 있다는 입장을 밝혔다. 틸러슨 장관은 "한국과 일본은 이미 미군을 지원하는데 이미 많은 양을 기여하고 있다"면서 "향후 관련 대화가 생산적으로 진행되고, 공평한 분담금 합의가 이뤄질 것으로 낙관한다"고 말했다. 도널드 트럼프 대통령이 사드 배치 비용 10억 달러(약 1조 1천억 원)를 한국에게 내라고 요구한 것에 대하여 김관진 국가안보실장은 2017년 4월 30일 허버트 맥마스터 미국 백악관 국가안보보좌관과 전화 협의를 갖고 사드 배치 비용은 미국이 전액 부담한다는 기존 합의 내용을 재확인했다. 대한민국의 사드 배치 논란, 《위키백과》

관계를 정상화하기로 합의함.

북핵 문제, 사드로 인한 한중갈등 등으로 인해 신임 대통령의 능력이 시험받고 있을 때, 북조선으로부터 두 가지 소식이 날라 왔다. "미국 전역이 사정권에 들어가는 ICBM 화성-15형을 시험 발사했다." 그리고 "김정은 위원장이 '핵 무력 완성'을 신포했다."는 뉴스였다. 북조선이 입장을 대변해 온 재일본조선인총연합회 기관지 「조선신보」의 보도를 살펴보자[5].

"새 형의 ICBM '화성-15'형 시험발사 성공의 의의"라는 제목의 기사에서 '평화와 경제부흥을 담보한 핵 무력 완성선언'을 부제목으로 단 뒤 "이제는 미국 본토 전역을 타격할 수 있는 ICBM(대륙간탄도미사일)을 보유함으로써 경제 건설의 전제인 나라의 평화를 더욱 굳건히 지킬 수 있게 되었다"

"미국이 부정한다 해도 조선의 수소탄과 ICBM은 없어지지 않는다" "교전 상대의 인정 여부는 큰 문제가 아니다. 조선의 입장에서는 핵과 로켓이 미국의 전쟁 도발을 억제하는 힘으로 기능하면 된다"

"조선에 있어서 완성된 국가 핵 무력은 인민들이 자주적인 행복한 삶을 누려갈 수 있게 하는 정의의 보검이다. 그러니만큼 그것은 흥정물로 될 수 없다" "더는 되돌릴 수 없는 불가역적인 핵 무력 완성 선언이 조선에서 나온 것만큼 트럼프 행정부는 종래의 '최고의 압박' 노선이 몰아올 후과(결과)에 대해 심사숙고하고 처신을 바로 해야 할 것이다"

"9월 15일(북한의 중장거리 탄도미사일 '화성-12' 발사) 이후 조선의 탄도로켓이

5 조선신보 "北 핵 무력 완성, 평화 · 경제부흥 담보", 「연합뉴스」, 2017.11.30.

발사되지 않는 날이 이어지자 미국과 그 추종세력들은 '도발의 중단'이니 뭐니 하면서 마치 저들의 압박 노선이 효력을 낸 것처럼 광고하며 국제 여론을 오도하였다"

"지난 70여 일간이 증명한 것은 조선의 전략노선인 경제 건설과 핵 무력 건설의 병진 노선이 일관하게 추진되고 있다는 현실이다" "경제부문에 대한 최고 영노사(김정은)의 현지지도가 이어질 때도 '화성-15'형 시험발사를 위한 준비는 다그쳐지고 있었다"

"조선은 그 어떤 군사적 위협도 경제제재도 아랑곳없이 자기가 세운 계획에 따라 핵 무력 완성의 목표를 달성하였다" "'화성-15'형 시험발사 성공은 경제 건설의 현장에 새로운 활력을 불어넣고 생산자 대중을 국방과학자들처럼 만리마 속도 창조에로 힘있게 고무·추동하게 될 것이다"

대륙간탄도미사일(ICBM) '화성-15'형 미사일 시험발사로 '핵 무력 완성'을 선포하자, 북조선 노동당 기관지 「노동신문」은 "온 나라 방방곡곡은 크나큰 감격과 환희로 세차게 끓어 번졌다"고 보도하였다. 이 신문은 29일 자 6개 면 중 5개 면을 '화성-15'형 시험발사 관련 기사와 사진으로 채운 데 이어 30일 자에서도 발사를 자축하는 사설과 정론, 주민·간부들의 반응 기사에 4개 면을 할애했다.[6]

남쪽의 반응은 두 갈래였다. 「동아일보」 등이 미국의 '대북 추가 제재'에 초점을 맞춘 반면,[7] 「한겨레」 「프레시안」 등은 북과의 '대화국면'으로

6 北, '핵 무력 완성' 경축 분위기 조성…"방방곡곡 감격·환희", 「KBS」, 2017.11.30.

7 트럼프 "30일 추가제재… 모든 가용 수단 동원", 「동아일보」, 2017.11.30.

전환될 가능성이 있다고 보도하였다.[8] 북조선이 '핵 무력 완성'을 선포한 것은 역사적 사건임에 틀림없다. 그렇다면 어떠한 과정을 거쳐 핵 무력이 완성단계에 이르게 되었을까? 그 과정을 살펴보면 아래 표와 같다.

[표31: 북조선의 핵 및 미사일개발 일지]

날짜	명칭	성격	최대사거리	시험발사
1953. 3.	소련과 원자력 평화적 이용 협정체결			
1962년	영변에 원자력연구소 설치			
1985.12.12.	핵확산금지조약(NPT) 가입			
1993.3.12.	NPT 탈퇴 선언			
1996년	화성11(KN-02, TOKSA)	전술 탄도미사일	160km	-
2003. 2.	금성1(KN-01)	단거리 지대함 순항미사일	100km	10회
2005.2.10	핵무기 보유 선언			
2006.7.5	화성-7(노동 미사일)	준중거리지대지 탄도미사일	1,300km	3회↑
2006.10.9.	풍계리, 제1차 핵실험 실시			
2008.10.7.	KN-05	단거리공대함 순항미사일	100km	2회
2009.5.25.	제2차 핵실험 실시			
2010.10.10.	화성-10 (무수단미사일, BM-25)	중거리지대지 탄도미사일	4,000km	8회
2012.4.15.	화성-13(KN-08), ICBM	대륙간지대지 탄도미사일	10,000km	-
2013.2.12.	제3차 핵실험 실시			

8 김정은 "핵 무력 완성" 선언…북 '대화 국면' 전환 가능성, 「한겨레」, 2017.11.29; 北 '핵 무력 완성' 선언, 대화로 들어가는 기회, 「프레시안」, 2017.12.1.

2014년	KN-10	전술 탄도미사일	220km	5회
2015.2.6.	금성-3(KN-01)	단거리 함대함 순항미사일	450km	4회
2015.5.9.	북극성-1, SLBM	준중거리잠대지 탄도미사일	1,300km	11회↑
2016.1.6.	제4차 핵실험, 조선중앙통신 "첫 수소탄 시험 성공적 진행" 발표			
2016.9.5.	화성-9(SCUD-ER, KN-04)	준중거리지대지 탄도미사일	1,000km	2회↑
2017.2.12.	북극성-2(KN-15)	준중거리지대지 탄도미사일	2,000km	2회
2017.4.15.	KN-18(SCUD 개량형)	준중거리지대함 탄도미사일	1,000km↑	1회
	KN-19	단거리 지대함 순항미사일	450km	1회
	화성-12(KN-17)	중거리지대지 탄도미사일	5,000km	6회
	화성-13(KN-14), ICBM	대륙간지대지 탄도미사일	10,000km	-
2017.7.	북극성-3(KN-26,19-6SLBM)	준중거리잠대지 탄도미사일	2,500km	1회
2017.7.14.	화성-14(KN-20), ICBM	대륙간지대지 탄도미사일	10,000km	2회
2017. 9. 3.	제6차 핵실험, 핵무기연구소 "ICBM 장착용 수소탄 시험 완전 성공" 발표			
	★ "수소탄을 폭발시켜 광대한 지역에 초강력 EMP 공격을 가할 수 있다★			
2017.11.29.	화성-15(KN-22), ICBM	대륙간지대지 탄도미사일	13,000km	1회
2018.2.8.	KN-23(북한판 이스칸다르)	단거리 탄도미사일	800km	6회
2019.8.10.	화성-11나 (KN-24, 북한판 ATACMS)	단거리 탄도미사일	450km	4회
2020.10.10.	북극성-4, SLBM(공개)	중거리잠대지 탄도미사일	3,000km	-
2021.1.14.	북극성-5, SLBM	중거리잠대지 탄도미사일	3,000km	-
	KN-23 대형화 개량형 (KN-23B)	단거리 탄도미사일	600km	1회
2021.1.22.	KN-27	단거리 미상 순항미사일	?	2회
2021.9.11.	조선인민군장거리순항미사일 A형(KN-27 개량형)	준중거리지대지 순항미사일	1,500km	1회
2021.9.28.	화성-8(극초음속 미사일)	중거리지대지극초음속미사일	3,200km	1회

2021.10.11.	조선인민군장거리순항미사일 B형(북한판 토마호크)	준중거리지대지 순항미사일	1,800km	1회
	극초음속 미사일2형	중거리지대지극초음속미사일	3,200km	1회
2021.10.11.	조선인민군장거리순항미사일 A형(북한판 토마호크)	준중거리지대지 순항미사일	1,800km	1회
	KN-23 개량형 SLBM	단거리잠대지 탄도미사일	590km	1회
2022.3.24.	화성-17, ICBM (1차시험발사 성공)	대륙간지대지 탄도미사일	15,000km	4회
2022년	북한판 KTSSM	전술 탄도미사일	190km	1회
2022.4.25.	최종SLBM(3단 미사일)	중거리잠대지 탄도미사일	3,000km ↑	-

역사는 남과 북의 대화국면으로 흘러갔다. 먼저 북조선이 손을 내밀었다. 2018년 1월 1일, 북조선 노동당 위원장 김정은이 주목되는 신년사를 발표하였다. 다음은 전문이다.[9]

자세히 보기-46

[김정은 북한(조선) 노동당 위원장 육성 신년사 전문(2018.1.1.)]

지금부터 조선 노동당 위원장이시자 국무위원회 위원장이며 최고사령관 당과 국가 군대 최고 영도자 김정은 동지께서 2018년 새해 즈음하여 하신 신년사를 보내드리겠습니다.

9 [전문] 北 김정은 2018년 신년사, 「중앙일보」, 2018.1.1.

사랑하는 온 나라 인민들과 영용한 인민군 장병들 동포 형제 여러분!

오늘 우리 모두는 근면하고 보람찬 노동으로 성실한 땀과 노력으로 지나간 한해에 자신들이 이루어놓은 자랑스러운 일들을 커다란 기쁨과 자부심 속에 감회 깊이 추억하며 새로운 희망과 기대를 안고 새해 2018년을 맞이합니다.

나는 희망의 새해를 맞이하면서 온 나라 가정의 건강과 행복 성과와 번영을 축원하며 우리 어린이들이 새해 소원과 우리 인민 모두가 지향하는 아름다운 꿈이 이뤄지길 바랍니다.

동지들!

겹쌓이는 난관과 시련 속에서도 언제나 변함없이 당을 믿고 따르는 강인한 인민의 진정 어린 모습에서 큰 힘과 지혜 얻으며 조국번영의 진군길 힘차게 달려온 지난 한해를 돌이켜보면서 나는 얼마나 위대한 인민과 함께 혁명을 하고 있는가 하는 생각에 가슴 뜨거워집니다.

나는 간고하고도 영광스러운 투쟁의 나날에 뜻과 마음을 같이하며 당의 결심을 지지하고 받들어 반만년민족사에 특이할 기적적 승리를 안아온 전체 인민들과 인민군 장병들에게 조선노동당과 공화국 정부의 이름으로 충심으로 되는 감사와 새해 인사를 삼가 드립니다.

나는 조국의 통일을 위하여 투쟁하고 있는 남녘의 겨레들과 해외동포들, 침략 전쟁을 반대하고 우리의 정의의 위협에 굳은 연대성을 보내준 세계 진보적 인민들과 벗들에게 새해 인사를 보냅니다.

동지들!

2017년은 자력 자강의 동력으로 사회주의 강국 건설사에 불멸의 이정표를 세운 영웅적 투쟁과 위대한 승리의 해였습니다.

지난해 미국과 그 추종세력들의 반공화국 고립 압살 책동은 극도에 달하였으며 우리 혁명은 유례없는 엄혹한 도전에 부닥치게 되었습니다. 조성된 정세와 전진 도상에 가로놓인 최악의 난관 속에서 우리 당은 인민을 믿고 인민은 당을 결사옹위하며 역경을 순경으로 화를 복으로 전환하며 사회주의 강국 건설의 모든 전선에서 눈부신 성과를 이룩하였습니다.

우리는 지난해의 장엄한 투쟁을 통하여 위대한 수령님과 위대한 장군님께서 열어주신 주체의 사회주의 한길을 따라 끝까지 나아가려는 절대 불변의 신념과 의지, 전체 인민이 당의 두리(둘레)에 굳게 뭉친 사회주의 조선의 일심단결을 내외에 힘있게 과시하였습니다.

지난해 우리 당과 국가와 인민이 쟁취한 특출한 성과는 국가 핵 무력 완성의 역사적 대업을 성취한 것입니다. 바로 1년 전 나는 이 자리에서 당과 정부를 대표하여 대륙간탄도로케트 추진 사업이 마감 단계에서 추진 중임을 공표하였으며 지난 한 해 동안 그 이행을 위한 여러 차례의 시험 발사들 안전하고 투명하게 진행하여 확고한 성공을 온 세상에 증명하였습니다.

지난해 우리는 각종 핵 운반 수단과 함께 초강력 열핵무기 시험도 단행함으로써 우리 총적 지향과 전략적 목표를 성과적 성공적으로 달성하였으며. 우리 공화국은 마침내 그 어떤 힘으로도 그 무엇으로도 되돌릴 수 없는 강력하고 믿음직한 전쟁 억제력을 보유하게 되었습니다.

우리 국가의 핵 무력은 미국의 그 어떤 핵 위협도 분쇄하고 대응할 수 있으며 미국이 모험적인 불장난을 할 수 없게 제압하는 강력한 억제력으로 됩니다.

미국은 결코 나와 우리 국가를 상대로 전쟁을 걸어보지 못합니다.

미국 본토 전역이 우리 핵 타격 사정권 안에 있으며 핵 단추가 내 사무실 책상 위에 항상 놓여 있다는 것, 이는 결코 위협이 아닌 현실임을 똑바로 알아야 합니다.

우리는 나라의 자주권을 믿음직하게 지켜낼 수 있는 최강의 국가 방위력을 마련하기 위해 한평생을 다 바치신 장군님과 위대한 수령님의 염원을 풀어 들었으며 전체 인민이 장구한 세월 허리띠를 조이며 바라던 평화수호의 강력한 보검을 틀어쥐었습니다.

이 위대한 승리는 당의 병진 노선과 과학중시 사상의 정당성과 생활력의 뚜렷한 증시이며 부강 조국 건설의 확고한 전망을 열어놓고 우리 군대와 인민에게 필승의 신심을 안겨준 역사적 장거입니다.

나는 생존을 위협하는 제재와 봉쇄의 어려운 생활 속에서도 우리 당의 병진 노선을 굳게 믿고 절대적으로 지지해주고 힘있게 떠밀어준 영웅적 조선 우리 인민에게 숭고한 경의를 드립니다.

나는 또한 당 중앙의 구상과 결심은 과업이고 진리이며 실천이란 것을 세계 앞에 증명하기 위해 온 한해 헌신 분투한 우리 국방과학자들과 군수 노동 계급에 뜨거운 동지적 인사를 보냅니다.

지난해 국가 경제 발전 5개년 전략수행에서도 커다란 전진을 이룩하였습니다.

금속공업의 주체화를 실현하기 위한 투쟁을 힘있게 벌여 김책제철연합기업소에 우리식의 산소열법 용광로가 일떠서 무연탄으로 선철 생산을 정상화할 수 있게 되었으며 화학공업의 자립적 토대를 강화하고 5개년 전략의 화학 고지를 점령할 수 있는 전망을 열어놓았습니다.

방식 공업, 신발과 편직, 식료공업을 비롯한 경공업 부문의 많은 공장들에서 주체화의 기치를 높게 들고 우리의 기술, 우리의 설비로 여러 생산 공정의 현대화를 힘있게 벌여 인민소비품의 다종화, 다양화를 실현하고 제품의 질을 높일 수 있는 담보를 마련하였습니다.

기계공업 부문에서 자력갱생의 기치를 높이 들고 과학 기술에 의거하여 당이 제시한 새 형의 뜨락또르와 화물자동차 생산목표를 성과적으로 점령함으로써 인민 경제의 주체화 현대화와 농촌 경리의 종합적 기계화를 더욱 힘있게 다그쳐 나갈 수 있는 튼튼한 기초를 마련하였으며 농업 부문에서 과학 농법을 적극 받아들여 불리한 기후조건에서도 다수확 농장과 작업반 대열을 내리고 예년에 보기 드문 과일 풍작을 안아왔습니다.

우리 군대와 인민은 웅장 화려한 려명 거리와 대규모의 세포지구 축산기지를 일떠 세우고 산림복구 전투 1단계의 과업을 수행함으로써 군민 대단결의 위력과 사회주의 자립경제의 잠재력을 과시하였습니다.

만리마 속도 창조를 위한 벅찬 투쟁 속에서 새로운 전형 단위들이 연이어 태어났으며 수많은 공장 기업소들이 연간 인민 경제 계획을 앞당겨 수행하고 최고 생산 연도 수준을 돌파하는 자랑을 떨쳤습니다.

지난해 과학문화 전선에서도 성과를 이룩하였습니다.

과학자 기술자들은 사회주의 강국 건설에서 나서는 과학 기술적 문제들을 해결하고 첨단분야의 연구과제들을 완성하여 경제발전과 인민생활 향상을 추동하였습니다.

사회주의 교육체제가 더욱 완비되고 교육환경이 보다 일신되었으며 의료봉사조건이 개선되었습니다. 온 나라의 혁명적 낭만과 전투적 기백으로 들끓게 하는 예술공연 활동의 본보기가 창조되고 우리의 체육인들이 여러 국제경기들에서 우승을 쟁취하였습니다.

지난해 이룩한 모든 성과들은 조선노동당의 주체적인 혁명노선의 승리이며 당의 두리에 굳게 뭉친 군대와 인민의 영웅적 투쟁이 안아온 고귀한 결실입니다.

공화국의 자주권과 생존권 발전권을 말살하려는 미국과 그 추종세력들의 제재봉쇄 책동이 그 어느 때보다도 악랄하게 감행하는 속에서도 자체의 힘으로 남들이 엄두도 내지 못할 빛나는 승리를 달성할 바로 여기에 우리 당과 인민의 존엄이 있고 커다란 긍지와 자부심이 있습니다.

나는 지난해 사변적인 나날들에 언제나 당과 운명을 함께하고 부닥치는 시련과 난관을 헤치며 사회주의 강국 건설 위업을 승리적으로 전진시켜온 전체 인민들과 인민군 장병들에게 다시 한 번 뜨거운 감사를 드립니다.

동지들. 올해 우리는 영광스러운 조선민주주의인민공화국 창건 70주년을 맞이하게 됩니다. 위대한 수령님과 위대한 장군님의 최대의 애국유산인 사회주의 우리 국가를 세계가 공인하는 전략 국가의 지위에 당당히 올려세운 위대한 인민이 자기 국가의 창건 70돌을 창대히 기념하게 되는 것은 참으로 의의 깊은 일입니다.

우리는 주체 조선의 건국과 발전 행로의 빛나는 영웅적 투쟁과 집단적 혁신의 전통을 이어 혁명의 최후 승리를 이룩할 때까지 계속 혁신 계속 선신해 나가야 합니다.

공화국 핵 무력 건설에서 이룩한 역사적 승리를 새로운 도약대로 삼고 사회주의 강국 건설의 모든 전선에서 새로운 승리를 쟁취하기 위한 혁명적인 총공세를 벌여 나가야 합니다.

혁명적인 총공세로 사회주의 강국 건설의 모든 전선에서 새로운 승리 쟁취하자, 이것이 우리가 들고 나가야 할 혁명적 구호입니다.

모든 일꾼들과 당원들과 근로자들은 전후 천리마 대고조로 난국을 뚫고 사회주의 건설에서 일대 앙양을 일으킨 것처럼 전 인민적인 총공세를 벌여 최후 발악하는 적대 세력들의 도전을 짓부수고 공화국의 전반적 국력을 새로운 발전 단계에 올려세워야 합니다.

국가 경제발전 5개년 전략 수행의 세 번째 해인 올해 경제전선 전반에서 활성화의 돌파구를 열어 제껴야 하겠습니다.

올해 사회주의 경제 건설에서 나서는 중심 과업은 당 중앙위원회 제7기 2차 전원회의가 제시한 혁명적 대응전략의 요구대로 인민 경제의 자립성과 주체성을 강화하고 인민생활을 개선 향상시키는 것입니다.

인민 경제의 자립성과 주체성을 강화하는 데 총력을 집중해야 합니다. 전력공업 부문에서 자립적 동력 기지들을 정비 보강하고 새로운 동력자원 개발에 큰 힘을 넣어야 합니다.

화력에 의한 전력 생산을 결정적으로 늘리며 불비한 발전 설비들을 정비 보강하여 전력손실을 줄이고 최대한 증산하기 위한 투쟁을 힘있게 벌여야 합니다.

도들에서 자기 지방의 특성에 맞는 전력생산 기지들을 일떠 세우며 이미 건설된 중소형 수력 발전소들에서 전력생산을 정상화하여 지방 공업 부문이 전력을 자체로 보장하도록 하여야 합니다.

전 국가적인 교체 생산 조직을 짜고 들며 전력낭비 현상과의 투쟁을 힘있게 벌여 생산된 전력을 효과적으로 이용하기 위한 된바람을 일으키도록 하여야 합니다.

금속공업 부문에서는 주체적인 제철 제강 기술을 더욱 완성하고 철 생산 능력을 확장하며 금속 재료의 질을 결정적으로 높여 인민 경제의 철강재 수요를 충족시켜야 합니다. 금속공업 부문의 필요한 전력 철정광 무역탄 갈탄 화차와 기관차 자금을 다른 부문에 앞세워 계획대로 어김없이 보장하여 다음에 철강재 생산 목표를 무조건 수행하며 금속 공업의 주체화를 기어이 완성하여야 하겠습니다.

화학공업 부문에서 탄성하나화학공업창설을 다그치고 촉매 생산기지와 린비료공장 건설을 계획대로 추진하며 탄산소다생산공정을 개건 완비하여야 합니다.

기계공업 부문에서는 금성뜨락또르 공장과 승리자동차 연합기업소를 비롯한 기계공장들을 현대화하고 세계적 수준의 기계제품들을 우리 식으로 개발 생산하여야 합니다.

나라의 자립적 경제 토대가 은을 낼 수 있게 석탄과 광물 생산 철도 수송에서 연대적 혁신을 일으켜야 합니다. 특히 철도 운수 부문에서 수송 조직과 지휘를 과학화, 합리화하여 현존 수송능력을 최대한 효과있게 이용하며 철도의 군대와 같은 강한 규율과 질서를 세워 열차의 무사고 정시 운행을 보장하도록 하여야 합니다.

올해의 인민생활 향상에서 전환을 가져와야 합니다. 경공업 공장들이 설비와 생산공정을 노력절약형 전기절약형으로 개조하고 국내 원료와 자재로 다양하고 질 좋은 소비품들을 더 많이 생산 공급하며 도심 군들에서 자체의 원료 원천에 의하여 지방 경제를 특색있게 발전시켜야 합니다.

농업과 수산전선에서 앙양을 일으켜야 하겠습니다. 우량 종자와 다수확 농법, 능률적인 농기계들을 대대적으로 받아들이고 농사를 과학 기술적으로 지어 알곡 생산 목표를 반드시 점령하며 축산물과 과일 온실남새와 버섯 생산을 늘려야 합니다.

배무이(건조)와 배수리 능력을 높이고 과학적인 어로전을 전개하며 양어와 양식을 활성화하여야 하겠습니다.

올해에 군민이 힘을 합쳐 원산갈마해양관광지구 건설을 최단기간 내에 완공하고 삼지연군 꾸리기와 단천 발전소 건설, 황해남도 물길 2단계 공사를 비롯한 주요 대상 건설을 다그치며 살림집 건설에 계속 힘을 넣어야 합니다.

산림 복구 전투성과를 더욱 확대하면서 이미 조성된 산림의 보호관리를 잘 하는 법과 함께 도로의 기술 상태를 개선하고 강하천 정리를 정상화하며 환경보호 사업을 과학적으로 책임적으로 하여야 합니다. 인민 경제의 모든 부분과 단위들에서 자체의 기술 역량과 경제적 잠재력을 총동원하고 증산 전략 투쟁을 힘있게 벌여 더 많은 물질적 재부를 창조하여야 합니다.

자립경제 발전의 지름길은 과학기술을 앞세우고 경제작전과 지휘를 혁신하는 데 있습니다. 과학연구 부분에서는 우리식의 주체적인 생산 공정들을 확립하고 원료와 자재, 설비를 국산화하며 자립적 경제구조를 완비하는 데서 제기되는 과학 기술적 문제들을 우선으로 풀어나가야 합니다.

인민 경제 모든 부문과 단위들에서 과학기술 보급 사업을 강화하며 기술혁신 운동을 활발히 벌여 생산장성에 이바지하여야 하겠습니다.

내각을 비롯한 경제지도 기관들은 올해 인민 경제 계획을 수행하기 위한 작전안을 현실성있게 세우며 그 집행을 위한 사업을 책임적으로 완강하게 내밀어야 합니다.

국가적으로 사회주의 기업 책임관리제가 공장 기업소 협동단체들에서 실지 은을 낼 수 있도록 적극적인 대책을 세워야 합니다.

사회주의 문화를 전면적으로 발전시켜야 하겠습니다. 교원 진영을 강화하고 현대 교육 발전 추세에 맞게 교수 내용과 방법을 혁신하며 의료봉사 사업에서 인민성을 철저히 구현하며 우리의 설비와 기구, 여러 가지 의약품 생산을 늘려야 합니다.

대중체육 활동을 활발히 벌이고 우리식의 체육 기술과 경기 전법을 창조하며 만리마 시대의 우리 군대와 인민의 영웅적 투쟁과 생활, 아름답고 숭고한 인간미를 진실하게 반영한 명작들을 창작 창조하여 혁명적인 사회주의 문학예술의 힘으로 부르주아 반동문화를 짓눌러 버려야 하겠습니다.

전 사회적으로 도덕기강을 바로 세우고 사회주의 생활양식을 확립하며 온갖 비사회주의적 현상을 뿌리 뽑기 위한 투쟁을 드세게 벌여 모든 사람이 고상한 정신 도덕적 풍모를 지니고 혁명적으로 문명하게 생활해 나가도록 하여야 합니다.

위대한 수령님께서 조선인민혁명군을 정규적 혁명무력으로 강화발전 시키신 70돌이 되는 올해의 인민군내는 혁명적 당군으로서의 면모를 더욱 완벽하게 갖추어야 하며 전투훈련을 실전환경에 접근시켜 강도 높이 조직 진행하여 모든 군종 병종 전문병 부대들에 일당백의 전투대를 만들어야 합니다.

조선 인민 내무군은 계급투쟁의 날을 예리하게 세우고 불순 적대 분자들의 준동을 적발 분쇄하며 노동적위군 붉은청년근위대는 전투정치 훈련을 힘있게 벌여 전투력을 백방으로 강화하여야 합니다.

국방공업 부문에서는 제8차 군수공업대회에서 당이 제시한 전략적 방침대로 병진 노선을 일관하게 틀어쥐고 우리식의 위력한 전략 무기들과 무장 장비들을 개발 생산하며 군수공업의 주체적인 생산구조를 완비하고 첨단 과학 기술에 기초하여 생산 공정들을 현대화하여야 합니다.

핵무기 연구 부문과 로케트 공업 부문에서는 이미 그 위력과 신뢰성이 확고히 담보된 핵탄두들과 탄도로케트들을 대량생산하여 실전 배치하는 사업에 박차를 가해 나가야 합니다.

또한, 적들의 핵전쟁 책동에 대처한 즉시적인 핵 반격 작전 태세를 항상 유지하도록 하여야 하겠습니다.

정치 사상적 위력은 우리 국가의 제일 국력이며 사회주의 강국 건설의 활로를 열어나가는 위대한 추동력입니다. 우리 앞에 나선 투쟁과업들을 성과적으로 수행 위해서는 전당을 조직 사상적으로 더욱 굳게 단결시키고 혁명적 당풍을 철저히 확립하여 혁명과업 건설 사업 전반에서 당의 전투력과 영도적 역할을 끊임없이 높여 나가야 합니다.

모든 당 조직들이 당의 사상과 어긋나는 온갖 잡사상과 이중규율을 절대로 허용하지 말고 당중앙위원회를 중심으로 하는 전당의 일심단결을 백방으로 강화하여야 합니다.

전당적으로 당세도와 관료주의를 비롯한 낡은 사업방법과 작풍을 뿌리 빼고 혁명적 당풍을 확립하기 위한 투쟁을 강도 높이 벌여 당과 인민 대중과의 혈연적 연결을 반석같이 다져 나가야 합니다.

당 조직들은 해당 부문 단위들의 사업이 언제나 당의 사상과 의도, 당 정책적 요구에 맞게 진행되도록 당적 지도를 강화하며 정치사업을 확고히 앞세우고 사상을 발동하는 방법으로 사회주의 강국 건설에서 나서는 문제들을 성과적으로 풀어나가야 합니다.

전체 군대와 인민을 당의 두리에 사상 의지적으로 굳게 묶어세워 무엇보다 그 어떤 역경 속에서도 당과 생사 운명을 함께하며 사회주의 위업의 승리를 위하여 한 몸 바쳐 싸워나가도록 하여야 합니다.

당 근로단체 조직들과 전문기관들은 모든 사업을 일심단결해 강화하는데 지향시키고 복종시켜 나가야 합니다.

인민들의 요구와 이익을 기준으로 사업을 설계하고 전개하며 인민들 속에 깊이 들어가 고락을 같이하며 인민들의 마음속 고충과 생활상 애로를 풀어줘야 합니다.

모든 것이 부족한 때일수록 동지들 사이, 이웃들 상이에 서로 돕고 진심으로 위해주는 미풍이 높이 발양되도록 하여야 합니다.

오늘의 만리마 대진군에서 영웅적 조선 인민의 불굴의 정신력을 남김없이 폭발시켜야 합니다. 당 근로단체 조직들은 모든 근로자들이 애국주의를 심장에 새기고 자력갱생의 혁명정신과 과학기술의 원동력으로 만리마 속도 창조대전에서 끊임없는 집단적 혁신을 일으켜 나가도록 하여야 합니다.

일꾼들과 당원들과 근로자들이 천리마의 대진군으로 세기적인 변혁을 이룩한 전 세대들의 투쟁정신을 이어 누구나 시대에 앞장에서 힘차게 내달리는 만리마 선구자가 되도록 하여야 합니다.

동지들, 지난해에도 우리 인민은 민족의 지향과 요구에 맞게 나라의 평화를 지키고 조국통일을 앞당기기 위하여 적극 투쟁하여 왔습니다. 그러나 우리 공화국의 자위적 핵 억제력 강화를 막으려고 감행되는 미국과 그 추종세력들의 악랄한 제재 압박 소동과 광란적인 전쟁 도발 책동으로 하여 조선반도에 정세는 유례없이 악화되고 조국 통일의 앞길에 보다 엄중한 난관과 장애가 조성되었습니다.

남조선에서 분노한 각계각층 인민들의 대중적 항쟁에 의하여 파쇼통치와 동족대결에 매달리던 보수 정권이 무너지고 집권세력이 바뀌었으나 북남관계에서 달라진 것이란 아무것도 없습니다.

오히려 남조선 당국은 온 겨레의 통일지향에 역행하여 미국의 대 조선 적대시 정책에 추종함으로써 정세를 험악한 지경에 몰아넣고 북남 사이의 불신과 대결을 더욱 격화시켰으며 북남 관계는 풀기 어려운 경색국면에 처하게 되었습니다.

이런 비정상적인 상태를 끝장내지 않고서는 나라의 통일은 고사하고 외세가 강요하는 핵전쟁의 참화를 면할 수 없습니다.

조성된 정세는 지금이야말로 북과 남이 과거에 얽매이지 말고 북남관계를 개선하며 자주통일의 돌파구를 열기 위한 결정적인 대책을 세워나갈 것을 요구하고 있습니다. 이 절박한 시대적 요구를 외면한다면 어느 누구도 민족 앞에 떳떳하게 나설 수 없을 것입니다.

새해는 우리 인민이 공화국 창건 70돌을 대경사로 기념하게 되고 남조선에서는 겨울철 올림픽 경기대회가 열리는 것으로 하려 북과 남에 다 같이 의의 있는 해입니다. 우리는 민족적 대사들을 성대히 치르고 민족의 존엄과 기상을 내외에 떨치기 위해서도 동결상태에 있는 북남 관계를 개선하여 뜻깊은 올해를 민족사에 특기할 사변적인 해로 빛내어야 합니다.

무엇보다 북남 사이의 첨예한 군사적 긴장 상태를 완화하고 조선반도의 평화적 환경부터 마련해야 합니다. 지금처럼 전쟁도 아니고 평화도 아닌 불안정한 정세가 지속되는 속에서는 북과 남이 예정된 행사들을 성과적으로 보장할 수 없는 것은 물론 서로 마주앉아 관계 개선 문제를 진지하게 논의할 수도, 통일을 향해 곧바로 나갈 수도 없습니다.

북과 남은 정세를 격화시키는 일을 더 이상 하지 말아야 하며 군사적 긴장을 완화하고 평화적 환경을 마련하기 위하여 공동으로 노력하여야 합니다.

남조선 당국은 온겨레의 운명과 이 땅의 평화와 안전을 위협하는 미국의 무모한 북침 핵전쟁 책동에 가담해 정세 격화를 부추겼다. 길 것이 아니라 긴장 완화를 위한 우리의 성의 있는 노력에 화답해 나서야 합니다.

이 땅에 화염을 피우며 신성한 강토를 피로 물들일 외세와의 모든 핵전쟁 연습을 그만둬야 하며 미국의 핵 장비들과 침략 무력을 끌어들이는 일체의 행위들을 걷어치워야 합니다.

미국이 아무리 핵을 휘두르며 전쟁 도발 책동에 광분해도 이제는 우리에게 강력한 전쟁 억제력 있는 한 어쩌지 못할 것이며 북과 남이 마음만 먹으며 능히 조선반도에서 전쟁을 막고 긴장을 완화시켜 나갈 수 있습니다.

민족적 화해와 통일을 지향해 나가는 분위기를 적극 조성하여야 합니다. 북남 관계 개선은 당국만이 아니라 누구나 바라는 초미의 관심사이며 온 민족이 힘을 합쳐 풀어나가야 할 중대사입니다. 북과 남 사이 접촉과 내왕 협력과 교류를 폭넓게 실현하며 서로의 오해와 불신을 풀고 통일의 주체로서의 책임과 역할을 다해야 할 것입니다.

우리는 진정으로 민족적 화해와 단합을 원한다면 남조선의 집권 여당은 물론 각계각층 단체들과 개별적 인사들을 포함하여 그 누구에게도 대화와 접촉 내왕의 길을 열어 놓을 것입니다.

상대방을 자극하면서 동족 간의 불화와 반목을 격화시키는 행위들은 결정적으로 종식되어야 합니다. 남조선 당국은 지난 보수정권 시기와 다름없이 부당한 구실과 법적 제도적 장치들을 내세워 각 계층 인민들의 접촉과 내왕을 가로막고 남북통일 기운을 억누를 것이 아니라 민족적 화해와 단합을 도모하는 데 유리한 조건과 환경을 조성하기 위해 노력해야 합니다.

북남 관계를 하루빨리 개선하기 위해서는 북과 남의 당국이 그 어느 때보다 민족 자주의 기치를 높이 들고 시대와 민족 앞에 지닌 자기의 책임과 역할을 다해야 합니다.

북남 관계는 언제까지나 우리 민족 내부의 문제이며 북과 남이 주인이 되어 해결해야 할 문제입니다. 그러므로 북남 사이에 제기되는 모든 문제는 우리 민족끼리 원칙에서 풀어나가려는 확고한 입장과 관점을 가져야 합니다. 남조선 당국은 북남관계의 문제를 외부에 들고 다니며 청탁하여 얻을 것은 아무것도 없으며 오히려 불순한 목적을 추구하는 외세에게 간섭할 구실을 주고 문제 해결의 복잡성만 조성한다는 것을 알아야 합니다.

지금은 서로 등을 돌려대고 자기 입장이나 밝힐 때가 아니며 북과 남이 마주앉아 우리 민족끼리 북남 관계 개선 문제를 진지하게 논의하고 그 출로를 과감하게 열어나가야 할 때입니다.

남조선에서 머지않아 열리는 겨울철 올림픽 경기대회에 대해 말한다면, 그것은 민족의 위상을 과시하는 좋은 계기로 될 것이며 우리는 대회가 성과적으로 개최되기를 진심으로 바랍니다. 이러한 견지에서 우리는 대표단 파견을 포함하여 필요한 조치를 취할 용의가 있으며 이를 위해 북남 당국이 시급히 만날 수도 있습니다.

한 핏줄을 나눈 겨레로서 동족의 경사를 같이 기뻐하고 서로 도와주는 것은 응당한 일입니다. 우리는 앞으로도 민족자주의 기치를 높이 들고 우리 민족끼리 해결해 나갈 것이며 민족의 단합된 힘으로 내외 반통일세력의 책동을 짓부시고 조국통일의 새 역사를 써 나갈 것입니다. 나는 이 기회에 해외의 전체 조선 동포들에게 다시 한번 따뜻한 새해 인사 보내면서 의의 깊은 올해의 북과 남에서 모든 일이 잘되기 를 진심으로 바랍니다.

동지들 지난해 국제정세는 세계의 평화와 안전을 파괴하고 인류에게 핵 참화를 들씌우려는 제국주의 침략 세력과는 오직 정의의 힘으로 맞서야 한다. 우리 당과 국가의 전략적 판단과 결단이 천만 번 옳았다는 것을 뚜렷이 실증하였습니다.

우리는 평화를 사랑하는 책임있는 핵 강국으로서 침략적인 적대 세력이 우리 국가의 자주권과 이익을 침해하지 않는 한 핵무기를 사용하지 않을 것이며 그 어떤 나라나 위협도 핵으로 위협하지 않을 것입니다.

그러나 조선반도의 평화와 안전을 파괴하는 행위에 대해서는 단호하게 대응해 나갈 것입니다. 우리 당과 공화국 정부는 우리나라의 자주권을 존중하고 우리를 우호적으로 대하는 모든 나라들과의 선린 우호 관계를 발전시켜 나갈 것이며 정의롭고 평화로운 새 세계를 건설하기 위하여 적극 노력할 것입니다.

동지들. 2018년은 우리 인민에게 있어서 또 하나의 승리 해로 될 것입니다.

새해의 장엄한 진군길이 시작되는 이 시각 인민의 지지를 받고 있기에 우리의 진군은 필승불패라는 확신으로 나는 마음이 든든하며 전력을 다하여 인민의 기대에 기여이 보답할 의지를 더욱 굳게 가다듬게 됩니다.

조선노동당과 공화국 정부는 인민의 믿음과 힘에 의거하여 주체혁명 위업의 최후 승리를 이룩할 때까지 투쟁과 전진을 멈추지 않을 것이며 전체 인민의 존엄 높고 행복한 생활을 누리는 사회주의 강국의 미래를 반드시 앞당겨 올 것입니다.

모두 다 조선노동당의 영도에 따라 영웅 조선의 기상을 떨치며 혁명의 새 승리를 향하여 힘차게 앞으로 나아 갑시다. <끝>

김정은 위원장의 신년사는 지난해와 비교할 때 모든 면이 달랐다. 무엇보다 자신감이 넘쳤다. 2017년 신년사에서는 "언제나 늘 마음뿐이고 능력이 따라서지 못하는 안타까움과 자책 속에 지난 한 해를 보냈다"면서 공개적으로 '자아비판'을 했지만, 2018년도에는 지난해 같은 자아비판은 없었다.[10] 미국에 대한 발언도 자신감이 넘쳤다. 주목되는 발언을 정리해보자.

- 우리 국가의 핵 무력은 미국의 그 어떤 핵 위협도 분쇄하고 대응할 수 있으며 미국이 모험적인 불장난을 할 수 없게 제압하는 강력한 억제력으로 됩니다.
- 미국은 결코 나와 우리 국가를 상대로 전쟁을 걸어보지 못합니다.
- 미국 본토 전역이 우리 핵 타격 사정권 안에 있으며 핵 단추가 내 사무실 책상 위에 항상 놓여 있다는 것, 이는 결코 위협이 아닌 현실임을 똑바로 알아야 합니다.
- 우리는 평화를 사랑하는 책임있는 핵 강국으로서 침략적인 적대 세력이 우리 국가의 자주권과 이익을 침해하지 않는 한 핵무기를 사용하지 않을 것이며

10 김정은 신년사 '핵' 단어 22차례 '경제' 21차례 언급, 「경향신문」, 2018.1.1.

그 어떤 나라나 위협도 핵으로 위협하지 않을 것입니다.

"전쟁연습을 중단하지 않으면 핵 무력 중추 선제공격 능력을 강화하겠다"고 단지 엄포로 치부될 수 있는 발언을 2017년에 했다면, 2018년에는 "핵 단추가 내 사무실 책상 위에 항상 놓여 있다"고 협박하면서 한편으로는 "자주권을 침해당하지 않는 한 어떤 나라나 지역도 핵으로 위협하지 않겠다"며 핵 주권국(강국)임을 당당하게 선포하였다.

남한에 대한 발언 역시 자신감으로 가득했다. "박근혜와 같은 반통일사대 매국세력의 준동을 분쇄해야 한다"고 상투적인 비난을 했던 것이 2017년 신년사였다. 그러나 2118년도에는 "공화국의 자주권과 생존권 발전권을 말살하려는 미국의 추종세력이다" "파쇼통치와 동족대결에 매달리던 보수 정권이 무너지고 집권세력이 바뀌었으나 북남관계에서 달라진 것이란 아무것도 없다." "남조선 당국은 온 겨레의 통일지향에 역행하여 미국의 대조선 적대시 정책에 추종하고 있다." 등 남조선의 정체성을 지적하면서도, "남조선 당국은 온 겨레의 운명과 이 땅의 평화와 안전을 위협하는 미국의 무모한 북침 핵전쟁 책동에 가담해 정세 격화를 부추길 것이 아니라 긴장 완화를 위한 우리의 성의있는 노력에 화답해 나서야" 하며 "무엇보다 북남 사이의 첨예한 군사적 긴장 상태를 완화하고 조선반도의 평화적 환경부터 마련해야 한다"고 대남 '화해 · 협력 · 대화'의 장을 제안했다.

주목할 것은 평창올림픽이라는 '대사'를 명분 삼아 국면전환 의지를 강력하게 밝힌 부분이다. 김정은 위원장은 지금은 "북과 남이 마주앉아 우리 민족끼리 북남 관계 개선 문제를 진지하게 논의하고 그 출로를 과감하게 열어나가야 할 때"라고 하면서 평창올림픽을 언급했다. 비정상적인 남북 간의 군사적 긴장상태를 완화하지 않으면 핵전쟁의 참화를 면할 수 없으며, 이러한 관점에서 한국에서 개최되는 동계올림픽 경기대회에 대표단을 파견하여, 남북 간의 협력과 교류를 재개하겠다는 전향적 입장을 표명한 것이다. 북조선의 평창올림픽 참가와 더불어 북남 당국의 만남도 언급했다. 김정은 위원장이 평창올림픽을 활용한 적극적 남북 관계 개선 행보를 보인 것은 제6차 핵실험과 미국 본토 전역을 타격할 수 있는 ICBM(Inter-Continental Ballistic Missile, 대륙간탄도미사일)인 화성-15호의 시험발사 성공으로 "핵 무력 완성"을 선언하는 등 군사적 자신감을 바탕으로 한반도의 군사적 긴장상태 해소와 평화적 환경 조성의 필요성을 언급했던 것이다. 문재인 정부의 반응이 의외였다.

- 남조선에서 분노한 각계각층 인민들의 대중적 항쟁에 의하여 파쇼통치와 동족대결에 매달리던 보수 정권이 무너지고 집권세력이 바뀌었으나 북남관계에서 달라진 것이란 아무것도 없다.
- 오히려 남조선 당국은 온 겨레의 통일지향에 역행하여 미국의 대조선 적대시 정책에 추종했다.
- 남조선 당국은 북남관계의 문제를 외부에 들고 다니며 청탁하고 있다.
  남조선 당국은 온겨레의 운명과 이 땅의 평화와 안전을 위협하는 미국의 무모한 북침 핵전쟁 책동에 가담해 정세 격화를 부추겼다.
- 남조선 당국은 지난 보수정권 시기와 다름없이 부당한 구실과 법적 제도적 장치들을 내세워 각 계층 인민들의 접촉과 내왕을 가로막고 남북통일 기운을 억누르고 있다.

남과의 대화제안과 별도로 문 정부 출범 1년간을 보는 북쪽의 시선이다. 어떻게 보면 모욕적이며 굴욕감을 느낄 수 있는 이러한 평가에도 불구하고 문재인 정부는 평화에 방점을 두고 북의 제안을 수용했다.

김정은 위원장이 신년사를 발표한 다음 날, 조명균 통일부 장관은 "오는 9일 판문점에서 고위급 남북당국회담 열자"는 제안을 했다. 그리고 같은 날 청와대 영빈관에서 '나라답게, 정의롭게'라는 주제로 열린 신년 인사회에서 문재인 대통령은 "… 마침 북한 김정은 위원장이 신년사에서 북한 대표단의 평창올림픽 파견과 남북 당국회담의 뜻을 밝혀 왔습니다. 평창올림픽을 남북 관계 개선과 한반도 평화의 획기적인 계기로 만들자는 우리의 제의에 호응한 것으로 평가하고 환영합니다. 정부는 북한의 참가로, 평창올림픽을 평화 올림픽으로 만드는 것은 물론, 남북 평화 구축과 북핵 문제의 평화적 해결로 연결시킬 수 있도록 국제 사회와 협력하며 최선을 다하겠습니다."라는 뜻을 밝혔다.[11] 북측 신년사를 실질적으로 환영한다는 답사를 한 셈이다.

김정은 위원장의 신년사와 그다음 날 문재인 대통령의 답사 이후 남과 북의 대화는 급진전하였다. 2018년 1월 9일 오전 10시 남북 고위급 회담이 판문점 평화의 집에서 시작됐다. 남북이 회담장에서 마주 앉은 것은 2015년 12월 차관급 회담 이후 25개월만으로, 문재인 정부 들어서는 처음이다. 남측 대표단은 조명균 통일부 장관을 수석대표로 해서 천해성 통일부 차관, 노태강 문화체육관광부 제2차관, 안문현 국무총리실 심의관, 김기홍 평창 동계올림픽 및 패럴림픽대회 조직위원회 기획사무차장이 참석했고, 리선권 조국평화통일위원회(조평통) 위원장이 이

11 문 대통령 "정부가 국민의 우산이 되겠다"…'안전한 대한민국' 강조, 「경향신문」, 2018.1.2.

〈 그림314: ① 문재인 대통령이 9일 평창 올림픽스타디움에서 열린 2018 평창동계올림픽 개막식에서 김여정 북한 노동당 중앙위 제1부부장과 악수하고 있다. 김여정 왼쪽에는 김영남 북한 최고인민회의 상임위원장, 문 대통령 옆자리인 마이크 펜스 미국 부대통령 내외는 입장하지 않아 자리가 비어 있고 아베 신조 일본 총리는 앉아 있다.[연합뉴스]ⓒ중앙일보, ② 9일 열린 평창 동계올림픽 개막식에서 남북 선수단이 단일기를 들고 공동입장을 하고 있다.[사진제공—강원미디어센터]ⓒ통일뉴스, ③ 12일 오후 강원 강릉 관동하키센터에서 열린 여자 아이스하키 B조 조별 예선 2차전 남북 단일팀과 스웨덴의 경기. 8대0 패배한 남북단일팀이 응원단을 향해 인사하고 있다.ⓒ뉴시스 · 여성신문 〉

끄는 북측 대표단은 전종수 조평통 부위원장, 원길우 체육성 부상, 황충성 조평통 부장, 리경식 민족올림픽조직위원회 위원 등 5명이었다.[12]

19일에는 평창올림픽 논의에 집중을 둔 차관급 실무회담이 개최되었다. 개회식 공동입장에 대해서도 이날 주요의제로 다루었다.[13] 그리고 사흘 후인 1월 20일, 북조선의 평창동계올림픽 참가 방식이 국제올림픽

12 남북, 25개월 만에 마주 앉았다…고위급회담 10시 판문점서 개시, 「연합뉴스」, 2018.1.9.

13 남북, 오늘 차관급 실무회담…"평창 논의에 집중", 「연합뉴스」, 2018.1.17.

위원회(IOC) 주재로 열린 남북 담판에서 모두 확정됐다. 북한 선수단은 5개 세부종목에 임원 포함 46명으로 결정되었고, 아이스하키 12명 · 피겨 페어 2명 · 쇼트트랙 2명 · 알파인 · 크로스컨트리 3명씩 출전하게 되었다. 올림픽 사상 최초로 결성된 여자 아이스하키 남북단일팀에는 남쪽 23명, 북쪽 12명의 선수로 구성되어 남북단일팀 엔트리는 35명으로 확정됐다.

평창동계올림픽 개 · 폐회식에서 한반도기를 들고 행진하며, 기수는 남북에서 각각 1명씩, 남자 선수 1명과 여자 선수 1명으로 구성된다. 여자 아이스하키 남북단일팀은 한반도 기가 그려진 특별 유니폼을 입는다. 남한의 공식 국가명의 영문 약칭은 'KOR', 북조선의 영문 약칭은 'DPRK'이지만, 단일팀의 영문 축약어는 'COR'이다. IOC는 두 나라의 명칭을 모두 담을 수 있는 불어 'COREE'에서 따와 약칭을 'COR'로 결정한 것이다. 그리고 국가연주는 '아리랑'으로 합의했다.[14]

2018년 2월 9일 오후 1시 46분경, 김정은 북조선 노동당 위원장의 여동생인 김여정 당 중앙위원회 제1부부장과 북한 헌법상 국가 수반인 김영남 최고인민회의 상임위원장, 최휘 국가체육지도위원장, 리선권 조국평화통일위원장 등으로 구성된 올림픽 북조선 고위급 대표단이 인천공항에 도착했다. 통일부의 조명균 장관과 천해성 차관, 남관표 청와대 안보실 2차장이 이들을 영접했다. 이들 대표단은 오후 2시 34분께 공항 연결 KTX 역사로 이동하여 평창행 KTX에 탑승했다.[15]

14 북한 선수 22명 평창올림픽 참가…올림픽 첫 단일팀 확정(종합2보), 「연합뉴스」, 2018.1.20.

15 김영남 · 김여정, PRK-615 편으로 인천공항 도착…방남 일정 돌입(종합), 「연합뉴스」, 2018.2.9.

문재인 대통령은 이날 오후 강원도 용평리조트 블리스힐스테이에서 주최한 각국 정상급 인사들을 대상으로 한 평창 동계올림픽 개회식 리셉션에서 김 상임위원장과 만나 악수를 나누고 김정숙 여사와 함께 기념 사진촬영을 했다. 김영남 북한 최고인민회의 상임위원장과 문 대통령과의 조우는 첫 만남이었고, 기대했던 김여정은 참석하지 않았다.[16] 김여정 제1부부장과 문재인 대통령, 두 사람의 첫 만남은 올림픽스타디움에서 열린 2018 평창동계올림픽 개막식에서 이루어졌다.[17]

10일 오전, 김영남과 김여정은 문재인 대통령과의 회동을 위해 청와대를 방문했다. 이날 오전 10시 59분께 청와대 본관에 도착한 북한 대표단은 김 상임위원장과 김 제1부부장을 비롯해 최휘 국가체육지도위원장과 리선권 조국평화통일위원장 등 모두 4명이었다. 김일성 일가를 일컫는 이른바 '백두혈통'의 일원이 남한을 찾거나 청와대를 방문한 것은 이번이 처음이다. 접견과 오찬에는 임종석 대통령 비서실장, 정의용 국가안보실장, 조명균 통일부 장관, 서훈 국가정보원장이 배석했다.[18]

이날의 하이라이트는 김 제1부부장이 김정은 위원장의 '특사' 자격으로 "문 대통령을 이른 시일 안에 만날 용의가 있다. 편하신 시간에 북을 방문해줄 것을 요청한다"는 초청 의사를 구두로 전달한 뒤 김정은 위원장의 친서를 문 대통령에게 전달하는 장면이었다. 청와대 핵심관계자는 "김 특사는 파란색 파일 속에 있던 친서를 본 다음 문 대통령에게 전달해드렸고, 대통령은 혼자서 보시고는 접어서 부속실장에게 넘겼다"

16 문 대통령, 북한 김영남과 악수하고 기념촬영…평창서 첫 만남(종합)

17 문 대통령, 평창올림픽 개회식장서 北 김여정과 악수, 「연합뉴스」, 2018.2.9.

18 북한 김영남 · 김여정 청와대 방문…문 대통령과 접견 · 오찬(종합), 「연합뉴스」, 2018.2.10.

며 “그 뒤 김 특사가 구두로 김 위원장의 방북 초청 의사를 밝혔다. 친서 내용에 초청의사가 있었는지는 알 수 없다”고 설명했다.

문 대통령의 반응은 조심스러웠다고 한다. 문 대통령은 “앞으로 여건을 만들어 성사시켜 나가자”고 말했다고 김의겸 대변인이 전했다. 청와대 핵심관계자는 “수락이라고 볼 수 있다”고 말했으나, 다른 고위관계자는 “말 그대로 받아들여 달라”며 신중한 입장을 보였다. 대통령이 언급한 ‘여건’의 의미에 대해 청와대 핵심관계자는 기자들에게 “남북 관계 발전을 위해서는 북미대화가 필요한데, 남북 관계로 문제가 다 풀리는 게 아니라 한반도를 둘러싼 전체 환경과 분위기라는 뜻”이라고 설명했다. 이날 만남에서는 핵 또는 비핵화와 관련된 언급이나 한미연합군사훈련, 이산가족상봉, 마이크 펜스 미국 부통령 등에 대한 얘기는 거의 없었던 것으로 알려졌다. 청와대 관계자는 “이날 접견과 오찬은 화기애애하고 우호적인 분위기에서 진행됐다”고 말했다.[19] 김정은 노동당 위원장의 특사 자격으로 방한했던 김여정 노동당 제1부부장을 비롯한 평창 동계올림픽 북한 고위급대표단은 2박 3일간의 일정을 끝내고 2월 11일 밤 북한으로 떠났다.[20]

평창올림픽 이후 급속도로 진행된 남과 북의 대화는 북의 최고지도자가 처음으로 남쪽 땅을 밟는 결실로 나타났다. 2018년 4월 27일 오전 9시 30분, 판문점 군사분계선에서 문재인 대통령과 김정은 북한 국무위원장이 처음으로 손을 맞잡았다. 그리고 두 정상은 손을 잡고 군사분계

19 김정은 "이른 시일 내 방북 요청"…문 대통령 "여건 만들어 성사"(종합2보), 「연합뉴스」, 2018.2.10.

20 김여정 일행, 방한일정 마치고 평양으로 귀환, 「서울신문」, 2018.2.11.

〈 그림315: 시계방향, ① "김 위원장과 역사적인 악수를 하면서 남측으로 오시는데 나는 언제쯤 넘어갈 수 있을까요?" 문재인 대통령의 질문에 김정은 국무위원장은 "그럼 지금 넘어가 볼까요?"라고 답했다. 두 사람이 5센티미터 높이의 군사분계선을 넘어갔다가 되돌아오고 있다. 한국공동사진기자단(4월 27일)ⓒ한겨레, ② 북한 노동신문이 2차 남북정상회담을 크게 보도했다.(5월 26일), 노동신문 캡처ⓒ그린포스트코리아, ③ 문재인 대통령과 김정은 국무위원장의 두 번째 정상회담. 문 대통령은 판문점 북측 통일각에서 김정은 위원장과 2차 남북정상회담을 가졌다.(사진=청와대 제공)ⓒ세계일보 〉

선을 넘었다. 문 대통령은 북쪽 땅을, 김 위원장은 남쪽 땅을 서로 번갈아 밟는 이벤트도 연출하였다.[21] 같은 날 오후, 문 대통령과 김 위원장은 판문점 평화의 집 앞에서 올해 종전선언을 하고 정전협정을 평화협정으로 전환하기로 한 '한반도의 평화와 번영, 통일을 위한 판문점 선언'을 발표했다.[22] 전문은 다음과 같다.

21 문재인-김정은 9시 30분 첫 만남…군사분계선서 손 맞잡아, 「KBS」, 2018.4.27.

22 [판문점 선언] 공동선언 발표하는 남북 정상, 「연합뉴스」, 2018.4.27.

자세히 보기-47

[한(조선)반도의 평화와 번영, 통일을 위한 판문점 선언(4 · 27 선언, 2018.4.27.)]

대한민국 문재인 대통령과 조선민주주의인민공화국 김정은 국무위원장은 평화와 번영, 통일을 염원하는 온 겨레의 한결같은 지향을 담아 한반도에서 역사적인 전환이 일어나고 있는 뜻깊은 시기에 2018년 4월 27일 판문점 평화의 집에서 남북정상회담을 진행하였다.

양 정상은 한반도에 더 이상 전쟁은 없을 것이며 새로운 평화의 시대가 열리었음을 8천만 우리 겨레와 전 세계에 엄숙히 천명하였다.

양 정상은 냉전의 산물인 오랜 분단과 대결을 하루빨리 종식시키고 민족적 화해와 평화번영의 새로운 시대를 과감하게 열어나가며 남북 관계를 보다 적극적으로 개선하고 발전시켜 나가야 한다는 확고한 의지를 담아 역사의 땅 판문점에서 다음과 같이 선언하였다.

1. 남과 북은 남북 관계의 전면적이며 획기적인 개선과 발전을 이룩함으로써 끊어진 민족의 혈맥을 잇고 공동번영과 자주통일의 미래를 앞당겨 나갈 것이다.

남북 관계를 개선하고 발전시키는 것은 온 겨레의 한결같은 소망이며 더 이상 미룰 수 없는 시대의 절박한 요구이다.

① 남과 북은 우리 민족의 운명은 우리 스스로 결정한다는 민족 자주의 원칙을 확인하였으며 이미 채택된 남북 선언들과 모든 합의들을 철저히 이행함으로써 관계 개선과 발전의 전환적 국면을 열어나가기로 하였다.

② 남과 북은 고위급 회담을 비롯한 각 분야의 대화와 협상을 빠른 시일 안에 개최하여 정상회담에서 합의된 문제들을 실천하기 위한 적극적인 대책을 세워나가기로 하였다.

③ 남과 북은 당국 간 협의를 긴밀히 하고 민간교류와 협력을 원만히 보장하기 위하여 쌍방 당국자가 상주하는 남북 공동연락사무소를 개성지역에 설치하기로 하였다.

④ 남과 북은 민족적 화해와 단합의 분위기를 고조시켜 나가기 위하여 각계각층의 다방면적인 협력과 교류 왕래와 접촉을 활성화하기로 하였다.

안으로는 6 · 15를 비롯하여 남과 북에 다 같이 의의가 있는 날들을 계기로 당국과 국회, 정당, 지방자치단체, 민간단체 등 각계각층이 참가하는 민족공동행사를 적극 추진하여 화해와 협력의 분위기를 고조시키며, 밖으로는 2018년 아시아경기대회를 비롯한 국제경기들에 공동으로 진출하여 민족의 슬기와 재능, 단합된 모습을 전 세계에 과시하기로 하였다.

⑤ 남과 북은 민족 분단으로 발생된 인도적 문제를 시급히 해결하기 위하여 노력하며, 남북 적십자회담을 개최하여 이산가족 · 친척상봉을 비롯한 제반 문제들을 협의 해결해 나가기로 하였다.

당면하여 오는 8 · 15를 계기로 이산가족 · 친척 상봉을 진행하기로 하였다.

⑥ 남과 북은 민족경제의 균형적 발전과 공동번영을 이룩하기 위하여 10 · 4 선언에서 합의된 사업들을 적극 추진해 나가며 1차적으로 동해선 및 경의선 철도와 도로들을 연결하고 현대화하여 활용하기 위한 실천적 대책들을 취해나가기로 하였다.

2. 남과 북은 한반도에서 첨예한 군사적 긴장상태를 완화하고 전쟁 위험을 실질적으로 해소하기 위하여 공동으로 노력해 나갈 것이다.

한반도의 군사적 긴장상태를 완화하고 전쟁위험을 해소하는 것은 민족의 운명과 관련되는 매우 중대한 문제이며 우리 겨레의 평화롭고 안정된 삶을 보장하기 위한 관건적인 문제이다.

① 남과 북은 지상과 해상, 공중을 비롯한 모든 공간에서 군사적 긴장과 충돌의 근원으로 되는 상대방에 대한 일체의 적대행위를 전면 중지하기로 하였다.

당면하여 5월 1일부터 군사분계선 일대에서 확성기 방송과 전단 살포를 비롯한 모든 적대 행위들을 중지하고 그 수단을 철폐하며, 앞으로 비무장지대를 실질적인 평화지대로 만들어 나가기로 하였다.

② 남과 북은 서해 북방한계선 일대를 평화수역으로 만들어 우발적인 군사적 충돌을 방지하고 안전한 어로 활동을 보장하기 위한 실제적인 대책을 세워나가기로 하였다.

③ 남과 북은 상호협력과 교류, 왕래와 접촉이 활성화되는 데 따른 여러 가지 군사적 보장대책을 취하기로 하였다.

남과 북은 쌍방 사이에 제기되는 군사적 문제를 지체 없이 협의 해결하기 위하여 국방부장관회담을 비롯한 군사당국자회담을 자주 개최하며 5월 중에 먼저 장성급 군사회담을 열기로 하였다.

남과 북은 한반도의 항구적이며 공고한 평화체제 구축을 위하여 적극 협력해 나갈 것이다.

3. 한반도에서 비정상적인 현재의 정전상태를 종식시키고 확고한 평화체제를 수립하는 것은 더 이상 미룰 수 없는 역사적 과제이다.

① 남과 북은 그 어떤 형태의 무력도 서로 사용하지 않을 때 대한 불가침 합의를 재확인하고 엄격히 준수해 나가기로 하였다.

② 남과 북은 군사적 긴장이 해소되고 서로의 군사적 신뢰가 실질적으로 구축되는 데 따라 단계적으로 군축을 실현해 나가기로 하였다.

③ 남과 북은 정전협정체결 65년이 되는 올해에 종전을 선언하고 정전협정을 평화협정으로 전환하며 항구적이고 공고한 평화체제 구축을 위한 남 · 북 · 미 3자 또는 남 · 북 · 미 · 중 4자회담 개최를 적극 추진해 나가기로 하였다.

④ 남과 북은 완전한 비핵화를 통해 핵 없는 한반도를 실현한다는 공동의 목표를 확인하였다.

남과 북은 북측이 취하고 있는 주동적인 조치들이 한반도 비핵화를 위해 대단히 의의 있고 중대한 조치라는 데 인식을 같이 하고 앞으로 각기 자기의 책임과 역할을 다하기로 하였다.

남과 북은 한반도 비핵화를 위한 국제사회의 지지와 협력을 위해 적극 노력해 나가기로 하였다.

양 정상은 정기적인 회담과 직통전화를 통하여 민족의 중대사를 수시로 진지하게 논의하고 신뢰를 굳건히 하며, 남북 관계의 지속적인 발전과 한반도의 평화와 번영, 통일을 향한 좋은 흐름을 더욱 확대해 나가기 위하여 함께 노력하기로 하였다.

당면하여 문재인 대통령은 올해 가을 평양을 방문하기로 하였다.

2018년 4월 27일 판문점

대한민국

대통령

문재인

Moon Jae In Signature.svg

조선민주주의인민공화국

국무위원회 위원장

김정은

Kim Jong-un Signature.svg

'판문점 선언'의 주요 내용은 ① 북한의 완전한 비핵화 및 핵 없는 한반도 실현, ② 문재인 대통령 평양 방문 및 회담 정례화, ③ 남북 공동연락사무소 개성지역 설치 및 쌍방 당국자 상주, ④ 모든 적대행위 중지 및 비무장 지대를 평화지대로 구축, ⑤ 8 · 15 이산가족 상봉, ⑥ 동해선 및 경의선 철도와 도로 연결 등이다.

이번 선언을 통해, 두 정상은 한반도의 통일과 번영을 위한 구체적 청사진을 제시했다. 선언문에서 완전한 비핵화 및 적대행위 금지를 명시함으로써 종전선언에 한 걸음 더 다가가 항구적인 평화체제를 위한 기틀을 마련했다. 또 철도 연결과 평화수역 설정을 명시함으로써 남북관계를 전면적이고 획기적으로 개선했으며, 공동 번영의 발판을 마련했다.[23]

2018년 남북정상회담에 전 세계의 이목이 집중된 것은 한반도의 비핵화라는 파격적인 선언과 별도로 트럼프가 주목할 발언을 했기 때문이다. 도널드 트럼프 미국 대통령은 4월 27일(현지 시간), 5월 말 또는 6월 초를 목표로 추진 중인 북미정상회담 개최 후보지와 관련해 "우리는 (회담) 장소와 관해서는 두 개 나라까지 줄었다"고 말함으로써 북조선과의 정상회담을 기정사실화했다. 트럼프 대통령은 북미정상회담 전망에 대해서는 "어떤 매우 좋은 일들이 생길 수 있다", "매우 극적인 일이 일어날 수 있다", "만남을 고대한다. 만남은 꽤 대단할 것이다." 등의 긍정적 전망을 드러냈다. 그리고 "김정은과 몇 주 내에 만날 것이고 만남이 생산적이길 희망한다"면서 "우리는 한국국민뿐 아니라 세계인의 더 밝은 미래를 여는 한반도 전체의 평화와 번영, 화합의 미래를 추구한다"고 말했다.[24] 이제 한반도는 대전환의 시작으로 접어든 것으로 보였다.

5월 26일, 문재인 대통령과 김정은 국무위원장이 두 번째 남북정상회

23 남북정상회담, 《한국민족문화대백과사전》

24 트럼프 "북미회담 후보 2개국…남북이 밝힌 비핵화 목표에 고무"(종합2보), 「연합뉴스」, 2018.4.28.

담을 판문점 북측지역 통일각에서 개최했다. 예정에 없던 회담이었고, 정상회담은 극비리에 진행되었다. 청와대에서도 소수 인원만 알고 있을 정도로 보안은 철저했다. 이날 두 정상은 오후 3시 통일각 회담장에서 시작된 남북정상회담은 2시간 가까이 이어졌다. 서훈 국가정보원장과 북한 노동당 중앙위원회 김영철 부위원장 겸 통일전선부장이 배석했다.[25]

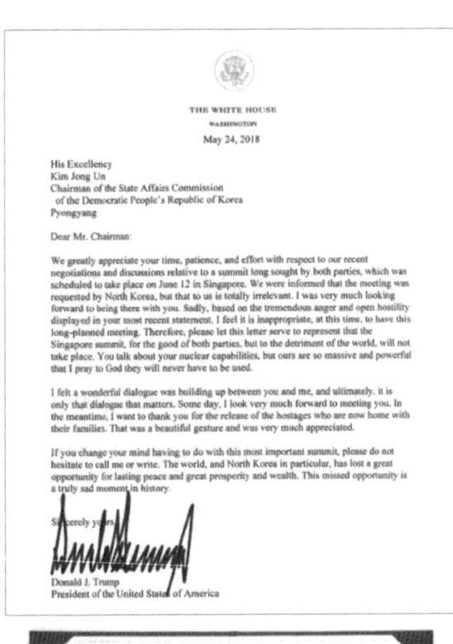

THE WHITE HOUSE
WASHINGTON
May 24, 2018

His Excellency
Kim Jong Un
Chairman of the State Affairs Commission
of the Democratic People's Republic of Korea
Pyongyang

Dear Mr. Chairman:

We greatly appreciate your time, patience, and effort with respect to our recent negotiations and discussions relative to a summit long sought by both parties, which was scheduled to take place on June 12 in Singapore. We were informed that the meeting was requested by North Korea, but that to us is totally irrelevant. I was very much looking forward to being there with you. Sadly, based on the tremendous anger and open hostility displayed in your most recent statement, I feel it is inappropriate, at this time, to have this long-planned meeting. Therefore, please let this letter serve to represent that the Singapore summit, for the good of both parties, but to the detriment of the world, will not take place. You talk about your nuclear capabilities, but ours are so massive and powerful that I pray to God they will never have to be used.

I felt a wonderful dialogue was building up between you and me, and ultimately, it is only that dialogue that matters. Some day, I look very much forward to meeting you. In the meantime, I want to thank you for the release of the hostages who are now home with their families. That was a beautiful gesture and was very much appreciated.

If you change your mind having to do with this most important summit, please do not hesitate to call me or write. The world, and North Korea in particular, has lost a great opportunity for lasting peace and great prosperity and wealth. This missed opportunity is a truly sad moment in history.

Sincerely yours,

Donald J. Trump
President of the United States of America

We are having very productive talks with North Korea about reinstating the Summit which, if it does happen, will likely remain in Singapore on the same date, June 12th., and, if necessary, will be extended beyond that date.

9:37 AM - 26 May 2018

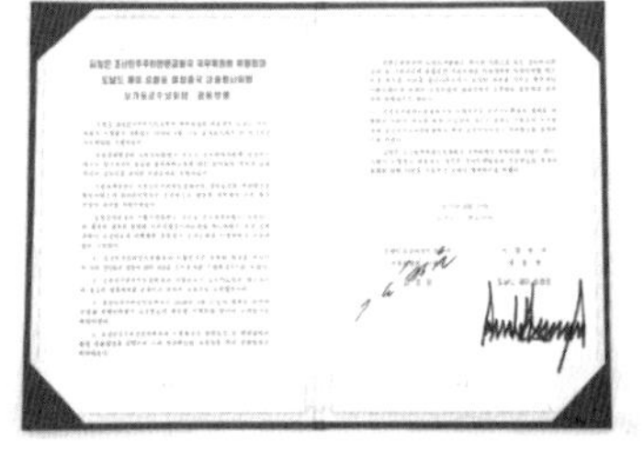

< 그림316: 시계방향, ① "미북 정상회담이 지금은 부적절하다"고 김정은 북한 국무위원장에게 전한 트럼프 대통령의 공개서한 전문(5월 24일)ⓒ월간조선, ② 북미 정상회담을 한다면 싱가포르서 다음 달 12일 열릴 것이라고 밝힌 트럼프의 트위터(5월 26일)ⓒKBS, ③ 6월 12일 김정은 북한 국무위원장과 도널드 트럼프 미국 대통령이 싱가포르 센토사 섬 카펠라 호텔에서 북미정상회담 합의문에 서명하고 있다ⓒ뉴시스 · 여성신문, ④ 북미정상회담 합의문ⓒ뉴시스 >

25 문재인-김정은 통일각에서 깜짝 2차 남북정상회담 개최, 「세계뉴스」, 2018.5.26.

2018년 6월 12일 현지 시간 오전 9시 싱가포르 카펠라 호텔에서 역사상 최초로 북미 정상 간 정상회담이 이루어졌다. 회담 이후에 두 정상 간 합의문이 발표되었으며, 완전비핵화 · 평화체제 · 관계 정상화 · 유해송환 등 4개 항에 합의하였다.[26] 6 · 12 북미정상회담은 그 역사적 의미만큼 성사되기까지 험난한 여정을 거쳤다. 간략히 그동안의 과정을 정리해 보자.[27]

① 2016년 대통령 선거 과정에서 트럼프, 고립주의(isolationism) 대외정책을 천명

② 2016년 5월, 트럼프 공화당 후보 "김정은과 대화할 수 있다. 그와 대화하는데 아무 문제도 없다."라는 발언을 함

③ 6월, "김정은이 미국에 온다면 만나겠다. 김정은과 회의 테이블에서 햄버거를 먹으며 협상할 것이다. 북한과 절대로 대화하지 않을 것이라고 말하는 것은 어리석은 일이다."라고 함 → 북조선은 이를 반기면서 "트럼프 후보는 막말 후보나 괴짜 후보, 무식한 정치인이 아니라 현명한 정치인이고 선견지명이 있는 대통령 후보감이다."라고 치켜세움

④ 2017년 1월, 전임 오바마 행정부가 북한에 대해 '전략적 인내' 정책을 추진한 것과 달리 트럼프 행정부는 북한에 대해 '강력한 압박정책'을 추진함.

⑤ 트럼프 대통령, 금세라도 북한을 폭격할 듯한 '코피 터뜨리기(bloody nose)'를 포함한 '미치광이 전술(madman strategy)'을 펼침 → 김정은, 괌뿐만 아니라 미

26 北美 완전비핵화 · 평화체제 · 관계 정상화 · 유해송환 4개 항 합의(3보), 「연합뉴스」, 2018.6.12.

27 〈이재봉, 남한-북한-미국 정상회담을 통한 한반도 평화 구축, 한국종교 제45집, 2019 및 권택광, 트럼프 행정부의 대북정책: 압박과 개입의 딜레마, 건국대학교 정책학 박사학위 논문, 2020〉 참조

국 본토까지 때릴 수 있다고 하며 '벼랑 끝 전술(brinkmanship)'을 전개함

⑥ 9월, 북조선 수소폭탄시험 성공

⑦ 11월, 대륙간탄도미사일(ICBM) 시험 성공→ '핵 무력 완성' 선포

⑧ 2018년 1월 1일, 김정은 국무위원장의 신년사→ '남북 관계 개선' '평화 추구' 호소

⑨ 2월 10일, 평창올림픽 참여 차 방한한 김여정, 문 대통령에게 김정은의 친서 전달

⑩ 3월 초, 정의용 국가안보실장이 트럼프 대통령에게 김정은 위원장의 비핵화 의지전달

⑪ 북조선 → 한미공군의 연합훈련 비난, 존 볼턴 국가안보보좌관의 대북발언 비난, 남북고위급 회담 중단

⑫ 4월 27일, 남과 북 '판문점 선언' 발표

⑬ 5월 22일, 워싱턴에서 제4차 문재인-트럼프 정상회담 개최

⑭ 5월 24일, 함경북도 길주군 풍계리 핵실험장 폭파

⑮ 5월 24일, 최선희 북조선 외무성 부상 "미국이 우리의 선의를 모독하고 계속 불법 무도하게 나오는 경우 조미 수뇌회담을 재고려할 데 대한 문제를 최고 지도부에 제기할 것"이라고 위협하면서, 마이크 펜스 미국 부통령을 "정치적 얼간이, 아둔한 얼뜨기" 등으로 인신공격함[28]

⑯ 5월 24일, 트럼프 미 대통령 미 · 북 정상회담 취소

⑰ 5월 26일, 제2차 문재인-김정은 회담

28 최선희의 펜스 부통령 막말 비난은 펜스 부통령이 Fox News 마사 맥칼럼과 인터뷰에서 북한 비핵화와 관련하여 '리비아 모델'을 언급한 데 대한 반발 차원이었다. 리비아 모델은 '선 비핵화, 후 보상'을 뼈대로 한 방식으로, 북조선은 리비아 모델 언급을 체제 전복 의도라며 강력하게 반발했다. 〈「조선중앙통신」, 2018.5.24.〉

⑱ 5월 26일, 트럼프 북미 정상회담을 한다면 싱가포르서 다음 달 12일 열릴 것 이라고 트위터를 통해 밝힘

⑲ 6월 12일, 최초의 북미정상회담 개최(싱가포르)

트럼프의 대북조선정책은 성사-취소-재성사로 숨 가빴던 2018년 5월 이전부터 여러 차례 반복되었음을 알 수 있다. 압박과 개입정책이 상황에 따라 전환되었다는 얘기다. 가장 큰 문제는 펜스 부통령, 매티스 국방부 장관, 켈리 비서실장 등이 대북 강경파인 볼턴 국가안보보좌관의 의견에 대부분 동의하고 있었다는 점이다. 폼페이오 국무장관 정도만 대통령의 정치적 의도에 맞서 적극적으로 저지할 생각이 없었다. 행정부 내의 주요 각료들이 대통령의 정책에 제동을 걸고 있는 것이 대통령 트럼프가 처한 현실이었던 것이다.

아무튼, 트럼프 대통령의 정치적 의지에 의해 싱가포르 북미 정상회담은 개최되었고, 2018년 6월 12일 김정은 북한 국무위원장과 도널드 트럼프 미국 대통령이 싱가포르 센토사 섬 카펠라 호텔에서 북미정상회담 합의문에 서명했다. 아래에 북-미 공동선언문 전문을 소개한다.

자세히 보기-48

[김정은 조선민주주의인민공화국 국무위원회 위원장과 도널드 제이 · 트럼프 미합중국 대통령 사이의 싱가포르 수뇌회담 공동성명(2018.6.12.)]

김정은 조선민주주의인민공화국 국무위원회 위원장과 도널드 제이 · 트럼프 미합중국 대통령은 2018년 6월 12일 싱가포르에서 첫 역사적인 수뇌회담을 진행하였다.

김정은 위원장과 트럼프 대통령은 새로운 조미관계수립과 조선반도에서의 항구적이며 공고한 평화체제구축에 관한 문제들에 대하여 포괄적이며 심도 있고 솔직한 의견교환을 진행하였다.

트럼프 대통령은 조선민주주의인민공화국에 안전담보를 제공할 것을 확언하였으며 김정은 위원장은 조선반도의 완전한 비핵화에 대한 확고부동한 의지를 재확인하였다.

김정은 위원장과 트럼프 대통령은 새로운 조미관계수립이 조선반도와 세계의 평화와 번영에 이바지할 것이라는 것을 확신하면서, 호상 신뢰구축이 조선반도의 비핵화를 추동할 수 있다는 것을 인정하면서 다음과 같이 성명한다.

1. 조선민주주의인민공화국과 미합중국은 평화와 번영을 바라는 두 나라 인민들의 염원에 맞게 새로운 조미관계를 수립해나가기로 하였다.

2. 조선민주주의인민공화국과 미합중국은 조선반도에서 항구적이며 공고한 평화체제를 구축하기 위하여 공동으로 노력할 것이다.

3. 조선민주주의인민공화국은 2018년 4월 27일에 채택된 판문점 선언을 재확인하면서 조선반도의 완전한 비핵화를 향하여 노력할 것을 확약하였다.

4. 조선민주주의인민공화국과 미합중국은 전쟁포로 및 행방불명자들의 유골발굴을 진행하며 이미 발굴확인 된 유골들을 즉시 송환할 것을 확약하였다.

김정은 위원장과 트럼프 대통령은 역사상 처음으로 되는 조미 수뇌회담이 두 나라 사이에 수십 년간 지속되어 온 긴장상태와 적대관계를 해소하고 새로운 미래를 열어나가는 데서 커다란 의의를 가지는 획기적인 사변이라는 데 대하여 인정하면서 공동성명의 조항들을 완전하고 신속하게 이행하기로 하였다.

조선민주주의인민공화국과 미합중국은 조미 수뇌회담의 결과를 이행하기 위하여 가능한 빠른 시일 안에 마이크 폼페이오 미합중국 국무장관과 조선민주주의인민공화국 해당 고위 인사 사이의 후속협상을 진행하기로 하였다.

김정은 조선민주주의인민공화국 국무위원회 위원장과 도널드 제이 · 트럼프 미합중국 대통령은 새로운 조미 관계 발전과 조선반도와 세계의 평화와 번영, 안전을 추동하기 위하여 협력하기로 하였다.

2018년 6월 12일

싱가포르 센토사 섬

조선민주주의인민공화국 국무위원회 위원장

김정은

미합중국 대통령

도널드 제이 · 트럼프

회담장으로 이동한 양 정상은 각각 통역사만 대동한 채 약 35분 동안 단독 회담을 실시했다. 단독 회담이 종료된 뒤에는 양측 참모진이 배석하는 확대 정상회담이 곧바로 진행됐다. 미국 측에서는 ▷마이크 폼페이오 국무장관, 존 볼턴 백악관 국가안보보좌관, 존 켈리 대통령 비서실장이 배석했으며 북측에서는 ▷김영철 노동당 부위원장 겸 통일전선부장, 리수용 당 중앙위 부위원장, 리용호 외무상이 각각 배석했다. 양 정상이 합의한 사항은 ▷완전한 비핵화 ▷평화체제 보장 ▷북미 관계 정상화 추진 ▷6 · 25 전쟁 전사자 유해송환 등 4개 항이다. 마지막 순간까지 가장 논쟁이 된 것은 미국이 비핵화의 원칙으로 제시한 "완전하고 검증 가능하며 불가역적인 폐기(Complete, Verifiable and Irreversible Dismantlement: CVID)"의 명기 여부였다.

그러나 과거 6자회담 때도 북한은 CVID 원칙을 받아들일 수 없다는 것을 명확히 했다. 당시 북조선은 "CVID는 패전국에만 강요하는 주장으로 우리(북조선)의 평화적인 핵 계획을 송두리째 말살하는 굴욕적인 것"이라며 "CVID 용어를 사용하지 말아 달라"고 요구한 바 있다. 더구나 'CVID'라고 하는 용어 자체가 2003년 12월에 리비아가 핵을 포기할 때 처음 사용됐기 때문에 북한으로서는 받아들일 수 없는 것이었다. 2005년 4차 6자회담 2단계 회의에서 채택된 '9 · 19 공동성명'에서도 CVID 원칙은 "한반도의 검증 가능한 비핵화"와 "(북조선의) 모든 핵무

기와 현존하는 핵 계획을 포기"한다는 표현으로 정리되었다.[29]

〈 그림317: ① 문재인 대통령이 9월 19일 밤 평양 5 · 1경기장에서 열린 '빛나는 조국'을 관람한 뒤 평양 시민들 앞에서 연설하고 있다.ⓒ평양사진공동취재단, ② 문재인 대통령과 김정은 북한 국무위원장이 20일 백두산 장군봉에서 천지를 배경 삼아 손을 맞잡고 있다.ⓒ조선일보 〉

1차 정상회담에서 합의를 본 바에 따라 9월 문재인이 방북하여 평양에서 김정은과 세 번째 정상회담을 진행했다. 대한민국과 조선민주주의인민공화국 간의 다섯 번째 정상회담인 2018년 제3차 남북정상회담(북남 수뇌 상봉)은 8명의 정부인사(서훈 국가정보원장, 조명균 통일부 장관, 강경화 외교부 장관, 송영무 국방부 장관, 도종환 문화체육관광부 장관, 김현미 국토교통부 장관, 김영춘 해양수산부 장관, 김재현 산림청장)와 6명의 청와대 인사(정의용 국가안보실장, 김현철 경제보좌관, 주영훈 대통령 경호처장, 김의겸 대변인, 김종천 의전 비서관, 윤건영 국정기획상황실장) 등 공식수행원 외 정당대표 3명, 지방자치단체장(2명), 경제인(17명), 남북정상회담 자문단 · 학계(9명), 노동계(2명), 시민사회(4명), 종교계(4명), 문화예술체육계(10명), 청년(1명) 등이 특별수행원으로 동행

29 정창현, 2018년 남북 · 북미정상회담과 남북연합, 「역사와 현실」 제108호, 한국역사연구회, 2018년 6월호

했다. 특히 청와대가 여야 5당(더불어민주당, 자유한국당, 바른미래당, 민주평화당, 정의당) 대표의 참가를 요청했으나 자유한국당 (김병준 비상대책위원장)과 바른미래당(손학규 대표)은 거절했다.[30]

18일 평양에 도착하자마자 북조선의 김정은 위원장과 정상회담을 하고, 19일 저녁 평양 능라도 5 · 1경기장에서 열린 대집단체조를 관람한 뒤, 문재인 대통령은 15만 평양시민을 대상으로 7분간 공개연설을 하고, 20일엔 두 정상이 백두산을 오르는 파격적인 행보를 보였다. 곧 한반도에 평화와 통일이 이루어질 것 같은 분위기가 느껴지고도 남았다. 문재인 대통령의 5 · 1경기장 연설은 북한 동포들뿐만 아니라 재외동포의 심금을 울릴 만한 명연설이라는 평가를 받았다고 한다. 문 대통령의 연설은 4 · 27 판문점 정상회담을 상기하고, 이번 평양 방문 소감과 더불어 우리 민족이 앞으로 나아갈 길을 준엄하게 제안하는 것으로 이루어졌다.[31] 다음은 "9월 평양 공동선언"과 "역사적인 판문점 선언 이행을 위한 군사분야 합의서"의 전문이다.

자세히 보기–49

[9월 평양 공동선언(2018.9.19.)]

대한민국 문재인 대통령과 조선민주주의인민공화국 김정은 국

30 靑, 한국 · 바른미래 거부에도 '국회에 방북 동행' 제안 왜?, 「연합뉴스」, 2018.9.10.

31 문재인 대통령 "우리 민족은 함께 살아야 합니다." 평양 능라도 연설, 「ekw동포세계신문」, 2018.9.30.

무위원장은 2018년 9월 18일부터 20일까지 평양에서 남북정상회담을 진행하였다.

양 정상은 역사적인 판문점 선언 이후 남북 당국 간 긴밀한 대화와 소통, 다방면적 민간교류와 협력이 진행되고, 군사적 긴장완화를 위한 획기적인 조치들이 취해지는 등 훌륭한 성과들이 있었다고 평가하였다.

양 정상은 민족자주와 민족자결의 원칙을 재확인하고, 남북 관계를 민족적 화해와 협력, 확고한 평화와 공동번영을 위해 일관되고 지속적으로 발전시켜 나가기로 하였으며, 현재의 남북 관계 발전을 통일로 이어갈 것을 바라는 온 겨레의 지향과 여망을 정책적으로 실현하기 위하여 노력해 나가기로 하였다. 양 정상은 판문점 선언을 철저히 이행하여 남북 관계를 새로운 높은 단계로 진전시켜 나가기 위한 제반 문제들과 실천적 대책들을 허심탄회하고 심도 있게 논의하였으며, 이번 평양 정상회담이 중요한 역사적 전기가 될 것이라는 데 인식을 같이하고 다음과 같이 선언하였다.

1. 남과 북은 비무장지대를 비롯한 대치 지역에서의 군사적 적대관계 종식을 한반도 전 지역에서의 실질적인 전쟁위험 제거와 근본적인 적대관계 해소로 이어나가기로 하였다.

① 남과 북은 이번 평양정상회담을 계기로 체결한 「판문점 선언 군사분야 이행합의서」를 평양 공동선언의 부속합의서로

채택하고 이를 철저히 준수하고 성실히 이행하며, 한반도를 항구적인 평화지대로 만들기 위한 실천적 조치들을 적극 취해나가기로 하였다.

② 남과 북은 남북군사공동위원회를 조속히 가동하여 군사분야 합의서의 이행실태를 점검하고 우발적 무력충돌 방지를 위한 상시적 소통과 긴밀한 협의를 진행하기로 하였다.

2. 남과 북은 상호호혜와 공리 공영의 바탕 위에서 교류와 협력을 더욱 증대시키고, 민족경제를 균형적으로 발전시키기 위한 실질적인 대책들을 강구해 나가기로 하였다.

① 남과 북은 금년 내 동, 서해선 철도 및 도로 연결을 위한 착공식을 갖기로 하였다.

② 남과 북은 조건이 마련되는 데 따라 개성공단과 금강산관광사업을 우선 정상화하고, 서해경제 공동특구 및 동해관광 공동특구를 조성하는 문제를 협의해 나가기로 하였다.

③ 남과 북은 자연 생태계의 보호 및 복원을 위한 남북 환경협력을 적극 추진하기로 하였으며, 우선적으로 현재 진행 중인 산림분야 협력의 실천적 성과를 위해 노력하기로 하였다.

④ 남과 북은 전염성 질병의 유입 및 확산 방지를 위한 긴급조치를 비롯한 방역 및 보건·의료 분야의 협력을 강화하기로 하였다.

3. 남과 북은 이산가족 문제를 근본적으로 해결하기 위한 인도적 협력을 더욱 강화해나가기로 하였다.

① 남과 북은 금강산 지역의 이산가족 상설면회소를 빠른 시일 내 개소하기로 하였으며, 이를 위해 면회소 시설을 조속히

복구하기로 하였다.

② 남과 북은 적십자 회담을 통해 이산가족의 화상 상봉과 영상편지 교환 문제를 우선적으로 해결해나가기로 하였다.

4. 남과 북은 화해와 단합의 분위기를 고조시키고 우리 민족의 기개를 내외에 과시하기 위해 다양한 분야의 협력과 교류를 적극 추진하기로 하였다.

① 남과 북은 문화 및 예술분야의 교류를 더욱 증진시켜 나가기로 하였으며, 우선적으로 10월 중에 평양예술단의 서울공연을 진행하기로 하였다.

② 남과 북은 2020년 하계올림픽경기대회를 비롯한 국제경기들에 공동으로 적극 진출하며, 2032년 하계올림픽의 남북 공동개최를 유치하는 데 협력하기로 하였다.

③ 남과 북은 10 · 4 선언 11주년을 뜻깊게 기념하기 위한 행사들을 의의 있게 개최하며, 3 · 1 운동 100주년을 남북이 공동으로 기념하기로 하고, 그를 위한 실무적인 방안을 협의해나가기로 하였다.

5. 남과 북은 한반도를 핵무기와 핵 위협이 없는 평화의 터전으로 만들어나가야 하며 이를 위해 필요한 실질적인 진전을 조속히 이루어나가야 한다는 데 인식을 같이하였다.

① 북측은 동창리 엔진시험장과 미사일 발사대를 유관국 전문가들의 참관하에 우선 영구적으로 폐기하기로 하였다.

② 북측은 미국이 6.12 북미 공동성명의 정신에 따라 상응 조치를 취하면 영변 핵시설의 영구적 폐기와 같은 추가적인 조치를 계속 취해나갈 용의가 있음을 표명하였다.

③ 남과 북은 한반도의 완전한 비핵화를 추진해나가는 과정에서 함께 긴밀히 협력해나가기로 하였다.

김정은 국무위원장은 문재인 대통령의 초청에 따라 가까운 시일 내로 서울을 방문하기로 하였다.

2018년 9월 19일
대한민국
대통령
문재인
Moon Jae In Signature.svg

조선민주주의인민공화국
국무위원회 위원장
김정은
Kim Jong-un Signature.svg

==

[역사적인 판문점 선언 이행을 위한 군사분야 합의서]

남과 북은 한반도에서 군사적 긴장 상태를 완화하고 신뢰를 구축하는 것이 항구적이며 공고한 평화를 보장하는 데 필수적이라는 공통된 인식으로부터 한반도의 평화와 번영, 통일을 위한 판문점 선언을 군사적으로 철저히 이행하기 위하여 다음과 같이 포괄적으로 합의하였다.

1. 남과 북은 지상과 해상, 공중을 비롯한 모든 공간에서 군사적 긴장과 충돌의 근원으로 되는 상대방에 대한 일체의 적대행위를 전면 중지하기로 하였다.

① 쌍방은 지상과 해상, 공중을 비롯한 모든 공간에서 무력 충돌을 방지하기 위해 다양한 대책을 강구하였다.

쌍방은 군사적 충돌을 야기할 수 있는 모든 문제를 평화적 방법으로 협의 · 해결하며, 어떤 경우에도 무력을 사용하지 않기로 하였다.

쌍방은 어떠한 수단과 방법으로도 상대방의 관할구역을 침입 또는 공격하거나 점령하는 행위를 하지 않기로 하였다.

쌍방은 상대방을 겨냥한 대규모 군사훈련 및 무력증강 문제, 다양한 형태의 봉쇄 차단 및 항행방해 문제, 상대방에 대한 정찰행위 중지 문제 등에 대해 '남북군사공동위원회'를 가동하여 협의해 나가기로 하였다.

쌍방은 군사적 긴장 해소 및 신뢰구축에 따라 단계적 군축을 실현해 나가기로 합의한 '판문점 선언'을 구현하기 위해 이와 관련된 다양한 실행 대책들을 계속 협의하기로 하였다.

② 쌍방은 2018년 11월 1일부터 군사분계선 일대에서 상대방을 겨냥한 각종 군사연습을 중지하기로 하였다.

지상에서는 군사분계선으로부터 5km 안에서 포병 사격훈련 및 연대급 이상 야외 기동훈련을 전면 중지하기로 하였다.

해상에서는 서해 남측 덕적도 이북으로부터 북측 초도 이남까지의 수역, 동해 남측 속초 이북으로부터 북측 통천 이남까지의 수역에서 포사격 및 해상 기동훈련을 중지하고 해안포와 함포의 포구 포신 덮개 설치 및 포문폐쇄 조치를 취하기로 하였다.

공중에서는 군사분계선 동 서부 지역 상공에 설정된 비행금지구역 내에서 고정익 항공기의 공대지 유도무기 사격 등 실탄사격을 동반한 전술훈련을 금지하기로 하였다.

③ 쌍방은 2018년 11월 1일부터 군사분계선 상공에서 모든 기종들의 비행금지구역을 다음과 같이 설정하기로 하였다.

고정익 항공기는 군사분계선으로부터 동부지역(군사분계선 표식물 제0646호부터 제1292호까지의 구간)은 40km, 서부지역(군사분계선 표식물 제0001호부터 제0646호까지의 구간)은 20km를 적용하여 비행금지구역을 설정한다.

회전익항공기는 군사분계선으로부터 10km로, 무인기는 동부지역에서 15km, 서부지역에서 10km로, 기구는 25km로 적용한다.

다만, 산불 진화, 지 · 해상 조난 구조, 환자 후송, 기상관측, 영농지원 등으로 비행기 운용이 필요한 경우에는 상대 측에 사전 통보하고 비행할 수 있도록 한다. 민간 여객기(화물기 포함)에 대해서는 상기 비행금지구역을 적용하지 않는다.

④ 쌍방은 지상과 해상, 공중을 비롯한 모든 공간에서 어떠한 경우에도 우발적인 무력충돌 상황이 발생하지 않도록 대책

을 취하기로 하였다.

이를 위해 지상과 해상에서는 경고방송 → 2차 경고방송 → 경고사격 → 2차 경고사격 → 군사적 조치의 5개 단계로, 공중에서는 경고교신 및 신호 → 차단비행 → 경고사격 → 군사적 조치의 4개 단계의 절차를 적용하기로 하였다.

쌍방은 수정된 절차를 2018년 11월 1일부터 시행하기로 하였다.

⑤ 쌍방은 지상과 해상, 공중을 비롯한 모든 공간에서 어떠한 경우에도 우발적 충돌이 발생하지 않도록 상시 연락체계를 가동하며, 비정상적인 상황이 발생하는 경우 즉시 통보하는 등 모든 군사적 문제를 평화적으로 협의하여 해결하기로 하였다.

2. 남과 북은 비무장지대를 평화지대로 만들어 나가기 위한 실질적인 군사적 대책을 강구하기로 하였다.

① 쌍방은 비무장지대 안에 감시초소(GP)를 전부 철수하기 위한 시범적 조치로 상호 1km 이내 근접해 있는 남북 감시초소들을 완전히 철수하기로 하였다.

② 쌍방은 판문점 공동경비구역을 비무장화하기로 하였다

③ 쌍방은 비무장지대 내에서 시범적 남북공동유해발굴을 진행하기로 하였다.

④ 쌍방은 비무장지대 안의 역사유적에 대한 공동조사 및 발굴과 관련한 군사적 보장대책을 계속 협의하기로 하였다.

3. 남과 북은 서해 북방한계선 일대를 평화수역으로 만들어 우발적인 군사적 충돌을 방지하고 안전한 어로 활동을 보장하기 위한 군사적 대책을 취해 나가기로 하였다.

① 쌍방은 2004년 6월 4일 제2차 남북장성급 군사회담에서 서명한 '서해 해상에서의 우발적 충돌 방지' 관련 합의를 재확인하고, 전면적으로 복원 이행해 나가기로 하였다.

② 쌍방은 서해 해상에서 평화수역과 시범적 공동어로구역을 설정하기로 하였다.

③ 쌍방은 평화수역과 시범적 공동어로구역에 출입하는 인원 및 선박에 대한 안전을 철저히 보장하기로 하였다.

④ 쌍방은 평화수역과 시범적 공동어로구역 내에서 불법어로 차단 및 남북 어민들의 안전한 어로 활동 보장을 위하여 남북 공동순찰 방안을 마련하여 시행하기로 하였다.

4. 남과 북은 교류협력 및 접촉 왕래 활성화에 필요한 군사적 보장대책을 강구하기로 하였다.

① 쌍방은 남북관리구역에서의 통행 통신 통관(3통)을 군사적으로 보장하기 위한 대책을 마련하기로 하였다.

② 쌍방은 동 서해선 철도 · 도로 · 연결과 현대화를 위한 군사적 보장대책을 강구하기로 하였다.

③ 쌍방은 북측 선박들의 해주 직항로 이용과 제주해협 통과 문제 등을 남북군사공동위에서 협의하여 대책을 마련하기로 하였다.

④ 쌍방은 한강(임진강) 하구 공동이용을 위한 군사적 보장 대

책을 강구하기로 하였다.

5. 남과 북은 상호 군사적 신뢰구축을 위한 다양한 조치들을 강구해 나가기로 하였다.

① 쌍방은 남북군사당국자 사이에 직통전화 설치 및 운영 문제를 계속 협의해 나가기로 하였다.

② 쌍방은 남북군사공동위원회 구성 및 운영과 관련한 문제를 구체적으로 협의 · 해결해 나가기로 하였다.

③ 쌍방은 남북군사당국 간 채택한 모든 합의들을 철저히 이행하며, 그 이행상태를 정기적으로 점검 평가해 나가기로 하였다.

6. 이 합의서는 쌍방이 서명하고 각기 발효에 필요한 절차를 거쳐 그 문본을 교환한 날부터 효력을 발생한다.

① 합의서는 쌍방의 합의에 따라 수정 및 보충할 수 있다.

② 합의서는 2부 작성되었으며, 같은 효력을 가진다.

2018년 9월 19일

대한민국 국방부 장관 송영무

조선민주주의인민공화국 인민무력상 조선인민군 대장 노광철

정상회담을 마치고 한국으로 돌아온 당일 문재인은 서울 중구 동대

문디자인플라자에 마련된 메인 프레스센터에서 '대국민 보고'의 형식으로 평양선언의 의의를 밝혔는데 김정은이 직접 비핵화를 천명한 것은 이번이 처음이라는 것을 강조했다. 또한, 종전 선언의 가능성도 열어 놓았다. 그 외에도 경제 · 산림 · 보건 분야의 협력 강화, 이산가족 상봉, 국제경기 공동 진출 등을 합의했다. 부속 합의서에서는 남북공동 군사위원회를 만들어 우발적 충돌을 방지하기 위한 노력을 강구하기로 했다.[32]

트럼프 대통령과 김정은 국무위원장이 다시 베트남 하노이에서 만났다. 지난해 6월 싱가포르에서 만난 지 260일만, 8개월여 만의 재회였다. 두 정상은 9초간의 악수로 오랜만에 만난 어색함을 깼고, 이어 통역만 대동한 채 약 30분간 일대일 환담을 나눴고, 이후 1시간 반 넘게 친교 만찬을 이어갔다.[33]

「연합뉴스」는 [하노이 담판]이란 특집란을 만들어 실시간 중계하듯 두 정상의 움직임을 보도했다. 첫 기사(한국 시간 00:19)는 "[하노이 담판] 나란히 원탁 앉은 北美 정상…긴장 털어내고 '화기애애'(종합)"란 제목으로 보도하였고 그 후 14시 33분경 "달라진 김정은, 사실상 첫 기자회견…전 세계 생중계(종합)"이란 41번째 기사가 마지막이었다.

이 무렵까지 이 회담이 결렬되리라 예상한 언론은 거의 없었다. 「연합뉴스」는 [하노이 담판] 코너를 통해 스웨덴, 독일, 이탈리아 언론들의 반응을 전했고, 북조선과 미국 언론의 기사도 전달했다. 특히 "美 하원 외교위 공화당 간사, 북-미 연락사무소 개설 전망" "美, 이번에는 '완

32 문재인 대통령, 2018 평양 정상회담 결과 대국민 보고, 「한국일보」, 2018.9.20.

33 북미 정상 261일 만 재회…2차 핵 담판 돌입, 「YTN」, 2019.2.28.

〈 그림318: ① 제2차 북미정상회담 이튿날인 2월 28일(현지 시간) 트럼프 미국 대통령과 김정은 북조선 국무위원장이 베트남 하노이의 소피텔 레전드 메트로폴 호텔에서 회담 도중 심각한 표정을 하고 있다©연합뉴스, ② 볼턴은 그의 회고록을 통해 "북미회담 자체를 처음부터 반대했고, 하노이 회담이 성사되자 절망감을 느꼈으며, 심지어 북미회담을 촉진하려는 문재인 대통령을 북미 협상에서 배제해야 한다"고 주장했다©KBS 〉

전한 핵 신고 합의' 요구 않기로" 등으로 보도한 미국 매체를 소개하고, "김정은, 트럼프와 노벨평화상 받으면 거절 않을 것"이라는 다소 성급한 기사도 보내기 시작하자, 일말의 불안감을 가진 독자들마저 회담의 결과에 낙관하기 시작했다.

그러나 15시 41분(한국 시간)경, 북미 2차 핵 담판이 결렬되었고, 김정은과 트럼프 두 정상이 합의서 없이 회담장을 떠났다는 사실이 전해지자,[34] [하노이 담판] 코너는 사라지고 대신 [하노이 담판 결렬]이란 코너를 새로이 신설하여 속보를 전했다. 〈[하노이 담판 결렬] '오찬취소 가능성' 소식에 프레스센터 '탄식'〉이 첫 뉴스로 선택되었다.

세계의 관심을 모았던 2차 북미정상회담이 결렬되면서 심각한 후폭풍이 일어났다. 북미 관계는 한 치 앞을 내다볼 수 없게 됐고, 남북 관계는 직격탄을 맞았다. 여러 논란 속에 개최됐지만 비교적 순탄하게 진행된 회담이 갑자기 결렬된 진짜 원인은 무엇일까? 먼저 회담 후 가진 기

34 北美 2차 핵 담판 결렬…金 트럼프 합의서 없이 회담장 떠나, 「연합뉴스」, 2019.2.28.

자회견을 통한 미국과 북조선의 입장을 들어 보자.

[표32: 하노이 회담 결렬 원인에 대한 북미의 입장]

	미국(트럼프 대통령)	북조선(리용호 외무상)
대북 제재	기본적으로 북한은 제재를 전체적으로 완화해 줄 것을 요구했지만, 미국은 그러지 못했다.	전면적인 대북 제재 해제가 아니라 부분적인 해제를 제안했다. 미국의 입장을 고려해서 유엔의 제재 11건 가운데 2016~2017년 제재 5건 중 민수경제와 관련이 있는 것을 우선 해제해 달라고 제안했다.
비핵화 입장	"김 위원장은 핵을 일부 보유하고 싶어하는 것 같았다" "이번 회담에서는 물러서기로 결정했고 앞으로 어떻게 될지는 지켜봐야 할 것 같다"	"미국의 우려를 덜어주기 위해 장거리 로케트 시험 발사와 핵실험의 영구적 중지를 문서화하겠다고 제안했다" "앞으로 이보다 더 좋은 제안을 할 수 있을지 장담할 수 없다"
3차 회담	빨리 열렸으면 좋겠지만 오래 걸릴 수도 있고 장담 못 한다.	향후 미국 측이 협상을 다시 제기해오는 경우에도 이날 미국에 제안했던 북한의 원칙적 입장에는 변함이 없을 것이다

북 · 미 양측의 주장이 엇갈린 가운데 3월 11일 자 「주간한국」은 전문가의 의견을 빌어 북한의 주장이 신빙성이 있다고 본 내용의 기사를 다음과 같이 보도했다.

한 전문가는 "국가 정상회담은 사전에 의제가 확정돼야 열린다. 미국 주장대로 북한이 전면해제를 요구했다면 회담 자체가 열리지 않았을 것"이라며 "그렇게(전면해제) 되면 트럼프 대통령에게 국내외 비난이 쏟아질 텐데 그런 회담을 하겠나?"라고 반문했다.

북한 사정에 정통한 베이징의 대북 소식통은 "2차 회담이 결렬

> 된 뒤 북한 관계자로부터 트럼프 대통령 등 미국 참석자들이 억지 주장을 펴고, 조건을 달고, 의제와 관계없는 얘기를 하는 것을 보고 회담을 무산시키려는 인상을 받았다는 말을 들었다"고 전해왔다.
>
> 최근 미국의 AP 통신은 트럼프 정부 관계자들의 말을 인용해 북한의 손을 들어줬다. AP 통신은 1일 '트럼프 대통령이 정상회담에서 북한의 요구 사항을 과장했다고 관리들이 말한다'의 제목의 기사에서 "누가 진실을 말하는가"라고 질문을 던진 뒤 "이번 경우에는 북한 말이 맞는 것 같다"고 했다. AP 통신은 "미국 정부의 고위 당국자도 북한이 미국에 요구한 것은 2016년 3월 이후 유엔 안보리가 부과한 제재가 해제될 수 있도록 도와달라고 했다는 점을 인정했다"면서 "북한의 제재 해제 요구 내용이 강력한 것이지만, 트럼프 대통령이 주장한 대로 북한이 모든 제재를 해제하라고 요구한 것은 아니다"고 평가했다.

하노이 회담 결렬 원인에 대한 논란은 지금도 진행형이다. 특히 존 볼턴 전 백악관 국가안보보좌관의 회고록 「그 일이 일어난 방(The Room Where It Happened)」의 출간소식이 전해지자, 북미회담 진행과정에 있어 볼턴의 역할에 대한 조명이 다시 불붙기 시작했다.[35] 아래에 일부를 인용한다.[36]

35 볼턴 회고록 출간…미-북 협상 전후 상황 자세히 담겨, 「VOA 뉴스」, 2020.6.25.
36 《그 일이 일어난 방: 백악관 회고록, 나무위키》

한국 대통령 문재인은 내수적 정치 선전을 위해 북한 고위관료들, 특히 김정은의 여동생인 김여정(인권 침해로 인해 미국 제재대상)을 초청하고 싶어 안달이 난 상태였다. 사실 김여정의 목적은 문 씨를 북한에 초청하는 것이었고 문 씨는 이를 즉각 수락했다. 그리고 훗날 우리가 배운 것은 남한이 북한의 참가비를 모조리 대주었다는 것이었고 이는 올림픽 정신 때문이 아니라 슬프시반, 한국인들의 널리 알려진 패턴 때문이었다. 한국의 좌파들은 "햇볕정책"을 숭배했고, 이 정책은 북한에 친근하게 나오면 한반도에 평화를 가져온다는 개념이었다. 실제로는 계속해서 햇볕정책은 북한의 독재정권에 지원한 것이었다.

문 씨는 1965년 한일조약의 사항들을 뒤엎고 싶어 했다. 그 조약은 일본의 관점에 의하면 일본 식민지배에 대한 반감을 끝내기 위함이었고, 이는 위안부 문제와 2차 대전 당시 징용문제까지 포함이었다. 문 씨는 이에 대해 역사가 양국 관계의 미래를 가로막으면 안 된다고 말하며 그럼에도 불구하고 일본이 이를 문제화시키고 있다고 주장했다. 물론 역사문제를 일으키는 것은 일본이 아니라 자신의 목적 달성을 위한 문 씨였다.

며칠 후 나는 한국의 정의용과 다시 대화를 나눴다. 그는 한국인들이 김정은이 하노이에 플랜 B 없이 온 것에 놀랐다고 말했다. 정 씨는 또한 김정은의 영변 해체(한 번도 명확하게 정의되지 않았다)는 북한이 되돌릴 수 없는 비핵화의 단계에 들어선 것이라는, 우리가 거부한 게 옳았던 문재인의 조현병스러운 견해를 내비쳤다.

그 날 오후, 나는 일본의 국가안보실장인 야치 쇼타로와 만났고 그는 일본의 견해를 설명했다. 김 씨-트럼프 회담에 대한 일본의 견해는 한국의 견해와 완벽히 정반대였고, 줄여 말하자면 이는 나의 견해와 일치했다. 야치는 북한의 핵무기 개발 의지는 고정되어있으며 평화적 해법을 사용할 수 있는 마지막 찬스에 가까워지고 있다고 밝혔다. 일본은 부시의 6자회담에서 나왔던 "action for action" 포뮬러를 전혀 원하지 않았다. "Action for Action"는 이론상으로는 그럴듯하지만, 이는 결국 북한에 이득이 될 뿐이었다. 북한에 경제 제재를 해제하고 경제지원을 하는 것은 당장 일어나지만, 북한의 비핵화는 머나먼 미래로 계속해서 지연을 시킬 수 있었기 때문이다. 이는 우리만큼 김정은도 잘 알고 있는 것이었다. 일본은 트럼프/김 씨 회담이 일어난 직후부터 비핵화를 시작해 2년 내로 완료할 것을 원했다. 나는 그 대신 리비아에서의 경험을 살려 6~9개월 내로 비핵화를 할 수 있다고 밝혔다. 야치는 이에 미소만 지었다. 그리고 Mar-a-Lago에서 트럼프를 만나자 아베는 내가 했던 말처럼 6~9개월 내 비핵화를 요청했다!

6월 말에 트럼프 대통령은 미국과 문재인 대통령 사이에 간극이 커지고 있다는 것에 주목했다. 이 간극은 우리를 불안하게 했다. 문재인의 행동을 지켜보면서, 트럼프는 문재인이 미국과 다른 아젠다를 가지고 있는 것에 대해 어느 정부나 국익을 우선시하기 때문에 그러한 것으로 이해했다. 한국이 비핵화보다 남북 관계를 더 중시하는 것 같다".

트럼프 행정부에서는 회고록의 내용에 대해 정면 반박하는 것과 동시에, 볼턴이야말로 북미회담에 훼방을 놓은 장본인이라며 비난에 나섰다. 폼페이오도 해당 내용을 부인했지만 '반쪽짜리 진실'이란 표현을 쓰며 내용이 일부는 사실임을 인정했다. 비슷한 시기에 회고록을 출판한 사라 샌더스 백악관 전 대변인은 볼턴은 권력에 취해있고, 거만하고, 이기적이고, 백악관 동료들과 잘 어울리지 못했으며, 회고록 내용을 정작 본인 재임 기간에는 말하지 못한 겁쟁이이자, 현임정권을 비난한 '배신자' 라고 힐난했다. 한국의 청와대 역시 입장을 표명했다. 정의용 국가안보실장은 "정부 간 상호 신뢰에 기초해 협의한 내용을 일방적으로 공개하는 것은 외교의 기본원칙을 위반한 것으로 향후 협상에서 신의를 매우 심각하게 훼손할 수 있다"며 "미국 정부가 이런 위험한 사례를 방지하기 위해 적절한 조치를 취해주길 기대한다"고 밝혔다.[37] 특히 주목할 부분은 '리비아에서의 경험'을 예로 들은 일본과의 관계다. 앞에서 언급한 「주간한국」은 일본과 볼턴과의 행보에 대해 다음과 같은 기사를 보도한 바 있다. 다소 길지만, 관련 대목을 아래에 소개한다.

〈볼턴과 일본의 수상한 행보 '파국'의 빌미 의심〉

> '파국'으로 막을 내린 2차 북미정상회담의 퍼즐 판을 들여다보면 무언가 어색하고, 어울리지 않는 퍼즐 조각이 눈에 띈다. 일본과 볼턴 미국 국가안보보좌관의 행보다.

37 청 "볼턴 회고록 사실 크게 왜곡..美 정부 적절 조치 기대", 「뉴스1」, 2020.6.22.

일본은 2차 북미회담과 직접 관련이 없는데도 깊숙이 개입하고, 결정적인 '악재'로 작용한 의심이 짙다. 볼턴 보좌관은 미국 내에서 친(親)일본 인사로 알려졌고, 그가 등장한 둘째 날 확대 정상회담 직후 2차 북미회담이 결렬됐다. 2차 정상회담이 임박한 시점에 일본 아베 총리의 대북 지원 중단 발표와 볼턴의 행보가 겹치는 것도 미심쩍다.

일본 외무성의 가나스기 겐지 아시아대양주 국장은 지난달 22일 하노이에 들어가 북미 협상 추이를 지켜봤다. 볼턴 보좌관은 23일 방한해 정의용 국가안보실장, 야치 쇼타로 일본 국가안보국장과 만날 예정이었지만 돌연 취소했다. 이에 대해 NSC 측은 베네수엘라 사태가 심각했기 때문이라고 밝혔다.

그런 볼턴 보좌관은 지난달 26일 하노이에 도착해 2차 북미회담 둘째 날인 28일 확대 정상회담에 참석했다. 본래 볼턴 보좌관은 트럼프 대통령의 하노이행에 동승하지 않아 여러 억측을 낳았지만, 별도로 이동해 베트남에 들어갔다.

그런데 볼턴 보좌관이 하노이로 향한 지난달 26일, 일본 언론은 아베 정부가 대북 인도적 지원과 경제협력을 동결하겠다는 방침을 미국과 국제기구 등에 전달했다고 보도했다. 마이니치 신문은 "2차 북미정상회담에서 합의가 발표되더라도, 북한이 비핵화를 향해 움직인다는 보증이 없다면 당장 대북 경제협력이나 인도적 지원을 하는 것은 시기상조"라고 했다. 일본 외무성 간부는 "납치 문제도 있기 때문에 일본이 (북한을) 지원하는 것은 불가능하다"고 밝혔다.

이에 앞서 아베 일본 총리는 지난달 20일 트럼프 대통령과의 전화통화에서 일본인 납치문제의 조기 해결을 위해 2차 북미정상회담에서 일본의 입장을 북한 측에 전달할 것을 요청했다.

그런데 실제 일본인 납치 문제가 느닷없이 2차 북미회담에서 거론됐다. 일본 언론 보도에 따르면 트럼프 대통령은 2차 북미회담 첫날인 지난달 27일 김정은 위원장과의 일대일 회담에서 일본인 납치 문제를 제기했다. 트럼프 대통령은 이어 만찬에서도 납치 문제를 꺼내자 김 위원장은 물론 미국 측 회담 참석자도 깜짝 놀랐다고 했다.

이러한 사실은 지난달 28일 2차 북미회담이 무산된 뒤 트럼프 대통령과 아베 총리의 전화 통화에서 확인됐다. 아베 총리는 통화 후 트럼프 대통령이 회담에서 두 차례나 납치 문제를 거론했다고 밝혔다.

사실 2차 북미회담은 둘째 날인 28일 확대정상회담 후 결렬됐지만, 이상기류는 전날인 27일 오후부터 감지됐다. 베이징 대북 소식통과 국내외 정보 관계자 등에 따르면 트럼프 대통령이 일본인 납치 문제를 제기하면서 회담 분위기는 싸늘해졌다. 북한 측에서는 의제에도 없는 뜻밖의 얘기에 당황하고, 매우 불쾌한 반응을 보였다고 한다.

베이징의 대북 소식통은 "북한의 일본에 대한 인식은 상상을 초월할 정도로 부정적이다. 조국이 분단되고 북한이 못살게 되는 가장 큰 원인을 일본의 식민지배로 보기 때문에 철천지원수, 반드시 복수해야 할 대상으로 여긴다"며 "그런데 북미회담에서 일본인 납치 문제가 나왔다면 '회담을 하지 말자는 것'으로 북한은 받아들였을 것"이라고 전해왔다, 소식통은 "그런 상황(트럼프 대통령의 일본인 납치 문제 제기)이 평양에 전해졌다면, 노동당은 당장 철수하라는 입장을 전했을 것"이라고 말했다.

결국, 2차 북미회담은 파국으로 끝났다. 그런데 일본의 대북 지원 중단 발표와 볼턴 보좌관의 하노이행이 묘하게 겹치는 것은 수상스럽다. 볼턴 보좌관은 지난달 23일 방한을 취소하고 베네수엘라로 향한 것으로 짐작되지만, 트럼프 대통령이 하노이로 출발한 26일 이전 일본에 머문 것으로 추정된다. 그리고 일본 정부가 대북 지원 동결 입장을 고수하자(26일 발표), 이를 확인한 볼턴 보좌관은 26일 하노이로 들어가 트럼프 대통령에게 일본의 입장(대북지원 중단, 일본인 납치 문제 제기)을 전했을 가능성이 있다. 트럼프 대통령이 2차 회담과는 무관한 일본인 납치 문제를, 그것도 두 번씩이나 제기한 데 볼턴 보좌관의 역할이 의심되는 것이다.

지난해 6월 싱가포르 1차 북미정상회담과 그 이후 북한의 비핵화(핵 폐기)가 불가능한 것을 파악한 트럼프 대통령은 2차 북미회담 역시 '의제' 조율 과정을 통해 비핵화에 성과가 없으리라는 것을 알고 있었다. 미국 내에서 북미회담 청문회까지 거론된 상황에서 트럼프 대통령으로선 회담이 열리지 않거나 결렬되는 게 유리할 수 있었다. 트럼프 대통령이 2차 회담에서 굳이 일본인 납치 문제를 꺼내 북한을 자극한 데는 그 배경도 작용했을 수 있다.

2차 북미회담 결렬과 관련해 의심되는 또 다른 부분은 일본의 대북 지원 부분이다. 일본은 2차 북미회담을 하루 앞둔 지난달 26일 대북 지원을 하지 않겠다고 발표했다. 북한의 비핵화를 믿을 수 없고, 일본인 납치 문제가 남아있다는 게 지원 동결의 이유였다.

2차 북미회담은 트럼프 대통령이 먼저 제기했고, 비건 특별대표가 평양에 들어가 '새로운 제안'을 제시하면서 가능성이 열렸다. 대북 소식통과 국내외 정보 관계자들 사이에선 미국이 제시한 '새로운 제안'에 대북 제재 완화 외에 대북 지원에 관한 부분도 있고, 이것이 일본의 대북 지원과 관련된 게 아니냐는 얘기도 나온다. 즉, 미국이 대북 지원을 일본 재원으로 하려 했고, 그 대가로 일본의 요청(일본인 납치 문제 등)을 2차 회담에 반영했다는 것이다. 이에 따르면 미국은 남(일본)의 돈으로 북한에 생색을 낸 것으로, 일종의 '트릭'을 쓴 것과 같다.

그런데 일본이 대북 지원 동결을 발표한 것은 트럼프 대통령이 2차 북미회담 조건으로 북한에 줄 선물이 사라지는 셈이다. 설령 일본의 대북 지원이 이뤄지더라도 미국이 일본 재원을 활용한 것을 알면 북한은 당연히 거부했을 것이다.

2차 북미회담이 결렬된 배경을 놓고 여러 해석이 나오고 있지만, 트럼프 대통령이 일본인 납치 문제를 제기한 것이 결정적으로 작용했다는 게 대북 소식통과 정보관계자들의 대체적인 시각이다. 그렇다면 2차 북미회담이 파국으로 끝난 데는 일본의 '딴지'와 볼턴 보좌관의 의심스러운 행보와 연결된 미국의 무리수가 복합적으로 작용한 것으로 해석될 수 있다.

사실 따지고 보면 "일본의 '딴지'와 볼턴의 의심스러운 행보와 연결된 미국의 무리수" 이전에 하노이 회담 결렬의 원인은 볼턴을 비롯한 미국 내 슈퍼 매파의 힘이 트럼프 행정부를 압도했다고 보아야 한다. 북-미 정상회담 결렬 이후 볼턴의 행적과 발언을 추적하면 진실이 드러난다.

정상회담 결렬 이후 존 볼턴 미국 백악관 국가안보보좌관(71)은 일주일간 6개 언론사와 연쇄 인터뷰를 갖고 대북 압박과 경고 메시지를 쏟아냈다. 인터뷰를 통해 볼턴은 다음과 같이 주장했다.[38]

- 북한의 동창리 서해 미사일 발사장 복구 움직임… 북한이 지금 무엇을 하고 있는지 눈 한 번 깜빡임 없이(unblinkingly) 정확하게 지켜보고 있다.
- 단계적 비핵화가 아닌 일괄 타결, 즉 빅딜을 고수… 트럼프 대통령은 북한의 '행동 대 행동' 술책에 속아 넘어갔던 전임 대통령들의 실수를 되풀이하지 않겠다.
- 제3차 정상회담 가능성… 3차 회담까지 시간이 좀 걸릴 것이다.
- 북한에 대한 불신… 오바마, 부시, 클린턴 정부가 모두 북한과의 협상에서 실패했다. 북한은 1992년부터 최소 5번 핵무기를 포기하겠다고 약속했지만, 그동안 비핵화를 전혀 안 했다. 흥미롭지 않냐?

그리고 볼턴은 '리비아식 해법'(선 비핵화, 후 보상)을 떠오르게 하는 발언을 인터뷰 내내 쏟아냈다. 미 정치전문지 「애틀랜틱」 2019년 4월호판에서 "오로지 대통령의 질문에만 답하는 볼턴이 미 외교 안보 정책에서 가장 중요한 사람이 됐다"며 "볼턴은 김정은을 적으로 여기고 있으며 할 수만 있다면 북-미 협상을 결렬시키려 할 것"이라고 밝힌 것은 볼턴의 정체성을 함축적으로 표현한 것에 다름 아니다.

모든 핵무기와 탄도미사일, 생화학 무기를 포함하는 '대량파괴무기(WMD)의 전면적 폐기'와 '경제적 보상'을 맞바꾸는 일괄타격식 빅딜을

38 전면 나선 슈퍼 매파 볼턴 "눈 한번 깜빡 않고 北 지켜보고 있다", 「동아일보」, 2019.3.12.

시도했다 북한이 이를 수용하지 않자 비핵화 목표에 부족한 '불완전한 스몰 딜'을 택하기보다는 결렬을 택했다는 것이 볼턴의 인터뷰를 통해 확인된 셈이다.[39]

〈그림319: ① 한미 정상은 OP 오울렛을 방문해 전망대에서 비무장지대 일대를 둘러봤다.[사진 제공 – 청와대]ⓒ통일뉴스, ② 김정은 북한 국무위원장과 도널드 트럼프 미국 대통령이 군사분계선을 넘어 판문점 남측으로 넘어오고 있다.ⓒ통일뉴스, ③ 북한 노동신문은 김정은 국무위원장이 지난달 30일 판문점 남측지역에서 문재인 대통령, 도널드 트럼프 미국 대통령과 만났다고 1일 보도했다.[노동신문=뉴시스]ⓒ중앙일보〉

2019년 6월 28일부터 29일까지 일본 오사카의 인텍스 오사카에서 14번째 G20 정상회의가 열렸다. G20 정상회담을 마친 도널드 트럼프 대통령은 29일 오후, 오산 미군 공군기지를 통해 한국에 도착했다. 청와대

39 볼턴의 회담 뒷얘기…"작은 딜 안 받았다…北 각본 안 통해 놀라", 「한국경제」, 2019.3.6.

에서 환영 만찬을 시작으로 1박 2일간의 공식 방한 일정이 시작되었다. 트럼프 대통령의 방한은 재작년(2017년) 11월 이후 1년 7개월 만이다.[40]

다음날 오전 11시부터 한미 정상회담을 가진 문재인 대통령과 트럼프 대통령은 오후 1시부터 공동 기자회견을 가진 직후 전방으로 향해 비무장지대(DMZ) 안에 위치한 OP(초소) 오올렛(ouellette)을 방문해 전망대에서 일대를 둘러본 뒤 캠프 보니파스에 들러 장병들을 격려하고 판문점으로 향했다. 김정은 북한 국무위원장과 도널드 트럼프 미국 대통령이 30일 오후 3시 45분 판문점 군사분계선(MDL)에서 악수를 나눴다. 분단 역사상 첫 한반도에서의 북미 정상의 악수다.

북미 정상은 한 시간 가까이 걸린 회동을 마친 후 오후 4시 51분께 문재인 대통령과 합류한 3국 정상은 자유의 집을 나서 악수와 포옹으로 작별한 뒤 한미 정상은 자유의 집으로 돌아와 기자들을 만났다. 문과 김 그리고 트럼프 간의 3자 회동은 이루어지지 않았다.[41]

6월 30일, 트럼프와 김정은의 만남은 즉흥적인 결정이었다고 한다. "김정은 위원장과 DMZ에서 만나 손잡고 인사할 수 있을 것이다"… 한국으로 오기 불과 몇 시간 전 트럼프 대통령은 트위터를 통해 파격적인 제안을 했다. 북미 두 나라 간 조율이 없었던 즉흥적인 깜짝 제안이었다. 5시간 정도가 흐른 뒤 북한은 최선희 외무성 제1부상 명의의 담화를 발표한다. 공식적인 제안은 없었다며 수용 의사를 밝히진 않았지만, 긍정적인 답변이었다. 그리고 두 정상은 판문점에서 만났다.[42]

40 트럼프 공식 방한 일정 돌입…트럼프-김정은 'DMZ 회동' 주목, 「V0A뉴스」, 2019.6.29.

41 김정은-트럼프 판문점 군사분계선을 넘나들다, 북미 정상 역사적 판문점 회동, 문재인 대통령도 합류, 「통일뉴스」, 2019.6.30.

42 숨 가빴던 1박 2일… 깜짝 제안부터 만남까지, 「KTV국민방송」, 2019.6.30.

분단의 역사의 상징인 DMZ에서 북미 정상이 만난다는 것 자체가 대단히 큰 의미가 있다고 할 수 있겠다. 하지만 역사의 흐름에 영향을 끼칠 회동 내용은 없었다. 트럼프와 김정은의 판문점 회동은 전 세계의 이목을 끌었을 뿐, 만남 자체가 역사가 된 희귀한 경우였다.

2018년 4월 27일 오전 9시 30분, 판문점 군사분계선에서 문재인 대통령과 김정은 북한 국무위원장이 처음으로 손을 맞잡음으로써 시작된 남한과 북조선 그리고 북조선과 미국의 정상회담은 2019년 6월 30일, 트럼프와 김정은의 판문점 깜짝 회동으로 모두 마무리되었다. 그동안 문재인과 김정은은 네 차례 만났고, 김정은과 트럼프는 세 차례 만났다. 결과물은 "4 · 27 판문점 선언(2018.4.27.)"과 "9월 평양 공동선언(2018.9.19.)" 그리고 "싱가포르 수뇌회담 공동성명(2018.6.12.)" 등 3건의 성명발표였다. 그러나 이 세 건의 성명서는 지켜지지 않는 약속이 되어 버렸고, 문재인과 트럼프는 정권을 잃어버린 초라한 정치인으로 추락하게 된다. 2020년 11월 3일 치러진 대통령 선거에서 트럼프는 민주당 대선 후보 조 바이든 후보에 패배하여 재선에 실패했다. 한편 2022년 3월 9일 실시된 제20대 한국 대통령 선거에서 윤석열 국민의힘 후보가 당선됨으로써 문재인 대통령을 배출했던 더불어민주당은 야당이 되어 버렸다. 역사는 가정이 없다고 한다. 하지만 하노이 회담이 파경에 이르지 않았더라면 혹은 트럼프와 김정은의 판문점 회동이 깜짝쇼가 아니고 하노이 회담의 실패를 복원하는 회담이 되었다면 역사는 어떻게 흘러갔을까?

:: 07 ::

전창일과 청년들

대학생6명 美大使官邸 난입

오늘아침 6시25분 담넘어가 사과탄 터뜨려

50분동안 농성 모두연행

서총련 反美결사대 盧大統領 訪美 반대구호

大學街 오늘 訪美 규탄大會

延高祭 마친후 反美행사도

南北韓 불교도 오늘 실무접촉

새벽의 소동

지원한 4명手配

〈 그림320: ① 한국대학생진보연합 소속 대학생들이 과도한 주한 미군 방위금 분담금(6조) 요구에 항의하며 10월 18일 오후 서울 중구 덕수궁 뒤편 미 대사관저 담장에 사다리를 놓고 넘어들어가는 기습 시위를 벌였다.ⓒ오마이뉴스, ② 1989년 10월 13일 자 동아일보 〉

장면#1

2019년 10월 18일 오후, 과도한 주한 미군 방위비 분담금 요구에 항의하는 한국대학생진보연합 소속 대학생들이 서울 중구 정동 미 대사관저 담장을 사다리를 타고 넘어가며 '월담' 기습시위를 벌였다. 이들은 해리 해리스 주한 미국대사를 직접 만나 사과를 받고 분담금 요구를 철회시키겠다며 대사관저에 들어가 농성을 벌이다 투입된 경찰에 의해 저지됐다. 이날 시위로 대사관저에 들어간 17명을 포함해 총 19명이 강제

연행됐다.[1]

장면#2

1989년 10월 13일 아침, 서총련 소속 대학생 6명이 서울 정동 미 대사관저를 점거, 55분간 농성을 벌이다 모두 연행됐다. 대학생들이 미 대사관저에 들어가 점거농성을 벌인 것은 처음 있는 일이며 학생들은 사제폭발물을 터뜨렸으나 폭음만 크게 냈을 뿐 인명 살상 능력은 없었던 것으로 알려졌다. 학생들이 점거 농성을 벌이는 동안 그레그 대사와 직원들은 숙소 방문을 안에서 걸어 잠근 채 이들과 접촉하지 않았고 인명피해는 없었다.[2]

30년 간격을 두고 미 대사관저가 점거당했다. 두 사건은 동일한 목적하에 벌어졌지만 사건 전후의 과정과 처리결과는 달랐다. 30년 전 미 대사관저를 점거했던 '서총련(서울지역 총학생회연합)' 학생들은 "노태우 대통령 미국 방문 반대" "미국 농축산물수입개방 반대" "그레그 미 대사 처단" 등을 주장했다.[3] 그리고 30년 후 주한 미군 대사관저를 사다리를 이용해 넘어간 '대진련(한국대학생진보연합)' 소속 대학생들은 "이미 1조 원을 넘게 내고 있는 우리 정부인데 여기서 미국은 5조 원이나 더 올려서 6조 원을 요구하고 있다"면서 "분담금 5배 인상 요구를 하는 미국을

1 [영상] 순식간에 미 대사관저 담장 넘어간 대학생들, 과도한 방위비 분담금 항의하며 17명 월담…미 대사 "억지로 집에 들어오려 해", 「오마이뉴스」, 2019.10.19.

2 미 대사관저 한때 점거농성, 「중앙일보」, 1989.10.13.

3 대학생 6명 미 대사관저 한때 점거…서총련 소속, 대통령 방미 반대, 「한경뉴스」, 1989.10.13.

규탄한다."고 주장했다.[4] 학생들의 요구는 그때나 지금이나 동일했다. "미군은 이 땅을 떠나라!" 즉 '미군 철수'였다. 하지만 언론의 보도행태는 너무 달랐다.

1989년 10월 13일 자 「동아일보」「경향신문」「조선일보」「한겨레」 등 주요 일간지의 1면은 대학생들의 미 대사관저 점거 기사로 대부분 채워졌다. 하지만 30년 후 발생한 '미 대사관저 점거' 사건은 대부분의 일간지들이 외면했다. 거의 유일하게 보도한 「조선일보」의 경우, 한미 간의 최대 현안으로 국민들의 감정을 정면으로 자극하고 있는 주한 미군 방위비 증액 문제를 규탄하고 있는 학생들의 외침은 외면하고, 오로지 경찰의 경비 부실을 지적하면서 미 대사와 가족의 안위를 걱정하는 보도 태도를 나타냈다.[5]

2019년 10월 18일 주한 미국 대사관저에서 기습 시위를 벌인 대학생 19명 중 경찰은 절반에 해당하는 9명의 구속영장을 신청했고, 검찰은 이 중 7명의 구속영장을 청구했다. 그리고 서울중앙지법 판사 명재권은 10월 21일, 이들 중 4명에게 구속영장을 발부했다.[6] 언론이 외면하고 정치권, 시민단체들마저 호응해주지 않는 외로운 투쟁을 했던 학생들에게 전창일이 격려의 편지를 보냈다. 아래에 전문을 소개한다.

4 '美 방위비 6조 부당' 외친 대학생 주장보다 대사 안위가 걱정인 '조선', 「신문고뉴스」, 2019.10.19.

5 美 대사관저 난입, 경찰은 쳐다만 봤다, 「조선일보」, 2019.10.19.

6 주한미국대사관저 시위 학생 4명 구속, 제국주의에 반대하는 비폭력 항의가 구속될 일인가, 「노동자연대」, 2019.10.22.

〈자랑스러운 우리 대학생 (김유진)에게〉

추운 겨울에 차디찬 감옥에 갇힌 영어생활 얼마나 고생스럽습니까!

주한 미국대사 해리스란 자의 오만불손한 제국주의적 작태는 온 국민 아니 온 겨레의 참을 수 없는 분노를 자아냈습니다. 이 땅을 75년간 갈라놓고 우리 조국의 남반부를 강점한 이래 땅세 집세 한 푼 안 내고도 적반하장(賊反荷杖)으로 우리가 감당할 수 없는 천문학적 액수의 주둔비를 내라고 겁박하는 미국과 그 나라 대사, 우리 국회의원들 불러다 놓고 주둔비를 강요할 뿐만 아니라 우리의 국가원수를 폄훼하고 신년 기자회견 내용을 폄박하는 등, 나라와 겨레에게 모욕을 가했다. 학생들은 이 국민적 분노의 영웅적 대변자이며, 민족자주(民族自主)의 선양자(宣揚者)이며, 애국애족의 자랑스러운 역사적 투사입니다.

학생들이 옥중에서 발표한 시와 산문은 국민들의 가슴을 뜨겁게 하는 훌륭한 문학작품입니다. 영원히 기억될 민족문학의 백미(白眉)입니다 .

이 편지를 쓰고 있는 나는 90대 우국 노인으로, 이번 사건을 보니 나의 젊은 학창시절 생각이 납니다. 미국 CIA(central Intelligence Agency)의 전신인 OSS(Office of Strategic Service) 고문관으로 있다가, 태평양전쟁 종전 직후 미국 극동군 사령관 맥아더의 전용비행기를 타고 귀국한 이승만의 남한만의 단독선거 단독정부(단선 단정) 정읍발언으로 야기된 남북 온 겨레의 반대와 분노의 와중에서 민족적 궐기의 선봉에 학생들이 섰습니다. 그리하여 당시 서대문형무소에는 수천 명의 청년 학생들이 갇혔는데 나도 그중의 한 사람이었습니다. 우리의 현대사는 어느 면에서는 대학생의 수난사라 해도 과언은 아닐 것입니다. 일제 강점 말기 대학생들은 소위 학도병이란 이름으로 강제징병 되어 일본 제국주의 침략전쟁터에 총알받이로 내몰렸고, 이에 대한 항의운동, 조국독립운동을 전개했습니다. 그리고 해방 후의 단선 단정 반대운동, 이승만 독재반대운동, 4 · 19 혁명운동, 박정희 군사통치 반대운동, 한일협정 반대운동, 전두환 군부 통치 반대운동 등을 거치는 일련의 자주 민주 평화통일운동의 선봉에는 항상 학생들이 앞장섰습니다. 그 결과 그들은 감옥으로, 감옥으로 보내졌습니다.

모두가 조국분단으로 이어지는 슬픈 역사입니다. 1948년 남한만의 단선 단정 반대운동이 전 민족적으로 궐기하였음에도 미국의 강압으로 5 · 10 단독선거를 통해 8월 15일 대한민국이란 단독정부가 수립되자, 한편으론 통일청부 수립운동이 전개되어, 전 조선 통일선거가 실시되었습니다. 남쪽에서는 공개투표가 불허되어 지하 연판장 투표란 기형적 방법으로 진행되어 남쪽 각 정당, 사회단체에서 인민대표 1,080명이 지하 선거를 통해 선출되어, 38도선 이북 해주에 모여 인민대표자대회를 개최하여 인구비례로 배정된 360명(63%)의 최고인민회의 대의원을 선출하고 북쪽은 212명(37%) 산출되어 총 572명의 대의원으로 조선민주주의인민공화국이 수립됨으로써 두 개의 정권이 물리적으로 정립하였습니다 .

남쪽 이승만 정권의 북진 통일론과 북쪽의 평화통일론이 맞서

갈등이 심화되다 드디어 동족상잔의 6 · 25 전쟁으로 민족적 참화를 경험했습니다 .

내가 박정희 유신헌법을 반대하여 대통령긴급조치 제1호와 4호 위반으로 대구감옥에 갇혀있을 때 쓴 옥중 한시 한 절을 소개합니다.

去秋鐵窓 來寒霜 切國哀史 何時罷(가을이 간 철창에는 차디찬 서리 또 오겠구나, 두 동강 난 이 나라 슬픈 역사 언제 끝장날꼬?)

금년이 庚子年이라 연세대학교 정경대 金漢星 교수가 新年 揮毫 民族自主를 〈敏足子走〉로 적어 보내 제가 〈夷去是 其去是也〉로 화답 휘필하였습니다. 경자년이 쥐띠라 뜻으로는 쥐의 영리하고 발 빠른 민첩한 속성을, 소리로는 조국통일의 기본강령인 〈민족자주 〉를 변증법적(?)으로 결합한 해학적(諧謔的) 발상입니다. 저의 졸필 〈이거시 기거시야〉는 〈민족자주〉의 기본전제로 이 땅을 강점하고 있는 오랑캐를 철거함을 뜻합니다. 재미있게 봐주기를 바라면서 휘필(揮筆)을 동봉합니다 .

영어생활 중 공부도 중요하지만, 건강관리가 가장 중요합니다. 공부도 많이 하고 건강한 몸으로 출옥하기를 기대합니다. 모두들 안녕!

追而, 신간 서적 소개합니다 .

1. 〈거래된 정의, Sherlock, 후마니타스〉

2. 〈대전환, Alfred McCoy 저, 번역판, 사계절〉

책값으로 5만 원 우편 송금합니다 .

2020 庚 子 新 年 1월 25일 설날

전 창 일

〈 그림321: ① 한국진보연대 로고, ② 진보당 로고 〉

'서총련' 소속 대학생들이 미 대사관저를 점거했던 1989년 무렵의 전창일은 범민족대회 남측추진본부 공동본부장에 이어 범민족연합(범민련) 남측본부 상임부의장으로 통일운동 최전선에서 주요한 업무를 맡고 있었다. 당시 그의 나이는 60대 초반이었고, 점거 농성 학생들은 아들·

딸 연배였다. 30년 세월이 흐른 후 '대진련' 소속 학생들이 다시 미 대사관저를 점거했을 때 전창일은 이제 90대가 되었고, 그 학생들은 손자뻘이었다. 지금의 전창일은 통일운동 일선에서 물러난 지 오래되었고, 한국진보연대[7]와 진보당[8] 고문이라는 직함뿐이다. 그러나 통일운동에 대한 열정은 식지 않았고 젊은이들의 고난과 투쟁에 아낌없는 격려를 보내며 그들과 소통하고자 했다. 그 방편의 하나가 편지 주고받기였다

전창일은 수감된 동지들에게 편지를 보냈고, 자신이 옥에 있을 때는 문익환 목사, 문규현 신부, 홍근수 목사, 이창복 전국연합 상임의장, 김근태 전 의원, 변정수 변호사, 권오헌 민가협 양심수후원회장 등 수많은 동지들로부터 위로의 편지를 받았다. 물론 James P. Sinnott(시노트 신부), 恒成和子(츠네나리 가즈코) 등 외국의 인권운동가들도 여기에 포함된다.

특히 잊을 수 없는 것은 통일에 대해 굳은 의지를 피력하는 청년들의 안부편지였다. '통일의 꽃'으로 불리는 임수경을 비롯하여 류경인(한총련, 충북대), 조유진(부산지역 청년활동가, 범민련 소속), 이동원(연세대), 김봉준(한양대), 김정애(충북대), 홍중문(홍익대) 등 많은 청년들과

7 한국진보연대는 민주주의와 노동자 민중의 생존권쟁취, 신자유주의 반대, 반전평화, 자주통일을 위해 싸워온 노동자 민중, 촛불 애국시민들의 연대 조직입니다. 한국진보연대는 1987년 6월 민주항쟁 이후 건설된 '민주주의민족통일 전국연합'과 IMF 이후 신자유주의로 인한 노동자 농민 등 민중들의 절박한 생존권을 지켜내기 위해 만들어진 '민중연대', 6 · 15 남북공동선언 실현과 평화통일을 위해 만들어진' 통일연대'를 계승한 연대조직입니다. 2007년 발족한 한국진보연대는 노동자 농민 빈민 청년 학생 여성을 비롯하여 8개 광역조직과 22개 단체와 진보당이 함께하고 있습니다.《소개, 한국진보연대 홈페이지》

8 진보당(進步黨)은 2017년 10월 15일 오전 10시 국회의원회관 소회의실에서 새민중정당과 민중연합당 양당의 수임 기관 합동회의를 통해 합당을 공식 완료하고, 오후 2시 서울시청 앞 광장에서 민중당 창당을 선언하였다. 2020년 6월 20일, 진보당으로 당명을 변경했다.《진보당, 위키백과》

"통일만이 빛나는 아침입니다.
새해 복 많이 받으세요."

안녕하세요?
저는 범민련을 가슴깊이 사랑하고 있는 한총련 학생입니다.
늘 통일조국을 위해 [illegible] 추워진 겨울날씨가 가슴아프게 다가옵니다.
8월 범민족대회 사수의 마음은 치열한 투쟁이었습니다.
이제는 범민련 사수의 결의로 저희들은 하나입니다.
너무나도 자랑스러운 우리의 조국이 통일되는날, 해방되는 날 선생님과 함께 기쁨을 나누고 싶습니다.
언제 어디서든 모범적인 선생님들의 투쟁앞에 부끄럽지 않기 위해 열심히 투쟁하겠습니다. 통일조국의 영광은 바로 저희 7천만 겨레의 것입니다. 건강하세요.
<통일원년 12월 25일. 류경인 올림>

보내는 사람 조 유진
614-031

전 창일 선생님께.
3월 8일. 박박이 된 선생님의 머리를 본 순간 눈물이 흐르는 동시에 [illegible]. 그리고 긴 모두진술을 들으면서 깊은 감명과 힘찬 박수를 보내주었습니다. 그때 그모습처럼 선생님께서 당당하시고 또 항상 건강하시길 바랍니다.
22일날 뵙겠습니다.

받는 사람 전 창일 선생님
138-160

강화! 범민련
성사! 제7차 범민족대회

〈그림322: ① 청주교도소에서 복역 중이던 임수경이 전창일에게 보낸 안부편지(1992.2.19.), ② 한총련 소속인 충북대생 류경인이 성동구치소에 수감되어 있는 전창일에게 보낸 편지(1995.12.25.), ③ 재판정에서 전창일의 모두진술을 듣고 깊은 감명을 느꼈다는 범민련 성원, 조유진이 전창일에게 보낸 편지(1996.3.18.)〉

편지를 주고받았다. 이들 중에는 "범민족대회와 범민련을 사수하여, 조국이 통일되는 날, 해방되는 날 선생님과 함께 기쁨을 나누겠다."는 결의와 소망을 피력하며 "그날까지 선생님들의 모범적인 투쟁 앞에 부끄럽지 않게 열심히 투쟁하겠다."는 글을 보낸 청년이 있었고, "백발의 선생님의 모두진술[9]을 들으면서 깊은 감명과 힘찬 박수를 보내며 다음 재판에도 참석하겠다."고 약속하는 청년도 있었다.[10]

전창일이 청년들과 소통하는 또 하나의 방편은 주례를 서는 일이었다. 많은 젊은이들이 주례를 부탁하였고, 흔쾌히 수락하였다. 긴 세월이 흐르다 보니 신랑·신부들의 이름도 잊어버렸고 주례사 내용도 대부분 기억나지 않지만, 이문동 외국어대학 교정에서 있었던 외대 출신 신랑의 결혼식에 원고 없이 주례를 섰던 것은 비교적 뚜렷하게 기억난다고 한다. 전창일에 따르면, "조국의 자주적 통일은 기어코 우리 세대에 이루어야 하며 후대에까지 분단된 조국을 물려줄 수 없습니다. 신랑·신부에게서 태어난 귀여운 아들·딸들은 통일된 조국에서 씩씩하고 건강하게 자라야 합니다. 그리하여 조국통일에 힘쓴 아빠와 엄마의 영광을 자랑하며 살아야 합니다.…" 대략 이러한 내용의 주례를 하고 난 뒤 예식이 끝난 후 수감 중인 '통일의 꽃' 임수경 학생의 부모와 자리를 같이하였다.

임수경의 아버지는 "감동적인 주례사를 듣고 우리 부부는 깊은 반성을 하였습니다. 수경이의 자랑스러운 부모가 되지 못해…"라고 말하였다. "자랑스러운 딸 수경이의 부모가 아닙니까, 영광스럽습니다. 자랑스러운 아빠·엄마나 자랑스러운 아들·딸이나 똑같습니다. 수경이가 효도한 것이지요."라는 전창일의 답변에 "감사합니다."라고 서로 인사를 나눈 기억은 나는데 그 날의 신랑·신부의 이름이 기억나지 않아 안타깝다는 것이 전창일의 전언(傳言)이다. 전창일의 주례사 중 20년 전인

9 [자세히 보기 35, 조문단사건, 전창일의 모두진술서(1994.10.26.)] 참조

10 [부록, 전창일 수신함] 참조

2002년 3월 2일, 세종문화회관 세종홀에서 거행된 결혼식의 주례사 사본이 유일하게 남아 있다. 아래에 소개한다.

〈주례사〉

일시: 2002년 3월 2일(음 1월 19일) 13시 장소: 세종문화회관 세종홀

신랑: 표재욱 신부: 신화영

만물이 새 생명과 함께 소생하며 복숭아 진달래꽃이 피어나는 화창한 봄, 새 생명이 약동하는 희망찬 계절에 신랑 표재욱 군과 신부 신화영 양이 백 년 가약을 맺는 혼례식을 거행함에 주례자로서 신랑 신부에게 충심으로 축하를 드립니다. 아울러 신랑과 신부를 최고학부까지 공부시키며 훌륭하게 키워서 성혼시키는 양가 부모님과 가족분들에게 깊은 감사와 축하를 드립니다. 그리고 바쁘심에도 불구하고 이같이 왕림해주신 하객 여러분들에게도 감사를 올립니다.

태초로 인간은 결혼하여 자녀를 생산하여 가족을 형성함으로써 인류사회가 형성되었습니다. 인류사회는 오랜 역사 속에서 사회적 생활양식과 제도의 변천을 통하여, 발전해 왔습니다. 태초의 고대사회를 학자들은 원시공산체라 부르며, 그 사회의 가족제도를 말하여 〈모계사회〉라 하고 또한 〈선사시대〉라고도 합니다.

인간이 문자를 만들어 기록하게 되면서 역사가 시작됩니다. 역사시대에 들어와 인류사회는 지배와 피지배의 억압제도 형성으로 획기적 변천을 이룩합니다. 중세의 노예제도와 봉건적 농노제는 가족제도에도 〈모계사회〉에서 〈부계사회〉로 제도적 변천을 하게 됩니다. 중세의 노예제 및 봉건 제도하에서 근대에 이르기까지 여성의 사회적 지위는 참혹하리만큼 잔인무도한 억압적 상태였습니다. 서양문명의 기본적 윤리법전이라 할 성경에서도 〈창세기 〉에서 하느님께서 이브에게 말씀하시길 "너는 남편을 공경하라 ! 그는 너를 다스릴 것이다" 하고 기록되어 있으며, 〈베드로전서 3장 1절〉, 〈고린도전서 11장 3절〉, 〈에베소서 5장 22~23절〉, 〈마가복음 10장 7절〉에서도 여성의 남성에 대한 복종을 강요하고 있습니다. 사실에 대해 옳고 그름이 선악의 기준이 아니라 성차별이 기준이 되며, 여성에게는 복종만이 미덕으로 강요되어 온 것이 동서양의 일관된 윤리관이며 사회제도였습니다.

Norway의 극작가 Ibsen(1828~1906)은, 〈인형의 집〉이란 작품에서 여 주인공 Nora와 남편 Helma와의 가정 관계에서 여성의 사회적 지위를 풍자적으로 묘사하였습니다. 이후 여성의 사회적 지위를 향상시키려는 운동을 Noraism이라고 부르고 있습니다.

여성이 핍박받던 암흑의 중세사를 거쳐 1789년의 위대한 프랑스 대혁명으로 자유 · 평등 · 박애를 사회적 지도이념으로 하는 문명 시민사회가 되면서 독일의 유명한 철학자 Emanuel Kant(1724~1804)는 "결혼은 서로의 자유의사에 근거해서 성립

돼야 하며 부부는 깊은 애정과 굳건한 정절을 기초로 결합돼야 한다. 부부는 서로의 몸과 마음을 헌신함으로써 상호 노예가 돼야 한다."고 하였습니다.

우리들의 역사를 돌아볼 때 더욱이 조선 500년의 봉건사회에서의 여성의 수난은 너무나도 참혹했습니다. 여성은 태어나면서부터 천시와 속박의 대상이었습니다. 오늘도 이어져 내려오는 남아선호사상은 그 폐습의 유산이라고 할 수 있습니다. 국가적 지도이념으로서의 유교는 가정법전으로 여성에게 三從之道니 七去之惡을 여성이 지켜야 할 도덕으로 강요했습니다. 철저한 女必從夫 사상이라고 하겠습니다. 여성은 출가 전에는 아버지에게 복종하고, 출가 후에는 남편에게 그리고 남편의 사후는 아들에게 복종해야 한다는 것입니다. 출가하는 딸에게 주는 교훈으로 不聽 · 不時 · 不論이라 하여 듣지 말고, 보지 말고, 말하지 말라는 것이었습니다. 이러한 사회하에서 어찌 나라가 망하지 않겠습니까! 오늘 우리 남성들은 단순히 여성이기 때문에 평생 구박받아야 했던 우리네 여성 아니 우리의 할머니들의 피눈물 나는 한 맺힌 애한의 역사인식을 가져야 합니다.

근대사회에 들어와서 여성의 사회적 지위는 급격히 향상되었습니다. 1917년의 Soviet 사회주의 혁명으로 역사상 최초의 여성장관이 탄생되었으며, 여성의 참정권이 확립되었습니다. 1920년대에 들어와서 두 번째로 Denmark에서 여성장관이 태어나고, 1929년에는 미국에서도 여성의 투표권이 실시되며 1930년대에는 여성장관이 탄생합니다. 이렇게 되기까지는 수많은 선각자, 사상가와 혁명가 등, 한 많은 여성들의 눈물과 민중들의 피가 얼룩져 있었습니다. 그 고귀한 피와 눈물을 합치면 큰 강이 되리라 한들 그 누가 부인하겠습니까! 우리는 이같이 억압과 핍박에서 해방되어 오늘날 아직도 미흡한 점 없지 않으나 남녀의 평등에 기초한 행복한 가정을 갖게 된 오늘의 현실에 고마움을 느끼면서 사회와 국가에 이바지하는 건강한 민주가정을 꾸려 나아가길 바라마지 않습니다. 신부 신화영 양은 일직이 대학을 마치면서 나라의 민주화와 조국의 자주적 평화통일을 이하여 정치운동에 참여한 진보적인 훌륭한 예쁜 여성입니다. 신랑 표재욱 군도 대학을 마치면서 대기업체에 취직하여 회사와 가정을 위하여 열심히 일하여 온 책임성 강하고 성실한 청년입니다. 이제 이 두 사람이 하나 되어 이루는 새 민주가정에 하객 여러분의 끊임없는 보살핌이 있으시길 부탁드립니다.

신랑 신부에게 당부드릴 말씀은

1) 서로 항상 사랑하고 존경해야 합니다. 우리들의 사회적 일상생활은 뜻하는 대로 순탄치 않습니다. 일상생활에서 부딪치는 어려움을 극복하는 길이 사랑과 존경입니다. 이것은 일상생활을 통하여 중단 없이 재생산돼야 합니다.
2) 신랑 신부를 키워주신 양가 부모님을 공대하는 새 가정이 돼야 합니다. 신랑은 처가의 아들이 되고, 신부는 시가의 딸이 되는 효성이 지극한 새 가정, 화목한 가족사회를 위하여 동기간의 우애를 도모함에 있어 며느리의 역할이 지대함을 신

부는 명심해야 합니다.

3) 건강한 자녀를 생산하여 잘 키우며 장차 아들딸이 자랑하는 훌륭한 아비와 어미가 되어주시길 바랍니다.

4) 가정 살림을 알뜰히 꾸려 검약 절제하는 계획적 가정경제를 이루어야 합니다.

5) 나라와 겨레에 이바지하는 건강하고 행복한 남들이 우러러 보는 모범적인 민주가정이 되길 간절히 축원하면서 주례사를 대신하겠습니다.

경청해 주셔서 감사합니다.

〈그림323: 경기도 이천 민주화운동 기념공원 전경〉

중부고속도로 동서울나들목(IC)에서 43km가량 떨어진 남이천 IC에서 빠져나오면 몇 분 걸리지 않아 '민주화운동기념공원'이란 표지판을 볼 수 있다. 정확한 주소는 경기도 이천시 모가면 어농리 산 28-4(모가면 공원로 30)이다. 기념공원은 민주화를 위해 산화한 열사를 추모하고 기념하기 위해 조성된 공원으로 약 42,000㎡ 공간에 기념관, 민주묘역, 유영봉안소, 방문객 휴게소, 관리사무소 등으로 구성되어 있다.

민주화운동기념공원 사업은 1999년 12월 《민주화운동 관련자 명예회복 및 보상 등에 관한 법률》이 의결되고, 2000년 1월, 동 법률이 공포된 후 2001년 7월 민주공원(묘역) 사업이 결정됨으로써 시작되었다. 김대중 정부는 2001년 민주화운동 기념 10대 사업으로 결정했고, 노무현 정부 때이던 2007년 정부의 기념공원 조성사업 희망 지자체 공모에서 이천시가 유치 의사를 밝혀 사업이 진행됐다. 2011년 6월 첫 삽을 뜬 뒤 5년 후인 2016년 6월 9일 정식 문을 열었다.[11]

민주묘역은 애초 법률에 따라 민주화운동 관련자 인정을 받은 136명의 열사를 이장할 계획이었다. 하지만 2022년 6월 현재 60명의 민주열사가 이곳에 영면해 있다. 노동운동의 불씨를 지핀 전태일 열사, 1987년 고문치사로 사망해 그해 6월 항쟁의 도화선이 된 박종철 열사, 그리고 호헌 철폐와 대통령 직선제를 이끌어 내는 큰 분수령이 된 이한열 열사를 포함한 많은 열사들의 이장은 계획에만 있고, 언제쯤 이장될 것인가는 확실하지 않다.

이 묘역에는 1986년 4월 28일 전방입소 철폐투쟁을 선언한 뒤 '반전반핵 양키 고 홈'을 외치며 분신 자결한 고 김세진(당시 서울대생) 열사가 안장돼 있다. 1991년 4월 '노태우 군사정권 타도'를 주장하며 시위를 벌이다 백골단(사복 무장경찰관)에게 쇠파이프로 맞아 숨진 고 강경대 열사(당시 명지대생)의 묘지도 있다. 이와 함께 '전두환 정권 타도' 등을 외치며 경찰에 연행된 뒤 1982년 11월 6일 강제 징집돼 군 생활을 하다 이듬해 4월 30일~5월 3일 보안부대에서 조사를 받고 5월 4일 의문사를

11 시련은 있어도 민주주의 꽃은 핀다, 「한겨레」, 2022.6.10.

당한 고 이윤성 열사(당시 성균관대생)도 함께 묻혀 있다.[12] 이들을 포함하여 의문사 혹은 분신, 타살 등으로 생을 마감한 학생들은 60명의 안장자 중 거의 절반인 27명이다.

이곳에는 박정희 정권의 대표적 용공조작 사건인 인혁당 사건 희생자들도 잠들어 있다. 1975년 4월 9일 집행된 8명의 사형수 중 서도원 · 하재완 · 김용원 · 이수병 등 4명이 안장되어 있고, 옥사한 장석구를 비롯하여 고문 후유증으로 작고한 전재권, 정만진, 류진곤 등 인혁당 관련자 4명이 민주화 공원에 함께 하고 있다.

전창일의 처 임인영의 묘지도 이곳에 있다. 묘비에는 "'인혁당 재건위 사건' 관련자 전창일의 처로서, 남편이 구속되기 전 유신헌법 반대운동으로 수배된 이재문을 자택에 은신시킨 사실을 이유로 구속, 범인은닉 및 불고지죄로 유죄판결" "'인혁당' 진상규명 활동을 지속하던 중 1974년~1979년 사이 수차례 수사기관에 끌려가 고문과 가혹행위를 당하고 그 후유증으로 고통받다 2003년 11월 29일 사망"이란 글이 적혀 있다. 전창일 역시 이곳에 안장될 예정이다. 몇 년 전 전창일은 가족사항, 약력, 나의 묘비명 등을 손수 작성했다. 다음은 관련 자료이다.

전창일(구명: 전철구)의 비문 참고자료

[가족 사항]

전흥종, 조갑진손의 장남으로 함남 북청에서 1928년 11월 18일 출생

12 민주화운동기념공원 15년 만에 이천에 개원, 「한겨레」, 2016.6.8.

누이: 전초선(조카: 리인환(사망), 리성환의 (둘째)딸 - 리00

누이: 전을선(조카: 조종희, 조방희, 조서희, 조대희(사무원), 딸 - 셋

동생: 전철문(조카: 평주, 봉주, 봉순)

동생: 전철명(조카: 덕주)

동생: 전철염(조카: 남주, 영주)

처 : 임인영(이천 민주화운동기념공원에 안장, 비문 참고)

장녀: 전경애, 사위: 박상옥, 외손녀, 박혜슬

차녀: 전경란, 외손자: 김태훈, 손자며느리: 장다영, 증손자: 김윤호

삼녀: 전재연, 사위: 허인회, 외손녀: 허지원, 허지민

[약력]

1949년 - 대학 시절 단독선거 단독정부 반대운동으로 서대문형무소에 투옥

1960년 - 민족자주통일중앙협의회 (민자통) , 중앙위원으로 활동

1974년 - 인민혁명당 재건위 사건에 연루되어 무기징역 선고받고 1982년 12월 형집행정지로 출옥 후, 사면 복권됨

1988~1990년 - 범민족대회 남측추진본부 공동본부장으로 활동

1991~1998년 - 범민족연합(범민련) 남측본부 상임부의장으로 활동 중 세 번 투옥됨

1998~2010년 - 민족화합운동연합 공동의장으로 활동

2007년 8월 23일 - 민주화운동관련자명예회복 및 보상심의위원회에서 관련자 증서를 받음(증서 7475호)

1999년~2008년 - 통일연대 상임고문

2008년 - 한국진보연대 상임고문 역임

- 진보당 고문

[나의 묘비명]

“사랑하는 겨레여！ 남북이 화합과 단합하여 자주적 평화통일 이룩하라！

자주는 겨레의 생명이다. 세계의 평등 평화를 위하여!”

전창일의 맺음 글

인혁당 영어(囹圄)의 수업을 마치면서

1974년 5월 1일 늦은 밤 퇴근하여 인혁당 사건으로 전국 지명수배를 받고 있는 이재문 동지와 함께 이층 안방에서 박정희 유신독재체제가 망하는 날을 학수고대하며 시국담을 나누면서 술 한두 잔 나누다가 갑자기 들이닥친 중앙정보부 요원들에 의해 끌려간 곳이 남산 정보부 취조실이었다. 재치 빠른 아내의 기지(機知)로 이재문이 다락방으로 피하자, 아내를 뒤쫓아 올라온 정보부 요원에게 끌려가면서도 이재문 동지 구출 성공에 마음이 홀가분했다.

나는 그때 극동건설회사 외국 공사부장으로 재직하면서 사우디아라비아왕국 정부 재무관으로부터 건설공사 수주를 위한 초청장을 받고 출장 준비 중에 있었다. 5월 하순 취조가 끝날 무렵 취조 실무 책임자인 윤 과장이 내가 갇혀있는 서대문 구치소 소장실에 앉아 나를 불러냈다.

담당 검사 이구면이 왔다 간 지 며칠 후에 있었던 일이다. 두 사람 모두 담배부터 권한다. 피우고 싶은 마음 굴뚝같았지만 나는 사양했다. 검사는 내가 선임한 김종길 변호사를 취소하고 자기가 추천하는 군 출신 변호사를 선임하라는 것이다. 김종길 변호사는 내가 운영 위원으로 있던 자강학회 부회장이었다. 회장은 서민호 국회의원이었다. 김종길 변호사는 박정희와 대구사범 동기동창으로 혁신계에서 사회적 덕망이 아주 높으신 분이었다. 더욱이 나와는 각별히 친한 사이였다. 검사의 요구는 마치 고양이에게 생선가게를 맡기라는 이야기와 다를 바 없어 나는 깨끗이 거절하였다.

윤 과장이 하는 말에 의하면 전창일은 살생자 명부에 이름 올렸으나 극동건설 김용산 회장이 사우디아라비아왕국에서 온 초청장을 동봉한 구명탄원서를 제출하여 정보부 간부회의에서 재심의한 결과 무기형으로 감형하기로 결정되었다는 것이다. 어처구니없는 그의 말이 무슨 뜻인지 그리고 살생부란 무엇인가 하고 물었더니 그는 짜증 섞인 말로 "대한민국에서 제거한다는 말이오!" 라고 말한다. "재판은 판사가 하는 것인데, 중앙정보부 간부들이 어찌 판결합니까?" 하였더니 그는 대통령 긴급조치 제4호에 '중앙정보부는 군법회의에 재판 관련 정보를 제공할 수 있다.'라고 되어 있다고 한다.

며칠 후 필동 헌병사령부에 마련된 비상보통군법회의장에 끌려나갔다. 모두 초췌한 모습이다. 방청석에는 피고 일인당 직계가족 일인이 허용되었다. 방청객 중에 내 아내가 손을 흔들며 나를 쳐다보고 있어 나도 손을 흔들어 반겼다. 기자 출입은 일체 금지 되었다. 그런데 피고인들의 좌석이 정해져 있었다. 맨 앞줄에 서도원 도예종 하재완 순으로 일곱 명이 서 있는데, 맨 앞줄에 있던 이수병 동지가 뒷줄 첫 번째 자리에서 있는 나와 자리를 바꿔 서려고 하자 법정 정리가 만류하며 이수병을 앞자리로 끌어 세우고 나를 도로 뒷자리로 옮겨 세웠다. 이수병 동지는 자기가 나보다 상석에 앉는 것이 송구스러웠던 모양이다. 선고 공판에서 맨 앞줄에 세웠던 사람 서도원부터 모두 사형, 뒷줄 첫 번째 나부터 무기징역이 선고되었다. 믿어지지 않던 윤 과장 말 그대로였다. 인혁당 사형수 일곱 명과 함께 처형된 여정남은 민청학련 재판에서 사형선고 받았다. 이렇게 사형을 면해 무기수가 된 영어생활 8년 8개월 만에 1982년 12월 24일 나는 형집행정지 처분으로 대구 감옥에서 풀려났다.

석방되기 하루 전 보안과에서 집에 갖고 갈 일체의 사물을 내놓으라 한다. 내일 감방에서 나올 때는 홀몸으로 나가야 한다고 한다. 이상한 예감이 들었다. 미농지에 적은 항소이유서 사본 한 통을 군용침낭(슬리핑 백) 속에 숨겨둔 것이 집에 와서 찾아보니 없어진 것을 알았다. 김종길 변호사가 전창일 피고의 항소이유서 사본을 중앙정보부에 요구하니, 정보부에서 전창일 피고는 항소이유서를 쓰지 않았다며 수교를 거부했다 한다. 변호사 접견은 일심인 보통군법회의 재판 전에 단 한 번만 허용되고 일체 금지되었다. 이 모든 사실은 대법 재판이 끝난 후 가족과의 접견이 허용된 후에야 알게 되었다. 참으로 기가 막힌 억울한 무도한 짓을 자행한 것이다. 내 항소이유서가 공개되는 것이 두려운 점이 있었던 것 같다.

집에 돌아오니 천장은 쥐들의 운동장이었다. 시끄러워 견딜 수가 없었다. 찾아오시는 손님들 보기에도 민망스러워 이튿날 을지로 3가 건재상에 가서 라크울(Rock Wool)이라고 칭하는 암석을 소재로 만든 솜을 사다 30여 평 되는 천장에 깔았다. 그랬더니 그 많던 쥐가 얼씬도 못 하여 집안이 조용해졌다. 가족 모두가 기뻐하는 모습에 마음이 흡족했다. 석방 후 첫 번째 기쁨이라 하겠다. 그 많던 쥐가 어디로 갔을까? 주인이 감옥으로 끌려간 집을 찾아가겠지 하고 가족들이 함께 웃었다.

아내의 권유로 그동안 석방운동에 애써주신 고마우신 분들에게 인사차 예방하는 일부터 시작하였다. 우선 윤보선 전 대통령, 나와는 한때 전주감옥에 함께 갇혔던 옥중 동지인 문익환 목사, 함세웅 신부, 문정현 · 문규현 두 용감한 형제 신부, 원주에 계신 지학순 주교, 여러 번 영치금 넣어주신 함석헌 선생, 박형규 목사, 이해동 목사 등 수많은 분들에게 신세를 졌다.

박정희는 유신헌법을 반대하는 일련의 학생운동 모임을 '민청학련'이란 이름으로 천여 명의 학생들을 잡아드리고 야수적 혹독한 고문으로 반국가사범으로 조작하여 대통령 긴급조치 제4호를 발동하였다. 긴급조치 4호는 반국가 활동하는 민청학련을 돕는 자는 5년 이상 징역 혹은 사형까지의 형벌을 규정하고 있었다. 윤보선 전 대통령과 지학순 주교는 민청학련에 금품 제공하였다는 이유로 검거되었고, 윤보선 전 대통령은 불구속 재판으로 징역 15년 자격정지 15년, 지학순 주교는 구속수감 되어 징역 15년 자격정지 15년이 선고되었다.

지 주교의 구속에 항의하는 거센 석방운동이 30대 청년 사제들이 중심이 되어 퍼져나갔다. 당황한 박정희 정권은 지 주교를 잠시 석방하는 유화책을 썼다. 석방된 지 주교는 유신체제를 비판하는 양심선언을 하고 아예 이번에는 제 발로 감옥에 들어갔다. 지 주교의 양심선언을 앞세워 사제들은 '정의구현사제단'을 조직하였다. 1974년 9월 26일 역사적인 사변이었다.

"사제들은 시대의 십자가를 지고 고난받는 사람들과 함께하는 삶을 결단한 것이다. 그로부터 사제단은 권력에 핍박받는 어려운 이웃과 늘 함께해 오고 있다. 특히 간첩으로 낙인찍혀 접촉조차 꺼리는 인혁당 가족들을 따뜻이 맞아드린 게 사제단이었다. 인혁당에 대한 사법살인을 규탄하고 형사자(刑死者)들의 시신을 안치하려 한 유일한 곳이 사제단이었다. 32년 뒤 인혁당에 대한 재심 · 무죄판결로 귀결되기까지 사제단은 늘 이 억울한 가족들과 함께했다." ('정의구현사제단 40주년 맞아'란 칼럼에서 서울대 법학전문대학원 한인섭 교수는 회고하고 있다. – 한겨레신문 2014년 9월 29일)

정의구현사제단 활동에 늘 앞장섰던 문정현 신부는 말씀하시기를 "우리 신부들이 정의감은 강하나 국가권력에 내항하는 사회적 투쟁에 대해서는 경험 부족으로 어려움이 많았는데, 미숙한 점을 김정남(김영삼 대통령 때 청와대 민정수석 비서관) 씨가 많은 자문에 응해주셔 잘 싸울 수 있었다"고 하며 그를 칭찬하였다.

옛사람들이 10년이면 강산이 변한다고 하였듯, 8년 8개월이란 세월이 10년 세월에 가깝다 보니 서울도 많이 변하였다. 강남 말죽거리 잠실에 있던 큰 연못이 없어지고 아파트 빌딩 숲이 꽉 메워 버렸다. 4 · 19 혁명 이후, 집권 민주당이 기획했던 2대 악법 반대운동을 같이하고 이후 자강학회를 같이 조직 운영하며 반독재 민주화와 조국통일운동 전선에서 함께 싸웠던 조규택, 김자동, 장석구 동지와 고기잡이 기술자인 부강산업 최 상무 등과 함께 여가 있을 때면 고기잡이했던 즐거운 추억의 연못이 허무하게 없어져 버렸다.

장석구 동지는 인혁당 사건으로 서대문 구치소에 수감 중 애석하게도 옥사한 나의 벗이고 다정한 동지였다. 나와는 동갑인 다정한 벗 김자동은 이국만리 타국 상해에서 1928년에 태어나, 상해 임시정부에서 활동하신 할아버지와 부모의 슬하에서 자라나 1945년 8 · 15 해방으로 김구 선생과 함께 환국한 조국독립운동가 집안 애국자의 후손이다. 그 후 '임시정부 기념사업회'를 조직하여 몸소 회장직을 맡아 활동하고 있다. 우리는 가족 간에도 서로 왕래하며 친히 지냈다. 내 아내는 늘 자당 정정화 어르신을 높이 존경하며 자랑하며 훌륭한 시어머님을 모신 김자동 씨 부인을 부러워했다. 대한민국임시정부의 안살림꾼, 혹은 여자독립군으로 역사에 기록된 정정화 어머님은 항상 인자하시고 우리 아이들을 친자손처럼 사랑해 주셨다. 그러면서 돋보기안경 넘어 쳐다보며 다정한 미소를 지으시던 전형적인 조선의 어머님이시다. 장편 역사소설 조선총독부 등을 즐겨 읽으시던 존경스런 모습이 기억에 선하다. 김자동은 아버지의 묘소가 있는 평양을 나와 함께 방문하는 것이 소원이라 자주 말하였다. 아무쪼록 그때까지 건강하시길 바란다.

또 한 가지 큰 변화는 컴퓨터의 일반 상용화다. 컴퓨터야말로 위대한 문화혁명의 원천이다. 나는 컴퓨터학원에 입학하여 조작기술을 며칠간 배웠다. 너무나 신기하고 감탄스러운 문명의 이기 지식의 보고이다. 이후 나는 새로운 정보를 복사하여 가까운 친구 벗들에게 나누어주는 취미가 일상화되었다. 동시에 특히 통일문제에 대해 좋은 글을 쓰신 분, 저서 발간하신 분들과 감사와 격려 편지 등을 전자우편(e-mail)으로 교류하여 교우관계를 형성하며 이론과 실천을 겸비한 학자들을 나이의 차이를 떠나 나는 학문적 스승으로 모시고 있다. 컴퓨터야말로 나의 대학 강단이다. 재미 학자로는 오인동 박사, 한호석 박사, 유태영 박사, 박한식 박사, 유럽의 임민식 박사 등이 있고, 내국 학자로는 강정구 교수, 이재봉 교수, 김광수 교수, 이장희 교수, 한홍구 교수, 김한성 교수 등과 소통하고 있다. 이들은 모두 박사학위를 소지한 진보적 민족의 석학들이다. 이들 스승이 발표하는 글은 나에게는 필독의 교과서이다.

또 한 달에 한두 번 만나는 친교 학자로는 김병태 교수, 이석영 교수, 정병호 교수, 김준기 교수 등이 있는데, 특히 공대 출신 엔지니어가 근현대사를 연구하며 여러 권의 좋은 책을 저술하여 호평받는 김상구 재야역사학자, 민족일보의 조용준 퇴역 언론인, 그리고 감옥살이 감수하며 맥아더(MacArthur) 동상 철거에 앞장서 온 김수남 연방제 통일추진위원회(연방통추) 위원장 등이 있다.

김병태 교수는 중앙대학 재직 중 4월 혁명 후 창간된 '민족일보'에 '미국원조의 공과'란 제목의 글을 기고하였는데, 5 · 16 군사쿠데타 후 박정희 군사정권에서 반미성향의 글을 썼다 하여 필자인 김 교수를 대학에서 해직시켜 영예로운 '대한민국 해직교수 제1호가 되었다. 현재는 ' 새날희망연대'란 사회단체를 주정헌 집행위원장과 함께 운영하고 있다. 전북대학교에 재직할 당시 학생들에게 유신헌법 반대운동을 선동한 이유로 혹독한 고문을 당하면서 감옥살이를 한 이석영 교수도 영예로운 해직 교수이다. 그는 독실한 기독교 신자로서 '기독자 교수 협의회'를 통일운동가 노정선 · 김성은 부부 교수 등과 함께 월례학술 모임을 운영하고 있다. 이외 재야 운동권의 배다지, 진병호, 김영옥, 권오헌, 권낙기 동지를 비롯한 수많은 동지들이 건재함이 내 인생의 늘그막 행복조건이기도 하다. 나는 현재 진보연대와 진보당의 고문직을 맡고 있다. 얼마 남지 않은 여생 진보당의 정치적 승리와 통일운동의 구심 범민련운동이 발전하기를 간절히 기원한다. 그리고 나의 꿈은 70여 년간 헤어진 정든 고향산천을 찾아 친인척을 만나 잔인한 역사의 회포를 푸는 일이다. 불쌍한 우리 어머니! 산소 앞에 엎드려 한없이 울고 싶다.

출옥 이후 나와 이성재 동지를 함께 집으로 초대하여 환영해주신 지금은 고인이 된 이종린, 이현수, 정예근, 심재택 동지 등의 따듯한 동지애가 고마웠다. 심재택 동지는 전주고 2학년 때 검정고시를 통해 서울법대에 입학한 수재였다. 서울대 민족주의비교연구회(민비) 사건으로 전국에 지명수배되어 피신처를 부탁하여 내가 공영토건회사 춘천 미군부대 안에 있는 건설현장으로 보내 무사히 위기를 넘긴 일이 있었다. 내가 출옥했을 때 월간 '말'지 사장 4월혁명회 회장 등을 역임하다 아쉽게도 지병으로 요절하셨다.

동시에 나 또한 혁신계 선배분들 찾아 인사 올리는 예의를 소홀히 하지 않으려고 명심하였다. 8년 8개월이란 허무한 세월은 나의 존경스런 선배, 벗 그리고 동지들 여러분들이 세상을 하직하고 다시 볼 수 없는 불견객(不見客)이 되게 하여 나를 슬프게 하였다. 내가 범민련 상임부의장직에 있을 때 당국의 탄압이 너무나 심해 평소 가까이 지내던 선배분들을 고문으로 추대하자 모두가 흔쾌히 승낙해주신 분들이 있다. 지금은 모두가 타계하셨지만, 이강훈 전 광복회장, 신도성 초대 통일원장관, 유혁 혁신계 원로, 류한종 혁신계 원로, 김윤식 전 국회의원, 이원명 혁신계 원로, 이형우 전 국회의원, 신창균 혁신계 원로, 김병걸 교수, 이기형 시인 등은 절대로 잊어서는 안 될 자랑스러운 선배분들이다.

내가 인혁당 사건으로 구속되기 얼마 전에 수원에 계신 송영회 선생을 이종린 동지와 함께 찾아뵙고 정담을 나누었는데, 어찌 된 일인지 헤어질 때 눈물을 흘리시는 모습을 보여 가슴이 찡하는 느낌을 안고 헤어진 것이 영원한 이별이 되었다. 내가 서울에 와 고학할 때 고향 선배 주진경 선생의 옆방에 살았는데, 송영회 · 주진경 두 분은 경기중학 동기동창으로 일제 강점기에 항일 독립운동 선상에서 같은 조직 같은 노선을 걸어오신 혁명 동지였다. 1948년, 38도 이남에 단독정부가 수립되자 통일 정부를 위한 남북협상을 위하여 평양으로 가신 후 송영회 선생은 조선노동당 월간 리론지 '근로자'의 주필로 계시다 6 · 25 전쟁 때 서울에 와 로동신문 지국을 조직하려 전라도에 내려갔다가 인민군이 후퇴하는 바람에 지리산에 입산하여 이현상 부대 사령부에서 신문을 발행하였다고 한다. 상황 변화로 인해 잔여 빨치산의 하산을 결정한 뒤, 이현상은 일본으로 밀항하기로 계획하고 부산 방향으로 하산하다 피격 사망하고 송 선생은 반대 방향으로 하산하다 체포되어 징역살이하고 나오신 분이다. 나는 이성재 동지의 소개로 알게 되었는데, 선생은 주진경 선생 댁과 자주 왕래 있었는데 그때 옆방에 사는 고학생 이야기를 들었다고 하시며 나를 반겼다. 이성재 동지는 서울대학 재학시절에 이화여대를 다니는 송 선생의 여동생과 혼담이 있었지만, 건강상 이유로 성사되지 못했다고 한다.

내가 공영토건회사에 근무할 때 초겨울 어느 날 송 선생으로부터 전화가 왔다. 선생의 말씀이 지금 밖에는 함박눈이 쏟아지는 데 전 동지와 함께 종로통을 산책하고 싶다고 하신다. 창밖을 내다보니 솜 같은 함박눈이 펑펑 쏟아지고 있다. 어디에 계시느냐고 물으니 늘 다니는 종로1가 다방이라 하여 곧 가겠다 하고 전화를 끊었다. 계시는 다방에 찾아가 차를 같이 마시며 여러 가지 이야기를 듣고 있는 사이에 쏟아지던 함박눈은 멎어 버렸다. 그때 하신 이야기 중 기억에 남는 이야기로 일제강점기 광주 학생 사건이 있다. 당시 항일운동이 전국으로 파급되어 일제는 예비검속을 실시하여 당시 연희전문 재학시절이던 송 선생은 백남운 교수와 함께 현 중부경찰서 유치장에 갇혔는데, 저녁 무렵에 유치장 간수가 갇혀있는 누군가를 호명하는데 대답하는 사람이 없어 송 선생이 패통치며 "하이(네)."하고 대답하니 백남운 교수가 깜짝 놀란 표정 하시기에 송 선생이 가만 계시라고 윙크하니 교수님도 윙크로 응답하여 유치장에서 풀려나 그때부터 지하활동을 하게 되는데, 이튿날 방송과 신문에 '송영회 학생 유치장에서 탈출'이란 기사가 대대적으로 보도되었고, 그로 인해 일본으로 밀항하여 대학 생활을 한 송 선생의 드라마 같은 이야기를 들었다.

송영회 선생 주변에는 알려지지 않은 지식인들이 여러 사람 있었다. 그중 한 사람이 박남익 의사 선생이다. 응암동에 있는 '자혜의원'이란 병원의 원장이다. 서울의대 전신인 경성의학전문 출신인데 일제 강점기에 평양 도립병원 내과 과장으로 계시다 서울에 오신 분이다. 어학 재능이 대단하여 에스페란토를 포함하여 7개 국어에 능통하신 수재이다. 우리 가족의 주치의 역할까지 맡아주셨다. 박정희 유신독재 시절 긴급조치 9호 위반 혐의로 구속되기까지 하였다. 의사 생활하시면서 혼자 사시기에 내가 주명순 여사를 중매하여 만년에 두 분이 편히 살 수 있게 하였다. 내가 인혁당 사건으로 전주 감옥에 갇혀있을 때 뜻밖에 송영회 선생과 김광열 선생이 같은 동 특별사에 갇혔다. 나는 반갑기도 하지만 놀랍기도 하였다. 무슨 일인가 하였더니, 대통령 긴급조치 9호 위반 혐의로 주위 여러 사람이 소위 자혜의원 사건에 연루되어 갇혔다 한다. 김광열 선생은 서울대 상과대학 출신으로 학생 때부터 조국통일 운동에 참여하여 누차 감옥살이하신 분이다. 내가 출옥 후 통일운동에도 늘 함께하시면서 후원해 주신 선배이시다. 지병으로 서거하였을 때 장례식에서 전국연합 오종렬 의장이 추도사를 해 주었다.

인혁당 사건으로 석방된 후 전두환 노태우 김영삼 정권하에서 나는 엄혹한 감시와 탄압을 받으면서 선후배 동지들과 함께 조국통일운동에 전념했다. 범민련 조직 활동으로 세 번이나 투옥되어 징역살이해야 했다. 그러고 보니 이승만 박정희 전두환 노태우 김영삼 각 정권하에서 한 번씩 징역살이를 한 셈이다. 김대중 노무현 정권하에서 인혁당 사건에 대하여 재심에서 무죄판결 받고 보상받은 금액은 이명박 · 박근혜 정권하에서 연 20%의 이자까지 붙여 회수하여 '인혁당의 이자 고문, 빚 고문'이란 언론의 빈축을 받고 있다. 국가인권위원회에서 문재인 대통령에게 통치권한으로 선처할 것을 권고하였으나 임기 마감이 가까워지는데도 아무런 조치가 없다. 은행에 얼마 남아 있는 예금도 압류되어 정상적인 금융거래도 불가능한 처지에 있다. 그간에 있었던 일은 전술하였기에 생략한다.

[연보: 해방 · 통일 관련 현대사 연표 및 전창일 연보]

시기 (나이)	전창일 연보	주요사건, 조약, 법령	분단, 통일 관련
	강화도조약(조일수호조규): 1876.2.3.		
	조미수호통상조약: 1882.5.22.		
	가쓰라-태프트밀약: 1905.7.29.		
	포츠머스조약: 1905.9.5.		
	을사늑약: 1905.11.17.		
	★신문지법: 1907.7.24.		
	★보안법: 1907.7.27.(일본의 '치안경찰법'에 의해 제정)		
	루트-다카히라 협정: 1908.11.30.		
	한일합병: 1910.8.22.(8월 29일 발표)		
	★치안유지법: 1925.5.12.~45.10.15. 개정(1928)		
1928	함남 북청군 신북청면 보천리 출생(11.18.), 부친(전흥종), 모친(조갑진손), 누이(2명), 남동생(3명)		
1929			

1930		
1931		만주사변(9.18.)
1932		
1933		
1934		
1935		
1936		
1937(10)	소학교 입학, 부친으로부터 붓글씨 배움	중일전쟁(7.7.)
1938		
1939		
1940	부친, 아현동에서 물장수(소학교 4학년)	
1941	부친의 병환, 물자리 매각, 함흥도립병원 입원(소학교 5학년)	★치안유지법 재개정(5.15, 전7조 → 전65조)
	김춘배와 김일성 장군 무용담	태평양전쟁 발발(12.7.), 하와이 공격(12.9.)
1942		
1943	북청공업학교 입학, 사촌 형의 학비 조달	카이로회담(11.22.~26, 12.2~7.)
1944	흥남 소재 기계공장에서 근로동원	
	세 살 위 누님, 정신대를 피해 시집감	
1945		얄타회담(2.4.~11.)
		포츠담 회담(7.17.~8.2.)
		원폭투하, 히로시마(8.6.), 나가사키(8.9.)
		소련, 일본에 선전포고(8.8.)
		미국 38선 기안, 38선을 확정키로 최초의 결정(8.11.)

		북위 38선 획정 트루먼 미 대통령 최종 승인(8.13.)
		트루먼 대통령 일반명령 제1호 영국과 소련에 통고(8.15.)
		소련 · 일본전투:웅기(8.12.), 나진(12)청진(13.–16.), 나남(17.) 부령(18), 전투종료(20), 평양입성(8.25.)
		★일반명령 제1호(8.15.), 소련 동의(8.16.)
	해방, 정중섭 선생의 조선 말 연설에 감격	★치스차코프 포고문 발표(8.25.)
	국어와 조선역사의 첫 수업(3학년)	치스차코프, 평북임시인민정치위 (위원장 이유필)에 행정권 이양(8.31.)
	학생자치회장으로 선출	미조리 함상에서 일본 항복문서 조인(9.2.)
1945	소련군의 흥남 NZ공장 기계반출 항의 데모	★맥아더 포고령(9.7.)
	모친, 소련군에게 삶은 계란 무료 제공	미군 인천상륙(9.8.) 서울입성(9.9.)
	북청군 인민위원장 이재옥에 대한 흠모	서울에 미군정청 설치(9.19.)
		★치안유지법 폐지(10.4.)
		군정청, 남한 각지에 조직되었던 인민위원회 강제 해산(10.17.)
		5도 임시인민위원회, 북조선 5도 행정국 (국장 조만식)으로 정식발족(10.28.)
	소련 군인 안또니와의 인연	모스크바삼상회의(12.16.~25.)
		삼상회의 조작 보도(동아일보 등 6신문, 12.27.)
		탁치반대국민총동원위원회 주최, 서울운동장에서 국민대회 개최
1946	김일성과 몽양에 대해 알게 됨	제1차 미소 공위(3.20.~5.6.)
	북청의 인물(조훈, 주진경)과 인연	☆정판사사 건조작(5.15.~11.23.)

1946		이승만 정읍 단정 발언(6.3.)
		☆좌우합작운동(7~12) 여운형, 김규식 등 좌우합작7대원칙 발표
		☆10월 항쟁(10~12, 230만 명 참가)
1947(20)	북청공업학교졸업(7.15.), 졸업장 소지 월남	☆제주도 4 · 3 사건(47.3.1.~54.9.21.)
		트루먼 독트린– 미국의 반공군사개입정책 발표(3.12.)
		제2차 미소 공위(5.21.~10.21.)
		여운형(근민당 당수) 피습서거(7.19.)
		7 · 27 구국투쟁전개(7.27.)
	한국대학국문과 입학(10월), 고학(신문 배달)	미소 공위 결렬(8.10.) → 휴회(9.20.) →UN 한국문제 상정가결(9.23.) → 소련대표철수(10.21.)
1948		☆남북연석회의(4.18.~30.)
		제주도 전역 단정 반대 무장항쟁 발생(4.3.)
		5 · 10 총선거(5.10.)
	몽양1주기 추도식(7.19.) 참석, 입건 후 훈방	★국방경비법(8.4. 제정 7.5.) – 62.6.1.
	단선 · 단정 반대운동(남로당)	이승만 대통령 취임(7.24.)
		대한민국정부수립(8.15.)
		북조선 총선거(8.25.)
		김일성, 북조선 최고지도자 취임(9.9.)
		☆여순사건(10.19.–27.)
		조선민주주의인민공화국 수립(9.9.)
		★①국가보안법 공포(12.1.)
		★②국가보안법(12.19.), 전부 개정
		북한 주둔 소련군 철수(12.25.)
1949		국회 프락치사건 발생(5.20.)
		군사고문단 500명 제외 주한 미군 철수(6.29.)

연도		
1949	단선 · 단정 반대운동, 서대문형무소수감	조선노동당 창당(6.30.)
		★③국가보안법(4.21.), 일부 개정
		조만식과 김삼용 · 이주하 교환제의(6.10.)
1950	미결상태, 서대문형무소에서 석방(6.28.)	한국전쟁 발발(6.25.)
	인민군 입대	서울 수복(9.28.)
		★국민방위군설치법(12.16.)
	국민방위군 편입(동덕여고 → 인천 → 제주도)	1 · 4 후퇴
	제주도 제1훈련소 출소, 걸어서 서울까지	서울 재수복(3.16.)
	신설동 검문 → 창신초등 집합, 두 번째 징집	
1951	국방군 28연대 지게부대, 방덕수와의 인연	
	미군 부대 프락치 오인 사건, 세 번째 징집	
	가호적 등록(나이, 본명, 본관…오류)	
	미육군 제36공병여단(36th Engr Group, US Army) 통역, 행정보좌(51.9.~54.2.)	
1952		
		이승만, 정전반대 단독 북진 성명발표(4.9.)
1953		이승만, UN군 동의 없이 반공포로석방(6.18.)
		한국전쟁 정전협정(7.27.)
		한미상호방위조약 체결(10.1.)
1954	UN 군사령부 경제조정관실 행정보좌관(Office of Economic Coordinator, UN Command) 〈54.2.~58.3.〉	

1955		
1956	임인영과 결혼	
1957(30)	외삼촌 조기환 목사와의 인연, 투자 실패	
1958	공영토건 외국공사부장〈58.1.~66.〉	중국군 철수 발표(6.24.)
	부인의 교사직 사표와 의상디자인 공부	
1959		★④국가보안법(1.16.), 1958.12.26., 폐지 제정
		진보당 조봉암 사형 집행(7.31.)
1960	최창조 중위의 소개로 문용채를 만나다	☆4 · 19 혁명(4.19.)
	4 · 19 이후 혁신계(삼민당) 활동	★⑤국가보안법(6.10.), 전부 개정
		윤보선, 제4대 대통령 취임(8.12.), 총리 장면
		☆김일성 수상, 연방통일방안 제시(8.14.)
	민자통 중앙위원, 민민청 · 통민청과의 연대	민족자주통일중앙협의회 발기(민자통)(9.3.)
1961	〈한미경제협정반대투쟁과 혁신계 통일운동〉	한미경제협정(2.8.)
	2대 악법 반대 공투 기획위원, 섭외부 차장	5 · 16 군사쿠데타(5.16.)
	이름 오기로 구속을 면함(김창일과 전창일)	★반공법(61.7.3~80.12.31.) 공포
		민족일보 조용수, 사회당 최백근 사형집행(12.22)
1962		★⑥국가보안법(9.24.), 일부 개정
1963		박정희 대통령 취임(12.17.)
1964	자강학회, 조규택 · 장석구 · 김자동과의 인연	☆6 · 3 항쟁(한일회담 반대운동)
	심재택, 건설현장(춘천 미군 부대)에 도피	

1964	〈제1차 인혁당 사건 발생〉	
	이재문과의 인연	
1965		
1966	콜린즈 라디오 컴퍼니(Collins Radio Company, Facility Superintendenf) 시설감독 〈66.4.~70.〉	한미행정협정 조인(7.9.)
	간첩으로 오인되다	
1967(40)		
1968	집안에 도둑이 들다(11.21.)	
1969		김일성, 남북연방제주장(핀란드청년단체면담)
	민족통일촉진회 활동	삼선개헌(국회변칙통과, 9.14.),국민투표(10.17.)
1970	정보부연행(2차례)	
1971	극동건설(주) 외국공사부장 〈71.1.~74.4.〉	
	국민당(윤보선 · 장준하)과의 연대	제7대 대통령 선거(4.27.)
	국민당 대통령 후보 박기출 사퇴사건	중국 유엔 가입(10.2.5)
1972	〈7 · 4 공동선언과 혁신계의 분열〉	☆7 · 4 남북공동선언(7.4.)
	유신반대운동	10월 유신(72.10.17.–79.10.2.)
1973	전창일 · 우홍선 · 이수병 · 박중기 · 이성재의 모임	☆김일성, 고려연방제 제시(6.23.)
1974	극동건설 외국공사 부장 근무	★긴급조치 제1호(74.1.8.–8.23.)
	〈김세원의 비트와 인민혁명당〉	★긴급조치 제2호(74.1.8.~80.10.27.)
		★긴급조치 제3호(74.1.14.~75.1.1.)
	제2차 인혁당사건 발생, 이재문의 도피와 전창일의 구속(5.1)	★긴급조치 제4호(74.4.3.~8.23.)
	인혁당 사건과 윤 계장(육군 대위)	★긴급조치 제5호: 1,4호 해제(74.8.23.)
1975	김종길(박정희 사범학교 동기)변호사 선임	★긴급조치 제6호: 3호 해제(75.1.1.)
	극심한 고문을 받다	★긴급조치 제7호(75.4.8.~5.13.)

1975	극형을 면한 사연	인혁당 사건 8명 사형 집행(75.4.9.)
	전주교도소 이감과 동지의 해후	★긴급조치 제8호: 제7호 해제(5.13.)
1976	전주예수병원 입원과 아내와의 대화	★긴급조치 제9호(75.5.13.~80.10.27.)
1977(50)	통방, 시국토론	
1978	아내의 교도소 처우개선 노력	
1979	아내의 구속과 [illegible] 사건	박정희의 죽음(10.26.)
		최규하, 제10 대통령 취임(12.6.)
	대구교도소로 이감, 소장 면담	12 · 12 군사반란(12.12.)
1980		☆5 · 18 광주 민주화운동(5.18.~27.)
		전두환, 제11대 대통령 취임(8.27.)
		★반공법 폐지(국가보안법으로 흡수)
		★⑦국가보안법(12.31.), 전부 개정
		★사회안전법(12.31.) → 보안관찰법(89.6.16.)
1981	아내의 석방 투쟁, 윤보선을 움직이다	
1982	전향서 작성을 거부하다	
	20년 감형, 출소(12.24.), 8년 8개월 수감	
1983		
1984		
1985		민주통일민중운동연합(민통련– 의장 문익환) 발족(3.29.)
1986		
1987(60)		☆6월 민주항쟁(6.10.~29.)
		★⑧국가보안법(12.4.), 타법개정
1988		노태우, 제13대 대통령 취임(2.25.)
		노태우 대통령, '6개항 정책'발표[민족자존과 통일번영을 위한 특별선언](7.7.)
	'한반도의 평화와 통일을 위한 세계대회 및 범민족대회 추진본부 발기취지문' 발표(8.1.)	

1988	〈민족자주통일협의회(민자통) 결성(9.15.)〉	
	조국통일범민족연합 남측본부 준비위원	
	전국민족민주운동연합, 조국통일위원회위원	
	인혁당 20년형에 대한 사면(국방부장관)	
1989	〈전국민족민주운동연합(전민련) 결성(1.21.)〉	정주영 명예회장 북한방문(1.23.~27.)
	범민족대회 유럽(3.11.) 북미주(3.11.) 일본(3.30.) 추진본부 결성	
	〈황석영(3.20)문익환(3.25)임수경(6.30)문규현(7.25) 방북〉	
	〈민자통 의장단 구속(6.29.)〉	서경원 의원(평민당), 밀입북혐의 구속(6.27.)
	민족자주통일협의회 임시의장 취임	
1990	조국통일범민족연합을 구성 결의(8.1.5)	노태우 대통령, '남북 간의 민족대교류를 위한 특별선언'(7 · 20 선언) 발표
	조국통일범민족대회 의장단 성원	
	범민련유럽(9.15.,정규명)일본(10.7., 양동민) 북미주(12.1.)결성, 해외본부(12.16.,윤이상)	제1차 남북고위급회담 개최(서울)(9.5.~6.)
	범민련 베를린 3자 실무회담(11.19.~20.)	
1991	범민련 남측본부 결성준비위원회 결성(1.23., 준비위원장, 문익환), 전창일-조직, 실행위원	
	범민련 북측본부 결성(1.25., 윤기복)	
	이창복 · 김희택(1.24) 문익환(6.6) 구속	

1991	범민련 부위원장 신규 선임(윤영규 · 권종대 · 계훈제 → 신창균 · 조용술 · 전창일)	★⑨국가보안법(5.31.), 일부 개정
	*강희남 위원장 직무대행(6.19.)	전대협대표 박성희(경희대), 평양 도착(8.5.)
	전창일 불구속 입건, 박순경 구속(8.13.)	전대협대표 성용승(건국대), 평양 도착(8.10.)
		제46차 유엔총회 개막, 남북한 유엔회원국 가입(9.17.)
		☆남북기본합의서(12.13.)
1992	북청 가족에게 첫 편지〈92.2.10.〉	
	동생 전철문으로부터 첫 편지 수령〈9.11.〉	
1993	범민련 제1차 공동의장단회의, 남측 수석대표	김영삼, 제14대 대통령 취임(2.25.)
	9인 소위원회 구성, 소집책 전창일(7.6.)	
	제20차 의장단 보선(12.15.), 의장(강희남), 부의장(조용술 · 박순경 · 전창일 · 이종린 · 이현수 · 한총련 의장)	
1994		★⑩국가보안법(1.5.), 타법개정
	문익환 목사 사망(1.18)	김일성 주석 사망(7.8.)
	범민련 남측본부 준비위원회(위원장 강희남), '조문단 파견'성명(7.13.)	김정일, 북조선 최고지도자 취임(7.8.)
	제5차 범민족대회 개최(8.14.~15.)	
1995	전창일, 범민련 남측본부 부의장 취임(2.25.)	
	범민족대회 남측추진본부, '제6차 범민족대회' 개최/민족공동행사남측준비위원회, '8.15 민족공동행사' 개최(12~15)	한총련, 범청학련 남측대표 2명(정민주, 이혜정) 평양 파견(8.14.)

1995	조문단사건, 강희남 · 전창일 등 29명 구속(11.29), 전창일(징역 1년 8월, 집행유예 2년)	박용길 장로(고 문익환 목사 부인), 정부 승인 없이 방북(6.28.)
1996	제7차 범민족대회, 제6차 범청학련 축전(8.15.)	
1997(70)	조문단 사건으로 재구속(징역 1년)	★⑪국가보안법(1.13.), 타법 개정
		★⑫국가보안법(12.13.), 타법 개정
1998	마지막 출소(9.14)	김대중, 제15대 대통령 취임(2.25.)
	민족화해협력범국민협의회(민화협) 고문	
1999	민족화합운동연합(민화련) 공동의장 〈4월〉	
	조문단 사건 사면(법무부 장관) 〈8월 15일〉	
2000		☆6 · 15 남북공동선언(6.15.)
2001	6 · 15 남북공동선언 실현을 위한 통일연대(통일연대) 창립(3.15), 고문 취임	
	8.15 평양 통일대축전 참가〈8월 15,16일〉	
2002	의문사진상규명위원회, 인혁당 고문조작 진실규명(9.12.)	
2003		노무현, 제16대 대통령 취임(2.25.)
2004	국가보안법 고문 · 용공조작 피해자 1차 증언대회에서 고문의 실상을 고발하다(12.16.)	
2005	국정원 과거사건 진실규명을 통한 발전위원회, 인혁당 사건 진실규명(12.7.)	

2006	통일연대 상임고문	
	민주화운동관련명예회복 및 보상심의위원회에서 민주화운동 관련자 인정	
	'한국 정치과 미래'란 글을 통해 금강산 관광과 개성공단 폐쇄를 예측하다(11.25.)	
2007(80)	사형수 8명 형사재심 무죄 선고 확정(1.23.)	
	한국진보연대 창립(9.16.), 고문 취임	
	사형수 8명 민사손해배상소송선고 확정(8.21.)	☆10 · 4 남북정상선언(10.4.)
2008	(~13년)법원, 관련자 17명 형사재심 무죄 선고	이명박, 제17대 대통령 취임(2.25.)
	중국 연변 연길 시내에서 조카 전봉주와 친척 전연익을 만남 〈6월 13일〉	
2009	서울중앙지법, 관련자 등 77명 민사손해배상 1심 선고(6월, 7월)	
	관련자 등 77명 배상금 가집행(8월)	
2010		★5 · 24 조치(5.24.)
2011	대법원, 관련자 등 77명 민사손해배상소송선고(1.27.)	★⑬국가보안법(9.15.), 타법 개정
		김정은, 북조선 최고지도자 취임(12.18.)
2012	박근혜 후보, '역사의 판단에 맡겨야' 발언	
2013	국정원, 관련자 등 77명에게 부당이득금 반환청구소송(7월)	박근혜, 제18대 대통령 취임(2.25.)
2014		
2015		

2016		★⑭국가보안법(1.6), 타법개정
		☆촛불 혁명(16.10.29.~17.3.11., 20차)
2017(90)		문재인, 제19대 대통령 취임(5.10.)
2018		☆판문점 선언(4.27.)
		☆싱가포르 조미선언(6.12.)
		☆9월 평양 공동선언(9.19.)
2019	대통령의 인혁당 재건위 사건 근본 해결촉구 국가인권위원회 권고 결정 환영기자회견(3.11.)	☆하노이 조미회담(2.26.~28.)
	전창일 인혁당 재권위 사건 피해자의 반국가단체 고문조작 국가범죄 주범 박정희 고소 기자회견(4.9.)	☆판문점 조미정상회담(6.30.)
2020		
2021		
2022(95)	2022년 현재 한국진보연대, 진보당 고문	윤석열, 제20 대통령 취임(5.10.)

번호	날짜	발신	비고
〈감옥으로 온 편지〉			
01	1995.12.25.	류경인	「성동구치소」,(한총련 대학생)
02	1996.1.2.	이창복	「성동구치소」,연하장(전국연합 상임의장)
03	1996.1.7.	전재연	「성동구치소」,(전창일 셋째 딸)
04	1996.1.28.	전재연	「성동구치소」,(전창일 셋째 딸)
05	1996.2.1.	전재연	「성동구치소」,(전창일 셋째 딸)
06	1996.3.6.	강순정	「성동구치소」,(통일운동가, 범민련)
07	1996.3.15.	이창복	「성동구치소」,(전국연합 상임의장)
08	1996.3.18.	조유진	「성동구치소」,(부산, 범민련)
09	1996.3.29.	신현칠	「성동구치소」,(통일운동가)
10	1996.5.3.	김태훈	「성동구치소」,(외손자)
11	1996.5.30.	서상호	「성동구치소」,(통일운동가)
12	1996.6.11.	이창복	「성동구치소」,(전국연합 상임의장)
13	1996.7.15.	지 선	「성동구치소」,(백양사 주지, 통일운동가)
14	1996.9.20.	김병길	「성동구치소」,(대구시 통일운동가)
15	1997.8.1.	〈김병길*사본〉	「수원교도소」,(대구시 통일운동가)
16	1997.9.5.	〈박상남*사본〉	「수원교도소」,(서울지역 청년단체협의회 소속 통일운동가)
17	1997.11.21.	〈김병길*사본〉	「수원교도소」,(대구시 통일운동가)
18	1997.12.16.	〈김병길*사본〉	「수원교도소」,(대구시 통일운동가)
19	1997.12.30.	〈권오헌*사본〉	「수원교도소」,(민가협 양심수후원회장)
20	1998.1.1.	〈변정수*사본〉	「수원교도소」,(헌법재판소 초대 재판관, 범민련 사건 전창일 변론)
21	1998.1.1.	〈신현칠*사본〉	「수원교도소」,(통일운동가)
22	1998.1.25.	〈전경애*사본〉	「수원교도소」,(전창일 맏딸)

23	1998.1.31.	〈전경애*사본〉	「수원교도소」(전창일 맏딸)
24	1998.1.	〈윤희보 · 박선애 *사본〉	「수원교도소」(범민련, 새해 연하장)
25	1998.2.3.	〈김병길*사본〉	「수원교도소」(대구시 통일운동가)
※01	1949.5.	전상주	「서대문형무소」(손위 조카), 신흥대학(경희대 전신), "철창생활은 너를 위대하게 할 것이다"
※02	1996.1.	리경구	「성동구치소」 격려편지(월간 말지)
※03	1996. 1.	박순경	「성동구치소」 연하장(자주평화통일민족회의 상임공동의장)
※04	1996. 1.	김상근	「성동구치소」 연하장
※05	1996.1.8.	전경란	「성동구치소」(둘째 딸)
※06	1996.1.12.	김한덕	「성동구치소」(통일운동가, 인혁당 무기수)
※07	1996.1.17.	소 륜	「성동구치소」(통일운동가)
※08	1996.1.24.	박정훈	「성동구치소」(통일운동가)
※09	1996.2.2.	이동원	「성동구치소」(연세대 학생)
※10	1996.2.3.	하태년	「성동구치소」, 부산, 통일운동가)
※11	1996.2.4.	김봉준	「성동구치소」(한양대 학생)
※12	1996.2.5.	전경란	「성동구치소」(둘째 딸)
※13	1996.2.8.	전상봉	「성동구치소」(통일운동가)
※14	1996.2.9.	이현정	「성동구치소」(통일운동가)
※15	1996.2.9.	김영선	「성동구치소」(통일운동가)
※16	1996.2.11.	이주연	「성동구치소」(통일운동가)
※17	1996.2.15.	김정애	「성동구치소」(충북대 학생)
※18	1996.2.20.	김도현	「성동구치소」(통일운동가)
※19	1996.2.17.	마숙빈	「성동구치소」(통일운동가)
※20	1996.2.20.	김은숙	「성동구치소」(통일운동가)
※21	1996.2.20.	우승철	「성동구치소」(통일운동가)

※22	1996.2.21.	홍중문	「성동구치소」(홍익대 학생)
※23	1996.5.3.	이 종	「성동구치소」(통일운동가)
※24	1996.5.3.	권낙기	「성동구치소」(통일운동가)
※25	1996.5.3.	이경구	「성동구치소」(통일운동가)
※26	1996.7.29.	소 륜	「성동구치소」(통일운동가)
※27	1996.9.3.	김태훈	「성동구치소」(외손자)
※28	1997.1.2.	김광열	「성동구치소」(통일운동가)
※29	1997.1.2.	이창복	「성동구치소」(전민련의장)
※30	1998.4.1.	장의령	「성동구치소」(동국대 학생)
〈감옥에서 온 편지〉			
01	1990.12.21.	문규현	「공주교도소」에서 안부편지(신부)
02	1991.12.18.	문규현	「공주교도소」에서 안부편지(신부)
03	1992.1.1.	김희택	「의정부교도소」에서 안부편지(통일운동가)
04	1992.1월 초	김근태	「홍성교도소」에서 안부편지
05	1992.2.11.	홍근수	「군산교도소」에서 안부편지(향린교회 목사)
06	1992.2.13.	이수호	「안양교도소」에서 안부편지(통일운동가)
07	1992.2.15.	〈손성표*사본〉	「장흥교도소」에서 안부편지(통일운동가)
08	1992.2.19.	임수경	「청주교도소」에서 안부편지
09	1992.3.21.	〈손성표*사본〉	「장흥교도소」에서 안부편지(통일운동가)
10	1992.7.3.	문규현	「공주교도소」에서 안부편지(신부)
11	1992.	강기훈	「대전교도소」에서 안부편지(통일운동가), 전민련 유서대필 사건(조작)
12	1993.1.1.	유원호	「대전교도소」에서 안부편지(통일운동가), 문익환 목사 방북 동행
13	1993.1.6.	손성표	「장흥교도소」에서 안부편지(통일운동가)
14	1993.5.7.	손성표	「장흥교도소」에서 안부편지(통일운동가)

15	1993.12.15.	손성표	「장흥교도소」에서 안부편지(통일운동가)
16	1994.1.1.	한충목	「진주교도소」에서 안부편지(현 진보연대 대표)
17	1994.1.6.	한상렬	「진주교도소」에서 안부편지(현 진보연대 대표)
18	1994.1.12.	한철수	「대구교도소」에서 안부편지(통일운동가)
19	1994.3.23.	한충목	「진주교도소」에서 안부편지(현 진보연대 대표)
20	1994.6.22.	한충목	「진주교도소」에서 안부편지(현 진보연대 대표)
21	1998.4.20.	이창복	「청주감옥」에서 안부편지(전민련 상임의장)
22	2010.8.10.	한충목	「서울구치소」에서 안부편지(현 진보연대 대표)
※01	1991?	문익환	「안동교도소」에서 안부편지 다수 발송, 가택수색 압수로 분실, 그 외 일본 · 캐나다 · 중국 · 오스트레일리아 · 프랑스 · 독일 등지 범민련 인사들의 옥중 위로 격려편지가 다수 있었으나 현재 원본이 거의 남아있지 않아 아쉬움을 금할 수 없다는 전창일의 고백이 있었음.
※02	1992.1.21.	박종열	「안양교도소」에서 안부편지
※03	1993.12.17.	한철수	「청주감옥」에서 안부편지(통일운동가)
〈외국에서 온 편지〉			
01	1987.7.19.	James P. Sinnott (시노트 신부)	Houston Texas, USA(신부, 선교사– 인혁당 사건으로 박정희 정권하에서 추방, 출국)
02	1987.12.7.	Hans–Dietrich	Ratingen West Germany(서독 인권운동가)
03	1988.1.6.	恒成和子 (츠네나리 가즈코)	日本 大阪(와세다대학 출신, 프랑스 소르본대학 유학, 일본의 평화 · 인권운동의 지도적 역할, 社團法人 앰네스티일본지부 회원 한국/조선팀 멤버, 한국의 민주화운동 지원→2000년 5월, 민주화운동기념사업회 초청으로 방한)
04	1988. 3. 5.	범민련 유럽본부 (Hans–Dietrich)	–
05	1988.12.6.	Hans–Dietrich	–
06	1988.12.	Mrs. DM Tayler	Medhead Road, New Zealand(인권운동가)
07	1989.3.28.	恒成和子	–

08	1989.9.19.	James P. Sinnott	–
09	1990.1.29.	恒成和子	–
10	1990.2.2.	James P. Sinnott	–
11	1991.1.15.	Mrs. DM Tayler	–
12	1991.1.18.	노길남	Los angeles, USA(재미언론인, 통일운동가)
13	1991.7.23.	Don and Marion	Canaan, NY, USA(미국평화운동활동가들, 방한 시 곽영도 씨의 주선으로 인터뷰, 귀국 후 방한 보고와 인터뷰 감사편지 보냄)
14	1992.1.2.	김진엽(Dr. JinY.Kim)	Los angeles, USA(재미동포 학자, 통일운동가, 조국 방문하였으나 추방당함)
15	1992.2.24.	James P. Sinnott	–
16	1992.4.1.	김진엽(Dr. JinY.Kim)	–
17	1992.12.23.	恒成和子	–
18	1993.12.	임민식(MS Rim)	Helsingør, Danmark(범민련 해외본부 사무총장)
19	1996.4.10.	강인호	「성동구치소」에서 수신, 日本 京都(통일운동가)
20	1997.1.1.	〈신옥자*사본〉	「수원교도소」(독일, 범민련 유럽지역본부)
21	1997.12.11.	〈양동민*사본〉	「수원교도소」(일본, 범민련) → 영치금 송금
22	1997.12.15.	〈이준식*사본〉	「수원교도소」(독일)
23	1999.7.21.	Kathryn Fitzgerald	Houston Texas, USA(Maryknoll Secretary, Literary Agent for James P. Sinnott, M.M.)
24	2005.12.10.	류태영	New York, USA
〈사무실, 집으로 온 편지〉			
01	1990.5.16.	표문태	경기도 안산거주(문학인)
02	1993.1.27.	〈이창복*사본〉	만기 출소 인사편지(전국연합 상임의장)
03	1998.7.1.	김상찬	부산지역 활동(통일운동가)
04	1998.9.5.	이관복	충북 음성 거주(범민련 남측본부 사무처장 역임)
05	1999.1.1.	서경원 · 임정순	출옥감사 · 연하장(전 국회의원, 사회정의연구소)

06	2005.12.1.	〈박용*사본〉	감사인사(범민련 재일조선인 본부 사무처장, 해외 공동 사무국 부사무총장, 6·15 일본지역위원회 및 해외측 위원회 사무국장)/전창일의 축하인사(2004.11.3.)첨부
※01	1993.12.28.	4월혁명연구소	초대장
※02	1994.1.	민주개혁국민연합	연하장〈전창일: 상임고문〉
※03	1996.	김석현	감사편지(통일운동가)
※04	1996.1.	기노을	연하장(통일국민당 담양·장성지구당 위원장)
※05	1998.1.	손창호	감사편지(통일운동가)
※06	1998.4.	이철·김학민	(민청학련운동계승사업회)
※07	1998.4.24.	김정숙	(민가협 의장)
※08	1998.4.30.	권오헌	(민가협 양심수후원회장)
※09	1998.8.18.	홍근수	(김낙중 석방대책위원회)
※10	1998.9.30.	안재구	감사편지(수학 교수, 남민전 사형수, 무기징역 감형)
※11	1999.1.	유희문	감사편지(음악가, 무대감독)
※12	1999.4.	심재택, 송정숙	감사편지(6·3 항쟁 배후로 수배된 심재택의 도피를 전창일이 도와줌, 동아투위 상임위원, 사월혁명회 공동의장)
※13	1999.5.	심재권	감사편지(3선 국회의원, 심재택의 동생)
※14	1999.5.25.	민주개혁국민연합	소집통지서(대표단 및 상임고문 제5차 대표단회의)
※15	1999.6.10.	민주화운동 기념사업	12주년 행사 초대장〈전창일: 추진위원회 상임고문〉
※16	1999.9.20.	국가보안법반대 국민연대	결성대회 초대장〈전창일: 발기인〉
※17	1999.10.	김재봉	감사편지(통일운동가)
※18	1999.12.	김상찬	부산지역 활동(민주민족청년동맹 중앙집행위 간사장, 민자통 조직부장 역임)
※19	1999.12.15.	전재호	연하장(민화련 서울시상임의장)
※20	2000. 1.	임헌영	감사편지(민족문제연구소장)

※표시: 전창일의 편지수신기록에서 발췌 정리 〈*사본〉: 원본 분실 편지

〈감옥으로 온 편지〉

01	1995.12.25.	류경인

"
통일만이 빛나는 아침입니다.
새해 복 많이 받으세요.
"

안녕하세요?
저는 범민련을 가슴깊이 사랑하고 있는 한총련 학생입니다.
늘 통일 조국을 위해 헌신했던 선생님들이기에 추워진 겨울날씨가 가슴아프게 다가옵니다.
8월 범민족대회 사수의 마음은 치열한 투쟁이었습니다.
이제는 범민련 사수의 결의로 저희들은 하나입니다.
너무나도 자랑스러운 우리의 조국이 통일되는날, 해방되는 날 선생님과 함께 기쁨을 나누고 싶습니다.
언제 어디서든 모범적인 선생님들의 투쟁앞에 부끄럽지 않기 위해 열심히 투쟁하겠습니다. 통일조국의 영광은 바로 저희 7천만 겨레의 것입니다. 건강하세요.

〈통일원년 12월 24일. 류경인 올림〉

충북 청주시 개신동 산 48
충북대학교 교지편집위원회
류 경인.
360-763

278

서울 송파구 송파우체국
사서함 162호. 21번
전 창일 선생님.
138-600

02	1996.1.2.	이창복

Holiday Greetings
and Best Wishes for
the New Year

전 창 일 선생님.
추운 겨울에 선생님의 구속은 우리 모두의 큰 충격이었으며 선거시기 재연되는 공안 정국에 분노를 느낍니다
평소 함께 하시지 못한 데 대해 후회가 큽니다. 부디 건강하게 잘 버텨 주세요.
새해 새 희망으로 출발하시지요

希望찬 새아침에
健康과 幸運을 祈願하오며
새해에도 변함없는 聲援을 부탁드립니다.
새해 福많이 받으십시오

이 창 복 드림

원주시 일산동 350-11
이 창 복
220-050

전 창 일 선생님
서울 송파구 가락동 산 5
성동구치소 21번
134-160

03	1996.1.7.	전재연

아버지께
작년까지만 해도 온난화 현상으로 겨울이 따뜻하기만
하더니 올 겨울은 웬일인지 추운지; 걱정이 많이 됩니다
아버지. 다른 때보다도 고생이 더 많으시다는 거 알고
있습니다. 예전에 허서방도 그곳에 있었다고
합니다. 시어머님에게도 듣고 또 다른 분에게도
들어서 압니다. 엄마는 옛날처럼 해 보시겠다고
합니다. 몸이야 힘드시겠지만 마음으로나마
편히 갖으셔서 건강에 유념하세요.
집에 걱정은 많이 하시는 것 같은데 걱정하지
마세요. 예전처럼 저희들이 어린 것도 아니고,
생계가 없는 것도 아니고, 건물문제(보일러, 자취생 등)
도 엄마가 해 보실 것이고, 걱정하셔야 될 일이
아무것도 없으세요.
아버지 나오시는 날까지 들어가실 때와 똑같이
건강상태만 같으면 더 바랄 게 없습니다.
4일날, 구국전위 사건으로 있다는 안영민씨가
이름들으로 보낸 편지를 받았습니다. (그 사건에
대해서 편지로 알려주세요.) 아버지께 보낸 연하장은
같이 동봉합니다. 주소는, 「전남 순천시 서면 우체국
사서함51호 안영민(1981)」으로 되어 있습니다.
(우편번호는 541-810) 저는 편지를 써서 보내드렸
습니다. 그리고 허서방 재판일이 1월 9일

오후 2시에 잡혔습니다.
인회씨 대학 동기이며 선임 변호사인 임영화 변호사가
안기부의 김동식 조사 기록 중에 조작의 흔적을
찾았다고 하니 기대는 해 봅니다. 그리고
김동식 진술에 따라 검사가 증인에게 거짓 진술을
받은 것도 나타나고요.
없는 사실을 있는 것처럼 꾸며대니 헛점이
나타날 수 밖에요. 자세히 알려드리고 싶지만
서신으로 설명해 드리기도 어렵고 해서요.
다음 편지부터 재판 진행과정을 알려 드릴게요.
인회씨에게도 매번 하는 말이지만
마음을 느긋하게 가지세요. 조급하게 생각하시면
더 힘드시니까요.
아버지는 강하신 분이니까 고초를 견디시리라
믿습니다.

화이팅!

96. 1. 7.

재연 올림

서울시 동대문구 이문2동 341-60
전 재연
130-082

서울시 송파구 송파우체국 사서함 177호
2 2 8 21번 전 창 일 귀하
138-600

04	1996.1.28.	전재연

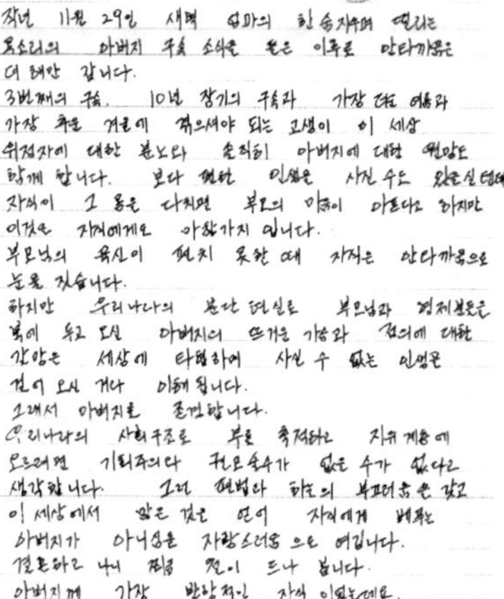

아버지께.

작년 11월 29일 새벽 엄마의 한숨 지으며 떨리는 목소리의 아버지 구속 소식을 들은 이후로 안타까움은 더 해만 갑니다.
3번째의 구속. 10년 장기의 구속과 가장 더운 여름과 가장 추운 겨울에 겪으셔야 되는 고생이 이 세상 위정자에 대한 분노와 솔직히 아버지에 대한 원망도 함께 합니다. 보다 편한 인생을 사실 수도 있으실텐데.. 자식이 그 몸을 다치면 부모의 마음이 아프다고 하지만 이것은 자식에게도 마찬가지 입니다.
부모님의 육신이 편치 못할 때 자식은 안타까움으로 눈물 짓습니다.
하지만 우리나라의 분단 현실로 부모님과 형제분들을 북에 두고 오신 아버지의 뜨거운 가슴과 정의에 대한 갈망은 세상에 타협하여 사실 수 없는 인생을 걸어 오신 거다 이해 됩니다.
그래서 아버지를 존경합니다.
우리나라의 사회구조로 부를 축적하고 지위 계층에 오르려면 기회주의나 권모술수가 없을 수가 없다고 생각합니다. 그런 편법과 하루의 부끄러움을 갖고 이 세상에서 많은 것을 얻어 자식에게 베푸는 아버지가 아니셨음을 자랑스러움으로 여깁니다.
결혼하고 나니 지금 정이 드나 봅니다.
아버지께 가장 반항적인 자식 이었는데요.
저의 불손한 태도에 많이 마음 아프셨으리라 압니다.
아버지께 대한 애정이 외로움으로 나타났던것 같습니다.
저는 저를 이해해 주시는 대화를 원했지만 아버지의 일방적인 말씀(잔소리)으로 상처 받고 반항했던 것 같습니다.
자식으로서 아버지의 말씀에 무조건 순종 하는 것이 도리이지만 아버지에게 받은 애정의 기억 없이 순종하기엔 제가 로보가 아니었습니다.
하지만 애정이 없으신 것이 아니라 아버지의 감정표현의 무뚝뚝함으로 인한 오해 였던것 같습니다.
세상 어느 누구의 아버지 보다도 올 곧으신 성품의 아버지에게서 이 세상 살아 감에 치우침이 없이 살아 갈 수 있는 용기를 물려 받았다고 생각합니다.
이보다 귀중한 유산은 없으리라고 압니다.
오늘 어머니에게서 주여사님이 쓰러지셨다는 소식 들었습니다. 밖에서 보석 석방을 요구한다고 합니다.
임신 9개월의 고애순 씨는 충격 속에 아이가 사산 되었다는 소식 들은 때 피가 끓는 분노를 느낍니다.
그러나 악을 악으로 갚는 마음은 결국 자신이 피폐케 됨을 느낍니다. 예수님이 로마의 위정자에게서 짓밟힐 때도 그들을 축복 하시며 운명하셨듯이 원수를 사랑으로 승화시키는 힘이 더 강하다는 것을 배워야 겠지요.
아무쪼록 건강 하셔야 되요. 아버지께서 나오시는 날까지 건강만 하신다면 승리하는 거예요.
엄마를 볼 때면 참으로 불쌍하시다는 생각이 들어요.
하지만 강하신 성격으로 인해 꿋꿋하신 모습에 오히려 엄마에게 많은 것을 기대고 있습니다.
3월 중순 출산 이유로 이문동에서 엄마 신세를 지려고 합니다. 아버지도 계셨으면 좋을 텐데요.
허서방의 걱정은 아직 모르겠어요.
기도하며 기다릴까 합니다.
육신의 건강은 정신이 좌우 한다고 생각해요.
여러가지 걱정들 하지 마시고 마음 편안 상태로 유지하세요. 이런 말씀 밖에 해 드릴 수 없음에 답답합니다.
아버지 다음 편지 때까지, 안녕히 계세요.

96. 1. 28 재연 올림.

보내는 사람 서울시 동대문구 이문2동 344-60
전 재연

받는 사람
서울시 송파구 송파우체국 사서함 177호
21번 전 창일 귀하
138-600

05	1996.2.1.	전재연

아버지께.

자주 편지를 쓴다고 생각하면서도 지금에야 펜을 들었습니다.
작년까지만 해도 따뜻하던 겨울이 올 겨울에는 왜 이리
추운지 동장군이 야속하기만 합니다.
'94년 여름처럼 살인 더위와 올 겨울의 매서운 한파
속에서만 옥고를 치르시게 되니 안타깝고 답답한 심정입니다.
아빠의 억울한 간첩행위 혐의를 벗고자 엄마가 많은 노력을
하고 계십니다. 글도 쓰시고 사람들도 만나시고…
허서방도 나온 후로 아버지 변호사도 찾아 뵙고 전국연합도
찾아가서 대응 방안을 마련토록 애쓰고 있습니다.
그리고 허서방 변호사인 임영화 변호사도 선임을 맡아
변론을 할 겁니다. 임 변호사는 허서방 고대 동기이고 친구입니다.
열심히 해 주리라 봅니다.
간첩행위 혐의라는 두가지 건에 대해 들었습니다.
노동절 행사 트레카드 사진과 기자회견 유인물을 보낸 것이
문제시 됐다는데 기가 막혀서 말이 안 나옵니다.
심심하면 장난치듯 국가보안법의 악법을 이용하여 재야단체를
치는 공안 당국의 작태를 어찌해야 할지…
그러나 분노 보다는 원수를 축복하라는 하나님 말씀 따라
미워하지 말아야 겠지요. 힘든 일이지만요.
로마서 12:19 내 사랑하는 자들아 너희가 친히 원수를
갚지 말고 진노하심에 맡기라. 기록되었으되
원수 갚는 것이 내게 있으니 내가 갚으리라고
주께서 말씀하시니라.
이번에 허서방이 나오게 된 것도 순전히 하나님의 은혜라고
생각되요. 단 한사람도, 어느 누구도 허서방이 올설 전에

compass

나올 것 이라고는 생각지 못했거든요.
사람의 마음을 움직이시는 하나님이 판사의 마음을 움직여
허서방을 풀어 줬다고 봐요.
감옥 안에서 허서방은 많은 회개를 했다고 합니다.
그동안 하나님 품을 떠나 살은 자신을요.
아버지 사건도 하나님이 함께 해 주실 것을 기도드리겠어요.
잠시 어려운 역경 속에서도 아버지 손주는 열심히 자라고 있어요.
사람들이 제 건강을 염려하지만 저는 건강합니다.
저나 집안일로는 걱정하지 마세요.
그리고 1월 26일은 허서방 재판이 있었어요. 2시에
열렸었는데 9시 40분에야 끝났었어요. 김동식에 대해
검사가 3시 20분까지 질문하고 그 이후부터는
허서방의 변호사인 임영화. 이정구 변호사가 200항이
넘도록 질문을 했답니다.
김동식이 진짜 간첩인가에 초점을 맞춰 많은 질문을 했습니다.
우리가 조작의 증거로 잡고 있는 사람에 대해 미꾸라지 마냥
빠져 나가려 했지만 명패가 놓인 책상이 허서방의
책상이라고 말해 가족과 한겨레 회사를 아는 사람이라면
김동식이 거짓말을 하고 있다는 것을 알 수 있었어요.
한겨레 회사 어디에도 창립이래 명패라는 것은 사용한 적이
없거든요. 다음 재판일은 2월 9일이에요.
증인신청이 이루어진것 같애요.
허서방 공판은 크게 걱정 안하셔도 되리라 봅니다.
문제는 아버지 공판인데, 변호사들이 잘 해줘야 될텐데요.
기도해야 겠지요.
살을 에는 추운 날에 건강하세요 란 말이 무색하네요.
아무쪼록 건강하셔야 되요.
'96.2.1. 재연 올림

compass

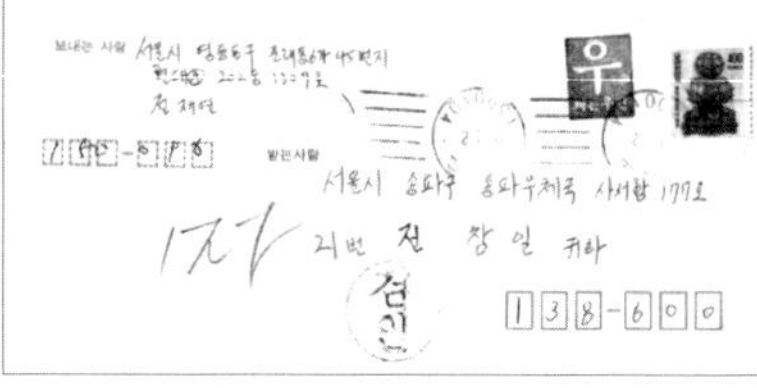

06	1996.3.6.	강순정

옥중으로 보내는 안부의 말씀

추운 겨울에 옥중에서 얼마나 고통들이 많으십니까? 구속된 지 벌써 3개월이 지나가고 있습니다. 그간 따뜻한 서신 한자 보내드리지 못하여 마음속으로 참을 수 없는 죄책감을 느끼고 있습니다.

작년 11월 29일 의장님을 비롯 29명이 전격적으로 구속된 후 나는 아무도 없는 허허벌판에 홀로 서있는 심정이었습니다. 조국을 사랑하고 범민련을 지키고자 하는 성원들이 단결된 힘으로 11월 29일 당일로 「범민련 사수와 통일애국인사 석방을 위한 비상대책위원회」를 구성하여 12월 1일 범민련 사무실을 다시 탈환하여 농성에 돌입하게 되었습니다.

사무실은 온통 쑥대밭이 되어 수라장을 이루고 남은 것은 책상 위에 펄럭이는 몇장의 종이와 책들 뿐이었습니다. 참으로 막연하고 참을 수 없는 분노와 증오로 범민련을 지키고 구속된 성원들을 석방시키야겠다는 신념을 가지게 되었습니다. 우리 김민 간사와 서간사(범민련 사무실 수색 중 입회하여 그 시간에 지키면서 무자비한 폭거에 놀라 임신 3개월된 몸이 급기야 하혈하면서 낙태함.),배간사 등은 굳건한 결의로 제6차 범민족대회에 참여하고 범민련의 강령과 규약을 지지하는 대중들이 집결되어 오늘까지 범민련 사수에 온 힘을 다하고 있습니다.

구속된 성원들에 대한 면회마저 공범이란 이유로 한사람밖에 면회가 허용되지 않아 많은 싸움을 해가며 몇사람 얼굴만 보는 형편에서 안타까운 마음으로 옥중에 계신 여러분들의 투쟁과 건강에 염려를 하면서 구속의 부당성을 성토하고 우리들의 주장을 전국 전세계에 알리면서 하루 속히 석방되기를 고대하며 힘을 다하고 있습니다.

이덕우 변호사를 비롯하여 18명의 변호사들이 수고를 하고 있습니다. 그간에 일어났던 일들을 어찌 다 말로 할 수 있겠습니까? 고통 속에서 승리의 결의를 다지고 항쟁속에서 통일의 의무를 다하면서 오직 일편단심 옥중의 애국통일인사 석방을 촉구하는 신념으로 오늘까지 범민련 방바닥에서 잠자며 가는 곳마다에서 범민련을 외치고 김정권에 대하여 항의하면서 통일이 하루 속히 다가오기를 고대하며 여러분들의 장한 기개에 대하여 밤잠에서 얼굴들을 꿈에서 보면서 지내고 있읍니다. 가족들의 고통은 더 말할 수 없으며 의연하게 품위를 지키며 옥중 뒷바라지를 하고 있는 것을 보면 눈물이 솟구칩니다. 건강에 유념들 하셔야 합니다.

1995년 12월 27일의 송년의 밤은 조촐하게 범민련을 결성하였을 때와는 판이하게 다르게 힘찬 열기속에서 강당을 가득 메운(5-600명) 가운데 제6차 범민족대회 통일선봉대원들이 범민련 사수와 애국통일인사석방을 위한 혈서로서 결의를 다지면서 다시 한 번 옥중 인사들을 흠모하고 지키고자 하였다는 기쁜 소식을 전해 드립니다.

또한 범민련 운영에 어려움을 당하여 고심끝에 하루주점을 차려 희망새 아기들의 우렁찬 범민련 찬가의 노래 소리를 남쪽 하늘에 휘날리면서 2천여명의 성원들이 열렬히 참여하여 우리들의 살림의 밑천을 장만하게 되었다는 소식을 전하여 드립니다. 기뻐하여 주시기를 바랍니다.

철창속에서 눈보라 비바람 찬공기에도 굴하지 않고 단식과 묵비권을 행사하여 자기 책임을 다하고 있는 여러분들은 통일의 길을 걷는 역사속에 영원히 남으리라고 믿고 자랑스럽게 저희들은 찬양하고 있습니다. 해외동포들도 예외없이 함께 동참하여 해외비상대책을 수립하여 빠짐없이 국내에서 일어나고 있는 비인간적인 인권 유린 사항을 세계에 고발하면서 조국의 어려움을 호소하며 통일된 조국강산에 이어짐을 바라고 협조와 아낌없는 지지와 성원을 보내고 있습니다.

지난 2월 23일 범민련 결성 1주년의 행사에는 1995년 2월 25일 결성 당시 조촐하게 남쪽의 통일의 옥동자를 생산했을 때와는 달리 1년을 자란 범민련 1주년은 통일운동의 뿌리가 내려지는 더 튼튼한 통일의 집의 울타리가 단단해지면서 환성과 환호의 우렁찬 함성을 범민련 사수와 민간통일운동의 구심체 범민련의 위상을 3천리 강산에 드높혔던 날이었다는 소식을 전하여 드립니다.

꽁꽁얼어붙은 겨울이 십년이 가고 몇백년이 갈 줄 알아도 계절의 바뀜과 더불어 봄의 햇살에 녹아 얼음을 깨며 한물줄기로 하나를 이루어 흘러 가듯이 우리의 소망 조국의 통일도 봄눈 녹듯이 녹아 통일의 바다를 이뤄 한 물줄기로 흐를 것이 확연하다는 것을 역사속에서 보아 왔음을 나는 오늘 옥중에 계신 여러 애국인사들에게 단호하게 말씀드리며 냉고에 시달리시고 차가운 마루바닥에서 처절한 고통을 이겨가면서 일편단심 통일의 앞길에 밑거름이 되고 있는 것을 높이 평가하고 찬양하면서 여러분들이 하루 속히 가족의 품안으로 조국의 품안에서 남은 여생을 보내게 하기 위하여 몸과 마음과 의지를 결집하여 더욱 다지면서 범민련 사무실을 우리의 집을 지키겠다는 말씀을 드립니다.

태산 같이 하고 싶은 말을 다하지 못하고 남은 이야기를 구치소 담 넘어 바람속으로 따뜻한 우리들의 정을 담아 보냅니다.

이종린 의장님의 서신 1,2편을 감사하게 받았습니다.

건강에 유념하여 주심을 다시 한 번 조언드리며 이만 소식을 맺습니다.

1996년 3월 6일

강순정 드림

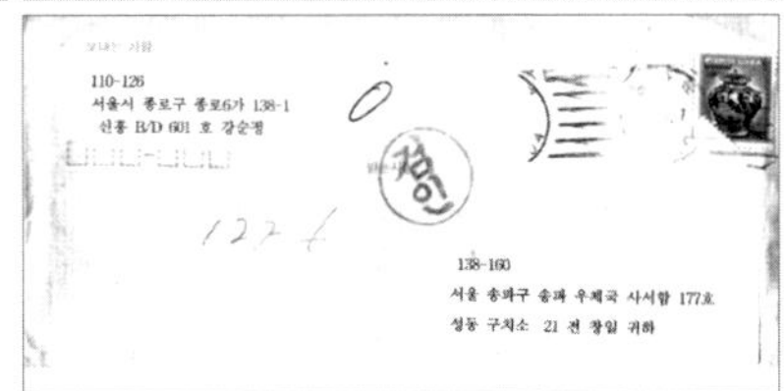

보내는 사람

110-126
서울시 종로구 종로6가 138-1
신흥 B/D 601 호 강순정

138-160
서울 송파구 송파 우체국 사서함 177호
성동 구치소 21 전 창일 귀하

07	1996.3.15.	이창복

전 창 일 선생님.

안녕하셨읍니까?

지난 겨울은 무던히도 추웠는데 지나시기에 힘드셨지요? 긴긴 겨울 밤 억울함과 분노로 몇날 지새우셨으리라 믿습니다. 괴로움도 크셨고 힘도 드시지만 이 상황을 극복하는데 있어 불가피한 고통이시지요. 아무쪼록 건강관리 잘 하셔 건강하게 돌아오시기 바랍니다.

국가보안법은 결국은 폐지되겠지만 그 막판에 위력(!)을 과시하는듯해서 마지막으로 휘둘러지는듯한 느낌이지요. 이 칼에 맞서 싸우시는데 혼신의 노력을 다해 주세요.

허인회군이 석방되어 다행입니다. 사모님의 걱정이 좀 덜겠지요. 그러나 힘들어 하시는 모습은 예전과 달라 느껴져요. 그렇지만 열심히 활동하시는걸 보면 놀랍습니다.

아무래도 재판이 끝나면(1심) 자유로워질것이라 믿고 있는데 그렇게 되도록 하기 위해서 안과 밖에서 노력해야 되겠지요.

요즈음 밖에서는 아무래도 총선분위기 속에 [illegible] 개혁은 뒤로 제치고 운동권내부도 [illegible] 다소 혼선이 있는듯 해서 안타깝습니다.

몇일전 강목사님은 8년의 재판을 [illegible] 그 기개는 충천했고 너무 당당하셨음에 많은 사람이 감탄했지요.

부디 건강하셔서 통일조국 건설에 큰 힘되어 주십시오.

안녕히 계십시오. 3. 15

이 창 복 드림

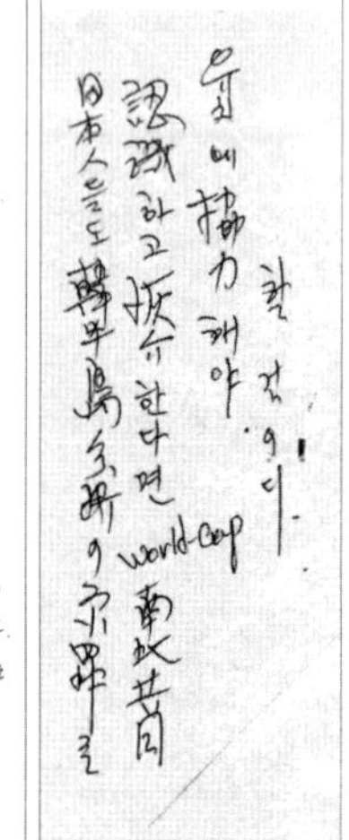

日本人들도 韓半島[illegible]로 認識하고 [illegible]한다면 world cup 南北共同 유치에 協力해야 할 것입니다!

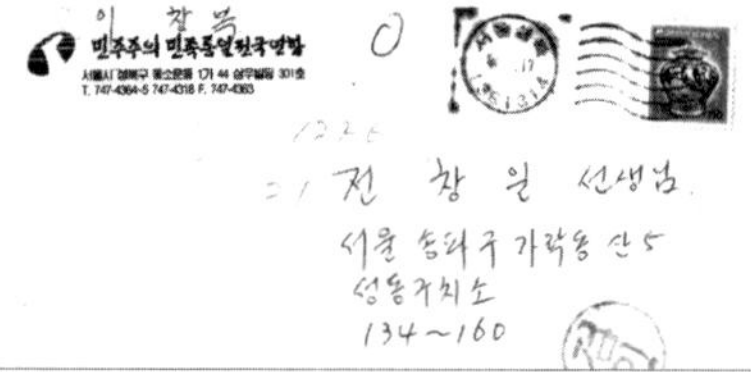

이 창 복
민주주의 민족통일전국연합
서울시 [illegible] 1가 44 삼우빌딩 301호
T. 747-4364-5 747-4318 F. 747-4363

전 창 일 선생님.
서울 송파구 가락동 산5
성동구치소
134~160

08	1996.3.18.	조유진

보내는 사람 조 유진

614-031

전 창일 선생님께.

3월 8일. 백발이 된 선생님의 머리를 본 순간 [illegible]

[illegible]

받는 사람 전 창일 선생님

138-160

강화! 범민련
성사! 제7차 범민족대회

09	1996.3.29.	신현칠

노청년임을 자임하고 분투의 생활을 하셨지만 그래도 노구에 지난 엄한철은 견디기 어려울 것이라 생각합니다.

대의를 위하여 일관된 기개와 열정은 다만 충심으로 존경과 흠모를 마지 못합니다.

저는 작년 11월부터 건강에 이상을 느끼더니 급기야 12월 초부터 뇌졸증으로 1개월 반 입원하였다가 지금은 퇴원 가료 중이나 아직 외출과 필사가 자유롭지 못하여 공판에도 한번도 참석 못하고 있습니다. 명색이 뜻을 함께하는 사람으로서 그 송구함을 이루 다 이르지 못합니다

다행히 많은 동지와 후생들이 선생의 가르침에 따라 가기를 기약하고 있사오니 선생은 안심하시고 보람찬 나날을 보내시길 바랍니다.

건강을 빕니다.

자필을 하지 못하여 이만 줄입니다.

1996. 3. 29

신 현 칠 배

전 창 일 선 생 귀하.

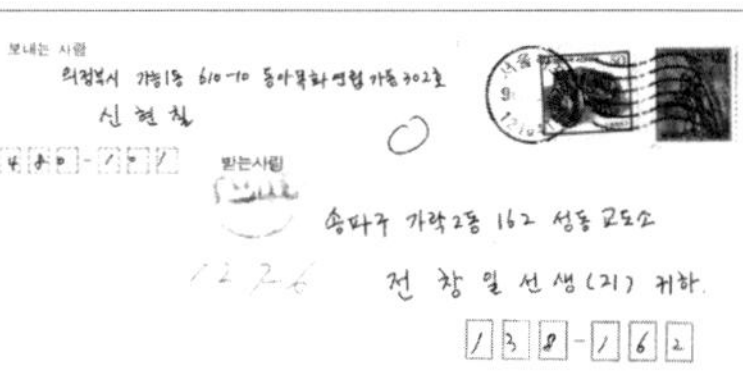

보내는 사람
신 현 칠
받는 사람
송파구 가락2동 162 성동교도소
전 창 일 선 생 (지) 귀하.
138-162

10	1996.5.3.	김태훈

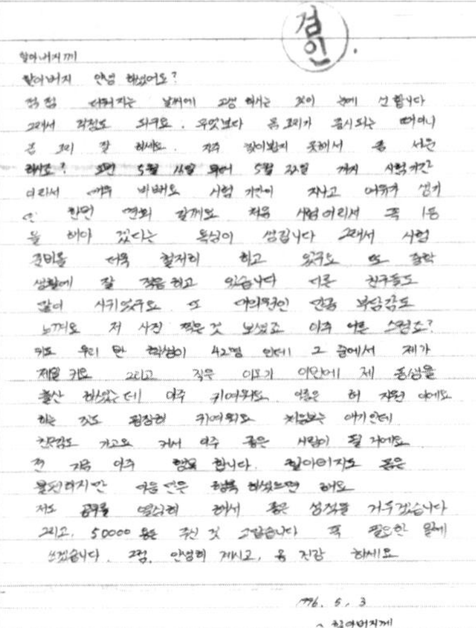

검인

할아버지께

할아버지 안녕 하셨어요?

점점 더워지는 날씨에 고생 하시는 것이 눈에 선 합니다 그래서 걱정도 되구요. 무엇보다 몸 조리가 중시되는 때이니 몸 조리 잘 하세요. 자주 찾아뵙지 못해서 좀 서운 하시죠? 요번 5월 14일 부터 5월 20일 까지 시험 기간 이라서 아주 바빠요. 시험 기간이 지나고 여유가 생기면 한번 연락 할께요. 처음 시험이라서 꼭 1등 을 해야 겠다는 욕심이 생깁니다 그래서 시험 준비를 더욱 철저히 하고 있구요 또 중학 생활에 잘 적응 하고 있습니다 새로운 친구들도 많이 사귀었구요. 또 [illegible] 부담감도 느껴요. 저 사진 찍은 것 보셨죠 아주 어른 스럽죠? 키도 우리 반 학생이 42명 인데 그 중에서 제가 제일 커요. 그리고 작은 이모가 이번에 제 동생을 출산 하셨는데 아주 귀여워요. 이름은 허 지원 이에요. 하는 짓도 굉장히 귀여워요. 처음보는 애기 인데 친근감도 가고요 커서 아주 좋은 사람이 될 거에요. 전 기분 아주 행복 합니다. 할아버지도 몸은 불편하시지만 마음 만은 행복 하셨으면 해요 저도 공부를 열심히 해서 좋은 성적을 거두겠습니다 그리고, 50000 원은 주신 것 고맙습니다 꼭 필요한 곳에 쓰겠습니다. 그럼, 안녕히 계시고, 몸 건강 하세요

1996. 5. 3

^ 할아버지께

손자 태훈 올림 ^.

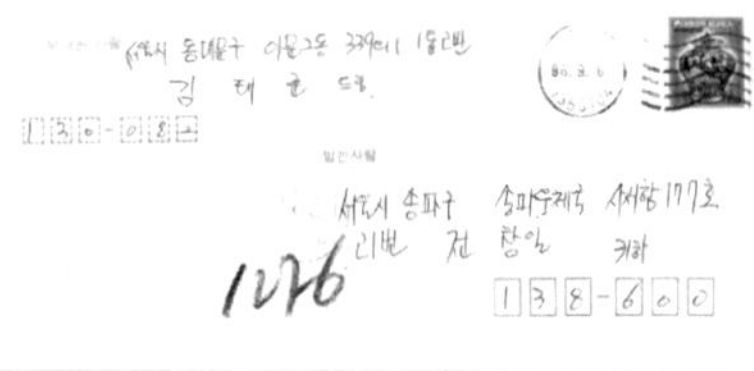

11	1996.5.30.	서상호

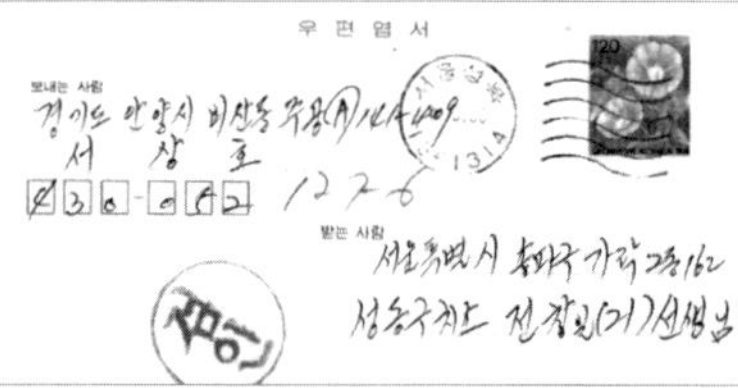

[illegible] 엽서로서 몇자 적었으나 전송되지 못하였던군요. 요사음 선생님의 건강이 염려 됩니다. 언제나 변함없이 통일 조국 사업의 화신이신 선생님의 뜻지를 존경합니다. 통일하실때 까지 몸 건강하시고 계속 지도 편달을 바라면서 몇자 올립니다

1996. 5. 30 서 상 호 드림

12	1996.6.11.	이창복

전 창일 선생님.

안녕하십니까?

그동안도 별일 없으시리라 믿습니다만 혹시라도 돌발적인 일은 없었는지요. 너무 오랫동안 좁은 공간에서 고생하시게 되니 매우 마음이 무겁습니다

정부의 처사도 중요하겠지만 이 상황에서 민족의 비극의 현실인 자주평화통일을 일구는 일은 더욱 어렵기만 합니다.

재판진행이 선고만 남겨 놓고 계신줄 아는데 결과가 기대됩니다. 속히 자유의 몸이 되시길 바랍니다. 걱정되는 것은 국보법 위반혐의로 많은 사람이 구속되는 것을 보면서 아무리 생각해도 이해되지 않는 처사입니다.

금년의 통일운동도 작년과 같이 어려움이 있지요. 통일운동세력의 단결이라는 대의에는 충실하겠지만 작년처럼 매달리지는 않겠습니다. 기다리는 지혜도 필요하다고 생각했습니다. 순서로 훈련해야 한다는 것이지요. 많은 조언을 기대합니다.

요즈음 건강관리는 어떻게 하시는지요. 혈압도 높고 점차 기력이 저하되는 시기에 더욱 걱정이 됩니다. 마음 편히 갖으시고 나날의 생활이 즐겁도록 노력해 주세요. 그렇게 버텨 주시는 것도 後輩들에게 정신적으로 큰 힘이 됩니다.

금년에도 우리는 국보법 철폐운동을 대중운동으로 전국적으로 전개해 보겠습니다. 국보법의 철폐는 [illegible] 앞당기는데 단초가 될겁니다.

아무쪼록 건강하신 모습으로 자유의 몸이 되시길 바랍니다. 자주 찾아 뵙지 못해 마음이 무겁습니다. 안녕히 계십시오

6. 11

李昌馥 드림

민주주의 민족통일전국연합
National Alliance for Democracy & Reunification

1226 전 창일 선생님
서울·송파구 가락동 산5
성동구치소
134~160

13	1996.7.15.	지선

좋은 세상을 만들기 위해 애쓰시다 특별히 修行하시게 된 존경하는 모든 분들께 합장공경하고 인사드립니다.

세상에는 맑은 바람이 있어야 숨쉬고 살아갈 수 있듯이 오탁악세인 오늘날은 온갖 추하고 부패한 세상인데도 무한청풍 그윽한 향기가 되어 모든 사람들께 살맛나게 하시는 선생님, 그리고 형제자매 여러분! 이 무더운 여름철에 참으로 고생이 많으시겠습니다.

늘 여러분 앞에 죄 지은 사람처럼 가슴 아프게 살아가면서 문득문득 여러분을 생각하게 되지만, 그때마다 생각뿐 서신 한장 제대로 올리지 못하고 지금까지 지내왔습니다.

여러분께서 벽을 대하고 앉아 계실 때처럼 허공을 응시하며 투명한 身心으로 이 나라 민족민중과 이 사회의 실상을 직관하시듯 저 또한 靑山을 대하고 앉아 깊이깊이 여러분을 생각합니다.

그러다가 이번에 제가 과거 활동할 때 모아 두었던 격담잡기를 묶어 유치한 책 두 권을 만들었습니다. 여러분의 뜻에 둘째권이 맞을 것 같아 한 권씩 보내드리오니 널리 양해하시고 살펴 주십시요.

장기수 어르신들과 연세 높으신 어르신들, 그리고 노동자 동지들과 애국 청년학생들, 민족의 민주화와 조국의 통일을 위하는 모든 분들께 청정성과 건강, 그리고 올곧게 사유하는 모습이 잘 보존되도록 부처님께 내내 축원 드리겠습니다.

가까이 있거나 떨어져 있거나 서로 대하고 말은 없어도 서로의 품속에 안고 안겨서 한타래 꽃처럼 아름다운 모습으로 향기를 내며 곳곳에서 피어오르는 우리의 공동체는 아름답기만 합니다.

비록 잘 먹고 잘 사는 세상, 정보와 지식이 가득찬 개개인, 편리함과 윤택한 삶을 대부분 누리고 사는 현대 과학문명의 시대입니다. 그러나 반성과 초월(모순 극복)로 통하는 길이 막혀 비인간화된 세상, 욕망을 바탕으로 합리적 이성이 만든 모순의 세상은 무한 부정과 공정을 거쳐 새롭게 창조되어야 한다고 봅니다.

그 일차적 실천에 앞장서신 여러분께 다시 한번 감사드리며 그 고난의 길, 그러나 떳떳하고 당당하고 가치있는 길, 단 한 시기였다고 해도 일생 일대의 큰 가치와 에너지입니다. 평생을 다 바치신 분들께는 더이상 말씀드려 무엇하겠습니까.

부디 平安하십시오.

1996. 7. 15

전남 장성 백양사에서 새벽예불 후

知詵 합장

大韓佛教 曹溪宗 第18教區 本寺
古佛叢林 白羊寺
515-856 전남 장성군 북하면 약수리 26번지
☎(0685)92-7502·7412 / FAX 92-2081
住持 知詵 合掌

138-600
서울시 송파우체국 사서함 제177호
성동교도소 수번 21
전창일 님

14	1996.9.20.	김병길

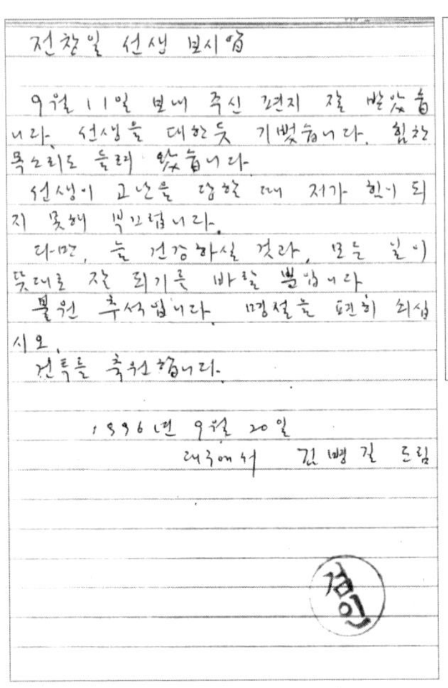

전창일 선생 보시옵

9월 11일 보내 주신 편지 잘 받았습니다. 선생을 대한 듯 기뻤습니다. 힘찬 목소리도 들려 왔습니다.

선생이 고난을 당할 때 저가 힘이 되지 못해 부끄럽습니다.

다만, 늘 건강하실 것과, 모든 일이 뜻대로 잘 되기를 바랄 뿐입니다.

벌써 추석입니다. 명절을 편히 쇠십시오.

건투를 축원합니다.

1996년 9월 20일

대구에서 김병길 드림

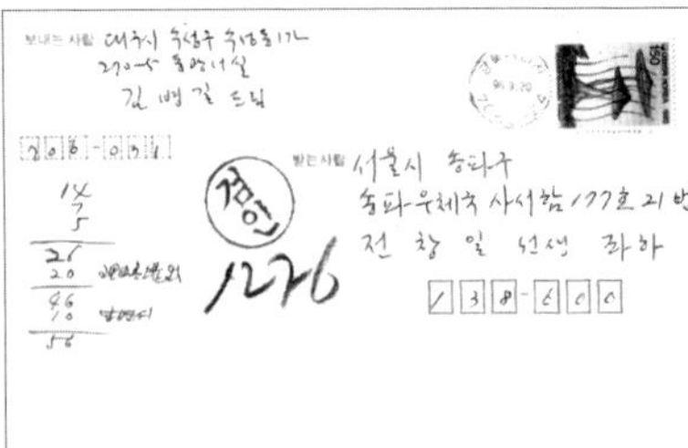

보내는 사람 대구시 수성구 수성동1가 270-5 [illegible]
김병길 드림

받는 사람 서울시 송파구
송파우체국 사서함 177호 21번
전창일 선생 좌하

15	1997.8.1.	〈김병길*사본〉

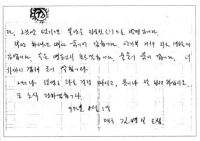

전창일 선생에게

방금 선생의 편지 받았습니다. 그러잖아도 소식이 궁금하여 서울 댁으로 전화를 걸었으나, 통화를 할 수 없어도 자동응답만 나와, 답답하던 참이라서 무척 반갑습니다.

선생의 말씀 같이 가까워서 좋습니다. [illegible] 병으로 병원에 입원할 생각입니다. 중병으로 병원에서 1년여 고생했으나 볼 때, 거기 비하면 누워서 떡 먹기입니다. 마음 가볍게, 그때보다도 당연히 먹고 지냅시다.

더위가 한창 기승을 부립니다. 그러나 벌써 立秋입니다. 처서도 곧 오겠지요. 초복은 빼고, 겨우 한 번, 내년 한 번입니다. 그것만 넘기면 일단은 지옥인(?)으로 방면입니다.

[illegible]

그러나 선생은 다른 걱정 마시고, 몸이나 잘 보전 하십시오.

또 소식 전하겠습니다.

97년 8월 1일

대구 김병길 드림.

16	1997.9.5.	〈박상남*사본〉

- 전창일 선생님께 -

검필

선생님 안녕하십니까.
저는 서울지역 청년단체 협의회 소속 통일세상을 열어가는 관악청년회 회원입니다. 나이는 29살이고 서울에서 직장생활을 하고 있습니다.
숭실대학교를 졸업하고 이제 사회생활을 한지 1년이 지나가고 있습니다. 저는 구속된 사람이 아니라서 제가 하고픈 일을 마음대로 할수 있는데 선생님은 많은 고생을 하고 계시리라 생각됩니다.
선생님 저희단체는 통일을 이루는데 모든 노력을 하는 단체입니다. 우리사회에서 조국이 분단되어있는 상황이기때문에 모든 모순들이 해결되지 않고 민중들의 고통은 점점 더해가고 있는것 같습니다.
제가 그동안 배운 가치관을 이사회속에 실현해야겠다는 생각은 항상 가지고 있는데 실천은 그에 뒤따르지 않는것이 현실인것 같습니다. 아주 실망은 않고 조직과 집단속에서 생활하면 많은것이 해결되리란 확신은 있습니다.
선생님 너무 저의 이야기만 하였습니다.
선생님 항상 건강하시고 다음에 또 연락하겠습니다

- 1997. 9. 5 박 상 남 -

서울. 용산구 원효로 4가 118-16
산호 APT 관리사무소
김 은 (박상남)
140-114

97. 9. 23

검필

수원시 팔달구 도수원우체국 사서함 63호
수원교도소 수번 313번
전 창 일 선생님
442-371

17	1997.11.21.	〈김병길*사본〉

전창일 선생
겨울을 재촉하는 비가 흩뿌립니다. 오래 메말랐던 대지에는 생명수이겠지만, 갇힌 사람에게는 추위가 뒤따라 올 것이라 두렵기만 할 것입니다.
11월도 하순, 두 장 남은 색 바랜 달력이 면지- 쓸쓸하기만 합니다.
워낙 몸과 마음이 올곧한 분이라, 영어생활에 다른 할 말은 없으리라 봅니다만, 척도 모르고 고생하는 선생에게 무슨 위로의 말을 찾지 못하겠습니다. 그저 몸이나 건강하실 것을 바라고 바랄 뿐입니다.
복사 하여서, 지난 11일 나왔습니다. 1년에 3년 유예입니다. 가 보았습니다. 건강하였습니다.
서울구치소 사람들은 자꾸 연기랍니다. 요전에도 공판을 하였는데, 이천재 선생과 민처장은 추가기소할 것이 있답니다. 목숨 쥔 사람들이 알아서 두드리겠지요.
이달 초에 군산 갔다 왔습니다. 강의장 넓은 위장 때문에 음식을 조심하고 있을 뿐, 다른 탈은 없었습니다. 오히려, 전선생을 비롯한 다른 사람들 걱정을 하였습니다.

다른 말은 以心傳心에 맡기고, 杜甫가 謫所에서 읊었다는 시나 한 수 적어 봅니다.

江碧鳥逾白 이오
山青花欲然 이라
今春看又過 하니
何日是歸年 가

선생의 건투를 삼가 축수합니다.

1997년 11월 21일

대구 김병길 드림

18	1997.12.16.	〈김병길*사본〉

전창일 선생 보시옵

11월 29일 쓰신 편지, 12월 3일 받았습니다. 편지 쓴 날짜를 보았을 때 가슴에서 무엇이 불끈 치밀어 올랐습니다.

그동안 하는 일은 없어도 좀 바빴습니다. 불꽃 튀기던 선거전도 오늘 내일뿐, 이제 운명의 날을 이마에 닿았습니다. 승패를 가리기 어려울 만큼 혼전입니다.

이번 선거는 여러 면에서 과거와는 많이 다릅니다. 관권·금권은 줄어들고 국민의 정치의식도 상당히 발전하였습니다. 그러나 이곳에서는 지역감정의 벽이 너무 높고, 영남패권의 뿌리가 너무 모집니다.

이런 환경 속에서도 전반적 상황은 긍정적이라고 볼 수 있습니다. 막상막하지만 정권교체를 기대해 볼만 합니다. 하기사, 이 편지 받았을 때에는 결과가 나오고도 뒤일 것입니다.

서구에서는 항다반사로 하는 정권교체, 이것이 우리나라에서는 왜 이리 힘듭니까. 이제 우리도 건국 50년이니 남 부끄러울 줄도 좀 알아야겠습니다.

이번 기회에, 암울했던 지난 날의 치욕의 역사를 청산하고, 모두의 슬기와 힘을 모아 새역사 창조의 힘찬 첫 걸음을 내디뎌야 할 것입니다.

모진 추위를 이기고 맞이하는 새봄이 찬란하듯이, 고난과 시련을 이기고 쟁취한 우리의 민주 세상은 그만큼 아름다울 것입니다.

실로 다사다난했던 이해도 저물어 갑니다. 비록 햇빛도 온기도 없는 차디찬 감방에서나마 뜻 깊은 송구영신을 하시기를 바랍니다.

애국의 일념으로 한생을 살아오신 선생에게 존경과 따뜻한 위로를 드리며, 밝아오는 새해에 영광을 기원합니다.

1997년 12월 16일

대구 김병길 드림

文光書室

김병길 드림

수원시 팔달구 동수원우체국
사서함 63호 313번
전 창 일 선생 좌하

19	1997.12.30.	〈권오헌*사본〉

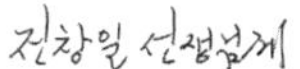

전창일 선생님께

안녕하셨습니까.
보내주신 새해 말씀 감사히 잘 받았습니다.
선생님께 찾아 뵙지도 편지도 드리지 못하여 감동적인 말씀을 보내
죄송하고 부끄럽습니다.
선생님께서 바라셨던 일이 이루어진 일은 민주화운동에
헌신해 왔던 내부 온의 사람들의 뜻일 것입니다.
이 자리에 작고 초대받은 뜻깊은 계기로 선생님들의
애국애족 운동이 올바르게 평가받고 고난을 겪은 모든 여러분이
자유로워졌으면 하는 마음 간절합니다.
며칠전 말씀드렸듯이 해 보내는 모임을 가졌는데 다른 어떤
통일운동단체보다 깨끗하고 성대하게 꾸려가는 것을
보고 역시 공정한 일에서도 어떠한 어려움에서도
빛이나고 의기충천한다는 것을 깨달았습니다.

선생님 한해가 저물었습니다.
연세 많으신 선생님들 건강이 염려됩니다.
더욱 건강하시고 새해 당당하게 기다리는 여러 일에
나서시기 열심히 빌겠습니다.

1997. 12. 30
권오헌 드림

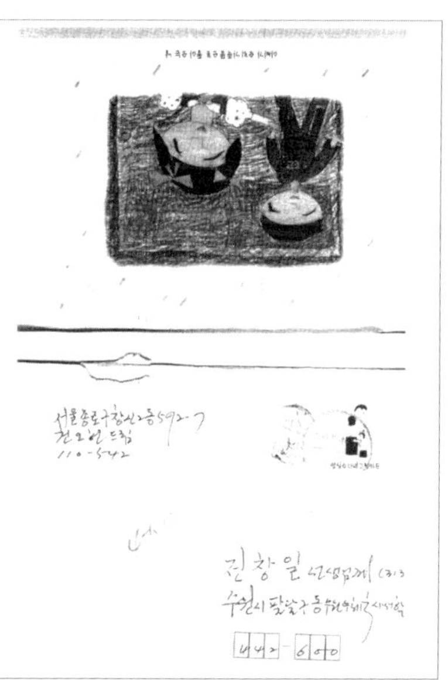

20	1998.1.1.	〈변정수*사본〉

무엇이라고 위로의 말씀
드려야 할지 모르겠습니다.
부디 건강하십시오
오늘도 태양은 떴습니다

새해 복 많이 받으세요.
Happy New Year.

98 새해 아침

변 정 수 올림

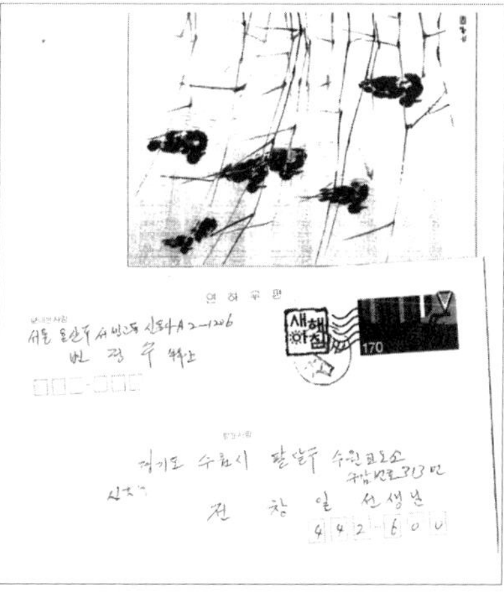

21	1998.1.1.	〈신현칠*사본〉

새해 복 많이 받으세요.

Happy New Year.

격렬한 싸움속에서 마지하시는 새해가 보람찬 한 해되기를 빕니다. 아울러 선생과 선생의 댁내에 만복이 깃드시기를 빕니다.

1998. 1. 1. 신현칠

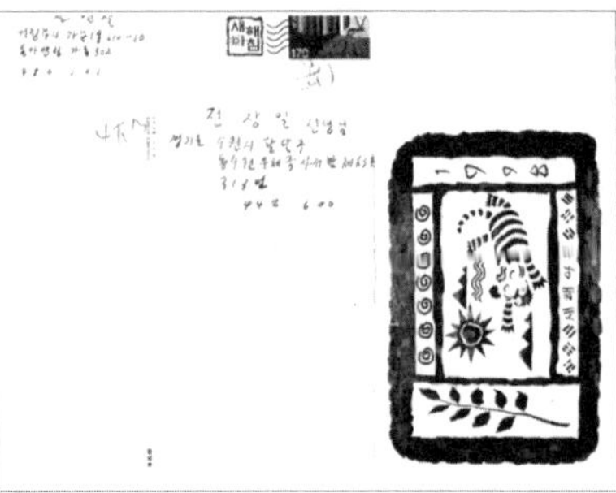

22	1998.1.25.	〈전경애*사본〉

이 세상에서 가장 존경하는 아버님께!

팔년만에 찾아왔다는 혹한이 저의 마음을 에이게 합니다.

저의 아파트는 1층이라서 그런지 춥습니다. 그래도 아버지가 계신 감옥보다 춥겠습니까만 저도 난로를 피우지 않고 추위를 견뎌봅니다. 마음으로라도 아버지를 돕고 싶고 아버지의 고통을 함께라도 나누면 아버지께서 덜 추우실 것 같아서 입니다.

어린 시절부터 시대의 아픔과 고통으로 응어리진 멍어리가 왜 이리 풀리기가 어려운지 모르겠습니다. D J가 대통령이 되면 날 환희의 밤이었고 막혔던 물기둥이 터진듯 눈물도 많이 흘렸는데 우리 가족과 억눌린 남과 북 한민족이 다함께 환하게 웃을 수 있는 날은 언제 올런지요.

아버지, 조금만 견디세요. 아버지께서 이 민족과 나라를 위해서 애쓰신 일평생에 바치신 숭고한 아버님의 뜻이 언젠가는 역사 앞에 올곧게 펼치실 날이 오고야 말겁니다.

혜숙과 함께 면회 다녀온 날!

설경이 아주 멋드러진 날이었습니다. 혜숙에게 보여준 나뭇가지의 눈꽃송이가 오래도록 혜숙의 삶에 각인되리라 생각됩니다. 아버지를 만나고 돌아오면 걱은 기쁘고 좋은 날이었지만 기쁨도 이내 가시고 다시 아픔이 찾아들고 붉어진 눈시울이 하얀 눈 위에 어리었습니다.

저는 요사이 문우들과 함께 나누는 문학의 열정에 사로잡혀 있습니다. 혼자 외롭게 걸어야만 될 문학의 가시밭길 같은 고독의 늪에서 서로가 다독여주고 부추겨주고 일으켜 세워줍니다.

형설의 공 --- '형설회' 문우들이 좋다고들 합니다. 누가 뭐래도 전창일의 아버지를 둔 것이 그저 자랑스럽습니다. 전창일 선생의 딸 전경애로서 부족함 없는 딸이 되고 싶습니다.

아버지, TV 드라마 작가로서의 전경애는 저의 도피 행각이었는듯 싶습니다. 제가 써낸 글이 활자화 되어 영원히 사라지지 않고 남아있다는 것이 두려웠습니다. TV 드라마는 전국방방곡곡에 울려 퍼지더라도 일회성에 그쳐버리니 글에 대한 책임감이나 죄의식으로부터 벗어나리라고 믿어왔습니다. 하지만 이제 이런 도피행각도 부질없음을 알았습니다.

글을 쓰지 않고는 못배기는 힘!

나에게 글을 쓰게 만드는 악령!

저 자신을 너덜너덜하도록 처절하게 만드는 악령이 저 자신 속에 숨어있다는 것을 깨달았습니다. 이제부터는 글을 쓰게 만드는 악령을 오로시 부여잡고 살아가려고 합니다. 아무도 누구에게도 위안도 도움도 받을 수 없는 인간의 절대 고독을 끌어안고 살아가려고 합니다. 하지만 무섭고 처절한 시간이 지난 후에 찾아오는 나의 글에 대한 성취감은 이루 형언할 수 없는 그 무엇 입니다.

아버지, 저의 온 마음으로 아버지의 추위를 녹여드리고 싶은 마음 입니다. 절대로 건강 놓치시면 안됩니다. 고혈압에는 추위가 가장 무서운 적이라던데 안타까운 마음 뿐입니다. 오늘도 일기예보에 곤두선 마음으로 이 글을 마칩니다.

1998년 1월 25일

아버지를 가장 사랑하는 딸 전경애 올림

23	1998.1.31.	〈전경애*사본〉

그리운 아버지께

설날 온 가족이 모였습니다.
하지만 아버지의 빈 자리가 허전했습니다.
아버지께서도 어머니와 저희들이 그리우셨겠지요.
날씨가 많이 풀려서 아버지를 향한 마음도 조금 풀립니다
설날연휴 수원 교도소 교도관 '요한'이란 분이
전화를 주셔서 너무나도 감사했습니다.
아버지께서 추운날엔 난로를 쬐고 계신다는
말씀을 전해듣고 마음이 넉넉해지며 훈훈해졌습니다
작은 전화 한 통화가 우리 가족 모두의 마음을
따뜻하게 해주었다고 꼭 전해주세요. 아버지.
그리고 한가지 전할 말씀은요.
소설가로 등단하기 위해 '동명이인'인 경우에는
늦깎이 소설가가 이름을 바꾸어야 하는 모행을
초래하는 경우가 있다고 합니다.
며칠 전 '서울문화회관'에서 걸려온 전화를 받았습니다
'동명이인'의 소설을 받고 혹시 제가 보낸 글인지
확인하는 전화였습니다.

알고 보니 '전경애'란 이름으로 이미
등단된 작가였습니다.
아버지, 어떡하지요?
생각 좀 해주세요. 그리고 아버지께서
필명을 하나 지어주세요.
태어나면서부터 아버지께서 지어주신 이름으로
자랑스럽게 살아가고 싶었는데요.
아버지, 아무쪼록 건강 조심하시고
우리 가족 손잡고 환하게 만날 날
기대해봅니다.

1998. 1. 31. 토.
아버지를 사랑하는 딸
경애 올림.

24	1998.1.	〈윤희보 · 박선애*사본〉

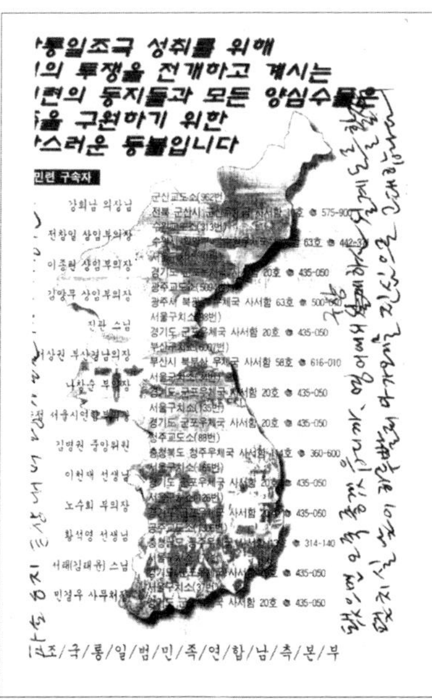

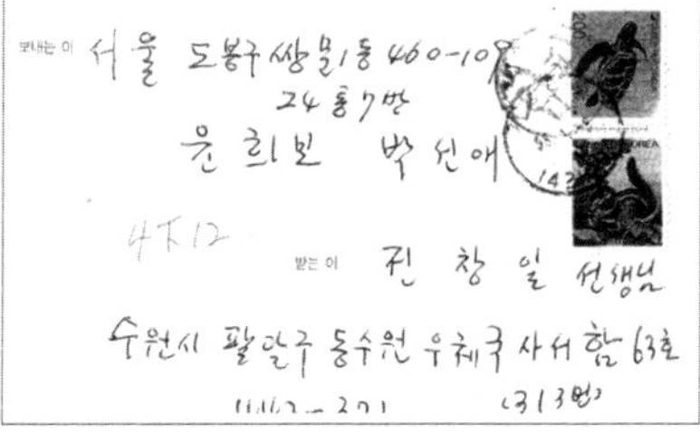

25	1998.2.3.	〈김병길*사본〉

전창일 선생 보시옵

어쩌다 보니 선생에게 편지를 드린 지도 달포가 된 듯합니다. 그사이 신구정을 보냈고, 小大寒이 지나갔습니다. 정신없이 보낸 1월, 달력을 떼내 한 일 없이 한 해의 1/12을 보낸 아쉽고 서글픈 마음도 들었습니다.

몸과 마음이 통혼한 분이라 혹한을 잘 이기고 계시리라 믿습니다. 내일이 立春이니 이젠 큰 추위로 없을 테고, 여름의 더위 하나만 고비로 남았으니, 새 정부가 좀 봐 주면 그것도 면해질 것이니, 본래 겁낸 것도 아니지만, 징역살이도 그럭저럭 넘어가지 않겠습니까?

김병길 선생은 징역살이 하는 자신을 山寺의 修道僧이라 하고, 이출한 선생은 [illegible] 서울구치소를 淸溪山莊이라 했으니, 선생은 벌술을 술이라 하고 마시면서 李白이나 陶淵明으로 지내면 '징역살이 得道'도 하게 되리라 봅니다.

요즘은, ~~[illegible]~~ 사자 같은 실업이 모두들 아우성이니까, 만나는 사람 말끝마다 아무게 못합니다. '삼이'라고도 안하고 '샘이'라 하면서, 입에다 게거품을 뭅니다. 생각하면 좀 우습습니다. 내나 5년 전에 제가 좋다고 미쳐 찍어 놓고, 또 얼마 전에는 둔갑 변신한 李某라야 한다고 목에 핏대를 올리고는 말입니다.

세상사 자주 이야기하면 뇌신경만 고달프고, 오늘은, 얼마 전에 旧曆 해가 바뀌었으니, 한시나 한 수 감상해 봅시다.

'漢詩' 하면 唐詩고, '唐詩' 하면 李白, 杜甫, 王維, 白居易를 연상하는데, 좀 덜 알려진 高適의 '除夜作'을 한번 볼까 합니다.

高適은 8세기 중엽 盛唐時의 사람으로 이백·두보와도 交友하였으며, 변경(邊境)의 괴로움과 전쟁의 비참의 슬픔을 읊는데 능했다 합니다. 시풍은 침통하고 기골 있고 [illegible]한 것이 특징입니다. 이 시는 그가 만년에 고향을 떠나 객지에 있으면서 섣달 그믐날 밤 나그네의 除夜의 심정을 노래한 것입니다.

旅館寒燈獨不眠하니

(~~[illegible]~~) 여관의 찬 겨울 등불 (아래서) 홀로 (누워) 잠 이루지 못하니

客心何事轉悽然고?

나그네의 마음은 무슨 일로 처량한 마음이 일어나는고? (轉은 動의 뜻)

故鄕今夜思千里하니

(그리운) 고향은 오늘 밤도 생각하니 천리나 (먼데),

霜鬢明朝又一年이라.

서리가 (내린 듯 하얗게 센) 수염은 내일 아침이면 또 한 살을 (더 먹는구나).

작자와 선생의 처지가 일맥 통하는 것이 있어, 지난 제야의 밤에 그것을 선생의 ~~[illegible]~~ 위로코자 했던 것입니다. 소동의 곤고에 보시면서, 같잖은 세상, 붉은 大宗의 咆哮를 속으로 삭이시기 바랍니다.

광주 김양국 의장, 지난 15일 나왔습니다. 항소심에서, 1년 반에 3년 유예로 나왔습니다. 이출한 선생, 나창순 선생 각 1년, 민경우 처장 3년 반 받았습니다.

새해 새봄에 한결 좋은 구상을 기대하며, 언제나 건강하시기 ~~[illegible]~~.

1998년 2월 3일

대구 김병길 드림

〈감옥에서 온 편지〉

01	1990.12.21.	문규현

그동안 베풀어주신 은혜 감사드립니다.
기쁜 성탄과 복된 새해 맞으시옵고
하느님의 축복과 사랑이 가정에
충만하시기 빕니다.

"하늘높은 곳에는 하느님께 영광
땅에서는 그가 사랑하는 사람들에게 평화"
루카 1:14

새해에는 우리 모두가 주인되는
조국의 민주와 통일을 위해 더욱
정진합시다.

같은 꿈 가진 사랑으로
문규현 드림

문규현 드림
공주시 금흥동 360
공주교도소
314-140

전창일 선생님
서울 동대문구 이문2동 341-60
130-082

02	1991.12.18.	문규현

✝ 평화를 위하여
일하는 사람은
행복 합니다.

전창일 님
이땅의 민주화와
두동강난 조국의 허리를 잇기 위해
헌신해 오신 분들께 경의를 표합니다.

그동안 저를 염려해주시고 기도해주심에
감사드립니다.

다가오는 92년에는
조국통일과 사람사는 세상이 눈이와
모두가 얼싸안고 하나되어
우리의 기쁨과 희망이
되살아 날 수 있도록 기도드립니다.

언제나 주님의 평화가
가득하소서 !

공주 교도소에서
문규현 드립니다
문 규 현 신부

314- 240
공주시 금흥동 공주교도소
문 규 현신부

전 창 일 님
서울 동대문구 이문2동 341-60
130-082

03	1992.1.1.	김희택

선생님,

3한4온의 규칙이 지켜지는 겨울은 무언가 아기자기한 맛을 줍니다.

사모님께서는 건강하시온지요?

지난해 세배가서 뵙고 곧 잡혀 왔었습니다. 선생님께서 유난히 술을 맛있게 잡수시는 모습, 그리고 식사 때면 꼬박꼬박 반주 챙겨 잡수시곤 하시던 모습이 퍽 다정하게 느껴졌지요.

7월이면 나갑니다.

못한 세배며 밀린 반주를 한꺼번에 몰아쳐서 해내겠습니다.

선배님들 일일이 인사 못 올린 것 용서하시고 만나실 때마다 인사 전해주십시오.

솟아오르는 태양에 힘이 넘칩니다.
민족에게 소중한 때가 온 것입니다.
통일의 문이 활짝 열리소서!
선생님께 큰 기쁨의 해가 되소서!

임신년 새해 아침,
수락산에서
희택 올림.

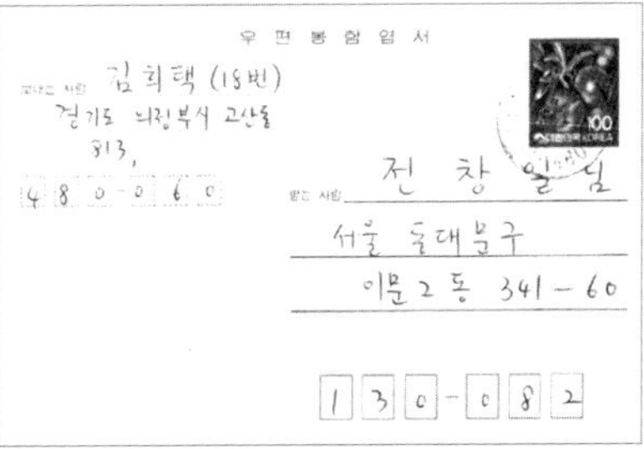

우편봉함엽서

보내는 사람 김희택 (18번)
경기도 의정부시 고산동
313,
480-060

받는 사람 전 창 일 님
서울 동대문구
이문2동 341-60

130-082

04	1992. 1월 초	김근태

기쁜 성탄과 희망찬 새해를 맞이하여 만복이 가득하시길 기원합니다.

전 창 일 선생님께

Best Wishes for a Merry Christmas and a Happy New Year.

1992. 1월 초 홍성에서 김 근태 올림

새해를 맞이하여 행운과 만수무강을 빕니다.

할아버지께

Holiday Greetings and Best Wishes for the New Year.

홍성에서 김 근태 올림

보내는 사람 김 근태 올림
충남 홍성군 홍성읍
옥암리 305번지 123호
350-800

연하우편

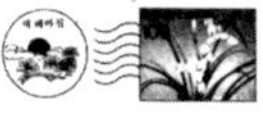

받는 사람 전 창 일 선생님께
서울 동대문구 이문2동
341-60
130-082

05	1992.2.11.	홍근수

존경하는 전창일 선배님께,

설날을 즐겁게 지내셨기를 바랍니다.

[illegible]

① 그간 안녕이라는 득이 없이 난필을 각필합니다. 용서해 주시기 바랍니다.
내내 하느님의 은총 가운데 健勝을 빌면서
92. 2. 11.
공산에서 보내며
분단조국 홍근수 드림

06	1992.2.13.	이수호

전창일 선생님께

그간 별고 없으신지요? 건강도 여전하시지요?

힘은 드시 그 멋진 백색 모자를 쓰시고 언제나 얼굴 가득 인자한 미소를 띄우시며 힘있게 손을 잡아주시던 선생님의 모습이 눈앞에 떠올라 싸늘한 저의 독방이 갑자기 훈훈해 지는 것 같습니다.

지난해 12월에 보내주신 따뜻한 격려의 말씀을 곁들인 귀한 연하장 받고 진작 편지 올린다는 것이 저의 게으름으로 이렇게 늦어지고 말았습니다. 용서를 빕니다.

세상이 어떻게 돌아가는 줄도 모르고 천둥벌거숭이같이 살다 제가 교사의 삶을 올바르게 살아야겠다는 소박한 마음으로 나선 것이 지금 이 자리에 있게 된 동기가 되어버렸습니다마는 그동안 민족민주운동의 맨앞에서 평생을 모든 것을 다 희생하며 살아오신 운동의 선배, 어른들을 뵈오며 그동안 부끄럽게 살아온 자신을 자책해 보기도 했습니다. 그 중에서도 민자통 어른들을 만나면서 꼿꼿 세워 사는 삶이 어떤 것이며 또 얼마나 어려운 삶이며 또한 얼마나 훌륭한 삶인가를 절실하게 깨닫게 되었습니다. 팔십고령의 신창균 선생님의 그 꼬장꼬장한 삶은 그만두고라도 이종린 선생님이라든지 ~~[illegible]~~ 선생님 그리고 이규영 선생님께 이르기까지 제가 가까이서 [illegible] 만나뵙고 말씀 나눌 기회가 [illegible] 그렇게 훌륭하셨습니다. 분단의 아픔 속에서 독재와 억압의 세월이 계속되었고 조국 한반도의 현실 속에서 그 모든 질곡을 제거하는 유일한 길인 조국재통일을 신념으로 견지하시고 과감히 실천에 옮기며 살아오신 그 삶의 모습이야말로

우리 시대의 양심이요, 역사의 정통성이라 하지 않을 수 없습니다. 우리 통일운동이 문익환 목사님이나 임수경양의 방북, 그리고 [illegible] 교환과 여러 유형의 민간교류 등의 성과로 나타나고 있는 것이 모두 선생님들의 끈질기게 이어온 통일운동(투쟁)의 성과물임을 분명히 해야 할 것입니다. 그럼에도 불구하고 마치 통일운동이 어느 날 갑자기 생겨난 것처럼 생각하거나 [illegible]

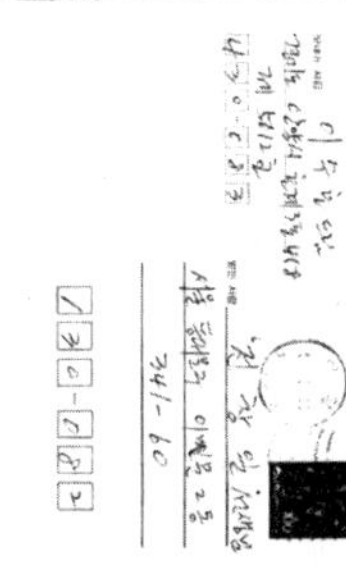

있습니다. 군사독재 정권이 통일내세워도 정권유지의 도구로 활용하며 장난치게는 작태가 이미 통일운동의 [illegible] 역사 속에서 민중들의 마음속에 굳건히 뿌리내리고 있기 때문에 [illegible] 것은 분명한 사실일 것 같습니다.

쓰다보니 [illegible] 소리를 늘어놓은 것 같습니다.

존경하옵는 전 선생님. 그리고 통일의 선봉장이신 모든 어른들의 건강을 기도하며 부디 더욱 당당하게 앞장서 주시옵기를 앙망합니다.

1992. 2. 13 안양교도소에서 이 수호 삼가드림.

07	1992.2.15.	〈손성표*사본〉

08	1992.2.19.	임수경

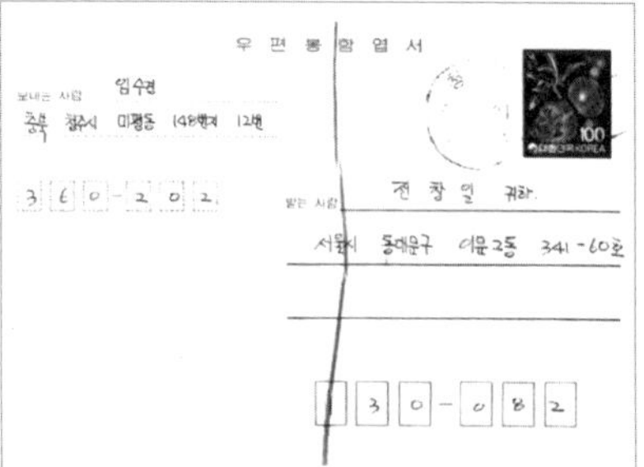

우편엽서

보내는 사람 임수경
충북 청주시 미평동 148번지 12통
360-202

받는 사람 전창일 귀하
서울시 동대문구 이문2동 341-60호
130-082

09	1992.3.21.	〈손성표*사본〉

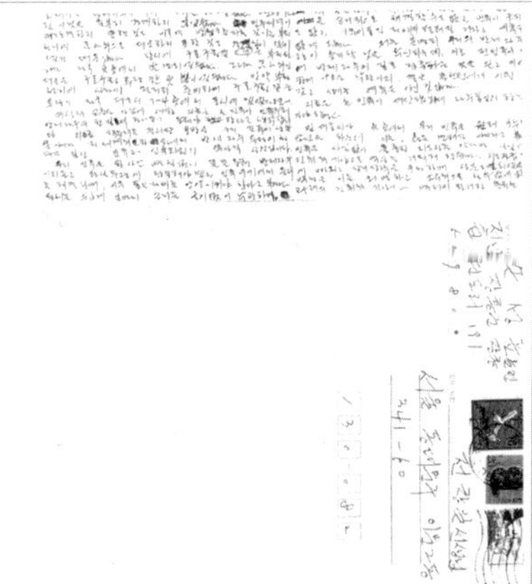

10	1992.7.3.	문규현

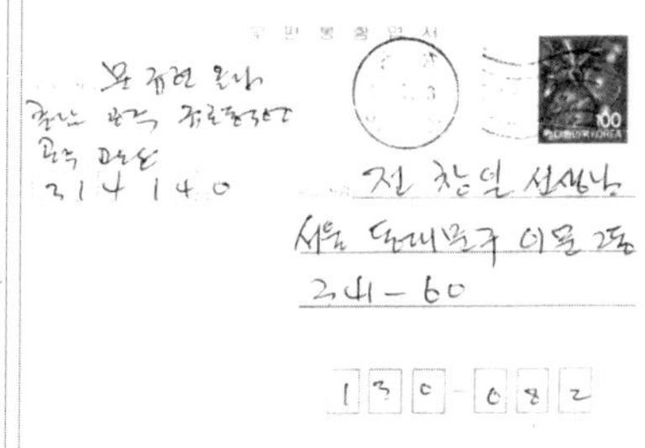

11	1992.	강기훈

회망의 새해를 맞이하여 온 가정에 만복이 깃드시기를 빕니다.

Season's Greetings and Best Wishes for the New Year

건강하신지요.

그간 한번도 소식 드리지 못했습니다

지나간 시간이 아직도 남의 일 같이 느껴지지만, 밝게 지내려 노력하고 있습니다

추위는 물러나고, 여러가지 어려운 일들이 벌어지는 가운데 항상 건강 지키시고 평화로운 하루하루가 되시길 빌어봅니다

강 기훈 올림

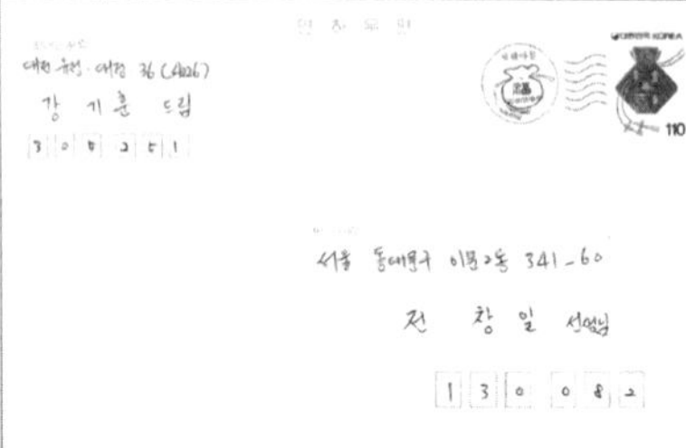

12	1993.1.1.	유원호

新天有正.

激動으로 저문 한 해, 또 새해를 맞습니다

이제 꿈이 아닌 現實로 우리 앞에 성큼 다가선 統一役事에 있어 1992年이 지니는 그 뜻과 무게는 실로 묵중하기 그지없습니다. 한 時代를 劃하는 歷史的인 해가 될 것입니다. 獄中에 앉아 이를 맞는 제 心情도 결코 凡常한 것일 수 없습니다만, 歷史의 大河에 낚시 드리운 太公의 悠長함을 아울러 간직하려고 합니다.

새해란 실상 綿綿한 歲月의 똑같은 한 토막이라고 하여 1月을 '13月'이라 부르는 사람도 있지만, 만약 새로움이 完成된 形態로 우리 앞에 던져진다면 그것은 이미 새로움이 아니라고 思料됩니다. 모든 새로움은 그에 臨하는 우리의 心機가 새롭고 그속에 새로운 것을 채워나갈 수 있는 하나의 '可能性'으로서 주어지는 새로움임을 잊지 말아야 할 것입니다.

기쁨과 마찬가지로 슬픔도 사람을 키운다는 쉬운 理致를 이곳 生活의 곰목곰목마다에서 確認하면서 凍土에 뿌리박고 견디어내는 겨울나무처럼 언제나 크는 사람을 배우려 합니다

年賀에 대신합니다

통일염원 48년 새아침

劉 元 琥 拜

<보내주신 年賀狀 고맙습니다>

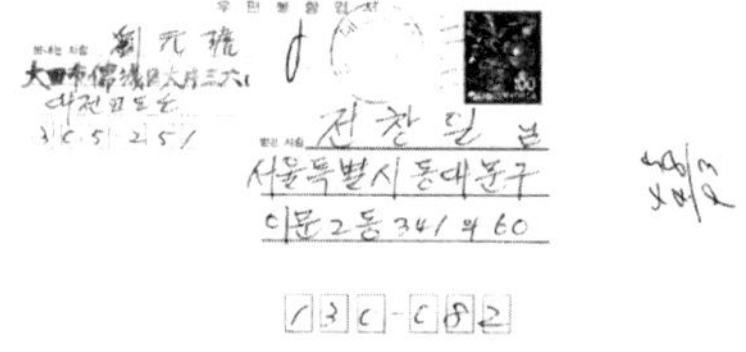

13	1993.1.6.	손성표

전 창 일 선생님께 올립니다

보내주신 연하장과 [illegible] 고맙게 잘 받았습니다 선생님의 따뜻한 정성과 사랑을 느낄 수가 있습니다.

건강은 괜찮으신지요? 저는 염려해 주시는 덕택에 잘 지내고 있습니다

선생님

새해를 맞이하면서 통일운동의 필요성을 더욱 절감하고 있답니다

이번 대선 [illegible] 보면서 이 필요성은 더욱 강해져 갑니다

[illegible]

선생님께서 이미 다 아시는 사실을 너무 나열한 것 같습니다

부디 건강하시길 기원합니다.

1월 6일 성 표 올림

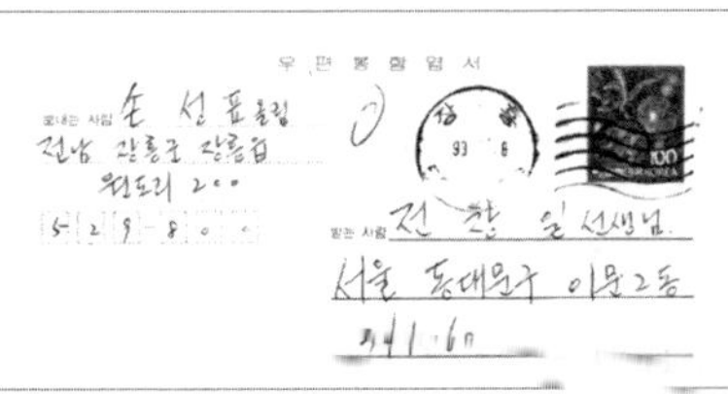

우편엽서

보내는 사람 손 성 표 올림
전남 강릉군 [illegible]
원도리 200

받는 사람 전 창 일 선생님
서울 동대문구 이문2동

14	1993.5.7.	손성표

전 창 일 선생님께 올립니다.

저녁에 잡초를 베어 말려서 울타리한 모기떼이 방 안으로 들어 옵니다. 몇 일 전까지만 해도 휑한 게 날씨마저 쌀쌀하더니 이제 몇 일만 지나면 여름이 시작할 것 같습니다. 전형적인 고원의 계절, '하하동동'이 되려나 봅니다.

그간 안녕히 지내셨는지요?

선생님의 편지를 몇 일 전에 받았습니다. 저희 젊은이들을 한 아름 안아주시는 선생님의 따뜻한 사랑의 마음이 먼저 전해 와 제 가슴을 후덥게 했답니다. 선생님과 같은 분께서 여전히 가장 앞에서 이토록 저희들을 감싸주시고 도와주시기 때문에 저희 젊은이들이 한 걸 좋은 조건에서 활동할 수 있게 되었다는 생각을 하게 되었습니다.

지난 3월 사면이 있고 나서 이 곳 강릉 남과 사동에는 공안이 저 혼자 남았는데 별로 어려움 없이 잘 지내고 있답니다. 주인들이 '맞아 저놈은 양심수도 아니고 반국가사범이야. 그러니 내놓지 않은 게 당연한 거지'가 아니고 '내놓는 다른 것 없으면 다 내놓지 왜 남겨 놓지?'하면서 의아해 하고 아쉬워 하기 때문에, 비록 이 곳에는 저 혼자 남았지만 결코 고립감을 느끼거나 하지는 않고 있습니다. 혼자 있다는 게 때로 외롭기도 하고 사람들의 우력이나 그립기도 하지만, 오히려 이번 기회를 제 자신을 깊이 되돌아 보고 차분히 공부할 수 있는 계기로 삼고자 노력하고 있습니다. 그저 빈둥거리고 나태하면서 하루 하루를 허투 하지 않게 지내고 있습니다.

선생님께서 지역감정 문제에 대하여 적으신 내용을 읽으셨는 지역 감정이 상당히 뿌리가 깊고 역사가 길다는 것을 새삼 깨닫게 되었습니다. 앞으로 더 연구하고 알아 봐야겠다는 생각이 들었습니다.

너무도 모자람이 많은 제 자신이지만 선생님 말씀대로 공부하고 건강관리하면서 좀 더 이웃에 도움이 될 수 있는 사람이 되도록 노력하겠습니다.

선생님께서도 더욱 건강하셔서 저희 젊은이들을 감싸주시고 올바른 길로 이끌어 주시기를 부탁드립니다.

부족한 글은 이만 마치겠습니다. 그럼…

손 성 표 올림 5월 7일.

15	1993.12.15.	손성표

하얀 눈 쌓인 벌에로
샛파란 추위가 찾아왔구나
내 이 큰 추위야!
달려드려무나
속 깊은 봄의 열기로
네 몸을 녹여주겠다

평소의 후의에 감사드리며 새해를 맞이하여
더욱 건승하시고 하시는 일 모두 이루시기를 빕니다.

Holiday's Greetings and Best Wishes for
the New Year

선생님
안녕하셨습니까? 저는 선생님께서 염려해 주시는 덕분에 건강히 잘 지내고 있습니다.
밝아 오는 새 해엔 더욱 건강하시고 계획하신 일이 모두 잘 되길 기원합니다.

성표 올림. 93. 12. 15.

손성표 올림

전창일 선생님
서울 동대문구 이문2동
341-60
130-082

16	1994.1.1.	한충목

새해에도 변함없이 건강하시고
하시는 일이 모두 뜻대로 이루어 지시기를 빕니다.

Holiday's Greetings and Best Wishes for
the New Year

존경하옵는 전창일 선생님!
새해 새날을 맞이하여 부디 건강하시고 조국에 대한 높고 큰 뜻을 기쁨과 보람속에서 모두 이루어가시기를 바랍니다.

진주교도소에서 한 충목 올립니다

진주교도소 한 충목
663-510

서울 동대문구 이문2동 341-60
전 창 일 선생님.
130-082

17	1994.1.6.	한상렬

존경하는 전선생님,
보내주신 사랑의 정에 감사드립니다
통일운동으로 이 역사에 헌신해오신
선배어른 전선생님을 생각할때 새힘과
용기가 솟아오릅니다.
과연 역사의 진실은 행진하고 있습니다
아무리 저 어둠의 세력이 기승을 부려도
빛을 가로막을수도 이길수도 없습니다
진실은 곧 승리자체 입니다
이미 우리는 이긴싸움을 하고 있는거지요
거룩하고 숭고한 이 해방의 길에서
선배어른들의 뒤를 따라 더욱 열심히 하겠습니다
새해에 주님의 은혜가운데
전선생님 가정안에 건강과 희망과 기쁨이
충만하옵길 기원합니다
부족한 저를 한결같이 사랑해주시는
민자통 여러 어른들께도 평화의 인사를
올립니다

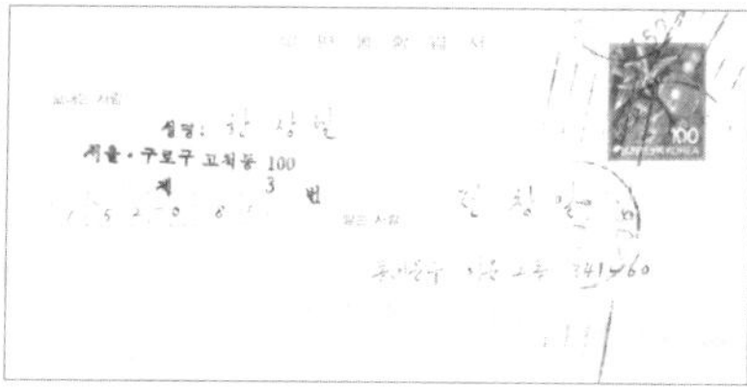

18	1994.1.12.	한철수

전창일님께.
보내주셨던 카드랑 영치금 잘 받았습니다.
이곳에서는 크리스마스를 좀처럼 느낄수 없습니다.
바깥에서 처럼 거리를 울리는 음악도 없고,
손에 손에 선물 가득 지니고 바삐 다니는 사람도 없고,
무엇보다 동지들이랑 더불어 가슴 뜨겁게 한해를 보내지
못하기에 더욱 의미 없이 다가왔습니다.
그러나 바깥에 있는 가족들이랑 사랑스런 동지,
선배님들의 사랑 가득한 격려글이 날아드는 것을 보고
저도 한해를 보내고 새해를 맞이할 준비를
했던 기억이 납니다.
선배님께서 벌써 저에게 두번 씩이나 보내주셨제
작년 서울구치소에서 받았을때에는 차입되어 미루다
출소 직전에 다 버려는 통에 답신도 못했었지요.
그점 내내 가슴속에서 돌아가 들고 있었습니다.
이렇게 늦게나마 답신하는 것 너그러이 용서해
주십시오.

우리 새해는 통일운동의 여러 측면을 생각해보면서
맞이해보게 했지요.
그간 통일의 기관차 였던 문익환 선배님을 포함한
이해학 목사님, 홍근수 목사님 등 많은 애국인사들의
출소가 있었다 우리 통일운동은 더욱 양질적인
모습에서 힘차지고 넓어질거라 믿습니다
게다가 통일의 꽃 임수경 대표와 사제 문규현 신부님이
우리 민족 곁으로 돌아온다 하니 마음 속구석에 있는
통일 낙관들도 절로 어깨가 들썩여집니다.
하나 애석한 것은 존경하는 황석영 님께서
방북기간동안의 사명이 끝났다는 판결을 선고했는데
그저 담담할 뿐입니다.
그에 대해 아는 바 있으면 저에게도 알려주셨으면
고맙겠습니다.

저는 [illegible] 새해들로
몸과 마음이 아주 건강합니다.
추위도 그럭대로 견딜만 합니다
우리 새해는 더 큰 소망 이루시길 바라면서
이만 줄입니다.
통일염원 49년 1월 12일 [illegible]

우편엽서

보내는 사람
대구교도소 3180
한 철 수 드림
711-830

받는 사람
서울시 동대문구 이문2동
341-60번지
전 창 일 님
130-092

19	1994.3.23.	한충목

20	1994.6.22.	한충목

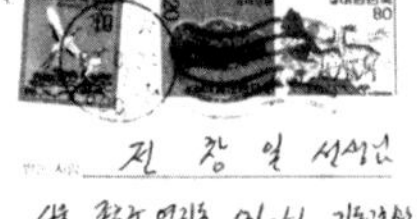

21	1998.4.20	이창복

전 의장님께.

안녕하십니까?

요즈음 날씨가 따뜻해 지므로 살기는 좋으나 환절기에 건강이 어떠하시며 댁내 제절이 평강하시온지요?

지난번에 바쁘시고 우중임에도 이곳까지 저를 찾아 방문하여 주셨음에 진심으로 감사를 드리며 늦었지만 인사 드리고자 합니다.

요즘 민화통 활동은 잘 되는지요. 되어지는 정세로 보면 통일운동이 한창 활발하여야 될것 같은데 과문한 탓인지는 몰라도 소강상태라 생각하니 어쩐지 마음이 그리 편치는 않군요. 그러나 시간의 흐름에 따라 전북의 통일의지도 전국민의 열화와 같은 의지와 함께 마침내는 높은 분단의 벽을 허물게 되겠지요

전의장님 부디 건강하시고 민화통이 되어지는 일들이 잘 되기를 기원합니다.

4. 20

이 창 복 드림

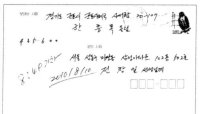

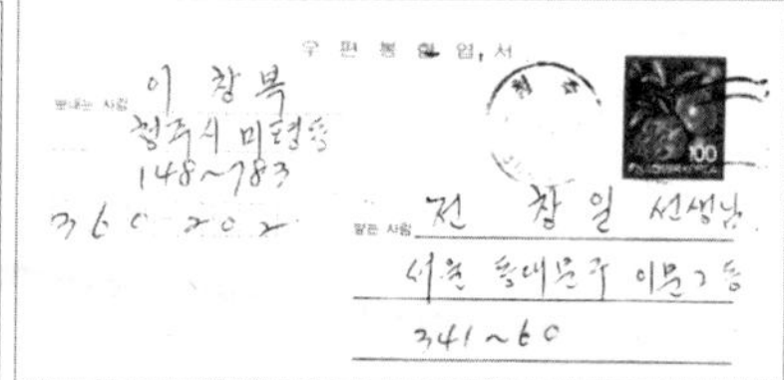

우편봉함엽서

보내는 사람 이 창 복
청주시 미평동
148~783
360-202

받는 사람 전 창 일 선생님
서울 동대문구 이문2동
341~60

22	2010.8.10.	한충목

존경하는 전창일 선생님께

제주도 남단에 태풍 '뎬무'가 온다하여 오늘은 아침부터 저녁까지 하루종일 비가 내리고 있습니다. 좁은 빗줄기 속에서 저에게 주어진 1시간 운동을 했습니다. 운동을 마치고 제 방에 들어와 목욕을 하는 중, 선생님께서 보내신 정성 편지와 함께 영치금 꾸러미가 전달되었습니다. 강정구 교수님의 편지와 책도 함께 왔습니다. 선생님을 뵈온듯 기쁘고 반가웠습니다. 늘 감사합니다.

언제나 진지한 미소로 지켜보아 주시는 선생님의 시선과 따뜻한 마음을 느끼고 있습니다.

이제 국정원과 검찰 조사를 모두 마쳤습니다. 어떤 내용으로 기소를 할지 모르겠지만 모두 영장이 기각되고 저 혼자만 남은 것으로 봐서 단단히 큰 흐름은 정리되었다고 봅니다.

기왕 사는 감옥살이인 만큼 저의 부족함을 되돌아보고 정치 사회적으로 더욱 단련해서 나가도록 노력하겠습니다.

6.2 지방선거를 통해 어떻게 하면 우리가 승리할 수 있는지 '맛보기'를 한만큼 더 여유있게, 더 넓은 연대를 실천할 수 있도록 최선을 다하겠습니다.

보내는 사람 경기도 군포시 군포우체국 사서함 20-707
한 충 목 올림
435-600

받는 사람 서울 성동구 마장동 삼성아파트 102동 502호
전 창 일 선생님께

8:40P 기차 ✓
2010/8/10

01	1987.7.19.	James P. Sinnott(시노트 신부)

19 Jul 87
Colorado

Dear Mr. 全,

The enclosed is from The New York times of 18 July. another international author like me!

I arrived here in Colorado July 3rd, doing weekend work, speaking in churches, and to small groups, about Korea. It is beautiful country, just at the foot of the Rocky Mountains. Soon I move on to Texas, then home to New York.

I'm sorry I did not get to see you before I left. Fr. Mun called me Jul, 2, hoping we would be taking the same plane.

I just heard yesterday that he was prevented from leaving! I hope to meet his 동생 in N.Y.

as soon as I left Korea, the concerned groups (법무부? 문화부?) formally denied my request for a 선교사 visa. I learned this in phone call to houston, texas Korean consulate, where I originally applied for the visa.

I hope all soon gets back to "normal" for you all. I already feel like taking another visit to Korea, you all made it so pleasant for me.

Let me know if there is any news about translating - publishing. Best address will be

* Maryknoll Fathers
2360 Rice Blvd
Houston, Tx 77005

Maryknoll Fathers and Brothers
2520 Girard Avenue S
Minneapolis, MN 55405

AIR MAIL
PAR AVION

Air Mail

Rep. of Korea
341-60 Imun 2-dong
Dong dae mun-Ku
Seoul
Mr. Chun Chang Il 130-082

Love-Hate Feelings for Uncle Sam

South Korean tells of changing from the oppressed to the oppressor.

A South Korean's Tale

Continued From Page B1

hundred Korean friends and classmates who have immigrated to the United States.

This is only Mr. Ahn's second visit to a country that lingers so powerfully in his imagination. It was in a Texas drugstore that he discovered the name of the candies American soldiers used to toss at him when he called out to them as a child. They were Chuckles, known to him only as jelly.

It is fashionable among Korean students to deplore American political, military and cultural influence in South Korea, calling it imperialism. But Mr. Ahn sees that view as extreme. "In this world you cannot live alone," he said.

Government Silence

More deeply disturbing to him, and the central theme of "White Badge," is what he sees as the betrayal of Korean men by their own Government, which lured volunteers to Vietnam with promises of glory, profited from the influx of American dollars the soldiers sent home and played down Korean casualties.

Mr. Ahn, as well as the narrator in "White Badge," found in Vietnam powerful and unsettling echoes of his own war-ravaged country. Koreans in Vietnam were poised uneasily between the Americans, who paid them and equipped them to fight in their war, and the Vietnamese, whose sufferings in war and at the hands of Korean as well as American soldiers reminded him of his youth.

In "White Badge," the narrator takes a Vietnamese lover and leaves her behind, much as American soldiers whom he describes in "Silver Stallion" abandoned Korean women.

The South Korean Government did not refer to the dark side of the Korean experience in Vietnam and did not reveal the number of casualties. Publishers told Mr. Ahn in 1983, a time of rigid press censorship, that they feared they would go to jail if they published the novel. A radical literary magazine printed two installments before the Government shut it down. But as censorship eased, the novel was published in book form in 1985.

Mr. Ahn said he wrote "White Badge" not to score political points but to break the silence that shrouded the war.

"It was like entering a very secluded room," he said. "You entered the room, and it was normal. You open the door and there's war. Then you come back through the door and it's not the war. Nobody knew. It made me so angry. Even though it was two decades later, I wanted Koreans to know what we did and what we felt there."

02	1987.12.7.	Hans–Dietrich

Hans-Dietrich Galle
Industriestraße 49 A
D - 4030 Ratingen 1
West - Germany

December, 7.th. 1987

Dear friend abroad in Korea
– Chun Chang-il !

restlessness in balance are best birthpains as absolutely normal facts as according - symptoms nothing on towards Democracy! – Including that having just prosperity in economics like it's booming, fortunately is also best foundation on growing up for this process. When looking at this, all competitors and criticizors really would be motivited and should turn fulminant views in priority drawing nearer to aim the high level in Democracy.

Having the olympic games in Your country - an event for breeze and draw breath – it will help up whole the movement. All parts of this elements will force on in social results obtainable one after the other (and last but not least). However, it is such a long way after the Middle-Ages towards modern and human life for people everywhere...

Dear Chun Chang-il, I private send you and Your family best wishes for glad and peaceful Christmas 1987 also for a merry New Year 1988 – to lodge your family in health and quite well by works income in all necessaries for daily life.

Very truly Yours
Hans-Dietrich Galle
from Hans-Dietrich Galle Industriestraße 49 A D - 4030 Ratingen 1

Chun Chang-il
#301-60 Imun-Dong,
Dongdaemun-Ku, Seoul, Korea
130-082

Mr. Hans-Dietrich Galle
Industrie str. 49 A
D-4030 Ratingen 1
Germany

03	1988.1.6.	恒成和子(츠네나리 가즈코)

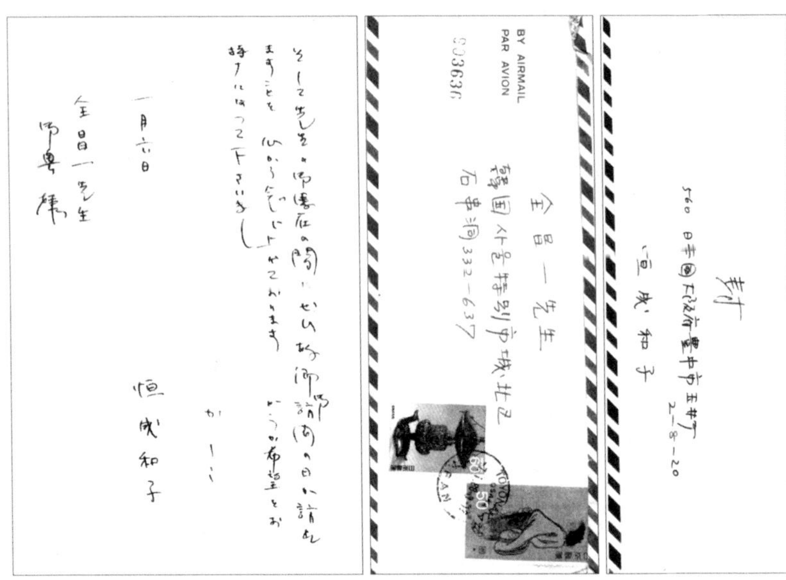

04	1988.3.5	범민련 유럽본부(Hans-Dietrich)

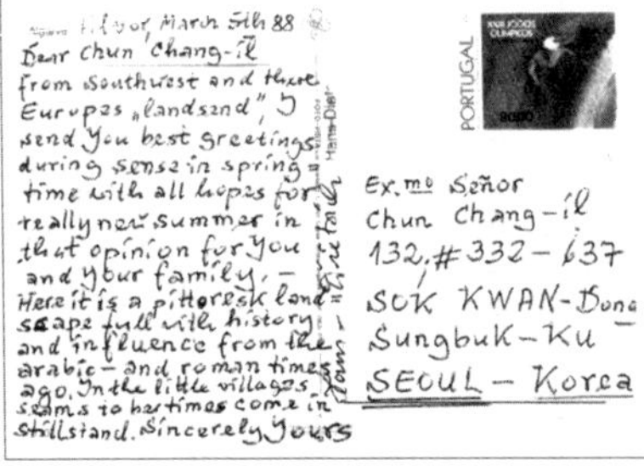

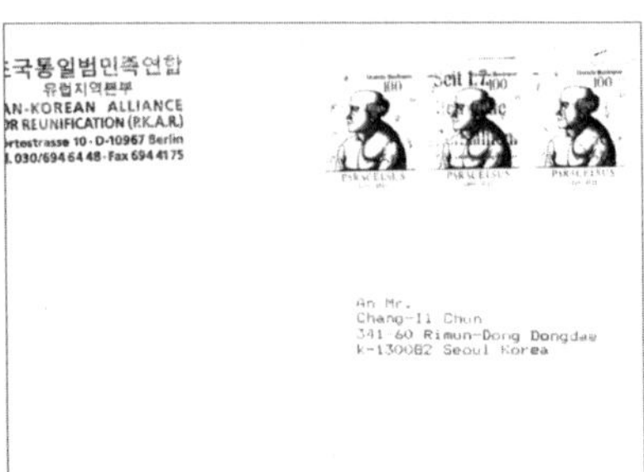

05	1988.12.6.	Hans–Dietrich

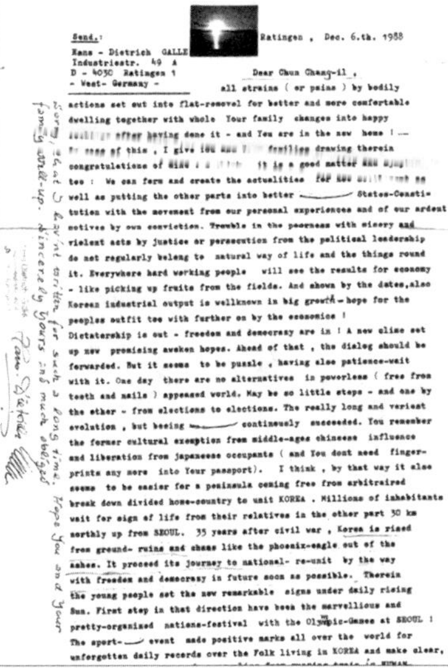

Send.:
Hans - Dietrich GALLE
Industriestr. 49 A
D - 4030 Ratingen 1
- West- Germany -

Ratingen , Dec. 6.th. 1988

Dear Chun Chang-il ,

all strains (or pains) by bodily actions set out into flat-removel for better and more comfortable dwelling together with whole Your family changes into happy [illegible] after having done it - and You are in the new home ! — [illegible] of this , I give [illegible] families drawing therein congratulations of [illegible] it is a good matter [illegible] too : We can form and create the actualities [illegible] as well as putting the other parts into better States-Constitution with the movement from our personal experiences and of our ardent motives by own conviction. Trouble in the poorness with misery and violent acts by justice or persecution from the political leadership do not regularly belong to natural way of life and the things round it. Everywhere hard working people will see the results for economy - like picking up fruits from the fields. And shown by the dates,also Korean industrial output is wellknown in big growth - hope for the peoples outfit too with further on by the economics !
Dictatorship is out - freedom and democracy are in ! A new clime set up new promising awaken hopes. Ahead of that , the dialog should be forwarded. But it seems to be puzzle , having also patience-wait with it. One day there are no alternatives in powerless (free from teeth and nails) appeased world. May be so little steps - and one by the other - from elections to elections. The really long and veriest evolution , but beeing continously succeeded. You remember the former cultural exemption from middle-ages chineese influence and liberation from japaneese occupants (and You dont need finger-prints any more into Your passport). I think , by that way it also seems to be easier for a peninsula coming free from arbitrairod break down divided home-country to unit KOREA . Millions of inhabitants wait for sign of life from their relatives in the other part 30 km northly up from SEOUL. 35 years after civil war , Korea is rised from ground- ruins and chaos like the phoenix-eagle out of the ashes. It proceed its journey to national- re-unit by the way with freedom and democracy in future soon as possible. Therein the young people set the new remarkable signs under daily rising Sun. First step in that direction have been the marvellious and pretty-organized nations-festival with the Olympic-Games at SEOUL ! The sport- event made positive marks all over the world for unforgotten daily records over the Folk living in KOREA and make clear,

Sorry, that I havn't written for such a long time. Hope You and Your family well-up. Sincerely Yours and much obliged
Hans-Dietrich

For Years Season now I send You and Your family heartfelt greetings towards merry Christmas & a happy New Year in healthiness for Your all,
truly Yours

Düsseldorf 07. Dez. 1988 Hans-Dietrich Galle Industriestraße 49 A

Hans-Dietrich Galle
Industriestraße 49 A
D - 4030 Ratingen 1

Mr.
Chun Chang-il
341-60, Imun 2-Dong,
Dongdaemun - Gu,
130-082
SEOUL, Korea

PAR AVION LUFTPOST

06	1988.12.	Mrs. DM Tayler

Greetings
and best wishes
for Christmas
and the
coming year

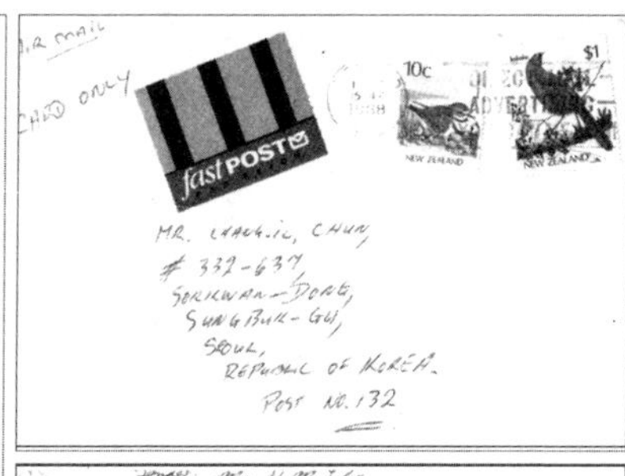

AIR MAIL
CARD ONLY

MR. CHANG-IL CHUN,
332-637,
SOKKWAN-DONG,
SUNGBUK-GU,
SEOUL,
REPUBLIC OF KOREA.
POST NO. 132

07	1989.3.28.	恒成和子

拝啓
桜がほころび始めましたが、意外の花冷えに
桜もとまどっております　地球温暖化のせいか、日本では
この三年暖冬で、スキー場も雪不足に準備していると
いうニュースがございます
さて、山の躍るような鳥の初鳴き、一声かかげ[illegible]
りました　文益煥牧師先生、黄皙暎、鄭敬謨
(両)先生方の同道を報じられて（の北朝鮮入り）おります
全先生の御心中如何ばかりと拝察申し上げてお
ります　燃えさかる情火のほとばしりを見る思い
がいたします　今までに余りに久しく余りに度々裏

切られることが多うございましたから楽観はできないと思い
ますものの、最早誰にも止められぬ歴史の大河と思い
ます　日本の新聞ははじめ静観して国家として冷やかと
申しましたが、次の日には、手を返してこぞって激しく
いると書いております　一日も早く御親族の方々と御再
会となさいます日が来る様に、心から祈り上
げております　全先生の御苦難は、その日を実現させる
ための先駆的なのだと言えるのではないでしょうか？
一月二十七日の御書簡を拝見し、天皇さまについ
ての手厳しい御批判に、返す言葉もなく、長い時が

朝鮮での世界的神聖同盟？

経ってしまいました　全くその通りと首肯せざるを得な
いと存じます　あのさなかを軍国主義日本の侵略を支えた事
例に呼べない複雑な思いでいる若い人です　恐らく
平和国家日本の象徴を感じている日本人が案外多いので
はないでしょうか　天皇の死に、世界中の国の首脳が集っ
たことにも複雑な思いをいたしました　まるで国家権力
者同士の連帯、デモンストレーションの趣があります
今日本は世界一の政府開発援助額はアメリカを抜いて世
界一だと言われております　金の力の威力を認めていつつ
一方ではジャパンバッシングも日毎に強まる状勢があります
そのような今までに歴史上日本が経験したことのない奇妙なテイ

ーンで、枝流の中で、行方を見失い、途方に暮れて、それで日本の
中心にまとまろうという浮き心理が働いているのかもしれません
特に[illegible]を申せば、戦後はじめて、多くの国民は、天皇をめぐる
戦前、戦中、戦後の歴史を知る機会を得たということでしょう
天皇の死が自然[illegible]に近いものと思われたのに、今竹下内
閣は支持率9%という史上最低の内閣なのかもしれません　汚職と税金
に代る新党がないので、何よりの難問題であり
ます
今本屋の店頭には、恐らく御想像なされないほど多く
の天皇制反対論の本が並んでおります　韓国、朝鮮関係
の本も[illegible]しております　一、二お送りいたします

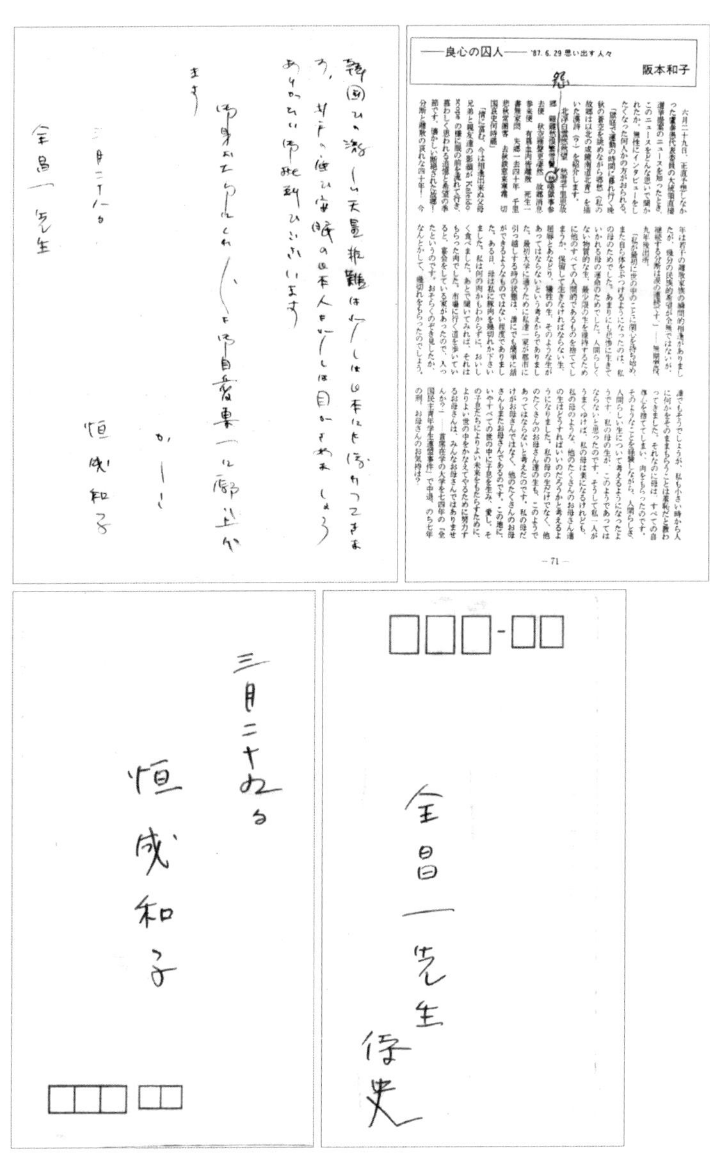

全昌一先生
恒成和子
──良心の囚人── '87. 6. 29 思い出す人々
阪本和子
— 71 —
三月二十九日
恒成和子
全昌一先生
侍史

08	1989.9.19.	James P. Sinnott

MARYKNOLL FATHERS AND BROTHERS

1920 Girard Avenue S., Minneapolis, Minnesota 55403 · Tel. (612)377-2784

19 Sep 89

Dear Mr. Chun,

Thank you for your letter of 20 Aug + clipping about famous 여중도. I have traveled from Colorado to Texas to Tennessee to New York and now Minnesota since I saw you. Summertime was not busy and pleasant. I'm trying to write more, but it is hard to get back into the habit. Please keep trying to publish for me. I almost made it, but in August a very conservative priest vetoed the project! I was angry and disappointed. I am beginning to suspect CIA intervention in my publishing projects – so many "yes"es quickly become "No"es just before publication. Remember, you and Mr Kim (or any organization you name

Legal Title: Catholic Foreign Mission Society of America, Inc.

can have all the profits!) as a priest I can not keep the money in any case.

Please give my regards to your good wife. I'm sorry I did not see more of you both while in Korea.

Final exchange at 김포: I was taken from long line at "immigration" and put through V.I.P. style. Q. "When are you coming back to Korea?" A. "Maybe next year" I said

~~Ths~~ the official then said to me:

"I hope you come back this year."

It was a very pleasant thing to hear as I was leaving your country.

Best regards,

Jim

진 신부

Sinnott
Maryknoll Fathers and Brothers
~~1920 Girard Avenue S.~~
~~Minneapolis, MN 55403~~
2360 Rice Bl
Houston TX 77005
USA

Air Mail

Mr. Chun Chang-il
#341-60 IMUN 2 dong
동대문구 Seoul,
Rep. of KOREA
130-082

09	1990.1.29.	恒成和子

拝啓 謹んで寒中御見舞申し上げます
お変わりなく御健勝にてお過しでございましょうか
先に高価な朝鮮人参と御賀状を御恵贈
りながら今日まで御挨拶がおくれましたこと深く深く
[illegible]申し上げます 実は十二月はじめに父が入院し、一
に永眠いたしました その為病院通いにて とうと
郷の皆様に賀状を欠礼するなりゆきとなってし
ました 八十八才ですから天寿をまっとうしたわけで
悔いは心残りはございませんが その時金先生の、
思い出しまして、御自身の死に目に合えぬ御心

いかばかりかと些か窺い得た心地がいたしました 残念でござい
す と改めて心からのお詫びと遅ればせながら
を申し上げます ありがとうございました [illegible]
に重宝させていただいております
本の件を出版社に問い合わせましたところ五月
第二巻の出る由。このような薄い本は余り売れぬだろ
うと予想していたのによく売れて、116冊しか残っていな
刷りを検討中とのことでございました 御手紙のコピ
送りましたら非常に感激されております 二
出来ましたらお送りいたします 私の微志でござい

すから費用等のことはどうか御心配御無用に願い上
ます
御存知の通り世界中の激動に次ぐ激動、戦後体制
崩壊のすさまじさは目を見張るばかりでございます
一年前の正月に今日の世界を予見した人は世界に
もいなかったのではないでしょうか。 この三日間、東
ソの対フォーラムが[illegible]の女性を迎え、当地を案内し
ろ、神戸・京都で集会をもったりいたしました 今
ソでは社会主義などという言葉は聞くのもいやだ、資
主義になるべきだという意見が勝っているとい

とでした しかし彼女の言い分は、たしかにこれまでの社会
はダメだ。しかし現在の資本主義もダメだ。もっと
第三の道をさがさなくては、ということでした 一党独
決して自分から解消できず、暴動と反民主主義に
という結論はすでに世界中で立証されたように思い
す 権力奪取だけが実際的な解決の道であるという
私の若い頃の方法は、すでに古いと思われます 「平
的もっと討論による新しい方法を編み出す方向に
むかうべきと思います 米ソの冷戦構造がくずれ
献、不合理、矛盾ははかり知れません。今、いま世界各

…人一人として生きていくことになります　能うかぎりの…

同胞愛を持って、平和な統一を成し遂げられるよう

って止みません　それが実現すれば、私達にとっても

世界中の人達にとりましても　どんなにすばらしいお手…

輝かしい希望の星となるでしょうか！

全先生とご家族の皆様のご自愛ご健勝を

心からお祈り申し上げます　重ねてご礼とご…

を申し上げます

かしこ

味に冷戦終りの音頭とりをしていたゴルバチョフ治…

民族同士の流血、内戦が継続していることを見る時、改めて

複雑な思いに駆られざるを得ません　米ソの圧倒的な武力…

配なくして、世界は二つの秩序の平和さえ維持し得たか…

かと。　アメリカが、それに追随し利を得てきた日本

のに、分断され、言語に絶する辛苦を味わわれ、現在も

がい続けていらっしゃる全先生に向っては、正直私は言…

失います　私共日本人が口を出す資格は毛頭ないと心…

おります　もし分断、内戦の責任を全部外の国…

帰してしまうならば、それはその国の人たち一人一人を

一月二十二日

全昌一 先生

侍史

恒成和子

130-082

韓国서울東大門区里門2洞 341-160

全昌一 先生

200898

PAR AVION
航空郵便

560

日本大阪府豊中市五井町 2-18-20

恒成和子

一月二二日

10	1990.2.2.	James P. Sinnott

2 Feb 1990

Dear Friend Mr. Chun,

Thank you for your letter, which reached me here in Colorado in mid-January.

I was called home to N.Y. from Texas in late November to the bedside of my dying mother, aged 93 (born 1896). She suffered only 3 weeks of bed ridden illness and died 17 dec. a Sunday (while I was off giving a 강론 in church about injustice in Korea!)

She was very brave, refused all extra-ordinary means of treatment. For 6 months she had asked me to pray that she die soon. I offered 미사 in her 환자실 and she ~~…~~ said "I will die right after mass!"

So I left home (one brother, one sister each with big families) in mid-January, now a 고아!

I'll be traveling all spring season, best address is still ⊕ at houston.

Happy to ~~…~~ hear you are engaged in "la lucha" (spanish for "The struggle") It never ends. 6 priest murdered in El Salvador, Their "paper maiche" preside is again here in U.S. begging $$. His own rich people have sent all their money to Switzerland. Without the U.S. .... bankrupt.... and 70,000 murders in 10 years, all un-accounted for.

I am happy to hear of interest in my literary works. If you need $$ for 번역 등등, let me know

I am busily writing more — mostly about the "heroic age" 1940-1950 in which the U.S.A. produced a generation of blind, unquestioning patriots, myself included....

Give my greeting to your good wife and your friends. It was good of you to introduce me to them and give me such good hospitality in Korea last spring. It was a very grand experience for me which ranks high in all my lifetime experiences.

감사합니다

안녕히 계십시오

James Sinnott

2360 Rice Blvd
Houston tx
77005

I have written my "비서" to send you some writing

U.S.
2360 Rice Bl
Houston TX
77005 U.S.A.

Air Mail

Mr Chun Chang-il
341-60 Imun-2-dong
Dongdaemun-ku Seoul
Korea
130-082

11	1991.1.15.	Mrs. DM Tayler

Kent Tce,
Midhirst. RD 24.
New Zealand
15/1/91.

Dear [illegible] Chang-il,
I must apologise for not writing to you for such a long time, but you & your family are always in our prayers.
A wee bit of what happened in 1990.
My husband David is still a Porter at the local Hospital.
Our eldest son Mark 29yrs of age has been shifted from Wellington to [illegible] ville Auckland. He is still in the Regular Army Air [illegible] Dept, & is now a Staff Sergeant. A super guy & a wonderful son, he & his wife Donna have only the one child DANE a son who will be 5yrs this Oct. Our darling grandson.
[illegible] 28yrs & Karen his wife now have a 6mth daughter CASEY who

2

is our delight.
Craig 26yrs. is now the Head Manager at [illegible] in New Plymouth at the main shop. He is still very much a sportsman & represented TARANAKI in rugby again last year.
[illegible] 23yrs the [illegible] whom I sponsored is a FITTER & WELDER for a big firm in New Plymouth. He has done extremely well, & he & his girl friend are hoping to go over to Australia for a while to play Rugby League there. [illegible] the [illegible] is good at his sports.
Heidi & Vaughn our twins now 21yrs of age. Heidi has a 2yr. old daughter (out of Wedlock) & we see very little of her, TARA, she's a delightful wee girl, but lives down Wellington with her mother, & we only see her about every 6 weeks & holiday times.
Vaughn is doing a Milling job at the moment.

3

Both my parents are still alive Dad 83yrs. Mum 77yrs. They celebrated their 60th Wedding Anniversary Sept last Year. And we had [illegible] a lovely family get-to-gether.
I am still working at the Anglican Diocesan Boarding School for girls in Stratford as Assistant Matron. It is a very [illegible] job, but very demanding.
The World is certainly in a very big Turmoil at the moment. [illegible] SAD.
I must away for now Chen hoping to hear from you again soon.
God Bless You, your Wife & family.
Yours Faithfully
(Mrs) Dorothy Taylor.

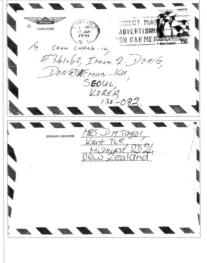
VIA AIR MAIL · PAR AVION
STRATFORD 17 JAN 1991
DIRECT MAIL ADVERTISING YOU CAN MEA[SURE]
New Zealand 150

To CHUN CHANG-IL,
#341-60, IMUN 2-DONG,
DONGDAEMUN-KU,
SEOUL,
KOREA,
130-082.

SENDERS ADDRESS
MRS D.M TAYLOR,
Kent Tce,
MIDHIRST RD 24,
New Zealand

12	1991.1.18.	노길남

전창일 선생님.

지난 제2차실무회담 때 베풀어 주신 정성에 감사드리는 편지가 이렇게 늦었습니다. 제1차, 2차, 3차 실무회담에 뛰어다니느라고 그리고 지역 활동에 일정의 [illegible] 을 쏟아 붓느라고 하니 인사가 늦어 졌습니다. 특히 민자통 선배동지들의 뜨거운 마음에 감동하였고 국내 동지들이 어려운 환경속에서도 헌신을 다해 투쟁 하는 모습을 보았을 때 해외에 있는 저희들에게 큰 힘이 되었습니다.

[illegible] 선배님들의 피와 땀이 없었던들 젊은이들의 [illegible] 투쟁이 존재할 수 없다고 믿습니다. 자고로 우리 민족의 [illegible] 그렇게 시달리게 되면서도 민족의 자존과 자주성을 옹호하기 위하여 [illegible] 역사라고 자부하게 됩니다.

[illegible] 이는 [illegible] 비·일 [illegible] 민중들의 [illegible] 탄압하고 있으나 90년대는 그야말로 [illegible] 민중의 시대가 도래하리라는 것을 믿어 의심치 않습니다.

요즘에는 또 [illegible] 을 [illegible] 하고 있습니다마는 [illegible] 동포들은 [illegible] 벌입니다.

전 선생님, [illegible] 7천만의 민족 [illegible] 을 기필코 조국의 평화와 자주적 통일을 보장할것으로 굳게 믿습니다. 중국에서도, 일본에서도, 미국에서도 범민련의 기치에 굳게 뭉치고 있습니다. 역사는 이제 우리 민중들의 것으로 전위되고 있음에 틀림 없습니다.

그러나 7천만 염원의 통일을 [illegible] 있는 길을 [illegible] 하나가 되어 [illegible] 대중을 믿고 그 힘으로 우리의 소원을 [illegible] 것이 아니겠습니까. 그래서 저희들은 조직화를 위한 의식화 그리고 이에 바탕한 실천사업들을 주체적으로 계획하고 있습니다.

선생님, 민자통 선배동지들과 [illegible] 기타 여러애국동지들에게 개인의 건투를 동시에 전합니다. 승리하는 [illegible] 을 마음같이 간직 [illegible] 저희들도 해외에서 열심히 실천하겠습니다. 통일염원 46년 12월 27일

L.A.에서 노길남 올림.

한민족연구회
KOREA STUDY COUNCIL

존경하는 전창일 선생님.

바쁘신 중에도 보내주신 신년 카드를 잘 받아 보았습니다.

[illegible] 미주 한인 교포나 [illegible] 교포도 모두가 [illegible] 7천만이 바라는 평화적이고 자주적인 민족통일국가가 우뚝 설것을 염원합니다.

국내의 선생, 동포, 청년 동지들의 피나는 투쟁을 거울 삼아 해외에서도 열심히 일하겠습니다.

91. 1. 18.

미국에서
노길남 올림

1543 W. Olympic Bl. #200 S-1
Los Angeles, CA 90015

(213) 738-0714
(213) 291-1509

팩스 : 213-738-8058

범민족대회 남측본부에 자료사진이 없을것 같아 제3차 예비접촉 사진 한장 보냅니다. 참고로 쓰시기 바랍니다.

선생님의 건투를 빕니다.

Kilnam Roh
1543 W. Olympic Bl #200 S-I
Los Angeles, CA 90004
U. S. A.

서울시 동대문구 이문2동 341-60
전 창일 귀하
SEOUL, KOREA

World Book-Childcraft
1543 W. Olympic Blvd. Ste. #200
Los Angeles, CA 90015

Air Mail

서울특별시 동대문구 이문2동
2동 341-60
우편번호 130-082
전 창일 귀하
Seoul, Korea

13	1991.7.23.	Don and Marion

Miller Rd.
Canaan, NY 12029 USA
July 23, 1991

Dear Mr. CHUN,

We are rich people indeed, in the best possible way, and that is in the friendship and kindness so many others have bestowed upon us during our recent trip to Japan and Korea!! We have been so fortunate that we could not possibly write as much as we would like to say to each person and get any work done here at home, where so much awaits us after a six weeks absence. We hope you will understand that and let us summarize in this letter some of what transpired on our very special trip to the East.

In Japan, everyone showered us with hospitality, and we had a successful trip, recruiting seven (possibly eight) new volunteers for our Never Again Campaign to spread the message of the Atomic Bomb survivors, which was our primary reason for going. We also got in some sightseeing, of course. We added Tottori to our travels, this time, with its amazing desert and hot springs, plus a more thorough look at Kyoto which we had visited for only part of one day previously. However, the people we get to visit in each place make the sightseeing even more memorable.

Our trip to Korea was equally meaningful to us. We encountered many new friends who gave us a warm welcome all along the way. Many people were wonderful to us. We are fortunate almost beyond belief.

Taking the boat from Kobe to Pusan, then a train to Seoul, instead of flying straight to Seoul, was an added dimension to our trip. Besides getting to see the country of Korea out of the train window, we got to see the bridge connecting Honshu and Shikoku on the way over, and the bridge connecting Honshu and Kyushu on the way back. We began by making new friends, a couple from Belgium, on the boat and explored Pusan with them for a day, climbing up and down a million stairs, it seemed. The boat trip was a good way to relax and either prepare for or recoup from a busy stay in Korea. Interestingly, the boat was able to sleep 600 passengers, but carried only 25 of us on the way over and about 125 on the way back!! From Pusan to Seoul, and return, we took a four and a half hour train ride that showed Korea to be a beautiful and mountainous country, very similar to Japan, dotted with small villages, rice fields and streams, plus an occasional city of some size. We hope our pictures did them justice (but we haven't taken time to look carefully at our slides yet.)

We spent ten fascinating days in Seoul, where Mr. Kwahk Young Do deserves special mention for being so incredibly helpful to us. He took us to the Seoul Friends Meeting where we not only enjoyed the Meeting, but a typically Korean lunch that followed, plus about an hour and a half interview with the group of fifteen Meeting attenders, which included a Korean-American back from a visit to North Korea, and several others who spoke English well, one of whom entertained us in his home a few days later. In the following days, Mr. Kwahk was able to arrange an interview for us with the Chairman of the Han Kyoreh Shimmun who was gracious and inspiring. It was an honor to meet him and a colleague whom we hope to get to see again in our own country fairly soon. Mr. Kwahk also arranged for us to meet two former political prisoners, one who had served a year in jail and been nearly beaten to death during torture, and a second who had been tortured and imprisoned for eight years. These were truly remarkable men, still able to work for peace and the cause of Korean reunification, despite their horrendous experiences.

Another gentleman was able to arrange for us to visit with the inspiring general secretary of Korean Church Women United, a strong and active group, working for human rights in many areas. At this time we also had an interview with a Korean Atomic Bomb survivor and were deeply moved by the story of her endless suffering, both physical and mental, and of the story of her children, all but one sick of mind or body. We were accompanied to this interview by an American who has lived for 14 years in Korea and shared her astute reflections with us on the Korea she has come to know so well. It seems that from all those we spoke with, there was a common thread -- that they want to see U.S. nuclear weapons out of South Korea; they want North Korea, South Korea and the United States (U.N.) to sign a peace settlement to replace the present, tension-producing cease fire; they are not afraid of North Korea militarily and passionately yearn for reunification of the country. They believe the desire for reunification is mutual with the people in North Korea, and we have read articles to back this up. It appears that the U.S. government and the heads of government both North and South are the main obstacles to reunification, even though they all talk about it as though they found merit in the idea.

Our visit to the Demilitarized Zone at Panmunjom did nothing to lessen this belief, but only fortified it. The tour, which was led by a South Korean Guide and an American/United Nations soldier, seemed orchestrated to be melodramitic and to highlight past hostilities rather than current chances for peace.

It appears obvious to us at this point that peacemakers worldwide need to be very concerned about the situation in Korea. We were particularly distressed as our military guide stressed that North Korea had "the fourth strongest army in the world". This sounded altogether too familiar (that's what we heard last year about the Iraqi military) and we heard several times that U.S. leadership has referred to North Korea as a possible "next Iraq". This frightens us a good deal, with the record of our current administration.

The rest of our stay in Korea consisted of visits to palaces and temples, museums and market places, war memorials and two theatres where we saw a wonderful Korean dance company on one occasion and a Korean folk music concert on another. We also had a fascinating day at a reconstructed 15th - 19th century folk village in Souwon, and ended our trip with two more days in Pusan where we had a pleasant visit with the wife and family of a friend of our Japanese friend, Yoko.

As we suggested at the beginning of our letter, we want to say once again that we find it hard to believe the world has so many problems and conflicts, while we travel around and find little but warmth and friendship everywhere we look. Our temptation is to suggest that the root of all the problems, or at least the major obstacle to their resolution, lies with the very few who are in places of power in governments, big businesses and the military, world wide. However, on a deeper level, we realize that the greed, the mistrust and the misdeeds of those at the top would be of little consequence if the rest of us all said "no" to them. We believe the people of the world - and their environment - deserve better treatment -- and that it's time we all demanded it. We feel re-inspired to work for peace in whatever ways we can now that we are back home.

Yours in peace, with love and solidarity,

Don and Marion

The Lathrops - Don and Marion

P.S. WE ARE EXCEEDINGLY GRATEFUL TO YOU FOR SPENDING AN EVENING WITH US, SHARING YOUR EXPERIENCES AND VIEWS ON CURRENT ISSUES. IT WAS A GREAT HELP TO US AS WE GATHERED MATERIAL FOR A SLIDE SHOW ON KOREA. WE ADMIRE YOUR COURAGE AND WISH YOU WELL IN YOUR CONTINUED EFFORTS FOR A REUNITED COUNTRY. THANKS FOR JUST BEING YOURSELF.

SINCERELY, Don Lathrop

TRANSFER OPPORTUNITIES

Students who complete the Peace and World Order course of studies are eligible for application for transfer to a variety of Peace and World Order Studies programs at colleges and universities throughout the United States and other countries. Some programs are very broad in their approach. Others are more specific, specializing, for example, in conflict resolution or political science. Still other schools require a double major, so that their graduates are prepared to pursue a traditional career with the benefit of many peacemaking skills.

Peace and World Order Studies graduates may also continue in higher education programs, including political science, history, journalism, and religion, for example.

CAREER AND LIFE OPPORTUNITIES

The Peace and World Order Studies concentration is designed primarily for students planning to transfer. However, the global outlook offered by these studies can also provide an advantage in the job market and a basis for insight into the complex world-wide issues encountered daily.

THE GLOBAL ISSUES RESOURCE ORGANIZATION (GIRO)

GIRO is an active student organization at BCC concerned with issues of global importance. Students, faculty, and community members work together on conferences and special events exploring these issues.

Potential students are encouraged to telephone or write to Donald Lathrop, the advisor for BCC's program, for more information.

DEGREE PROGRAMS

Business Administration
- Health Services Administration

Business Careers:
- Banking
- Business Management
- General Business
- Marketing

Computer Information Systems
- Business Systems
- Computer Science

Criminal Justice
Engineering
Electronics
- Biomedical Equipment Technician

Environmental Sciences:
- Biological Sciences
- Environmental Studies
- Environmental Technology
- Natural Resources

Hotel and Restaurant Management
Human Services
Liberal Arts and Sciences
Nursing
Office Management:
- Medical
- Stenography
- Word Processing

Respiratory Therapy
Selected Studies:
- Dietetic Concentration
- Peace and World Order Concentration
- Physical Education Concentration

Theatre Arts
Visual Arts

Certificate Programs:

Animal Technician
Culinary Arts
Dietary Managers
Health and Fitness
Practical Nursing

SELECTED STUDIES

PEACE AND WORLD ORDER CONCENTRATION

Since wars begin in the minds of men, it is in the minds of men that the defences of peace must be constructed'

BERKSHIRE COMMUNITY COLLEGE
West Street, Pittsfield, MA 01201
(413) 499-4660

BCC South County Center
343 Main Street
Great Barrington, MA 01230
(413) 528-4521

PEACE AND WORLD ORDER STUDIES

This concentration of studies seeks to provide students with a broad understanding of many global problems, suggested paths to solutions, and approaches to careers and further study in related areas.

These final years of the twentieth century are deeply troubled times. Widespread problems face our planet: the arms race, hunger, depletion of natural resources, pollution, oppression, violence, crime, terrorism, and shared feelings of powerlessness.

To help address these problems, more than one hundred colleges and universities throughout the United States have offerings in Peace and World Order studies. The United Nations has established a University for Peace, at least sixteen other countries have college-level Peace and World Order programs, and education about peace is spreading across the globe at all levels.

Peace and World Order Studies is a new and exciting field in higher education today. As a new area of concentration, it cuts across many traditional academic lines. It is a discipline which is defined as much by the problems it addresses as by the method it applies.

THEMES AND ISSUES

- To what extent is the international arms race an inevitable path to nuclear war?
- What would a world with political, economic, and social justice look like? What steps would move toward this vision?
- What examples are there of times when non-violent peacemaking skills have been successfully applied to conflict situations?
- How do personal lifestyles in technologically developed countries affect the lives of others in the rest of the world?
- What problems are related to improved use of international organizations and international law to prevent war?
- What are the most fruitful areas for non-violent conflict resolution strategies?
- How can international cooperation be fostered?
- What is the role of technology and mass communication in the last decades of the 20th century?
- To what extent is a sense of individual powerlessness a significant reality today?

SUMMARY OF ACADEMIC REQUIREMENTS

Required courses in area of specialization:	Credits
Peace, World Order, and War	3
Models for Human Community	3
Literature of Peace and War	3
Peace and World Order Practicum	3
	12
Also offered:	
Global Problems in a Nuclear Age	3
Other requirements:	
English Composition	6
Literature	3
Speech	3
Social Science* (three courses)	9
Math and/or Science† (three courses)	11
Free Electives	16
Total credits (minimum)	60

*HIS 113/114 Western Civilization I and II suggested. (6 credits)
†ENT 209 Energy and Our Society suggested. (3 credits)

Students choose electives based on their primary interest with the help of a faculty advisor. Advising is a vital element in the Peace and World Order Studies concentration, so that students can relate their interests and abilities to the specific transfer requirements of individual baccalaureate schools. Students planning to transfer should select their BCC courses with these requirements in mind.

COMMENTS ABOUT THE NEVER AGAIN CAMPAIGN

"This assembly was, in my opinion, one of the most successful and powerful we have had at our school."
Stephen Lawrence, Assembly Director
Princeton Day School, Princeton, NJ

"She made us laugh, but she also made us think."
From a student in a NAC audience

"The non-political, non-judgemental presentation of the Japanese NAC volunteers lends credibility to the goal."
Tom and Dorothy Whalen, Hosts
Dover, Delaware

FOR MORE INFORMATION ABOUT THE *NEVER AGAIN CAMPAIGN*, OR TO INQUIRE ABOUT BECOMING A HOST, CONTACT:

Peace and World Order Studies
The Never Again Campaign

c/o Prof. Donald N. Lathrop
Berkshire Community College
1350 West Street
Pittsfield, MA 01201-5786
tel. 413-499-4660 ext. 351

or - weekends & evenings
c/o Don or Marion Lathrop
home tel. 518-781-4681

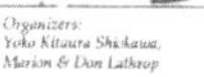
Organizers:
Yoko Kitaura Shickawa,
Marion & Don Lathrop

平和

NAC

THE NEVER AGAIN CAMPAIGN

A VOLUNTEER
PEOPLE-TO-PEOPLE PROGRAM OF
BERKSHIRE COMMUNITY COLLEGE

TO SPREAD THE MESSAGE OF THE
HIROSHIMA AND NAGASAKI
A-BOMB SURVIVORS

AND PROMOTE
INTERNATIONAL UNDERSTANDING
THROUGH SHARING JAPANESE CULTURE

NEVER AGAIN PEARL HARBOR!
NEVER AGAIN HIROSHIMA!
NEVER AGAIN NAGASAKI!
NEVER AGAIN WAR!

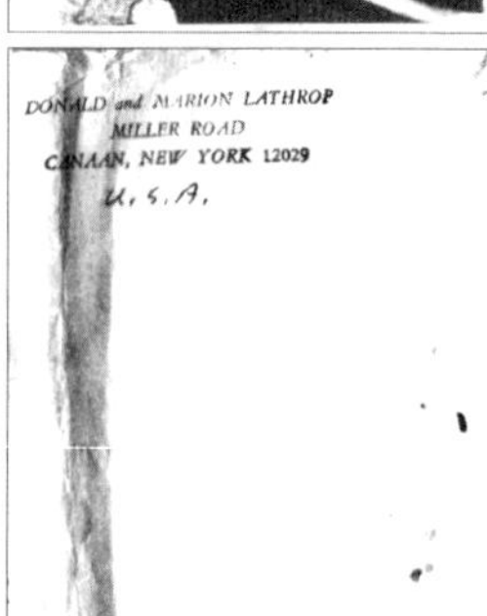

DONALD and MARION LATHROP
MILLER ROAD
CANAAN, NEW YORK 12029
U.S.A.

ALB NY 122 PM 08/01/91 OCR#11

Chun Chang Il
341-60, Imun 2-dong
Dongdaemun-ku,
Seoul 130-082
Korea

AIR MAIL
PAR AVION

14	1992.1.2.	김진엽(Dr.JinY,Kim)

친애하는 전창일 선생님 앞.

이곳 먼 이국땅에서 또 한번 새해를 맞고 있습니다. 조국땅에서 강제로 쫓겨난 후 어찌 단 하루라도 조국을 잊겠습니까마는 새로운 의지를 다지며 앞날을 염려하는 이 시점에는 더 더욱 수많은 선배님들과 동지들의 얼굴이 떠오르곤 합니다.

꼭 [illegible] 이제 [illegible] [illegible] 모든 일을 계속하시옵길 빕니다.

임신년 정월 나성에서 김진엽 올림

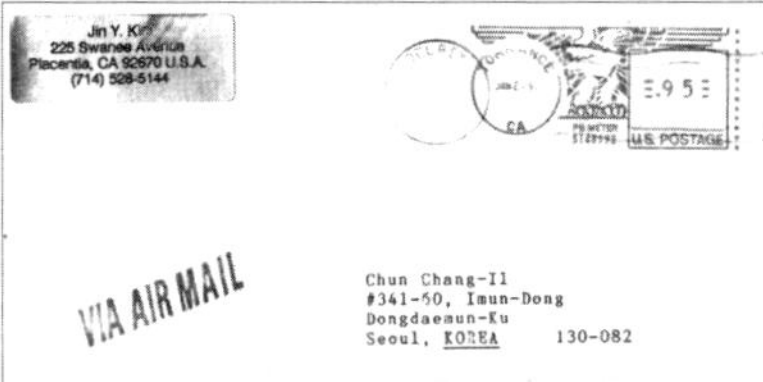

15	1992.2.24.	James P. Sinnott

24 Feb 92

Dear Mr Chun,

Thank you for your greetings at New Years. I hope you and your family are well.

I read about Korea and hope to return for another visit before too long.

Did I ever tell you that I put the cross you all gave me around my mother's neck in her last illness. She took great comfort from it, died while wearing it. (17 Dec 1989)

Everyone was impressed with its great beauty. The nurse removed it from her body, afraid it would be stolen!

Jim still "telling the story" (see enclosed)

I have before me a picture 최신부 sent of his 회갑... of all our brave good lady friends. My love to them all, especially the hat lady!

Peace!

Jim S

진신부

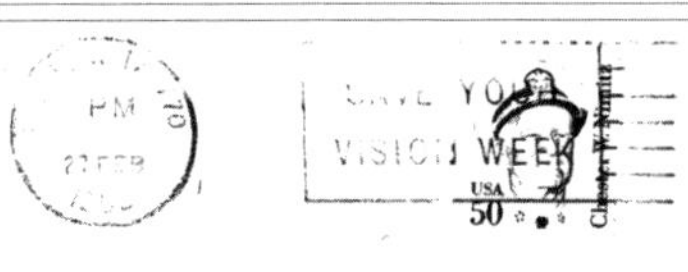

Rep. of Korea

Seoul 132-082

341-60 Imun-dong

Tong Dae Mun Ku

Mr Chun, Chang-il

2360 Rice
Hstn 77005
Tx, USA

[illegible]

352-9750.

17	1992.12.23.	恒成和子

김진엽
Dr KIM Jin Yeop
225 Swanee Avenue, Placentia CA 92670
(714) 528-5144

전창일 민자통 공동의장님께

뜨거운 가슴과 동지애로 인사올립니다.

지난 2월 25일 출옥과 동시에 강제 출국이라는 고통을 감수할 수 밖에 없었지만 저는 다시금 해외민족민주운동의 현장으로 돌아와 이곳의 여러 애국 동포들 사이에 어우러지고 있다는 사실에 위로 받고 있습니다. 해외의 외로운 싸움을 싸우고 계신 여러 선배님들이나 동지들의 피나는 헌신적 삶을 볼때 나의 개인적 고난은 오히려 부끄러운 모습일 뿐입니다.

저의 짧았던 옥살이 기간동안 선생님께서 보내 주셨던 성원과 지지에 다시금 고마움을 표합니다. 우리의 만남은 투쟁 속에 있고 오로지 그 만남 만이 참된 가슴과 가슴의 만남임을 저는 확신합니다. 저는 저의 경험을 통하여 너무도 많은 귀한 분들을 만나게 되었고 이는 앞으로의 내 삶은 물론 우리의 운동에도 큰 재산이 될것입니다.

나를 쫓아버린 못된 반쪽 조국이기는 하오나 끝까지 내 조국을 사랑하며 살아갈련니다. 이역만리 타향인 이곳에서도 조국을 온몸으로 사랑하는 이들은 무한히 많기에 우리의 앞날은 밝기만합니다. 저 또한 이들처럼 의연하게 살아 가렵니다.

그럼 건강하시기 바라옵고, 건투를 빕니다!!

이종현 선생님, 이재승 선생님께 저의 안부 전해주시면 고맙겠습니다. 저는 건강히 지내고 있으며 마음은 항상같이 조국 땅에 있습니다. 또 연락 드리겠습니다.

통일진군 47년 4월 1일
김 진 엽 올림
김진엽

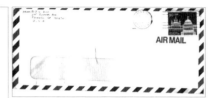

민족자주평화통일 중앙회의
서울 종로구 봉익동 12-13
천우빌딩 303호
(우) 110-390
Seoul Korea

16	1992.4.1.	김진엽(Dr.JinY,Kim)

金昌一先生

クリスマス・カードと御書翰を心から感謝に[illegible]有難く拝受しました。私こそ御無沙汰申し上げておりまして[illegible]おかわりなく御清勝の御様子、何よりと存じ上げます。いつも先生にはクリスマス・カードを頂戴し、そのたび感慨に堪えないでございます。(普通)日本人はクリスマス・カードを出す習慣を持っておりません。私も例外に漏れず、もっぱら年賀状で、それも生来の怠慢と[illegible]のために元日早く年賀状書きに追われる始末でございます。この

素晴らしいと毎年はじめに思いながら、暮れになると毎年[illegible]ません。ようお許し下さいます様お願い申し上げます。

近年は、金大中先生引退のテレビを、まことに感慨深く、複雑な心境で眺めておりました。御心中お察し申し上げます。しかしもう元に戻ることはありますまい。[illegible]早かれ「日本民族」と申しますか[illegible]。

[illegible]

せん
最近日本でも出始めました。徐々に極右化中で
簡単には同じ情況が見られます! それについて私どもは何
も申す資格がありません。黙って頭を垂れているより他ありません。
私も戦争中は挺身隊で、軍国主義の空気の中を、爆弾
製造工場に通って旋盤などを操っておりました。女学校
四年生でした。 母と他の姉弟は田舎に疎開し、父親と姉一
人と三人暮しで食べる物もない時代でした。 もう少し戦争
が長引けば栄養失調と過労で死んでいたと思われます。
今は諸国においても、東ティモール、スリランカ、フィ
リピン等で、多くの人がお苦しみになっていると思われます。けれども、

[illegible]う所があり、全先生と獄中でお会いしたことがあるという
ことがございました。死刑囚との獄中体験、私に押し
つぶされた自分を立て直し、自分をとり戻してゆく過程の物
語は本当に感動的でありました。 人間は、かくもあり得るのか
と思わされました。しかし話の終りの方で、ホンネのホンネとい
うことで話されたことは些か衝撃を受けました。 在日の韓
国・朝鮮人は全部、朝鮮半島に帰るべきだという主張で
す。 ご自分の在日性をことごとく剥ぎとりたい。一刻も早く
韓国にとんで帰りたい、とおっしゃいました。 在日の人は在日す
きる、とも。こうなると私ども日本人は黙するよりすべがありま

しないと思います。夫と併いで非力を嘆いております。一応
民主主婦のできることなど全く微々たるものですから。
やはり経験を積むことで、人類も少しずつ賢く、善良にな
るより他ないのかも知れません。 それにしても、第二次大
戦を経、戦後五十年近くを経過する中で、人類は少しは
本当に賢くなったのでしょうか。如何お思いでいらっしゃいます
か。
日本語の私の文章がおわかりなのか心配しながら読んで
おります。 英語は字引きを引いて少しは読むこと

ができます。しかし英語の作文は全然駄目で、これも日本
人の通弊であります。 英語が駄目ですまないと申訳なく
思っております。
これからも御自愛下さいまして、御長生きあそばされるよう
お祈りいたしております。御家族皆様の御健康、御幸
福をお祈り上げます。 かしこ

十二月二十三日

恒成和子

THE BOULEVARD DE CLICHY UNDER SNOW, 1876
Norbert Goeneutte
Reproduced by kind permission of the Trustees of the Tate Gallery, London
Printed in Britain

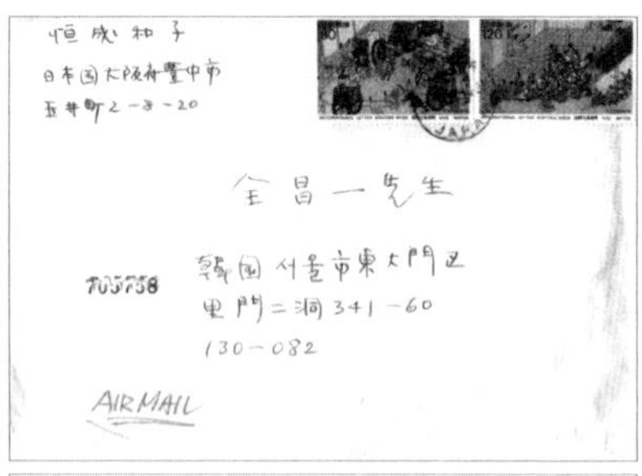
恒成和子
日本国大阪府豊中市
玉井町2-3-20

全昌一先生

韓国 서울市東大門区
里門二洞 341-60
130-082

AIR MAIL

全昌一先生

謹みて新春をお慶び申し上げます

Sold in aid of THE NATIONAL ASSOCIATION OF YOUTH CLUBS

Best Wishes for Christmas and the New Year

1992. 12. 23
恒成和子

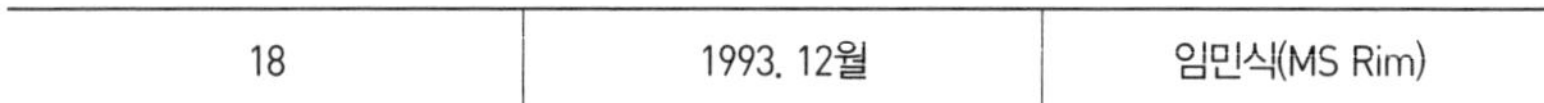
18	1993. 12월	임민식(MS Rim)

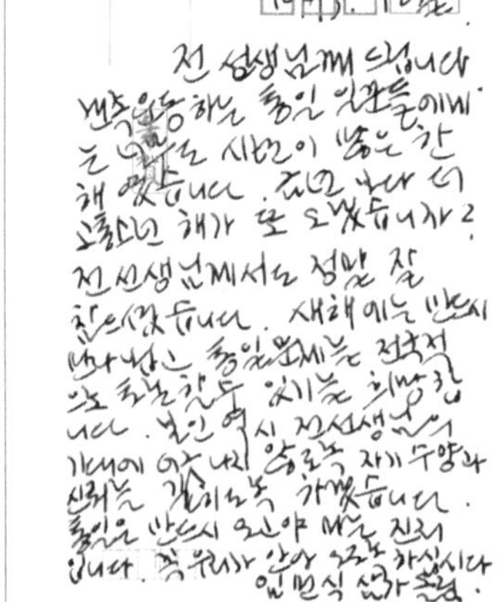
1993. 12월.

전 선생님께 드립니다

민족운동하는 통일 일꾼들에게는 너무도 시련이 많은 한 해였습니다. 그리고 다시 더 고통스런 해가 또 오겠습니까? 전선생님께서도 정말 잘 참으셨습니다. 새해에는 반드시 민족 내부의 통일문제는 전국적으로 토론할 수 있기를 희망합니다. 본인 역시 전선생님의 가르침에 어긋나지 않도록 자기 수양과 신념을 견지하도록 하겠습니다. 통일은 반드시 오고야 마는 진리입니다. 꼭 우리가 살아 성공 하십시다

임민식 삼가 올림.

M. S. Rim
EXNERSVEJ 3
DK-3000 HELSINGØR
DENMARK
TLF. 49 21 50 89 - FAX 49 21 50 15

민주민족통일한국인연합
ALLIANCE FOR DE... REUNIFICATION
Prioritaire A
Tel.(03)292-0671

Mr. Chang-Il Chun
341-60 Imun-2-dong,
Dongdaemun-ku,
Seoul, Korea (South)

AIR MAIL

19	1996.4.10.	강인호

[illegible] 해방되어 50년 민족이 [illegible] 분단된지
반세기가 되고 1995년은 바로 우리가 통일 되는 [illegible]
[illegible] 해이기도 합니다.
어느덧 그 역사적인 해도 지나 새해를 맞게 되었습니다.
저의 몸은 비록 이국땅에 있으나 조국의 자주적 평화 통일을 위한
간곡한 [illegible] 마음을 다시 한번 가다듬으면서 옥중에서 고고한
시간을 이겨내고 계시는 선생님께 삼가 이 편지를 올립니다.
그 누가 보든. [illegible] 를 외우라고 하든 선생님께서는 자신이 한 모든
을 보이도 않고 오히려 조국과 민족을 위해 한평생을 두고 헌신해
오신 분이라는 것을 온 세계가 잘 알고 있습니다
생각해도 안타까운데 더 지금 생이별을 당한 동포들이 있다면 그들은
어떤 수를 써서라도 다시 만나 함께 살려고 할 것입니다.
우리 민족에게 있어서 통일은 바로 이와 같은 이치에 그들에게 분
단 반세기동안 겨레의 하나 되는 을 위한 비극을 향한 [illegible]. 나라의
안팎에서 단 한 순간도 변화된 적이 없었던 것입니다.
어느 지나간 가혹한 방안에도 [illegible] 기미년 3.1 운동을
비롯한 [illegible] 선열의 동지에 궐기하여 나라의 독립을 위한 거사가
수많이 이어졌고 [illegible] 역사의 승리에 민족자주의 고귀한
정신을 실현하는 너무나도 정당한 나라 사랑의 [illegible] 표현인 것입
니다.
선생님께서는 늘 조국과 운명을 함께 하시므로 민족과 고락을 나누시
며 지켜 살아 오셨습니다.
누구보다도 통일을 염원하는 마음이 간절하신 가에 사랑하는
가족과 헤어져 지금 감옥살이에 갇혀 계시는 것입니다

그러나 선생님의 조국과 민족에 대한 뜨거운 사랑을 해내의 동포들은
결코 잊지 않을 것이며 우리 모두의 귀감으로 삼을 것입니다.
선생님. 부디 몸 건강하시고 통일에 대한 신념과 미래에 대한 희망
을 소중히 간직 하시어 굳세게 살아 가 주시기 바랍니다. 머지않아
조국과 민족이 하나가 되어 얼싸안고 춤추며 노래하는 기쁨의 그날을
생각하면서 다짐입니다.
선생님에 대한 한없는 존경의 뜻을 담아서.

20	1997.1.1.	〈신옥자*사본〉

Frohe Weihnachten
und viel Erfolg
im neuen Jahr

기쁜 성탄과 희망찬 새해를 맞아
하나님의 넉넉한 손길이 함께 하시길 빕니다

7. 7. 9

전창일 선생님 귀하

어두운 시절에도 한결같은 원칙과 소신으로 어려움을 헤
나오신 선생님. 몸과 마음이 건강하시고, 시련 앞에 서슬
꿋꿋해지는 선생님이시기에 우리시대의 희망은 반드시 올것입니
앞으로 더욱 어렵고 힘든일이 있더라도 흔들림 없이 조국통일의
가 주십시오.
선생님 범민련은 반드시 승리할 것입니다.
바른것 진리는 언제나 이기니까요 힘내세요.
통일을 향해 함께 나아가는 힘찬 새해가 되기를 기원합니다
범민련 유럽본부 독일에서 여성부 신옥자 올림 새해아침.

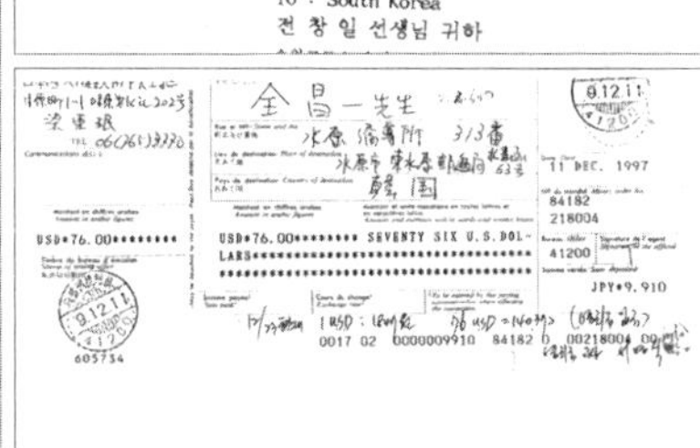

21	1997.12.11.	〈양동민*사본〉

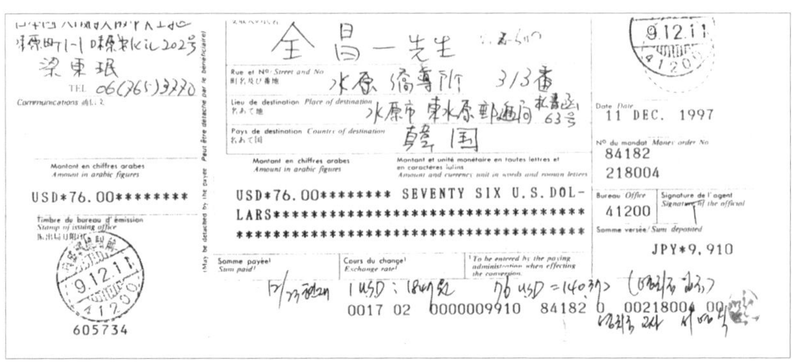

梁東珉
TEL 06(765)3370

全昌一先生

Rue et N° Street and No
水原 僑導所 313番

Lieu de destination Place of destination
水原市 東水原郵便局 私書函 63号

Pays de destination Country of destination
韓国

Date Date
11 DEC. 1997

N° du mandat Money order No
84182
218004

Montant en chiffres arabes
Amount in arabic figures
USD*76.00********

Montant en chiffres arabes
Amount in arabic figures

Montant et unité monétaire en toutes lettres et en caractères latins
Amount and currency unit in words and roman letters

USD*76.00******** SEVENTY SIX U.S.DOL-
LARS************************************
****

Bureau Office
41200

Signature de l'agent
Signature of the official

Somme versée/Sum deposited
JPY*9,910

Timbre du bureau d'émission
Stamp of issuing office

9.12.11
41200

605734

Somme payée[1]
Sum paid[1]

Cours du change[1]
Exchange rate[1]

[1] To be entered by the paying administration when effecting the conversion.

1USD : 1840원 76USD = 140,370

0017 02 0000009910 84182 0 00218004 00

Communications

(May be detached by the payee Peut être détaché par le bénéficiaire)

22	1997.12.15.	〈이준식*사본〉

Frohe Weihnachten
und viel Erfolg
im neuen Jahr

기쁜 성탄과 희망찬 새해를 맞아
하나님의 넉넉한 손길이 함께 하시길 빕니다

민족의 사랑 전창일님 혜존
생각의 실천 실천의 자유가 있는 이곳이
자랑스럽기보다 오히려 부끄러울 뿐이군요.
온 몸으로 투쟁해 오신 길!
이제 한 뼘 남았습니다.
자주. 민주. 통일 만세!
전창일님 만세!

독일에서 이 준 식 올립니다

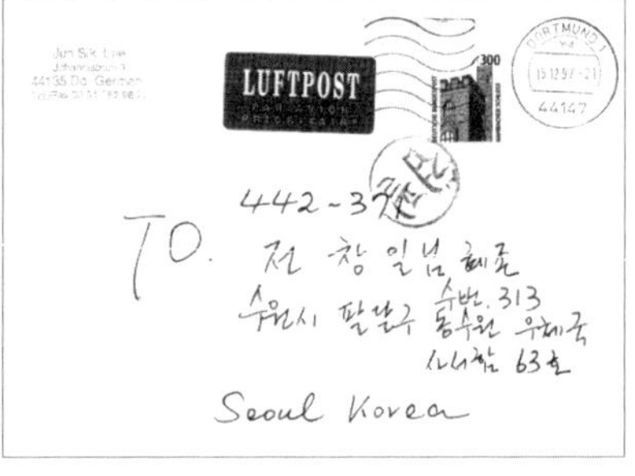

LUFTPOST
DORTMUND
15.12.97
44147

TO. 442-3
전 창 일님 혜존
수원시 팔달구 동수원 우체국 수번. 313
사서함 63호
Seoul Korea

23	1999.7.21.	Kathryn Fitzgerald

MARYKNOLL FATHERS AND BROTHERS

2360 Rice Boulevard, Houston, Texas 77005 · (713)529-1912

July 21, 1999

Greetings from Maryknoll in Houston, Texas!

You do of course remember Father Jim Sinnott of Maryknoll, expelled by the South Korean dictatorship in 1975...he spent the better part of the next 20 years on the circuit telling folks about it. He wrote about it, too, and read of other dictatorships, thus stumbling on the life of Franz Jagerstaetter, an Austrian farmer 17 years younger than Hitler who lived his short life 17 miles from Hitler's birthplace.

This true story is an insight into an era, a piece of history that Franz, who was once called traitor and coward, is now a national Austrian hero 'because he followed his conscience' and is venerated finally by the Catholic Church. Franz, his wife Fani and the splendid lives they led deserve to be better known.

Listen and you are sure to agree!

Subtitled "The Franz Jaegerstatter Story," Father Sinnott's novelization follows the life of young Franz who, as a child sees his father go off to fight in The Great War, and as a young man about to marry finds himself under the shadow of Hitler's Nazi Germany. As Franz and his young wife, Fani, begin a family, they find Hitler's New Order closing in around their Austrian homeland and recruiting Catholic students to help hunt out Jews. At the same time, Franz's trusted parish priest, Father Otto, hopes that the Catholic Church will speak out and tell Austrians what to do in the face of Hitler's rise to power, even if they risk incarceration.

The dilemmas created by Hitler's oppression of Catholics, and the Vatican's fear of the same enemy Hitler has declared—Soviet atheistic communism—takes Franz, his childhood friends, and the Catholic priests who have helped in his upbringing through an odyssey of intrigue, resistance, and survival during the dark years of WWII.

Sonderling by James P. Sinnott is available through Blackstone Audiobooks for rental or purchase. The website address is **http::\www.blackstoneaudio.com**. Or you may place a telephone order by calling **1-800-729-2665**.

If you need additional information, please feel free to contact me.

Sincerely,

Kathryn Fitzgerald

Kathryn Fitzgerald
Maryknoll Secretary.
Literary Agent for James P. Sinnott, M.M.

Legal Title: Catholic Foreign Mission Society of America, Inc.

Maryknoll Fathers and Brothers
2360 Rice Boulevard
Houston, TX 77005

chang il chun
341-60 imun 2-dong
dong dae mun ku
seoul 130-082 korea

24	2005.12.10.	류태영

친애하는 전창일 상임고문님에게 문안인사 드립니다.

젊은 몸으로 민족통일을 위하여 고상한 꿈을 품고 고달은 삶을 굳건히 살아가는 여러분들을 직접 만나보고 돌아온것이 이번여행의 크나큰 감격이며 큰 보람이었읍니다.

나는 1964 년 9 월에 한국을 떠난 후 고문익환목사백일제때와, 2005 년 815 행사때 행사참가 조건부로 각각 3 일간씩 서울을 방문했고 이번이 세번째 뜻 깊은 고국 방문이었읍니다.

진정으로 눈물겨운 나의 이번 여행은 평생을 나라와민족을위해 희생봉사하시고 있는 백발의 만년청춘애국지사님들을 직접 만나볼수 있었든 것 입니다.

그분들의 감옥살이는 분명 앞으로 쟁취될 민족통일의 밑거름이 되리라 고 저는 확신하면서 서울을 떠났읍니다.

범민련 15 돐 뜻깊은 행사에 미주범민련대표로 참석하여 분에 넘치는 대접을 받고 돌아온것에대하여 이규재회장님과 여러 선배님들과 동지들에게 심심한 감사의말씀을 드립니다.

2006 년 새해가 또 오고 있읍니다. 남과북해외가 함께 가는 통일의새해를 마지합시다.

2005 년 12 월 10 일 뉴욕에서 류태영드림

The Rev. Dr. Tai Young Yoo
36 Glen Avenue
Harrington Park, NJ 07640-1551
U.S.A

Air Mail

Mr. Chang Il Chun

Seoul, Korea

〈사무실, 집으로 온 편지〉

01	1990.5.16.	표문태

전창일 님 5월16일

전선생님의 건투를 축복합니다.

동봉한 글 "죽느냐 사느냐 하는 민족의 최후 물음이다"는 최근 시사[illegible] 한국에서는 "민족정신"이라는 [illegible] 게재되어 독자도 매우 적어 별로 알려지지 않았습니다. [illegible]

[illegible]

10년은 더 살아야 내가 남겨둔 원고의 정리를 마무리 짓겠는데, [illegible] 버리고 있습니다.

민자통 여러분의 건투를 빕니다.

요즘 세상이 시끄러운데, [illegible]

[illegible] — 표문태 —

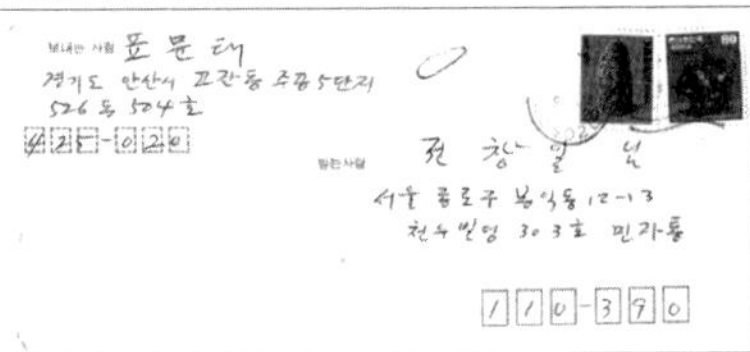
보내는 사람 표문태
경기도 안산시 고잔동 주공5단지
526동 504호
425-020

받는 사람 전창일 님
서울 종로구 봉익동 10-13
현수빌딩 303호 민자통
110-390

02	1993.1.27.	〈이창복*사본〉

전의장님께

안녕하십니까 ?

2년전 91.1.24 조국통일 범민족연합 남측본부 결성준비위원회 조직과 관련 국가보안법 위반혐의로 구속되어 2년의 징역과 자격정지 2년의 선고를 받고 서울구치소와 청주교도소에서 징역을 살다가 93.1.26 새벽 만기 출소하게 되었음을 말씀드립니다.

징역기간동안 직접 간접으로, 정신적으로 물질적으로 도와주신 여러 선생님들의 따뜻한 사랑과 격려로써 큰 어려움없이 생활하다가 건강하게 출소하게 된 것에 참으로 큰 감사와 경의를 올리는 바입니다.

조국의 통일을 앞당겨 민족의 융성과 조국의 발전에 조금이라도 기여해 보고자 하는 열정으로 활동했던것이 유죄가 되기는 했지만 그러나 범민련의 요구사항이 거의 남북합의서에 반영되어 채택된 것은 큰 다행이 아닐 수 없읍니다.

우리 모두가 조국의 통일을 희망하고 있지만 뜨거운 열정과 이성적 행동 그리고 합리적 방법으로 통일운동에 접근하지 않는다면 통일은 좀처럼 다가서지 않을 것입니다. 우리모두가 통일된 조국의 품속에서 민족의 번영과 조국의 평화를 키우기위해 헌신적으로 기여하게 되기를 바랍니다.

다시 한번 재옥중 도와 주셨음에 감사드리며 내내 건강하시고 뜻하는 일들이 형통하시기를 기원합니다.

93. 1. 27

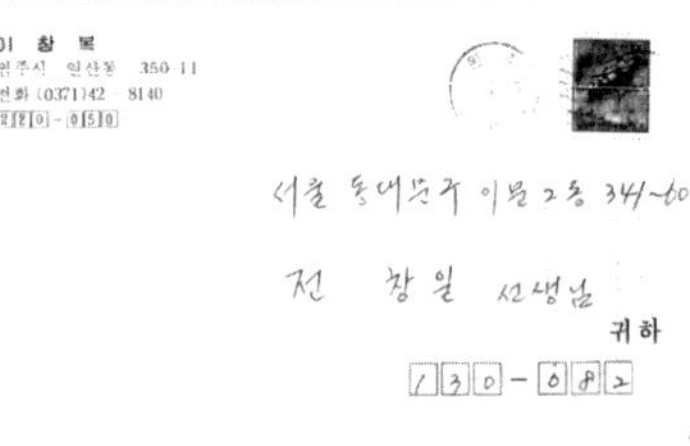
이 창 복
원주시 일산동 350-11
전화 (0371)42 8140
220-050

서울 동대문구 이문2동 341-60
전 창 일 선생님
귀하
130-082

03	1998.7.1.	김상찬

영화「프라이드 運命의 瞬間」을 즉각 상영 중단하라

지금 일본에서 상영중인 영화「프라이드 運命의 瞬間」은 일제가 2차세계대전을 이르켰다는 명백한 사실을 왜곡하고 아세아민족을 歐美白人의 식민지로 부터 해방시킨 정의의 전쟁이었다고 찬양했으며 동경전범자재판에서 전쟁주범으로 처형된 東條英機(당시일총리)를 일본의 자존심을 지킨 영웅으로 찬미했다. 이는 일제 군국주의 잔재들이 만들어낸 조작극이며 賊反荷杖格인 악질적 행위다. 당시 미일침략자에 의해 무참히 살해된 2천만 아세아인을 또 한번 모독하는 폭거다. 동경전범자재판소에서 일본 무죄론을 주장하는 인도의 팔 판사를 주역으로 등장시켜 전승국 미국이 패전국 일본에게 강압재판을 실시하여 재판자체가 불공정함을 강조하면서 일본의 침략전쟁을 면죄하려했다.

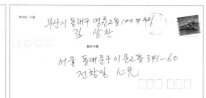

南京大虐殺은 봉건일왕과 군독의 명령에 무조건 맹종하는 일군이 30만 중국인을 살해한 대사건이다. 이는 세계사가 증명하는 엄연한 사실인데도 불구하고 시나리오에서 東條는「군대도 없는 중국인 여자나 어린이에 이르기 까지 무차별 살해했다는 것을 누가 믿겠는가 우리 皇朝의 병정들인데 내가 그것을 믿는 다고 생각하는가 어림도 없다」이 東條의 말을 違言 하면 1919년 3·1운동 때 일관헌에 의해 살해된 75,009명, 검거되어 모진 고문을 받은 46,918명도 [illegible] 했나는 구실로 일병이 한인 부락을 습격하여 전가옥을 소각하고 영아 까지 몰살한 사건, 한인독립운동가의 목을 베오게하여 포상한 악질 일관헌, 만주에 거주한 한국인을 생으로 죽여서 生体實驗한 잔인무도한 일본인의 만행 등의 사실도 東條는 일본황군은 그런짓을 안한다고 부인했을 것이다. 우리 민족은 일제식민지 36년간 징병 징용 강제노력동원 종군위안부 등 강제연행되어 수없이 살해되고 인권유린을 당했다. 왜 일왕과 일정부는 한국에 대해서 솔직히 일본이 식민지 침략자였다고 사죄하지 않고 충분한 배상도 하지 않는가 일군은 황군이며 아세아를 해방시킨 정의의 군대라고 한 東條의 말을 누가 믿겠는가. 동경전범재판 과정에서 미일은 서로 전쟁책임문제를 회피하고 있지만 전 아세아인은 2차대전의 본질은 제국주의 국가들에 의한 식민지 쟁탈전으로 의식한다. 왜 일본은 통상 영화제작비 5배인 15억엔이란 거액으로 이 영화제작을 했는가. 왜 반세기전 역사의 彼岸으로 살아진 東條의 망령을 부활시켜, 역사사실을 왜곡하는 악역을 연출시켰는가. 왜 東條가 일왕을 극구 옹호하고 전쟁 무책임론을 강도 높게 증언하면서 일왕의 권위를 절대화하려 했는가. 여기에는 반드시 흑막과 의도적 계략이있다. 이는 필시 일왕을 일본 최고의 통수권자로 군림케하여 일본의 진보적 민중을 심리적으로 억압하고 일본을 절대주의적 군국주의화하려는 보수. 신구군국주의. 재벌들의 악의적 음모다. 일본을 군사대국화하여 아세아를 또 다시 침략지배하려는 침략근성적 영화인「프라이드 운명의 순간」의 상영을 그대로 묵과할 수 없다. 바른 역사편에 서서 아세아의 평화를 바라는 진보적 일본의 민중와 전한국민족의 이름으로 이 영화를 제작한 제작진과 배후조정세력에 대해 엄중 항의하며 이 영화의 즉각적인 상중중단을 촉구한다.

평화를 사랑하는 전 아세인의 요구를 무시하고 일제가 군국주의적 야욕을 버리지 못하면 일제는 2차대전의 몇갑절되는 비참한 제 2의 패망을 경험하게 된다.

21세기 세계사는 일본의 보수군국주의 자들이 생각하는 것처럼 부와 힘과 소수의 논리에 의해서 만들어지지 않으며 평화와 평등 자유와 정의를 사랑하는 다수 사람들이 만들어 가는 것이다.

1998. 7. 1.

民族問題研究所 釜山會長
金 相 贊

보내는 사람
부산시 동래구 명륜2동 100의 9
김 상 찬

받는사람
서울 동대문구 이문2동 341-60
전창일 선생

04	1998.9.5.	이관복

③
민족은 이념보다 우위이고
주권은 체제보다 소중하다

汎民聯에 복귀하시면 현재 하고 있는 일을 계속할 수 있다고 생각합니다

理解는 바라오며 이만 줄입니다.

9月 5日

이관복 上

충북 음성군 금왕읍 용계리 329-2
☎ 0446) 78-0589 이 관 복

①
민족은 이념보다 우위이고
주권은 체제보다 소중하다

전 선생님께

항상 사랑하시고 후원해 주시는 너그러우신 人格에 감사를 드립니다

부족한 사람이 감당하기 민망합니다

저는 전선생님께서 汎民聯 의장이 되시면 함께 일할려고 했습니다 지금도 변함이 없습니다

충북 음성군 금왕읍 용계리 329-2
☎ 0446) 78-0589 이 관 복

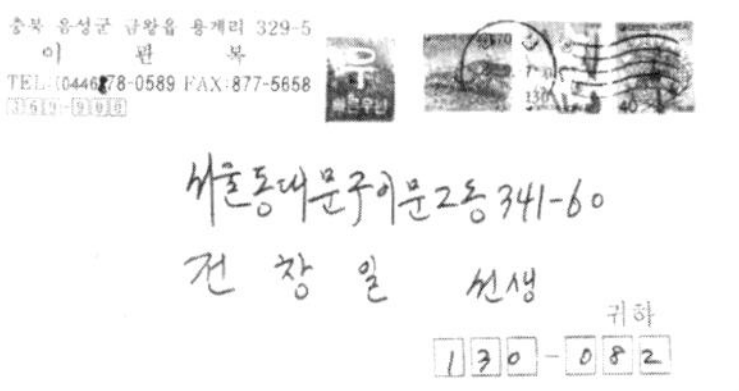

05	1999.1.1.	서경원 · 임정순

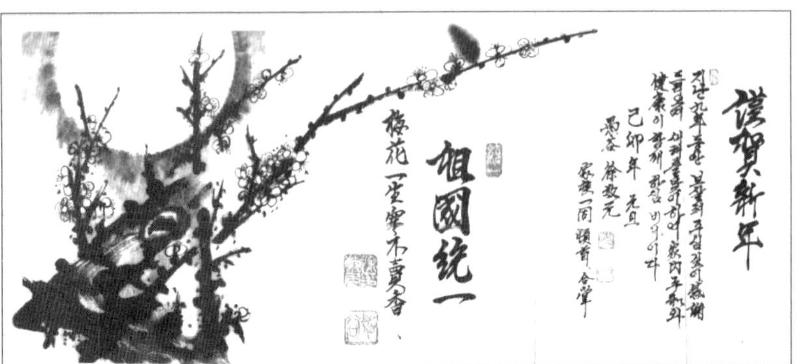

謹賀新年

己卯年 元旦

徐敬元

家族一同 頓首 合掌

祖國統一

梅花一生寒不賣香

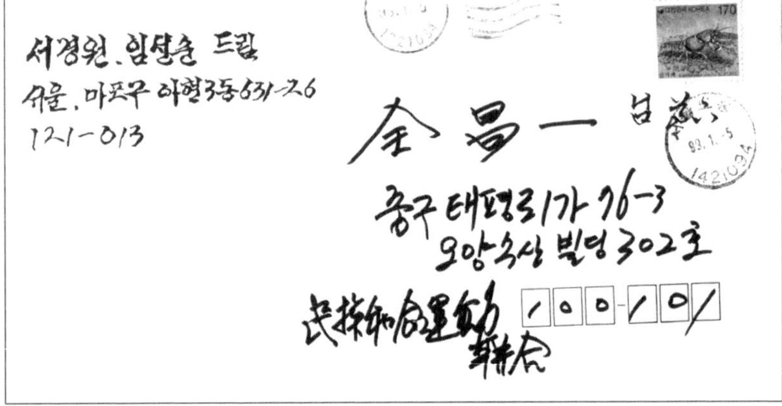

서경원, 임정순 드림

서울, 마포구 아현3동 631-26

121-013

全昌一 님 前

중구 태평로1가 76-3

오양수산 빌딩 302호

民族和合運動 聯合

100-101

06	2005.12.1.	〈박용*사본〉

존경하는 전창일 고문님께
고문님! 그 동안 무고하셨으리라 생각합니다.
자식과 다름 없는 저를 아우라고 불러주시니 몸 둘바를 모릅니다.
선조들의 뼈가 묻힌, 제 부모님들의 그리운 고국 땅을 처음 찾아가 기쁨을 맛 보지 못하고 특히는 고문님과 그간 쌓이고 쌓인 회포도 나누지 못한 아쉬움을 뭐라 형언할 수가 없습니다. 아무리 시간과 감시에 쫓기기는 했으나 못난 이 사람이 지난 날 고문님께 크게 도움을 주지 못한 사연을 하소연할 사이도 없이 석별의 인사 한마디 올리지 못해 돌아 온 것이 너무나도 가슴 아팠습니다.
감격과 기쁨의 오늘이 아니라 보다 휘황한 내일을 바라보며 참고 참았다고 말씀드릴 수밖에 없습니다.
고문님께서 오랜만에 통일원로로써 방북하셨다는 반가운 소식을 통신으로 보면서 얼마나 기뻐했는지 모릅니다.
고향에 계시는 형제분들과 감격적인 상봉이 이루어졌으면 얼마나 좋았겠습니까? 아마도 일정의 긴장성에 인해 성사되지 못한 걸로 알고 있습니다.
앞으로 다른 기회에 성사되시도록 저도 계속 힘 써보겠습니다.

보내주신 서신과 강희남 목사님 명의의 서신을 모두 잘 받아보았습니다만 문건들을 어제 보내셨다고 하셨는데 받아보지 못했으며 강희남 목사님의 서신에도 보낸다고 했는데 첨부되어 있지 않습니다.
죄송하오나 재차 보내주셨으면 합니다.

날씨가 몹시 차가워졌습니다. 부디 옥체강녕하시기 바랍니다.
2005년 12월 1일 박 용 올림

경애하는 박 용 동지!

아드님의 혼례소식을 곽동의 선생님으로부터 반가이 들었습니다. 충심으로 축하드리면서 약소한 촌지 보내드립니다. 부디 다복하고 건강한 조국통일을 위한 또 하나의 새 가정이 탄생된 것을 고국에서 마음껏 두 손 모아 축원합니다.

2004년 11월 3일

서울에서 전 창 일